黑河年鉴

HEIHE YEARBOOK

2021

中共黑河市委史志研究室 编

方志出版社
Publishing House of Local Records

图书在版编目（CIP）数据

黑河年鉴. 2021 / 中共黑河市委史志研究室编.—
北京：方志出版社，2021. 11
ISBN 978-7-5144-5013-2

Ⅰ. ①黑… Ⅱ. ①中… Ⅲ. ①黑河—2021—年鉴
Ⅳ. ①Z523.53

中国版本图书馆CIP数据核字（2021）第275587号

黑河年鉴（2021）

编　　者：中共黑河市委史志研究室
责任编辑：李晓晓
出 版 者：方志出版社
地址　北京市朝阳区潘家园东里9号（国家方志馆4层）
邮编　100021
网址　http://www.zgfzcb.cn
发　　行：方志出版社发行中心
电话（010）67110500
经　　销：各地新华书店
印　　刷：南京顺和印刷有限责任公司
开　　本：889 × 1194　1/16
印　　张：24.25
字　　数：1024千字
版　　次：2021年11月第1版　2021年11月第1次印刷
印　　数：0001 ~ 1000册
ISBN 978-7-5144-5013-2　**定价**：300.00元

《黑河年鉴（2021）》编纂委员会

《黑河年鉴（2021）》编辑部

编辑说明

一、《黑河年鉴(2021)》以马克思列宁主义、毛泽东思想、邓小平理论、“三个代表”重要思想、科学发展观、习近平新时代中国特色社会主义思想为指导，坚持辩证唯物主义和历史唯物主义的立场、观点和方法，力求全面、系统、客观地记述2020年黑河市的基本面貌和年度经济社会发展状况。

二、《黑河年鉴(2021)》记述时限为2020年1月1日至12月31日。凡在文中直书月、日的，均指2020年内的日期，部分内容涉及其他年份的均表明年份。首部黑河地方综合年鉴于2001年出版，每年出版一卷，本卷为第21卷。

三、《黑河年鉴(2021)》特载中工作报告、附录中专文采用综合性文章。全书按类目、分目、条目三个层次编排，条目标题统一用黑体加【 】表示，方便查阅。卷首有地图及卷前彩页，正文设特载、大事记、黑河概览、中国共产党黑河市委员会、黑河市人民代表大会、黑河市人民政府、政协黑河市委员会、中国共产党黑河市纪律检查委员会 黑河市监察委员会、民主党派、群众团体、法治、军事、应急与安全管理、经济管理、农业、工业、城乡建设、房地产业、生态保护、交通 邮电 电信、金融、口岸 商务、教育、科技、文化、旅游、卫生健康、体育、社会生活、人物、县(市、区)、附录共32个类目，199个分目、1146个条目，图表42个。

四、《黑河年鉴(2021)》采用双重检索系统，文前置目录，分中文目录和英文简目;后置索引，分为文字索引和图表索引两部分。

五、《黑河年鉴(2021)》所刊数据，除国家统计部门正式公布之外，均由供稿单位提供并审核。由于来源、统计方法和口径的差异，数据不尽一致，引用时以黑河市统计局资料为准。

六、《黑河年鉴(2021)》数字用法、标点符号、计量单位遵循国家标准和出版规定。数字用法以《出版物上数字用法》(GB/T15835-2011)为准，标点符号使用以《标点符号用法》(GB/T15834-2011)为准。采用国务院1984年2月发布的中华人民共和国法定计量单位。

七、《黑河年鉴(2021)》文中将“俄罗斯阿穆尔州”简称为“俄阿州”，将“俄罗斯布拉戈维申斯克”简称为“俄布市”。“黑河”意指黑河市区这一特定地域，非指黑河市行政区域。

八、《黑河年鉴(2021)》彩版图片均来自黑河日报社和各供稿单位。

黑河市行政区划图

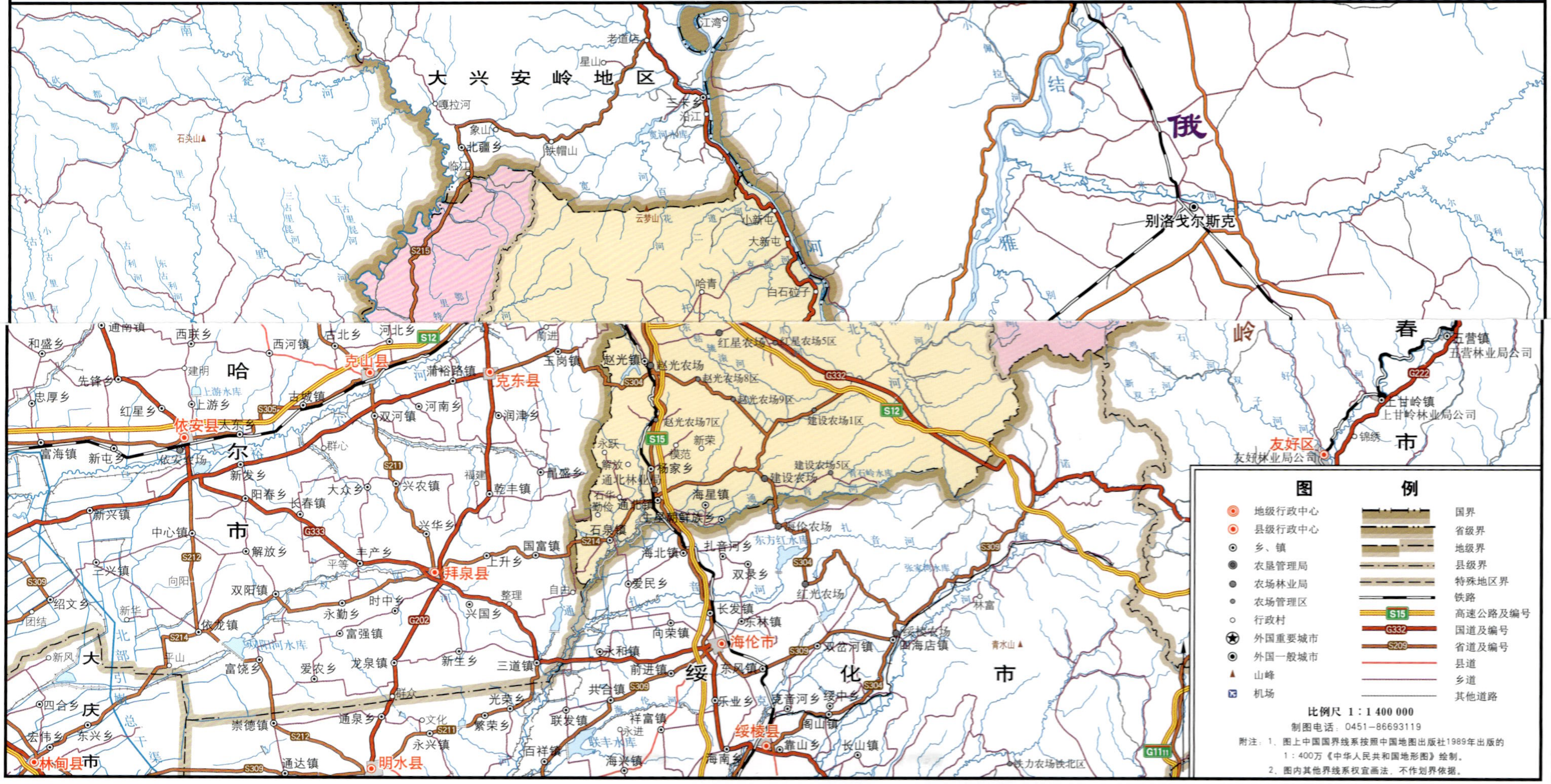

《黑河年鉴(2021)》·《黑河市行政区划图》　审图号：黑S（2021）74号　编制：哈尔滨地图出版社　地图编辑：姜景龙　资料截至2020年末

黑河名片

- **2009** 中国优秀旅游城市
- **2014** 国家级卫生城市
- **2015** 第21届亚洲旅游业金旅奖首批十佳健康（养生）旅游目的地
- **2016** 国家园林城市
- **2017** 第二届中国文旅产业巅峰大会“最具投资价值全域旅游目的地奖”；第五届旅游业融合与创新论坛“最美中国榜国际知名旅游度假城市”“全域旅游创建典范城市”
- **2018** 央视《魅力中国城》竞演“十佳魅力城市”和“黑河——我的极致远征跨境自驾游”获年度魅力主题线路；第二届东北旅游新媒体峰会“东北三省最值得去的旅游目的地”
- **2019** 中国（黑龙江）自由贸易试验区黑河片区；中国汽车寒区试验基地
- **2020** 全国双拥模范城“四连冠”

中国黑河—俄罗斯布拉戈维申斯克跨黑龙江（阿穆尔河）大桥

100 数字黑河（2020年）

- 县（市、区）6个
- 乡镇65个
- 总人口155.5万人
- 全市总面积68726平方千米
- 全市生产总值614.4亿元
- 第一产业增加值275.7亿元
- 第二产业增加值78.2亿元
- 第三产业增加值260.5亿元
- 规模以上工业增加值同比增长25.9%
- 居民消费价格指数（CPI）同比上涨2.3%
- 固定资产投资同比增长0.2%
- 社会消费品零售总额同比下降17.8%
- 农林牧渔业总产值524.7亿元
- 粮食作物播种面积182.9万公顷
- 人工造林面积2167公顷
- 旅游642万人次
- 铁路客运量52.5万人次
- 公路客运量221万人次
- 水路客运量6万人次
- 航空客运量13.2万人次
- 公共财政预算收入42.5亿元
- 金融机构人民币存款余额1043.9亿元
- 金融机构人民币贷款余额443.3亿元
- 高等教育在校生11350人
- 卫生机构1001个（含村卫生所646个）
- 体育省级以上冠军4个
- 城镇常住居民人均可支配收入30899元
- 农村常住居民人均可支配收入18247元
- 城乡居民养老保险参保41.9万人
- 城乡居民基本医疗保险参保76.2万人

100 黑河的一天（2020年）

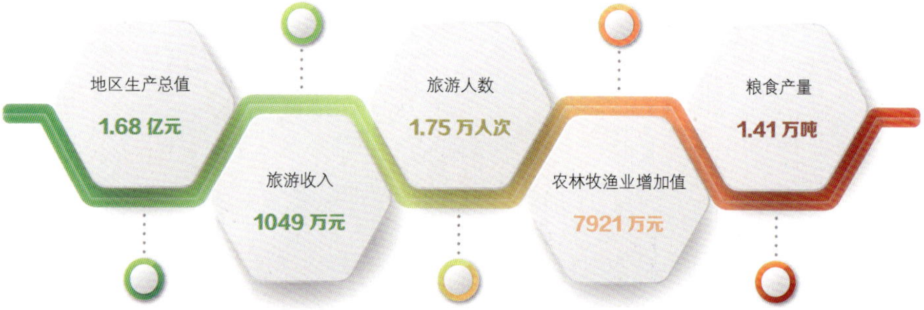

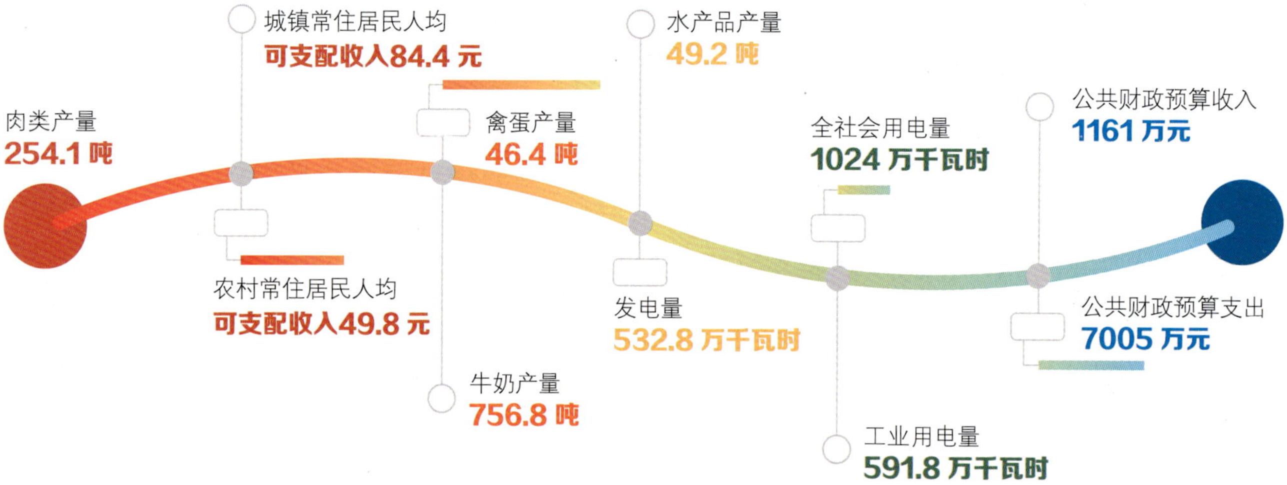

地区生产总值（亿元）

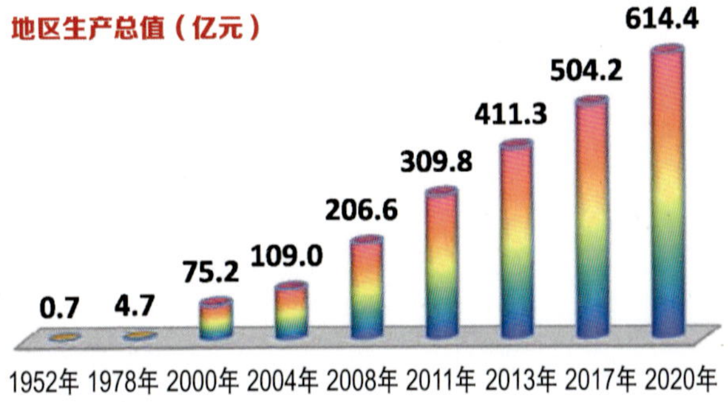

注：GDP为第四次全国经济普查衔接后修订数

经济总量跃上新台阶

黑河市经济实力实现跨越式发展，1952年到2020年，地区生产总值（GDP）从0.7亿元增长至614.4亿元，增长876.7倍，1979—2020年年均增长8.2%。其间，2004年突破百亿元，达到109亿元，2008年、2011年、2013年、2017年分别突破200亿、300亿、400亿、500亿元；2020年突破600亿元，达到614.4亿元。人均地区生产总值从1952年的215元，到1988年、2007年、2017年分别突破1000元、10000元、30000元，2020年达到39184元，是1952年的182.3倍。

地区生产总值指数（上年=100）

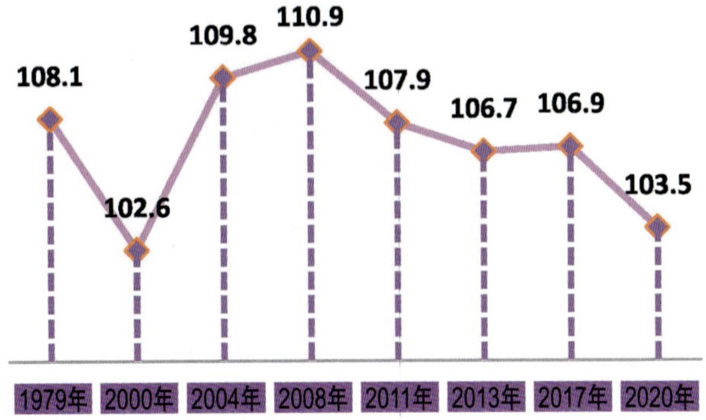

注：GDP指数为第四次全国经济普查衔接后修订数

人均地区生产总值（元）

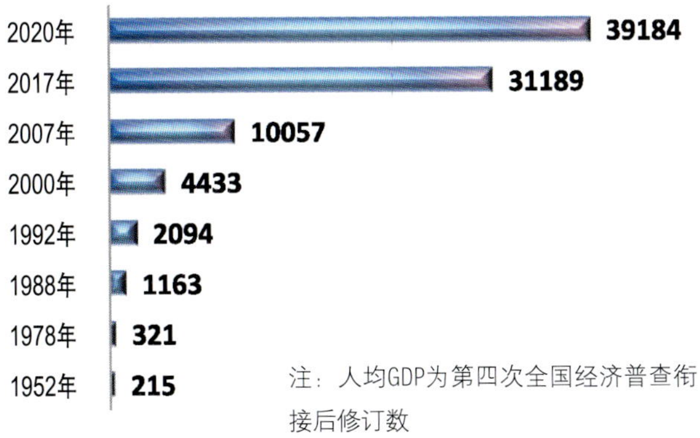

注：人均GDP为第四次全国经济普查衔接后修订数

产业结构不断优化

黑河是农业大市，农业在国民经济中份额较大，经过多年的调整和发展，经济结构不断优化，三次产业结构由1952年的62.7∶22.4∶14.9逐步调整为1978年的56.6∶22.5∶20.9再调整到2020年的44.9∶12.7∶42.4。第三产业比重逐渐提高，从14.9%提高至42.4%，上升27.5个百分点，1981年起第三产业占GDP比重超过第二产业，之后逐渐缩小与第一产业差距，2020年第三产业占比仅比第一产业少2.5%。

地区生产总值三次产业构成(%)

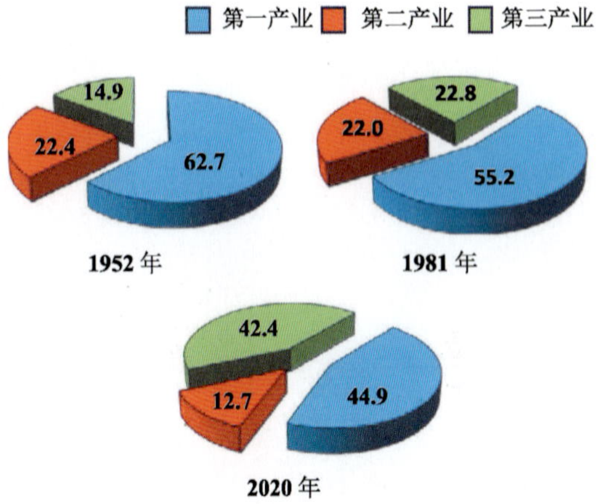

注：三次产业结构为第四次全国经济普查衔接后修订数

农业生产稳步增长

黑河农村经济实现跨越式发展，农林牧渔业总产值从1949年的1.1亿元，增加到2020年的524.7亿元，增长476倍，年均增长9.1%。改革开放以后，一系列惠农政策极大地调动了农民种粮积极性，粮食产量屡创新高，特别是2004年粮食产量首次突破140万吨，之后连续稳产在150万吨以上，2018年达到641.1万吨，创历史最好水平，1949—2020年均增长4.8%。耕地面积由1949年19.4万公顷增加到2020年184.8万公顷，年均增长3.2%。

农业总产值（亿元）

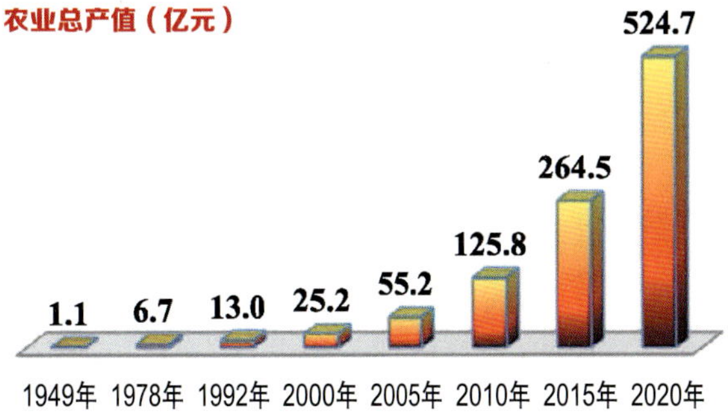

注：2020年农业总产值包含农垦数据

粮食产量（万吨）

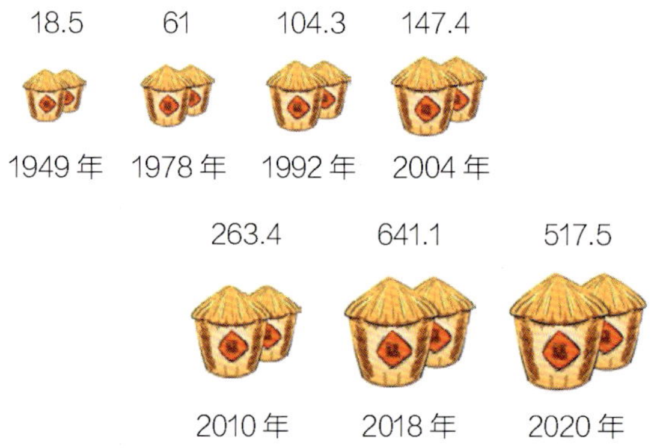

注：2018和2020年粮食产量包含农垦数据

原煤产量（万吨）

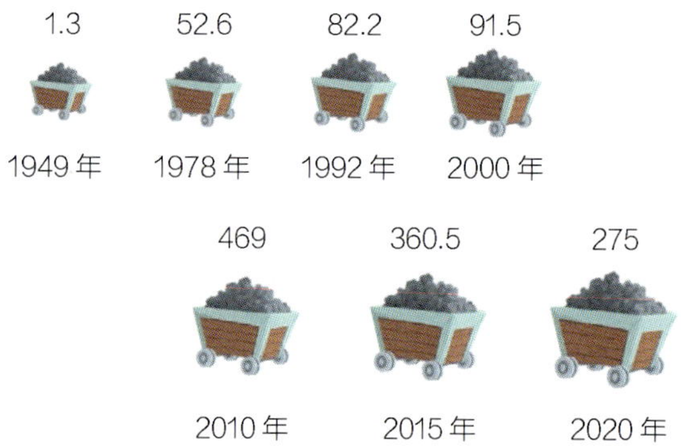

耕地面积（万公顷）

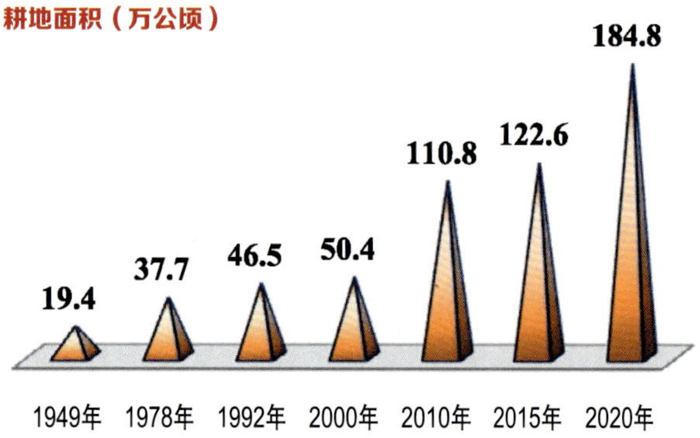

注：2020 年耕地面积包含农垦数据

发电量（亿千瓦时）

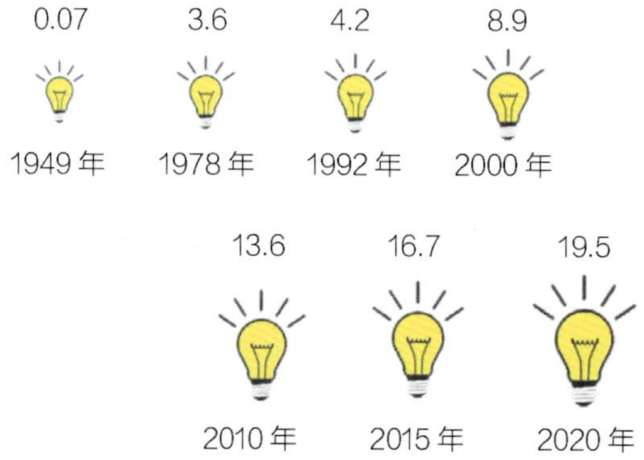

● 工业高质高效发展

黑河工业经济迅速发展，形成了以煤炭、有色金属开采、农副食品加工、电力热力生产供应为支柱的工业格局。2020年全市规模以上工业企业达到115户，从业人员1.6万人，增加值同比增长25.9%。从主要工业产品产量看，原煤从1949年的1.3万吨到2020年275万吨，增长210.5倍，年均增长7.8%；发电量从1949年0.07亿千瓦时到2020年19.5亿千瓦时，增长277.6倍，年均增长8.3%。

● 投资规模不断扩张

黑河市投资力度不断加强，投资规模持续扩张。1949年，全市固定资产投资不足300万元，1973年突破1亿元，改革开放以来，一些重点建设项目相继建成投产，1993年全市固定资产投资突破10亿元，2009年突破100亿元，2016年达到275.3亿元，2020年受疫情影响仍保持了小幅增长态势，增长0.2%，1949—2020年年均增长14.6%。在投资强有力的支撑下，基础设施建设明显完善，2020年建筑业总产值18.2亿元，比1990年增长25倍。

规模以上工业增加值（亿元）

注：自2017 年起规模以上工业增加值绝对额不对外发布

固定资产投资（亿元）

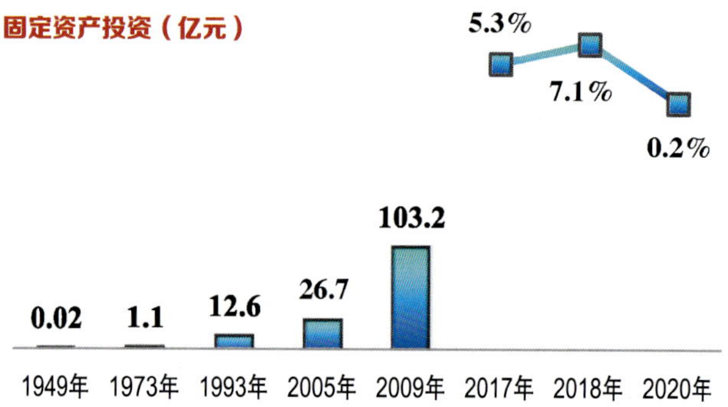

注：自2017 年起固定资产投资绝对额不对外发布

建筑业总产值（亿元）

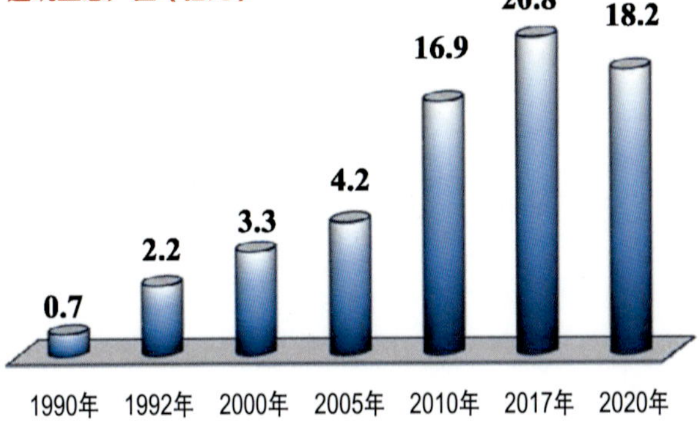

邮政业务总量（亿元）

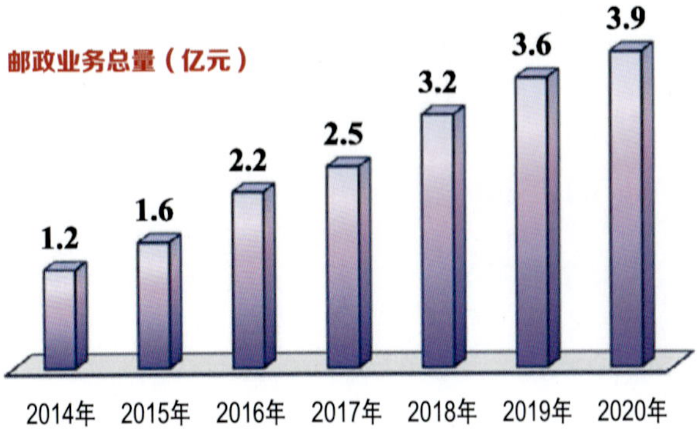

● 交通运输飞速发展

改革开放以后，黑河市交通基础设施建设取得重大进展，北黑地方铁路改造完成实现了黑哈、黑齐地国铁联运，北黑高速、北五高速、嫩黑公路、黑呼公路建成通车，黑河瑷珲、五大连池德都、墨尔根通用机场建成通航，交通事业快速发展。2020年，受疫情影响出行人数骤减，客运量293万人次，比上年下降46.7%，比1949年增长72.2倍；周转量2.9亿人千米，比上年下降51.1%，比1949年增长95.7倍。货运量1032万吨，是1949年的172倍；周转量12.6亿吨千米，是1949年的209倍。邮政业务总量3.9亿元，是2014年的3.3倍。

客货用量、周转量

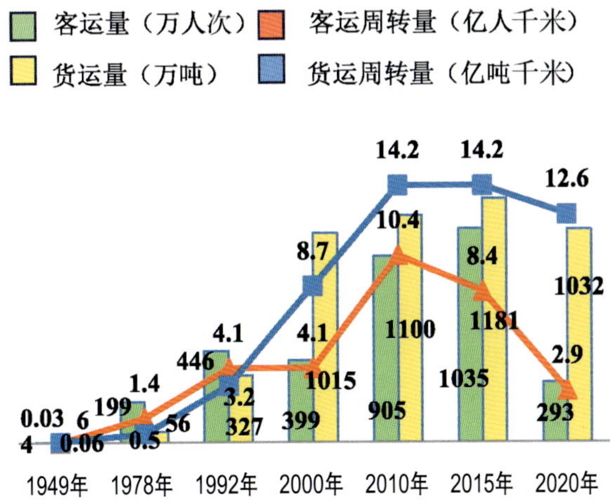

● 消费市场繁荣活跃

随着经济持续快速增长，居民收入水平不断提高，黑河市消费品市场日益繁荣，形成了多元化、多渠道、开放式的新格局。特别是近年来发展迅猛的网络购物，改变了单一百货商店柜台式销售形式，营销水平空前提高。全市社会消费品零售总额由1949年的1600万元，到1989年超过10亿元，再到2015年突破百亿元大关，到2020年达到123.3亿元，比1949年增长769.6倍，年均增长9.8%。

社会消费品零售总额（亿元）

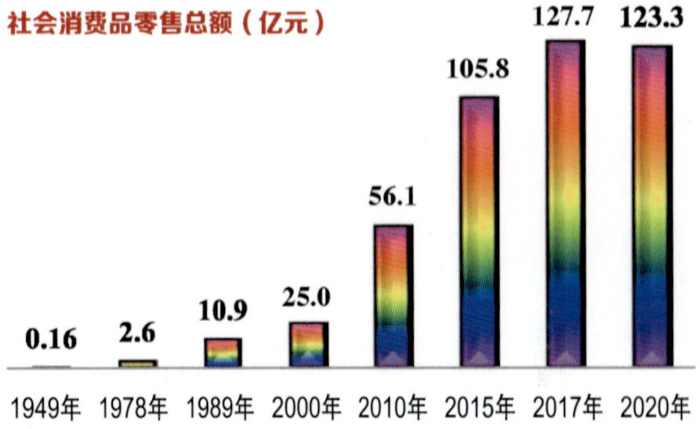

注：社会消费品零售总额为四经普衔接后修订数

● 财政实力明显增强

中华人民共和国成立初期，黑河财政较为困难，1949年一般公共预算收入仅为0.01亿元，1988年首次破亿元，2010年突破10亿元，2020年突破40亿元，达到42.5亿元，是1949年的4250倍，年均增长12.5%。一般公共预算支出不断提高，2020年达到256.4亿元，比1949年增长2.56万倍，比1978年增长426.3倍。财政实力日益增强，为促进生产发展、加大农业投入、加快公共设施建设、改善人民生活提供了强有力的保障。

财政收支（亿元）

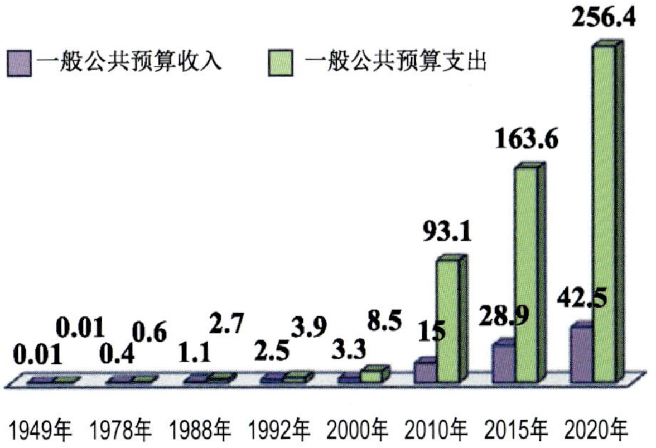

● 对外经济喜结硕果

1983年国家恢复黑河口岸，黑河依托自身区位优势和资源优势，积极拓展对外交流与合作空间，不断改善投资环境，深度融入“一带一路”倡议，特别是中俄黑龙江大桥和中俄东线天然气管道工程的建成，推动对俄贸易合作取得新发展，全市对外经济呈现出前所未有的新变化。外贸进出口总额从1987年的11万美元到1991年突破1亿美元，再到2006年突破10亿美元，2019年达到38.7亿元，年均增长30.8%。

外贸进出口总额（亿美元）

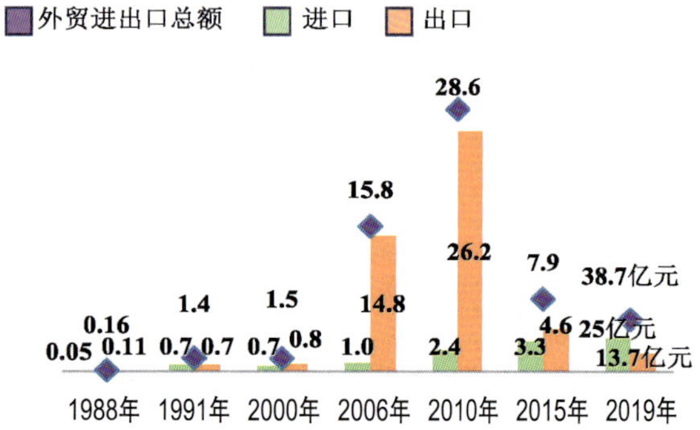

注：2020年外贸进出口总额不对外发布

● 居民收入不断增加

黑河市委、市政府统筹安排生产建设和人民生活，采取提高工资、养老金、最低生活保障水平，平抑市场物价，拓宽居民收入渠道等措施，实现了由温饱到总体小康的历史性跨越。全市城镇常住居民人均可支配收入从2003年的3869元增加到2020年的30899元，年均增长13%；农村常住居民人均可支配收入从1960年的91.9元增加到2020年的18247元，年均增长9.2%。从业人员年平均工资从1949年的323元，增长到2019年50272元，年均增长7.5%。人均金融机构存款余额由1952年的1.95元，增长到2020年的6.7万元，年均增长16.6%。

城乡居民收入（元）

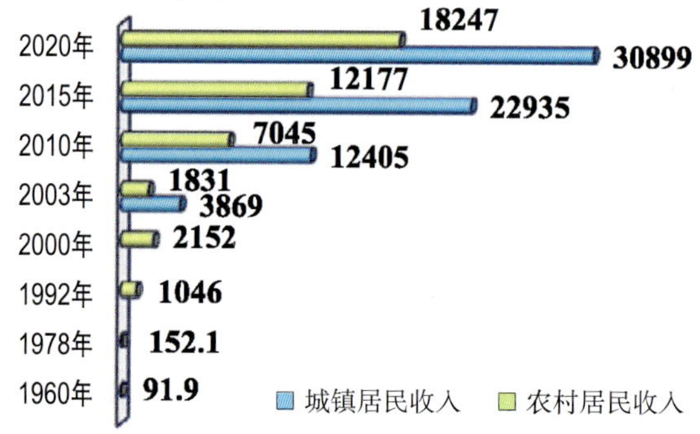

注：城镇常住居民人均可支配收入最早为2003年数据

从业人员年平均工资（元）

注：2020年从业人员年平均工资尚未发布

● 休闲旅游日渐兴起

1988年，经国务院和国家旅游局批准黑河在全国边境地区率先开通了“中苏一日游”，借助在区位资源等方面得天独厚的优势，围绕边境、生态、休闲、康养、红色、冰雪、文化等重点，加大旅游宣传，打响旅游品牌，黑河成功举办第三届黑龙江省旅游产业发展大会，旅游知名度进一步提升。2020年，全市旅游人数642万人次，旅游收入38.4亿元。

出入境旅游人数（万人次）

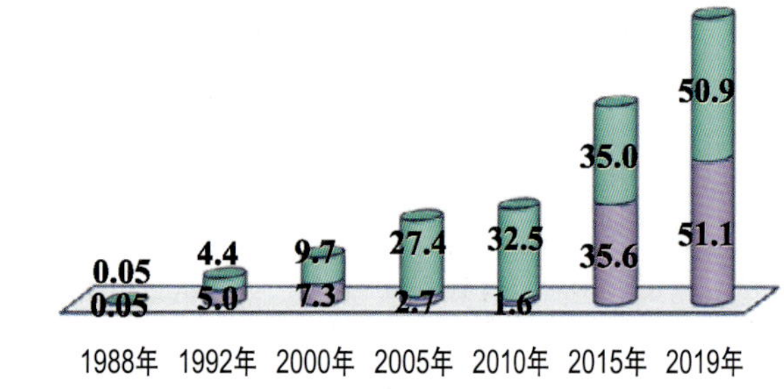

金融机构存贷款余额（亿元）

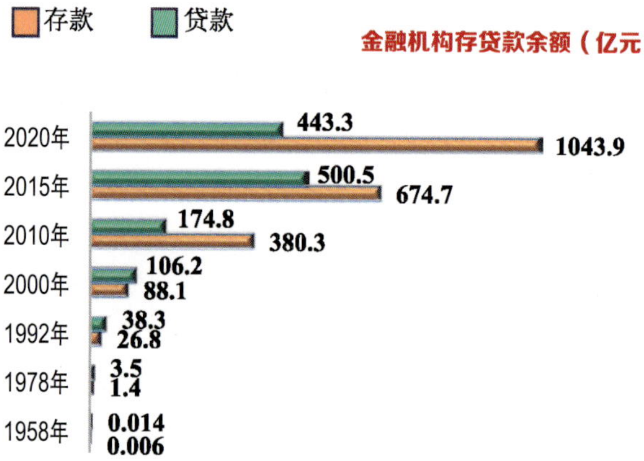

● 医疗水平全面提高

黑河市医疗卫生服务体系建设不断完善，社区、村组卫生服务从无到有，新型农村合作医疗实现全覆盖，卫生综合实力大幅增强，服务水平和治理能力迈上新台阶，公共卫生事业取得显著成效。2020年，全市拥有卫生机构数1001个，是1949年的58.9倍；卫生机构床位数8412张，是1949年的24.5倍；卫生机构技术人员9748人，是1949年的32.5倍。每千人拥有的卫生床位数5.41张，每千人拥有的卫生技术人员数6.27人。

卫生事业（个、人、张）

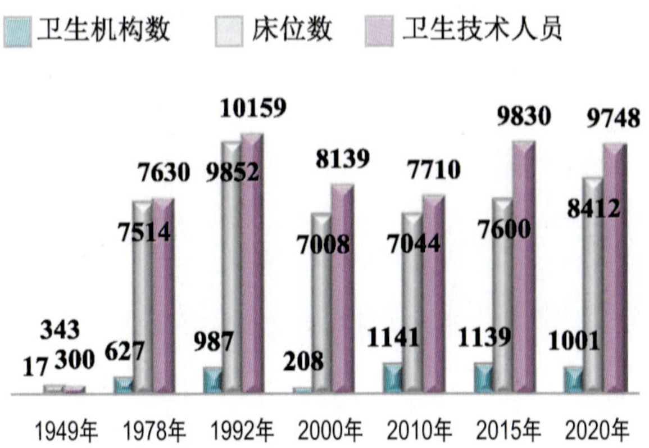

● 教育事业蓬勃发展

黑河始终把教育工作摆在突出位置，基本建立起比较完备的现代教育体系，学前教育基本普及，义务教育优质均衡，高中阶段教育全面普及，各种职业培训蓬勃开展。1949年，全区98.7%是小学校在校生，仅有370人中学校在校生，到2020年，全市共有在校生12.8万人，比1949年增长3.6倍，其中，高等教育1.1万人，普通中学5.7万人，中等职业技术学校6913人，小学校5.3万人。小学净入学率100%，初中净入学率100%。

高等学校在校生人数（人）

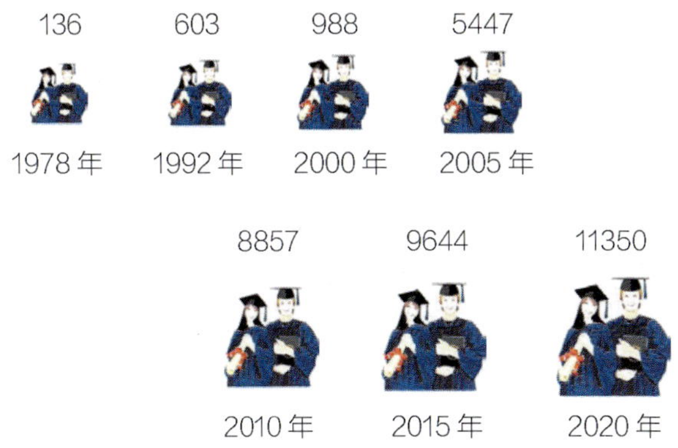

● 社会保障日臻完善

改革开放以来，黑河市社会保障制度逐步建立，覆盖面持续扩大，待遇水平稳步提升。2020年，城乡居民养老保险参保人数为41.9万人，企业和个体养老保险参保人数为15.9万人；城乡居民基本医疗保险参保人数为76.2万人，职工基本医疗保险参保人数为19.7万人，失业保险参保人数4.7万人。城镇新就业人员17816人，新增就业人员14850人，失业人员再就业人数9264人，城镇登记失业率3.31%。

城镇养老医疗保险参保人数（万人）

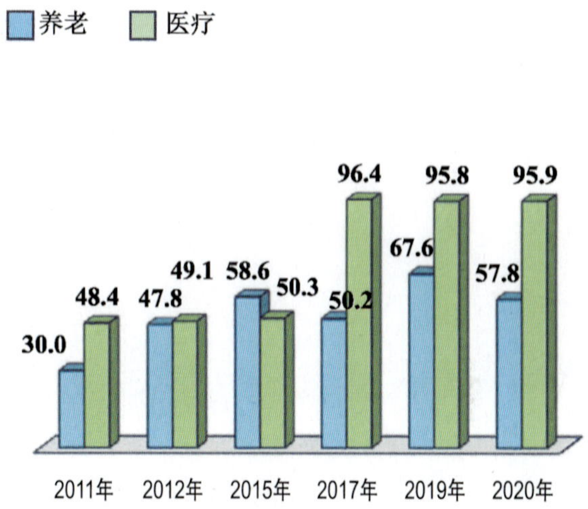

● 城乡人口均衡发展

黑河市坚定不移走人口与经济社会统筹发展道路，努力促进人口与经济、社会、资源、环境全面协调可持续发展，全市人口均衡发展，城镇化水平不断提高。全市户籍人口从1949年的26.5万人，到1968年突破百万人，到2005年的顶峰时期174.6万人，2020年达到155.5万人，年均增长2.5%。城镇化率从1949年的27.6%，提高到2020年的58.3%，提升了30.8个百分点，男女比例从1949年的137.2，缩小到2020年的101.1，缩窄36个百分点。

人口情况（万人、%）

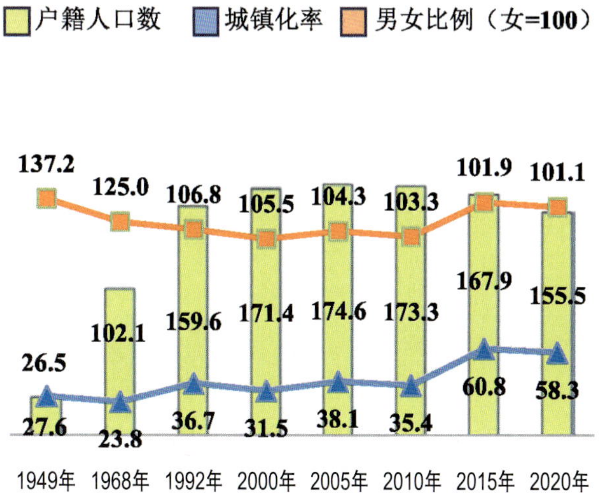

（黑河市统计局）

2020年新冠肺炎疫情发生后，黑河市委、市政府第一时间成立市疫情防控领导小组及指挥部、专项小组，带领全市上下“外防输入、内防反弹、严防扩散、守好国门”，两次疫情速战速决，做好疫情防控工作，努力降低疫情对经济社会发展影响，取得疫情防控的阶段性成果。

1月28日，中共黑河市委六届75次常委专题会议研究部署全市疫情防控工作

2月，志愿者为居民小区进行循环消毒

2月，志愿者进行排查登记

3月，公安干警在飞机场执行接送返乡、外来人员任务

3月，黑河市突发公共卫生事件应急指挥中心

12月8日，黑河口岸浮箱固冰通道货物运输疫情防控应急演练

12月29日，黑河市政府新闻办公室召开新闻发布会，通报黑河市新冠肺炎疫情情况

2月12日，黑河市援助湖北应对新冠肺炎疫情医疗队驰援湖北孝感。医疗队由黑河市10所医院的6名医生、14名护士组成。图为3月21日医疗队圆满完成医疗救治任务返回黑河

2月，公安交警在高速公路卡点执勤

2月，志愿者劝导居民非必要不外出

2月，志愿者坚守卡点

1月30日，黑河超市菜品丰富，价格平稳，供应充足

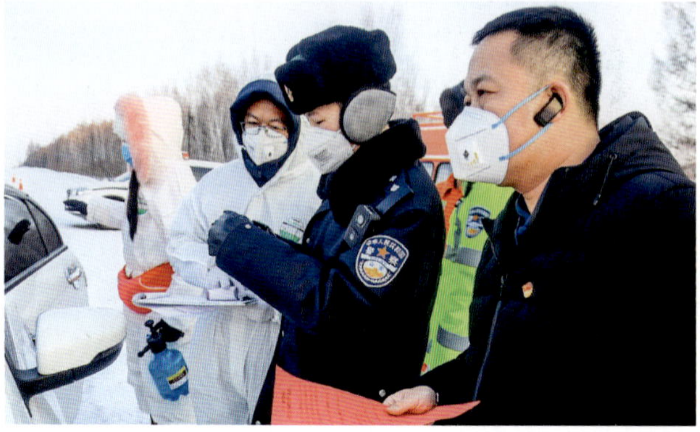

2月，联防联控阻击疫情

3月，网络授课全面上线

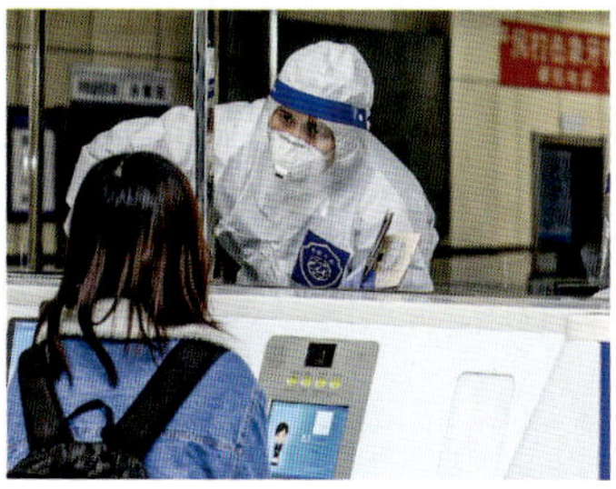

3月23日，民警为旅客办理边检手续

3月24日，市委书记马里看望向中国红十字总会捐款20万元抗击新冠肺炎疫情的离休干部孙永贵

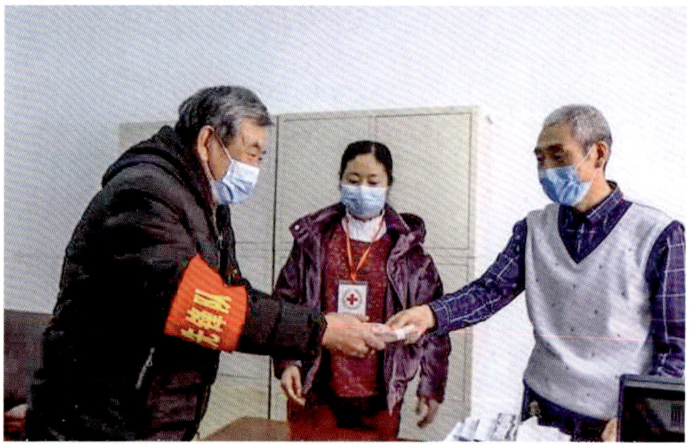

9月8日，全国模范退役军人尚玉山被评为“全国抗击新冠肺炎疫情先进个人”。图为尚玉山（左一）在为抗击疫情捐款

1月28日，黑河与俄布市旅检口岸共同开辟临时客运走廊，帮助双边滞留人员撤离

2月22日，黑河市红十字会向防疫一线捐赠防控物品

5月20日，中国黑河—俄布市货运口岸开通，货船“龙推302”满载工程机械从黑河港码头起航

3月9日，黑河市恢复8条客运班线营运。图为发往爱辉区瑷珲镇的车辆

截至3月12日，48家车企650余台测试车辆732名测试人员返回黑河复工。图为市工信科技局工作人员在火车站接试车人员

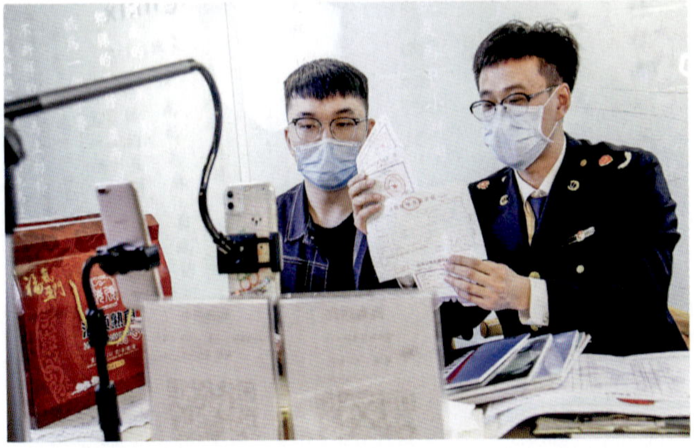

4月，黑河市市场监管局帮助企业拓宽销售渠道，开展直播促销拉动内需。图为向顾客展示生产许可等相关证明

8月31日至9月14日，黑河市各级各类学校错年级、错时间有序开学

10月30日，黑河保税物流中心（B型）项目封关运营

黑河市委、市政府将脱贫攻坚作为重大政治任务和第一民生工程，2018年省级贫困县孙吴县实现脱贫摘帽，2019年131个贫困村全部脱贫出列，2.68万名现行标准下农村贫困人口全部脱贫退出。2020年，全市脱贫监测户、边缘户无一户返贫致贫，“十三五”规划主要目标任务基本完成，全面建成小康社会目标如期实现。

3月8日，黑河市委农村工作会议暨全市扶贫开发和县域经济发展工作会议召开

8月，爱辉区西峰山乡贫困人口脱贫措施培训会

6月，北安市赵光镇赵光村贫困户在驻村工作队帮助下建起养鸡场

五大连池市双泉镇月秋食用菌大棚扶贫基地丰收场景

10月，五大连池风景区青泉村贫困户种植大棚喜获丰收

扶贫产业项目鲜食玉米加工厂

扶贫产业项目采摘园育苗大棚

12月，嫩江市联兴乡党委书记、驻村扶贫工作队队长沈淼（站立左一）被评为全国“最美公务员”

爱辉区金莲花扶贫产业项目

爱辉区产业扶贫牛舍

4月，孙吴县西兴乡兴南村花卉温室大棚

9月，村支部书记向贫困户讲解脱贫相关政策

9月22日，孙吴县西兴乡扶贫农特产品在农民丰收节上展销

9月，逊克县举办助农扶贫电商培训班

嫩江市村级光伏扶贫电站

7月17日，黑河市扶贫开发工作领导小组2020年第三次会议对脱贫攻坚工作进行部署、推进，全面贯彻落实中央及省委脱贫攻坚决策部署

12月，黑河市贫困户全部实现住房安全、饮水安全、义务教育、基本医疗有保障。图为逊克县宝山乡贫困村宝泉村村容村貌前后对比

8月，驻孙吴县红旗乡建设村扶贫工作队为贫困户接通自来水

12月，黑河市131个贫困村全部实现通硬化路。图为北安市海星镇修建入户路

12月，黑河市义务教育阶段的贫困学生全部落实“两免一补”等教育扶贫政策

12月，黑河市131个贫困村广播电视达到全覆盖

6月，畜牧专家为贫困户做养殖技术指导

3月，志愿者为贫困生捐赠温暖包

7月，五大连池风景区青泉村贫困户喜迁新居

9月，逊克名医健康扶贫义诊团送医下乡活动现场

2020年9月，黑河市围绕“办会兴城、强市富民”目标，成功承办第三届黑龙江省旅游产业发展大会。大会开启“云上办会”模式，推出48小时全程直播活动宣传推介黑河，超过2亿网友通过“云直播”看旅发，向全国和世界人民亮出了一张张尽显黑河自然生态之美、民族文化之美、异域风情之美的城市名片。

9月4日，省委书记张庆伟（前排中）等考察黑河旅游服务中心

9月2日，第三届黑龙江省旅游产业发展大会黑河市云招商推介会签约现场

9月15日，黑河市民在黑龙江大桥观光区参观

黑河旅游服务中心一角

黑河旅游服务中心是黑龙江省功能最全、设施最先进的旅游综合服务体

9月4日，第三届黑龙江省旅游产业发展大会开幕式

9月4日，第三届黑龙江省旅游产业发展大会开幕式歌舞表演现场

9月5日，黑龙江公园文化展演活动

9月5日，黑河市民族管弦乐团表演

7月10日，瑷珲—腾冲中国人口地理分界线主题公园竣工开放，成为黑河城市新地标

黑龙江大桥观光区以整体的界江流线景观为背景，塑造亲水、绿色的城市柔性空间

鸟瞰大美黑河

8月28日，省百大项目中俄民族风情园开园

331国道向日葵花海景观

黑河最低气温-44.5℃，平均极端低温-37.8℃，冰雪期长达180天，寒区试车产业条件优越，是业内公认的国内规模较大的第三方寒区试车基地和“中国汽车寒区试验基地”。12月10日，由黑河市委、市政府主办的黑河首届寒区试车节开幕，活动为期3个月，吸引了全国著名的整车企业的几十支车队和200余位车手参赛，充分展现了黑河寒区试车的巨大潜力。

12月10日，由黑河市委、市政府主办的黑河首届寒区试车节在卧牛湖水库试车基地开幕，“黑河寒区试验基地”揭牌

12月11日，雪地越野挑战赛在黑河试车产业园开幕

12月9日，穿越黑河·城市巡游活动为试车节预热

12月10日，城市街道挑战赛赛车出发

12月10日，参赛选手在CCPC城市街道挑战赛中进行弯道计时角逐

12月10日，城市街道挑战赛车手等待出发

12月10日，2020中国量产车性能大赛·黑河极境冰雪挑战赛开幕式

12月11日，市委书记马里（右二）为车王争霸赛冠亚季军颁奖

12月10日，CCPC城市街道挑战赛选手列队待发

12月11日，赛车选手在黑河市试车产业园进行雪地越野挑战赛SUV组比赛

12月10日，漂移表演比赛现场

2020年冰雪旅游季，黑河市以火山温泉、欧陆风情、冰雪运动、民俗节庆等为依托，推出2020中国·黑河首届寒区试车节、火山温泉节、五大连池冬捕节、逊克雾凇节等30余项体现地域特色的文化旅游体育节庆营销活动，打造“极境冰雪 世界的黑河”冬季旅游品牌，搅热了冬季旅游市场，提升了冬季旅游产品的影响力。

逊克县大平台雾凇

冰上龙舟

五大连池风景区火山熔岩雪景

北安市冰球馆

1月18日，2020中俄界江黑龙江国际冰球友谊赛在黑河市域黑龙江江面上开赛

11月21日，黑河红河谷国际滑雪场迎来首滑日

12月27日，五大连池冬捕节

12月19日，第七届全国大众冰雪季“极寒界江 康养黑河”冬泳文化节在黑河黑龙江边冬泳基地举行

12月，中俄界江黑龙江黑河段进入封冻期

12月，游人在滑雪场滑雪娱乐

12月，瑷珲上元节入选第五批国家级非物质文化遗产代表性项目名录

发展现代农业　建设现代绿色强市

“十三五”时期，黑河市现代农业发展步伐持续加快，以创建农业绿色发展示范区为载体，做大做强绿色农业、品牌农业、质量农业，全市农林牧渔总产值524.7亿元，粮食播种面积182.9万公顷，产量51.75亿千克，粮食生产实现“十七连丰”，新型农业经营主体发展到2.8万个，绿色有机认证标识达到346个，被农业农村部确定为全国绿色高质高效创建示范市。

“极境寒养”是黑河农产品区域公用品牌，于2019年8月20日正式对外发布。2020年，“极境寒养”线上线下实现收入3000余万元，黑河农产品真正实现了从“种得好”向“卖得好”转变。图为2019年11月20日在杭州举行的黑河文化旅游产品暨“极境寒养”农产品区域公用品牌推介会现场

黑河是“中国大豆之乡”、全国最大的大豆生产基地。2020年，黑河全域大豆播种面积达144.8万公顷，总产量284万吨。图为现代化机械收割万亩大豆

2017年3月15日，中国工程院院士盖钧镒率领的专家团队和黑河农业科技力量组成的大豆院士工作站在黑河成立

2019年9月3日，第六届北大荒大豆节暨第四届九三绿色食品展销会现场

2020年10月，绿农集团在第八届黑龙江绿博会现场直播售卖区

建设百大项目　助跑经济社会发展

“十三五”时期，黑河市聚焦特色优势资源，实施市级以上重点产业项目282个，累计完成投资339亿元，规上工业企业达到109户，以煤炭、有色金属开采、农副产品加工、电力生产与供应为支撑的工业体系加速形成。2020年，黑河市145个市百大项目100%开复工，22个省百大项目投资完成率122%，经济发展增速领跑全省，创下5项指标增幅全省第一的历史纪录，口岸过货量成为历史第二高年份。

2020年9月21日，黑河自贸片区“两新一重”项目暨北黑铁路升级改造项目开工仪式在黑河南站新址举行。包括北黑铁路（龙镇至黑河段）升级改造、黑河市卫生健康中心、黑河寒区试车高新技术产业园以及五汤公路沾河至大平台段改扩建等大项目正式开工

2020年11月18日，孙吴四季屯区煤矿（5区）勘查项目正式启动

2020年8月，省百大项目中国瑷珲国际汽车营地投入运营

2020年8月，黑河市第一人民医院（黑河市重大疫情救治基地）建设项目施工现场

2020年，嫩江综合实力排名连续两年位居全省首位。图为嫩江市多宝山铜矿项目鸟瞰图

构建开放新格局　打造最北自贸区

“十三五”时期，黑河市对外开放合作硕果累累。中国（黑龙江）自由贸易试验区黑河片区启动建设，黑龙江跨境经济合作试验区黑河片区正式运营，黑河重点开发开放试验区建设实施方案报国家审核，国家级跨境电子商务综合试验区批准设立。全市累计完成外经贸货物进出口额超过30亿美元；互市贸易进出口额2.3亿美元，边民参贸人数达到59万人次，对外开放合作实现新跨越。

中国（黑龙江）自由贸易试验区黑河片区

2019年8月30日，中国（黑龙江）自由贸易试验区揭（授）牌仪式暨建设动员大会在哈尔滨市举行

2019年9月17日，中国（黑龙江)自由贸易试验区黑河片区启动建设暨黑河月星中俄跨境物流枢纽开工仪式

2019年10月，中俄东线天然气项目最后一道焊口完工。截至2020年12月，通过黑龙江黑河首站累计向国内输送天然气39亿立方米

黑河自贸片区利源达挂车制造项目待销售的汽车

黑河边民互市贸易交易中心

2019年7月18日，中国黑河—俄布市跨境索道项目同时开工建设。图为索道效果图

黑河国际商贸中心

黑龙江大桥桥头区口岸联检区

2019年5月31日，中国黑河—俄布市黑龙江（阿穆尔河）大桥合龙

发展文化旅游　魅力黑河走向世界

“十三五”时期，黑河市高度重视文化旅游产业发展，努力塑造风情黑河、魅力黑河、康养黑河，连续举办中俄文化大集十届，推进重点文旅项目38个，总投资28亿元，初步形成吃、住、行、游、购、娱功能齐全、协调配套的旅游业服务体系，累计接待国内外旅游者4400万人次，实现旅游收入370亿元，黑河旅游业活力明显增强，文化影响力和城市综合竞争力全面提升。

黑河中俄文化大集影响力进一步扩大，由最初的区域性特色文化活动上升为中俄文化交流品牌，内容拓展为七大版块百余项文化经贸活动。图为2019年6月23日第十届中俄文化大集黑河开幕式现场

2017年5月29日，五大连池第34届火山圣水节开幕式

2019年6月，新生鄂伦春族乡古伦木沓节

2018年12月29日，黑河市参加央视《魅力中国城竞演》展演并摘取桂冠

瑷珲古城一角

2019年6月，中俄民众花车巡游暨中俄民族风情展演

坚持景城一体　边城建设风景如画

“十三五”时期，黑河市坚持以人民为中心，全面启动国土空间总体规划和村庄规划编制工作，科学谋划中心城区发展定位和城市风貌设计，以国家AAAAA级旅游景区标准建设管理城市，城市与乡村同步规划、同步建设，新型城镇化、城乡融合进程不断加快，砥砺前行中，一座快速发展的中俄边境“新”城矗立在黑龙江畔，书写着地理人文丰厚华美的精彩篇章。黑河内容丰富、主题迥异的博物馆群，让你抚摸一个城市的历史脉络，感悟一个地域的文化传承。

以水为魂，以绿显韵，黑河城区突出边境口岸滨水城市特点，形成以沿江绿化带为代表的城市绿化“线”景观，建成区绿化覆盖率达到40.7%，人均公园绿地面积为13.12平方米

黑河城市风光

在水一方广场

“海兰之夜”风情街

世纪广场夜景

中国侨联爱国主义教育基地黑河旅俄华侨纪念馆

国家方志馆知青分馆黑河知青博物馆

加强民生保障　建设和谐幸福黑河

“十三五”时期，黑河市不断加强发展民生项目，民生保障不断增强，城乡面貌发生深刻巨变，城市发展更有温度。投入资金近14亿元，实施城市道路、公园、地下管网、公共停车场、老旧小区、二次供水等项目建设，完成市区84个老旧小区改造任务、15614户居民直接受益；启动有史以来最大规模的棚户区改造，5775户居民直接受益。

2017年3月3日，黑河市市区棚户区改造暨城乡环境综合整治工作动员大会

2017年3月，劳动就业局招聘会开到农民家门口

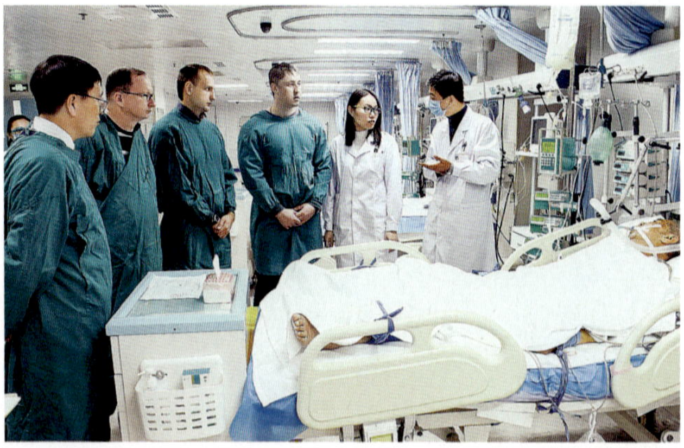

2017年11月，黑河市第一人民医院（黑河中俄友好医院）与俄阿州国立医学院开展医学技术合作交流活动

2019年4月1日，南航珠海航空公司（珠海—郑州—黑河）航线首航成功

2019年9月9日，黑河市教育大会暨第三十五个教师节表彰大会

2020年9月，老通江街、老铁路街、四中南侧道路等成功打通，城市道路“微循环”更加畅通

维护安全稳定　建设平安边陲重镇

“十三五”时期，黑河市坚决维护公共安全，全力控风险、保稳定，牢固树立总体国家安全观，积极创建国家安全发展示范城市。全面提升社会治理能力，在全省地级市中率先出台了《文明行为促进条例》，黑河进入精神文明依法创建阶段，连续5年被评为全省综治平安建设优秀单位。推进扫黑除恶专项斗争，“平安黑河”建设取得历史最好成绩。加大边防基础设施建设力度，推进党政军警民“五位一体”强边固防，边境一线持续稳定。认真做好新时代双拥工作，荣膺全国双拥模范城“四连冠”。

黑河市开展“平安黑河”系列创建活动，“雪亮工程”视频监控实现全覆盖。图为2020年12月18日平安黑河建设工作会议

2020年，全市扫黑除恶专项斗争取得胜利，社会环境得到有力净化。图为黑河市人民检察院对某涉黑案件提起公诉

2020年11月，消防宣传进校园

2020年1月，驻守黑龙江畔的边防某部“黑河好八连”官兵在界江上巡逻

2020年6月，纪念建党99周年黑河市书画名家进警营共建主题活动

2020年9月，黑河武警官兵在第三届黑龙江省旅游产业发展大会上巡逻

守护青山绿水　生态文明谱写新篇

“十三五”时期，黑河市全面推进污染防治，打响蓝天、碧水、净土、美丽乡村、原生态“五大保卫战”，单位GDP能耗累计降低17%。积极加大生态修复力度，逊克、爱辉入选“中国天然氧吧”，五大连池市入选“全国康养60强县”。率先在全省实施绿色矿山建设，5家矿山获批国家级绿色矿山，完成耕地土壤质量划分，土壤环境风险得到有效管控，生态文明底色更加亮丽。

2020年，黑河市空气环境优良天数稳居全省前列，成为全国空气质量优良天数比例达到100%的16个城市之一

“黑河欢迎您”绿植

2016年公别拉河自然保护区晋升为国家级自然保护区

诺宝生物质发电厂

2020年8月，鲟鳇鱼增殖放流黑龙江活动

黑龙江黑河段数百只鸬鹚在界江上空自由翱翔

2017年4月，“全国巾帼建功先进集体”兴安杜鹃女子宣传队开展森防安全宣传

省级美丽乡村建设示范村爱辉区瑷珲镇外三道沟村

2020年2月，黑河市森林消防支队组织开展灭火战备全员拉动演练

2017年大沾河风景名胜区跻身国家级风景名胜区

国家AAAAA级旅游景区五大连池风景区沿湖绿色生态岸线

特　　载

在市委六届九次全会上的报告 ……………………………………1

政府工作报告

——2021年2月8日在黑河市第六届人民代表大会第六次会议上 ……………………………………6

大　事　记

1月 …………………………………… 13

2月 …………………………………… 14

3月 …………………………………… 14

4月 …………………………………… 15

5月 …………………………………… 16

6月 …………………………………… 17

7月 …………………………………… 17

8月 …………………………………… 18

9月 …………………………………… 19

10月 …………………………………… 21

11月 …………………………………… 22

12月 …………………………………… 24

黑河概览

地理环境

位置与面积 …………………………………… 26

地质地貌 …………………………………… 26

气候 …………………………………… 26

水系 …………………………………… 27

土壤 …………………………………… 27

建置沿革

历史沿革 …………………………………… 28

行政区划 …………………………………… 28

人口　民族

人口 …………………………………… 28

民族 …………………………………… 28

资　　源

土地资源 …………………………………… 29

水资源 …………………………………… 29

野生动物资源 …………………………………… 29

野生植物资源 …………………………………… 29

矿产资源 …………………………………… 29

矿泉资源 …… 29
旅游资源 …… 29

经济社会发展

经济建设 …… 30
社会发展 …… 31
人民生活 …… 31

中国共产党黑河市委员会

综　述

党的建设 …… 32
经济发展 …… 32
对外开放 …… 32
乡村振兴 …… 32
民生改善 …… 32
三大攻坚战 …… 33

市委重要会议

市委六届八次全会 …… 33
市委六届九次全会 …… 33
市委常委会会议 …… 33

督查督办

概况 …… 35
决策督查 …… 36
会议和专项督查督办 …… 36
综合信息 …… 36
公文会务 …… 36
党内法规工作 …… 36
国安边防工作 …… 37
档案工作 …… 37

组织工作

概况 …… 37
领导班子和干部队伍建设 …… 37
干部教育 …… 37
干部监督 …… 37
基层组织和党员队伍建设 …… 38
人才队伍建设 …… 38
公务员队伍建设 …… 38
电化教育 …… 38
干部信息工作 …… 38
老干部工作 …… 39
调查研究 …… 39

宣传工作

概况 …… 39
理论武装 …… 39
舆论引导 …… 39
意识形态工作 …… 39
文化建设 …… 40
宣传推介 …… 40
社会宣传 …… 40
文明创建 …… 41
宣传人才队伍建设 …… 41

统一战线

概况 …… 41
思想政治引领 …… 41
民主党派工作 …… 41
党外知识分子工作 …… 42
新的社会阶层人士工作 …… 42
服务非公经济发展 …… 42
民族工作 …… 42
宗教工作 …… 42
涉港澳台事务 …… 42
侨务工作 …… 43
海外统战工作 …… 43
统战工作制度化规范化建设 …… 43

政策研究

概况 …… 43
综合文稿起草 …… 43
课题调研 …… 43
深化改革工作 …… 43

机关党建

概况 …… 43
思想政治建设 …… 44
基层组织建设 …… 44
“两新”党建工作 …… 44

机关作风建设 …… 44
机关群团建设 …… 44
重大活动 …… 44

信访工作

概况 …… 45
信访案件化解 …… 45
矛盾风险排查 …… 45
健全工作机制 …… 45
畅通信访渠道 …… 46

机构编制

概况 …… 46
机构改革后续工作 …… 46
经济发达镇行政管理体制改革工作 …… 46
基层整合审批服务执法力量改革工作 …… 46
专项领域改革 …… 46
事业单位改革 …… 46
调整优化机构编制资源配置 …… 47
事业单位法人登记管理 …… 47

党校教育

概况 …… 47
干部培训 …… 47
科研工作 …… 48
学历教育 …… 48
教师队伍建设 …… 48
学校建设 …… 49

档案史志

概况 …… 49
党史宣教 …… 49
党史编研 …… 49
党史业务指导 …… 49
党史专项引导资金项目 …… 49
党史教育基地评选 …… 50
地方志鉴（名志）编纂 …… 50
志鉴服务 …… 50
国家方志馆知青分馆建设 …… 50
档案接收征集 …… 50
民生档案服务 …… 50
档案数字化 …… 50
档案安全管理 …… 51
黑河档案方志馆项目建设 …… 51
举办大型展览活动 …… 51
服务全市中心工作 …… 51

网络安全和信息化

概况 …… 51
网络安全和信息化工作统筹 …… 51
网络宣传 …… 51
网络管理 …… 52
网络安全防护 …… 52
网络安全教育 …… 52
信息化建设 …… 52

黑河市人民代表大会

综　述

概况 …… 53
落实市委重大决策部署 …… 53
《中共黑河市委关于加强新时代人大工作的意见》出台 …… 53

重要会议

市六届人大五次会议 …… 53
市人大常委会会议 …… 54

主要工作

立法工作 …… 56
监督工作 …… 56
依法行使决定权任免权 …… 56
代表工作 …… 56

专门委员会

监察和司法委员会 …… 56
财政经济委员会 …… 56
农林委员会 …… 57
城乡建设环境保护委员会 …… 57
教科文卫民侨外事委员会 …… 57
法制委员会 …… 57
社会建设委员会 …… 57

黑河市人民政府

综　述

概况 …… 58
市政府常务会议 …… 58

政务服务

概况 …… 60
政务监督 …… 60
政务信息 …… 61
政务调研 …… 61
公文处理 …… 61
会议承办 …… 61
机关事务保障服务 …… 61
接待工作 …… 61
政务公开 …… 61
政府网站监督管理 …… 61
公共机构节能工作 …… 61
应急值守 …… 61
旅发大会服务 …… 62
智慧城市项目建设 …… 62

外　事

概况 …… 62
边境管理与出国审批 …… 62
国际友城交流合作 …… 62
创新对俄合作模式 …… 63
外国领馆团组接待 …… 63
服务全市大型活动 …… 63
抗疫国际合作 …… 63

营商环境建设监督

概况 …… 63
营商环境制度建设 …… 63
“放管服”改革 …… 64
网上政务服务 …… 64
政务大厅标准化建设 …… 64
签约项目服务保障 …… 64
信用信息共享平台建设 …… 64
“清赖行动”专项整治 …… 64

退役军人事务

概况 …… 64
优抚工作 …… 65
就业创业工作 …… 65
英烈褒扬工作 …… 65
移交安置工作 …… 65
退役士兵养老保险缴费工作 …… 65

政协黑河市委员会

综　述

概况 …… 66
合作交往 …… 66
政协委员队伍建设 …… 66

重要会议

政协黑河市六届四次会议 …… 66
市政协常委会会议 …… 67

主要工作

协商议政 …… 67
调研视察 …… 68
提案工作 …… 68

专门委员会

科教卫体人口资源环境委员会 …… 68
民族宗教外事委员会 …… 69
提案文化文史和学习委员会 …… 69
农业和农村委员会 …… 69
社会法制委员会 …… 69
经济委员会 …… 69

中国共产党黑河市纪律检查委员会
黑河市监察委员会

综　述

概况 …… 70

市纪委六届五次全会 …… 70
政治生态建设 …… 70
纪检监察体制改革 …… 70
信息化建设 …… 71

监督检查

政治监督 …… 71
加强对“一把手”监督 …… 71
“四种形态”运用 …… 71
监督能力提升 …… 71

作风建设

严防“四风”反弹回潮 …… 71
侵害群众利益问题整治 …… 71
“打伞破网”成果巩固拓展 …… 71

惩治腐败

坚持“严”的主基调不动摇 …… 72
办案质效提升 …… 72
办案、整改、治理贯通融合 …… 72
警示教育活动 …… 72

巡察工作

概况 …… 72
巡察格局优化 …… 72
巡察成果运用 …… 73

廉政文化

宣传教育活动 …… 73
公众号建设 …… 73
纪律教育 …… 73

民主党派

中国民主同盟黑河市委员会

概况 …… 74
思想建设 …… 74
组织建设 …… 74
参政议政 …… 74
民主监督 …… 75
社会服务 …… 75

中国民主建国会黑河市委员会

概况 …… 75
思想建设 …… 76
组织建设 …… 76
参政议政 …… 76
民主监督 …… 76
社会服务 …… 76

中国民主促进会黑河市委员会

概况 …… 77
思想建设 …… 77
组织建设 …… 77
参政议政 …… 77
民主监督 …… 78
社会服务 …… 78

九三学社黑河市委员会

概况 …… 78
思想建设 …… 78
组织建设 …… 78
参政议政 …… 79
民主监督 …… 79
社会服务 …… 79

群众团体

黑河市总工会

概况 …… 80
服务职工活动 …… 80
职工技能提升 …… 80
职工帮扶工作 …… 81
助力企业复产复工 …… 82
工会社会组织工作 …… 82

共青团黑河市委员会

概况 …… 82
青少年理想信念教育 …… 82
青春助力黑河全面振兴 …… 82

为青少年成长保驾护航 …… 82
青少年志愿活动 …… 83
推进从严治团 …… 83

黑河市妇女联合会

概况 …… 84
巾帼创业 …… 85
巾帼关爱 …… 85
巾帼维权 …… 85
巾帼宣传 …… 85
巾帼家风 …… 85
妇联组织建设 …… 86

黑河市科学技术协会

概况 …… 86
科普场馆及科普基地建设 …… 86
青少年科学素质提升 …… 87
科普活动 …… 87
城镇劳动者职业技能提升培训 …… 87
领导干部和公务员科学素质教育培训 …… 87
科普宣传 …… 87
学会学术工作 …… 88
企业科协工作 …… 88
科技工作者建言献策 …… 88
“全国科技工作者日”主题活动 …… 88
先进科技工作者评选和典型事迹宣传 …… 88

黑河市归国华侨联合会

概况 …… 88
市侨联四届五次全委（扩大）会议 …… 88
全省侨联系统基层工作黑河现场交流会 …… 89
文化交流 …… 89
侨史研究 …… 89
为侨服务 …… 89
侨法宣传 …… 89
黑河旅俄华侨纪念馆建设 …… 90

黑河市工商业联合会

概况 …… 90
政治引领 …… 90
服务会员企业 …… 90
法律维权服务 …… 91
非公企业党建 …… 91
光彩事业 …… 91

黑河市文学艺术界联合会

概况 …… 91
文学创作 …… 91
文艺助力疫情防控 …… 91
文艺助力旅发大会 …… 91
文艺活动 …… 91
基础设施建设 …… 92

黑河市残疾人联合会

概况 …… 92
残疾人扶贫行动 …… 92
残疾人康复训练与服务 …… 92
扶助残疾人就业 …… 92
残疾学生特殊教育 …… 93
残疾人信访维权 …… 93
全国助残日宣传活动 …… 93
残疾人文体活动 …… 93
第三代残疾人证换发 …… 93
志愿助残送温暖活动 …… 93

黑河市红十字会

概况 …… 94
疫情募捐 …… 94
应急救护培训 …… 94
人道救助 …… 94
红十字宣传活动 …… 94
红十字应急救护培训基地建设 …… 94

法　　治

人大立法

概况 …… 95
《黑河市文明行为促进条例》施行 …… 95
《黑河市饮用水水源保护条例》审议通过 …… 95
立法前期调研论证 …… 95
征询社会意见建议 …… 95
规范性文件备案审查 …… 95

法治政府建设

概况 …… 96
全面依法治市 …… 96
政府法治监督 …… 96
行政立法 …… 96
市域社会治理 …… 96
法治化营商环境建设 …… 96
行政复议与应诉 …… 97

政法委及综治

概况 …… 97
维护社会稳定 …… 97
扫黑除恶专项斗争 …… 97
市域社会治理现代化试点 …… 97
“平安黑河”建设 …… 97
执法监督工作 …… 97
涉法涉诉信访工作 …… 98
营商环境优化 …… 98
政法队伍建设 …… 98

公　安

公安工作

概况 …… 98
惩治犯罪 …… 98
反恐维稳 …… 99
治安防控 …… 99
治安管理 …… 99
交通管理 …… 99
边境管理 …… 99
户政管理 …… 99
出入境管理 …… 99
信息化工作 …… 100
执法规范化建设 …… 100
队伍正规化建设 …… 100
百日攻坚行动 …… 101
旅发大会安保 …… 101
涉外警务 …… 101
扫黑除恶专项斗争 …… 101
从优待警 …… 101
教育整顿 …… 102

黑河边境管理支队

概况 …… 102
疫情防控 …… 102
政治工作 …… 102
边境管理 …… 103
治安管控 …… 103
基础业务 …… 103
后勤保障 …… 103

黑河出入境边防检查站

概况 …… 104
政治引领 …… 104
边防检查 …… 104
实战练兵 …… 104
从严治警 …… 104
基础建设 …… 104

检　察

概况 …… 105
刑事检察 …… 105
民事检察 …… 105
行政检察 …… 105
公益诉讼 …… 105
未成年人检察 …… 105
控告申诉 …… 105
案件管理 …… 105
扫黑除恶专项斗争 …… 106
护航民营企业 …… 106
代表委员联络 …… 106

法　院

概况 …… 106
刑事审判 …… 106
案件执行工作 …… 106
行政审判 …… 107
一站式诉讼服务体系建设 …… 107
司法为民 …… 107
法治化营商环境建设 …… 107
服务自贸片区建设 …… 107
扫黑除恶专项斗争 …… 107
智慧法院建设 …… 107

第七次人口普查工作 ……131
统计服务 ……131
依法统计 ……131
调研分析 ……132

统计调查

概况 ……132
住户调查样本轮换工作 ……132
脱贫攻坚普查 ……132
农作物遥感和实割实测调查 ……132
价格权数测算 ……132
劳动力调查陪访 ……132
畜牧业调查 ……132
常规调查 ……132
信息工作 ……132
统计法宣传 ……132

市场监督管理

概况 ……133
商事制度改革 ……133
营商环境优化 ……133
“证照分离”改革试点 ……133
智慧市场监管 ……133
助力复工复产 ……133
“双随机、一公开”监管 ……133
旅游市场监管 ……133
质量提升行动 ……133
知识产权保护 ……134
农业和服务业标准化管理 ……134
认证认可监管 ……134
计量管理 ……134
食品安全监管 ……134
药械安全监管 ……134
特种设备安全监管 ……134
产品质量安全监管 ……134
检验检测 ……135
价格监管 ……135
重点市场监管 ……135
公平竞争及反垄断审查 ……135
广告监管 ……135
网络商品交易监管 ……135
普法宣传工作 ……135
消费维权 ……135

农　　业

综　　述

概况 ……136
农业农村改革 ……136
农产品供给 ……136
农产品加工 ……136
农业生态建设 ……136

种 植 业

概况 ……137
“互联网+种植业”高标准示范基地建设 ……137
四大粮食作物种植 ……137
中药材种植 ……137
食用菌种植 ……137

林业和草原

概况 ……137
森林草原防火 ……137
造林绿化和森林抚育 ……137
资源保护 ……138
自然保护地整合优化 ……138
林草产业 ……138
林业科技 ……138

农业科学研究

概况 ……138
大豆育种研究 ……138
水稻育种研究 ……139
玉米育种研究 ……139
土壤肥料与耕作栽培研究 ……139
植物保护与杂粮研究 ……139
品种资源研究 ……139
科技合作共建 ……139
中俄合作交流 ……140

畜牧水产

概况 ……140

生猪产能 ……140
家畜繁育 ……140
动物疫病防控 ……140
疫病监测采样 ……140
水产技术推广 ……140
重大动物疫情应急储备库建设 ……141
动物疫病业务培训 ……141

水　利

概况 ……141
工程建设 ……141
水利工程建设监管 ……142
农村饮水安全 ……142
河湖长制 ……142
水资源管理 ……142
水土保持 ……142
依法治水 ……142

农业机械化

概况 ……142
农机社会化服务体系 ……142
农机装备 ……143
农机作业 ……143
农机新技术推广 ……143

黑龙江北大荒农垦集团总公司北安分公司（管理局）

概况 ……143
农垦改革 ……143
农业种植 ……144
企业管理 ……144
产品营销 ……144
社会稳定 ……144

黑龙江北大荒农垦集团总公司九三分公司（管理局）

概况 ……144
种植业 ……145
工业 ……145
林业 ……145
畜牧业 ……145
基础设施建设 ……146
旅游 ……146
生态环境 ……146
科技创新 ……146
脱贫攻坚 ……146
品牌建设 ……146
农垦改革 ……146
宣传工作 ……146
企业管理 ……146

工　业

综　述

概况 ……147
规模以上工业主要产品产量 ……147
工业生产 ……147
规模以上工业企业运行 ……147
行业管理 ……147
营商环境优化 ……148
中小微企业扶持 ……148
重点企业培育 ……148
政策资金扶持 ……148
融资服务 ……148
节能降耗 ……148
工业信息化 ……148

煤炭工业

概况 ……149
黑河市宋集屯煤矿有限责任公司 ……149
黑河市欧林煤矿有限公司 ……149

有色金属工业

概况 ……149
黑龙江多宝山铜业股份有限公司 ……149
黑河银泰矿业开发有限责任公司 ……149

农副食品加工业

概况 ……149
北安象屿金谷生化科技有限公司 ……149
黑龙江省景润生物科技有限责任公司 ……149

热力生产和供应业

概况 ……150

黑河市热电有限责任公司……150
嫩江盛烨热电有限责任公司……150

寒区试车经济

概况……150
寒区试车产业……150
寒区试车服务保障……150
首届寒区试车节……151
黑河寒区试车高新技术产业园项目建设……151

电力工业

概况……151
电网结构……151
电网建设……151
安全生产……151
经营管理……152
优质服务……152

城乡建设

综　述

概况……153
城市建设规划……153
营商环境优化……153

城市建设

重点工程项目……153
烂尾楼治理……153
城市路网建设……154
休闲空间拓展……154
地下管线改造……154

村镇建设

农村人居环境整治……154
农村住房改造……154
农村生活垃圾治理……155

建 筑 业

概况……155
建筑安装工程投资……155
工程质量安全监管……155
建筑市场秩序整顿……155
技术创新和绿色发展……155

市容市政管理

概况……155
市容管理……155
环境卫生……156
城管执法……156
园林绿化……156
公用事业……156
便民服务……157
城市供热……157
城市供水……157

房地产业

综　述

概况……158
老旧小区改造……158

房地产市场

概况……158
商品住房市场调控……159
房产经纪机构市场监管……159
商品住房展销会……159

住房保障

概况……159
征收回迁……159
市本级住房租赁补贴……159
公租房保障……159
人才公寓建设……159

物业管理

概况……160
黑河市区物业……160
物业行业管理服务……160

生态保护

综　述

概况 ……161
城市环境质量 ……161
营商环境优化 ……161
机构改革推进 ……161

环境污染防治

概况 ……162
大气污染防治 ……162
水污染防治 ……162
土壤污染防治 ……162

黑土地保护

概况 ……162
高标准农田建设 ……162
耕地后备资源开发 ……162

自然生态保护

概况 ……162
监督检查 ……163
问题整改 ……163

生态环境管理

概况 ……163
规范性文件管理 ……163
规范执法管理 ……163
生态环境损害赔偿制度改革 ……164
环保督察反馈问题整改 ……164
生态保护宣传 ……164
生态保护培训 ……164

大沾河区域生态资源保护

概况 ……164
综合管理 ……165
资源优化整合 ……165
资源管护 ……165

交通　邮电　通信

交通综述

概况 ……166
交通运输规划制订 ……166
运输服务保障 ……166
疫情期间交通管控与运输保障 ……166
旅发大会运输保障 ……166
黑龙江公路大桥开通服务保障 ……167

公　路

概况 ……167
交通管理 ……167
交通安全 ……167
交通形象提升 ……168
黑龙江大桥公园项目 ……168
亚行贷款项目 ……168
跨黑龙江索道项目 ……168
国道丹阿公路黑河至卧牛湖段改扩建项目 ……168
五汤公路沾河至大平台段改扩建工程项目 ……169
国省道改扩建项目 ……169
农村公路运输服务网络建设 ……169

铁　路

概况 ……169
安全生产 ……169
运输生产 ……170
设备设施运用状态 ……170
北黑铁路升级改造工程 ……170
铁路运输疫情防控 ……170

民　航

概况 ……170
安全管理 ……171
专项活动 ……171
安全风险管理 ……171
运行保障 ……171
基础设施建设 ……172

经营管理 ……172
服务管理 ……172

港 务

概况 ……172
货物运输经营 ……172
锚定主业 ……172
发展改革 ……172

海 事

概况 ……173
水上安全监管 ……173
中俄巡航合作与信息交流活动 ……173
监管能力提升 ……174

邮 政

概况 ……174
网络基础建设 ……174
政务服务创新合作项目建设 ……174
邮政安全管理 ……174
维修改造项目建设 ……174

快递业

概况 ……174
快递业务 ……175
快递从业人员职业技能培训 ……175
推动行业扩容转型 ……175
“快递出海”工程 ……176

通 信

概况 ……176
中国联通黑河分公司 ……176
中国移动黑河分公司 ……176
中国电信黑河分公司 ……177
中国铁塔黑河市分公司 ……178

无线电管理

概况 ……178
助力5G建设 ……178
无线电台（站）监管 ……178
无线电干扰查处 ……178
无线电专项整治 ……178
重大活动无线电安全保障 ……178

金 融

综 述

概况 ……179
小额贷款行业 ……179
典当行业整改 ……179
金融监管 ……179
金融助力复工复产 ……180
金融服务民生 ……180
金融服务重点项目 ……180

中国人民银行黑河市中心支行

概况 ……180
货币政策 ……180
金融稳定 ……180
信贷政策 ……181
金融服务 ……181
服务黑河自贸片区发展 ……181
金融法治 ……182

银行业

概况 ……182
中国工商银行股份有限公司黑河分行 ……182
中国建设银行股份有限公司黑河分行 ……183
中国农业银行股份有限公司黑河分行 ……183
中国农业发展银行黑河市分行 ……183
中国银行股份有限公司黑河分行 ……183
交通银行股份有限公司黑河支行 ……184
黑河农村商业银行股份有限公司 ……184
中国邮政储蓄银行黑河市分行 ……184
龙江银行股份有限公司黑河分行 ……184

保险业

概况 ……185
保险赔付 ……185
中国人寿保险股份有限公司黑河分公司 ……185

中国人民财产保险股份有限公司黑河市分公司 ············185

口岸　商务

口　岸

概况 ·····186
黑河公路口岸工程项目建设 ·····186
口岸营商环境优化 ·····186
口岸旅检通道运行 ·····186
口岸联防联控管理 ·····186
口岸闭环管控机制 ·····187
货检口岸应急演练 ·····187

黑河海关

概况 ·····187
监管工作创新 ·····187
跨境贸易营商环境优化 ·····188
服务跨境通道建设 ·····188
监管工作强化 ·····188

商　务

概况 ·····188
互市贸易 ·····189
对俄合作 ·····189
跨境电商综合试验区建设 ·····189
市场体系建设 ·····189
小店经济推进 ·····189
窗口服务 ·····190
商务执法 ·····190
对俄联络 ·····190
促进消费活动 ·····190

自贸区黑河片区

概况 ·····190
管理机制体制创新 ·····190
产业项目 ·····191
商贸物流 ·····191
基础设施建设 ·····191

经济合作

概况 ·····191
精准招商 ·····191
外资项目 ·····192
开发区改革创新 ·····192
对口合作 ·····192
营商环境优化 ·····193

贸易促进

概况 ·····193
展会工作 ·····193
线上会谈 ·····193
招商工作 ·····193
商事法律 ·····193
企业服务 ·····194

粮食流通

概况 ·····194
粮食购销 ·····194
粮食加工 ·····194
粮食安全考核 ·····194
大豆交易中心建设 ·····194
粮油市场监测 ·····194
粮食库存清查 ·····194
军粮供应体系改革 ·····195
法治宣传 ·····195
粮油应急保障 ·····195

供销合作

概况 ·····195
生产服务 ·····195
黑河中俄国际农产品贸易城建设 ·····195
基层社建设 ·····195
农产品流通 ·····196
果蔬供应 ·····196
综合改革 ·····196

成品油销售

概况 ·····196

主营销售 ……196
油站建设 ……196
安全生产 ……197
改革创新 ……197
企业文化 ……197

烟草专卖

概况 ……197
专卖管理 ……197
企业管理 ……197

教　　育

综　　述

概况 ……198
教师队伍建设 ……198
线上开课 ……198
返校复学 ……198
交流合作 ……199
校园安全管理 ……199
规范办学 ……199

学前教育

概况 ……199
普惠性学前教育资源 ……199
幼儿园办园行为 ……199
结对帮扶活动 ……199
保教质量 ……199

义务教育

概况 ……200
课程改革 ……200
控辍保学 ……200
素质教育 ……200
义务教育优质均衡发展 ……200
研学实践教育基地（营地）……201
青少年科学普及工作 ……202

普通高中教育

概况 ……202
教育教学改革 ……202
高中教育多样化发展 ……202
黑河市第一中学俄语生培养 ……202

职业教育

概况 ……202
优化专业布局 ……202
中高职贯通培养工作 ……202
社区大学 ……202

高等教育

概况 ……203
学院发展规划 ……203
教学研究 ……203
科研工作 ……203
对俄交流 ……204
师资队伍 ……204
学团工作 ……204
校园设施建设 ……204
线上教学 ……204
就业指导 ……204

科　　技

综　　述

概况 ……205
智力引进 ……205
科技园区建设 ……205
台站基础设施建设 ……205
气象观测质量管理体系建设 ……206

科技创新

创新主体培育 ……206
创新环境建设 ……206
科技成果转化 ……206

科技服务

备春耕科技服务 ……206
科技特派员专项行动 ……206

科技交流与合作

产学研合作 ……207
对俄交流合作 ……207

地震监测

概况 ……207
监测预报 ……207
对俄科技合作 ……207
地震监测台网优化 ……207
地震突发事件 ……208
科普宣传 ……208

气　象

概况 ……208
基本气候 ……208
业务培训 ……209
应急管理 ……209
气象服务 ……209
行政执法检查 ……209
主要气候事件 ……210

文　化

公共文化

概况 ……212
群众文化活动 ……212
群众文化培训 ……212

文　艺

概况 ……212
文艺创作 ……213
文艺演出 ……213

文化遗产保护

概况 ……213
文物保护 ……213
参加首届黑龙江冰雪非遗节活动 ……216
文博宣传 ……219

文化市场

概况 ……219
文物保护单位巡查 ……219
非法卫星地面接收设施整治 ……220
文旅市场检查 ……220

新闻出版

概况 ……220
新闻宣传 ……220
疫情防控宣传 ……220
新闻专栏 ……220
新媒体建设 ……221
优秀新闻作品评选活动 ……221
“好记者讲好故事”活动 ……221
“砥砺四力看发展”主题宣传活动 ……221

广播电视

概况 ……221
宣传报道 ……221
基础设施建设 ……222
安全播出与转播 ……222
产业经营 ……222

博物馆建设

概况 ……222
瑷珲历史陈列馆 ……224
黑河知青博物馆 ……224
黑河博物馆 ……224
旅俄华侨纪念馆 ……224
黑河市小微博物馆群 ……225

社科联活动

概况 ……226
课题研究 ……226
社科评奖 ……226
地情资料编撰 ……228
编印《决策参考》 ……228
学术活动 ……228

《黑河学刊》期刊 ……228

旅　游

综　述

概况 ……229
第三届黑龙江省旅游产业发展大会 ……231
旅游市场整治 ……231

旅游资源

概况 ……234
自然景观 ……234
冰雪旅游资源 ……234

旅游开发建设

概况 ……234
中俄民族风情园 ……235
中国瑷珲国际汽车营地 ……235
海兰之夜风情街 ……235
黑河市旅游服务中心 ……236

五大连池风景名胜区自然保护区管理委员会

概况 ……236
项目建设 ……236
生态保护 ……236
旅游康养产业 ……237
矿泉特色产业 ……237
民生事业 ……237

卫生健康

综　述

概况 ……238
黑河市卫生健康中心项目建设 ……238
基层医疗卫生 ……238
中医药产业 ……238
计划生育服务管理 ……239

疾病预防控制

疾控监测 ……239
疾控服务水平提升 ……239
应急处置能力提升 ……239
疫情防控与救治 ……239

卫生管理

医药卫生体制改革 ……240
医疗卫生服务 ……240
药物政策 ……240
卫生健康信息化建设 ……240
行风建设 ……240

卫生监督执法

综合监督 ……241
职业健康监管 ……241
公共场所督导检查 ……241
依法履职 ……241

爱国卫生

爱国卫生运动 ……241
健康黑河建设 ……241

妇幼老龄事业

妇幼健康服务 ……241
老龄健康服务 ……241

体　育

群众体育

概况 ……242
全民健身活动 ……242
体育宣传 ……243
全民抗疫居家健身辅导 ……243
基层健身设施建设 ……243

竞技体育

人才培养 ……244

体育赛事 ……244

冰雪体育

概况 ……244
冰雪体育之冬系列活动 ……244

体育文化交流

概况 ……245
中俄国际青少年羽毛球邀请赛 ……245
中俄冬泳文化节 ……245
中俄界江黑龙江国际冰球友谊赛 ……245
中俄国际象棋网络友谊赛 ……245
黑河市围棋网络争霸赛 ……245
黑河市象棋网络争霸赛 ……245
黑河市职工乒乓球赛 ……245

体育产业

概况 ……245
参加全国体育产业培训 ……245
体育旅游精品项目 ……245
体育彩票销售 ……245

社会生活

人力资源和社会保障

概况 ……246
就业创业 ……246
社会保险 ……246
人事人才 ……247
劳动关系 ……247
优化服务 ……247

医疗保障

概况 ……247
待遇政策保障 ……247
医药价格改革 ……248
医保基金监管 ……248
就医即时结算 ……248
优化服务 ……248
医保扶贫 ……248

住房公积金管理

概况 ……248
归集工作 ……249
个人住房贷款 ……249
资金管理 ……249
信息化建设 ……249
政策法规宣传 ……249

民　政

概况 ……249
社会救助 ……249
兜底扶贫 ……249
养老服务 ……249
慈善事业 ……250
孤困儿童救助 ……250
残疾人福利 ……250
福彩发行 ……250
城乡社区治理 ……250
农垦森工职能移交 ……250
殡葬改革 ……250
流浪乞讨人员救助 ……250
婚姻登记 ……250
地名区划 ……250
社会组织管理 ……250

民族宗教

民族经济 ……251
民族团结 ……251
民族文化 ……251
行政执法 ……251
宗教管理 ……252
关爱少数民族群众和宗教界群众 ……252

扶贫开发

概况 ……252
责任落实 ……252
政策落实 ……252
扶贫产业复工复产 ……253
带动增收 ……253
问题整改 ……253
脱贫攻坚普查 ……253

扶贫宣传 ……253
教育培训 ……253

老区建设

概况 ……253
宣传培训 ……254
老区项目建设 ……254
老区红旗村建设 ……254
调查研究 ……254

县（市、区）

爱辉区

概况 ……255
旅发大会筹备 ……255
项目建设 ……256
农业 ……256
产业体系建设 ……256
生态环境 ……256
民生事业 ……257

北安市

概况 ……257
复工复产 ……257
项目建设 ……257
农业经济 ……257
脱贫攻坚 ……258
城乡建设 ……258
生态环境 ……258
营商环境优化 ……258
民生保障 ……258
社会治理 ……259

嫩江市

概况 ……259
农业 ……259
项目建设 ……259
服务业 ……260
改革创新 ……260
招商引资 ……260
营商环境优化 ……260
城乡建设 ……260
社会保障 ……261
生态环境 ……262
疫情防控 ……262
复工复产 ……262

五大连池市

概况 ……262
项目建设 ……263
农业农村 ……263
工业 ……263
旅游 ……264
教育卫生 ……264
文化体育 ……264
城乡建设 ……264
民生事业 ……264

逊克县

概况 ……264
农业农村 ……265
项目建设 ……265
口岸 ……265
旅游 ……265
电商产业 ……266
城乡人居环境 ……266
生态环境 ……266
民生保障 ……266
社会事业 ……266
营商环境优化 ……266
复工复产 ……267

孙吴县

概况 ……267
农业 ……267
工业 ……267
旅游贸易 ……268
项目建设 ……268
特色产业 ……268
城乡建设 ……268
生态建设 ……269
社会事业 ……269

民生保障 ……269
营商环境优化 ……270
复工复产 ……270

人　物

模范人物

张晓宇 ……271
张德秋 ……271
李富强 ……271
王跃龙 ……271

新闻人物

尚玉山 ……272
沈　森 ……272
孙永贵 ……272

附　录

专　文

黑河市全面打赢脱贫攻坚工作纪实 ……273
黑河市全面建成小康社会工作纪实 ……275
黑河市抗击新冠肺炎疫情工作纪实 ……278
黑河市承办第三届黑龙江省旅游产业发展大会综述 ……281

地方法规

黑河市文明行为促进条例 ……283
黑河市饮用水水源保护条例 ……286

先进集体和先进个人

黑龙江省抗击新冠肺炎疫情先进集体和先进个人 ……288
黑龙江省双拥模范城（县）、双拥模范单位和个人 ……289
黑河市承办第三届黑龙江省旅游产业发展大会先进集体和先进个人 ……289

组织机构及负责人名录

……290

统计资料与数字

黑河市第七次全国人口普查主要数据公报 ……300
黑河市百大项目建设工作综述 ……301

索　引

文字索引

……304

图表索引

……314

Contents

Features

Report on the Work of the Standing Committee of the Ninth Plenary Session of the Sixth Municipal Party Committee ········1
Report on the Work of Heihe Government ························6

Chronicle of Events

January ········ 13
February ········ 14
March ········ 14
April ········ 15
May ········ 16
June ········ 17
July ········ 17
August ········ 18
September ········ 19
October ········ 21
November ········ 22
December ········ 24

Overview

Geographical Environment ········ 26
Establishment and Organizations ········ 28
Population and Ethnic Groups ········ 28
Resources ········ 29
Economic and Social Development ········ 30

Heihe Municipal Committee of the CPC

General Remarks ········ 32
Important Meetings ········ 33
Inspection and Supervision ········ 35
Organization ········ 37
Publicity ········ 39
United Front ········ 41
Policy Research ········ 43
Party Building ········ 43
Complaints and Proposals ········ 45
Organization Establishment ········ 46

Work on Party School Education ···························· 47
Archives, Party History, and Local Chronicles ···················· 49
Network Security and Informatization ························ 51

Heihe Municipal People's Congress

General Remarks ···································· 53
Important Meetings ···································· 53
Main Works ···································· 56
Special Committees ···································· 56

Heihe Municipal People's Government

General Remarks ···································· 58
Government Services ···································· 60
Foreign Affairs ···································· 62
Supervision Over Construction of the Business Environment ······ 63
Veterans Affairs ···································· 64

The CPPCC Heihe Municipal Committee

General Remarks ···································· 66
Important Meetings ···································· 66
Main Works ···································· 67
Special Committees ···································· 68

Commission for Discipline Inspection Supervisory Committee

General Remarks ···································· 70
Supervision and Inspection ···································· 71
Conduct Construction ···································· 71
Corruption combat ···································· 72
Inspection Work ···································· 72
Clean Government Culture ···································· 73

Democratic Parties

Heihe Municipal Committee of China Democratic League ······ 74
Heihe Municipal Committee of China Democratic National Construction Association ···································· 75
Heihe Municipal Committee of China Association for Promoting Democracy ···································· 77
Heihe Municipal Committee of Jiu San Society ················ 78

Mass Organizations

Heihe Federation of Trade Unions ···························· 80
Heihe Municipal Committee of the Communist Youth League ···································· 82
Heihe Women's Federation ···································· 84
Heihe Science and Technology Association ···················· 86
Heihe Federation of Returned Overseas Chinese ················ 88
Heihe Association of Industry and Commerce ·················· 90
Heihe Federation of Literature and Art ························ 91
Heihe Disabled Persons' Federation ·························· 92
Heihe Red Cross Union ···································· 94

Rule of Law

Legislation of National People's Congress ······················ 95
Government Ruled by Law ···································· 96
Politics and Law Committee and Comprehensive Management ···································· 97
Public Security ···································· 98
Heihe People's Procuratorate ································105
Court ···································· 106
Judicial Administration ···································· 108
Arbitration ···································· 110

Military

Military Region in Heihe ······111
Armed Police Detachment of Heihe ······113
Support the Army and Support the Work ······114
Civil Air Defense ······117

Emergency and Security Management

General Remarks ······118
Emergency Command ······119
Work Safety and Supervision ······119
Forest Fire Control ······121
Air Forest Protection ······122
Fire Rescue ······123

Economic Management

Development and Reform ······125
Natural Resource Management ······126
Finance ······127
Tax ······129
Auditing ······130
Statistics ······130
Statistical Survey ······132
Market Supervision ······133

Agriculture

General Remarks ······136
Farming ······137
Forestry and Grassland ······137
Research on Agricultural Sciences ······138
Animal Husbandry and Aquaculture ······140
Water Conservancy ······141
Agricultural Mechanization ······142
Heilongjiang Beidahuang Nongken Group Corporation Bei 'an Branch (Administration Bureau) ······143
Heilongjiang Beidahuang Nongken Group Corporation Jiusan Branch (Administration Bureau) ······144

Industry

General Remarks ······147
Coal Industry ······149
Non-ferrous Metal Industry ······149
Agricultural and Sideline Food Processing Industry ······149
Heat Production and Supply ······150
Cold Area Test Economy ······150
Electric Power Industry ······151

Urban and Rural Construction

General Remarks ······153
Urban Construction ······153
Village and Town Construction ······154
Construction Industry ······155
City Appearance and Municipal Administration ······155

Real Estate Industry

General Remarks ······158
Real Estate Market ······158
Housing Welfare ······159
Property Management ······160

Ecological protection

General Remarks ······161
Environmental Pollution Prevention and Control ······162

Black Land Protection ········ 162
Natural Ecological Protection ········ 162
Ecological Environment Management ········ 163
Protection of Ecological Resources in Dazhan River Region ········ 164

Transportation, Post & Telecommunication, Communication

Brief Introduction of Transportation ········ 166
Road ········ 167
Railway ········ 169
Civil Aviation ········ 170
Port ········ 172
Maritime Affairs ········ 173
Postal Service ········ 174
Express Delivery Industry ········ 174
Communication ········ 176
Radio Management ········ 178

Finance

General Remarks ········ 179
People's Bank of China, Heihe Central Subbranch ········ 180
Banking ········ 182
Insurance ········ 185

Port, Commerce & Trade

Port ········ 186
Customs ········ 187
Commerce ········ 188
Heihe Free Trade Zone ········ 190
Economic Cooperation ········ 191
Trade Promotion ········ 193
Grain Circulation ········ 194
Supply and Marketing Cooperation ········ 195
Oil Marketing ········ 196
Tobacco Monopoly ········ 197

Education

General Remarks ········ 198
Preschool Education ········ 199
Compulsory Education ········ 200
General High School Education ········ 202
Vocational Education ········ 202
Higher Education ········ 203

Science and Technology

General Remarks ········ 205
Science and Technology Innovation ········ 206
Science and Technology Service ········ 206
Scientific and Technological Exchange and Cooperation ········ 207
Earthquake Monitoring ········ 207
Meteorology ········ 208

Culture

Public Culture ········ 212
Literature and Art ········ 212
Protection of Cultural Heritage ········ 213
Cultural Market ········ 219
Press Publication ········ 220
Radio and Television ········ 221
Museum Construction ········ 222
Social Science Association Activities ········ 226

Tourism

General Remarks ········ 229

Tourism Resources ······234
Tourism Development and Construction ······234
Wudalianchi Scenic Spot and Nature Reserve Area ······236

Hygiene and Health

General Remarks ······238
Disease Control and Prevention ······239
Health Management ······240
Health Supervision and Law Enforcement ······241
Patriotic Health ······241
Maternal, Child, and Old Age Care ······241

Sports

Mass Sports ······242
Competitive Sports ······244
Winter Sports Sports ······244
Sports Culture Exchange ······245
Sports Industry ······245

Social Life

Human Resource and Social Security ······246
Health Care ······247
Housing Provident Fund Management ······248
Civil Administration ······249
Ethnic Groups and Religions ······251
Poverty Relief ······252
Construction of Old Revolutionary Base Areas ······253

Counties, Cities and Districts

Aihui District ······255
Bei'an City ······257
Nenjiang County ······259
Wudalianchi City ······262
Xunke County ······264
Sunwu County ······267

Figures

Model Figures ······271
Figures in the News ······272

Appendix

Articles ······273
Local Regulations ······283
Advanced Collectivity and Advanced Individual Directory ······288
List of Organizations and Persons in Charge ······290
Statistics and Figures ······300

Index

Text Index ······304
Chart Index ······314

在市委六届九次全会上的报告

中共黑河市委书记 马 里

（2020年12月25日）

过去一年是黑河市发展史上极不平凡的一年，面对百年来全球最严重的疫病大流行，面对暴雪、冰雹、暴雨、台风、洪涝等严重自然灾害，面对复杂的国际国内形势和经济下行巨大压力，市委常委会坚持以习近平新时代中国特色社会主义思想为引领，全面贯彻中共十九大和十九届二中、三中、四中、五中全会精神，深入贯彻落实习近平总书记东北振兴座谈会和对黑龙江省重要讲话、重要指示批示精神，不折不扣落实党中央和省委决策部署，团结带领全市广大党员干部群众，牢牢把握“三区一市”重大机遇，准确判断形势，超前作出部署，果断采取措施，靠前指挥、主动作为，克服一系列不利影响，打赢了脱贫攻坚、扫黑除恶、承办全省旅发大会等一系列攻坚战役，啃下了大黑河岛拆迁、大面积棚户区和老旧小区改造、“断头路”打通等难啃的“硬骨头”，开工建设了北黑地方铁路电气化升级改造、市卫生健康中心、“三馆一中心”等多年想干而没有干的重大工程，发展要素加快集聚，振兴势头持续向好，经济社会发展进入总量扩张、能级提升、创新驱动、加速赶超的新时期。前三季度，全市地区生产总值增长2.6%、排名全省第2；1—11月，规模以上工业增加值、公共财政预算收入分别增长24.6%、4.8%，均居全省第一。

一、深入贯彻习近平总书记重要讲话、重要指示批示精神，坚决确保中央和省委决策部署落地见效。始终把学习贯彻习近平新时代中国特色社会主义思想、习近平总书记重要讲话、重要指示批示精神和党中央国务院及省委、省政府决策部署，融入日常、抓在经常，微信群第一时间转发、常委会第一议题学习、主要领导领学解读成为常态，政治意识、大局意识、核心意识、看齐意识不断增强。举办市委理论学习中心组集体学习暨市管领导干部巩固深化“不忘初心、牢记使命”主题教育成果读书班，开展市委理论学习中心组集体学习研讨，聘请知名专家教授专题辅导，世界观、权力观、事业观的“方向盘”把得更稳。召开市委理论学习中心组（扩大）会议，深入学习贯彻中共十九届五中全会精神，汇聚起奋进“十四五”、迈进新征程的强大动力。贯彻落实中央和省委决策部署，行动迅速、坚决果断。坚持“践承诺”与“守底线”相统一，坚决打好脱贫攻坚战，扶贫领域问题全部整改销号清零，160个扶贫项目全部开工，监测户、边缘户返贫风险全部消除，顺利完成北安市脱贫攻坚普查工作。坚决打好污染防治攻坚战，秉持“绿水青山就是金山银山，冰天雪地也是金山银山”发展理念，坚决守护黑河的碧水蓝天，燃煤小锅炉淘汰改造、河湖清“四乱”、水源地保护、农业“三减”取得显著成效，秸秆露天禁烧连续两年“零火点”，空气环境质量位居全省前列。坚决打好防范化解重大风险攻坚战，开展全市重大风险再排查，梳理整改6大类145个风险点，推动整改取得实效，第一个百年奋斗目标胜利在望。打好“扫黑除恶”专项斗争收官战，掀起“六清”行动强大攻势，从严查处涉黑涉恶腐败和“保护伞”，全力铲除黑恶势力滋生土壤，人民群众安全感明显提升。系统谋划推进边境区域中心城市建设，在北京成功发布《黑河边境区域中心城市顶层设计及自贸片区发展战略规划》。高位推动“兴边富民试点市”建设。“一区三乡十村”示范工程、民族团结进步示范市创建和沿边民族团结进步示范廊带建设取得可喜成果。

二、面对新冠疫情大考保持战略定力、坚定必胜信心，坚决打赢疫情防控人民战争、总体战、阻击战。带领全市上下坚定信心、众志成城、同舟共济，坚决扛起“外防输入、内防反弹、守好国门”重任，与时间极速赛跑，和病魔殊死较量，赢得了人民生命健康保卫战、我国“北大门”守卫战重大战略胜利。以战时思维迅速响应、果断封城，第一时间成立市疫情防控领导小组及指挥部、专项小组，形成统一指挥、上下贯通、高效运转的防控工作体系。召开15次市委常委会、11次市领导小组会议研究部署，最困难的时期，每天研判、会商、调度，市级领导全部下沉一线，半数在县（市）坐镇指挥。开展“党旗耀边疆·战疫勇担当”先锋行动，全市662个防控临时党组织冲锋在前，2万多名党员干部下沉一线，从领导干部到普通工作人员，从机关干部到社区工作者、志愿者，大家每天夙兴夜寐、连续作战，用最快的速度锁定了传染源、切断了传播链。集中最优秀的医护人员、最急需的医疗资源、最先进的医疗设备投入前线，不惜一切代价挽救生命，14位患者全部治愈出院。时刻关注医疗机构、隔离场所、口岸联检、养老机构安危，筹措疫苗紧急接种。坚持“点线面”结合筑牢防线，加强重点人员、重点场所、重点单位、进口货物和冷链食品管理，实现了从“国门”“城门”到“社区门”“家门”的全链条闭环管控。加强对俄国际抗疫合作，以黑河口岸畅通保证抗疫物资进口渠道畅通。时刻挂念滞留俄境内公民安危，无偿发放健康包，实现了温暖人心、稳住人心、稳在当地。患难与共、守望相助，派出20名医务人员千里驰援湖北孝感，为打赢湖北保卫战作出了黑河贡献。涌现出全国抗击疫情先进个人尚玉山和全省40名先进个人、15个先进集体，市民政局被民政部评为全国民政系统抗疫先进集体，生动诠释了黑河精神、黑河担当。

三、应对疫情冲击筑牢“稳”的基础、守住“保”的底线，努力降低疫情对经济社会发展影响。我们坚持稳中求进工作总基调，实施设立稳企稳岗基金、减免企业社保费、发放稳岗补贴“硬核”举措，推动国家和省、市纾困惠企政策措施直达基层，出台支持复工复产20条措施，尽最大努力争取政策性资金，帮助市场主体渡过难关。坚持把稳定工业运行放在稳增长的核心位置，抓规上、促盘活、搞服务，精准提供要素保障，多宝山铜矿、象屿生化、上海电器风电等企业保持良好发展态势；成功盘活5户企业，“老树发出新枝”，预计本年全市新增规上企业达到19家。坚持一手保工业运行，一手抓市场回暖，第一时间恢复地摊经济和早市“烟火气”，打出政府引导、银行配合、商家让利、全民参与的促消费“组合拳”，发放政府消费券3000万元，拉动消费5.5倍，网络销售增幅位居全省第4。顶住压力、担当风险，精心呵护试车产业，保住了寒区试车市场，赢得了试车企业赞誉，寒区试车高新技术产业园启动建设。2020—2021试车季，测试车企和车辆有望刷新历史纪录。着力解决企业融资难题，帮助1413家中小企业获得贷款；持续加大对中小微企业和个人支持力度，新增市场主体1.7万户，真正让市场主体活下去、活起来。“云洽谈”“云招商”和“请进来”“走出去”相结合，强力推动“虎跃之冬”“动工之春”“大干之夏”“成果之秋”，实现招商引资“不断线”，项目建设按下“快进键”。53家央企、国企、大型民企等战略投资主体落户黑河，99个项目签约落地，到位资金达到130.7亿元。组织百大项目“两新一重”项目集中开工，市领导包保、1+1双牵头、专班跟进破解项目推进难题，145个市百大项目100%开复工，22个省百大项目投资完成率122%，67个项目建成投产或具备投产条件。孙吴四季屯特大型煤矿勘察开发项目启动，3年内有望形成300万~500万吨产能。抢抓国家应对疫情政策“窗口期”，争取33.3亿元抗疫特别国债，启动建设了一批重大基础设施和公共卫生设施项目，全市人民期盼多年的北黑铁路电气化升级改造项目，体量和速度书写了历史、开了先河；集三级甲等医院、疾病预防控制中心、中心血站等于一体的大型医疗综合体——市卫生健康中心项目，建成后将改写黑河市区没有三级甲等医院的历史，全面提升市民卫生健康保障能力。五汤公路沾河至大平台段改扩建等交通项目、11类43个水利项目完成年度建设任务。这些工程项目，进一步让黑河发展如虎添翼，为明年强势开局奠定了坚实基础。

四、落实省委“举办一届旅发大会，提升一个承办地”要求，成功承办全省第三届旅发大会。高起点规划、高标准建设、超常规推进，向全国乃至全世界呈现了特色鲜明、魅力十足、精彩圆满的旅游盛会，提升了旅游城市形象、激活了文旅市场、提振了消费信心。围绕塑造“风情黑河”“魅力黑河”“康养黑河”整体形象，咬定青山不放松，不破楼兰终不还，坚决打响“百日攻坚战”。坚持把“办会兴城”作为一项重要民生，实施“一带、一岛、一园、五街、博物馆群”等11个景城一体化项目和29个市政项目，成功打造了主客共享、必游必到、景城一体旅游目的地。深度挖掘中俄风情、火山康养、民族风俗、红色抗联等优质资源，实施22个景观类、体验类项目，打造了醉美331风景道休闲体验游、人口地理分界线主要城市自驾游、五大连池康养游、中俄边境游、历史文化研学和特色乡村民俗游“五大引爆点”，“两主六辅”观摩线路成了风景观光廊道，云端开幕式全网观看超过1.2亿次。乘势而上、趁热打铁，从“点上发力”转向“全域全时统筹联动”，坚决打响后旅发时期“秋冬会战”。顺应旅游消费转型升级新趋势，完善市全域旅游发展总体规划，高标准编制旅游业“十四五”发展规划，谋划后旅发文旅产业项目，秋冬季旅游竞争力明显提升。成功举办2020黑河旅游发展论坛暨首届俄货节、“寻秋黑河、醉美331”自驾游、“带着全家去黑河”房车自驾游等活动，中国·黑河首届寒区试车节盛大开幕，冬季旅游与寒区试车、冰雪文化、冰雪体育实现深度融合。创新宣传模式，邀请抖音、快手、小红书等网络平台旅游达人游黑河，全方位、多角度展现黑河冬季魅力，黑河的知名度和影响力大幅提高。

五、筑牢粮食安全“压舱石”、稳住农业基本盘，全力推动农业大市向农业强市迈进。深入推进农业供给侧结构性改革，促进一二三产融合发展，为乡村振兴奠定了更加坚实基础。坚决扛起维护国家粮食安全重任，抓好高质量备春耕，稳定大宗农产品生产，确保“米袋子”和“菜篮子”安全，粮食生产实现“十七连丰”；前三季度畜牧业总值增长8%，增速全省第一，成为农业增效、农民增收的“助推器”。坚持质量兴农、绿色兴农，推动农业由增产增效向提质增效转变，入驻国家和省农产品质量安全追溯平台企业468家，绿色有机认证标识达到346个。逊克、孙吴、爱辉被评为全省中药材基地建设示范县，全市中药材产值达4.7亿元。做大做强“粮头食尾”“农头工尾”，打造优势特色绿色农产品加工集群，全市农产品加工企业和合作社达到164家，农产品加工转化率达到55%。强化农产品营销，擦亮“极境寒养”区域公用品牌金字招牌，全市优质绿色农产品亮相第八届黑龙江绿博会和第三届国际大米节并赢得青睐。拓宽农民致富增收链，乡村旅游、健康养老等新业态蓬勃发展，全市休闲农业经营主体达到56个、营业收入1520万元，农业真正成为有奔头的产业。持续深化农业农村改革，激活主体、要素和市场。农村集体产权制度改革全面完成，613个村（屯）全部成立村级集体经济组织。土地确权颁证“回头看”基本完成。供销社系统综合改革年度绩效考评位于全省前列。深入实施“百村千社万户”示范典型三年培育计划，新型农业经营主体达到2.8万个，土地规模经营扩大到53.52万公顷；孙吴县成为全国基本实现主要农作物生产全程机械化示范县，嫩江市、五大连池市被确定为农业生产社会化服务项目试点示范县，实现小农户和现代化大农业有机衔接、良性互动。

六、立足资源禀赋和产业基础、大力发展县域经济，吹响全市经济高质量发展“集结号”。以县域经济高质量发展推动市域经济全面振兴，引导各县（市、区）理清思路、明确定位，借助比较优势精准发力。主导产业方向更加清晰。嫩江市构建“百亿级大豆、百亿级矿产”两个主导产业和“现代商贸物流、新型清洁能源”两个特色产业体系成效显著，综合实力继续排名全省第一。北安市重点打造“农副产品精深加工、商贸物流”两大主导产业，初步形成农产品加工产业集群，商贸物流网点辐射周边150千米半径、300万人口，县域综合实力排名全省第17。特色产业更加鲜明。孙吴县依托独特物候优势，做优做强汉麻产业，种植规模全国第一，天之草汉麻板材综合加工和纤维加工技改项目投产运营，新疆昭苏金地、内蒙古荣腾、浙江金达等种植加工项目签约落地，县域综合实力排名全省第18。五大连池市和风景区充分发挥矿泉优势，成功签约总投资5亿元金手杖国际康养城项目，矿泉水、矿泉啤酒等产业呈现良好发展势头，五大连池市一般公共预算收入排名全省第19。矿产优势更加明显。逊克县加快恢复翠宏山铁多金属矿生产，实施东安金矿扩建项目，茅宝沟钼矿试生产，一般公共预算收入排名全省第17。爱辉区全力保障争光岩金矿和金三角、振兴煤矿满负荷生产，加快推进三道湾子岩金矿、大平南山和大青山岩金矿、同兴和永发等煤矿改扩建，带动规上工业增加值增长40.7%。在各县（市、区）共同努力下，前三季度全市县域GDP实现254.9亿元、增长2.6%。市本级、嫩江市、爱辉区在第三季度全省县域经济发展交流擂台赛会议上交流了经验。

七、持续深化改革扩大开放、破解体制机制障碍，内生动力和市场活力加速释放。“加减乘除”并用，深化重点领域和关键环节改革，推进新旧动能加速转换，不断积蓄高质量发展新动能。农垦、森工改革全面完成，事业单位改革试点工作启动，国企改革平稳有序进行。聚焦减税降费再发力，减免税费4.8亿元，企业实现“轻装上阵”。深化“放管服”改革，对标“最多跑一次、一次不用跑”，将17个部门30个审批和备案事项整合到营业执照上，实现“35证合一”。提升服务效率，企业开办时间压缩至1个工作日，工程建设项目审批时间压减至70天内。重塑诚信新环境，“清赖行动”专项整治率先全省清零。积极参与“一带一路”中蒙俄经济走廊建设，加快打造我国北向开放战略门户，口岸过货达到60.1万吨，成为历史第二高年份。全力推动自贸试验片区建设，主动承担建设新时代改革开放新高地重大使命，大胆试、大胆创、自主改，坚持走差异化、首创性开放发展之路，提出创新案例15项，4项上报国家评审，3项获省政府批准全省复制推广，“跨境电力贸易与落地加工使用新模式”被中国改革年鉴作为典型案例刊登；向国际最高标准看齐，以“智慧政务统一制、审批服务清单制、投资项目承诺制”，打造最优的营商环境，实现“办事不出区”“一枚印章管审批”“一支队伍管执法”，营业执照做到“立等可取”，吸引和催生发展要素汇集融合，新增注册企业1174家，投资创业“磁场效应”日益凸显。推动跨境贸易转型升级，积极发展“边境贸易+跨境电商”新业态，跨境电商综试区建设加快推进，保税物流中心（B）型封关运营，黑河月星中俄跨境物流枢纽、“黑河—布市—白山”物流综合体、黑龙江大桥公路口岸互市贸易交易点等项目启动建设，1210查验线和邮政国际互换局项目进驻保税区，跨境电商货运物流“多仓联动”新模式入选“中国改革2020年度50典型案例”，跨境电商产业园交易额实现15.1亿元。积极开展跨境产业链嵌入式合作，构建产业协调联动新格局，互贸区中草药加工、新丝路跨境木材加工、进口能源加工储运等项目取得突破性进展，境外园区入区企业75户，成为聚集我国企业“走出去”的重要战略平台。

八、坚守为民初心用情用力谋民生之福、解民生之忧，更好满足群众美好生活向往。始终把人民安居乐业、安危冷暖放在心上，让群众有更多、更直接、更实在的获得感、幸福感、安全感。着力补齐民生短板，全市民生支出201.7亿元，占一般公共预算支出88.2%。扎实做好就业稳岗工作，城镇登记失业率比省定指标低2.13个百分点。稳步提高退休人员退休待遇和社会救助保障标准，向6.8万名城乡低保和特困供养对象按时足额发放保障金，启动社会救助保障标准与物价上涨挂钩联动机制，保障困难群众衣食无忧。坚持办好人民教育，新改扩建5所公办幼儿园，新建黑河一中俄语中学教学综合楼、孙吴县第三幼儿园和逊克县第一中学新校区，保证了疫情之下中、高考顺利进行。市院共建成果丰硕，黑河学院综合体育馆、冰球馆、游泳馆、音乐厅等项目完成主体工程，千余名学生在黑河市进行实习实训；黑河技师学院综合实训基地项目前期全部完成。全力打造“健康黑河”，黑河市第一人民医院改扩建、儿科中心项目投入使用。提升城市文化品位，马占山历史陈列馆和黑河商会历史陈列馆对外开放，小微博物馆群和全国地市级同类馆中首家以VR为特色的科技馆开馆运营。市图书馆、档案馆、博物馆和中俄文化交流中心“三馆一中心”项目启动。按照国家AAAAA级旅游景区标准打造城市，“瑷珲—腾冲”人口地理分界线公园、黑龙江大桥公园落成，世纪广场改造完成，大黑河岛生态广场部分完工并投入使用，市民多了休闲度假好去处，旅客多了必游必到打卡地。美丽县城建设加快推进，规划、建设、品位、管理同步提升。持续开展农村环境整治，生产、生活、生态有机融合，深入实施农村厕所、垃圾、污水、能源、菜园“五大革命”和“四清二改一绿”，清洁村庄标准自然屯达到1182个，建设少数民族特色村庄26个，扮靓了乡村、留住了乡愁。积极抓好信访工作，扎实开展信访案件化解、越级重访治理、信访事项规范办理“三大攻坚行动”，黑河火磨公司搬迁、鸿盛源酒店经营等历史遗留信访案件得到妥善解决。坚决守住安全底线，扎实开展“安全生产月”活动，全市生产经营事故死亡人数大幅下降。连续29个防期未发生重特大森林火灾、9个防期零火灾。市域社会治理现代化试点市创建扎实推进，新型智慧城市建设取得阶段性成果，治安形势总体平稳，防汛减灾精准有效，平安黑河创建成效显著，社会大局保持了和谐稳定。

九、充分发挥党的领导这一最大优势，凝聚众志成城共克时艰磅礴力量。充分发挥党委总揽全局、协调各方的领导核心作用，齐心协力把各项事业干出光彩。与时俱进改进宣传思想文化工作，努力让习近平新时代中国特色社会主义思想深入人心。组织1.5万名党员干部参加全省“百万党员读《习近平谈治国理政》第三卷活动”，举办全市理论宣讲骨干培训班，在全市迅速掀起学习宣传贯彻中共十九届五中全会精神热潮。旗帜鲜明坚持党管意识形态，压紧压实各级党委（党组）主体责任，开展“清朗”“净网”专项行动。围绕抗击疫情、脱贫攻坚、项目建设、创建全国文明城市、承办全省第三届旅发大会等中心工作，讲好黑河故事、传递黑河好声音，打牢了全市人民昂扬向上、团结奋进的思想基础。支持和保障人大及其常委会依法行使职权，创新对“一府一委两院”监督工作实践，认真开展“三查（察）”活动，积极推动高质量立法，为全市依法开展疫情防控、创建全国文明城市、饮用水水源保护提供了有效法治保障。支持政协充分履职、主动作为，围绕做好疫情防控、复工复产及“六稳”“六保”和“十四五”规划制定等工作，提出有深度有远见的意见建议；聚焦兴边富民试点市建设、推动试车经济提档升级、科学开发中草药资源等开展专题调研，形成了一批有分量的调研成果，为市委、市政府科学决策提供了重要参考。巩固发展新时代爱国统一战线，组织企业赴珠海考察对接，参加服务龙江民营经济高质量发展农副产品对接会，在中医药产业发展、绿色农产品供应、旅游业发展、企业家交流合作等领域达成合作意向；积极争取少数民族发展资金7345万元，实施基础设施项目20个、产业项目25个；成功引进台资企业“比米农牧科技有限公司”，助力全市实现台资加工企业零的突破。建立政企常态化沟通机制，帮助民营企业解决复工复产、资金周转等问题，推动民营经济健康发展。各民主党派和工商联充分发挥自身优势，积极为夺取疫情防控和经济社会发展“双胜利”贡献智慧和力量。妇联和共青团在疫情的大考中展现了“巾帼”风采和青春担当。工会扶贫济困让贫困职工感受到了党和政府的“温暖”。关工委、史志档案馆、贸促会、老促会、科协、残联、文联等都在各自岗位履职尽责，以饱满的精神状态推动工作高效落实。强化党管武装和党政军警民联动，积极促进边疆稳定和军民融合发展，荣膺全国双拥模范城“四连冠”。

十、坚决扛好全面从严治党政治责任，以风清气正、海晏河清的政治生态凝心聚力。坚持把抓好党建作为最大政绩，固本培元不停步、祛疴除弊不松懈、反腐惩恶不手软，推进全面从严治党向纵深发展、向基层延伸。坚持把党的政治建设放在首位，聚焦“两个维护”、贯彻落实习近平总书记重要讲话和重要指示批示精神开展监督，以不落实之事倒查不落实之人，推动党中央和省委重大决策部署落地见效。坚持问题导向，对标省委巡视和政治生态建设考核反馈问题严格整改，制定实施《关于持之以恒营造风清气正政治生态着力打造全面振兴好环境的意见》，不断拧紧螺丝、上紧发条，坚决打好政治生态建设“翻身仗”。中央和省委巡视反馈问题整改取得重大阶段性进展，市委巡察覆盖率达到91.3%，乡镇实现全覆盖。扎实践行新时代党的组织路线，精准识人，科学选人、大胆用人，选拔重用优秀年轻干部，推动职级并行激励干部，立足党的事业薪火相传储备干部，选派干部到脱贫攻坚、重大项目、信访维稳等工作一线，经风雨、见世面、长才干、壮筋骨，干部队伍的活力明显增强。筑牢基层战斗堡垒，46个软弱涣散村党组织实现全部转化，“村级后备力量培养工程”让村“两委”后继有人。实施“边城英才”“大学生实习实训”“人才安居”等重点人才计划，开展“双一流”高校招聘和“百名研究生”优选，“筑巢助梦”人才公寓建成使用，引进各类优秀人才1800余人，其中全日制研究生216人，实现高层次人才引进数量和质量双突破，成为黑河历史上引进人才力度最大、数量最多、质量最高的一年。严格落实中央八项规定，严肃查处享乐主义、奢靡之风问题63起、处理76人；查处形式主义、官僚主义问题139起、处理284人。推进“走流程”和问题整治整改双向发力，深入开展干部作风“五整治”，转作风优环境日益走深向实。推进基层减负落地见效，确定6月“无会月”，给会议瘦身、为干部松绑，形成了广大党员干部身在一线、干在一线、冲在一线的浓厚氛围。坚持一体推进不敢腐、不能腐、不想腐，抓常抓实“初心”“使命”教育，深入开展“警示教育月”活动和姜国文案件警示教育，全面筑牢拒腐防变的思想堤坝。监督利剑高悬，重大工程、重大项目、重要工作，组织纪检、审计等部门，提前介入、跟踪监督、防患未然。制定出台《关于进一步加强对“一把手”监督的意见（试行）》，督促“一把手”压实责任、严格履职、规范用权。将全面从严治党延伸到“最后一公里”，对向涉农、养老、最低生活保障金等领域下黑手的绝不留情。

一年来，市委常委会高度重视、不断加强自身建设，严肃开展党内政治生活，严格落实重大事项请示报告制度，始终对党忠诚、对人民忠诚、对事业忠诚。深入贯彻民主集中制，坚持重大问题科学决策、民主决策、依法决策。严格落实集体学习制度，认真开展市委常委会会前学法。深入推动转作风树新风，坚持问题导向、目标导向、责任导向和效果导向，带头招商引资、包保项目、化解矛盾，挑最重担子、啃最硬骨头，以只争朝夕、分秒必争的精神状态推动各项工作持续突破。积极营造团结合作的浓厚氛围，带动全市广大党员干部拼搏奋进、干事创业。严格执行党风廉政建设各项规定，率先垂范、当好标杆，力戒形式主义、官僚主义，严格教育管理亲属及身边工作人员，营造了以担当、以干净、以团结诠释忠诚的政治氛围。

一年来，市委常委会工作取得的成绩，得益于我们不忘初心、使命在肩，坚定依靠习近平总书记定向领航，依靠党中央和省委坚强领导，始终沿着党中央和省委指明的正确路线奋勇前行；得益于我们始终坚持人民至上，保持人民立场，恪守为民情怀，把满足人民群众美好生活向往作为奋斗目标，团结带领群众共同创造幸福美好生活；得益于我们未雨绸缪、超前谋划，及时对形势变化作出科学研判和有效应对，抓住机遇、找准方向、选对路径，争取到了上级最大的支持；得益于我们“关键少数”以上率下、以身作则，敢于以实际行动立标打样、冲锋在前，一级带着一级干，一级做给一级看；得益于我们始终坚持高目标、高标准、高质量、高效率，高起点谋划、超常规发力，一年当成两年干，营造了比学赶超、争先晋位、争创一流的浓厚氛围；得益于我们直面矛盾、勇于担当、敢于负责，在危难时刻挺身而出、果断决策；得益于我们统筹协调各方，发挥四大班子合力，不断增进团结、鼓舞士气，形成广大干部群众上下一心、风雨同舟、共克时艰的强大合力。

以上是一年来市委常委会主要工作。一年来面对前所未有的困难挑战，各县（市、区）、中省市直单位、驻黑部队和社会各界人士，团结一心、奋力拼搏，广大党员干部勤勉敬业、苦干实干，各位市委委员、候补委员履职尽责、勇于担当，充分展现了良好精神风貌，为全市高质量、跨越式发展作出了突出贡献。在此，我代表市委常委会向大家表示衷心的感谢！新年即将到来，借此机会，向大家致以美好的祝愿！

总结成绩的同时，我们更要清醒地看到，全市经济总量和发展质量还有较大提升空间；将政策机遇转化为发展优势速度还不够快，对外开放合作水平还不够高，营商环境还不够优，破除制约经济社会发展的改革仍在攻坚，制度创新思路不宽、办法不多，基础设施和民生领域仍存在短板弱项，吸引留住人才的力度还要不断加大，治理体系和治理能力还需不断提升，干部队伍年轻化、专业化水平需要进一步提升，抓工作落实的力度仍需加强，全面从严治党依然任重道远。

星光照耀赶路者，岁月不负追梦人。开启“十四五”新征程，建设社会主义现代化新黑河，我们要始终团结在以习近平同志为核心的党中央周围，坚持以习近平新时代中国特色社会主义思想为指引，深入贯彻习近平总书记重要讲话和重要指示批示精神，不折不扣落实党中央大政方针和省委决策部署，解放思想、改革创新、攻坚克难，以新气象新担当新作为，让发展更有质量、治理更有水平、民生更有质感，以优异成绩向建党100周年献礼！

政府工作报告

——2021年2月8日在黑河市第六届人民代表大会第六次会议上

黑河市人民政府市长　李世峰

一、2020年工作回顾和“十三五”时期发展成就

过去的一年，是黑河市发展史上极不平凡的一年。面对比以往任何时候都严峻复杂的形势和艰巨繁重的改革发展任务，我们坚持以习近平新时代中国特色社会主义思想为指导，在省委、省政府和市委坚强领导下，在市人大和市政协监督支持下，团结带领全市人民，精准落实“六稳”“六保”工作举措，发展势头强劲恢复，民生短板加快补齐，在关键之年逆势上扬，在特殊时期实现突破，交出了一份沉甸甸的答卷。地区生产总值增长3.5%，规上工业增加值增长25.9%，一般公共预算收入增长9.6%，城镇、农村常住居民人均可支配收入分别增长3.1%和9%，以上五项指标增速均居全省首位；固定资产投资实现正增长，对外贸易进出口总值强势回升，经济社会发展步入总量扩大、能级提升、创新驱动、加速赶超的新时期。

一年来，我们统筹兼顾、突出重点，全力做好以下几方面工作：

（一）科学精准防控，全力战疫情、守国门。面对疫情这场大考，坚持沉着应对、果断处置，在市委的坚强领导下，坚决扛起“外防输入、内防扩散、守好国门”重大政治责任，完善指挥体系，领导靠前指挥，落实“四方责任”，用最短时间、最小代价，全面打赢两场疫情防控歼灭战、外防输入保卫战、应对处置阻击战和监测预警阵地战，实现了无院感、无社区传播、无农村疫情、无疫情输出目标。坚持生命至上、科学救治，集中患者、集中专家、集中资源，408名医务人员与时间赛跑、与病魔较量，全力守护人民群众生命安全和身体健康。坚持统筹资源、提升能力，启动建设市卫生健康中心，全市病原微生物实验室由36个增加到61个，借助与珠海对口合作争取移动核酸检测车一台，核酸检测日单检能力由200人份提升至35314人份，应对突发公共卫生事件能力显著提升。坚持精准施策、科学管控，组织两轮市区全民核酸检测，开展重点人群和场所核酸检测达到117万次，核查研判各类重点人员信息2100万条，以最快速度阻断疫情传播渠道。坚持患难与共、向疫而行，20名医务人员千里驰援湖北孝感，1100余名边防部队官兵、公安民警、护边员和乡村干部驻防沿江一线，2万余名党员干部下沉社区值守，在疫情最困难时期支援全省和兄弟地市防疫物资，海内外企业家和社会爱心人士积极捐款捐物，先后涌现出一大批抗疫先进典型，以实际行动展现了伟大的抗疫精神，诠释了黑河广大干部群众的责任担当。

（二）精心承办旅发大会，全力展特色、扬魅力。面对疫情不利影响，坚持思想不松、干劲不减、标准不降，举全市之力、集全民之智，实现“办会兴城、以会兴市”目标。仅用120天完成知青体验园、知青民宿建设，100天建成瑷珲研学实践教育营地和完成东北抗联博物馆五大连池分馆布展，瑷珲国际汽车营地打破黑河寒期施工最早记录。依法依规打响城市拆违攻坚战，大黑河岛、双拥大街、清真寺小广场周边环境彻底改善，拆除违建为过去十年总和的3倍，市区城建投资是过去十年的总和。塑造风情黑河、魅力黑河、康养黑河，建成游客必游必到、景城一体、智慧服务等16个项目30个子项目，瑷珲—腾冲主题公园、黑龙江大桥公园、中俄民族风情园、大黑河岛生态广场成为“黑河新地标”，环瑷珲—腾冲公园片区成为“品质展示区”，海兰风情街、花海景观成为“网红打卡地”，瑷珲乡野公园、五大连池温泉水世界、五大连池火山地质博物馆、北安庆华军工遗址博物馆成为“旅游新热点”，为游客开启了震撼心灵、终生难忘的精彩之旅。乘势而上、趁热打铁，全面启动后旅发大会秋冬会战，寒区试车高新技术产业园启动建设，成功举办首届寒区试车节等系列活动，旅游业活力明显增强，城市形象全面提升。

（三）加快发展现代农业，全力强基础、育品牌。将农业作为稳增长的强力支撑，推动农业生产由增产增效向提质增效转变。全域粮食播种面积182.9万公顷，粮食产量51.75亿千克，粮食生产再获丰收。绿色有机认证标识346个、面积43.67万公顷，绿色优质农产品供给能力持续提升。加快现代畜牧业发展，规模养殖场达到238个。大力发展林产经济，新增林果0.44万公顷、北药0.2万公顷，食用菌产量1300万千克，逊克、孙吴和爱辉被评为全省中药材基地建设示范县。推进“两头两尾”，市级龙头企业发展到39家，农产品加工量282万吨。筑牢现代农业发展基础，建设高标准农田3.35万公顷，实施水利工程项目43个，落实农业“三减”示范基地346个。强化品牌营销，制定极境寒养安全产品标准，建设绿色物产体验中心14家，授权企业达到78家。农村集体产权制度改革全面完成。挺起县域经济发展“四梁八柱”，嫩江位居全省县域经

济考评综合排名前列，各县（市、区）部分主要指标增幅晋位升级，县域经济综合实力稳步提升。

（四）做强高质量发展引擎，全力保主体、增效益。积极对冲疫情带来的下行压力，强力推进复产复工，稳住经济增长基本盘，保住实体经济生命线。积极帮助试车企业完成年度测试任务，被试车企业誉为“守望相助”最可信赖的朋友。优良的营商环境极大增强了企业信心，引进中铁建大桥局等23家央企国企和华为集团等30家航母级民企，签署战略合作协议为历年之最，63个超亿元大项目落地，与珠海对口合作进一步深化。出台稳企稳岗二十条举措，减税降费4.8亿元，全市新增市场主体1.7万户。新培育创建科技型企业176户，新增规上企业19户，税金增长65%。抢抓政策窗口期，争取33.3亿元抗疫特别国债，一批重大基础设施项目开工建设。全市145个百大项目全部开复工，完成投资113.3亿元，增长22.4%，67个项目建成投产或具备投产条件。矿产开发取得新突破，四季屯特大型煤矿勘查项目正式启动。全力以赴促消费，发放政府消费券3000万元，拉动消费1.7亿元，实现了消费保增长、企业有效益、市民得实惠。

（五）高标准建设自贸片区，全力闯新路、促开放。主动融入国家沿边开放布局，加强自贸片区制度创新统筹设计，上报国家创新案例4项，入选全省首批十佳创新案例3项，跨境电商“多仓联动”新模式入选中国改革2020年度50典型案例，注册企业达到1204家，注册资本65亿元。黑河口岸货运量60.1万吨，成为历史第二高年份。打造对俄跨境产业集群，利源达专用车柔性智能生产线项目开工，国源豆业、农投远东、丰泰粮油等俄粮进口加工项目顺利推进，宝康医药试生产，新丝路跨境木材加工项目启动生产。加快国家首批边民互市贸易商品落地加工试点建设，进口大豆实现落地加工，互市贸易交易量、交易额分别增长124%和48%。黑河保税物流中心（B型）封关运营，网购保税进口查验线项目、国际邮政互换局项目进驻。国家级跨境电子商务综合试验区获批，跨境电商产业园交易额15.1亿元，网络零售额突破3亿元。

（六）推进美丽黑河建设，全力提品质、优环境。借势借力“一会两城”，坚持规划引领，完成第三次国土调查，统筹国土空间规划和三条控制线划定，编制市区重点区域控详规划。高起点启动智慧城市建设，将有力提升政府决策科学化、社会治理精准化、公共服务高效化水平。完善城市功能，兴边路、龙海路等11条城市主次干道贯通，污水处理厂提标改造和餐厨垃圾处理厂竣工。建成国内首家以VR为特色的地市级科技馆。市区改造老旧小区40个、楼体191栋，涉及群众9500户，公租房租赁补贴惠及低收入群体4000户。启动乡村生活垃圾分类治理，建设省级“菜园革命”示范村24个，新建改造室内厕所2699户，建设省级绿化示范村7个，实现农村“干干净净迎小康”。加大生态修复力度，森林抚育2.56万公顷，造林0.59万公顷。逊克、爱辉入选“中国天然氧吧”，五大连池市入选“全国康养60强县”。全面推进污染防治，连续两年秸秆禁烧实现“零火点”，空气环境优良天数稳居全省前列。整治河湖“四乱”问题145个，县级以上集中式饮用水水源地全部达标，北安山口水库供水工程全线通水。率先在全省实施绿色矿山建设，5家矿山获批国家级绿色矿山。完成耕地土壤环境质量划分，重新调整土壤环境污染重点监管单位名录，土壤环境风险得到有效管控。

（七）始终心系群众冷暖，全力解民忧、惠民生。累计投入民生资金224.9亿元，占一般公共预算支出87.7%。认真落实各项政策，疫情期间为城乡低保、特困供养对象、残疾群体发放救助补贴资金3.3亿元，为2170余户企业减免社保费2.48亿元。城镇登记失业率3.31%，比省定指标低2.19个百分点，实现零就业家庭动态清零。实施边城英才工程，开展建市以来最大规模优选研究生招聘，吸纳各类优秀人才1800余人，其中研究生216人。办好人民满意教育，全面启动义务教育优质均衡发展县建设，实施全市中小学教师“县管校聘”管理体制改革，开展中小学“五色”研学实践教育，市第一中学俄语综合楼项目开工。深化与黑河学院合作，做强黑河技师学院，服务经济社会发展能力进一步提升。深化医药卫生体制改革，公立医院各项考核指标全部达到国家和省级平均水平，医用耗材全部取消价格加成，开通基本医疗保险市域内直接结算。文化体育事业蓬勃发展，成功举办中俄界江国际冰球友谊赛、中俄国际青少年羽毛球赛等系列交流活动。老区、侨务、档案史志、公积金、仲裁、民族宗教、妇女儿童、防震减灾等工作也取得新成绩。

（八）坚决维护公共安全，全力控风险、保稳定。牢固树立总体国家安全观，深刻汲取安全生产事故教训，创建国家安全发展示范城市，未发生较大以上安全生产事故。完成全市林区远程视频监控整合，连续29个防期没有发生重特大森林火灾，9个防期零火灾。开展全国首批市域社会治理现代化试点建设，城乡社区治理成效凸显，成为疫情防控坚强壁垒。推进扫黑除恶专项斗争，“平安黑河”建设取得历史最好成绩，各类发案全面下降，治安秩序和公共安全持续平稳，人民群众拍手称快。认真做好新时期信访工作，建立健全公共法律服务体系，依法及时解决群众合理合法诉求，有力维护群众权益。加大边防基础设施建设力度，推进党政军警民“五位一体”强边固防，边境一线持续稳定。做好新时代双拥工作，成功荣膺全国双拥模范城“四连冠”。

（九）加强政府自身建设，全力转作风、树形象。深入贯彻全面从严治党要求，增强“四个意识”、坚定“四个自信”、做到“两个维护”，把忠诚和看齐落实到政府工作全过程。自觉接受市人大及其常委会依法监督和市政协民主监督，高质量办结人大代表建议49件、政协委员提案199件。全面加强法治政府建设，制定出台文明行为促进条例和饮用水水源保护条例，如期完成“七五”普法规划目标。持续加强作风建设，坚决整治形式主义、官僚主义，切实为基层减负。严格履行党风廉政建设主体责任，强化功能区产业协作，出台税费分成、统计核算具体办法，复制推广自贸片区创新经验，形成梯次开放发展格局。做大做强互市贸易。加快推进桥头区新互市贸易交易中心和互贸进口商品落地加工区建设，扩大进口粮食和中草药加工规模。优化进出口商品结构，申报冰鲜和食用水生动物、危化品等指定口岸资质。申报国家级市场采购贸易试点，培育外贸综合服务企业。创新“边民互贸+跨境电商”模式，全面推行边民互市贸易溯源认证管理体系，扩大电子边民证使用规模，实现既富市又富民。完善跨境电商产业园区功能，培育壮大跨境电商直播新业态。构建沿边口岸物流枢纽。加快国家口岸型物流枢纽城市建设，全力申报综合保税区。适时开通黑龙江大桥公路口岸，加快跨江索道建设，启动黑河—布市—白山跨境收储物流综合体项目，谋划开通桥头区航运新港，加快大桥桥头区铁路专用线、公路货运物流中心建设，打造集仓储、配送、加工、贸易等功能为一体的国际物流运输体系。深化跨境投资合作。整合境内外园区功能，谋划建设“两国双园”“飞地园区”，形成跨境园区互动模式。推进中石油昆仑集团、上海归尚能源等项目，推动中石化服务保障基地建设，延伸跨境木材加工产业链条，培育跨境产业集群。探索发展离岸金融、离岸贸易、离岸科技，争取在中俄相互投资、跨境金融等领域实现突破。

（三）加快建设现代农业强市。全面推动乡村振兴，实施藏粮于地、藏粮于技战略，突出打好寒地黑土、绿色有机、非转基因“三张牌”，筑牢维护国家粮食安全“压舱石”。大力发展绿色农业。落实粮食安全行政首长责任制，发展优质高产粮食作物，稳定农作物播种面积，绿色有机食品认证面积45.33万公顷，认证数量360个，农业“三减”高标准示范基地达到340个以上，保护好黑土地这个“耕地中的大熊猫”。依托北安、嫩江、五大连池国家区域性良繁基地，开展优良品种原种扩繁、良种繁殖工作，谋划建设国家级大豆种子基地。奶牛、肉牛、生猪存栏分别达到6万头、22万头、56万头，水产养殖面积稳定在3.4万公顷以上。加快发展林产经济，扩大汉麻、北药等优势经济作物种植规模。培育壮大龙头企业，全市粮食、农产品加工转化率分别达到60%和55%。全力发展品牌农业。提高“极境寒养”“黑河大豆”“孙吴汉麻”品牌影响力，建立健全标准化可追溯农产品质量体系，打造极境寒养品牌供给基地98个。开拓重点目标市场，在珠海、南京等地建设极境寒养绿色物产体验中心，加强与国内知名电商平台合作，加大线上线下营销力度，全渠道销售额超6000万元。着力发展智慧农业。完善极境寒养农业大数据中心功能，打造智慧农业云平台中心。强化与南京农大、中国农科院战略合作，促进科技成果转化，农业科技进步贡献率达到69%以上，农业主推技术到位率达到95%。大力推进农业生产全程信息化、自动化、智能化，推动先进智能农机装备升级，提高农机化水平。巩固拓展脱贫攻坚成果同乡村振兴有效衔接。严格落实“四个不摘”要求，持续跟踪收入变化和“两不愁三保障”巩固情况，实现动态清零。深入实施乡村建设行动，开展村庄清洁行动，推进现代化新农村建设，继续推进厕所革命，打造“龙江民居”示范村3个、省级“菜园革命”示范村20个，全市清洁村庄数量达到总数96%以上，让村庄更美、乡愁更浓。

（四）加速提升区域中心城市能级。以建设中等规模边境区域中心城市为牵动，以景城一体标准精雕细琢城市，让城市更美好、生活更惬意、群众更幸福。坚持科学规划引领。建立全市国土空间规划体系，完成市县两级国土空间总体规划编制及市中心城区总体设计，推进乡镇级国土空间规划编制，科学划定三条控制线，推进重点行业、重点领域专项规划编制。开展中心城区重点地段控详规划编制，谋划市区周边村屯与中心城区一体化发展，拉开城市框架。坚决维护规划严肃性，提高规划委员会权威性，确保“一张蓝图绘到底”。实施城市更新行动。以城市更新改造为重点，整体提升人居环境和城市品质。在“靓”上用心思，合理设置街头景观小品，完成老通江街二期景观绿化项目，完善市区亮化基础设施，用景观点缀城市。在“优”上动脑筋，加快火磨文化广场前期工作，谋划推进大黑河岛国防公园和石金河湿地公园项目，高标准实施大黑河岛生态广场和黑龙江大桥公园二期工程，加强老旧小区环境提升和弃管楼管理，打造一批更高品质精品小区。在“通”上下气力，市区新建改造13条道路，科学优化设置公交线路，打通城市交通路网，让群众出行更顺畅。在“建”上下功夫，全市新建燃气管网21.7千米，新建改造排水管网18.7千米、供热管网40.5千米，新增集中供热面积102.7万平方米。在“改”上动真格，强力推进市区福康家园等2个棚改项目，新建4栋、2.5万平方米回迁安置楼，对28个老旧小区130栋楼体实施改造提升。加大历史遗留存量违建拆除力度，力争违建零增长。持续推进耕地“非农化”和农村乱占耕地建房专项整治行动。提升城市管理水平。加快智慧城市建设步伐，建设5G基站1000个，规划建设新能源充电设施。启动城市智慧化管理年，实施智慧城管升级改造一期工程及智慧供暖示范区一期项目。用绣花功夫管理城市，重拳整治城市管理乱象，扎实推进生活垃圾分类工作，市餐厨垃圾处理厂、医疗垃圾处理厂投入使用。严格执行《黑河市文明行为促进条例》，推进全国文明城市创建。提速美丽县城建设。中心城区重在增强辐射承载力，加快北安城区路网综合治理，推进省道呼嫩公路嫩江至多宝山段道路升级改造工程前期，实施五大连池市城市广场综合项目，启动逊克滨江公园一期工程，统筹推进孙吴老旧小区改造、民用燃气和排水改造等市政工程，完成五大连池风景区城市供水管网和污水处理厂提升改造。小城镇重在突出要素吸引力，坚持因地制宜，加快打造一批旅游名镇、商贸型大镇、交通节点镇及工矿重镇，建设各具特色的魅力小镇。

（五）全面放大后旅发大会效应。做强文旅健康产业，提升旅游品牌知名度、美誉度和影响力，培育壮大现代服务业。打造永不落幕的旅发大会。高质量编制“十四五”文化旅游发展规划，实施旅游景区质量提升工程。推进瑷珲乡野公园提档升级，启动桥头区少数民族特色风情旅游景观带项目前期，加快中俄民族风情园少数民族体验区及自驾车营地建设，五大连池市朝阳山东北抗联精神教育基地投入使用。推进醉美331边防路黑河至卧牛湖段项目建设，沾河至逊克大平台旅游公路开工，争取开通8座以下小客车跨境自驾游。做大五大连池风景区高端品牌，启动新一轮申遗工作。加强与黑龙江省黄金旅游带城市、瑷珲—腾冲地理分界线沿线城市、对口合作城市和俄罗斯重点旅游城市合作，携手共建旅游联合体。力争接待国内外旅游者达到730万人次，旅游收入实现40亿元。打造冰雪经济“热产业”。充分利用“冷资源”，继续办好黑河寒区试车节，建设高标准寒区试验国际化平台，谋划寒区试船、寒区试飞等项目，延长寒区试验产业链。做大做优做强冬季冰雪文化旅游项目，高标准建设大黑河岛中俄冰雪乐园、逊克十公里雾凇景观长廊，适时组织中俄冰雪赛事，办好山口湖雾凇节、冬捕节等系列活动，放大黑河极境冰雪独特魅力。打造中俄消费区域中心城市。谋划建设大黑河岛免税商店，建设互市贸易出口和15国进口商品展示、销售和批发中心。依托大黑河岛中俄油画城，做大中俄文化产业和艺术消费品牌。鼓励发展夜经济和小店经济，培育中央商业步行街、海兰街等特色名街消费平台。落实国家新一轮促进消费补贴政策，开展系列促进消费活动，积极发展线上线下消费，培育消费新业态、新模式，引导服务性消费提质扩容。

（六）筑牢国家生态安全屏障。践行习近平生态文明思想，统筹推进山水林田湖草系统治理，把最美的风景留给群众，把最好的资源留给后代。全面推行“林长制”。构建市县乡村四级森林资源管理新机制，做到山有人管、树有人护、责有人担。加大生态修复力度，完成森林抚育2.77万公顷、森林改培0.2万公顷、造林绿化0.43万公顷、绿化村庄476.67公顷。加强自然保护区、森林和湿地公园保护，深化与阿穆尔州在跨境自然保护区、边境动物迁徙廊道等方面合作。高标准做好森林防火工作，推进扑火队伍、瞭望监测、远程视频监控等系统工程建设，确保实现“三个不发生”目标。打好污染防治攻坚战。守护好蓝天白云，开展散煤污染治理行动，加强柴油车污染防治，强化有效解决秸秆露天焚烧管控，全市秸秆综合利用率92%、还田率70%。守护好一江碧水，结合河湖长制，推动流域控制单元精细化管理，实现乌裕尔河、讷谟尔河生态流量保障目标，国控考核断面水质Ⅰ—Ⅲ类比例稳定达标。守护好良田沃土，全面提升土壤环境监管能力，确保农用地和建设用地土壤环境安全得到保障。加快绿色低碳转型。推进绿色矿山建设，6家生产煤矿达到绿色矿山标准，5家关闭和废弃煤矿完成生态修复。完善企业环境治理责任体系，实行排污许可管理制度，对黑河热电厂5台锅炉进行超低排放改造及烟气余热回收技术改造。开展能源消耗总量和强度“双控”工作，严格项目节能审查。开展绿色机关、绿色学校、绿色社区、绿色出行、绿色建筑创建活动，推进节水型社会建设，引导群众生活方式向简约适度、绿色低碳转变。

（七）努力建设更高水平幸福黑河。始终心系民生冷暖、胸怀万家忧乐，民生跟着“民声”走，聚焦群众身边事，解决群众烦心事，办好群众暖心事。实现更高质量的就业。坚持减负稳岗扩就业并举，全市新增城镇就业1.4万人，城镇登记失业率控制在4%以内，实行调查失业率统计体系。继续实施边城英才工程，组织事业单位招聘和实习实训大学生分别达到1000人以上，高素质人才队伍总量达到2.4万人。以创业带动就业，完善“众创空间—孵化器—加速器”科技企业孵化体系，推进离岸创新创业基地建设。发挥黑河技师学院等社会力量作用，开展职业技能培训1万人次，培养高技能人才200人，释放全社会创新创业动能。发展更高水平的社会保障。全面做好社保扩面工作，加强社会保险费征缴力度，稳步提升社会保险待遇水平，确保社会保险待遇按时足额发放。推进基本医疗保险市级统筹，建立门诊共济保障制度，降低药品价格，减轻群众负担。完善老年健康服务体系，稳步推进养老服务基础设施建设。巩固城乡低保专项治理成果，强化分散特困供养人员照料护理服务，确保有集中供养意愿的全部入住养老机构。提供更有温度的公共服务。推进学前教育深化改革规范发展，提高幼儿园保教质量，新建、改扩建公办园4所。继续开展中小学研学实践教育活动，创建逊克县义务教育优质均衡发展县，做好高考综合改革工作。建立健全以素质教育为导向的办学质量评价体系，推进普通高中多样化特色发展，提高职业教育办学质量，做好优质校、优质专业“双优”建设工作。深化与黑河学院战略合作，推进黑河技师学院建设，办好老年大学。加强近视防控，学生近视率再降低1个百分点。深入实施“健康黑河”行动，做好国家卫生城市复审迎检工作。强化新冠肺炎等重大传染疾病防控，开展国家各种免疫规划疫苗常规接种，加强医疗卫生应急处置能力建设。继续深化医药卫生改革，大力发展中医药产业，全力推进3岁以下婴幼儿照护服务发展。组织庆祝建党100周年系列活动，创作文化艺术精品。做好第八批全国重点文物保护单位文物保护工作。适时举办第十一届中俄文化大集。积极备战北京冬奥会，开展系列冰雪体育活动，推进黑河冰球馆和北安“冬季两项”项目基地建设，打造健康活力之城。开展更多元化的社会治理。推进全国市域社会治理现代化试点建设，创新城乡社区治理，推广“四社联动”模式，实现网格化管理全覆盖。提高风险预判能力，严密防范各类风险挑战，深化国家安全发展示范城市创建，完善森林草原防灭火、防汛抗旱应急指挥、自然灾害防范体系建设，坚决遏制重特大事故发生。建立扫黑除恶常态化长效化机制，完善立体化信息化社会治安防控体系，打造更高质量“平安黑河”。全面实施“八五”普法规划。完善社会矛盾纠纷多元化解、联动处置机制，推进网上信访系统建设，带着感情和责任做好信访工作。提升边境管控能力，加强国防教育，保障军人军属合法权益，巩固全国双拥模范城“四连冠”成果。同时，进一步做好老区、侨务、档案史志、公积金、仲裁、民族宗教、妇女儿童、防震减灾等工作。

（八）坚决打好营商环境翻身仗。以刀刃向内、自我革命的勇气和决心，实施营商环境深度优化工程，打造市场化法治化国际化的一流营商环境。行政审批提速。全面拓展“互联网+政务服务”，网上可办事项基本全覆盖。实施“办好一件事”全链条流程再造，推行“互联网+不动产登记”模式，社会投资工程建设项目审批压减至30个工作日，不动产一般登记、抵押登记最多2个工作日办结，企业开办实现秒办。深化商事登记制度改革，持续推进“证照分离”改革，推行电子营业执照应用和全程电子化登记管理，让企业多用时间跑市场、少费功夫跑审批。服务水平提质。强化重大签约项目服务保障，继续推行项目服务专班和首席服务员制度。建立自贸片区政务大厅“会客室”服务模式，开通与珠海横琴“跨省通办”平台，与俄方共建“国际营商通”。全市政务服务大厅实现应进必进，严格落实行政权力事项清单，推动政务服务事项延伸至基层，打通服务群众“最后一公里”。优化公共资源交易服务，全面推行政府采购网上竞价，实现“不见面”开标。激发活力提效。推动诚信黑河建设，加大信用信息共享平台数据归集力度，推进以政务、商务、司法、社会和个人为重点的信用体系建设。贯彻反垄断和防止资本无序扩张要求，保护消费者利益，促进市场有序竞争。有效解决企业融资难题，加大中小微企业信用贷款投放力度，引导企业入驻全国信易贷平台。全面开展营商环境评价，以零容忍态度严肃查处破坏营商环境行为。

各位代表，民生无小事，我们将聚焦事关人民群众切身利益问题，全力办好十二件民生实事。一是全市投入1500万元，资助贫困学生1.5万人次。二是落实边境县义务教育学生营养改善计划，投入专项资金1950万元，惠及学生2.48万人。三是推进市卫生健康中心项目建设，年内完成人民医院、传染病医院主体工程，市第一人民医院晋升三级甲等医院。四是市精神病人福利院投入使用，为城乡困难群体精神障碍患者提供医疗服务。五是推进黑河中俄文化艺术会展中心和市图书馆建设，年内完成主体工程，市博物馆、市档案馆开工。六是新建市区大型社区综合活动中心，满足群众精神文化和健身娱乐需求。七是提升养老服务质量，全市社区养老服务设施达标率达到80%，每个县（市、区）均有四星级养老机构，各类养老机构床位达到1.24万张。八是开展网络餐饮服务食品安全整治，确保线上线下食品同标同质。九是全市计划改造棚户区1635户、10.3万平方米。十是市区新建300套公租房投入使用，解决轮候和新增家庭住房困难问题。十一是实施农村饮水安全巩固提升工程50处，受益人口2.5万人。十二是推出群众高频办理事项集成服务50件，让群众最多跑一次，甚至一次都不用跑。

四、全面加强政府自身建设

政贵在行，事成于实。我们要坚持高效理政、依法施政、从严治政，努力建设政治过硬、本领过硬、作风过硬、廉洁过硬的人民满意政府。坚决把政治规矩挺在前面。旗帜鲜明讲政治，不断提高政治判断力、政治领悟力、政治执行力，巩固深化“不忘初心、牢记使命”主题教育成果，增强“四个意识”、坚定“四个自信”、做到“两个维护”。重大事项、重要决策、重点工作及时向市委请示汇报，主动接受人大及其常委会依法监督、政协民主监督和监委监督，广泛听取民主党派、工商联、无党派人士、人民团体意见，让行政权力始终在政治轨道上和规矩约束下运行。坚决把依法行政落到实处。增强终身学习意识，坚持市政府常务会议会前学法常态化，开展多种形式学习培训活动，不断提高理论素养、专业能力和决策水平。加强法治政府建设，严格按照法定权限和程序履行职责，完善公众参与、专家论证、风险评估、合法性审查、集体讨论的科学决策机制，严格规范公正文明执法，推动重点领域立法，提升行政服务水平，全面实行政务公开，营造更加公正、更加有序的法治环境。坚决把作风建设引向深入。强化效率观念，大力倡导马上办、立刻办、用心办，抓工作雷厉风行，抓落实事不过夜，抓反馈既报喜又报忧。强化效能监察，任务细化到点，责任落实到人，把决策部署变成具体项目，工作要求变成具体措施，提高政府执行力。强化务实作风，加强调查研究，把精力放到项目一线，把脚印留在田间地头，坚决整治形式主义、官僚主义突出问题，真正形成敢于担当、干事创业的浓厚氛围。坚决把反腐倡廉进行到底。履行党风廉政建设主体责任，强化“一岗双责”，推进巡视反馈问题整改，不断提高拒腐防变和抵御风险能力。强化依法审计，加强对资金使用、项目招投标、工程建设、土地出让、政府采购等重点领域和重点环节监管，厉行勤俭节约，反对铺张浪费，严控“三公”经费。以坚如磐石的意志和决心反腐惩恶，对各种腐败行为和不正之风决不姑息，以反腐倡廉实效保障发展、取信于民。

人民赋予重托，奋斗创造未来。让我们紧密团结在以习近平同志为核心的党中央周围，在省委、省政府和市委的坚强领导下，践行初心使命，提高工作标杆，勇于开拓创新，在更高起点上加快发展，在更高标准上改善民生，在更高视野上维护稳定，加快建设富有实力、充满活力、极具魅力的社会主义现代化新黑河，以无愧于时代和人民的业绩向党的百年华诞献礼！

1月

1日 黑河市爱辉区与云南腾冲市联合同步举办中国·瑷珲“迎新年步步高”爱辉—腾冲“一带一路”中俄徒步大会，中俄两国的2000余名选手参赛。

2日 黑河市纪委监委召开深化派驻机构改革工作推进会议，总结前一阶段派驻工作成效，对进一步深化派驻机构改革工作进行安排部署。市委常委、纪委书记、监委代主任蒋和庆出席会议并讲话。2017年以后，市纪委监委稳步推进各项改革任务的落实，市一级设立“20+2”个派驻纪检监察组，对市级单位实现监督全覆盖。

同日 黑龙江省黑河生态环境监测中心正式揭牌。

同日 黑龙江铜山矿业有限公司铜山矿采矿工程项目开工。该项目位于嫩江市多宝山镇，总投资9.48亿元。

3日 黑龙江省新产业投资集团西沟汽车测试公司与重庆车辆检测研究院有限公司在黑河西沟汽车测试基地签署战略合作协议，举行重庆车检院黑河寒区试验基地揭牌仪式。

8日 由黑河市委、市政府主办，市委统战部承办的“共筑中国梦·最美同心圆”2020统一战线新春联谊会在黑河举行。市委书记秦恩亭致辞，市委副书记、市长马里通报2019年全市经济社会发展情况，市委常委、统战部部长王淑滨主持联谊会。黑河各民主党派、工商联和无党派人士代表、各族各界人士代表欢聚一堂，辞旧迎新。

9日 全市“不忘初心，牢记使命”主题教育总结大会召开。市委书记秦恩亭出席会议并讲话。第二批主题教育省委第六巡回指导组组长郭龙川讲话，对黑河市主题教育工作给予肯定。市委副书记、市长马里主持会议。

15日 北安市冰球馆开馆。该馆是全省首个落户县级市的室内冰上运动场馆，总投资6250万元，占地面积10041.60平方米，总建筑面积9297.27平方米。

16日 省委常委会会议决定，马里任中共黑河市委书记。

19—20日 黑河市在俄布市举办“双子同欢中国年”为主题的系列境外文化交流活动。该活动有中国文化展示、中国文化体验、中俄民众互动等多版块20余项内容。中国驻哈巴罗夫斯克总领事馆总领事崔国杰，黑河市委常委、宣传部部长狄恒出席活动。

20—21日 政协黑河市六届四次会议召开。市委书记马里出席会议并讲话。会议同意市委副书记，副市长、代市长李世峰所作的关于《政府工作报告》的说明，听取并审议批准政协黑河市六届委员会常委会所作的报告和提案工作报告。会议通过政协黑河市六届四次会议决议，表彰2019年度优秀政协委员、优秀提案团体及个人、提案承办先进单位及先进工作者。大会选举马丹、朱智勇为政协黑河市第六届委员会副主席。

21日 黑河市政府召开全市新型冠状病毒感染的肺炎疫情（以下简称“新冠肺炎疫情”）防控工作会议，落实国务院、省政府和市委要求及相关会议精神。成立疫情防控工作领导小组，制定下发工作方案及应急预案，迅速启动疫情防控工作。

22—23日 黑河市六届人大五次会议召开。会议听取并审议市政府工作报告，审议黑河市2019年国民经济和社会发展计划执行情况及2020年计划（草案）的报告、黑河市2019年预算执行情况和2020年预算（草案）的报告。大会执行主席王长玉主持会议。李世峰当选为黑河市人民政府市长、蒋和庆当选为黑河市监察委员会主任、马杰当选为黑河市六届人大常委会副主任。

25日 黑龙江省新冠肺炎疫情防控工作会议结束后，市委、市政府对疫情防控工作进行再安排、再部署。黑河市同步启动突发公共卫生事件I级响应机制，采取最高规格且超常规的组织领导模式，由市委书记、市长任双组长，各相关部门主要负责人为成员的黑河市疫情防控工作领导小组，下设综合协调、督导检查、宣传报道、防控救治、落地查人5个小组，市委、市政府主要领导坐镇一线，指挥调度全市疫情防控工作。

同日 19时50分开始，黑河市与俄阿州建立启动24小时疫情防控工作联络机制，并各自确定专人作为双方的独立联络官。1月28日，双方共同开辟黑河—布市旅检口岸临时客运走廊，无偿为双边滞留人员撤离提供相应便利和帮助。2月7日，黑河—布市货物运输通道打通。截至3月9日，黑河口岸共验放4233人，其中，出境2191人，入境2042人；口岸进出口货物共计3.7万吨，其中，进口货物2.9万吨，出口货物0.8万吨。

2月

3日 黑河市召开新冠肺炎疫情新闻发布会，通报全市疫情防控工作和疫情防控期间市场保供等情况。2月12日，全市首批确诊病例痊愈出院。3月10日，黑河市应对新冠肺炎疫情工作领导小组办公室印发《关于恢复生产生活秩序的通告》。截至4月12日，全市确诊病例全部治愈，连续57天无确诊病例，54天无新增疑似病例，实现“三清零”。

4—5日 黑河市应对新冠肺炎疫情工作领导小组指挥部抽调黑河市第一人民医院、中医医院、疾控中心相关专家，对全市定点防治医院和疾控中心疫情防控措施落实情况进行检查指导。

6日 市委副书记、市长李世峰到黑河市第一人民医院、疾控中心和爱辉区花园街道喇嘛台社区，就做好疫情防控工作进行调研。副市长陈晓杰、市政协副主席曹文兴参加调研。

8日 副省长程志明到黑河市督导检查新冠肺炎疫情防控工作，看望慰问疫情防控一线工作人员，听取黑河市应对疫情的相关工作情况汇报，对进一步做好疫情防控工作作出指示。市领导马里、李世峰等参加调研。

12日 黑河市援助湖北应对新冠肺炎疫情医疗队从黑河出发驰援湖北孝感。医疗队由黑河市10所医院的6名医生、14名护士组成。3月21日，医疗队圆满完成医疗救治任务返回黑河。

14日 黑河市志愿者付永杰在为卡点义务做消毒工作时突发急性心肌梗死，经救治无效，不幸离世。

20日 黑龙江红河谷汽车测试股份有限公司红河谷试验场通过各部门审核，正式复工。59名试验人员全部顺利度过隔离期的上海大众，成为红河谷试验场复工后迎接的第一家试车企业。

27日 全市宣传部长会议以视频形式召开。会议传达学习全国和全省宣传部长会议精神，市委六届七次全会精神和市委六届78次常委会会议暨市应对新冠肺炎疫情工作领导小组会议精神，传达市委书记马里对全市宣传思想文化工作作出的批示，总结2019年工作，分析当前形势，安排部署2020年工作任务，通报表扬了全市宣传思想文化系统疫情防控阶段性工作先进个人。

3月

5日 市委书记马里主持召开2020年第一次市委书记办公会议，专题研究北黑铁路（龙镇至黑河段）升级改造项目相关工作。会议听取各相关部门关于升级改造项目推进情况的汇报，就进一步加快推进铁路升级改造进行安排部署。

6日 黑河自贸片区举行2020年首次网络签约仪式，通过视频连线方式与创禾（北京）科技有限公司签订中俄跨境中草药数据平台建设战略合作协议，与山东木合纤维有限公司签订跨境木浆上下游产业综合体项目协议，总合同金额达7亿元。

7日 市委全面深化改革委员会第六次会议召开。会议审议通过《中国（黑龙江）自由贸易试验区黑河片区实施方案》《黑河市国有企业退休人员社会化管理工作实施方案》《市委全面深化改革委员会会议议题管理办法（试行）》。

同日 黑河市扶贫开发领导小组2020年第一次会议召开。会议传达学习习近平关于脱贫攻坚重要讲话、全省扶贫开发工作会议和全省统筹做好新冠肺炎疫情防控期间脱贫攻坚工作电视电话推进会议精神，讨论《黑河市决战决胜脱贫攻坚战工作方案（讨论稿）》，就做好脱贫攻坚工作进行安排部署。

8日 市委农村工作会议暨全市扶贫开发和县域经济发展工作会议以视频形式召开。会议分析当前农业农村工作面临的形势，对2020年农业农村、脱贫攻坚和县域经济发展工作进行安排部署。

11日 黑河市启动大黑河岛岛头广场建设和大黑河岛环境综合整治工作。

12日 全市2020年安全生产暨春季森林草原防灭火工作电视电话会议召开。市委副书记、市长李世峰出席会议并讲话，市委常委、副市长孙飚主持会议。会上，各县（市、区）政府、五大连池管委会递交《2020年度安全生产责任状》和《森林草原防火责任状》；森工、农垦递交《2020年森林草原防火责任承诺书》。

14日 黑河市应对新冠肺炎疫情工作领导小组指挥部召开关心关爱一线城乡社区工作者工作会议。

18日 六届黑河市纪委五次全会召开。会议学习贯彻十九届中央纪委四次全会和十二届省纪委四次全会精神，总结2019年党风廉政建设和反腐败工作，部署2020年主要任务。

同日 市委书记、市委审计委员会主任马里主持召开市委审计委员会第三次会议。会议传达学习习近平对审计工作重要指示和省委审计委员会第二次会议精神，审议通过《中共黑河市委审计委员会2019年度工作总结和2020年度工作计划的报告》和《市本级2020年度审计项目计划（草案）》，听取审计委员会办公室关于2019年度工作情况的报告，研究部署2020年工作任务。

19日 全市招商引资暨项目建设工作推进会议召开。会议通报2019年全市招商引资工作完成情况；黑河自贸片区、各县（市、区）、五大连池风景区在分会场汇报本地招商引资工作情况，并书面递交2020年招商引资工作责任状。

27日 黑河市政府与黑龙江省建设投资集团有限公司战略合作框架协议签约仪式在黑河举行。双方合作旨在构建黑河建设产业新格局，打造区域经济发展新引擎。

30日 市委书记马里主持召开座谈会，听取智慧黑河顶层设计思路汇报，与北京辰安科技公司设计师团队研究探讨智慧城市顶层方案。市领导李世峰等及市直各相关部门负责人出席会议，并围绕提升黑河智慧城市设计提出意见和建议。

3月 黑河市2019—2020年试车季结束。全市共接待车企131家、人员3615人次，车辆2108台。

4月

1日 全省百大项目集中开工仪式在各市（地）同步举行，黑河市总投资77亿元的10个省百大项目集中开工建设。

2日 黑河市30箱医疗援助物资（包括1万只一次性医用口罩、200个测温枪和1000套一次性使用隔离服）通过黑河货检口岸的“绿色通道”，运往俄阿州政府、布市行政公署。

4日 全市各界深切悼念抗击新冠肺炎疫情牺牲烈士和逝世同胞。市领导马里、李世峰等与全市各界代表在市政府前广场参加悼念。

5日 黑河市召开黑龙江省援助湖北第三批医疗队黑河队员座谈会，总结医疗队在湖北抗疫前线工作的收获。市委书记马里出席座谈会并讲话，代表市四大班子和全市人民，向医疗队成员及其家人致谢。市委副书记、市长李世峰主持会议，援鄂医疗队黑河队全体队员，市直相关部门和北安市、嫩江市、爱辉区相关负责人参加座谈会。

8日 黑河市与黑龙江省交通投资集团有限公司、黑龙江省龙煤矿业集团有限公司签约座谈会在黑河召开。市委书记马里主持签约座谈会，市领导李世峰、张崇义等；黑河自贸片区、孙吴县和中省市直有关部门负责人及省交通投资集团、省龙煤集团相关负责人参加签约仪式。

同日 2020年第三届黑龙江省旅游产业发展大会（简称“第三届全省旅发大会”）旅游项目暨中国（黑龙江）自由贸易试验区黑河片区招商引资推介会在黑河举行。推介会通过“云端”向企业家及广大网友宣传黑河区位与资源优势、投资环境和重点项目，共谋合作新篇。

9日 黑河自贸片区管委会与龙江银行股份有限公司黑河分行签署2项金融合作协议，标志着黑河边民担保贷款业务正式启动。

10日 全省百大项目融资需求推介发布暨政银企对接签约仪式以“主会场+各市（地）签约项目分会场视频连线”方式举行。在黑河分会场，黑河市政银企对接签约3个项目，意向合作额度共2.49亿元，涉及跨境基础设施建设、旅游、互市贸易等领域。

14日 2件“黑河大豆”地理标志证明商标获得国家商标局核准注册。截至当日，全市共有12件地理标志证明商标，位居全省13个地市第二名。

19—21日 黑河市出现大面积雨雪天气。全市各部门迅速行动，全力应对雨雪冰冻天气对交通、电力、疫情防控等方面的不利影响，全力保畅通、保供应、保安全。21日，市委书记马里到爱辉区部分受灾地区检查指导工作。同日，市委副书记、市长李世峰到市区重点路段督导检查极端降雪天气道路交通安全和清雪工作。

20日 五汤公路沾河至大平台段改扩建工程正式开工建设。项目全长239.5千米，设计总概算6.65亿元，为黑河市首次采取PPP模式建设的交通运输项目，穿越黑河市南部8个景区，是黑河市实施交旅融合发展的重要项目之一。

22日 黑河市2020年首批368户棚户区回迁户办理入住手续。

23日 黑河市第六届“书香中国·龙江读书月”暨2020年“书香黑河”全民阅读活动启动。

24日 市委书记、市信访工作领导小组组长马里通过“好信云”方式主持召开市信访工作领导小组（扩大）会议，贯彻落实习近平关于信访工作的重要论述，传达学习全国信访局长电视电话会议和全省信访工作会议精神，研究部署当前和今后一个时期信访工作，为全国“两会”召开和全市应对疫情、加快经济发展营造和谐稳定的社会环境。市委副书记、市长、市信访工作领导小组组长李世峰讲话。市信访工作领导小组成员及市信访工作联席会议成员单位主要负责人参加会议。各县（市、区）委、五大连池风景区党委主要领导通过“好信云”作工作汇报。

同日 黑河市财政局与黑河农商银行、市鑫盛融资担保公司签订《市级中小企业稳企稳岗基金担保贷款风险补偿合作协议》，全市中小企业稳企稳岗基金担保贷款风险补偿政策进入实质操作阶段。

27日 全市组织部长会议以视频形式召开。会议传达贯彻全国、全省组织部长会议精神和市委常委会会议关于推动全市党的建设和组织工作高质量发展的重要要求，总结2019年工作，部署2020年任务。

28日 黑河学院举行综合体育馆、冰球馆、游泳馆、音乐厅项目开工奠基仪式。

同日 黑河市总工会通过视频会议形式召开庆“五一”国际劳动节暨劳模座谈会。全市劳动模范、“五一劳动奖章”获得者、黑河工匠代表分别在主会场和各县（市、区）分会场参加会议。

29日 黑河市政府与清华控股有限公司和北京辰安科技公司在黑河举行战略合作洽谈签约仪式，就黑河市新型智慧城市建设事宜达成战略合作协议。

30日 黑河市组织收听收看全省森林草原防灭火视频会议。会议结束后，黑河市立即召开视频会议，安排部署全市相关工作。市委书记马里出席会议并讲话，市委常委、市委秘书长张崇义，副市长丁兆禄及市直各相关部门负责人在主会场参加会议。

同日 由中国侨联主办，省侨联、市侨联承办，西班牙巴塞罗那孔子文化学校、西班牙巴塞罗那中文教育基金会协办的亲情中华·黑龙江黑河“北国红豆”网上夏令营开营。该次网上夏令营每期15天，共举办8期，持续至8月14日。

同日 全市安全生产视频调度会议召开。会议听取各地和有关部门近期安全生产工作情况，分析研判全市安全生产形势、查找存在的短板和问题，对在疫情防控和全面恢复生产生活秩序关键时期，切实抓好安全生产作出部署。

4月 黑河市医保局推广应用医保电子凭证，市医保电子凭证于2020年1月测试通过。截至4月末，全市定点医药机构接入比例为90%，全市激活医保电子凭证人数为12.78万人。

5月

5日 北安市第一人民医院核酸检测实验室正式竣工并投入使用。

6日 国务院批复同意中国（黑河）跨境电子商务综合试验区等全国46个城市和地区设立跨境电子商务综合试验区。全市共建设黑河跨境电子商务产业园区、瑷珲“互联网+”产业园区、北安电子商务产业园、嫩江电子商务创业园4家电商产业园区。

同日 黑河市“开春即开工”项目建设集中启动仪式在主会场黑河市桥头区C地块产业项目现场以及各县（市、区）、五大连池风景区分会场同步举行。

8日 由黑龙江省建投集团中标承建的黑河市城区城市建筑色彩专项规划工程动工，对规划范围内的百余栋老旧建筑外观墙面粉刷，进一步优化城市环境，提升城市品质和形象。

9日 黑龙江省安徽商会、黑河市贸促会、中俄地方商协会联盟、黑龙江佰消安卫生防疫服务有限公司向黑河市医疗机构捐赠价值230.1万元的医疗检测设备，共计17台（套）。

14日 在黑龙江自由贸易试验区黑河片区“边民创业担保贷款”发放启动仪式上，黑龙江省首笔边民创业贷款落地黑河，9名市民首批成功办理“边民贷”，共获得108万元贷款助力创业。“边民贷”业务是全省首项用于边民互市贸易的金融产品。

15日 黑河市四大班子和市直部分相关部门负责人、干部群众参加2020年义务植树活动。

17日 黑河市委、市政府在翠宏山铁多金属矿“5·17”透水事故1周年之际，在全市启动警示教育周活动。

18日 市委常委班子召开“姜国文案件警示教育查摆剖析”专题会议，深化以案促改、以案促教、以案促治。市委常委围绕理想信念、担当作为、廉洁履职、制度执行4个方面内容，进行查摆剖析。市委书记马里主持会议并作总结讲话。市领导李世峰、丛丽、王淑滨、姜杨、白景新、张崇义、蒋和庆、狄恒出席会议，蔺波、陈洪生列席会议。

同日 市委书记马里与市委常委、宣传部部长狄恒走进“极境寒养、味道黑河”电商直播间，为黑河大豆产品代言。

19日 黑河市承办第三届全省旅发大会百日攻坚誓师暨创建全国文明城市、迎接国家卫生城市复审工作推进大会召开。

同日 市委书记马里专题调研信访工作，接待信访群众、会办信访案件。

20日 黑河口岸2020年明水期对俄货物运输正式开通。

25日 中国移动黑河分公司召开“赋能黑河，智启未来”5G发布会，宣布5G正式开通。

25日至9月20日 黑河市分前期准备、调查核对、问题整改和总结验收4个阶段，在全市范围内开展为期4个月的户口整顿工作，全面调查核对辖区内常住人口、暂住人口的基本情况和数据资料。

26日 黑河市与俄罗斯艾维基集团以视频连线的方式，举行项目投资合作会谈签约仪式。双方围绕加快推动黑河艾维基生猪养殖和屠宰加工项目进行会谈并达成合作协议。

27—28日 省委常委、宣传部部长贾玉梅到黑河调研指导第三届全省旅发大会筹备工作。贾玉梅一行实地查看黑河旅游服务中心等项目，了解项目推进情况。

28日 黑河市人才工作领导小组会议召开。会议通报全市人才工作情况，研究人才公寓相关工作，审议并原则通过《市直人才公寓管理办法（试行）》《黑河市鼓励支持大学生实习实训的实施办法》《黑河边境人才管理改革试验区实施办法》《黑河市引进急需紧缺和高层次人才实施办法》。

29日 市委书记专题办公会召开，研究部署加快推进市档案馆（方志地情馆）建设工作。会议听取黑河市档案工作情况汇报，与会人员围绕市档案馆选址建设进行讨论。会议强调，要整合市档案馆和市图书馆，争取建设展示黑河城市形象的地标性建筑。

同日 黑河市委、市政府主办“龙江带货官”黑河专场直播活动。市委副书记、市长李世峰，市委常委、宣传部部长狄恒，各县（市、区）和自贸片区管委会主要负责人，绿农集团、黑河市坤鹏生物有限公司等黑河区域知名企业负责人共同组成“带货天团”，走进“龙江带货官”黑河专场抖音直播间，为黑河好产品“带货”。

同日 市城区老旧小区改造工程举行开工仪式。2020年申请40个老旧小区改造项目，惠及191栋楼，9505户居民。项目共划为14个标段，总建筑面积87.93万平方米，计划投资1.26亿元。

同日 黑龙江省驻企金融联络员黑河试点工作在人行黑河市中心支行启动。金融机构与企业代表签订《驻企金融联络员合作协议》。

30日 黑河市政府防汛抗旱指挥部召开2020年第一次会议。会议强调，要扎实做好防汛各项工作，坚决打好打赢防汛硬仗。

31日 黑河市体育总会、俄阿州国际象棋协会联合主办“中俄双子城”2020中俄国际象棋网络友谊赛。20家国际象棋协会的400余名青少年参赛。

5月31日至6月1日 黑河市与中铁建大桥局集团对接座谈会在黑河召开。双方围绕有效整合双方优势资源、加快在建合作项目建设、拓展合作领域进行交流，形成合作共识。

5月 逊克县国家大豆种植综合标准化示范区通过国家验收。

6月

1日 黑河市新型智慧城市建设领导小组第一次会议召开。会议强调，坚持从全局和战略的高度，充分认识新型智慧城市建设对经济社会发展的重大牵引作用，明确目标，主动作为，高起点、高标准、高质量推进新型智慧城市建设，加快实现城市治理的精准化、智慧化和现代化。

6日 黑河市启动“约惠初夏龙江购物节”活动，各县（市、区）同步组织启动仪式。市政府以电子券形式通过“云闪付”平台分3批派发政府消费券，覆盖全市范围内的零售、餐饮、住宿等线下实体店，金额总计1000万元。

同日 黑河市绿农集团旗下“极境寒养”绿色物产体验中心正式开业。体验中心集销售、展示、体验为一体，经营面积约1500平方米，是全市面积最大、产品种类最全的绿色农产品集散地。

12日 黑河市与中铁十局集团签约座谈会在黑河召开。双方签订战略合作框架协议，并围绕重大基础设施建设等领域开展项目合作事宜进行交流，达成共识。

同日 由黑河市委、市政府主办的“人民至上——档案见证边城疫情防控和脱贫攻坚纪实展”开展。展览分为生命至上、全民战疫、脱贫攻坚3部分。

15日 第127届广交会在云上开幕，中国（黑河）跨境电子商务综合试验区携20家企业参会。

15—24日 全市40家在绿色食品生产、特色农产品加工、俄罗斯商品经营等方面的知名企业参加“哈洽会云上展示”活动。

16日 黑河市召开全市巡察工作会议暨六届市委第七轮巡察动员部署会。会议学习贯彻习近平关于巡视工作重要论述，落实全国巡视工作会议和全省巡视巡察工作会议精神，启动全市第七轮巡察工作。派出8个巡察组，通过“常规+专项+联动”的方式，对20个党组织开展巡察，并延伸巡察其所属机构及服务窗口。

17日 黑龙江省边境贸易创新发展联席会议第一次会议在黑河召开，专题研究推进黑河、绥芬河开展边民互市贸易进口商品落地加工工作。市委副书记、市长李世峰在会上致辞。省商务厅副厅长孟林，哈尔滨海关副关长曾庆财主持会议并讲话。副市长彭海涛，省税务局、省市场监管局、外汇管理局等部门及黑河市有关部门负责人参加会议。

18日 黑河市与大唐黑龙江发电有限公司在黑河签订战略合作框架协议，就在新能源开发等领域开展战略合作进行交流，达成共识。

19日 黑河市国土空间规划委员会2020年第1次会议召开。会议听取了黑河市国土空间总体规划（2020—2035）进展情况汇报，研究审议了近期建设项目选址及规划方案。

20日 全市职工劳动和技能竞赛在黑河二公河工业园区启动。市劳动和技能竞赛领导小组成员单位有关领导，各县（市、区）工会主席，部分重点项目和企业负责人、职工代表参加活动。

21—23日 省人大常委会副主任李显刚率省人大第三调研组到黑河市，开展《黑龙江省优化营商环境条例》执法检查反馈问题整改情况调研。

24日 全市半年经济形势分析暨落实“六保”任务推进会召开，总结分析前5个月经济社会发展情况和“六保”任务完成情况，对上半年和全年经济形势进行分析和预测，对下半年经济社会发展任务特别是“六保”任务进行安排部署。

25日 黑河市举行市供销系统“助农销售，便民消费”服务月活动启动仪式，各县（市、区）同步启动。

26日 黑河市禁毒委、市公安局以“健康人生、绿色无毒”为主题开展禁毒宣传教育活动。各县（市、区）同步开展“6·26”禁毒宣传活动。

30日 省人大常委会副主任宋希斌率省人大常委会执法检查组到黑河市就《全国人大常委会关于全面禁止非法野生动物交易、革除滥食野生动物陋习、切实保障人民群众生命健康安全的决定》和《中华人民共和国野生动物保护法》的贯彻落实情况进行执法检查。

同日 黑河市第一批中共党史教育基地揭牌仪式在旅俄华侨纪念馆举行。旅俄华侨纪念馆、东北抗日联军第三路军朝阳山抗联遗址群、中共黑龙江省工作委员会旧址陈列馆、黑河王肃公园、黑河烈士公园等11处单位和场所被中共黑河市委命名为“黑河市中共党史教育基地”。

6月 公安部命名第五批全国公安机关执法示范单位，黑河市爱辉区花园边境派出所再获“全国执法示范单位”称号。

7月

1日 黑河市启动庆祝建党99周年“党心系民心·爱心助发展”党员助农助企主题活动，号召广大党员干部带动群众，宣传消费黑河“极境寒养”绿色农产品和当地特色产品。

同日 黑河市政府与华为集团黑龙江省分公司对接座谈会在黑河召开。双方围绕黑河新基建项目建设有关事宜进行交流、对接。

7日 副省长徐建国到黑河市调研交通运输领域省百大项目建设工作。调研组先后到黑河寒区试车高新技术产业园、黑河铁路（集团）有限公司、黑龙江大桥、跨江索道、中国瑷珲国际汽车营地、“醉美龙江331边防路”等地，详细了解百大项目推进情况。调研组强调，要深刻认识百大项目建设对于促进发展、服务民生的重要意义，全力加快交通运输重点项目建设，深化交旅融合发展，确保“质量、安全、效率”，为扎实做好“六稳”“六保”工作和经济高质量发展提供有力支撑。

8日 黑河市2020年高考工作结束。在常态化疫情防控条件下，8467名考生顺利走进考场圆梦高考。

10日 瑷珲—腾冲中国人口地理分界线主题公园竣工，面向市民和游客免费开放。公园规划面积约9.5公顷，2019年初开工，基于著名地理学家胡焕庸在1935年提出中国人口地理分界线理论建设而成。

13日 黑龙江省政府印发《中国（黑河）跨境电子商务综合试验区实施方案》。根据《方案》，中国（黑河）跨境电子商务综合试验区在发展定位上以沿边发展、对俄合作、跨境联动为重点，聚集发展要素，优化空间布局，匹配市场资源，形成“两个辐射圈、一条直通线、三角支撑区”新型跨境电商发展格局。

14日 黑河市召开市域社会治理现代化试点工作培训推进会议。会议强调，黑河市被确定为全省第一批试点的4个地市之一，开展3年试点工作。要着力推进市县乡三级综治中心实体化、网格化管理规范化、“雪亮工程”和“智慧城市”建设等重点任务。

21日 黑河市与中冶交通建设集团对接座谈会在黑河召开。双方围绕黑河城市基础设施建设、铁路建设、公路建设、自贸片区建设和矿产资源开发等事宜进行交流。

同日 黑河市与月星集团投资合作推进会在黑河召开，双方就进一步推进项目合作进行交流。

21—23日 省委常委、统战部部长聂云凌率调研组到黑河市调研兴边富民和自贸区建设工作。调研组先后到自贸区黑河片区、黑龙江大桥、新生鄂伦春族乡、北安象屿金谷公司等地实地调研，并召开座谈会详细了解黑河市兴边富民和自贸区建设工作情况。调研组强调黑河市要强力推进兴边富民行动，坚定不移扩大对外开放，以开放创新改革的精神和路径推动黑河自贸片区建设。

23日 市委副书记、市长李世峰在黑河会见俄罗斯联邦驻哈尔滨总领事奥谢普科夫。

24日 黑河市创建全国民族团结进步示范市工作动员部署大会召开。会议强调，要深入贯彻习近平关于民族工作重要论述，贯彻落实党中央、国务院《关于全面深入持久开展民族团结进步创建工作铸牢中华民族共同体意识的意见》精神，推进创建全国民族团结进步示范市取得扎实成效。

同日 黑河市举行龙威黑河2020年防汛综合演练比武。演练比武由黑河市政府防汛抗旱指挥部主办，市水务局承办，以强降水造成城区内涝，水库出现险情并溢洪，下游居民点群众急需转移避险为背景。460人组成的15支演练比武队伍密切合作，完成了演练任务。

同日 市委书记马里在黑河会见俄罗斯联邦驻哈尔滨总领事奥谢普科夫，双方就加强传统友谊，加快推进跨境基础设施建设等事项进行交流。

同日 黑河市与中国通号工程局集团对接座谈会在黑河召开。双方围绕北黑铁路升级改造以及城市基础设施建设等事宜进行交流。

27日 市委常委会议军会议召开，听取黑河军分区工作情况汇报、各县（市、区）委主要负责人党管武装工作述职，研究部署有关工作。

27—31日 首届“夏之梦”中俄青少年美术交流周在黑河开幕。该次活动是第三届全省旅发大会的系列活动之一，包含云直播、云课堂、云展览和作品集册4个环节。来自北京、上海、珠海、广州、昆明及俄布市、哈巴罗夫斯克等两国十地的青少年相聚云端，以画会友。

28日 黑河市与黑龙江省新产业投资集团有限公司对接座谈会在黑河召开。双方围绕新能源产业、寒区试车产业等合作事宜进行交流，就深入开展战略合作进行洽谈。

同日 黑河市级百大项目五大连池市逸和源旅居康养中心建成对外营业。该项目是集休闲养老、旅居养老、老年康复、矿泉火山泥疗养等配套功能一体化的康养特色基地。投资近5000万元，占地4300平方米，建筑面积6200平方米，规划100个房间，200张床位。

29日 五大连池市政府与黑龙江省交通投资集团签订朝阳山抗联民宿项目PPP合同，并在朝阳山举行朝阳山东北抗联精神干部教育基地一期工程奠基仪式。该基地一期工程项目占地面积21679平方米，总投资4437万元。

30日 黑河市与中国中药控股有限公司对接座谈会在黑河召开。双方围绕在中医大健康领域深化合作以及促进黑河冯了性中药饮片公司发展等相关事宜进行交流并达成共识。

31日 2020年全市深化机关作风整顿推进会议以视频形式召开。会议听取各县（市、区）、五大连池风景区和市作风整顿各专项组工作情况汇报，对相关工作进行再动员、再安排、再部署。

同日 水墨俄罗斯——何帅臻艺术邀请展在黑河博物馆开幕。展期半个月。

8月

3日 针对近期黑河市强降雨天气持续增多、防汛压力持续增加的严峻形势，市委副书记、市长李世峰到爱辉区调研指导防汛工作。

5日 全市优化提升营商环境工作会议召开。会议传达全市优化营商环境座谈会会议精神，通报2019年度黑河市营商环境评价结果，查摆当前工作存在的问题和短板，安排部署下一步工作。会议要求，各地、各单位要围绕目标任务，合力改革攻坚，提升营商环境工作效能和水平。

同日 黑河市召开2020年度总河湖长会议。会议贯彻落实习近平重要讲话、重要指示和省总河湖长会议精神，总结上年河湖长制工作，安排部署下步工作。

同日 黑河市新的社会阶层人士联谊会成立大会暨第一次会员代表大会召开。会议审议通过市新联会章程（草案），选举产生市新联会第一届理事会。会上，市委常委、统战部部长王淑滨为市新联会授牌，并就如何发挥新联会作用，进一步抓好新的社会阶层人士统战工作提出意见。

10—11日 牡丹江党政考察团到黑河考察第三届全省旅发大会筹备情况和自贸片区建设情况。

11日 中共黑河市委召开党外人士座谈会，学习贯彻习近平在党外人士座谈会上的重要讲话精神，通报黑河市统筹推进疫情防控和经济社会发展情况，听取各民主党派、市工商联和无党派人士代表的意见和建议，为做好常态化疫情防控，推进黑河高质量、跨越式发展集思广益。

13日 黑河市政府与华为集团对接座谈会在黑河召开。双方就寒区试车、智慧供热等事宜进行深入对接。市委副书记、市长李世峰，华为集团数字政府业务部副总裁高明及集团相关业务负责人、副市长张瑾忠等参加座谈会。

同日 市委副书记、市长李世峰以视频形式会见俄布市市长伊马梅耶夫，共同探讨在疫情常态化防控前提下的合作新模式，持续深化两地友好合作关系。

14日 省人大常委会党组书记、副主任胡亚枫带领执法检查组到黑河市对《中华人民共和国土壤污染防治法》贯彻实施情况开展执法检查。

17日 黑河市与中铁一局集团对接座谈会在黑河召开。双方围绕黑河交通基础设施建设、自贸试验区黑河片区建设和城市建设等事宜进行交流，就深入合作进行沟通洽谈，达成广泛共识。黑河市委书记马里主持座谈会，市领导彭海涛、张瑾忠；中铁一局集团高层及相关负责人；市直各有关部门负责人参加座谈。

同日 由黑河市人大常委会专门委员会委员、市人大代表及相关单位负责人组成的视察组，对全市贯彻执行《烈士纪念设施保护管理办法》情况进行专项视察。

18日 黑河市在黑龙江干流爱辉区上马厂江段举行以“鳇鱼宝宝回家助力旅发大会”为主题的达氏鳇增殖放流活动，7万尾达氏鳇幼鱼被放归黑龙江。

同日 受连日降雨影响，爱辉区部分乡镇出现险情。市委书记马里到爱辉区检查防汛工作。

20—21日 省委常委、宣传部部长贾玉梅到黑河调研指导第三届全省旅发大会筹备工作。贾玉梅一行实地查看黑河旅游服务中心、瑷珲—腾冲中国人口地理分界线主题公园、峰悦瑷珲国际汽车营地等项目，了解项目推进情况，要求抢工期、赶进度、保质量、高标准完成各项工作。

21日 黑河市开展网格志愿服务行动。市四大班子领导以志愿者身份与中央及省、市、区机关企事业单位干部职工一起到市区15个社区的22个网格，按照创建全国文明城市标准要求开展志愿服务。

22日 全市民营企业座谈会召开，学习习近平7月21日在企业家座谈会上的重要讲话精神，听取民营企业代表的意见和建议，聚力推动全市民营经济加快发展。

同日 黑河市与黑龙江省新产业投资集团有限公司在黑河进行会谈，双方签署战略合作框架协议，在新能源、化工、资本合作、寒区试车等多个领域开展战略合作。

同日 黑龙江省首个投资规模最大、功能最全的综合性汽车露营地——中国瑷珲国际汽车营地迎来第一位自驾游客。

26日 全市农垦森工改革推进会议召开。会议强调，要坚决贯彻党中央、国务院和省委、省政府关于农垦、森工改革的重大决策部署，切实增强主动性和自觉性，从根本上破解制约发展的体制机制障碍，使农垦、森工更好地融入黑河发展大局，形成一体化、高质量、跨越式的新格局。

同日 由中国侨联、黑龙江省侨联主办，黑河市侨联承办的“华侨与马克思主义在中国的传播”座谈会在黑河召开。国内相关领域专家学者参加座谈，探讨华侨在马克思主义传播中的作用，就如何做好侨联侨务工作进行研讨。

同日 黑河市召开承办第三届黑龙江省旅游产业发展大会总攻动员会。

同日 文化和旅游部、国家发展改革委公布第二批入选全国乡村旅游重点村名录，爱辉区瑷珲镇外四道沟村、新生乡新生村和五大连池市朝阳乡边河村上榜。

27日 黑河市召开边境区域中心城市顶层设计及自贸片区发展战略规划项目汇报会，听取泛华集团等集团高层和设计团队的汇报，讨论研究设计方案。

27—28日 首届中国康养城市发展高峰论坛在五大连池市举行。该次论坛主题为康养城市的发展与创新，以主旨报告+高端对话的形式召开，权威专家、典型康养城市代表、康养产业企业家、研究机构等190余人参加活动。开幕式上，五大连池创建康养城市启动发布，举行中国老年学和老年医学学会康养产业项目基地授牌仪式。

28日 黑河市人大常委会在逊克县召开全市规范性文件备案审查工作推进会议。

31日 黑河市举行祭扫中国革命烈士塔和苏联红军烈士纪念塔活动，缅怀在世界反法西斯战争中抗击日军、为中国人民解放而牺牲的中国革命烈士和苏联红军烈士。

8月 黑河中俄绿色农业综合服务中心项目建成。该项目是黑河市投资建设的省百大项目之一，2019年9月开工建设，建筑面积9600平方米，总投资6000余万元，包括“极境寒养”绿色物产体验中心和绿色物产展示馆、康养产品研发中心、高校大学生实习基地等，是集绿色物产展示、体验、销售、检验检测和智慧农业为一体的综合农业服务平台。

8月 《黑河市志（1993—2005）》出版发行。

9月

1日 全国网上关心下一代工作座谈会在黑河召开，总结交流各地经验，研究谋划新时代网上关工委建设新思路新举措。来自黑龙江、江苏、北京等21个省（市、区）的40名关工委领导参加座谈会。

同日 黑河—漠河—加格达奇通用航线暨运12F商业运营首航仪式在黑河瑷珲机场举行。副省长沈莹出席首航仪式。

1—3日 副省长沈莹到黑河市就金融服务队支持企业复工复产、福利机构疫情防控、社保窗口服务、旅居康养养老产业发展、抵边村建设等工作进行调研。

2日 黑河市召开纪念中国人民抗日战争暨世界反法西斯战争胜利75周年座谈会。市委书记马里讲话强调，弘扬伟大抗战精神，肩负时代历史重任，以奉献家乡、建设家乡的优异成绩，告慰为抗战胜利和世界反法西斯战争胜利献出宝贵生命的革命先烈。抗日战争老战士代表，市直有关部门负责人，黑河各民主党派、市工商联、黑河军分区、黑河学院相关负责人参加座谈。

同日 第三届全省旅发大会黑河市云招商推介会召开。来自俄罗斯等国家相关企业以及国内清华控股、辰安科技、华为集团等企业的中外嘉宾在网上参加云直播。推介会上，共有12个项目成功签约，总签约额达60.5亿元。其中，现场签约6个合作项目，总签约额22.2亿元。

同日 市防汛抗旱指挥部召开视频调度会议，对全市防汛防台工作进行再动员、再安排、再调度。气象、水文等部门汇报受台风“美莎克”影响会商研判及预测预报情况；水务、应急等部门汇报了防范准备情况。

同日 天鹅颐养经济走廊城市合作机制（黑河）云端年会暨全省养老服务发展推进电视电话会议在黑河召开，线上线下同步，宣传推介黑龙江养老服务业发展优质资源。“南蚕北养、南来北往”项目、北药种植项目、养老骨干网建设项目等6项养老产业项目进行线上签约。副省长沈莹出席会议并讲话。

3日 黑河市和俄布市在黑龙江主航道黑河段江面，联合开展纪念世界反法西斯战争胜利75周年水上祭扫活动。市委副书记、市长李世峰，俄布市市长伊马梅耶夫分别在中俄轮船上出席活动并致辞。

4日 黑河市政府与省建设投资集团共同出资设立的黑龙江省建设投资集团黑河有限公司揭牌。

4—5日 第三届黑龙江省旅游产业发展大会在黑河举行。大会开启“云上办会”模式，推出48小时全程直播活动宣传推介黑河，超过2亿网友通过“云直播”看旅发。省委书记、省人大常委会主任张庆伟宣布大会开幕，省委副书记、省长王文涛致辞，省政协主席黄建盛出席，省委副书记陈海波主持大会。文化和旅游部党组成员王晓峰、俄罗斯联邦文化部副部长娅里洛娃、俄阿州州长奥尔洛夫、联合国世界旅游组织秘书长祖拉布·波洛利卡什维利分别致辞。

5日 全省旅游产业发展推进会议在黑河召开。省委书记、省人大常委会主任张庆伟讲话强调，要深入贯彻习近平生态文明思想，落实习近平总书记重要讲话重要指示批示精神，立足新发展格局，积极打造新模式新业态，着力推进旅游业加快复苏和高质量发展。省委副书记、省长王文涛讲话。省领导黄建盛、陈海波、张雨浦、王兆力、聂云凌、胡亚枫、孙珅出席会议，贾玉梅主持会议。会上，黑河市作典型发言。王文涛向第四届黑龙江省旅游产业发展大会承办地牡丹江市授会旗。

同日 省委常委、统战部部长聂云凌在黑河会见月星集团董事局主席丁佐宏。

6日 省政协主席黄建盛率调研组到黑河调研督导黑河市贯彻落实中央和省委政协工作会议精神情况。市政协主席陈洪生主持座谈会并汇报相关工作情况。

7日 第三届中国大豆种业高峰论坛暨大豆良种地展博览会、全国专用大豆产业联盟年会暨产销对接会、全国大豆良种增产增效计划现场观摩与座谈交流会在五大连池市举行。省政协副主席赵雨森，全国农业技术推广服务中心、中国种子协会等农业专家学者出席论坛。

7—9日 省委常委、省纪委书记、省监委代主任张巍在黑河市调研时强调，要以“三不”（不敢腐、不能腐、不想腐）一体理念推进全面从严治党和反腐败斗争，坚决整治群众身边的腐败问题和不正之风，以正风反腐实效提升群众获得感。

9日 受近期“美莎克”台风降水天气影响，全市各县（市、区）农作物不同程度受灾。据初步统计，全市新增洪涝灾害面积5020公顷，其中，爱辉区2313公顷、嫩江市800公顷、孙吴县1907公顷；农作物倒伏面积8647公顷，严重倒伏面积5220公顷。

10日 市委书记马里到瑷珲镇中学、四嘉子满族乡学校和黑河学院等学校，看望慰问一线教师，就学校教育教学情况、秋季开学疫情防控工作以及在建项目建设情况进行调研。

12日 中共黑河市委六届八次全会召开。市委常委会主持会议。市委书记马里讲话。市委委员24人，候补市委委员6人出席会议。全会听取和讨论马里在第一次全体会议上的讲话和《中共黑河市委关于深入贯彻落实党的十九届四中全会和省委十二届七次全会精神高水平推进市域治理体系和治理能力现代化的行动方案（讨论稿）》，审议通过《行动方案》《中国共产党黑河市第六届委员会第八次全体会议决议》。市委副书记、市长李世峰就《行动方案（讨论稿）》向全会作说明。全会号召，高水平推进市域治理体系和治理能力现代化，奋力谱写践行中国特色社会主义制度的黑河篇章。

13—14日 广东省委常委、常务副省长林克庆率代表团，在省委常委、常务副省长李海涛陪同下到黑河考察。

14日 中共黑河市委党校举行2020年秋季学期开学式。市委书记马里出席开学式并作首场辅导报告《永葆人民至上的情怀与担当》。

15日 黑河市进入秋季森林草原防火期，黑河市森林草原防灭火指挥部办公室职能转隶到黑河市应急管理局，由市应急局承担市森防指日常工作。

同日 由黑河市民族宗教事务局、俄罗斯阿穆尔州国立大学共同主办，黑河市实验小学承办的中俄第七届鄂伦春（鄂温克）国际奥林匹克语言竞赛在黑河举行。

17日 团市委举行助力脱贫攻坚暨2020年“金秋助学”希望工程圆梦行动助学金发放仪式，向97名建档立卡高考生和其他贫困高考生发放助学金22.4万元。

17—18日 珠海市委书记、市人大常委会主任郭永航率珠海市党政代表团到黑河，就进一步加强黑河与珠海对口合作进行对接考察。17日，黑河—珠海对口合作座谈会在黑河召开，市委书记马里主持座谈会并讲话，郭永航介绍珠海有关情况和合作意向，市委副书记、市长李世峰介绍黑河市情。座谈会上，双方交通部门举行珠海—郑州—黑河航线复航签约仪式。

19日 全市召开2020年秋季森林草原防灭火暨安全生产工作电视电话会议。

同日 黑河市开展“奋进新时代·聚力强军梦”第20个全民国防教育日主题宣传活动。市、区全民国防教育领导小组成员单位和机关企事业单位干部职工、中小学生共300余人参加活动。

21日 黑河自贸片区“两新一重”项目暨北黑铁路升级改造项目集中开工仪式在黑河南站新址举行。包括北黑铁路（龙镇—黑河段）升级改造、黑河市卫生健康中心、黑河寒区试车高新技术产业园以及五汤公路（沾河—大平台段）改扩建等大项目正式开工。省委常委、常务副省长李海涛出席开工仪式并宣布项目开工。

22日 以“绿色粮仓庆丰收 幸福黑河迎小康”为主题的2020年中国（黑河）农民丰收节主会场开幕式在嫩江市举行。开幕式上，市领导李世峰等为40名“农业生产大王”“脱贫致富带头人”和“最具带动能力新型经营主体”获奖者代表颁奖。同日，作为庆祝农民丰收节系列活动的重要组成部分，金秋消费季“家乡有好货”线上开仓。在线上直播活动中，各县（市、区）农业农村局、绿农集团、企业、社会团体等组织在抖音、快手、淘宝等网络直播平台，根据地方特色拟定直播主题结合实际情况设立直播间开展直播活动。

22—24日 全省侨联系统纪念侨法颁布30周年专题讲座暨全省侨联系统基层工作现场交流会在黑河召开。全省各市（地）侨联负责人、侨界委员代表及省侨联机关相关负责人员参加会议。

24日 黑河市召开民主党派脱贫攻坚民主监督工作汇报会，通报全市脱贫攻坚工作情况，听取各民主党派市委脱贫攻坚民主监督工作情况及有关意见和建议。

25日 黑河市与哈药集团对接座谈会在黑河召开。双方围绕深化医药大健康领域战略合作事宜进行深入交流并达成共识。

26日 黑河市政府与国药控股股份有限公司对接座谈会暨战略合作签约仪式在黑河举行。双方议定就共同推动医药产业全面合作发展，围绕药品和医疗器械分销网络建设、医药零售网络建设、应急医药物资保障网络建设、医疗器械智能制造、药械创新服务等相关业务项目进行交流合作。

同日 黑河市启动“亲亲黑河牵手同行——大学生实习实训”活动，来自中国地质大学、中国传媒大学、黑龙江大学、东北林业大学等高校的1200余名大学生在黑河市域内实习实训。黑河市将大学生实习实训作为深化市校合作、引才聚智的重要渠道，与20余所高校进行对接，签订合作协议16个，提供实习实训岗位1500多个，覆盖医疗、教育、农林、管理、艺术、旅游、经济等各领域。

27日 2020黑河旅游发展论坛暨黑河首届俄货节开幕。论坛整体推介黑河旅游并发布黑河旅游奖励政策。黑河市与新浪、途牛、携程、美团等9家单位成立黑河旅游推介联盟。为期10天的俄货节期间为广大消费者提供原产进口、特价直销、正源正品的正宗俄货。

29日 黑河市承办第三届黑龙江省旅游产业发展大会总结表彰暨后旅发工作推进会议召开。会议总结承办全省旅发大会成绩和经验，对作出突出贡献的先进集体、先进个人和先进团队进行表彰，安排部署后旅发时期工作。市领导为先进集体、先进个人、先进团队代表颁发了奖牌和证书。

30日 黑河市在烈士公园举行向英雄烈士敬献花篮仪式。市四大班子领导及近400名各界代表参加仪式。

9月 市医疗保障局在全市范围内开展基础输液（葡萄糖、氯化钠注射液）议价降价工作。通过开展此次议价降价工作，基础输液全市平均降幅达到50.36%，最高降幅达82%，实现政府、企业、医疗机构、患者四方受益。

10月

9日 全市深化机关作风整顿优化营商环境工作暨警示教育会议召开。会议强调，要深入学习贯彻习近平在深入推进东北振兴座谈会上的重要讲话、对黑龙江省重要讲话和重要指示批示精神，认真落实全省深化机关作风整顿优化营商环境工作暨警示教育会议精神，以案为鉴、深刻反思，坚决打好政治生态建设和优化营商环境翻身仗，以良好的政治生态促党风、带政风，为黑河市高质量、跨越式发展营造一流好环境。会上通报了法治环境、营商环境和机关作风方面典型案例和突出问题。

12日 黑河自贸片区内的黑河市宝康中草药材科技有限公司取得药品生产许可证，成为黑龙江自由贸易试验区第一家获批进口俄罗斯中药材和加工中药饮片的企业。

同日 广汽集团首批零度测试启动，黑河市拉开2020年冬试车季的序幕。

12—23日 市委讲师团开展学习《习近平谈治国理政》第三卷基层巡回宣讲。

13日 中国少年先锋队黑河市第二次代表大会召开。市委书记马里向大会发贺信。市委副书记丛丽到会讲话。大会对优秀少先队员标兵、十佳少先队辅导员、少先队集体标兵进行表彰。138名少先队员、少先队辅导员和少先队工作者代表参加会议。

16日 黑河市政协调研组会同相关部门就提案《关于对我市南大沟（下游二公河）沿岸进行综合治理、开发建设东部新区的建议》内容进行视察，并召开座谈会。

18—22日 第八届黑龙江绿色食品产业博览会和第三届中国·黑龙江国际大米节在哈尔滨开幕，框架内举办2020·黑龙江第十七届金秋粮食交易会，同期举办线上展会。黑河市48家企业携300多种优质绿色农产品亮相展会。展会期间签约金额7321.96万元，意向合作金额27873万元，现场销售累计金额达75.04万元。

20日 黑河市召开市委政协工作会议。市委书记马里出席会议并讲话，市委副书记、市长李世峰出席会议，市政协主席陈洪生传达省委主要领导对政协工作要求及省政协相关会议精神。会议强调，要以习近平新时代中国特色社会主义思想为指导，深入学习贯彻中央和省委政协工作会议、省委主要领导对政协工作要求，以及全省县（市、区）政协工作经验交流会议精神，推动全市人民政协事业不断谱写新篇章，为全市高质量、跨越式发展凝聚共识、汇聚力量。

同日 全国双拥模范城（县）命名暨双拥模范单位和个人表彰大会在北京召开，黑河市以9个参评地市排名第一的成绩，实现争创全国双拥模范城“四连冠”。

21日 第七届全国道德模范故事汇基层巡演黑河专场在市工人文化宫上演，并同步进行网络直播。中央文明办、省委宣传部有关领导，部分市领导及黑河市各级道德模范，各界群众代表等近400人在现场观看演出。

同日 黑河市召开六届市委第八轮巡察动员部署会。会议传达相关会议精神，动员部署巡察工作。此次六届市委第八轮巡察将派出5个巡察组，通过“常规+专项+联动”的方式，对16个党组织开展政治巡察。

同日 第三届中国·黑龙江国际大米节黑龙江优质农产品拍卖会黑河专场拍卖会在哈尔滨国际会展中心举行。拍卖会拍出产品总计4676.25吨，总成交金额为17092.2万元。

23日 省百大项目国道嫩双公路前进—嫩讷界段改扩建工程交工验收。

同日 黑河市举行市直首届干部荣誉退休仪式。会上，为11位退休干部代表颁发荣誉证书、奖牌和退休干部手册。

24—25日 市委理论学习中心组集体学习暨市管领导干部巩固深化“不忘初心、牢记使命”主题教育成果读书班开班。

26日 黑河市召开全市冬季安全生产保卫战动员部署视频会议。会议传达贯彻落实省厅会议精神，下发《黑河市冬季安全生产保卫战工作方案》，明确煤矿、道路交通、消防、危险化学品等11类行业治理，对落实落靠主体责任、深入开展隐患排查整治、监管部门职责任务等工作进行部署。时间跨度为2020年10月末至2021年3月。

26—27日 省委常委、政法委书记张安顺到黑河调研政法工作。张安顺先后到市人民检察院、市公安局、爱辉区人民法院等政法单位，检查指导政法工作；到爱辉区花园街道喇嘛台社区调研了解基层社会治理、矛盾纠纷多元化解等工作；到中国（黑龙江）自由贸易试验区黑河片区等园区企业实地了解政法机关服务大局、服务发展情况，对黑河市政法工作取得的成绩表示肯定。

27日 黑河市女企业家协会成立。共有会员75人。

29日 黑河市召开全市金融促进经济发展座谈会。会议通报全市金融运行情况，分析金融支持实体经济发展形势，研究金融机构支持小微企业、骨干企业的创新举措，黑河银保监局、人民银行黑河支行等9家金融企业，7家企业代表进行交流发言。

同日 2020年“霓凰杯”全省残疾人就业服务机构工作人员职业指导竞赛在黑河举行。同时，省残联和省残疾人服务中心在黑河市设立的“龙在云端——黑河站”揭牌。

30日 省兴边富民试点市（黑河市）与中省直相关部门对接洽谈会在哈尔滨召开。中省直18个相关部门分管领导、黑河市直18个对应部门及3个边境县（区）领导参加会议。黑河市发改委、市农业农村局、市民宗局等有关部门与省直对应厅局进行对接洽谈。

同日 黑河保税物流中心（B型）正式封关运行，各项优惠政策全面落地。项目由黑河银建保税物流中心有限公司投资建设，总投资5.1亿元，占地面积30万平方米。其中，海关监管区面积15.2万平方米，物流中心仓储面积5.5万平方米，物流日流通大于5000吨。物流中心主要分为综合服务功能区、口岸作业区、保税仓储区、生活服务区等。

31日 在北京举行的健康发展论坛2020上，五大连池市入选全国康养60强县，成为黑龙江省唯一入选的城市。

11月

3日 中共黑河市委召开民主党派、工商联及无党派人士调研成果汇报会暨“十四五”规划征求意见会，听取各民主党派、工商联和无党派人士代表关于加快建设边境区域中心城市和对“十四五”规划的意见建议。

4日 第三届中国国际进口博览会在上海开幕。黑河市交易分团携37家采购企业及事业单位参会。

5日 市委理论学习中心组举行第七次集体学习（扩大）会议，传达学习中共十九届五中全会精神。

同日 由俄罗斯出口中心官方授权的俄罗斯进口馆暨黑河跨境电子商务产业园区中国国际进口博览会线下商品展示中心在上海绿地全球商品贸易港揭牌运营。

同日 黑河自贸片区暨现代流通体系建设合作对接会在上海召开。港中旅华贸国际物流股份有限公司、上海基森仓储有限公司等22家流通行业龙头企业参加对接会，进行交流对接。

6日 市委书记专题办公会议召开。会议研究黑河技师学院组建工作，听取《黑河技师学院组建方案（讨论稿)》汇报,就进一步加快推进黑河技师学院组建工作进行安排部署。

7日 黑河市召开抗击新冠肺炎疫情先进集体和先进个人代表座谈会。会议贯彻落实全国、全省抗击新冠肺炎疫情表彰大会精神,总结抗疫工作,宣传先进典型,弘扬抗疫精神。会议强调,要大力弘扬伟大抗疫精神,统筹抓好常态化疫情防控和经济社会发展,为圆满收官、强势开局,开启建设社会主义现代化新征程凝聚磅礴力量。会上,全国抗击新冠肺炎疫情先进个人、全国优秀共产党员尚玉山,全省抗击新冠肺炎疫情先进集体黑河市疾病预防控制中心、五大连池市第一人民医院代表等先后发言。

10日 黑河市政府与南京农业大学在南京市签署战略合作框架协议,双方将立足各自优势,加强地校合作,助推黑河相关产业转型升级,促进南京农业大学科技知识成果转化,实现互利共赢。

11—12日 黑河市举办法治建设专业化能力提升培训班暨法治政府建设专题报告会。市领导及中省市直相关部门负责人参加培训。培训班通过专题辅导、集体自学、研讨交流、现场观摩等方式,重点就推进依法行政建设法治政府、民法典解读、行政复议与应诉、行政执法三项制度、地方立法等内容进行学习。

12日 黑河市召开全市扫黑除恶专项斗争视频推进会议。会议传达全国、全省扫黑除恶专项斗争有关会议精神,对全市扫黑除恶专项斗争进行再研究、再部署、再推进,市公安局、市人民检察院、市纪委监委、市中级人民法院先后就各自战线工作作表态发言。

同日 黑河市应对新型冠状病毒感染肺炎疫情工作领导小组指挥部第八十次会议召开,贯彻落实全国和全省疫情防控工作电视电话会议及省指挥部专题会议精神,安排部署今冬明春疫情防控及进口冷链食品防控工作。

14—15日 市委理论学习中心组集体学习暨领导干部巩固深化"不忘初心、牢记使命"主题教育成果读书班(第二期)举行2场报告会。中央党校(国家行政学院)教授、博士生导师周文彰应邀分别作《关于习近平新时代中国特色社会主义思想的最新发展》和《树立正确的世界观权力观事业观》的专题辅导报告。

17日 市政府与哈药集团股份有限公司对接座谈会暨战略合作签约仪式在黑河举行,双方围绕深化医药大健康领域战略合作事宜进行会谈并达成合作协议。根据协议规定,双方将围绕中药材跨境贸易、CBD提取和技术研发、保健品供应链等领域开展全面深入战略合作。

18日 黑龙江省北部地区最大规模整装煤田——孙吴四季屯煤矿(5区)勘查项目启动。

19日 学习贯彻中共十九届五中全会精神省委宣讲团黑河报告会在市委党校举行,省委宣讲团成员、省社科院工业经济所所长、研究员李丽萍作题为《跨入新阶段,构建新格局,奋斗"十四五"》的宣讲报告。

23日 2020年黑河市"边城英才"专题培训班开班。优选"百名研究生"、引进"双一流"院校研究生、事业单位招聘研究生、定向选调生等近200名边城英才参加学习。

25日 全市城市生活垃圾分类工作电视电话会议召开,贯彻落实全省城市生活垃圾分类工作现场推进会议精神,安排部署全市城市生活垃圾分类工作。

27—28日 黑河市举办学习贯彻中共十九届五中全会精神理论宣讲骨干培训班。

30日 黑河高质量发展暨自贸片区开放创新研讨会在北京举行。国家有关部委领导、行业协会、科研院校和山西工商联代表团等百余人出席活动。

同日 首单从俄罗斯进口的9吨中药材防风,经过相关部门检验后通关,运往自贸区黑河片区中药材加工企业进行加工。

11月 省委、省政府新命名全省第七批爱国主义教育基地35个,黑河旅俄华侨纪念馆、五大连池市朝阳山抗联遗址群、中共黑龙江省工作委员会旧址陈列馆、墨尔根古道驿站博物馆榜上有名。此次命名后,黑河市共有国家级爱国主义教育示范基地1个、省级爱国主义教育基地11个、市级爱国主义教育基地20个。

11月 "双十一"期间,黑河跨境电子商务园区共发货222万单,成交金额9866万元。

11月 全市145个百大项目全部开复工,开复工率100%,完成投资111.5亿元,投资完成率97%。

中共黑龙江省委诞生地和办公旧址 (黑河日报社/供图)

12月

5日 全市农垦森工改革工作座谈会议召开。会议听取涉改县（市、区）、部分市直单位相关工作推进情况的汇报，围绕农垦、森工改革工作进行交流，对下一步工作进行安排部署。会议强调要对标对表做好改革收尾工作，突出重点，完善机制，补齐民生短板，狠抓任务落实，真正实现改革预期目标落地落靠和改革任务落实落细，切实维护垦区林区社会和谐稳定。

同日 “大爱无疆，感恩有你”国际义工纪念日暨市义工协会成立10周年表彰大会召开。市义工协会成立于2010年，有295名会员，会友千余人。会议表彰10家2020年志愿服务先进单位和百余名表现突出的义工。

6日 黑河市召开大豆科技合作座谈会。中国科学院院士、中国农业科学院作物科学研究所所长钱前，国家大豆产业技术体系首席科学家韩天富等农业专家参加会议，并为“国家大豆产业技术体系黑河成果转移转化中心”揭牌。

同日 黑河市启动“钜惠冬季·火热黑河”搞活流通促进冬季消费活动，通过政策支持、银企合作、优惠打折、线上线下融合等措施，帮助小微型商贸流通企业进一步减轻负担，增加经营活力。黑河市发放政府消费券2000万元，全市各县（市、区）同步进行。

8日 以VR为特色的黑河科技馆开馆，同时中俄青少年科普交流基地正式揭牌。黑河科技馆以“体验科学、启迪智慧”为主题，设6大展区、8大主题、93个展品展项。

同日 市人大常委会召开机关干部大会，宣布省委和市委有关任职决定，提名张崇义为市人大常委会主任候选人，任市人大常委会党组书记。

9—11日 黑河市代表团到珠海市参加2020澳珠企业家峰会，并就黑河市绿色农产品、旅游、医药、跨境电商等领域开展招商推介、洽谈对接；在“澳珠之夜”投资环境推介会上，黑河市与中国中药控股有限公司等6家企业和珠海黑龙江商会开展沟通交流。自贸区黑河片区与自贸区珠海横琴新区片区签订《广东省自贸区珠海横琴新区片区与黑龙江省自贸区黑河片区政务服务“跨省通办”战略框架协议》。黑河绿农集团与珠海市机关事务管理局、珠海市总商会等8个部门和企业进行广泛对接洽谈，签订极境寒养产品采购额500万元。

10日 由黑河市委、市政府主办的黑河首届寒区试车节在卧牛湖水库试车基地开幕。中汽协、中汽研、中汽中心及70多家车企代表和170多名嘉宾出席活动。省委常委、宣传部部长贾玉梅宣布试车节开幕，并为“黑河寒区试验基地”揭牌。国内知名汽车企业代表，新华社、人民网、中新社等国家和省级新闻媒体参加开幕式。试车节系列活动为期3个月。9日，进行穿越黑河·城市巡游活动，为试车节预热。10—11日，举行2020中国量产车性能大赛·黑河极境冰雪挑战赛之CCPC城市街道挑战赛和雪地越野挑战赛。

11日 市生态环境保护委员会2020年第一次会议召开，分析全市生态环境保护面临的形势和任务，研究部署下一阶段工作。会议通报全市污染防治攻坚战工作情况，听取相关部门工作情况汇报，审议《市生态环境保护委员会工作规则》和《市生态环境保护委员会办公室工作细则》。

13日 黑河市与上海基森集团公司对接座谈会暨合作签约仪式在黑河举行。双方签订项目战略合作框架协议书，共同推进物流云谷·国际陆港——中国（黑龙江）自由贸易试验区黑河片区北安创新发展区建设。北安市政府与上海基森集团公司签订物流云谷·国际陆港战略合作协议，中铁快运股份有限公司哈尔滨分公司与上海基森集团公司签订运输合作框架协议。

14日 黑河市召开市委人大工作会议，市委书记马里出席会议并讲话。会议以视频形式召开。市委副书记、市长李世峰主持会议，市人大常委会主任候选人张崇义作《关于〈中共黑河市委关于加强新时代人大工作的意见〉的说明》。会上，嫩江市、北安市、爱辉区在各自分会场作典型经验交流发言，对当前重点工作进行安排部署。

15日 黑河市举行“筑巢助梦”人才公寓入住启动仪式。市领导马里、李世峰等为人才公寓剪彩，并向入住代表发放金钥匙。该项目总投资3400万元，配备会客室、办公室、创客空间、读书角、活动室等多功能一体化设施，首批共有36名优秀人才入住。

18日 平安黑河建设工作会议以视频形式召开。会议强调，全面落实中共十九届五中全会和平安中国建设工作会议、平安黑龙江建设工作会议精神，加快建设更高水平的平安黑河。

同日 全市村（社区）“两委”换届工作电视电话会议召开。

同日 省百大项目北安市山口水库供水工程建成通水。工程2019年5月开工建设，总投资3.6亿元，建设内容包括近期日供水6万吨、远期日供水11万吨取水泵站1座；总容积2000立方米高位水池2座；双线输水管线43.02千米；起点为山口水库取水泵站，终点为北安市净水厂。

19日 第七届全国大众冰雪季“极寒界江 康养黑河”冬泳文化节在黑河黑龙江边冬泳基地举行。来自湖南、广西、天津、哈尔滨等11支冬泳队百余名冬泳爱好者参赛。

19—20日 全市民族团结进步创建工作现场会在北安市召开，互观互检、取长补短，安排部署2021年创建工作。

21日 全市社会信用体系建设工作推进视频会议召开。会议落实黑龙江省相关会议精神，对全市社会信用体系建设下一步工作进行具体部署。会议通报黑河市2020年社会信用体系建设工作情况，市中级人民法院等4家单位、嫩江市、北安市分别作交流发言。

同日 中国博物馆协会发布《第四批国家一、二、三级博物馆名单》，黑河旅俄华侨纪念馆和国家方志馆知青分馆（黑河知青博物馆）晋升为国家二级博物馆，五大连池火山博物馆定级国家三级博物馆。

22日 黑河市卫生健康综合监督

12月，五大连池德都机场新增廊桥 （林松涛／摄）

执法支队签发卫生行政许可“一窗受理、标准透明、一网通办、一次不跑”的全省首张公共场所卫生许可证电子证照。黑河市住宿、沐浴、美容美发、歌厅、商超等7类18种公共场所卫生许可证正式进入用数据跑路，实现群众全程零见面、全程网上办理。

23日 黑河市委、市政府分别与俄阿州政府、布市行政公署举行云视频新年拜会。市委书记马里与阿州州长奥尔洛夫，市委副书记、市长李世峰与俄布市市长伊马梅耶夫互致祝福。

同日 市委书记马里通过视频连线会见中国驻哈巴罗夫斯克总领事馆总领事崔国杰，向总领事和总领馆全体工作人员送去新年祝福，对支持黑河市与俄阿州和萨哈（雅库特）共和国建立高效联合抗疫工作机制表示感谢。

同日 全市新时代文明实践中心试点建设工作北安现场推进会议召开。会议总结2020年全市新时代文明实践工作，安排部署下一步重点工作。与会人员实地观摩北安市新时代文明实践中心和冰球馆、东北亚商厦、丽水华庭3个新时代文明实践点及二井镇建革村新时代文明实践所，交流学习经验做法。

25—26日 中共黑河市委六届九次全会召开。全会由市委常委会主持，市委委员25人，候补市委委员5人出席会议。全会传达学习省委十二届八次全会精神，听取和讨论市委书记马里代表市委常委会所作的工作报告，审议通过《中共黑河市委关于制定国民经济和社会发展第十四个五年规划和二〇三五年远景目标的建议》，市委副书记、市长李世峰就该建议（讨论稿）向全会作说明。全会号召，贯彻落实中共十九届五中全会和省委全会精神，奋力开启全面建设社会主义现代化黑河新征程。

28日 黑河市应对新冠肺炎疫情工作领导小组指挥部第八十九次会议以视频形式召开，传达贯彻省疫情防控指挥部有关文件精神，听取市疫情防控指挥部各工作组和各县（市、区）疫情防控指挥部近期工作情况，安排部署元旦春节假期疫情防控工作。

29日 黑河市政府新闻办公室召开新闻发布会，通报黑河市新冠肺炎疫情情况。黑河市区于前一日发现确诊病例和无症状感染者。黑河市各部门按照新冠肺炎疫情防控应急预案，迅速行动，启动应急响应，采取多项举措，防止疫情蔓延，保障群众生产生活。

同日 吉利汽车研究院黑河试车团队在红河谷机场路试验基地启动2020年冬测试。

29—31日 黑河市区启动核酸检测，市民积极响应、主动配合，完成检测采样工作。

29—31日 黑龙江省应对新冠肺炎疫情工作领导小组指挥部副总指挥、副省长孙东生到黑河市督导调研疫情防控工作，看望慰问奋战在疫情防控一线的工作人员。孙东生强调，要加快全民核酸检测进度，对重点人群、重点场所开展多轮筛查，全力以赴抓好确诊病例救治，抓好院感防控，抓好溯源，加强宣传教育和信息发布，并对隔离点和疾控中心医疗废物转运处理提出要求。黑河市委书记、市应对新冠肺炎疫情领导小组组长马里表示，要进一步提高政治站位，坚决按照省委、省政府决策部署，从确保我国“北大门”安全的高度，坚决做好疫情防控工作，确保群众安居乐业、欢乐祥和过节，确保边城繁荣稳定的大局。

12月 省百大项目五大连池德都机场完善功能项目历时半年建设施工全部完工，进入验收阶段，项目总投资6024万元。

12月 由黑河市文联推送的6件作品获第一届“黑龙江省文学艺术英华奖”。

年末 全市“十三五”规划主要目标任务基本完成，全面建成小康社会目标如期实现。

黑河概览

地理环境

【位置与面积】 黑河市是黑龙江省北部的边境市，位于北纬47° 42′ ~ 51° 03′，东经124° 45′ ~129° 18′。东南和伊春市、绥化市接壤，西南同齐齐哈尔市毗邻，西部与内蒙古自治区隔嫩江相望，北部与大兴安岭地区相连，东北隔黑龙江与俄罗斯阿穆尔州相对，全市总面积68726平方千米。

【地质地貌】 黑河市境域地层分布广泛，出露较齐全，从上元古界至新生界均有出露，共划分为13个系、27个统、72个组（72个组在1992年统计时即有。2011年据黑龙江省地勘五院提供新增宝力高庙组和白音高老组，两组分布于爱辉区、嫩江市和五大连池市境内），均分布在天山—兴安岭地层区，分属兴隆至罕达汽分区的罕达汽小区、小兴安岭分区的沐河小区、松嫩平原分区和伊春延寿分区。

黑河市境域岩浆侵入活动极为频繁，分布面积约占山区的50%。岩石类型复杂繁多，有超基性、基性、中性、中酸性、酸性及碱性岩类，尤以酸性、中酸性岩类最为发育。在空间上构成几个花岗岩带，在时间上具有明显的多旋回多期性。黑河市火山（喷出）岩活动频繁，发育广泛，约占区域面积的1/4。特别是中、新生代火山岩，活动多期，规模宏伟壮观，有16处火山群，其中，五大连池火山群被誉为现代火山“自然博物馆”“世界地质公园”。

黑河市大地构造位置是处于天山—蒙古—兴安地槽褶皱区的东段北部，次一级构造单元包括黑龙江省划分的大兴安岭地槽褶皱系东部罕达汽褶皱带、小兴安岭—松嫩地块北部沐河断陷带、伊春—延寿地槽褶皱系北部伊春断陷带。市内地质构造错综复杂，具有多期活动性和阶段性。

黑河市地处大兴安岭东端，小兴安岭北部。境内群山连绵起伏，沟谷纵横，地势西北部高，向东南逐渐降低。由于地质构造变动和物理风化作用，形成了剥蚀地形、侵蚀堆积地表、堆积地形和火山岩地形，并构成低山、丘陵、火山熔岩台地、盆地、平原和河谷地貌特征。全市地貌呈北西至南东走向。由于受松辽断陷、逊克至乌云结雅断陷和孙吴地堑影响，地势中间隆起，两侧凹陷。中部低山丘陵区主要分布在嫩江市的多宝山、霍龙门、白云、麦海和爱辉区的西峰山、新生、罕达汽、北师河、二站与五大连池市的朝阳、兴安乡及孙吴县的正阳山、清溪、辰清、群山、奋斗等乡镇及逊克县的逊河镇以南地区。山区面积约44225平方千米，占全市土地总面积的64.3%。为北西、南东向，两端隆起、中间凹陷，呈马鞍形态，海拔高度为300~800米。黑龙江、嫩江及主要支流地带山岭险峻，坡度较陡，雨季易形成沟谷、崖堆和滑坡，河流的分水岭，一般高出河床100~250米。山势柔和，山顶平坦，可见有平顶山和右夷平面，局部山坡有倒石堆，山上到处可见厚度1~5米的残坡积层，植被发育。江河密度大，河谷弯曲，多为不对称的V形谷，冬季可形成冰丘。沿江断陷盆地主要分布在沿黑龙江南岸和逊河以北地带孙吴地堑的逊克至乌云结雅断陷带内，呈北西向，狭长带状。长约150千米，宽2~5千米，面积为450平方千米，占全市土地总面积的0.7%，地势平坦，微向江岸倾伏，有零星山间盆地。南部为松辽平原的北端，呈长方形，面积24051平方千米，占全市土地总面积的35%，地势较平坦，略有起伏，由北向南逐渐降低。

【气候】 黑河市临近冷空气的发源地——西伯利亚大草原，境内又有小兴安岭山脉纵贯南北。这种特殊的地理环境，使全市呈寒温带大陆性季风气候。冬季漫长而且严寒干燥；夏季虽短，但温暖湿润、光照充足；春季升温快，多大风；秋季降温急骤，无霜期短。同时，市内各地地形地貌不同，气象有差异，并各具特点。孙吴县城处于小兴安岭山脉马鞍型中的凹地，气温最低，降水偏低。嫩江市地处大、小兴安岭之间，大风日数较多。位于北部的爱辉区、逊克县，有小兴安岭屏障作用，气温相对较高。2020年，黑河市全年日照总时数3277小时，比常年多668小时。全市夏季昼长夜短，光照充足，夏至前后，日照时间长达15~16小时，5—8月日照时间占全年的2/5。太阳辐射总量6月份平均可达15千卡/平方厘米，5—8月太阳辐射总量达56千卡/平方厘米，占全年的一半。而冬季昼短夜长，冬至前后，日照时间仅7~8小时，11月至次年2月日照时间只占全年的1/5。太阳辐射总量12月平均只有3千卡/平方厘米。2020年，全市年平均气温为2.5℃。历年来，1月份最冷，平均气温为-25.4℃ ~ -23.8℃。7月最热，平均气温为19.4℃ ~21.3℃，年较差为44.2℃ ~46.7℃，国内其他地区少有。每年10月中旬到次年4月中旬，全市日平均气温小于或等于0℃，长达183~195天。每年11月下旬至次年2月底，日平均气温小于或等于-20℃的严寒时段长达88~103天。一年中低气温小于或等于-30℃的天数，平均可达25~54天，而且自11月下旬到次年3月都可出现。各地极端最低气温值均超过-40℃，大部分年份均能出现。

黑河市夏季气候宜人，中午较热，早晚凉爽。5月下旬至8月下旬，为日平均气温大于或等于20℃时段，达80天以上。最高气温大于或等于30℃的日数，每年平均出现7~12天。5月中旬至9月中旬，全市日平均气温稳定在10℃以上的日数，孙吴县最少，为116天，其他县(市、区)为123~128天。历年来，大于或等于10℃的积温，在1944℃ ~2306℃之间，孙吴县最少。市气温形成小兴安岭腹地气温最低，积温值最小，向山脉两边延伸，则气温逐渐增高，积温逐渐增多的特点。

黑河市历年来全年平均降水量在491~540毫米之间，年雨量差异不明显。降水分布是南部多于北部，东部多于西部。降水中心一是在孙吴以南的小兴安岭鞍部，二是在北安市的赵光一带。降水多集中于夏季(6—8月)，占全年总降水量的61% ~67%；春季(3—5月)占12% ~16%；秋季(9—10月)占16% ~19%；而冬季(11月至次年2月)仅占3% ~5%。一年内降水量大于或等于1.0毫米的降水总日数为58~68天，其中，夏季为31~33天，冬季少于10天。大于或等于10.0毫米的降水总日数为14~17天，2/3出现在夏季，冬季出现概率为0；大于或等于50.0毫米的暴雨，平均每年出现不到1次，多在7月、8月份。一年内连续降水3天以上平均每年出现2~4次，出现概率夏季占75%，其余多在9月。2020年全市平均降水量731.1毫米。历年来，连续无降水多出现在严冬季节，北3县(区)最长为50~51天，南3县(市)最长为40~47天。市内10月上旬至次年5月上旬的降水均为降雪，降雪量很小，只占年总降水量的1/10。积雪留存时间长，稳定雪盖期为130~150天。积雪深度一般在10~20厘米，历史上最大积雪深度达53厘米。

【水系】 黑河市有丰富的水资源。境内河流纵横，纵贯黑河市南北的小兴安岭，将境内河流分为黑龙江、嫩江两大水系，共有大小河流631条，其中流域面积在50平方千米以上的河流有242条。黑龙江位于黑河市北部，是中国与俄罗斯的界江，在市内的主要支流有法别拉河、公别拉河、逊别拉河、库尔滨河。嫩江位于黑河市西部，是黑河市与内蒙古自治区的界江，在市内的主要支流有讷谟尔河、科洛河。市内的通肯河属松花江水系。乌裕尔河是内陆河流。

【土壤】 黑河市土壤共有8个土类，下分27个亚类、31个土属、52个土种，区域内土壤类型丰富，耕地主要土壤类型包括暗棕壤和黑土2个地带性土壤，其中，还镶嵌有白浆土、草甸土、沼泽土、泥炭土等非地带性土壤。此外，还有火山灰土和水稻土。

暗棕壤是在温带湿润季风气候和针叶与阔叶混交林植被条件下发育并形成的，暗棕壤亦称暗棕色森林土，是市内主要的森林土壤，全市耕地暗棕壤亚类共有3个，即典型暗棕壤、草甸暗棕壤和白浆化暗棕壤，面积447.72万公顷，占全市土壤面积的65.76%。其中，县属耕地占暗棕壤面积的6.76%。主要分布在小兴安岭山体和山前起伏的丘陵区，以逊克、爱辉、孙吴、嫩江等县(市、区)居多。

白浆土是发育在温带湿润半湿润区森林、草甸植被下经白浆化等成土过程形成的非地带性土壤，黑河市耕地白浆土亚类共有2个，即典型白浆土和草甸白浆土。白浆土总面积42988.8公顷，占全市土壤面积的0.63%。其中，县属耕地占白浆土面积的25.85%。主要分布在逊克县，其他县(市)多有零星分布。

黑土是在温带湿润气候草甸植被下形成的地带性土壤，区域耕地黑土亚类共有3个，即典型黑土、草甸黑土和白浆化黑土。黑土是市内主要的宜耕土壤，总面积为87.56万公顷，占全市土壤面积的12.86%。其中，县属耕地占黑土面积的77.18%。主要分布在小兴安岭山前丘陵漫岗区，全市各县(市)均有分布，以嫩江、北安、五大连池市居多。

草甸土是土体中下部土层直接受季节性地下水的轻度浸润，在草甸植被下发育而成的非地带性土壤。区域内耕地草甸土亚类共有3个，即典型草甸土、潜育草甸土和盐化草甸土。草甸土总面积67.75万公顷，占全市土壤面积的9.95%。其中，县属耕地占草甸土面积的28.72%。主要分布在黑龙江、嫩江水系河漫滩阶地及沟谷低地与山间谷地。

沼泽土是在地表水和地下水影响下，在沼泽植被(湿生植物)下发育的具有腐泥层和潜育层的土壤。区域内沼泽土亚类共有3个，即草甸沼泽土、泥炭沼泽土和腐泥沼泽土，沼泽土总面积712357.3公顷，占全市土壤面积的

10.46%。其中，县属耕地占沼泽土面积的2.7%。主要分布在河谷泛滥地与水线两侧积水洼地、地下水流出地区，凡是具备潮湿积水条件的地段均有分布。

泥炭土，黑河市内只有低位泥炭土，且面积很小，仅有5748.5公顷，占全市土壤面积的0.09%。集中分布在五大连池市、爱辉区和孙吴县境内。

火山灰土总面积14313公顷，占全市土壤面积的0.21%，主要分布在五大连池市。嫩江市、孙吴县、逊克县、爱辉区亦有分布。

水稻土总面积2926.3公顷，占全市土壤面积的0.4%。主要分布在北安市主星朝鲜族乡和五大连池市境内的永丰农场。

建置沿革

【历史沿革】 黑河市历史悠久。据考古证明，早在旧石器时代就有人类在此地活动，形成本地古代土著民族的基础。公元前16世纪，居住在今黑河市北部、嫩江流域的东胡、秽貊人和商朝就有过“东胡黄罴，山戎戎菽”的贡纳关系。到西周初年，居住在黑龙江中、下游的肃慎族已向周王朝贡“楛矢石砮”。唐朝，黑龙江中、下游属黑水靺鞨。唐开元十三年（725），唐王朝设黑水军，次年置黑水都督府，黑水靺鞨属之。唐贞元八年（792），又设立室韦都督府，对黑龙江上、中游和嫩江流域室韦诸部进行有效统治。金朝，属于蒲与路。元朝，为了沟通内地与黑龙江流域的联系，建立许多“站赤”，今黑河市即在辽阳行省开元路管辖区域内。明朝，设立奴儿干都司，区内女真、契丹人均属之。清朝，为了抵抗沙俄的侵略，清政府于康熙二十二年（1683）在黑龙江左岸忽黑平寨旧址修筑黑龙江城，设置黑龙江将军衙门。康熙二十四年（1685）迁至江右岸新瑷珲城（今爱辉区瑷珲镇）。康熙二十九年（1690）又移驻墨尔根（今嫩江市），瑷珲副都统留守瑷珲新城，全市多归其统辖。民国年间，全市大部分地区为黑河道尹公署管辖。1933年1月25日，日军占领黑河，1934年12月1日，成立伪黑河省。1945年8月，黑河解放。11月19日，成立嫩江省黑河地区行政办事处。同日，成立中共黑河地区中心县工作委员会。12月14日，嫩江省黑河地区行政办事处更名为黑龙江省黑河地区行政办事处。1946年9月7日，黑龙江省政府决定设立黑河行政区督察专员公署。1947年初，黑龙江、嫩江两省合并为黑嫩省。2月7日，黑龙江省黑河行政区督察专员公署改称为黑嫩省第五行政督察专员公署。9月17日，第五行政督察专员公署改称为黑龙江省黑河行政区督察专员公署。1950年1月16日，黑河行政区督察专员公署改称为黑龙江省黑河区专员公署。1955年4月19日，黑河区专员公署改称为黑龙江省黑河专员公署。1967年4月9日，成立黑河地区革命委员会。1979年2月8日，撤销黑河地区革命委员会，成立黑龙江省黑河地区行政公署。1993年2月8日，国务院决定撤销黑河地区，设立黑河市（地级）。

【行政区划】 黑河市辖1个区、3个县级市、2个县、29个镇、36个乡（7个少数民族乡）、567个行政村、69个城市社区、73个城镇社区（原23个城镇社区、50个农垦森工移交社区）。

人口　民族

【人口】 据公安部门统计，2020年末，全市总人口155.5万人，其中，男性人口78.2万人，女性人口77.3万人；城镇人口90.7万人，乡村人口64.8万人。全市人口出生率3.6‰，死亡率6.5‰，人口自然增长率-2.9‰。

【民族】 2020年，黑河市有38个少数民族，其中，满族、达斡尔族、鄂伦春族、鄂温克族为世居。全市少数民族人口近7万人，占全市总人口的4%。全市有7个民族乡：爱辉区新生鄂伦春族乡、逊克县新鄂鄂伦春族乡、逊克县新兴鄂伦春族乡、北安市主星朝鲜族乡、爱辉区坤河达斡尔族满族乡、孙吴县沿江满族达斡尔族乡、爱辉区四嘉子满族乡。全市有84个民族村，其中，爱辉区29个、逊克县18个、孙吴县14个、嫩江市6个、五大连池市11个、北安市5个、五大连池风景区1个。

2020年黑河市各县（市、区）区划一览表

表1

县（市、区）	所辖乡镇
爱辉区	西岗子镇　瑷珲镇　罕达汽镇 张地营子乡　西峰山乡　上马厂乡 四嘉子满族乡　二站乡　新生鄂伦春族乡　幸福乡 坤河达斡尔族满族乡
北安市	二井镇　石泉镇　赵光镇　海星镇　通北镇　主星朝鲜族乡 杨家乡　东胜乡　城郊乡
五大连池市	龙镇　和平镇　太平乡　建设乡　新发镇　团结镇　双泉镇 兴隆镇　朝阳乡　兴安乡 五大连池镇（与五大连池风景名胜区自然保护区管理委员会共管）
嫩江市	前进镇　海江镇　伊拉哈镇　双山镇　长江乡　多宝山镇　嫩江镇 长福镇　科洛镇　临江乡　塔溪乡　白云乡　联兴乡　霍龙门镇
逊克县	奇克镇　逊河镇　干岔子乡　松树沟乡　车陆乡　克林镇　宝山乡 新兴鄂伦春族乡　新鄂鄂伦春族乡
孙吴县	孙吴镇　辰清镇　西兴乡　清溪乡　正阳山乡　红旗乡　奋斗乡 群山乡　卧牛河乡　沿江满族达斡尔族乡　腰屯乡

资　源

【土地资源】 黑河市土地资源辽阔，全市耕地总面积192.01万公顷，耕地主要土壤类型包括暗棕壤和黑土2个地带性土壤，适宜豆、麦、薯、甜菜、亚麻等作物生长。全市林地总面积452万公顷，森林覆盖率48.2%，是黑龙江省三大林区之一。草地面积55.94万公顷，载畜量70万个羊单位。全市湿地面积52.48万公顷，约占全省湿地面积的1/10，主要有沼泽湿地、河流湿地、湖泊湿地、人工湿地4种类型，其中，沼泽湿地面积48.5万公顷，占全市湿地面积的80.7%。2020年有省级以上湿地生态类型自然保护区11处，省级湿地公园4处。

【水资源】 黑河市境内河流众多，水量充沛。黑河市水资源总量为115.88亿立方米，其中，地表水资源107.48亿立方米，地下水资源30.59亿立方米，地表水与地下水重复计算量为22.19亿立方米。黑河市水能资源较丰富，共建成并运行水电站11座，主要有西沟、象山、山口、库尔滨水电站等，总装机容量15.34万千瓦。

【野生动物资源】 境域内栖息野生动物共计460种，其中，兽类54种，属珍稀保护动物有紫貂、貂熊、梅花鹿、原麝、猞猁、棕熊、黑熊、雪兔、马鹿、驼鹿等。有鸟类358种，主要珍稀鸟类有白头鹤、东方白鹳、金雕、白尾海雕、黑嘴松鸡和黑鹳等。有两栖类9种，主要有东北林蛙、黑龙江林蛙等。爬行类11种，主要有锦蛇、蜥蜴等。其中，国家一级保护野生动物16种，国家二级保护野生动物58种。

【野生植物资源】 在广阔的原野和茂密的森林里，蕴藏着千余种植物资源。野生药用草本及木本植物742种，主要有刺五加、平贝、黄芪、五味子、赤芍、苍术、党参、防风、龙胆等。野生食用山产品1000余种，野生蓝莓面积10余万公顷，年采集量约1.5万吨。蕨菜、老山芹、木耳、蘑菇、猴头等森林绿色食品年产量达到3万吨左右。经济价值较高的树种云杉、冷杉、黄波椤、红松、樟松、落叶松、水曲柳等20余种。

【矿产资源】 已发现矿产资源95种（含亚种），约占全国已发现矿产种类的55%，占全省的71%。矿产地达600处，已探明储量矿产地152处、矿种33种，有23种资源居全省之首。煤含量极为丰富，年生产能力约550万吨；有储量1.4亿余吨的大理石。

【矿泉资源】 五大连池天然冷矿泉水是世界三大冷泉之一，与法国维希矿泉和俄罗斯纳尔赞矿泉齐名。五大连池矿泉水是在特定地质条件下形成的，原生矿泉水储存于地下100~200米深处，生成时间在50年以上。矿泉水成分复杂，含有钾、钠、钙、镁、碘、铁、锌、硒、锂、锶等；类型多，以重碳酸盐—碳酸矿泉和偏硅酸矿泉为主，还有氡矿泉、锶矿泉、钡矿泉、苏打水等；分布广，发现有380多处泉眼，年自涌量约1100万吨。

【旅游资源】 自然景区有五大连池风景名胜区、卧牛湖风景区、嫩江高峰森林公园、大沾河湿地、锦河大峡谷、中俄民族风情园等；红色旅游景区有朝阳山抗联遗址群、知青博物馆等。五大连池风景区拥有世界上典型的火山地质地貌景观、优质的矿泉水和神奇罕有的疗养资源，被称为“天然的火山博物馆”“打开的火山教科书”，是国家AAAAA级旅游景区、联合国教科文组织世界地质公园、世界生物圈保护区、IUCN保护地绿色名录、国家重点风景名胜区、国家级自

五大连池火山群　　（郭柏林／摄）

然保护区、国家森林公园、国家自然遗产、中国矿泉水之乡、中国著名火山之乡、圣水节（药泉会）国家非物质文化遗产等。

经济社会发展

【经济建设】 2020年，黑河市地区生产总值614.4亿元，同比增长3.5%。其中，第一产业增加值275.7亿元，同比增长4.7%；第二产业增加值78.2亿元，同比增长11.6%；在第二产业中工业增加值73亿元，同比增长12.4%；第三产业增加值260.5亿元，同比下降0.1%。三次产业占GDP比重分别为44.9%、12.7%和42.4%。

农业。全年全市农林牧渔业总产值524.7亿元，同比增长4.6%。其中，种植业产值387.2亿元，同比增长4.8%；林业产值35.9亿元，同比增长4.1%；畜牧业产值66.4亿元，同比增长5%；渔业产值4.8亿元，同比下降3.7%；农林牧渔服务业产值30.5亿元，同比增长5.6%。粮食作物播种面积182.9万公顷，同比增长0.7%，其中，大豆144.85万公顷，同比增长7.6%；玉米29.19万公顷，同比下降10.3%；小麦3.97万公顷，同比下降43.7%；水稻1.66万公顷，同比下降0.9%。肉类总产量9.3万吨，奶类产量27.7万吨，禽蛋产量1.7万吨，水产品总产量1.8万吨。完成人工造林面积2167公顷，当年新封山育林面积2400公顷。完成森林抚育面积2.75万公顷，退化林修复2316公顷。

工业。全市规模以上工业增加值同比增长25.9%。其中，重工业同比增长28.9%；轻工业同比增长1.5%。国有及国有控股企业增加值同比增长14.7%。中省直工业增加值持平；地方工业增加值同比增长27.6%。从产品产量看，在重点监测的工业产品中，增长较快的有精制食用植物油3.2万吨，同比增长2.3倍；铜金属含量10.1万吨，同比增长41.3%；下降较多的有：饮料2.6万吨，同比下降52.4%；饮料酒1355万升，同比下降38.3%。工业效益，规模以上工业企业营业收入同比增长17.8%，利润总额同比增长51.9%，利税总额同比增长50.5%，其中地方工业利税总额同比增长48%。

固定资产投资。全年全市固定资产投资同比增长0.2%。第一产业投资同比增长87.8%；第二产业投资同比增长0.8%，其中工业投资同比增长1.2%；第三产业投资同比下降7.6%。国有投资同比增长5.4%，民间投资同比下降9.4%。

建筑业。全年全市建筑业总产值同比增长4.2%。房屋建筑施工面积18万平方米，同比下降78.5%；房屋竣工面积49.4万平方米，同比下降14.8%。

房地产开发投资。房地产开发投资下降22.5%，商品房销售额27.3亿元，商品房销售面积71.2万平方米，分别同比增长10.8%和10.5%。

国内贸易。全年全市社会消费品零售总额同比下降17.8%。按地域分，城镇社会消费品零售额同比下降18.6%；乡村社会消费品零售额同比下降15.8%。从行业看，批发业销售额同比增长20.2%；零售业销售额同比下降9.6%。住宿业营业额同比下降15%；餐饮业营业额同比下降17.2%。

热销商品。在限上商品零售类值统计的27类商品中，零售额比重较大的有粮油、食品类6.4亿元，石油及制品类7.2亿元，饮料类5.9亿元。增长较快的有粮油、食品类同比增长2.3倍，机电产品及设备类同比增长63.9%，中西药品类同比增长31.2%。

旅游。国内外游客642万人次，同比下降51.1%。其中接待国内旅游者635.7万人次，同比下降47.5%。旅游收入38.4亿元，同比下降66.5%；其中国内旅游收入37.3亿元，同比下降61.5%。

交通运输。全年全市铁路货运量134万吨，同比增长4%，铁路货物周转量19522万吨千米，同比增长9.8%；公路货运量859万吨，同比增长8.9%，公路货运周转量106301万吨千米，同比增长9.2%；水路货运量38.8万吨，同比下降41.7%，水路货运周转量456.7万吨千米，同比下降56.1%；航空货邮12.4吨，同比下降66%。完成铁路客运量52.5万人次，同比下降59.7%，铁路客运周转量10466万人千米，同比下降61%；公路客运量221万人次，同比下降37.2%，公路旅客周转量18279万人千米，同比下降42.4%；水路客运量6万人次，同比下降86.8%，水路客运周转量75万人千米，同比下降83.2%；航空旅

2020年黑河市规模以上工业主要产品产量一览表

表2

名　称	单位	产量	增幅（%）
煤　炭	吨	2750199	-25.0
铜金属含量	吨	100506	41.3
小麦粉	吨	95698	-1.0
精制食用植物油	吨	31839	2.3倍
乳制品	吨	28630	25.9
饮料酒	万升	1355	-38.3
其中：啤酒	万升	1355	-38.3
饮　料	吨	25750	-52.4
其中：包装饮用水	吨	19314	-59.1
水　泥	吨	858394	-12.3
发电量	万千瓦时	195006	9.4

客吞吐量13.2万人次，同比下降38.9%。

财政金融。全年全市公共财政预算收入42.5亿元，同比增长9.6%。其中，税收收入20.8亿元，同比增长9.4%；非税收入21.7亿元，同比增长9.7%。公共财政预算支出256.4亿元，同比增长14.9%。民生支出和重点支出得到保障，社会保障和就业支出41.6亿元，同比增长12.3%；城乡社区支出26亿元，同比增长6.9%；教育支出20.7亿元，同比增长4.5%；卫生健康支出17.8亿元，同比增长29.9%；节能环保支出12.3亿元，同比增长25.6%；文化旅游体育与传媒支出4.1亿元，同比增长46.7%。2020年末，金融机构人民币存款余额1043.9亿元，比年初增长16.5%，其中住户存款786.7亿元，比年初增长15.8%。金融机构人民币贷款余额443.3亿元，比年初下降11.5%，其中短期贷款271.8亿元，比年初下降19.8%。

【社会发展】 教育事业。高等教育在校生11350人，同比增加621人。普通中学在校生56799人。中等职业技术学校在校生6913人。小学在校生53040人。小学净入学率100%，初中净入学率100%。

医疗卫生。卫生机构1001个（含村卫生所646个）。其中，医院58个，卫生院73个，疾病预防控制中心8个，妇幼保健院（所、站）7个。卫生机构床位数8412张，比上年增加192张。卫生机构技术人员9748人，其中医师3980人。

文化体育。年末有文化馆7个，公共图书馆6个，广播电视台6座。全市共有体育场、馆15个，人均体育场地面积1.85平方米。全年共组织77名运动员参加省级以上赛事25项次，共获得金牌4枚、银牌4枚、铜牌2枚，其中获国家级比赛金牌1枚、银牌1枚，40人次进入录取名次。

【人民生活】 新增就业和居民收入。年末全市城镇新就业人员17816人，新增就业人员14850人，失业人员再就业人数9264人，城镇登记失业率3.31%。城镇常住居民人均可支配收入30899元，同比增长3.1%；农村常住居民人均可支配收入18247元，同比增长9%。

社会保障。城乡居民养老保险参保人数为41.9万人，企业和个体养老保险参保人数为15.9万人；城乡居民基本医疗保险参保人数为76.2万人，职工基本医疗保险参保人数为19.7万人，失业保险参保人数4.7万人。

物价水平。居民消费价格指数（CPI）同比上涨2.3%。从商品类别看，八大类商品价格呈“六升一降一持平”态势：食品烟酒类上涨7.5%，其他用品和服务类上涨3.2%，教育文化和娱乐类上涨0.9%，医疗保健类上涨0.6%，生活用品及服务类上涨0.4%，居住类上涨0.2%，衣着类持平，交通和通信类下降2.8%。

节能环保。环境保护系统共有289人，其中，环境监测人员53人，各级环境监测站7个。城市饮用水源水质达标率为100%。全社会用电量37.5亿千瓦时，同比增长5%，其中工业用电量21.7亿千瓦时，同比下降0.3%。

（黑河市统计局）

黑河市全民健身中心体育馆　（黑河日报社／供图）

中国共产党黑河市委员会

综　述

【党的建设】 2020年，中共黑河市委坚持把党的政治建设放在首位，聚焦"两个维护"、贯彻落实习近平总书记重要讲话重要指示批示精神开展监督，以不落实之事倒查不落实之人，推动党中央和省委重大决策部署落地见效。坚持问题导向，制定实施《关于持之以恒营造风清气正政治生态着力打造全面振兴好环境的意见》，打好政治生态建设"翻身仗"。持续巩固扩大"创边疆特色党建、促黑河振兴发展"主题活动成果，"党旗引领、创新自贸"党建引航工程入选全国首届自贸区党建创新典型案例。实施"边城英才"等重点人才计划，引进各类优秀人才1800余人，实现高层次人才引进数量和质量双突破，成为黑河历史上引进人才力度最大、数量最多、质量最高的一年。积极推进基层减负，确定6月"无会月"，给会议瘦身、为干部松绑，形成了广大党员干部身在一线、干在一线、冲在一线的浓厚氛围。坚持一体推进不能腐、不想腐、不敢腐，立案增幅和线索成案率均居全省首位。

【经济发展】 2020年，黑河市经济发展增速领跑全省，创下地区生产总值、规模以上工业增加值、公共财政预算收入和城镇、农村居民人均可支配收入等5项指标增幅全省第一的历史纪录。剔除中俄东线天然气管线和黑龙江大桥不可比因素，固定资产投资增长16.8%，是"十三五"时期最好水平。外贸进出口总值强势回升，口岸过货量成为历史第二高年份。县域经济整体提升，嫩江市综合实力排名连续两年位居全省首位。全市发展动能加速集聚。有53家央企、国企、大型民企落户或参与建设，63个超亿元大项目落地，67个百大项目建成投产或具备投产条件。新增市场主体1.7万户、科技型企业176家、规模以上工业企业19家。承办全省旅发大会热度和效应持续显现，后4个月旅游人数，超过2019年同期57.8万人次。在全国汽车产业不景气的情况下，试车产业保持良好发展势头，保住国内市场份额。

【对外开放】 2020年，黑河自贸区4项创新案例上报国家，3项获省复制推广，"跨境电力贸易与落地加工使用新模式"被《中国改革年鉴》作为典型案例刊登，跨境电商货运物流"多仓联动"新模式入选"中国改革2020年度50典型案例"；新增注册企业1174家，中草药加工、新丝路跨境木材加工、进口能源加工储运等项目实现重大突破。国家首批边民互市贸易商品落地加工试点启动，互市贸易交易量增长1.2倍。成功获批全国跨境电商综试区，北向开放战略门户地位更加凸显。

【乡村振兴】 2020年，黑河市粮食生产实现"十七连丰"，新型农业经营主体发展到2.8万个，绿色有机认证标识达到346个，3个县（区）被评为全省中药材基地建设示范县，1个县成为全国基本实现主要农作物生产全程机械化示范县。建设省级绿化示范村7个，提档升级行政村247个，清洁村庄标准自然屯达到1182个，少数民族特色村庄达到26个，望得见山、看得见水、记得住乡愁的美丽宜居新农村越来越多。

【民生改善】 2020年，黑河市疫情防控取得阶段性胜利，有力保障了人民群众生命安全和健康。在财政收入和各项支出面临巨大压力情况下，民生支出占财政支出比例保持高位。市区城建投资相当于过去10年总和，拆除违建达到过去10年总和的3倍；市区老旧小区改造面积位列全省第二，惠及市区大部分群众。空气环境优良天数稳居全省前列；国控断面水质高于省下达目标，县级以上集中式饮用水水源地全部达标。扫黑除恶专项斗争圆满收官，"平安黑河"建设、历史积案化解取得历史最好成绩，社会治理现代化试点加快推进，人民群众获得感成色更足、幸福感更可持续、安全感更有保障。

【三大攻坚战】 2020年，黑河市坚决打好脱贫攻坚战，坚持"践承诺"与"守底线"相统一，脱贫攻坚成果经受住了党和人民检验，监测户、边缘户没有一户返贫致贫。坚决打好污染防治攻坚战，秉持"绿水青山就是金山银山，冰天雪地也是金山银山"发展理念，坚决守护黑河的碧水蓝天，秸秆露天禁烧连续两年"零火点"，成为全国空气质量优良天数比例达到100%的16个城市之一，爱辉区、逊克县入选"中国天然氧吧"。坚决打好防范化解重大风险攻坚战，开展全市重大风险再排查，梳理整改6大类145个风险点，推动整改取得实效。

（市委办公室）

市委重要会议

【市委六届八次全会】 2020年9月12日，中共黑河市委六届八次全会召开。出席全会的有市委委员24人，市委候补委员6人。全会由市委常委会主持，市委书记马里出席会议并讲话。全会审议通过《中共黑河市委关于深入贯彻落实党的十九届四中全会和省委十二届七次全会精神高水平推进市域治理体系和治理能力现代化的行动方案》《中国共产党黑河市第六届委员会第八次全体会议决议》。

【市委六届九次全会】 2020年12月25—26日，中共黑河市委六届九次全会召开。出席全会的有市委委员19人，市委候补委员5人。全会由市委常委会主持。全会传达学习省委十二届八次全会精神，听取和讨论市委书记马里代表市委常委会所作的工作报告及市委常委会2020年抓党的建设工作报告，审议通过《中共黑河市委关于制定国民经济和社会发展第十四个五年规划和二〇三五年远景目标的建议》《中国共产党黑河市第六届委员会第九次全体会议决议》。

【市委常委会会议】 2020年，中共黑河市委常委会共召开会议30次。黑河市委在省委的领导和支持下，全面落实中央和省委重大决策部署，取得脱贫攻坚、污染防治、防范化解重大风险"三大攻坚战"和扫黑除恶专项斗争决定性胜利，克服百年来最严重疫情和严峻自然灾害，黑河经济社会发展实现能级提升、加速赶超。

12月25日，中国共产党黑河市第六届委员会第九次全体会议会场　（黑河日报社／供图）

2020年中共黑河市委常委会会议一览表

表3

会议时间	会议名称	会 议 内 容
1月3日	第73次会议	会议传达《关于呼兰区涉黑涉恶腐败和保护伞问题及其教训警示的通报》精神；讨论通过《政府工作报告》《关于黑河市2019年国民经济和社会发展计划执行情况及2020年计划（草案）的报告》《关于黑河市2019年预算执行情况和2020年预算（草案）的报告》
1月17日	第74次会议	会议听取关于防范化解2020年"春节""两会"期间重大风险有关工作情况的汇报；传达省"两会"精神；研究部署全市"两会"筹备有关工作；讨论《六届市纪委五次全会工作报告》，听取关于给予向某开除党籍、开除公职的请示。会议还讨论了其他事项
1月28日	第75次会议	会议传达学习贯彻党中央、国务院和省委、省政府关于应对新冠肺炎疫情一系列会议精神，听取黑河市疫情防控工作情况汇报，专题研究部署疫情防控工作
2月5日	第76次会议	会议学习传达中共中央政治局常务委员会会议、省委常委会会议暨省应对新冠肺炎疫情工作领导小组会议精神，听取全市疫情防控工作情况，并就全市疫情防控工作进行研究部署
2月12日	第77次会议	会议传达学习贯彻习近平在北京调研指导新冠肺炎疫情防控工作时的重要讲话和省委常委会会议暨省应对新冠肺炎疫情工作领导小组会议精神，并对下一步抓好全市疫情防控工作进行再部署、再落实

续表3

会议时间	会议名称	会 议 内 容
2月25日	第78次会议	会议学习传达贯彻中央统筹推进新冠肺炎疫情防控和经济社会发展工作部署会议、省委常委会会议暨省应对新型冠状病毒感染肺炎疫情工作领导小组会议精神，并就黑河市当前疫情防控面临的形势作出科学研判，对进一步抓好疫情防控、统筹推进经济社会发展工作进行全面动员
3月7日	第79次会议	会议传达中央政治局常务委员会会议、国务院常务会议和省委常委会会议暨省应对新冠肺炎疫情工作领导小组会议精神，听取关于精准落实全省重大突发公共卫生事件二级应急响应情况的汇报，就进一步抓好疫情防控和经济社会发展作出部署
3月26日	第80次会议	会议学习传达贯彻中央政治局常务委员会会议、中央应对新冠肺炎疫情工作领导小组会议和省委常委会会议暨省应对新冠肺炎疫情工作领导小组会议精神，讨论审议《关于调整疫情防控措施的意见》《中央第六巡视组巡视整改任务整改落实完成情况专题报告》，听取关于六届市委第六轮巡察情况汇报，研究部署相关工作。会议还研究了其他事项
4月3日	第81次会议	会议学习传达贯彻习近平对四川省凉山州西昌市森林火灾重要指示和李克强批示精神，全面部署黑河市森林防火和安全生产工作
4月16日	第82次会议	会议学习传达全省组织部长会议精神，听取关于黑河市2019年意识形态工作情况及2020年工作安排的汇报，讨论《黑河市市域社会治理现代化试点工作实施方案》，研究部署相关工作
4月30日	第83次会议	会议传达学习中共中央政治局常委会会议，中央应对新冠肺炎疫情工作领导小组会议和省委常委会会议暨省应对新冠肺炎疫情工作领导小组会议精神，安排部署全市当前和今后一个时期常态化疫情防控工作
5月6日	第84次会议	会议传达学习习近平寄语新时代青年重要指示精神，听取一季度全市经济运行和百大项目调度、新型智慧城市和黑河市卫生健康中心项目建设情况汇报，审议《2020年全市深化机关作风整顿优化营商环境实施方案》，研究部署相关工作
5月6日	第85次会议	会议学习贯彻习近平总书记重要讲话重要指示批示精神，传达省委常委会会议暨省应对新冠肺炎疫情工作领导小组会议和省应对新冠肺炎疫情工作领导小组指挥部视频例会精神，听取全市开展疫情防控查漏洞补短板大排查工作情况汇报，研究部署相关工作
5月15日	第86次会议	会议贯彻中央政治局常务委员会会议、李克强批示和孙春兰在哈尔滨座谈会上的讲话精神，传达省委常委会会议暨省应对新冠肺炎疫情工作领导小组会议和省应对新冠肺炎疫情工作领导小组指挥部视频例会精神，听取全国“两会”期间信访工作安排和贯彻落实《社会主义学院工作条例》意见的汇报，研究部署相关工作
6月2日	第87次会议	会议传达贯彻习近平总书记在全国“两会”期间的重要讲话精神、全国“两会”精神、省委常委会会议暨省应对新冠肺炎疫情工作领导小组会议精神、全省领导干部会议精神、全国巡视工作会议暨十九届中央第五轮巡视动员部署会议精神、贾玉梅和张丽娜检查指导黑河市旅发大会筹备工作时的讲话精神，听取关于省委政法工作会议暨全省市域社会治理现代化推进会议精神及贯彻落实意见的汇报、关于黑河市污染防治攻坚战工作情况的汇报，讨论《黑河市2020年兴边富民试点市重点工作推进方案》《关于调整充实黑河市兴边富民试点市工作领导小组、领导小组办公室及工作专班的意见》《黑河市兴边富民试点市工作运行机制》《黑河市纪委监委监督工作办法（试行）》《关于进一步加强对“一把手”监督的意见（试行）》，研究部署相关工作
6月23日	第88次会议	会议传达学习习近平总书记近期重要讲话和中央、省系列会议及省委书记张庆伟检查指导工作时的讲话精神，听取全国文明城市创建工作情况、重点国有林区改革进展情况、近期脱贫攻坚工作有关会议精神及贯彻落实意见，讨论通过《黑河市饮用水水源保护条例（草案）》《黑河市文明行为促进条例（草案）》，研究部署相关工作
7月15日	第89次会议	会议传达学习习近平总书记重要讲话重要指示和中央、省系列精神，以及中共黑龙江省委十二届七次全会精神，讨论《中共黑河市委关于贯彻落实〈中国共产党宣传工作条例〉的实施细则》，研究市政府“三重一大”重要事项、省委巡视反馈意见整改落实等工作
7月27日	第90次会议	会议听取黑河军分区工作情况汇报、各县（市、区）委主要负责人党管武装工作述职，研究部署有关工作
8月29日	第91次会议	会议传达习近平总书记重要讲话重要指示和中央、省系列会议精神，研究部署全市疫情防控工作，传达学习聂云凌在黑河市调研兴边富民、自贸区建设工作时的讲话精神，研究市委六届八次全会有关筹备工作，讨论通过《关于加强新时代民营经济统战工作的实施方案》《黑河市创建国家安全发展示范城市工作方案》《黑河市“边城英才”首批优选百名研究生工作方案》，听取关于2019年度全市政治生态建设成效考核情况、关于2019年度市管领导班子及领导干部考核工作情况、关于2019年度县（市、区）主要责任指标考核情况的汇报，研究落实黑河市2019年整治生态建设反馈意见整改有关工作

续表3

会议时间	会议名称	会 议 内 容
9月8日	第92次会议	会议传达习近平总书记重要讲话、致辞和中央、省系列会议精神，第三届全省旅发大会精神，研究部署黑河市贯彻落实意见
9月17日	第93次会议	会议传达习近平总书记重要讲话重要指示和中央、省系列会议精神，听取关于2020年全省深化机关作风整顿优化营商环境工作暨警示教育会议精神及贯彻落实意见的汇报、关于全省决战决胜脱贫攻坚推进会议精神及贯彻落实意见的汇报，讨论通过《黑河市贯彻落实新时代爱国主义教育实施纲要具体措施重点任务分工方案》，听取省纪委监委领导黑河调研精神及贯彻落实意见的汇报，研究通过市纪委监委关于有关干部处分的请示，讨论其他事项
9月24日	第94次会议	会议听取关于黑河市抗击新冠肺炎疫情省级评选表彰推荐工作情况的汇报，讨论通过《马里在省委“十四五”规划市地委书记征求意见座谈会上的发言》
9月30日	第95次会议	会议传达习近平总书记重要讲话重要指示、李克强批示和中央、省系列会议精神，研究部署市委巡视整改相关工作、全市机关作风整顿优化营商环境有关工作，听取关于全省市域社会治理现代化工作交流推进会议精神及贯彻落实意见的汇报，听取其他相关工作汇报
10月13日	第96次会议	会议传达习近平总书记重要讲话和中央、省系列会议精神，研究部署全市深化改革有关工作，听取关于全市信访工作情况的汇报，传达全省扫黑除恶专项斗争视频推进会议精神，听取关于全市粮食抢收工作情况的汇报，讨论其他事项
10月28日	第97次会议	会议传达习近平总书记重要讲话、致辞和中央、省系列会议精神，听取关于全省抗击新冠肺炎疫情表彰大会精神及贯彻落实意见的汇报，讨论通过《中共黑河市委关于加强新时代人大工作的意见》《黑河市深化事业单位改革试点实施方案》，研究部署六届市委巡察有关工作，讨论其他事项
11月21日	第98次会议	会议传达习近平总书记重要讲话重要指示和中央、省系列会议精神，听取关于国家和省近期疫情防控工作有关会议、调研精神及贯彻落实意见的汇报，研究部署全市军事工作，听取关于全省兴边富民工作推进会、省兴边富民试点市（黑河市）与中省直部门对接洽谈会精神及贯彻落实意见的汇报，研究部署全市深化改革有关工作，听取关于第三季度全省县域经济擂台赛会议精神及贯彻落实意见的汇报，传达中共黑龙江省委《关于推进政治生态根本转好的意见》和《黑龙江省政治生态建设成效考核办法》精神，听取关于全省农村房屋安全隐患排查整治工作部署会议精神及贯彻落实意见的汇报，会议还研究了其他有关事项
12月7日	第99次会议	会议学习传达习近平总书记重要讲话、李克强讲话和中央、省系列会议精神，听取关于省委十二届八次全会精神及贯彻落实意见、关于纪念中国关工委成立31周年暨关心下一代工作表彰大会精神及市关工委2020年工作情况和2021年工作安排、关于全省调解工作会议精神及贯彻落实意见、关于平安黑龙江建设工作会议精神及贯彻落实意见、关于全省村（社区）“两委”换届工作电视电话会议精神及贯彻落实意见、关于全省党校（行政学院）校（院）长会议精神及贯彻落实意见的汇报，讨论通过《2020年度意识形态工作专项督查情况报告》，传达中央纪委国家监委第九监督检查室《关于贯彻落实习近平总书记重要批示精神部署12个联系地区纪委监委整治供销合作社系统腐败问题促进改革和治理工作的通知》精神，讨论其他事项
12月18日	第100次会议	会议学习传达习近平总书记重要讲话和中央、省系列会议精神，研究部署全市创建全国民族团结进步示范市有关工作，传达全省追逃追赃和国有企业境外腐败治理工作培训班精神，讨论其他事项
12月24日	第101次会议	会议学习传达中央、省系列会议精神，研究部署市委六届九次全会有关筹备工作、全市“两会”筹备有关工作，听取关于黑龙江省红十字会第六次会员代表大会会议精神及贯彻落实意见的汇报，讨论通过《关于黑河市全面实施预算绩效管理的实施方案》，讨论其他事项
12月29日	第102次会议	会议学习传达中央、省系列会议精神和《中共黑龙江省委办公厅、黑龙江省人民政府办公厅关于做好2021年元旦春节期间有关工作的通知》精神

（市委办公室）

督查督办

【概况】 2020年，黑河市委办公室从适应新形势和新任务的工作要求出发，以为领导服务、为基层服务、为群众服务为宗旨，坚持目标导向和问题导向，进一步明确工作任务，强化督查措施，确保市委重要会议精神贯彻落实，较好地完成全年重点工作。全年筹备市委常委会30次，筹备市委书记专题办公会议12次，撰写相关会议纪要42份。按照相关要求，优化会议内容，加强会议管理，规范会议程序，确保市委常委会、市委书记专题办公会议规范有序、高质量召开。全年处理市委领导批示群众信访件98件，编发市委大事记12份。

建设的工作方案》。夯实共同思想政治基础，支持各民主党派继续开展“不忘合作初心、继续携手前进”主题教育活动21次。协助市委制订《中共黑河市委2020年度政党协商计划》，召开民主党派年度重点工作解析会，明确全年重点工作内容、完成时限及工作措施。召开民主党派、工商联及无党派代表人士调研成果汇报会，征求6个方面意见建议41条。发挥民主党派脱贫攻坚民主监督作用，指导各民主党派到对口县（市）调研7次，通过召开脱贫攻坚民主监督工作汇报会交流民主监督成效。

（邱德山）

【党外知识分子工作】 2020年，黑河市委统战部制订落实《〈关于加强和改进新时代党外知识分子思想政治工作的意见〉的任务分工方案》，加强对党外人士的政治引领，帮助解决实际困难。召开党外人士座谈会，围绕统筹推进疫情防控和经济社会发展工作提出意见建议19条。开展党外知识分子情况调研，建立完善相关数据库。组织无党派人士学习贯彻习近平在党外人士座谈会上的讲话精神，全市1900余人参与网络学习，撰写学习心得110余篇，建言献策21条。成立县级党外知识分子联谊组织，开展形式多样的社会服务活动61次。

（邱德山）

【新的社会阶层人士工作】 2020年，黑河市委统战部推进新的社会阶层人士联谊组织建设，成立市级组织1个，县级组织4个。完善市级新的社会阶层代表人士数据库，各县（市、区）分别建立了代表人士动态管理台账。举办新的社会阶层人士培训班，组织全市40余名新的社会阶层人士代表参加市社会主义学院理论学习培训班，参训人员政治素质得到提升。

（邱德山）

【服务非公经济发展】 2020年，黑河市委统战部调研民营经济发展短板，《关于促进黑河市民营经济发展的调研报告》得到市委主要领导批示。梳理中央和省、市支持民营经济发展10个方面243条惠企政策，编制《支持民营经济发展政策选编》。制订印发《关于加强新时代民营经济统战工作的实施方案》，组织召开全市民营企业座谈会。帮助企业拓展销售渠道，组织黑河绿农集团等55家企业参加服务龙江民营经济高质量发展农副产品对接会，完成签约额6270万元。组织民营企业赴珠海考察对接，黑河市总商会与珠海市直属商会——珠海市黑龙江商会签订友好协议。中国中药控股公司增资3400万元支持黑河中医药项目建设，黑河绿农集团与珠海市有关部门、商会和企业达成交易额约4300万元，黑河职工国旅与珠海市2家旅行社联手打造推介“珠海—黑河—五大连池精品游”专属线路，每年互送游客4000人次以上。

（邱德山）

12月11日，“珠黑合作2020”交流洽谈会在珠海市召开　（市委统战部／供图）

【民族工作】 2020年，黑河市委统战部推进兴边富民试点市建设，制订出台《2020年重点工作推进方案》《各牵头单位2020年任务清单》，将重点任务纳入年度目标考核体系，纳入领导班子和领导干部年度考核。在全省兴边富民工作推进会上，黑河市政府和孙吴县沿江乡分别作典型发言。全面启动全国民族团结进步示范市创建工作，成立领导小组和工作专班，召开动员部署大会，制订出台《实施方案》《指导意见》《“十进”示范标准》等一系列文件，为各县（市、区）各部门创建工作提供规范指导。深化民族团结进步宣传教育，举办“做石榴籽铸中华魂”民族团结进步宣传月集中宣传日活动。争取少数民族发展资金7345万元，实施基础设施项目20个，产业项目25个。在全省民族团结进步表彰大会上，黑河市获全省民族团结进步模范集体10个、民族团结进步模范个人9人。

（邱德山）

【宗教工作】 2020年，黑河市委统战部引导宗教界学习贯彻习近平法治思想，举办宗教“三支队伍”培训班，培训宗教干部、宗教界人士和教职人员110名。持续抓好巡视督查问题整改，短期整改问题全部完成，长期整改问题有序推进。依法打击处置非法传教活动，抵御境外利用宗教进行渗透，切实保障社会和谐有序。做好宗教领域疫情防控工作，加强宗教界和信教群众思想教育，宗教活动场所未发生疫情，宗教领域和谐。

（邱德山）

【涉港澳台事务】 2020年，黑河市委统战部创新推进港澳台统战工作，定期走访慰问台胞台属和台资企业，在全省民营企业农副产品产业购销会上，服务台资企业“比米农牧科技有限公司”与自贸片区签订投资额4000万元的进口粮食饲料加工项目，黑河市台资加工企业实现零的突破。加大涉台法律法规宣传，落实“惠台31条”，促进对台经贸融合。对全市台资企业情况进行摸排，完善台企信息。接待台湾大陆配偶及岛内亲属参访团，通过广泛团结、真诚沟通、感情交流和有效服务，使广大台胞感受到两岸亲情。（邱德山）

【侨务工作】2020年，黑河市委统战部与市侨联配合，通过开展侨法宣传周、法律大集、送温暖医疗队等活动，开展侨法宣传工作。完善黑河市政务服务网侨务行政职能信息4项，完成3名“三侨生”身份认定。开展全市涉侨身份公职人员信息采集和侨情调研工作，形成《黑河市侨务工作情况的报告》，全面夯实侨务工作基础。落实华侨事务经费，帮扶贫困侨眷113人，送去党的关怀。充分发挥旅俄华侨纪念馆爱国主义教育基地、华侨国际文化交流基地作用，争取维修改造项目资金720万元，文物保护项目资金340万元，开展各类教育展览活动65次，被省委、省政府命名为“全省爱国主义教育基地”。

（邱德山）

【海外统战工作】2020年，黑河市委统战部指导侨联举办黑龙江黑河“北国红豆”网上夏令营活动，邀请巴塞罗那孔子学校86名海外华裔青少年参加，加深了海外同胞对黑河的认识和了解。指导市侨联承办“华侨与马克思主义在中国的传播”座谈会，得到中国侨联、省侨联高度肯定。（邱德山）

【统战工作制度化规范化建设】2020年，黑河市委统战部贯彻落实《社会主义学院工作条例》，落实工作编制、办公经费、培训费，推进各类培训9期。部务会议固定议题跟进学习习近平总书记重要讲话、重要指示批示精神和中央及省委、市委会议精神，听取各部门工作汇报，确保重点任务落实落靠。加强意识形态工作，制定《市委统战部意识形态工作制度》，梳理排查意识形态风险点11个，建立防范化解措施台账。制定落实统战部党支部学习计划，规范“三会一课”制度和主题党日活动，形成了党建工作“五化”品牌。建立和完善统战部门财务制度、保密制度、档案制度等规章制度。（邱德山）

政策研究

【概况】2020年，黑河市委政策研究室围绕市委中心工作，履行服务职能，严格按照“政治机关、参谋机关、服务机关”定位，强化“四个意识”，市委“坚强前哨”和“巩固后院”的战斗堡垒作用日益增强。中共黑河市委全面深化改革委员会办公室（简称市委深改办）设在市委政策研究室。市委政策研究室与市委办公室合署办公。（曲博洋）

【综合文稿起草】2020年，黑河市委政策研究室高质量抓好文字综合工作，全年组织完成文字材料460余篇，成稿200多万字。起草了市委六届八次、九次全会等市委重要会议材料等。拟定《关于营造风清气正政治生态打造全面振兴好环境的实施意见》《高水平推进市域治理体系和治理能力现代化的行动方案》等文件。（曲博洋）

【课题调研】2020年，黑河市委政策研究室调查研究，形成决策建议和调研成果，为市委领导科学决策提供服务。开展关于边境地区发展情况和赴江苏学习考察，形成高质量调研报告2篇，提出的具有重要影响的思路、观点、建议90%以上被市委和市委领导采纳，80%以上转化为市委的决策和工作部署，参与决策服务的水平进一步提高。

（曲博洋）

【深化改革工作】2020年，市委深改办履行市委全面深化改革委员会的办事机构职责，落实党对深化改革的集中统一领导，全力做好深改工作的统筹、协调、督查、推进，协调组织召开深改委会议5次，下发《市委全面深化改革委员会2020年工作要点》《2020年全面深化改革重点任务及责任清单》等指导性文件，确保了全市全面深化改革工作积极稳妥、有序推进。全市完成改革任务80项，推进中和需要上级出台政策的17项。做好下情上达，推进信息对外交流，向上报送信息24篇。推介改革成效突出、可借鉴可推广的典型。8月，逊克县综治中心试点建设项目，全省首次被《中国改革报》以《抢抓机遇、努力作为、谱写边城社会治理新篇章》为题大版面刊载；《黑河市创新开启跨境电力贸易与落地加工使用新模式》被《中国改革年鉴》作为典型案例刊登。自由贸易试验区黑河片区4项创新案例上报国家；国际文化艺术品保税展示交易平台、创新跨境法律综合服务新模式、跨境电商货运物流“多仓联动”数字化集运新模式3项获准全省复制推广。跨境电商货运物流“多仓联动”新模式入选“中国改革2020年度50典型案例”。10月末，中央深改办督察局和省委深改办就自由贸易试验区黑河片区建设进展情况开展专项督察，在督察过程中对黑河自贸区建设和黑河改革取得的成绩给予充分肯定和高度评价。

（曲博洋）

机关党建

【概况】2020年，中共黑河市直属机关工作委员会（以下简称“黑河市直机关工委”）党建工作在中共黑河市委的正确领导下，坚持以习近平新时代中国特色社会主义思想为指导，学习贯彻中共十九大和十九届二中、三中、四中、五中全会精神，全面落实新时代党的建设总要求和新时代党的组织路线，以党的政治建设为统领，坚持围绕中心、建设队伍、服务群众，推动党建和业务深度融合，进一步提高市直机关党的建设质量，推进机关治理和各项事业发展，在疫情防控上，充分发挥了党组织战斗堡垒和党员干部的先锋模范作用。2020年12月，市直机关工委系统共有基层党组织75个，其中，党委22个、党总支11个、直属党支部42个，党员5218名。

（路晓雪）

【思想政治建设】 2020年，黑河市直机关工委坚持以贯彻落实习近平新时代中国特色社会主义思想为主要任务，抓好市直机关广大党员干部的思想理论学习。推进中宣部“学习强国”学习平台推广使用、普法学习等相关工作；组织参加全省百万党员“极光新闻”《习近平谈治国理政》第三卷诵读活动，营造了浓厚的学习氛围。4月下旬举办中共十九届四中全会精神微信公众号有奖答题活动，工委系统近4000名党员干部参加活动，既检验了学习效果，又达到了以考促学的预期目的。举办意识形态监督员和网络信息员培训班，培训学员110余人，有效提升网上正面宣传和舆论引导能力。为所属党支部、直属基层党组织书记订阅《习近平谈治国理政》第三卷420本、《党员应知应会200条》520本，要求各基层党组织开展专题学习。为丰富基层党组织的学习内容，建立由市委党校和黑河学院专家学者组成的45人黑河本土专题讲座专家储备库，为满足基层多样化的学习需求提供了师资保障，受到基层党组织欢迎。打造“黑河机关工委”党建特色微信公众号，全年共发布党建信息888篇，信息形式丰富多样、图文并茂，增强了党建信息的可读性，关注人数持续上升。（路晓雪）

【基层组织建设】 2020年，黑河市直机关工委开展直属基层党组织标准化规范化建设年和党建共建活动。7月，领导班子成员带队组成5个调研组到直属基层党组织对建设年活动情况开展党建工作调研，进行半年业务指导。同时，将党建共建列为考评项目，对基层党组织进行量化考评，14个党建共建小组共活动64次。规范基层党组织换届工作，下发换届工作通知，作出统筹安排，指导应换届的33个直属党组织于5月中旬至9月底完成换届任务，批准直属党组织书记、副书记任职54名。与市委组织部联合举办党内法规专题培训班，培训党员120人。把党费收缴工作纳入直属基层党组织标准化规范化建设评估内容，定期对党费收缴情况进行核查，党费收缴工作进一步规范。全年下拨党费50.33万元，作为基层党组织活动经费补充，用于改造党员活动场所，使基层党组织做到场所固定、设施完备、标志明显、党旗上墙、书报入柜、制度成册，能够满足日常党建活动开展的需要。下拨党费51.63万元，用于支持基层党组织标准化规范化党建工作经费。下拨赴孝感医护慰问金1.2万元，下拨疫情防控经费36.9万元，支持疫情防控工作。全年新发展党员138人（其中疫情一线发展22人），预备党员转正134人。

（路晓雪）

【“两新”党建工作】 2020年，黑河市直机关工委对行业协会商会党建工作部加强“两新”组织（新经济组织和新社会组织）分类指导，巩固和推进了党的组织覆盖和工作覆盖。6月23日至8月10日，开展系统内“两新”组织全口径摸排，摸清了非公企业和社会组织底数，进一步理顺了隶属关系，规范了党组织设置，把能建立的党组织建起来，把已建立的党组织规范起来，提升了“两个覆盖”质量。抓好“两新”组织从有形覆盖到有效覆盖拓展，加快推进兼合式党支部向实体性党支部转化。指导市义工协会、市红酒文化协会和市志愿者协会成立实体性党支部，所属党员转入组织关系，发挥实体性党支部功能。加强党对社会组织的领导，指导成立黑河市志愿者协会党支部，共有55名党员。注重发展社会组织“会长”党员，培养一批“两新组织”党员带头人，夯实党建工作基础，全年发展“两新”组织党员9名。

（路晓雪）

【机关作风建设】 2020年，黑河市直机关工委成立“五细”要求落实组，负责全市各单位“五细”要求落实工作，持续开展“五细”要求落实情况检查和“治低治粗治差”行动。依托“业务大讲堂”，发挥好机关干部的表率引导作用。组织党员干部积极参与全市创建全国文明城和新冠肺炎疫情防控，充分发挥战斗堡垒作用和先锋模范作用，践行共产党员的使命担当。利用微信公众号发布各类防疫信息117篇。宣传疫情防控的有关知识，报道市直工委各基层党组织和党员在疫情防控中的典型经验和先进事迹。（路晓雪）

【机关群团建设】 2020年，黑河市直机关工委坚持党建带工建、带团建、带妇建，不断提升群团组织的凝聚力、战斗力。推进“百旗百星”创建活动。推进黑龙江省网上工会工作平台两库采集录入工作，164个基层工会组织完成组织信息录入，其中162个工会组织完成7961名会员信息录入。与市总工会联合开展“我为困难群体送寒衣”活动，捐赠衣物7622件。以国际家庭日为契机开展寻找最美家庭活动。选拔推送先优模范，向上级申报抗击疫情、孝老爱亲、脱贫攻坚家庭典型，推荐青年“五四”奖章个人和集体等。

（路晓雪）

【重大活动】 2020年，黑河市直机关工委充分发挥党建引领作用，立足服务全市中心工作，较好地完成市委各项工作任务。组织参加黑河市庆祝建党99周年“党心系民心·爱心助发展”党员助农助企主题活动。做好第三届全省旅发大会志愿者选拔抽调培训、具体岗位安排、组织干部职工参加分会场节目录制、开幕式观众组织工作。组织150名干部职工参加瑷珲—腾冲地理公园和黑龙江大桥2个分会场节目录制。与市总工会联合开展“爱家乡、游黑河”学习考察活动。贯彻落实习近平关于制止餐饮浪费行为重要指示精神，发出倡议书，在市直机关开展“带头厉行节约、反对餐饮浪费”活动。（路晓雪）

9月7日，市直机关工委开展“爱家乡、游黑河”活动考察旅游服务中心
（市直机关工委／供图）

信访工作

【概况】2020年，黑河市信访工作按照国家和省委、市委、市政府部署要求，针对信访工作的新形势新任务新要求，强化以人民为中心工作理念，突出解决问题和案件化解，以精准督查和双向规范为推动，强化责任落实和完善机制，实施信访案件化解、越级重访专项治理、信访事项规范办理“三个专项行动”，全市信访工作总体形势持续平稳向好。通过信、访、网、电等渠道，受理群众来访1139件次3575人次，同比分别下降8%和36%；群众来信598件，同比下降6.6%；网上投诉6240件，同比上升338%；电话诉求6.4万件，是上年同期的2.7倍，基本做到事事有结果、件件有回音。黑河市信访局是市委工作机关，内设科室5个，所属事业单位2个：市长公开电话受理中心、群众诉求服务中心。
（东　鑫）

【信访案件化解】2020年，黑河市制订下发《黑河市信访积案化解专项行动方案》《群众信访事项规范办理工作方案》。全市共排查梳理出信访案件1106件，经过各县（市、区）党委常委会、政府常务会、信访联席会“三会”核准后，实施上下联动、挂图作战和集中推进，262件有理和部分有理案件化解255件，化解率97.3%。举办信访案件和网上事项规范办理业务培训班2次，制定工作规程，确定办理标准，进一步提升了信访事项办理“五率”（录入率、受理率、办结率、参评率、满意率）和信访工作的标准化规范化水平。
（东　鑫）

【矛盾风险排查】2020年，黑河市信访局定期排查化解社会矛盾，排查梳理风险情况，摸清底数，建立台账，并实行动态管理和销号制度，化解一件，销号一件。加强访情信息和社会舆情分析研判，强化重点人员实时监测、重点群体跟踪关注、重大风险预测预警，指导责任单位做好预警和应对处置工作。围绕全国“两会”、中共十九届五中全会和国务院大督查组在黑龙江省督查等时期，在全市范围内开展矛盾风险隐患排查行动，做好相关工作，进一步提高问题就地化解率。
（东　鑫）

【健全工作机制】2020年，黑河市信访局完善联席会议相关制度，包括定期召开例会制度、信访形势研判制度、重要事项报告制度、督办通报考评制度、失责行为问责制度、相关工作协调制度和联席会议工作纪律等相关制度，强化联席会议职能，促进信访工作开展。组织研究解决疑难案件，针对历史遗留时间长、情况复杂、难度较大的疑难案件，多次向市委、市政府主要领导及分管领导汇报，研究解决意见，推动案件化解。市联席会议主要召集人及市政府分管战线领导专题研究信访案件17次，有

黑河市市长公开电话受理中心
（市信访局／供图）

效推进了疑难案件的化解。协调领导干部接访，重新制定市级领导接访日程，由原来的每月2次调整为每月4次，并在《黑河日报》进行公示。及时协调市四大班子领导到信访部门接待来访群众，研究解决群众诉求和信访事项。（东 鑫）

【畅通信访渠道】 2020年，黑河市信访局面对疫情特殊形势，在全省率先推出“黑河信访”微信公众号，引导群众通过微信公众号及网上信访系统、公开电话、邮寄信件等方式反映诉求。完成了市长公开电话受理中心整合，建立“一号响应、一网联办”运行机制，24小时全天候接听受理，提升了服务效能，方便了诉求群众。同时，坚持以设施提升、标准提升、服务提升、效率提升、形象提升、管理提升“六提升”工程为载体，市、县两级信访机构同步开展“群众满意窗口”创建和“四零承诺服务”活动，打造智慧型和规范化服务窗口，及时接待来访群众和受理信访事项。（东 鑫）

机构编制

【概况】 2020年，中共黑河市委机构编制委员会办公室（以下简称“黑河市委编办”）贯彻落实中央和省委、市委决策部署及省委编办工作要求，围绕市委、市政府中心工作，锐意改革、创新管理、强化服务，机构编制各项工作取得新成绩，为全市经济社会发展提供了有力的体制机制保障。（蔡 鑫）

【机构改革后续工作】 2020年，黑河市委编办坚持优化协同高效原则，不断完善机构职能体系。协调理顺部门职能。重点跟进党政改革后机构职能运转、部门之间理顺职责关系等情况，先后到黑河自贸片区、五大连池风景区、林草局、应急局、水务局等单位对相关职能进行调研，协调解决铁路道口、森林防火、防汛防洪等职责调整及工作衔接问题，并提出相关意见建议。主动对接做好农垦改革后续工作。组织并协调各改革相关领域单位推进农垦森工职能移交、人员安置和做好迎接上级检查验收等工作，制发《农垦森工改革人员移交安置审批表》和《农垦森工改革移交安置人员名单》，履行落编审批手续，并与农垦北大荒集团签订事业单位人员移交协议，对接农垦管局北安分局、九三分局，办理农垦系统平台落编手续。全市共办理农垦参公人员落编73人，农垦事业人员落编167人，接收农垦、森工移交中小学校42所、人员3383人，省沾河林区质检中心人员4人。年底前，顺利通过省和国家级农垦、森工改革评估验收。（蔡 鑫）

【经济发达镇行政管理体制改革工作】 2020年，黑河市委编办承担的经济发达镇行政管理体制改革工作取得一定成效。2018年试点工作启动以来，市委编办多次到通北镇进行调研，审核报备北安市委、市政府研究制定的《北安市通北镇行政管理体制改革试点方案》《北安市通北镇承接赋权事项工作方案》，确定通北镇“4办1站3中心”的机构设置，将镇属事业单位与相关行政机构按照职能归口整合重组，实现条块结合，切实解决了镇政府“看得见管不着”权责不符问题。（蔡 鑫）

【基层整合审批服务执法力量改革工作】 2020年，黑河市委编办牵头推进基层整合审批服务执法力量改革工作。研究制订《黑河市推进基层整合审批服务执法力量工作方案》，成立由市委书记任组长、组织部部长和分管副市长任副组长、相关单位主要负责人为成员的领导小组，明确工作任务，细化部门责任分工和完成时限。同时组成市委编办牵头，市司法局、市营商环境建设监督局等相关部门联合指导调研组，到一线调研督导，解决工作中遇到的困难。通过改革，全市76个乡镇和街道分别设置了党建办公室、综合执法办公室、行政审批办公室综合便民中心、社会治安综合治理中心和退役军人服务站。选择设置了民族宗教事务办公室、边境与民族事务办公室、社区管理办公室等，自上而下跨层级调整增加行政编制485个、事业编制462个。（蔡 鑫）

【专项领域改革】 2020年，黑河市委编办加快推进专项领域改革。印发自由贸易试验区黑河片区的“三定”方案，提出五大连池风景区机构调整方案，稳步推进风景区党政机构改革。印发市营商环境建设监督局的“三定”规定，综合推进生态系统改革，优化派出机构，按时划转相关机构编制人员，确保改革圆满完成。（蔡 鑫）

【事业单位改革】 2020年，黑河市委编办统筹推进事业单位改革。统筹谋划和全面推进黑河市经营类事业单位改革，制定市经营类事业单位改革月度计划表，将5个县（市）21家经营类事业单位每月推进情况及时上报。在市直专项改革清零的基础上，加强县（市、区）改革督导，于10月底前全面完成改革任务。深化公益类事业单位改革，完成《黑龙江省深化公益类事业单位改革实施方案》《黑龙江省深化事业单位改革实施方案》等3轮次征求意见反馈，对黑河市《实施方案》进行修改完善，按程序呈报市委编委会领导审阅和市常委会审定通过后，呈报省委编办审批。同时，督导县（市、区）制定和调整本级《实施方案》，11月底前及时履行报批程序。推进重点行业和领域事业单位改革，提升经济社会发展服务能力，探索推进重点行业和领域事业单位改革及机构编制资源配置。优化黑河自贸片区事业单位设置，推进自贸片区体制机制改革落深落实，探索“编制+员额”等管理模式，助力自贸片区发展。研究拟定风景区事业单位改革方案（讨论稿）。为纪委监委、人社、卫生健康、社科联等部门所属事业单位和机关事业单位服务中心、党校、红十字会等党政直属、群团机关优化配置事业编制充实力量，开展防汛抗旱应急救援领域调研并进行科学调整，整合组建市大数据中心，

10月23日，黑河市委编办举办推动全面深化改革实现新突破专题研讨活动

（市委编办／供图）

实现大数据共享。探索建立事业编制“周转池”，用活机构编制资源，增强机构编制保障能力。（蔡　鑫）

【调整优化机构编制资源配置】 2020年，黑河市委编办统筹配置管理机构编制资源，促进经济社会健康发展。动态调整职能配置和机构编制，全年共调整行政机关内设科室27个，调整行政编制212个，调整政法专项编制140个，进一步优化了党政机关资源配置和布局结构。充分盘活编制资源，配合有关部门做好人才引进工作。共核准全市机关事业单位招录公务员和工作人员使用编制818个，其中，为引进“双一流”大学毕业生核准使用编制8个，为满足省委选调生招考工作2020年核准使用编制258个、2021年核准使用编制79个，为2020年全省公务员招考核准使用编制241个，为保障教育发展需要核准使用编制45个，为补充医疗人员紧缺核准使用编制23个，为满足市委人才工作需要核准市直事业单位使用编制164个。进一步严肃机构编制纪律，巩固地方机构改革成果，在全市范围内开展机构编制核查工作，核查出的历史违规超编进人问题均按时限整改完毕。按照上级改革精神，做好专项改革移交人员接收工作。先后接收设立5个派出所、2个市场监督管理局分局，调剂政法专项编制32个、行政编制30个，用于安置边防派出所现役转隶人员和农垦森工改革原工商人员，确保改革期间人员平稳过渡。

（蔡　鑫）

【事业单位法人登记管理】 2020年，黑河市委编办不断提升事业单位法人登记管理水平。做好事业单位法人登记日常工作，依法依规把好受理、审核、核准关，市本级网上办结行政许可事项122项，其中，设立登记9个、变更登记96个、注销登记17个，网上办件率100%，真正实现“最多跑一次”目标。完成12家机关群团统一赋码工作。受事业单位委托，发布拟注销公告72个，收缴封存改革后撤、并、转事业单位印章282枚。完成事业单位法人年度报告公示工作。印发《关于提交2019年度事业单位法人公示信息的通知》，完成2019年度市本级243家事业单位法人年度报告公示工作，报送率、公示率均为100%。完成“双随机、一公开”抽查工作。按照6%的比例，随机抽取中省市直14家事业单位、2名执法检查人员开展检查工作，将抽查情况和结果在“事业单位在线”网站面向社会公示。加强社会信用体系建设工作。建立事业单位法人信用记录，承担“对失信主体为个人的，限制登记为事业单位法定代表人”的联合惩戒职责，配合完善了部门间信用信息共享工作机制。（蔡　鑫）

党校教育

【概况】 2020年，中共黑河市委党校充分发挥党校作为理论研究主阵地、干部培训主渠道、科研智库主力军、调查研究主干线、学术交流大平台的职能作用，为推动全市经济社会高质量发展提供了智力支持和人才保障。特色党校创建成效明显，工作经验在全省交流。贯彻落实全国全省党校工作会议精神和《中国共产党党校（行政学院）工作条例》，充分发挥党校培训轮训领导干部的主渠道作用，全年共完成培训班次34期，培训学员4662人次。（孙　晶）

【干部培训】 2020年，黑河市委党校聚焦主业主课完善教学体系，以习近平新时代中国特色社会主义思想为核心内容，根据教学内容和目的设置“四大教学版块”，即围绕党的基本理论、马克思主义经典原著原理和中国特色社会主义理论体系等内容设置基本理论版块；围绕坚定理想信念，增强宗旨观念，改进工作作风，加强党性修养和强化“四史”学习设置党性教育版块；围绕时代特征和国际政治经济形势，侧重强化全局观念和应对复杂局面设置能力提升版块；围绕世情党情国情和全市面临机遇挑战设置知识更新版块，形成了学科结构合理、内容重点突出的“1+N”课程体系。全面贯彻落实全国、全省党校工作会议精神，以深化“用学术讲政治”教学改革为主线，通过集体备课的形式，2020年完成新专题33个。按照《中国共产党党校工作条例》及省委

9月14日，黑河市委党校举行2020年秋季学期开学式　（市委党校／供图）

党校对教学方法创新的要求，在主体班次教学中，运用结构化研讨、案例教学、情景模拟、集体答疑、学员讲坛、线上“直播+研讨”等教学方法，推出以学员为主体、教师为主导、问题为导向的互动式教学模式，有效地调动了学员参与交流研讨的积极性。同时，充分利用市域内瑷珲历史陈列馆、知青博物馆、旅俄华侨纪念馆、朝阳山东北抗联基地等资源，开展体验教学、党性分析，既丰富了教学形式，又提升了教育效果。进一步加大案例教学开发力度，研究制订《黑河市委党校（行政学院）关于推进案例教学工作的实施意见》。组织教师参加全省市县级党校（行政学院）教学案例评选活动。

2020年黑河市委党校主体班一览表

表5

名　称	培训时间	培训人数（人）
黑河市新任职副处级干部“习近平新时代中国特色社会主义思想”培训班	5月10日至6月4日	30
党外干部、少数民族干部能力提升培训班	5月10日至6月4日	38
女干部能力提升培训班	9月14日至10月16日	40
中青年干部政治能力提升培训班	9月14日至11月13日	43
第五期处级干部“学习贯彻习近平新时代中国特色社会主义思想”进修班	11月30日至12月25日	37
市直部门年轻干部政治素质提升培训班	11月30日至12月25日	44
县（市、区）年轻干部政治素质提升培训班	11月30日至12月25日	48

（孙　晶）

【科研工作】 2020年，黑河市委党校在科研方向和内容上，围绕新时期党的路线、方针、政策和省、市经济社会的热点难点问题，开展理论研讨、社会调研、课题研究、智库建设等各项工作。共有20篇理论文章或调研报告在省内外各类期刊公开发表。完成9项科研成果，其中8项为厅局级。市委党校再次获得全省党校（行政学院）系统第24次“优秀科研工作组织奖”。2人获2019年度全省党校（行政学院）系统“优秀科研管理工作者”称号。注重科研成果采用及转化。组建课题研究组，新冠肺炎疫情以来采用电话调研、微信调研、个别走访，围绕“中国（黑龙江）黑河自由贸易试验片区建设”机遇与挑战开展课题研究工作，完成1万字调研报告《推进黑河自由贸易试验片区建设的调研与思考》。组织开展社会调研并撰写调研报告6篇，1项调研建议被市委组织部采用。5篇文章入选省级学会组织的各类理论研讨会。3项科研成果转化为教学成果进入课堂，2项教学专题转化为科研成果公开发表。全年主持完成厅局级3项，3项课题获准立项。（孙　晶）

【学历教育】 2020年，黑河市委党校在全国疫情防控严峻形势下，从招生信息发布、接收学生报名、收取报名费及完成入学测试等招生工作，全部改为网络移动终端完成。全年完成各层次学历班招生人数共计140人，以高比例的基数保证优质的生源质量；督学导学和面授方面，省委党校在职研究生教育取消春季班面授安排，改为线上网课形式进行授课。10月，50人3个学科的面授如期举办，完成2018级在职研究生班毕业论文答辩工作。此次答辩共有40名学员参加，其中9人答辩成绩优秀，优秀率22%。（孙　晶）

【教师队伍建设】 2020年，黑河市委党校采取聘请上级党校名师讲授观摩、招聘选调优秀大学生充实教师队伍、力推年轻教师参加大奖赛等措施，不断提高师资队伍建设水平。党校教师晋升正高级职称3名，副高级职称1名。通过事业单位招考、“边城英才”百名研究生引进，先后招录8名全日制硕士研究生、1名本科生，共9名高学历、高素质的年轻教师加入党校教师队伍。加强对党校青年兼职教师的培养和锻炼，使其尽快成熟，走上讲台。出台《市委党校兼职教师管理办法》，优选一批实践经验丰富、理论水平较高的领导干部、专家学者作为党校兼职教师，逐步建立起素质优良、结构合理、专职为主、专兼结合、资源共享的党校师资库。（孙　晶）

【学校建设】 2020年，黑河市委党校完成校园扩建及校内绿化硬化等附属设施建设。配合设计单位完成校园规划设计，协调相关部门完成项目建设可研报告、投资测算、项目立项、财政评审、招标、用地划拨等前期工程手续。安装了汉白玉升旗台。共平整土地5万余平方米，回填种植土5000余立方米，完成灌木及宿根花卉的栽植。完成全部道路混凝土基础层浇筑，建成3个门卫房。加强校园安全管理工作，开展应急疏散演练。完成全市“两会”、主题教育总结大会、经济工作会议等重大会议会务保障工作。疫情发生以来，全市应对新冠肺炎疫情指挥部设在市委党校，党校全力支持和保障疫情指挥部各项工作。（孙　晶）

档案史志

【概况】 2020年，黑河市档案馆（中共黑河市委史志研究室）贯彻落实市委、市政府工作部署和上级档案史志部门工作安排，不断推动档案史志事业实现高质量发展。围绕党史编研主责主业，夯实基础研究，强化宣传教育，做好中研院专项引导资金项目立项实施，挖掘黑河红色历史文化。贯彻落实《地方志工作条例》，全市地方志“两全目标”任务完美收官。对国家方志馆知青分馆进行业务指导。进一步完善档案保管保护硬件设施和软件系统，档案收集归档更加齐全完整，更好地服务于党委政府决策、经济社会发展和人民群众需求。黑河档案馆建设项目被列入全市“十四五”项目，取得突破性进展。2019年度全市处级领导班子和单位政治生态考核中综合评价为优秀等次，获全市“承办第三届黑龙江省旅游产业发展大会先进集体”称号。（白　燕）

【党史宣教】 2020年，黑河市档案馆（中共黑河市委史志研究室）围绕纪念中国人民抗日战争暨世界反法西斯战争胜利75周年开展宣传工作。9月2日与黑河市委宣传部、市退役军人事务局参加在五大连池朝阳山举办的纪念抗联烈士祭奠仪式，并举行黑河市中共党史教育基地暨东北抗联纪念馆五大连池分馆开馆仪式，联合承办黑河市纪念中国人民抗日战争暨世界反法西斯战争胜利75周年座谈会。举办“中苏并肩抗战，东北全境解放”展览，拍摄专题片。与黑河日报社联合开辟纪念中国人民抗日战争胜利75周年专栏《东北抗日联军的中流砥柱》，发表纪念抗联将士文章。（白　燕）

9月2日，黑河市纪念中国人民抗日战争暨世界反法西斯战争胜利75周年座谈会召开（市档案馆／供图）

【党史编研】 2020年，黑河市档案馆（中共黑河市委史志研究室）推进党史二卷本编撰工作，对《中共黑河历史（第二卷）》分解专题进行研究分析，按照党史工作的内在规律要求，实施精品工程。创新开展编纂党性和廉政教育范本工作，与黑河市纪委联合编写廉政教育读本《黑河红色基因传承》，3次召开编纂委员会会议研究审定文稿，11月定稿付印，全书8万字、照片百余张，采取图文并茂的形式，全面展示以王肃等为代表的10余名英雄模范人物的感人事迹、高尚情操，是党风廉政教育生动的地情教材。参加全省“弘扬东北抗联精神，凝聚新时代前行动力”专题研讨会论文征集工作，全市呈报论文13篇，其中1篇论文在全省专题研讨会暨纪念中国人民抗日战争胜利75周年座谈会进行交流发言。（白　燕）

【党史业务指导】 2020年，黑河市档案馆（中共黑河市委史志研究室）及时传达中央和省委史志研究室工作部署，加大业务工作指导和督促力度。加强对各县（市、区）组织史资料编写工作进行指导，不断提高全市组织史编纂工作质量。审定五大连池市等县级组织史资料，审读市、县老促会编辑的多部老区党史资料。（白　燕）

【党史专项引导资金项目】 2020年，黑河市档案馆（中共黑河市委史志研究室)做好中研院专项引导资金项目立项实施,强化与俄罗斯“阿穆尔流域历史纪念”国家社会课题组的友好交流与合作,持续做好中俄友谊历史研究工作,为黑河地方史研究工作开辟了新的领域。俄罗斯历史档案收集工作完成85%,翻译文稿30余万字,为增进中俄两国传统友谊和相互了解发挥了党史部门的特殊作用,为黑河地方历史文化建设作出新贡献。中央党史和文献研究院在沈阳建立的东北抗联中心确定黑河是东北抗日联军88旅资料重点征集地。11月,分管领导带队到大兴安岭、牡丹江等省内各地(市)征集到东北抗日联军88旅等大量珍贵资料。 (白 燕)

【党史教育基地评选】 2020年,黑河市档案馆(中共黑河市委史志研究室)组织开展市级党史教育基地评选工作。经市委批准,以市委名义命名旅俄华侨纪念馆等11处党史遗址遗迹和纪念馆为首批市级党史教育基地。6月30日,黑河市第一批中共党史教育基地在旅俄华侨纪念馆揭牌。为挖掘黑河历史文化资源,培育红色历史文脉,协调文化部门全面了解掌握全市重要历史文物保护利用情况,更新近年来被评定为省级以上文物保护单位和爱国主义教育基地的革命遗址遗迹数据库。建立黑河历史文化资源数据库框架,为提高党史文化宣传教育增添了新的内容。 (白 燕)

【地方志鉴(名志)编纂】 2020年,黑河市档案馆(中共黑河市委史志研究室)多次组织召开《黑河市志(1993—2005)》编纂工作讨论会,对出版校对等环节严格把关,全面提升志书质量。对文前图照及内页图片多次搜集调整修改,插入随文图片200余张,11月付印,分上、下卷,共34篇、266万字,是一部体例完备、内容翔实,具有独特历史文化价值的地情书。加大对各县(市、区)志书年鉴编写和出版工作进行指导和督办,协助《孙吴县志》完成最后审校,2020年10月印刷出版。指导国家名村志名水志等撰写,组织相关专家、学者多次召开村志编纂推进会,对村志编纂做出具体分工,指定单位业务骨干直接负责重要篇目编纂和入志图片编辑工作,多次到村采访调查。2020年6月,对17万字的《外三道沟村志》初稿进行审定,上报省名志初稿评审会审定后,组织相关人员进行总纂并上报中指办送审。申报《五大连池水志》被列为国家名水志工程,启动资料征集工作。高质量完成两部年鉴出版工作,加大对县级史志部门年鉴业务指导力度,帮助解决审阅书稿、申请出版书号等难题。《黑河年鉴(2019)》在2020年第七届全国地方志优秀成果(年鉴类)评奖中获“市级综合年鉴三等年鉴”。《黑河年鉴(2020)》增加随文综合性图片近百张,实现当年编纂当年出版。截至2020年11月,全市7部二轮志书、7部地方综合年鉴全部公开出版发行,提前高质量完成“两全目标”任务。完成省委史志研究室《北疆锁钥龙江明珠》约稿,《黑龙江年鉴(2020)》《中国城市年鉴(2020)》《中国档案年鉴(2020)》黑河部分的编辑工作。组织撰写的《浅谈方志学在中国特色哲学社会科学中的地位》发表于《新疆地方志》,《古城瑷珲凤凰涅槃》发表于《黑龙江史志》,为《黑龙江省委志》提供黑河市(地)委机构文稿1.5万字。完成全国地方志统计上报平台填报黑河及各县(市、区)年鉴信息工作。 (白 燕)

【志鉴服务】 2020年,黑河市档案馆(中共黑河市委史志研究室)编辑整理《黑河市历次重大传染病防治概况》,为相关部门提供参考。审议《黑河历史文化通览》《瑷珲历史陈列馆故事·研学读本》。完成第三届全省旅发大会黑河市简介及历史人文资料的提供,为黑龙江省图书馆、社科联、工商联、网信办、社会人士等提供资料。定期为党委、人大、政府和政协领导呈送志书年鉴和需要的地情资料。为新到任的市领导及时呈送整套的史志鉴资料,为领导了解市情、科学决策提供服务。 (白 燕)

【国家方志馆知青分馆建设】 2020年,国家方志馆知青分馆分别挂牌“黑龙江省中小学研学基地”“黑河市中小学研学基地”。开设“认识知青年代的农具”和“奋斗绽放芳华——寻觅知青足迹”研学特色课程,举办大型研学活动2次。为进一步传播和弘扬知青文化,知青分馆为外三道沟村授“国家方志馆知青分馆体验基地”牌子,为外三道沟村史馆授“国家方志馆知青分馆外三道沟馆”牌子。助力市委、市政府和市文旅局打造“黑河市—外三道沟村—知青博物馆”知青历史文化主题游专线。知青博物馆大讲堂《树新讲知青》节目,累计发布知青故事248集,点击量达190多万次,受到广大听众和知青朋友的欢迎。知青分馆4000平方米新展览中心项目正式启动并完成基础工程。 (白 燕)

【档案接收征集】 2020年,黑河市档案馆(中共黑河市委史志研究室)接收文书档案8938件、全文数据8938条、电子档案光盘32张;接收实物档案42件;接收资料158本;接收重大事项档案第三届全省旅发大会文书档案260件,实物75件,声像档案光盘3张;接收黑河市委老干部局照片档案、市中医院请战书等文书和照片档案、市纪委监委违纪案件档案等进馆。 (白 燕)

【民生档案服务】 2020年,黑河市档案馆(中共黑河市委史志研究室)为市领导、基层单位和人民群众提供工作查考、干部任免、房产公证、特殊工种退休等档案资料。抓住网络利用档案史料进展缓慢问题,持续整顿工作作风,让数据多跑路、群众少跑腿,受到群众好评。利用自主研发的档案管理软件建立丰富民生档案专题数据库,方便了人民群众查阅利用档案信息。全年共接待利用者865人次,提供利用档案2495卷,8142件,资料359册,印章11次,复印2576页。 (白 燕)

【档案数字化】 2020年,黑河市档案馆(中共黑河市委史志研究室)为实现“存量数字化,增量电子化”的目标,继续开展档案数字化工作,完成市直39个单位

2001—2002年全息数据链接工作，扫描文件图片75097页。开展声像档案拍摄征集整理工作，采集全市重点工作活动、行业重大事件及活动摄录工作，拍摄大型活动96次，累计拍摄照片15000余幅。对寄存档案馆的光盘式老电影进行拷贝复制100余盘。为各单位及服务对象提供利用照片档案1300余幅。在对国家重点档案保护与开发项目“库玛尔路协领公署历史研究开发与保护”档案数字化基础上编纂的《库玛尔路协领公署档案汇编》，进入最后审校阶段。（白　燕）

【档案安全管理】2020年，黑河市档案馆（中共黑河市委史志研究室）严格遵守“十一防”（防盗、防火、防尘、防霉、防潮、防蛀、防光、防毒气、防震、防雷、防污染）要求，注重在档案接收、保管、利用、数字化过程中的涉密档案管理，维护档案信息安全，确保档案的实体安全。对志书、年鉴、党史等类别书籍进行整理和补充。对接收进馆的档案及时审核、排列上架，登记统计台账，做到账卷相符。全国档案事业统计调查表和档案馆基本情况调查表、已公开的满文、俄文等馆藏档案数据资源信息表上报及时、数字准确。（白　燕）

【黑河档案方志馆项目建设】2020年，黑河档案方志馆建设取得突破性进展。市委书记专题办公会议、市长办公会、市委常委会先后研究档案方志馆建设项目，被列入市政府工作报告，确定为全市重点工程，在黑河市区黄金地段建设地标性建筑，拟于2022年建成。（白　燕）

【举办大型展览活动】2020年，黑河市档案馆（中共黑河市委史志研究室）对“庆祝中华人民共和国成立70周年暨中俄建交70周年中国黑河与俄罗斯地方友好交往成就展”进行改陈，精选压缩展陈图片并补充新图片，克服人员少等困难，免费对外开放，参观单位104家、2000余人次，引起强烈社会反响，得到黑河市委、市政府和俄阿州政府及社会各界的高度评价。6月，在“国际档案日”期间，开展“人民至上——档案见证边城抗疫和精准扶贫”为主题的线上线下纪实展，共展出25个版面，300余张图片，受到广大市民的极大关注和赞誉，累计参观逾万人次。（白　燕）

【服务全市中心工作】2020年，黑河市档案馆（中共黑河市委史志研究室）加强新冠肺炎疫情防控档案工作，以市委办文件下发《关于认真做好新型冠状病毒感染肺炎疫情防控期间档案工作的通知》，明确归档范围、移交方式，同时调整档案服务利用方式，提供预约查档服务。制定疫情档案归档范围和保管期限表，加快疫情防控文件材料收集归档工作，顺利完成2020年度疫情防控档案的移交进馆。市档案馆在微信公众号上发布疫情防控档案征集公告，征集进馆照片档案6306张，实物档案68件。支持参与第三届全省旅发大会相关工作，在旅发大会筹备期间，下发《黑河金矿档案资料征集公告》，为旅发大会博物馆群项目组提供办公室并配备办公设备，为其征集金矿档案资料11件、照片32张、印章5枚，派出4名职工担任旅发大会志愿者，参与线路踏查和讲解词编制等工作，为旅发大会作出了应有的贡献，3人受到通报表扬。（白　燕）

网络安全和信息化

【概况】2020年，中共黑河市委网络安全和信息化委员会办公室（以下简称“黑河市委网信办”）坚持以习近平关于网络强国的重要思想为指引，切实增强做好网信工作的责任感和使命感，不断提高对互联网规律把握、网络安全保障、信息化发展的驾驭能力，为做好新冠肺炎疫情防控工作、决胜全面建成小康社会、决战脱贫攻坚，推进黑河高质量、跨越式发展作出应有贡献。黑河市委网信办为中共黑河市委网络安全和信息化委员会常设办事机构，是市委主管网络安全和信息化工作的职能部门，加挂黑河市互联网信息办公室牌子，具有政府行政管理职能。2020年12月，黑河市委网信办内设机构3个，所属正科级事业单位1个：黑河市互联网舆情信息中心。（李翔坤）

【网络安全和信息化工作统筹】2020年6月，黑河市委网络安全和信息化委员会召开第二次全体会议，市委书记、市委网络安全和信息化委员会主任马里对全市网络安全和信息化工作作出安排部署。会议审议通过网信工作系列重要文件，部署全年网络安全和信息化工作。根据各县（市、区）委和市直各党委（党组）所承担网络意识形态、网络安全工作任务不同，分别制定督查要点，经市委网信委会议审议后，以正式文件印发。制订《2020年黑河网信工作要点》《网信工作任务分解表》，将网信工作分解为6大体系65项重点工作，明确时间表、路线图，不折不扣抓好落实。新冠肺炎疫情发生后，迅速启动加强级网络舆情、网络安全应急响应，24小时坚守网络阵地，统筹推进疫情防控和网信事业发展。（李翔坤）

【网络宣传】2020年，黑河市委网信办围绕习近平新时代中国特色社会主义思想和中央、省委、市委重要会议精神，以及抗击新冠肺炎疫情、纪念抗战胜利75周年、喜迎国庆中秋等内容开展重点网上宣传，进一步增强社会主义主流意识形态在网络空间的吸引力和凝聚力。聚焦市委、市政府中心工作，加强对脱贫攻坚、全面小康、第三届全省旅发大会、百大项目建设等开展宣传，全方位、多角度、立体化、全媒体展示黑河全面振兴发展新态势，凝聚发展正能量，充分展现黑河贯彻落实习近平总书记系列重要讲话精神的具体举措和生动实践。组织重要网站、新媒体矩阵宣传党中央决策部署，报道联防联控的措施成效，讲述一线事迹，坚定必胜信心。10余部网络作品被中央网信办及人民网等主流网络媒体转载。承办“幸福东北”网络主题宣传活动走进黑河，设计“云座谈”、媒体见面会、实地采访等环节，向采访团全面推介黑河。采访团通过图文、全景VR展厅、短视频等线上线下联动的宣传方式推介黑河，新华网、中国经济网、央视网等10余家媒体在首页建立专题页面，24家中央及省内外媒体采写原创稿件150余篇，转发4000余次。开展“同心战疫”网络作品征集展播活动，展播作品140余部，开展“战新冠疫情 建小康黑河”系列网络主题宣传活动，充分展示全市疫情防控、脱贫攻坚、小康黑河建设、喜迎旅发大会等方面取得的丰硕成果、先进典型、奋进故事，先后展播作品23期160余部。推进“争做好网民工程”，组织好网民线上传播防疫知识，线下开展心理干预、筹集物资支援武汉，黑河好网民事迹先后6次被《龙江好网民》专栏刊播。开展“迎旅发 看发展”网络媒体看黑河采风活动，组织网络媒体、网络达人等23人，通过采风观摩、现场直播、图文报道等方式，采访报道旅发大会重点观摩项目，将黑河优秀的全域旅游资源、繁荣的经济社会发展景象呈献给广大网民。发布报道100余篇，总播放量300万+、点赞量50万+。

（王凤勇）

【网络管理】 2020年，黑河市委网信办推进网络综合治理体系建设，出台相关实施方案，网信部门统筹51个部门推进各项任务。制定《行政处罚工作指南》等7个执法工作规定，规范执法工作。网信、公安、市场监管等多部门联合开展“清朗”“净网”“剑网”“网络直播乱象”等专项行动，深化有害信息联合整治。通过日巡查日通报、公开举报平台、对直播用户登记备案、及时发布管控指令等措施，有效规范网络传播秩序。召开加强新媒体平台建设管理工作推进会，成立新媒体联盟，制定《黑河市网络媒体意识形态管理制度》《黑河市新媒体联盟公约》，创建矩阵管理平台，实现一键发布，形成了全方位、多层次、多声部的网络传播矩阵。开展“自媒体”基础管理、商业网站平台和公众号突出问题等专项整治行动，建立日巡查、日通报制度，对自媒体违规行为进行整治，有效规范新媒体平台的网上行为。指导5家县级融媒体中心获批互联网新闻信息服务许可。推动网络服务转型，加强涉网络民情民意的引导，重点关注网民所急、所盼、所需、所愿，线上及时回应社会关切特别是群众的集中诉求，理顺情绪、化解矛盾；线下协调相关部门从根本上解决好网民的痛点、盲点、堵点，有效防止社会民生热点演变为网络意识形态问题。疫情发生后，开展“疏浚工程”，解决群众困难200余件。做好“人民网市委书记留言板”回复办理工作，办理51件，满意率100%，切实做到网上察民意、网下解民忧。

（王凤勇　曹　凯）

【网络安全防护】 2020年，黑河市委网信办加强对全市重要网站和关键信息基础设施监测，对各地各部门网络安全问题跟踪督办，发布提示、资讯30余条。对全市百余家单位和关键信息基础设施进行现场检查，筑牢安全防线。到全市卫健系统，摸排涉疫情及个人信息保护、网站及医疗系统维护、信息系统安保等风险隐患，及时堵塞漏洞。先后印发3个关于加强网络安全管理相关规范性文件，制订《网络安全事件应急预案操作手册》，组织市县政府门户网站和卫健系统开展2次应急演练，提升实战能力。

（张　迅）

【网络安全教育】 2020年，黑河市委网信办利用“4·15”全民国家安全教育日、“黑河市2020年国家网络安全宣传周”、网络安全志愿服务活动，开展《中华人民共和国网络安全法》及网络安全科普宣传。同时，利用传统媒体、新媒体、LED屏、擎天柱广告牌等150余处宣传载体，开展常态化网络安全宣传。网络安全周期间，全市举行活动200余场，发放宣传品21万份，完成知识竞答31万人次。市委网信办获评“2020年黑龙江省网络安全宣传周活动先进集体”，办内2人获评“2020年黑龙江省网络安全宣传周活动先进个人”。推送的2部作品分获三等奖和优秀作品。

（张　迅）

【信息化建设】 2020年，黑河市委网信办落实中央和省市委关于信息化工作相关部署，坚持从全局高度，围绕技术创新突破、网络固本强基、网络安全保障、数字经济勃兴、信息社会惠民、网络文化繁荣、网络环境优化等领域，出台相关实施方案，立足黑河市情，细化工作任务并落实到各部门，推动各项重点工作落实落地。统筹工信科技局、发改委、农业农村局等相关部门，推进数字乡村建设。撰写《黑河市互联网发展情况汇报》《黑河市关于促进移动互联网健康有序发展推进情况汇报》和《2020信息化年鉴》（黑河部分），系统呈现全市信息化建设的长足进展。统筹相关部门，有序推进黑河公共信息资源开放目录编制工作，完成35个部门673条信息的编制。

（张　迅）

黑河市人民代表大会

综　述

【概况】 2020年，黑河市人大常委会坚持以习近平新时代中国特色社会主义思想为指导，认真行使宪法法律赋予的各项职权，围绕全市经济社会发展大局，推进地方立法，增强监督实效，认真行使重大事项决定权和人事任免权，不断加强代表工作和自身建设，较好地完成了市六届人大五次会议确定的各项任务。市六届人民代表大会有代表300名，常委会组成人员26名。市六届人民代表大会设立监察和司法委员会、财政经济委员会、教科文卫民侨外事委员会、农林委员会、城乡建设环境保护委员会、法制委员会、社会建设委员会7个专门委员会，设立办公室、人事选举办公室、研究室、预算工作委员会、法制工作委员会5个工作机构。　　（律海洋）

【落实市委重大决策部署】 2020年，黑河市人大常委会按照市委疫情防控要求部署，及时召开市人大常委会会议，审议出台《黑河市人民代表大会常务委员会关于贯彻落实〈黑龙江省人民代表大会常务委员会关于依法加强新型冠状病毒肺炎疫情防控工作的决定〉的决定》，为全市依法有序开展疫情防控提供保障。及时下发《致全市各级人大代表的倡议书》，号召人大代表投身抗疫工作，捐款捐物570余万元。推动百大项目建设，组织开展全市2020年百大项目开复工推进情况专项视察工作，了解百大项目计划安排、开复工进展情况及存在的困难，向市委提交解决问题的意见建议。促进决战决胜脱贫攻坚，常委会组成视察组到各县（市、区）乡镇、村屯、建档立卡贫困户开展专项视察，全面了解各地脱贫攻坚成效及各县（市、区）人大常委会、企业界人大代表扶贫助困、结对帮扶情况，针对影响巩固提升脱贫成果的问题向市委提交意见建议。助力旅发大会承办，做好瑷珲乡野公园、四道沟俄罗斯村、外三道沟知青村、知青民宿、瑷珲腾冲公园等观摩路线景点驻守，开展工作指导和志愿服务；围绕“做好旅发大会后半篇文章”主题，对黑河城区建设和旅游观光路线开展专项视察，推动市政府在城市建设的制度设计、综合管理等方面提升城市新形象。（律海洋）

【《中共黑河市委关于加强新时代人大工作的意见》出台】 2020年10月27日，为全面落实好省委会议精神和《中共黑龙江省委关于加强新时代人大工作的意见》文件要求，推动黑河市人大工作不断迈上新台阶，中共黑河市委六届97次常委会会议讨论通过《中共黑河市委关于加强新时代人大工作的意见》。市委高度重视《意见》起草工作，市委书记马里多次作出指示要求。市人大常委会认真落实市委部署，认真调研论证起草，广泛征求意见建议，按时提交市委常委会议讨论。《意见》的制定，对于保障党中央大政方针和省委、市委决策部署的贯彻落实，保证法律法规在黑河市得到有效实施，助力全市经济社会发展和改革攻坚，推动市域治理体系和治理能力现代化，推进高质量、跨越式发展具有十分重要的意义。　　（律海洋）

重要会议

【市六届人大五次会议】 2020年1月22—23日，黑河市第六届人民代表大会第五次会议在黑河召开。会议应出席代表300人，实际出席代表266人。大会表决通过市人民政府代理市长李世峰代表市政府作的市政府工作报告、关于黑河市2019年国民经济和社会发展计划执行情况及2020年国民经济和社会发展计划（草案）的报告（书面）、关于黑河市2019年预算执行情况和2020年预

1月22日，黑河市第六届人民代表大会第五次会议开幕式（黑河日报社／供图）

算（草案）的报告（书面）、市人大常委会副主任王长玉作的市人大常委会工作报告、市中级人民法院院长曲民作的市中级人民法院工作报告、市人民检察院检察长孙晓军作的市人民检察院工作报告并作相关决议。进行了大会选举，李世峰当选为黑河市人民政府市长；蒋和庆当选为黑河市监察委员会主任；马杰当选为黑河市第六届人民代表大会常务委员会副主任；补选黑河市第六届人民代表大会常务委员会委员。表决通过黑河市第六届人民代表大会法制委员会主任委员名单。（律海洋）

【市人大常委会会议】2020年，市六届人大常委会共召开8次会议，坚持把“不忘初心、牢记使命”作为加强自身建设的永恒课题和人大干部的终身课题，不断巩固和拓展主题教育成果，推进常委会机关政治、思想、组织、作风、纪律等各项建设，全面提高依法履职能力。按照市委“转作风、树新风”要求，以“工作质效提升年”活动为抓手，严格执行加强作风建设的各项规定，努力锻造政治合格、素质过硬、作风优良、纪律严明的干部队伍，建设让市委放心、人民满意的模范机关，树立新时代地方国家权力机关良好形象。

2020年黑河市六届人大常委会会议一览表

表6

时　间	会议名称	会　议　内　容
1月19日	第二十三次会议	第一次全体会议听取关于市人大常委会工作报告（讨论稿）的说明，黑河市第六届人民代表大会第五次会议筹备情况和有关议程草案的说明、市六届人大常委会代表资格审查委员会关于市人大代表变动情况的审查报告；听取市监察委员会、市中级人民法院、市人民检察院关于提请人事免职议案的说明；表决通过人事免职事项；听取市人民政府、市中级人民法院关于提请人事任职议案的说明；听取拟任职人员供职发言。第二次全体会议表决通过市人大常委会工作报告、六届人大常委会代表资格审查委员会关于市人大代表变动情况的审查报告、市人大常委会关于召开黑河市第六届人民代表大会第五次会议日期的决定、黑河市第六届人民代表大会第五次会议议程（草案）、黑河市第六届人民代表大会第五次会议主席团、秘书长名单（草案）、人事任职事项；听取市人大常委会关于接受马里辞职请求的决定（草案）的说明；表决通过市人大常委会关于接受马里辞职请求的决定；听取市人大常委会关于任命李世峰为黑河市人民政府代理市长的决定（草案）的说明。第三次全体会议表决通过市人大常委会关于李世峰为黑河市人民政府代理市长的决定；新任职人员向宪法宣誓
2月20日	第二十四次会议	受新冠肺炎疫情影响，会议采取网络形式召开。市人大常委会组成人员参加会议。会议审议并通过黑河市人民代表大会常务委员会关于贯彻落实《黑龙江省人民代表大会常务委员会关于依法加强新型冠状病毒肺炎疫情防控工作的决定》的决定
4月14日	第二十五次会议	会议审议并表决通过市人大常委会2020年工作要点；审议《黑河市文明行为促进条例（草案）》；审查五大连池风景区2019年预算执行情况和2020年预算（草案）的报告；表决通过市人大常委会关于五大连池风景区2019 年预算执行情况和2020年预算的决议；审查黑河边境经济合作区2019年预算执行情况和2020年预算（草案）的报告（书面）；审议并表决通过人事事项。蔺波就市人大常委会2020年工作要求作书面讲话，要坚持以正确政治方向统领人大工作，坚决贯彻落实党中央和省委、市委各项决策部署；要坚持围绕中心推进人大工作，更好发挥人大工作对推动经济社会振兴发展的保障和促进作用；要坚持站稳人民立场落实人大工作，不断强化对“一府一委两院”的依法监督，推动工作落实、回应人民群众关心；要坚持高质量高标准抓好人大工作，不断提高工作质量、增强工作实效；要坚持增强自身素质提升人大工作，切实增强学习能力、依法办事能力、调查研究能力、联系群众能力，为推动黑河跨越发展、全面振兴作出更大贡献
6月30日	第二十六次会议	会议审议通过《黑河市饮用水水源保护条例》《黑河市文明行为促进条例》、市政府关于2019年度市直企业国有资产管理情况的报告

续表6

时　间	会议名称	会 议 内 容
8月13日	第二十七次会议	第一次全体会议听取市政府关于黑河市2020年上半年国民经济和社会发展计划执行情况的报告、市政府关于2019年度黑河市本级预算执行和其他财政收支的审计工作报告、市政府关于黑河市2019年决算草案的报告、市人大财经委关于黑河市直2019年决算草案审查结果的报告、市政府关于黑河市2020年上半年预算执行情况的报告、五大连池风景区关于2019年决算草案的报告、市人大财经委关于五大连池风景区2019年决算草案审查结果的报告、五大连池风景区2020年上半年预算执行情况的报告；备案审查关于黑河边境经济合作区2019年财政决算的报告；听取市人大常委会关于《黑河市城市供热用热办法》实施情况的执法检查报告、市政府关于贯彻落实《省人大常委会关于依法加强新型冠状病毒肺炎疫情防控工作的决定》的工作报告；审议市政府关于落实《市人大常委会关于〈黑龙江省优化营商环境条例〉执法检查报告的审议意见》及反映问题整改情况的报告；听取市人大常委会主任会议关于提请人事免职议案的说明、市中级人民法院关于提请人事免职议案的说明；表决通过人事免职事项；听取市人大常委会关于接受丁爱辉等辞职请求的决定草案的说明；表决通过市人大常委会关于接受丁爱辉等辞职请求的决定；听取市人民政府关于提请人事任职议案的说明、市中级人民法院关于提请人事任职议案的说明；拟任职人员进行了供职发言。第二次全体会议表决通过市人大常委会关于黑河市2020年上半年国民经济和社会发展计划执行情况报告的审议意见、关于2019年度黑河市本级预算执行和其他财政收支审计工作报告的审议意见、关于批准黑河市直2019年决算草案的决议、关于黑河市2020年上半年预算执行情况报告的审议意见、关于批准五大连池风景区2019年决算草案的决议、关于五大连池风景区2020年上半年预算执行情况报告的审议意见、关于《黑河市城市供热用热办法》实施情况执法检查报告的审议意见、关于依法加强新型冠状病毒肺炎疫情防控工作报告的审议意见；表决通过人事任职事项。新任职人员向宪法宣誓
10月15日	第二十八次会议	第一次全体会议听取市人大常委会执法检查组关于检查《中华人民共和国道路交通安全法》和《黑龙江省道路交通安全条例》实施情况的报告、关于检查《中华人民共和国自然保护区条例》实施情况的报告；听取市人民政府关于《黑河市市容和环境卫生管理条例》贯彻实施情况的报告、关于提请人事免职议案的说明；听取市监察委员会关于提请人事免职议案的说明；表决通过人事免职事项；听取市人大常委会关于提请人事任职议案的说明；听取市政府关于提请人事任职议案的说明；听取市中级人民法院关于提请人事任职议案的说明；拟任职人员进行供职发言。第二次全体会议表决通过市人大常委会关于检查《中华人民共和国道路交通安全法》和《黑龙江省道路交通安全条例》实施情况报告的审议意见、关于检查《中华人民共和国自然保护区条例》实施情况报告的审议意见；表决通过市人大常委会关于《市人民政府关于〈黑河市市容和环境卫生管理条例〉贯彻实施情况报告》的审议意见；表决通过人事任职事项；听取市人大常委会关于接受曲民辞职请求的决定（草案）的说明；表决通过市人大常委会关于接受曲民辞职请求的决定；听取市人大常委会关于朱卫国为黑河市中级人民法院代理院长的决定(草案)的说明；表决通过市人大常委会关于朱卫国为黑河市中级人民法院代理院长的决定。新任职人员向宪法宣誓
10月23日	第二十九次会议	会议以网络方式召开。全体常委会组成人员参加会议。会议表决通过关于许可对个别人大代表采取强制措施的决定
12月29日	第三十次会议	第一次全体会议听取市政府关于市六届人大五次会议以来代表建议、批评和意见办理情况的报告；审议市政府关于2019年度全市生态环境质量及年度目标任务完成情况的报告；听取市政府关于2019年度市本级预算执行及其他财政收支审计查出问题整改情况的报告、关于市直2019—2020年地方政府债券争取和落实情况的报告、关于2020年黑河市本级预算调整方案（草案）的说明、关于2020年黑河市本级预算调整方案(草案)审查结果的报告；听取关于市人大常委会工作报告（讨论稿）的说明；听取市人大常委会主任会议关于提请人事免职议案的说明；听取市人民政府关于提请人事免职议案的说明；听取市中级人民法院关于提请人事免职议案的说明；听取市人民检察院关于提请人事免职议案的说明；表决通过人事免职事项；听取关于接受蔺波、姜杨辞去黑龙江省第十三届人民代表大会代表职务请求的决定的说明；表决通过关于接受蔺波、姜杨辞去黑龙江省第十三届人民代表大会代表职务的决定；听取关于接受蔺波等辞职请求的决定（草案）的说明；表决通过关于接受蔺波等辞职请求的决定；听取市六届人大常委会代表资格审查委员会关于代表资格变动情况的报告；听取关于提名张崇义为黑龙江省第十三届人民代表大会代表候选人的议案的说明；听取市人大常委会主任会议关于提请人事任职议案的说明；听取市政府关于提请人事任职议案的说明；听取市监察委员会关于提请人事任职议案的说明；听取市中级人民法院关于提请人事任职议案的说明；拟任职人员进行供职发言。第二次全体会议表决通过市人大常委会关于市六届人大五次会议以来代表建议、批评和意见办理情况报告的审议意见、关于黑河市2019年度生态环境质量及年度目标任务完成情况报告的审议意见、关于2020年黑河市本级预算调整方案的决议；表决通过市六届人大常委会代表资格审查委员会关于市人大代表变动情况的报告；表决通过市人大常委会工作报告；表决通过关于提名张崇义为黑龙江省第十三届人民代表大会代表的议案；表决通过人事任职事项。新任职人员向宪法宣誓

（律海洋）

主要工作

【立法工作】 2020年，黑河市人大常委会坚持"党委领导、人大主导、政府依托、社会参与"立法工作格局，推进2020年度立法计划实施。开展征求意见、立法调研、专家论证等活动，对社会各方面提出的立法意见逐条研究、充分吸纳，高质量做好法规草案审议工作，审议通过《黑河市文明行为促进条例》和《黑河市饮用水水源保护条例》。（律海洋）

【监督工作】 2020年，黑河市人大常委会认真落实常委会年度监督工作计划，切实加强对"一府一委两院"的依法监督。开展"三查（察）"活动（调查、视察、检查）。针对兴边富民试点市建设、农村产业发展、《烈士纪念设施保护管理办法》实施、人民法院刑事审判、人民检察院刑事检察进行专项视察。针对全市道路交通安全"一法一例"、《中华人民共和国土壤污染防治法》《中华人民共和国自然保护区条例》《黑河市城市供热用热办法》《黑河市市容和环境卫生管理条例》的贯彻落实情况开展了执法检查。针对黑河市医疗保险、人才工作、对俄果蔬出口、科技型企业三年行动计划工作，消防救援、边防检查、边境管理转隶等开展了调查研究。组织开展了市本级预算联网审查监督工作，及时将发现问题移交政府有关部门核实整改。针对市政府关于《黑龙江省人民代表大会常务委员会关于依法加强新型冠状病毒肺炎疫情防控工作的决定》贯彻落实情况、落实《市人大常委会关于〈黑龙江省优化营商环境条例〉执法检查报告的审议意见》及反映问题整改情况、《黑河市市容和环境卫生管理条例》贯彻实施情况、2019年度全市生态环境质量及年度目标任务完成情况、市直企业国有资产管理情况等专项工作报告进行审议，并作出了相关审议意见。听取和审议市政府2019年和2020年政府债券资金使用情况的报告、黑河市2020年上半年计划和预算执行情况的报告、审计工作报告以及审计查出问题整改情况的报告，并作出相关审议意见。配合省人大开展监督工作。按照省人大工作部署，完成了2019年度黑龙江省生态环境质量状况满意度调查，持续开展龙江环保世纪行活动。配合省人大对学前教育改革发展情况、《中华人民共和国慈善法》和《中华人民共和国社会保险法》实施情况、《黑龙江省发展中医药条例》立法及边境地区居民津贴、对外开放、传染病防治、粮食安全和高标准农田建设等情况开展调研视察，并将相关情况及意见建议上报省人大。组织开展全市《中华人民共和国野生动物保护法》《中华人民共和国农业机械化促进法》实施情况自查，并协助省人大进行了执法检查。（律海洋）

【依法行使决定权任免权】 2020年，黑河市人大常委会严格执行重大事项、重要人事任免向市委请示报告制度，依法行使重大事项决定权和人事任免权。常委会审查了市直和五大连池风景区2019年决算草案报告并依法作出决议，备案审查了黑河边境经济合作区管委会预算执行和决算报告，审查了黑河市2020年市本级预算调整方案。坚持党管干部和人大常委会依法任免有机结合，全年依法任免地方国家机关工作人员80人次，严格执行宪法宣誓制度。（律海洋）

【代表工作】 2020年，黑河市人大常委会加强与代表联系，坚持邀请代表列席常委会会议和参与"三查（察）"活动，进一步拓宽代表知情知政渠道。围绕做好"六稳"工作、全面落实"六保"任务，制定下发《关于发挥人大代表作用助力脱贫攻坚工作的通知》《致全市企业界人大代表的一封信》和《关于深入参与消费扶贫行动的倡议书》，号召各级代表参与复工复产和扶贫助困活动，通过"一企帮一户、一企帮多户、多企帮一户"等不同形式，建立点对点的精准扶贫机制。发出《给市级人大代表的一封信》，动员和引导人大代表以身作则、建言献策，支持和推动"一会两城"工作。组织代表到"代表之家"参加活动，接待和走访选民，为群众解决实际困难和问题。认真办理代表建议、批评和意见，听取并审议市政府关于代表建议办理情况的报告。市六届人大五次会议以来收到的49件代表建议、批评和意见，全部按程序答复办理。（律海洋）

专门委员会

【监察和司法委员会】 2020年，市人大监察和司法委员会多次组织开展执法检查和调研视察。开展法律监督，维护司法公正。9月，监察和司法委员会部分委员和部分省市人大代表组成视察组，以市县结合的方式，分别对市中级人民法院、孙吴县人民法院和市人民检察院、孙吴县人民检察院进行视察，在指出全市刑事审判和刑事检察工作还存在一些亟待解决问题的同时，向市中级人民法院和市检察院提出进一步提高认识，进一步提高工作质量，完善长效机制，强化能力建设等做好刑事审判和刑事检察工作的要求。开展执法检查，力促交通安全。宣传贯彻实施《中华人民共和国道路交通安全法》和《黑龙江省道路交通安全条例》。9月，组成执法检查组，对市政府实施道路交通安全"一法一例"情况进行执法检查，提出进一步增强交通安全意识、进一步形成齐抓共管合力、进一步改善道路交通条件、进一步优化道路交通秩序、进一步提高执法和服务水平的要求。开展调查研究，促进边境安全稳定。组成调研组，对黑河边境管理支队、黑河消防救援支队、黑河市出入境边防检查站转隶后的工作开展情况进行调研。三部门在转隶改制后，聚焦边境严格管控、边境安全稳定和消防救援救灾，紧盯形势任务需求，在服务地方经济社会发展中作出了贡献。（律海洋）

【财政经济委员会】 2020年，黑河市人大财政经济委员会依法履行职责，开展计划和预算审查工作。审查2019年计划执行和2020年计划草案，向市人民代表大会主席团报告2019年国民经济与社会发展计划执行情况和2020年国民经济和社会发展计划（草案）审查结果。聚集重点，开展专题视察和调研。对北安市、五大连池市百大项目建设情况进行视察，并对全市百大项目建设情况进行汇总，形成视察报告。对北安市扶贫攻坚成效情况进行专项视察，形成视察报告，对如何巩固扶贫攻坚成效提出意见建议。按照省人大财经委围绕黑龙江省“十四五”纲要规划开展调研的要求，开展专项调研，广泛征求各方面的意见和建议，形成调研材料，报送省人大财经委。（律海洋）

【农林委员会】 2020年，黑河市人大农林委员会对全市农业产业发展情况开展专项视察，提出应着力发展农产品精深加工业、大力推进农业供给侧结构性改革、推动农村一、二、三产业融合发展、加快构建现代市场营销体系等建议。对《中华人民共和国自然保护区条例》实施情况开展执法检查，提出建立统筹推进自然保护区体制改革的工作机制，高质量完成整合优化工作等意见和建议。开展对俄果蔬出口基地建设情况的专项调研。提出加强果蔬产品出口基地建设，由政府主导，农业、商务、海关等部门联合成立对俄果蔬出口工作领导小组，推进“生产主体+外贸企业+政府部门”模式等建议。完成省人大交办的一项调研和两项执法检查任务。形成《黑河市关于“确保国家粮食安全”和“推动高标准农田建设”的报告》《黑河市关于实施〈全国人民代表大会常务委员会关于全面禁止非法野生动物交易、革除滥食野生动物陋习、切实保障人民群众生命健康安全的决定〉和〈中华人民共和国野生动物保护法〉的自查报告》《关于〈中华人民共和国农业机械化促进法〉实施情况的自查报告》上报省人大农林委，并协助省人大对黑河市开展执法检查。（律海洋）

【城乡建设环境保护委员会】 2020年，黑河市人大城乡建设环境保护委员会完成《黑河市城市供热用热办法》执法检查，省市《中华人民共和国土壤污染防治法》自查和执法检查，《黑河市市容和环境卫生管理条例》专题报告，视察城区城市建设，审议生态环境质量专项报告，开展环保世纪行宣传活动报道各部门保护环境情况、宣传环保知识。在审议通过《黑河市饮用水水源保护办法（草案）》的基础上，形成审议意见，上报主任会议，向常委会提交草案。委托自然资源局开展《黑河市城市公共空间管理条例》地方性法规立法调研。根据征求到的各部门意见和调研取得的资料，决定暂缓进行地方立法。到嫩江市和五大连池风景区视察省市百大项目进展情况，撰写视察报告，向主任会议报告。按照市人大常委会脱贫攻坚成效专项视察方案安排，参加第五视察组视察了五大连池市和五大连池风景区的脱贫攻坚成效，形成专项视察报告，向主任会议报告。（律海洋）

【教科文卫民侨外事委员会】 2020年，黑河市人大教科文卫民侨外事委员会根据《中华人民共和国旅游法》和《黑龙江省鼓励旅行社“引客入省”旅游奖励办法（试行）》，对市政府《黑河市鼓励旅行社“引客入市”旅游奖励办法（试行）》进行合法性审查。听取和审议市政府关于贯彻落实省人大常委会《关于依法加强新型冠状病毒肺炎疫情防控工作的决定》的专项工作报告，为常委会提出审议意见。开展科技型企业三年行动计划工作调研，了解科技型企业的发展情况，形成调研报告。开展兴边富民试点市工作情况视察工作，形成调研报告，提出工作意见。配合省人大开展学前教育改革和发展情况书面调研，全省“看病不求人”情况专项书面调研，开展《黑龙江省发展中医药条例》立法调研，开展边境地区居民津贴专题联合调研，开展全省传染病防治工作调研。开展全省对外开放情况专项视察工作并对下一步工作提出建议。（律海洋）

【法制委员会】 2020年，黑河市人大法制委员会年度立法计划和审议立法项目草案报经市人大常委会党组审定后，分别向市委常委会作汇报，及时准确将市委决策通过法定程序转化为地方法规。坚持开门立法，多次对《黑河市饮用水水源保护条例（草案）》和《黑河市文明行为促进条例（草案）》进行精修详修。6月30日，市六届人大常委会第二十六次会议审议通过2部《条例》。8月21日、10月22日，省十三届人大常委会第二十次会议、第二十一次会议先后审查批准这2部《条例》。《条例》获批准后，市人大常委会及时发布公告予以公布，并组织召开新闻发布会。督促政府有关部门针对《黑河市养犬管理条例》和《黑河市城市公共空间管理条例》开展立法调研，经市政府研究确定这2部《条例》待时机成熟后再行立法。（律海洋）

【社会建设委员会】 2020年，黑河市人大社会建设委员会参与完成百大项目专项视察等工作。对嫩江市、五大连池风景区百大项目建设情况进行专项视察，并形成视察报告。召开专委会会议，表决通过《黑河市文明行为促进条例（草案）》，提请人大常委会审议（初审）。在疫情防控期间，完成省人大社会建设委员会交办的关于对《中华人民共和国家庭教育法》征求意见工作和关于对黑河市《中华人民共和国慈善法》和《中华人民共和国社会保险法》实施情况的调研工作，分别形成调研报告，得到省人大社会建设委员会的好评。参与完成对全市脱贫攻坚视察工作，并完成视察报告。完成对全市人才情况、医保情况调研工作，并分别完成调研报告。完成对全市《烈士纪念设施保护管理办法》调研工作，并完成调研报告。（律海洋）

黑河市人民政府

综　述

【概况】 2020年，黑河市人民政府坚持以习近平新时代中国特色社会主义思想为指导，在省委、省政府和市委领导下，在市人大和市政协监督支持下，团结带领全市人民，精准落实"六稳""六保"工作举措，发展势头强劲恢复，民生短板加快补齐，在关键之年逆势上扬，在特殊时期实现突破。地区生产总值增长3.5%，规上工业增加值增长25.9%，一般公共预算收入增长9.6%，城镇、农村常住居民人均可支配收入分别增长3.1%和9%，以上5项指标增速均居全省首位；固定资产投资实现正增长，对外贸易进出口总值强势回升，经济社会发展步入总量扩大、能级提升、创新驱动、加速赶超的新时期。　　（刘兴明）

【市政府常务会议】 2020年，黑河市政府召开20次常务会议，学习、传达和研究贯彻党中央、国务院及市委的重要指示和决定及相关法律法规；讨论地方性法规草案，审议政府规章草案及规范性文件；围绕黑河事业发展，讨论决定市政府疫情防控、优化营商环境、第三届全省旅发大会、安全生产工作中的重要事项；厘清各项目标任务，明确破解难题的措施和办法，确保切合黑河发展实际，充分体现中央和省委、市委要求部署。

2020年黑河市政府常务会议一览表

表7

会议时间	会议名称	会　议　内　容
2月7日	第1次常务会议	学习贯彻中央政治局常委会会议、中央全面依法治国委员会第三次会议、中央应对新型冠状病毒感染肺炎疫情工作领导小组会议、省委常委会会议和市委常委会会议精神；听取关于中国（黑龙江）自由贸易试验区黑河片区工作情况、2020年全市百大项目计划安排情况、全市招商引资"虎跃计划"工作情况、黑河寒区试车情况、第三届全省旅游产业发展大会工作进展情况的汇报、安全生产工作情况的汇报
2月17日	第2次常务会议	听取关于贯彻落实中央、省委农村工作会议精神和全市备春耕生产工作进展情况的汇报；学习贯彻全省扶贫开发工作会议精神；听取关于"菜篮子"产品等基本生活必需品保供及商贸工作情况，群众生活必需品生产、能源生产供应等企业恢复生产有关情况，新冠肺炎疫情防控期间各项工作情况的汇报
3月3日	第3次常务会议	听取关于全市春季森林草原防火工作情况、全市农业农村重点工作情况、第三届黑龙江省旅游产业发展大会项目清单和责任清单、2020年市政项目准备工作情况、市《政府工作报告》目标任务责任分解及黑龙江省《政府工作报告》涉及全市工作任务责任分工情况的汇报

续表7

会议时间	会议名称	会　议　内　容
3月20日	第4次常务会议	学习《中华人民共和国旅游法》；学习贯彻中共中央政治局常务委员会会议、中央应对新冠肺炎疫情工作领导小组会议精神；听取关于加强金融支持企业复工复产纾难解困工作情况的汇报；讨论《黑河市2020年煤矿复工复产验收工作方案（讨论稿）》《黑河市深入开展重点煤矿安全集中整治和"开小灶"工作方案（讨论稿）》《黑河市煤矿生产安全事故应急救援预案（讨论稿）》《黑河市雨雪冰冻及暴雪灾害应急预案（讨论稿）》《黑河市森林草原火灾应急预案（讨论稿）》《黑河市林业和草原有害生物灾害应急预案（讨论稿）》《黑河市农作物生物灾害应急预案（讨论稿）》
4月7日	第5次常务会议	学习《关于在国土空间规划中统筹划定落实三条控制线的指导意见》；学习贯彻中共中央政治局会议、中央应对新冠肺炎疫情工作领导小组会议、习近平对四川省凉山州西昌市森林火灾重要指示和李克强批示精神；讨论《黑河市人民政府2020年立法工作计划（草案）》《黑河城区公共交通发展规划（讨论稿）》《黑河城区网络预约出租汽车经营服务管理实施细则（讨论稿）》《黑河市深化改革推进城区出租车行业健康发展实施方案（讨论稿）》《孙吴县四季屯五区煤炭普查区块合作协议（讨论稿）》《孙吴县四季屯五区煤矿开采项目合作意向书（讨论稿）》《黑河市人民政府 黑龙江省建设投资集团有限公司战略合作框架协议（讨论稿）》《黑河市人民政府 大唐黑龙江发电有限公司战略合作框架协议（讨论稿）》；听取关于提高事业单位工作人员年度考核奖励比例工作情况的汇报
4月18日	第6次常务会议	学习贯彻中共中央政治局常务委员会会议、中共中央政治局会议、中央应对新冠肺炎疫情工作领导小组会议精神；学习贯彻中央政治局常委、国务院副总理韩正在国务院食品安全委员会全体会议上的讲话精神；听取关于《黑河市重大燃气突发事件应急预案》《黑河市城市供水系统事故应急预案》《黑河市城区防洪排涝应急预案》修订情况的汇报；听取关于黑河旅游服务中心、小微博物馆群建设及经费使用情况、旅发大会景城一体化城建项目招标情况、五大连池市政府和黑河市热电有限责任公司合作经营管理五大连池国昌热力有限责任公司有关情况的汇报
5月23日	第7次常务会议	学习贯彻中共中央政治局常务委员会会议、中共中央政治局会议精神；传达贯彻《关于黑龙江省获国务院办公厅督查激励通报情况》；听取关于黑河天然气支线管道项目补办相关建设手续工作情况、黑河市承接国家政策做好跨境电商工作情况、黑河市污染防治攻坚战工作情况的汇报；讨论《黑河市应对新冠肺炎疫情影响开展搞活流通促进消费活动实施方案（讨论稿）》《黑河市2020年河湖长制重点工作方案（讨论稿）》《关于划定高污染燃料禁燃区的通告（讨论稿）》《关于划定禁止使用高排放非道路移动机械区域的公告（讨论稿）》《黑河市重污染天气应急预案（讨论稿）》《黑河市突发地质灾害应急预案（修订稿）》《黑河市大面积停电事件应急预案（修订稿）》
6月2日	第8次常务会议	专题贯彻落实全国"两会"精神，研究分析当前经济形势，部署冲刺"双过半"工作
7月2日	第9次常务会议	学习《中华人民共和国民法典》；学习传达习近平在中共中央政治局第二十一次集体学习上的重要讲话精神、习近平对防汛救灾工作作出的重要指示精神、《中共黑龙江省委办公厅 黑龙江省人民政府办公厅关于认真贯彻落实习近平总书记重要指示精神全力做好防汛抗洪抢险救灾工作的通知》、2020年全国普通高校招生考试安全工作会议精神；讨论《全市百大项目建设奖励方案（讨论稿）》《黑河市洪水灾害应急预案（修订稿）》《黑河市凌汛灾害应急预案（修订稿）》《黑河市干旱灾害应急预案（修订稿）》《黑河市处置特种设备事故应急预案（修订稿）》；讨论市长办公会议议定的事项〔关于回购黑河市体育馆（全民健身中心）个人所有一楼部分产权、关于使用2019年土地储备债券资金征收补偿黑河火磨粉业有限责任公司、关于武警黑河支队新址迁建及新建靶场、关于启用华泰闲置写字楼有关情况〕；听取关于注册成立北黑铁路（龙镇至黑河段）升级改造建设项目公司有关情况的汇报；听取关于城市基础设施项目、市委党校校园扩建及校园绿化硬化等附属设施项目所需资金情况的汇报
7月29日	第10次常务会议	学习传达习近平在吉林考察时的重要讲话、在企业家座谈会上的重要讲话、国务院常务会议、李克强在经济形势专家和企业家座谈会上的讲话、省政府党组会议、省政府常务会议、省政府专题会议精神；听取关于黑河市招商引资工作情况汇报，讨论《黑河市招商引资激励资金奖励方案（讨论稿）》；听取关于全省2020年调整退休人员基本养老金工作专题会议精神及本市贯彻落实情况的汇报；讨论《黑河市处置铁路交通事故应急预案（修订稿）》
8月14日	第11次常务会议	学习《2020年黑河5G规划与应用》；听取关于生态环境保护有关工作情况、全国全省安全生产电视电话会议精神及黑河市贯彻落实情况、全国人口普查电视电话会议精神及黑河市贯彻落实意见、黑河市卫生健康中心建设项目抗疫特别国债资金使用情况、浮箱固冰通道临时货场建设情况、黑河龙江环保治水有限公司污水污泥结算价格协商情况、老城区污水给水管网改造、水厂环保提升及垃圾综合整治项目有关情况、北黑铁路（龙镇至黑河段）升级改造工程施工总价承包及施工监理招标计划、黑河市与三亚市缔结友好城市有关情况的汇报；讨论《黑河市创建国家安全发展示范城市工作方案（讨论稿）》《黑河市营商环境评价重点任务分工方案（讨论稿）》《黑河市通信保障应急预案（讨论稿）》《黑河市直抗疫特别国债资金管理办法（讨论稿）》

围绕《黑龙江省优化营商环境条例》贯彻落实习近平关于优化营商环境系列重要讲话精神，学习借鉴先进地区经验做法，相继出台《黑河市深入推进审批服务便民化实施方案》《黑河市2020年优化营商环境重点任务实施方案》等一系列制度性文件，进一步规范政府和部门行政行为。（焦　杰）

【“放管服”改革】 2020年，黑河市推进“办好一件事”改革。在借鉴长沙市、哈尔滨市先进经验基础上，从与群众和企业关系最紧密的领域和高频事项着手，梳理出“我要开美容店”“我要办社保卡”“我要开洗车行”等25项“办好一件事”事项，并对这些事项所涉及业务的申请材料、办理流程进行整合再造，确保流程最优。启动权责清单调整规范工作。组织38个相关单位和各县（市、区）参加市县权责清单调整规范工作培训会议，抽调“放管服”改革专班人员成立6个清理审核组，负责对权利事项的合法性、合规性和合理性进行审核，对36个单位提交的3883项事项合规性、合理性审核完毕。梳理行政审批中介服务事项。为进一步推进减税降费工作，制发《关于报送〈保留为行政审批必要条件的中介服务事项〉的通知》，组织各相关单位认真梳理保留为行政审批必要条件的中介服务事项，取消没有法定依据的行政审批中介服务项目，对保留的中介服务事项费用逐项明确由企业承担还是审批部门承担。清理后，保留为行政审批必要条件的中介服务事项共计31项。（焦　杰）

【网上政务服务】 2020年，黑河市和各县（市、区）统一使用省一体化政务服务平台。省事项库下发政务服务事项990项，市本级认领政务服务事项824项，认领政务服务事项率83.23%；进驻省一体化在线政务服务平台单位38家，对824项政务服务事项进行拆分，平台公示1335项（含子项），可网办事项1146项（含子项）。（焦　杰）

【政务大厅标准化建设】 2020年，黑河市深化“只进一扇门”改革，市级实体政务大厅进驻单位达40家。推进“一窗受理”，设立全省一体化在线平台审批代办区、网上自助服务区，691项审批事项可实现全覆盖。推进“1+N”高频即办审批模式，整合交通运输、城管执法、应急管理和商务4个部门8个窗口的高频即办业务，设立“1+N”集中审批窗口，实现1个窗口受理N个审批部门高频即办件业务。（焦　杰）

【签约项目服务保障】 2020年，黑河市严格执行《黑龙江省招商引资项目服务保障暂行办法》和《黑龙江省投资项目服务专班和首席服务员监督管理办法》，组建市、县（市、区）两级投资项目服务第一专班，召开全市签约项目落地服务保障工作调度会议，协调推动解决招商项目落地堵点难点问题9个。制定联系服务招商引资签约项目制度，建立联系重大招商引资项目工作机制，推行“营商+”联合审批机制，构建经合、住建、发改、营商和投资项目落地政府的代办帮办事项和审批服务事项的信息共享机制。（焦　杰）

【信用信息共享平台建设】 2020年1月1日，黑河市信用信息共享平台正式运行。制定了全市社会信用体系建设工作要点，完善信用监管方式，全市在食品药品生产经营等30个领域签订《联合惩戒备忘录》。开展“信易贷”推广工作，引导中小企业入驻全国“信易贷”平台。截至2020年底，入驻平台金融机构14家，发布产品2个，注册企业10家。（焦　杰）

【“清赖行动”专项整治】 2020年，黑河市按照《黑龙江省“清赖行动”专项整治工作实施方案》《关于全面做好2020年“清赖行动”专项整治工作的通知》要求，持续加大“清赖行动”专项整治工作推进力度，全面清理整治“新官不理旧账”、政府及其部门失信违诺问题。2020年10月，纳入“清赖行动”专项整治台账事项600件、涉及金额60404.63万元，清赖整治率达100%，率先实现“清零”。（焦　杰）

退役军人事务

【概况】 2020年，黑河市退役军人事务局贯彻落实党中央和省委、市委关于退役军人工作的方针政策和决定部署，重点做好双拥工作、优抚工作、就业创业工作、英烈褒扬工作、移交安置等工作，充分发挥军地桥梁纽带作用，加大力度推进退役军人服务保障体系建设，为推动黑河高质量、跨越式发展贡献了退役军人事务系统力量。新冠肺炎疫情发

黑河市政务服务中心　（市营商环境建设监督局／供图）

生后，统筹做好疫情防控常态下退役军人服务管理保障工作，发出参战疫情防控倡议书，局公众号倡议引导1万余名城乡退役军人奋战、冲锋、坚守在疫情防控最前线。市军队离退休干部休养所被市指挥部确定为市区首个集中医学观察隔离点，动员全市系统干部职工献爱心，捐款375万元、捐物349件，1人获评全省“抗击新冠肺炎疫情先进个人”。2020年12月，市退役军人事务局内设机构6个，局直属事业单位3个：黑河市退役军人服务中心，副处级；黑河市军队离退休干部休养所，正科级；黑河市烈士纪念设施保护中心，正科级。

（赵黎黎）

10月27日，黑河市退役军人事务局走访驻黑河某部队

（市退役军人事务局／供图）

【优抚工作】 2020年，黑河市落实国家、省要求，调整提高优抚对象保障标准。抚恤补助标准提高12%以上，及时为优抚对象发放抚恤补助金。提高资助优抚对象参加城乡医保标准，提高地方增发门诊费标准。重点优抚对象享受医疗保障“一站式”服务，报销住院医疗补助费309万元。在中国人民抗日战争暨世界反法西斯战争胜利75周年之际，为19名抗日老战士发放纪念章、一次性慰问金每人5000元，共计9.5万元。组织开展“爱心献功臣”活动，社会各界与优抚对象结成帮扶对子。按规定为义务兵发放了家庭优待金。启动物价联动机制，为优抚对象发放了物价联动价格补贴。

（赵　强）

【就业创业工作】 2020年，黑河市为退役军人建立就业创业档案，为精准提供就业创业培训、就业推介、困难帮扶、职业介绍、政策落实等服务提供第一手资料。编发《黑河市退役军人就业创业指导手册》，有效扩大政策知晓率和覆盖面。鼓励退役军人参加职业教育和技能培训。组织全市多名退役军人通过审核，报考高职院校提升学历。全市选择6家综合性技能培训机构列入全省2020年退役军人定点承训院校目录，组织143人参加职业技能培训，培训后首次推荐就业率达到90%以上。举办退役军人适应性培训6场，培训164人。挖掘退役军人创业典型，推荐的黑河市“黑龙江万物生生物科技有限公司”“黑龙江兵艺教育咨询有限责任公司”两家军创企业，分别获得全省首届退役军人创业创新大赛一、三等奖。鼓励退役军人发挥基层骨干作用，担任村“两委”成员，为提升乡村治理能力水平贡献退役军人力量。

（牛海斌）

【英烈褒扬工作】 2020年，全市争取国家资金180万元，维修改造烈士陵园，发挥烈士纪念设施爱国主义教育功能。举办国家第7个烈士纪念日向人民英雄敬献花篮仪式，开展纪念缅怀烈士功绩，弘扬传承英雄烈士精神活动。开展“致敬·2020清明祭英烈”活动，缅怀英烈，传承红色基因。参加全民国家安全教育日宣传活动，广泛宣传《中华人民共和国英雄烈士保护法》等法律法规，大力弘扬英烈精神，加强烈士纪念设施保护。

（赵　强）

【移交安置工作】 2020年，全市接收计划分配正营职以下军转干部3人，全部安置到机关单位。接收符合政府安排工作退役士兵，全部安置到事业单位和中直企业，实现了高质量安置。接收自主择业军转干部、军队离退休干部，及时兑现政治待遇和生活待遇。接收秋冬季自主就业退役士兵，发放自主就业一次性经济补助金。为1998年以后符合政府安置工作条件退役士兵发放待安置期间生活补助费，解决了20多年的历史遗留问题。

（杜　静）

【退役士兵养老保险缴费工作】 2020年，全市为1978年后以政府安排工作方式退出现役，2019年1月21日前养老、医疗保险存在未缴、欠缴、断缴情况的退役士兵接续了社会保险工作。4月3日，市直首位退役士兵缴费成功，标志着全省部分退役士兵养老保险缴费工作进入实质缴费阶段，省厅第一期社保接续《简报》刊登黑河市经验做法。全市退役军人事务系统受理审核退役士兵，为符合条件退役士兵补缴了养老保险。

（杜　静）

政协黑河市委员会

综 述

【概况】 2020年，黑河市政协工作以习近平新时代中国特色社会主义思想为指导，学习贯彻中共十九大和十九届二中、三中、四中、五中全会精神及习近平关于加强和改进人民政协工作的重要思想，在中共黑河市委的领导下，坚持团结和民主两大主题，以全面贯彻落实市委六届七次全会精神和市六届五次人代会《政府工作报告》工作安排为主线，把加强和改进政协工作、实现提质增效作为努力方向，充分发挥人民政协专门协商机构作用，在资政建言和凝聚共识上双向发力，推动新时代人民政协事业开创新局面、迈上新台阶。政协黑河市第六届委员会由273名委员组成，设6个专门委员会。全年开展工作活动42项，向市委、市政府提交工作报告8篇、社情民意信息7篇、政协建议11期、委员建言32期、政协工作18期，征集提案304件，体现了人民政协汇智聚力的独特优势。 （杨俊久）

【合作交往】 2020年，市政协常委会突出团结民主，广泛凝聚各界智慧力量。贯彻“长期共存、互相监督、肝胆相照、荣辱与共”工作方针，进一步加强党派合作，密切工作联系，主动互通情况，及时协调工作。尊重和保障各民主党派、工商联和无党派人士的民主权利，听取他们在政协会议上发表的意见，主动邀请他们参与政协开展的各项活动，支持他们通过政协平台发挥作用。坚持经常走访政协委员，依靠政协委员联系和团结各族各界人士，及时掌握动态，帮助解决问题，促进社会和谐。全年接待13个外省市政协考察团组，宣传黑河优势，学习外地经验。

（杨俊久）

【政协委员队伍建设】 2020年，市政协常委会加强委员队伍建设，强调纪律要求，布置“委员作业”，建立履职档案，调整分组方式，实施正向激励。坚持在市委领导下加强和改进政协工作。贯彻中央和省委、市委政协工作会议精神，向市委汇报、主动与部门对接、主动对基层督查，市县两级统战部部长均兼任政协党组副书记，全市政协系统增加编制42个，4个县市配备了政协秘书长，5个县市区党委批准成立事业单位性质的委员服务中心，6个县（市、区）组建了80个委员基层服务站（室）。坚持“市委有号召、政协有行动，市委有部署、政协有落实”。助力打赢疫情防控总体战、阻击战，第一时间向市委提交请战书、向委员发出倡议书，3位班子成员直接担负防控指挥任务，市县近千名政协委员投身战“疫”一线，市县全体政协委员捐款捐物490余万元。加大宣传工作力度，全年在“黑河民声”微信公众号，推送各类信息220余篇。 （杨俊久）

重要会议

【政协黑河市六届四次会议】 2020年1月19—21日，政协黑河市第六届委员会第四次会议在黑河召开。出席会议的委员253名。会议听取学习中共黑河市委书记马里的讲话；听取市委副书记、副市长、代市长李世峰作的《政府工作报告》说明；审议通过陈洪生代表政协黑河市第六届委员会常务委员会所作的工作报告和曹文兴代表政协黑河市第六届委员会常务委员会所作的提案工作报告；协商讨论了以上报告和其他报告，对报告均表示赞同。大会选举马丹、朱智勇为政协黑河市第六届委员会副主席，补选了3名政协黑河市第六届委员会常务委员。 （杨俊久）

1月20日，中国人民政治协商会议黑河市第六届委员会第四次会议开幕式

（黑河日报社／供图）

【市政协常委会会议】 2020年，黑河市政协常委会共召开5次会议，团结带领政协各组成单位和广大委员，提高政治站位，学习贯彻习近平新时代中国特色社会主义思想，贯彻落实中央和省委、市委政协工作会议精神，紧跟市委工作节奏和步伐，贯彻落实市委决策部署，安排推进政协履职实践，履职成果得到黑河市委、市政府的高度重视，提出的许多建议转化为决策部署和工作措施。

2020年黑河市政协常委会会议一览表

表8

会议时间	会议名称	会议内容
1月19日	六届十四次常委会议	听取市政府《关于2019年政协提案办理情况的报告》；听取《关于黑河市政协副主席人选情况的说明》；审议通过《政协黑河市第六届委员会第四次会议秘书长、副秘书长建议名单》；审议通过《政协黑河市第六届委员会第四次会议议程和日程（草案）》；审议通过《政协黑河市第六届委员会第四次会议讨论组召集人建议名单》；审议通过《政协黑河市第六届委员会常务委员会工作报告》；审议通过《关于政协黑河市第六届委员会第四次会议委员调整人选情况的说明》《政协黑河市第六届委员会第四次会议拟辞去委员建议名单》《政协黑河市第六届委员会第四次会议拟增补委员建议名单》；审议通过《关于政协黑河市第六届委员会第四次会议拟补选副主席、常务委员情况的说明》《政协黑河市第六届委员会第四次会议拟辞去常务委员建议名单》《政协黑河市第六届委员会第四次会议拟补选副主席建议名单》《政协黑河市第六届委员会第四次会议拟补选常务委员建议名单》；审议通过《关于政协黑河市第六届委员会第四次会议副主席、常务委员选举办法》；审议通过《政协黑河市第六届委员会第四次会议总监票人、监票人建议名单》；审议通过《政协黑河市第六届委员会第四次会议总计票人、计票人建议名单》
1月21日	六届十五次常委会议	听取六届四次会议分组讨论情况；讨论通过六届四次会议决议（草案）；听取汇报各组酝酿候选人、选举办法（草案）、总监票人和监票人建议名单的情况；讨论通过候选人、选举办法（草案）、总监票人和监票人建议名单
4月10日	六届十六次常委会议	听取市政协常务委员会2020年工作计划；分组协商讨论市政协常务委员会2020年工作计划；表决通过市政协常务委员会2020年工作计划
8月12日	六届十七次常委会议	传达学习省政协常委会议精神；传达学习中共黑龙江省委十二届七次全会精神；大会发言：关于黑河自贸片区制度创新落实情况的建议、推动自贸片区制度创新以制度红利牵动自贸片区加速建设、关于深化金融制度创新提速自贸区建设的建议、关于黑河自贸片区人才引进制度创新的建议
11月2日	六届十八次常委会议	传达学习全省市县区政协工作经验交流会议、省政协十二届十一次常委会议精神；听取政协黑河市第六届委员会第十八次常委会议拟调整委员、常委情况的说明；讨论通过《中国人民政治协商会议黑河市委员会委员履职工作规则》；专题协商《关于加强公共卫生服务体系建设的调研报告》

（杨俊久）

主要工作

【协商议政】 2020年，市政协常委会发挥专门协商机构作用，组织政协例会、调研视察考察、专题议政等履职活动。各民主党派、工商联及无党派人士在政协例会上发言近百人次，参与调查视察活动75人次，递交立案提案73件。在市政协六届四次会议上，委员围绕推动黑河自贸试验片区创新发展、进一步推进黑河市农产品区域公用品牌“极境寒养”建设运营、深入推进兴边富民行动试点市建设、大力发展黑河中医药产业、形成小区环境治理长效机制等6个课题进行大会发言。围绕推动黑河自贸试验片区创新发展、加强公共卫生服务体系建设两大主题，召开议政性常委会议，向市委、市政府提报了协商报告。将助力科学编制黑河市“十四五”规划纲要作为重点工作，先后2次征求委员和常委意见，10次召开协商议政会议，累计征集建议389条，对其中174条汇编成册提交市委、市政府。广大委员就融入新发展格局、改革创新双轮驱动、构建现代产业体系、实施乡村振兴战略、筑牢生态安全底线、抓好常态化疫情防控、保障改善民生等深入协商讨论，积极建言资政，广泛凝聚共识，体现了人民政协汇智聚力的独特优势。（杨俊久）

【调研视察】2020年，市政协常委会始终把调查视察作为政协围绕中心、服务大局、发挥作用的重要形式，按照谋大事、出精品、见实效的原则，由各位主席、副主席分工负责，专委会组织实施，联合政协各参加单位和政府有关部门开展活动。围绕建设50万人口规模边境中心城市、自贸片区制度创新、完善口岸基础设施、引进俄罗斯人力资源等课题开展调查、视察和专题协商，形成了一批质量较高的工作报告。围绕四季屯煤矿筹建、北黑铁路升级改造、寒地试车提档升级、矿产资源开发利用等重要工作开展专题视察，聚焦大豆深度开发、深化矿权制度改革、发展寒地道地药材、启动大数据中心建设等重大事项进行深度研究，谋划破题路径，向党委、政府决策提出工作建议。按照市委、市政府“人民至上”执政理念的工作要求，围绕深入脱贫攻坚村屯、教育卫生实地、街道社区一线、工矿企业现场等进行视察和协商，开展民主监督，提出工作意见。践行以人民为中心的发展思想，聚焦群众最关心最直接最现实的利益问题献计出力。市委书记马里和市委副书记、市长李世峰等领导多次对政协工作报告作出批示，为政协工作成果转化创造了有利条件。（杨俊久）

【提案工作】2020年，黑河市政协委员、政协各参加单位和各专门委员会，围绕中心、服务大局，紧扣市委、市政府中心工作，关注人民群众普遍关心的热点、难点问题，通过提案履行职能。全年共征集会议提案279件，平时提案25件。立案214件（含并案57件），占提案总数的89.1%；不予立案的33件，转为《社情民意》11件。在立案提案中，关于经济建设、政治建设、文化建设、社会建设、生态文明方面的提案分别占立案总数的41.1%、5.2%、16.8%、26.6%、10.3%。截至2020年10月末，提案全部办结。从委员反馈情况看，获评“满意”的191件，占立案总数的89.3%，获评“基本满意”的23件，占立案总数的10.7%。从办复情况看，已解决和列入计划逐步解决的190件，占办理提案总数的88.8%，留作参考的24件，占办理提案总数的11.2%。这些提案议题广泛、内容丰富、针对性强，许多意见和建议被市委、市政府采纳，为推动全市经济社会发展和社会和谐稳定发挥了积极作用。广大政协委员始终坚持围绕全市中心工作，紧扣改革发展主题，寓提案于服务之中，献良策于发展全程，使政协提案在促进经济社会发展的工作中地位更加突出，作用更加明显，《关于黑河自由贸易试验片区创新发展的建议》《关于深入推进供给侧结构性改革的建议》《关于解决融资难题助力中小微企业发展的建议》等具有一定前瞻性的提案。市委、市政府及相关部门认真采纳有关建议，意见被吸纳进相关政策中，对推动黑河市经济又好又快发展起到了促进作用。广大政协委员认真收集社情民意，充分反映群众的热点难点问题，在推动发展和维护群众切身利益上建言献策。《关于加快乡村振兴短板建设，助推乡村振兴的建议》《关于在“创文”工作中抓好环境治理和秩序整治的建议》《关于加强黑河城市管网建设的建议》等提案，得到了市委、市政府及各承办单位的高度重视，当年全部得到解决。围绕促进民生改善献务实之策。广大政协委员高度关注民生，针对文化教育、社会保障、医疗卫生等领域存在的问题，通过深入开展调查研究，提出许多有关保障和改善民生的提案。《关于加强学前教育的建议》《关于建立“政府搭台医民结合兴办智慧社区养老院”运作模式的建议》《关于建立防止因病致贫返贫长效机制的建议》等提案，有些提案已经落到实处，有些提案相关部门正在抓紧研究制定相应的政策与措施。广大政协委员贯彻落实市委、市政府各项决策部署，积极投身抗疫工作，并围绕统筹推进疫情防控和经济社会发展、完善黑河市公共卫生服务体系、推动复工复产、加大对中小微企业扶持力度等提出提案30余件。《关于打赢疫情防控阻击战的建议》《关于黑河市第一人民医院搭建全封闭通道的建议》《关于返回爱辉区人员信息采集的建议》《关于强化乡镇卫生院及城镇卫生社区医疗服务职能的建议》《关于做好复工前准备工作的建议》等，按照特事特办、急事急办的原则，将这些提案先以《社情民意》直通车形式及时报送市委、市政府及有关部门参考，为全市疫情防治工作贡献了政协力量。（杨俊久）

专门委员会

【科教卫体人口资源环境委员会】2020年，市政协科教卫体人口资源环境委员会结合疫情防控形势任务，组织委员开展4次专题视察，视察疫情防控期间网络教学和复学复课工作、发热门诊建设情况、爱国卫生运动开展情况和农村人居环境整治情况。将做好“六稳”工作、落实“六保”任务作为履职工作的着力点，组织引导委员结合黑河实际开展助力文明城市创建、营造共建共享的良好氛围，助力公共卫生服务体系建设、提高应对重大突发公共卫生事件的能力，助力生活垃圾分类与处理、树立城市文明形象，助力卫生人才队伍建设、提升医疗服务水平，助力“十四五”规划编制、凝聚振兴发展的强大力量等调研视察，做到建言建在需要时、议政议到点子上。配合省政协科教卫体委完成《公共卫生体系建设》专题调研，协助省政协人口资源环境委开展《全省城市应急备用水源地建设情况》视察，并均按要求提交了调研报告和视察报告，完成上级布置的各项工作任务。（杨俊久）

【民族宗教外事委员会】 2020年，市民族宗教外事委员会组织开展专题调研活动2项，专题视察活动3项，形成工作报告2篇；组织专委会议1次及工作情况交流会、座谈会、讨论会等协商议政活动10余次，走访政协委员30余人次。加强党对宗教工作的领导，强化各级党委主体责任，切实做好宗教领域工作，全市宗教领域形成了和谐的良好局面。关心关爱宗教界代表人士，帮助联系解决社保开支问题。《关于宗教工作主体责任落实情况的调研报告》得到市委统战部领导认可。推进重点提案办理工作，督促委员完成委员作业，全年征集委员提案14份，疫情期间征集委员建议6份，征集黑河市“十四五”规划建议40余条。协助推动“兴边富民试点市”建设工作，协同职能部门推动做好民族文化保护传承工作，配合省政协民族和宗教委员会就“少数民族特色村寨建设”和“少数民族文化资源挖掘与保护”课题组织开展专题调研，形成调研报告上报省政协。（杨俊久）

【提案文化文史和学习委员会】 2020年，提案文化文史和学习委员会确定8个重点提案，分别由市政协主席、副主席领办，重点提案数量增加，领办领导规格提高，推进了提案办理质量提高。全年征集会议提案279件，年内全部提案办结。《关于对我市南大沟（下游二公河）沿岸进行综合治理、开发建设东部新区的建议》作为首个“一号”重点提案，由市政协主席领衔督办，提出具体的对策建议10余条。开展重点提案《关于在流感流行季加强中小学及幼儿园防控工作的建议》专题视察，会后将视察结果及时上报市委、市政府，并向委员进行反馈。调研视察成效明显，从城镇化、政策、产业、教育、文化旅游、康养6个方面开展《推动人口集聚措施落地见效，加快建设50万人口规模边境区域中心城市》调研，提出50余条具体建议，调研报告上报市委、市政府。开展《推动试车经济提档升级，打造黑河寒地特色支柱产业》专题视察。不断完善和丰富提案办理落实的方式方法，把群众普遍关注，且具有全局性、可操作性，办理周期较长的B类提案纳入新一年提案办理。对2018年重点提案《关于在黑河市临江区辟建冬季临时停车场的建议》的办理落实情况进行“回头看”。形成政协工作、政协建议，上报市委、市政府。围绕统筹推进疫情防控和经济社会发展、完善全市公共卫生服务体系、推动复工复产、加大对中小微企业扶持力度等提出提案30余件。整理形成《关于建立黑龙江边沙滩浴场的建议》等3个建议，以社情民意直通车形式及时上报市委、市政府。按照省政协《关于协助开展全省公共图书馆事业发展情况专题调研的商请函》要求，报送《黑河市公共图书馆事业发展情况汇报》等7个调研材料。（杨俊久）

【农业和农村委员会】 2020年，市政协农业和农村委员会围绕服务“三农”和乡村振兴及疫情防控工作，服务界别委员，开展调查研究，反映社情民意。视察春耕农资供应储备，助力乡村振兴战略实施，帮扶企业复工复产，助力疫情防控期间经济发展，形成3篇调研报告。专委会重点调研课题《推动供销社综合改革，提升为农服务质量和水平》调研报告，得到市委、市政府主要领导高度重视，批示中予以表扬。配合做好领导领办重点提案“二公河水系综合治理重点提案”和《关于积极参与秸秆综合利用的几点建议》工作，协助省政协完成“加快发展农副产品加工业”和“巩固脱贫成果，建立解决相对贫困长效机制”调研工作。《关于加快发展农副产品精深加工业情况调研报告》和《关于黑河市脱贫攻坚情况的调研报告》分获2020年度全省各地市调研报告一、二等奖。完成省政协常委会专题发言材料撰写工作。配合做好委员考评工作，对委员履职情况动态管理。梳理上报“十四五”规划建议60余条。（杨俊久）

【社会法制委员会】 2020年，市政协社会法制委员会聚焦法治建设、社会治理等热点问题，认真履职，建言献策。全年开展家政服务业和社会治理现代化试点2次专项调研，应急管理体系建设和非煤矿山安全生产2次专项视察。按照省政协要求，搜集整理编写《中华人民共和国行政复议法》修改工作有关情况，包括黑河市2016年以来行政复议案件有关数据、《中华人民共和国行政复议法》实施情况、当前推进行政复议制度存在困难和问题，提出对《中华人民共和国行政复议法》修改的意见建议。8月下旬，参与黑河市“七五”普法总结验收工作，到各县（市、区）对“七五”普法规划实施情况开展检查。（杨俊久）

【经济委员会】 2020年，经济委员会组织协调经济界政协委员参加黑河市旅游发展动员大会、部门征求意见会、委员大讲堂视频学习会、“十四五”规划建议征求会、专题调研和视察等多项活动和会议，为委员参政议政创造条件和舞台。推进“自贸片区制度创新”课题调研，调研报告以政协工作报告报送市委、市政府，得到市委主要领导的充分肯定。召开《中国（黑龙江）自由贸易试验区黑河片区实施方案（讨论稿）》征求意见会，提出提升汽车高寒试验产业（跨境）等意见建议报送市委、市政府。搜集整理社情民意，2份《社情民意》得到市委、市政府主要领导批示，交办相关部门落实。召开落实推进“六稳”“六保”协商议政会，开展供热工作专题视察，北黑铁路升级改造项目专题调研，促进民营企业健康发展专题协商。配合做好领导领办重点提案《关于拆除老旧小区自行车棚及违建构筑物的建议》工作，配合省政协经济委完成“百千万工程”专项调研工作。（杨俊久）

中国共产党黑河市纪律检查委员会
黑河市监察委员会

综　　述

【概况】 2020年，中共黑河市委贯彻落实党中央和省委决策部署，带头扛起管党治党主体责任，坚定不移全面从严治党，经济社会发展进入总量扩张、提能升级、加速赶超的新时期。全市纪检监察机关在省纪委监委和中共黑河市委领导下，聚焦主责主业，忠实履行职责，纪法同向发力，统筹推进疫情防控、促进发展和监督执纪执法，纪检监察工作开创新局面、展现新作为、呈现新气象。新冠肺炎疫情发生后，制发疫情期间“五条禁令”和“三不聚”纪律要求、疫情防控“十严禁”等通知通告，开通24小时信访举报“绿色通道”。围绕省纪委监委“十聚焦”督查任务，检查重点部位，督促问题整改，对涉疫违纪违法问题“一案三查”。聚焦常态化疫情防控和经济社会发展，督促各地各部门认真落实复工复产、复市复学要求，扎实做好“六稳”工作，全面落实“六保”任务。黑河市纪委监委机关内设机构19个，所属副处级事业单位1个：黑河市纪委监委审查调查服务中心；直接管理20个市直派驻纪检监察组、1个公检法派驻纪检监察组；代市委管理市委巡察办和3个市委巡察组。市纪委监委有纪委委员24人，纪委常委7人，监委委员7人，其中，纪委书记（监委主任）1人、纪委副书记（监委副主任）1人，干部配备率从年初73%提高到88.6%。（刘　岩）

【市纪委六届五次全会】 2020年3月18日，中国共产党黑河市第六届纪律检查委员会第五次全体会议通过视频会议形式召开。市委书记马里出席会议并讲话。全会以习近平新时代中国特色社会主义思想为指导，全面落实中共十九大和十九届四中全会精神，按照十九届中央纪委四次全会、十二届省纪委四次全会部署和市委要求，总结黑河市2019年纪检监察工作。全会认真学习市委书记马里的讲话，审议通过市委常委、市纪委书记蒋和庆代表市纪委常委会所作的《忠实履行新时代纪检监察职责使命，为黑河全面建成小康社会提供坚强保障》的工作报告。会议部署2020年着重做好7项工作：坚守党的初心使命，在强化政治监督中践行“两个维护”；坚持以人民为中心的工作导向，集中整治群众反映强烈的突出问题；进一步压实主体责任，推动政治生态持续好转；大力推进体制机制创新，不断巩固拓展纪检监察体制改革成果；全面强化权力监督，在完善监督体系中提升监督保障水平；坚定深化政治巡察，切实发挥标本兼治的战略作用；一体推进“三不”机制，巩固发展反腐败斗争压倒性胜利。（刘　岩）

【政治生态建设】 2020年，黑河市纪委监委协助并监督市委抓好政治生态建设，加强对各级党组织落实主体责任的监督，分析研判政治生态变化情况、规律特点及突出问题，及时反馈、指导有关地区和部门有针对性地整改。开展政治生态理论与实践研究，面向省管市管领导干部专题辅导，明晰政治生态建设时代背景、内涵逻辑和工作路径。完善考核评价体系，修订考核指标和评分办法，对全市93家单位进行2019年度政治生态建设成效考核，提请市委领导对“一般”档次和存在问题较多的14家单位进行约谈，全市政治生态呈加快好转态势。（刘　岩）

【纪检监察体制改革】 2020年，黑河市纪委监委自觉接受省纪委监委和市委领导，重大案件、重大事项、重要工作在向同级党委请示报告的同时，及时向上级纪委监委报告。强化对下级纪委监委的统筹、联络和领导、指导，及时掌握全面情况，定期到基层调研，协调解决体制机制问题，推进双重领导体制具体化、程序化、制度化。全年对53件问题线索办理情况进行抽查，批准县（市、区）纪委监委留置20人，并对重要案件进行跟踪督办。严格执行《黑龙江省纪检监察机关监督执纪执法工作办法》，统筹运用纪法“两把尺子”，一体推进监督执纪问责和监督调查处置，制定办案措施使用简易手册和监督检查审查调查工作流程图，规范审批权限和办理程序。完善与司法机关衔接等工作机制，对重大疑难案件邀请检察机关提前介入，对退补案件认真补充调查，协调检法机关召开案件协调会，促进纪法贯通、法法衔接。加强对派驻机构直接领导和统一管理，制定市纪委监委派驻机构考核办法、派驻纪检监察组组长年度考核实施办法，推动派驻机构履职尽责。全面完成6个县（市、区）派驻机构改革，实现县级党和国家机关派驻监督全覆盖。按照《黑龙江省街道办事处领导职数及编制配置指导意见》，有序推进街道专职纪委书记配备。撤销派驻乡镇纪检监察室，推进乡镇纪委谈话室建设，全市在建乡镇标准化谈话室42间。（刘　岩）

【信息化建设】 2020年，黑河市纪委监委深入推进全省信息化综合试点建设，市县两级推广使用办公办案系统24个，累计流转问题线索691件，全省排名第四位。汇集有效数据资源，扩大信息查询范围，开展大数据查询128次。按照“精准采集、有效采集”原则，汇集全市领导干部和重要岗位监察对象廉政档案信息，更新2.2万名本地监察对象数据库和纸质档案。（刘　岩）

监督检查

【政治监督】 2020年，黑河市纪委监委围绕党中央和省委、市委重大决策部署落实情况开展监督检查，加强对农村乱占耕地建房、冒名顶替上大学、餐饮浪费行为专项治理监督，党纪政务处分12人。严明政治纪律和政治规矩，严肃查处违反政治纪律问题线索，对工作不力、失职失责处级领导干部进行问责。聚焦省委巡视整改任务跟进监督检查，市纪委监委12项整改问题全部销号清零，严肃处置省委巡视移交问题线索。（刘　岩）

【加强对“一把手”监督】 2020年，黑河市纪委监委制定出台《关于进一步加强对“一把手”监督的意见（试行）》，从上级、同级、派驻、巡察和群众监督等多个角度多个维度，加强对“一把手”落实政治责任、规范权力运行、决策重要事项、开展施政行为、强化日常管理等7个方面的监督，引导和督促“一把手”压实责任、严格履职、规范用权。组织召开市卫健委重点项目建设廉政谈话会，对参与建设的相关单位负责人打预防针、上廉政课、敲警示钟，增强廉洁自律意识。（刘　岩）

【“四种形态”运用】 2020年，黑河市纪委监委综合考虑违纪违法时间、主观动机、社会危害性、思想态度等情况，从严把握适用标尺，实事求是作出处置。全市纪检监察机关运用“四种形态”批评教育帮助和处理4109人次，第一至第四种形态占比分别为72%、24.2%、1.7%和2%。认真落实“三个区分开来”（把干部在推进改革中因缺乏经验、先行先试出现的失误和错误，同明知故犯的违纪违法行为区分开来；把上级尚无明确限制的探索性试验中的失误和错误，同上级明令禁止后依然我行我素的违纪违法行为区分开来；把为推动发展的无意过失，同为谋取私利的违纪违法行为区分开来）要求，遵循澄清事实、保护干部原则，为受到不实举报的9名干部澄清正名。（刘　岩）

【监督能力提升】 2020年，黑河市纪委监委制定出台《黑河市纪委监委监督工作办法（试行）》，进一步明确监督职责部门的职责定位、履职方式方法和侧重点，厘清监督检查室、党风政风监督室和派驻纪检监察组之间的协调配合关系，从体制机制上解决监督职责交叉重叠问题。强化对中省直单位监督，与边检部门建立联督联控联管工作机制，与银行机构开展查询业务对接、开通绿色通道。专责监督力量达到6个处室，并与派驻监督、巡察监督实现有效衔接。将委机关执纪执法一线优秀干部充实到派驻机构，派驻干部平均年龄由47.5周岁降至41周岁，配备率达92%。开展派驻“双清零”行动，全市共处置问题线索828件，初核907件，立案379件。（刘　岩）

作风建设

【严防“四风”反弹回潮】 2020年，黑河市纪委监委认真落实中央八项规定及其实施细则精神，紧盯重要时间节点和常态化疫情防控要求开展专项检查，严肃查处党员领导干部违反工作纪律、违规购买纪念品、落实主体责任不到位等问题，驰而不息纠“四风”、树新风。围绕机关作风开展明察暗访15次，通报曝光典型案例9起，集中开展党员领导干部和公职人员违规借贷、经商、入股等问题专项治理，全市共查处形式主义、官僚主义问题216个，处理451人，党纪政务处分381人；查处享乐主义、奢靡之风问题93个，处理110人，党纪政务处分104人。（刘　岩）

【侵害群众利益问题整治】 2020年，黑河市纪委监委全力保障脱贫攻坚决战决胜，扎实开展扶贫领域专项督查。在全省率先开展涉农专项资金检查，筛选确定问题线索全部启动初核程序。开展城乡居民养老保险、最低生活保障金专项治理。对审核把关不严、违规向不符合条件人员发放各类补贴问题问责处理，收缴违纪资金。对跟踪审计发现的挤占耕地地力保护费、多结算工程款、骗取大豆和玉米生产者补贴等问题立案查处。（刘　岩）

【“打伞破网”成果巩固拓展】 2020年，黑河市纪委监委加强与政法机关配合，

日”“全国助残日”等活动，向全市各级群团组织、社会爱心人士和驻军部队、公安干警共3200余名助残志愿者发出号召，广泛开展志愿助残送温暖服务活动，帮助1900余名困难残疾人解决实际困难。（曹　琦）

黑河市红十字会

【概况】2020年，黑河市红十字会接受疫情捐款572万元，捐物335万元，拨付救灾物资81.9万元，送温暖救助箱4.86万元，救助金17.7万元，组织救护员培训324人，应急救护知识普及讲座60人。组织开展线上宣传“5・8”世界红十字日、“5・12”防灾减灾日等红十字宣传日，宣传红十字精神，传播红十字文化。2020年12月，市红十字会有内设机构2个。（王思涵）

【疫情募捐】2020年，黑河市红十字会发挥红十字作用，在上级领导的批准下，向全社会公开发布募捐公告，鼓励动员社会各界爱心企业、爱心人士奉献自己的一份爱心，为自己的家乡贡献一份力量。全年市本级接收捐款572万元，接收捐物335万元。按照捐赠者意愿将捐赠款和物资及时拨付给医院、疾控中心、市疫情防控指挥部物资保障组等，确保数据准确无误，定期将捐赠款物的接收和使用情况向社会公示，自觉接受社会各界的监督。（王思涵）

【应急救护培训】2020年，黑河市红十字会为提高广大消防员的应急救护能力，更好地应对突发事件和自然灾害，与黑河市森林消防支队开展为期2天的救护员培训班，按照培训班要求，制定课程计划，配备师资力量。全市消防人员共224人参加培训。由省彩票公益金支持开展红十字救护员培训班2期，每期50人，参加培训的单位有市退役军人服务中心、市应急管理局、黑河学院、黑河市关鸟河旅游商贸大酒店、黑河华泰房地产有限责任公司。开展应急救护知识普及讲座2期，每期30人。（王思涵）

【人道救助】2020年6—9月，受洪涝、台风灾害的影响，黑河市各地受到不同程度的损害，各县（市、区）红十字会根据实际情况，以当地应急管理局数据为标准，按照省红十字会报灾要求逐级上报，共拨付价值81.9万元救灾物资，分别分发给嫩江市、北安市、孙吴县红十字会，用于救助受灾情影响的困难群众。2020年市红十字会共接收中国红十字会送温暖物资50箱，价值1.5万元，省红十字会送温暖物资50箱，价值3.4万元，全部分发给各县（市、区）红十字会，按照要求在“两节”之际分发给当地困难家庭。救助贫疾家庭3户，共0.7万元；救助特殊教育学校20名学生，每名学生500元，共1万元；申报中国红十字基金会“小天使基金项目”，为全市6名白血病患儿申请到救助金16万元。（王思涵）

【红十字宣传活动】2020年，黑河市红十字会通过微信公众号进行“5・8”世界红十字日、“5・12”防灾减灾日、“世界献血日”等线上宣传活动，普及日常急救知识、无偿献血等常识。在“5・8”世界红十字日活动中，黑河市红十字会与黑河市红十字志愿服务队、网通社区美罗艺术团志愿服务队、黑河市志愿者协会在各小区卡点发放宣传册，引导群众加强自我保护，宣传红十字精神。12月1日，在黑河市中央步行街开展以“携手防疫抗疫 共担健康责任”为主题的世界艾滋病日宣传活动，设立“艾滋病咨询检测十八问”展板，通过发放宣传手册、宣传单、宣传用品及向市民宣传讲解艾滋病防治相关知识，让广大人民群众了解艾滋病，关爱艾滋病患者。（王思涵）

【红十字应急救护培训基地建设】2020年，黑河红十字应急救护培训基地建成以来，参观近200人次，观众主要有机关企事业单位、学校、社区干部职工、学生、居民、志愿者等单位和个人。结合“5・12”防灾减灾日、“国际减灾日”等，立足基地工作实际，开展丰富多彩的宣传活动，进一步推广红十字应急救护培训基地的影响力和辐射面。（王思涵）

人大立法

【概况】 2020年，市人大常委会坚持"党委领导、人大主导、政府依托、社会参与"立法工作格局，突出"针对问题立法，立法解决问题"，推进2020年度立法计划实施，开展征求意见、立法调研、专家论证等活动，对社会各方面提出的立法意见逐条研究、充分吸纳，高质量做好法规草案审议工作，审议通过《黑河市文明行为促进条例》和《黑河市饮用水水源保护条例》。（关兆凯）

【《黑河市文明行为促进条例》施行】 2020年，市人大常委会着眼进一步提高公民文明素养，巩固提升文明城市创建成果，为推进经济社会高质量发展创造文明和谐的社会环境，在全省地级市中率先制定《黑河市文明行为促进条例》。该条例于2020年6月30日经市六届人大常委会第二十六次会议审议通过，8月21日经省十三届人大常委会第二十次会议审查批准，自2020年10月1日起施行。该条例突出道德引领，细化文明规范，强化保障措施，坚持奖惩并举，体现与时俱进，对开展群众性文明创建活动、见义勇为、无偿献血、志愿服务等方面提出了普遍性倡导和鼓励性规定，从维护公共秩序、公共卫生、社区文明以及文明出行、文明生活等方面进行了规范，对养犬管理和在禁烟场所吸烟作了相应规定，解决了执法空白、执法主体不明确等问题。（关兆凯）

【《黑河市饮用水水源保护条例》审议通过】 2020年，市人大常委会立足贯彻落实习近平生态文明思想，满足广大市民对于提高和保障饮用水质量美好向往，助推黑河经济社会高质量发展，制定《黑河市饮用水水源保护条例》。该条例于2020年6月30日经市六届人大常委会第二十六次会议审议通过，10月22日经省第十三届人大常委会第二十一次会议审查批准，于2021年1月1日起施行。该条例是全省唯一一部涵盖市、县（市、区）、乡（镇）、农村集中式饮用水水源保护的地方性法规，实施后对进一步保障公众饮水安全、维护人民群众身体健康、推动生态文明建设有着重要意义。2020年，全市共有集中式饮用水水源136个，完成水源保护区的划分，定期对饮用水水源保护区开展执法检查，消除饮用水水源安全隐患。（关兆凯）

【立法前期调研论证】 2020年，市人大常委会强化沟通协调，督促政府有关部门针对《黑河市养犬管理条例》和《黑河市城市公共空间管理条例》开展立法调研，经市政府研究确定这2部地方性法规待时机成熟后再行立法。（关兆凯）

【征询社会意见建议】 2020年，市人大常委会坚持开门立法，通过市人大网站、《黑河日报》、黑河电视台和公共场所电子屏等媒介公布法规草案征求意见稿，召开立法协调会、征求意见会、座谈讨论会、专家视频论证会、工作汇报会，广泛征求社会各界意见和建议，多次对《黑河市文明行为促进条例（草案）》和《黑河市饮用水水源保护条例（草案）》进行精修详修，进一步提升了立法质量和效率。完成《中华人民共和国生物安全法（草案）》《中华人民共和国动物防疫法（草案）》《黑龙江省物业管理条例（草案修改稿征求意见稿）》等13部法律案、法规案在黑河市的征求意见工作，及时向省人大法工委反馈意见和建议。

（关兆凯）

【规范性文件备案审查】 2020年，市人大常委会着眼进一步提升规范性文件备案审查的严肃性和权威性，组织召开全市规范性文件备案审查工作推进会议，严格工作制度，加强督促指导，开展主动审查和被动审查，实现备案审查程序规

定全覆盖，有效提升了规范性文件备案审查监督工作实效，共审查"一府一委两院"规范性文件32件。（关兆凯）

法治政府建设

11月11日，黑河市法治建设专业化能力提升培训班开班式暨法治政府建设专题报告会（市司法局/供图）

【概况】 2020年，全市司法行政机关贯彻落实中央全面依法治国工作会议精神，以习近平法治思想为指导，有序推进"一个统筹，四大职能"（统筹全面依法治市工作，承担行政立法、行政执法、刑事执行和公共法律服务4项职能）工作布局，市委全面依法治市委员会办公室职能作用充分发挥，行政立法工作深入推进，总结考评全市法治政府建设情况，法治政府建设工作成效明显。（牟竞文 侯 亮）

【全面依法治市】 2020年，黑河市司法局充分发挥市委全面依法治市委员会办公室统筹、协调、指导、监督作用，推进法治建设。起草下发《中共黑河市委全面依法治市委员会办公室关于做好依法防控疫情工作的意见》；筹备召开市委全面依法治市委员会第三次会议，审议通过《中共黑河市委全面依法治市委员会2019年工作总结》《中共黑河市委全面依法治市委员会2020年工作要点》《中共黑河市委全面依法治市委员会关于加强综合治理从源头切实解决执行难问题实施方案》等文件。（牟竞文 侯 亮）

【政府法治监督】 2020年，黑河市司法局总结考评全市法治政府建设情况，对6个县（市、区）及31个市级部门进行实地督导，迎接省委法治建设综合督察；完成省委关于党政主要负责人履行推进法治建设第一责任人年度考核工作；学习宣传贯彻《黑龙江省行政执法责任制规定》，推进行政执法"三项制度"落实，组织开展2020年全市行政执法和监督人员资格考试工作；加强对执法部门的个案监督，制发监督建议书7份，监督通知书2份；与市委组织部、市委党校联合举办"法治建设专业化能力提升培训班"，邀请省级法治建设专家作专题报告。审查以市政府或市政府办名义制发的行政规范性文件55件，审查政府协议23件。（牟竞文 侯 亮）

【行政立法】 2020年，黑河市司法局完善立法工作协调机制，落实立法重大事项向市委请示报告制度，主动向人大、政府汇报工作，形成党委领导、人大主导、政府协同、各方配合、公众参与的地方立法工作格局。拟订《黑河市人民政府2020年立法工作计划》，经市政府常务会议和市委全面依法治市委员会第三次会议审议通过，于2020年5月12日公布。加强立法调研指导，多次召开立法调研协调会议，督促指导起草部门提高草案送审质量。落实文明城市创建测评要求，全程参与《黑河市文明行为促进条例》的立法起草、意见征询、考察调研、修改完善等工作。加强行政立法宣传工作，充分利用传统媒体和新媒体平台，发布立法相关信息。（牟竞文 侯 亮）

【市域社会治理】 2020年，黑河市司法局制发《黑河市司法局市域社会治理现代化试点工作方案》，逐条梳理《黑河市市域社会治理现代化试点工作指引》，形成《黑河市司法局〈黑河市市域社会治理现代化试点工作指引〉任务分解表》，明确责任领导、承办科室、完成时限，全力组织推进落实。推进《黑龙江省调解条例》立法工作，分别在黑河市、北安市召开《黑龙江省调解条例》立法调研会，黑河市及北安市相关部门工作人员，人民调解员代表、律师、基层法律服务工作者等参与调研座谈。依托黑河市公共法律服务中心建立黑河市非诉讼纠纷解决中心，整合人民调解、行政调解、律师调解和公证、行政裁决、行政复议、仲裁等多种非诉讼纠纷化解资源，搭建信息共享、协调联动、专业互补的非诉讼纠纷多元化解平台。加强对刑满释放人员的衔接管控，安置率99.2%，重点对象接送率100%。服务中心工作，为棚改、清"四乱"、拆除违章建筑等工作提供法治保障。（牟竞文 侯 亮）

【法治化营商环境建设】 2020年，黑河市司法局深入部署落实，制发相关实施方案、法治环境专项整治方案、五整治、五细工作方案等5份文件，成立领导小组，确定专项推进小组及工作人员，明确整治重点和责任分工，落实主体责任，建立长效机制，为工作开展提供组织保障。切实做到减证便民，提升群众满意度。做好取消、下放、委托、属地化管理行政权力事项承接落实工作，加强事中事后监管，提高审批效能；公开《审批服务事项指南》，编制《一次性告知单》；开展证明事项清理工作，扩大公证服务"最多跑一次"事项范围至35项，减免证明材料10余项；主动与不动产登记中心、公安户政部门、婚姻登记部门等对接，实行“一窗受理、一次办结”，帮助群众少跑路300余人次。畅通法律人才从业渠道，组织落实国家统一法律职业资格考试相关工作，发放考试合格人员证书2019年118人、2020年9人；完成2020年客观题考试组织实施工作，黑河考区设正式考场4个、备用考场1个、隔离专用考场1个，审核报名590人，参考474人，参考率80.17%。（牟竞文 侯 亮）

【行政复议与应诉】2020年，黑河市司法局依法履行行政复议职能，全年审查行政复议申请立案34件，审结31件，代表市政府行政应诉15件；落实“法律服务不求人”承诺，集中评查行政复议纠错案件，行政复议案件直接纠错率9%。（牟竞文 侯 亮）

政法委及综治

【概况】2020年，全市政法机关贯彻落实中央、省委决策部署和省委政法委、市委工作要求，维护社会稳定，深化“平安黑河”建设，开展扫黑除恶专项斗争，推进市域社会治理现代化试点，推动政法领域深化改革，营造法治化营商环境，加强过硬政法队伍建设，有力服务疫情防控工作大局，为全市保持社会大局持续安全稳定和经济社会发展作出了贡献。（崔立春）

【维护社会稳定】2020年，黑河市委政法委贯彻总体国家安全观，把维护国家政治安全放在第一位，严密防范各类风险，维护国家政治安全卓有成效，保持社会大局持续安全稳定。防范打击危害网上政治安全的活动，封堵谣言信息171条，发布疫情辟谣信息11条，查处传播涉疫谣言案件32起，行政拘留8人，教育训诫24人。防范管控境外非政府组织渗透破坏活动。提前发现、依法阻止对我国渗透活动突出的重点境外非政府组织在黑河市登记申请设立代表机构。（崔立春）

【扫黑除恶专项斗争】2020年，黑河市委政法委在推进扫黑除恶专项斗争中，重点推进了扫黑除恶“六清”行动，“在逃人员清零”行动4名涉黑涉恶在逃人员全部到案，“线索清仓”行动各级交办的253件核查线索全部核查完成，“案件清结”行动涉及案件全部审结，“伞网清除”行动涉黑涉恶腐败和“保护伞”立案103人、处理98人，“黑财清底”行动查封、扣押、冻结涉黑涉恶犯罪案件财产4.39亿元，其中执行到位1.3亿元，“行业清源”行动排查整治“乱象”“乱点”90个，制定整改机制制度129项，发出“三书一函”124份、整改完成121份。全市共打掉涉黑组织5个，恶势力犯罪集团3个，恶势力团伙13个，抓获犯罪嫌疑人436名，破获各类案件280起，为扫黑除恶专项斗争收官奠定了坚实的基础。（崔立春）

【市域社会治理现代化试点】2020年，黑河市委印发《黑河市市域社会治理现代化试点工作实施方案》，将试点工作纳入黑河市“十四五”规划。组织各县（市、区）委政法委书记到大庆市学习试点工作经验，召开全市试点工作培训推进会议。统筹谋划共享平台，推动市级综治中心与市大数据中心一体化运行。加快推进县乡两级综治中心实体化建设，全市所有县乡两级82个综治中心全部实现有专门机构、固定场所、专用事业编制和专职工作人员。黑河市创新型智慧城市建设及逊克县综治中心建设得到省委政法委的充分肯定。对全市城乡社区网格进行重新划分，网格化服务管理水平进一步提升。（崔立春）

【“平安黑河”建设】2020年，黑河市委政法委牵头成立市委“平安黑河”建设领导小组及办公室，建立市县乡三级平安建设工作协调机制和工作运行机制。依法打击各类违法犯罪活动，加强命案分析研判与防控，下发《关于做好减少刑事案件、命案特别是“一杀多人”命案防范工作的通知》《关于在嫩江市开展命案防范专项整治的通知》，开展综合整治，防范矛盾纠纷引发“民转刑”案件。多次召开会议部署推进“大调解”工作，会同法院、公安、司法、信访等部门到各县（市、区）现场办公、实地调研，推进矛盾纠纷多元化解机制建设及平台整合，取得了明显成效。全年全市刑事案件中的8类案件同比下降29.8%，命案发生12起、同比下降7.7%，交通事故同比下降21.1%、死亡人数同比下降46.5%。（崔立春）

【执法监督工作】2020年，全市政法机关按照中央和省、市政法工作会议的部署和要求，贯彻落实中央政法委等8部委《关于党委政法委员会对政法部门执法活动进行监督的规定》，按照《中共黑

12月18日，平安黑河建设工作会议召开 （市委政法委／供图）

龙江省委政法委员会执法监督工作若干规定》精神，通过明察暗访、执法检查、案件评查等多种形式，对全市政法部门执法工作进行了有效监督检查。加大执法检查力度，落实《关于监督协调政法部门案件办理工作的具体规定（试行）》的要求，健全完善执法监督协调机制，提高了领导政法工作制度化、规范化水平。加大案件评查力度，建立健全了案件评查长效机制，全面提升了案件办理质效。2020年，全市政法部门共评查案件9558件，提出整改意见、建议981条，发现整改瑕疵案、问题案744件，全部进行了整改。加强司法权内部监督制约机制建设，推进中央《领导干部干预司法活动、插手具体案件处理的记录、通报和责任追究规定》、中央政法委《司法机关内部人员过问案件的记录和责任追究规定》、中央政法5部门《关于进一步规范司法人员与当事人、律师、特殊关系人、中介组织接触交往行为的若干规定》和《黑龙江省贯彻落实〈领导干部干预司法活动、插手具体案件处理的记录、通报和责任追究规定〉的实施办法（试行）》落实，采取促学习增强意识，抓督查强化落实，宣传深入人心等工作方式方法，有效地推动了三个规定和实施办法的顺利实施。全市没有反映领导干部违反三个规定的行为发生。（崔立春）

【涉法涉诉信访工作】2020年，全市政法机关共受理涉法涉诉信访案件399件，依法办结277件；律师参与涉法涉诉信访接待与化解60余件，取得较好效果；组织涉法涉诉信访案件排查工作，全部落实包案领导及包案负责人，大量涉法涉诉信访案件得到有效解决，保障了人民群众合法权益。（崔立春）

【营商环境优化】2020年，黑河市委政法委推进优化营商法治环境建设工作，全面践行政法机关服务承诺，实体大厅服务效能更加完善，线上服务质效更加惠民，窗口服务作风更加务实。市公安局推进政务服务事项标准化建设和政务服务事项"一网通办""不见面"审批，充分发挥"互联网+公安政务服务"平台优势作用，不断推动网上网下服务提速增效。市检察院首创开展中俄界江保护预防性公益诉讼，与黑河海事局建立双方长效协作机制，强化界江生态环境保护与治理，切实守护黑龙江水域生态环境，服务地方经济发展大局。市法院组建黑河自贸片区案件专业合议庭，在全省率先部署14套互联网庭审系统，在线审理涉自贸片区建设系列案件23件，被最高人民法院、《人民法院报》宣传推广。市司法局在自贸片区挂牌成立"中国（黑龙江）自由贸易试验区黑河片区中俄律师联合办公室"，并依托法律服务综合体，探索创新跨境法律服务业务规则互认。开创黑龙江省涉及俄罗斯公民在境内不动产继承公证先例，创新案例《跨境法律综合服务新模式》被确定为10项首批省级创新实践案例之一。（崔立春）

【政法队伍建设】2020年，黑河市委政法委按照"五个过硬"要求，坚持"四化"方向，加强思想教育，提升业务能力，深化作风整顿，努力打造党中央放心人民群众满意的政法队伍。贯彻落实《中国共产党政法工作条例》和《黑龙江省贯彻落实〈中国共产党政法工作条例〉实施办法》。提请市委常委会会前学法，讲解《条例》《实施办法》，有效落实《实施办法》配套文件，提升政法机关的建设水平。完成了乡镇（街道）政法委员的配备工作，全市76个乡镇（街道）兼职政法委员全部落实，党领导政法工作体系进一步健全。（崔立春）

公　安

公安工作

【概况】2020年，全市公安机关以习近平新时代中国特色社会主义思想为指导，全面贯彻中共十九大和十九届二中、三中、四中、五中全会精神，贯彻全国公安工作会议和全省公安工作会议精神，落实市委、市政府和省公安厅工作部署，把握对党忠诚、服务人民、执法公正、纪律严明总要求，全力聚焦维护国家政治安全和社会稳定总任务，紧紧围绕"精准防控疫情、维护安全稳定、服务复产复工、助力经济发展"工作思路，为打赢疫情防控阻击战、推进更高水平的"平安黑河"建设、保障黑河全面振兴发展贡献了公安力量。全年全市发案持续下降、社会持续稳定、治安持续良好、突发事件妥善处置，人民群众安全感和满意率持续提高；全市公安机关有24个集体、151名民警受到国家和省、市表彰奖励，队伍履职能力和工作水平不断提升。市局和北安市局、嫩江市局、逊克县局巡特警大队被评为"黑龙江省抗击新冠肺炎疫情先进集体"，市局交警支队获全国公安系统"抗击新冠肺炎疫情集体一等功"；全市公安机关有4名民警获"黑龙江省抗击新冠肺炎疫情先进个人""全省优秀共产党员"称号。

黑河市公安局下辖5个县（市）局：北安市局、嫩江市局、五大连池市局、孙吴县局、逊克县局；7个分局：爱辉分局、合作区分局、铁路分局、五大连池风景区分局、大岛分局、机场分局、航运分局；2个直属单位：交警支队、人民警察训练中心。完成森林公安机关、航运公安机关、地方铁路公安机关管理体制调整，按照属地化原则转隶地方公安机关领导管理，其中将原黑龙江航运公安局黑河分局调整为市局航运分局，将原黑河市森林公安局调整为市局森林案件侦查支队。（崔永均　韩登江）

【惩治犯罪】2020年，黑河市公安局聚焦突出治安问题，打出高压严打"组合拳"、发起打击整治"大会战"，强力推进"云剑""昆仑""净边""净网""云端"、打击枪爆违法犯罪、打击跨境赌博以及"三打两控一遏制"百日攻坚等系列专项打击整治行动，全市共侦破刑事案件1432起，现案破案率60.6%；现行12起命案全部侦破，侦破命案积案9起；抓获作案成员1340人，抓获网上在逃人员191人，其中抓获命案在逃人员10名，命案抓逃全省排名前列。侦破电信网络诈骗案件757起，打掉诈骗团伙13个，铲除黑窝点57个，抓获犯罪嫌疑人206

名，拦截、止付、挽损550余万元，电信网络诈骗案件破案数创历史新高；市局指挥中心与反诈中心联合组建“反诈预警指挥双平台机制”，得到省厅反诈中心肯定并在全省推广。侦破跨境网络赌博案件26起，摧毁赌博平台2个，抓获犯罪嫌疑人42名，涉案资金1亿余元。侦破涉众、涉税、涉金融等经济犯罪案件66起，抓获犯罪嫌疑人62人，挽回经济损失5000余万元。侦破毒品刑事案件31起，抓获犯罪嫌疑人37人，缴获冰毒839.19克；查处吸毒人员132人，其中，社区戒毒21人、强制隔离戒毒29人。侦破“食药环”刑事案件99起，破案数同比增长65%，抓获犯罪嫌疑人111人，涉案金额4100余万元，全市打击违法犯罪工作取得明显战果。（崔永均　韩登江）

【反恐维稳】2020年，黑河市公安局持续开展严打暴恐活动专项行动和反恐排查专项行动，严密边境反恐四道防线，推进“防回流”工作，实现涉恐关注群体摸排管控工作信息采集率、管控率、研判率、打击率四个100%，完善“一点一预案、一场所一预案”体系，制定完善重点目标、场所反恐处突预案316个，全市无暴恐音视频案件、涉恐人员潜入潜出和暴恐案（事）件发生。

（崔永均　韩登江）

【治安防控】2020年，黑河市公安局推进社会治安防控体系建设，构建“全城覆盖、区块负责、整体联动”新型警务格局，健全完善公共安全隐患排查治理机制，严格治安要素和道路交通、铁路、民航等安全要素管控，不断深化“军警民大巡防”工程建设，开展社会治安统一清查整治专项行动，始终保持高等级应急值守指挥调度机制和社会治安防控响应机制，建立“两线两区”边境管控体系，强化边境一线安全防控，统筹推进人防物防技防建设，全力构筑全方位防控网络，不断提高信息化、动态化环境下社会治安整体防控能力。全市八类主要刑事案件发案率同比下降29.8%，“两抢一盗”等可防性案件发案率同比下降27.9%，治安案件发案率同比下降3.2%，全市社会治安形势持续安全稳定，群众安全感和满意度不断提升。

（崔永均　韩登江）

【治安管理】2020年，黑河市公安局密切与市场监管、文化旅游、商务、卫健等单位配合，强化行业场所疫情防控监管检查，严查违反防疫规定违法行为，全面落地排查涉疫人员轨迹，加强医疗机构和隔离场所定点驻守，确保社会面持续安全稳定。打击整治枪爆违法犯罪，铲除涉枪涉爆安全隐患，查处枪爆刑事案件2起，抓获犯罪嫌疑人2人，收缴各类枪支47支、各类子弹1126发。进一步加强治安重点要素管控，深化枪支弹药、危爆物品、管制刀具、散装汽油等重点物品和重点人员排查管控，严格寄递物流行业“三个100%”（100%收寄验视、100%实名收寄、100%过机安检要）制度落实，开展旅游市场专项整治行动，强化治安要素日常综合监管。进一步加强大型活动安全管理，严把重大活动“四道关口”，完成全省百大项目集中开工仪式、第三届全省旅发大会、中国·黑河首届寒区试车节等大型活动安保工作，确保了各项活动成功举办。

（崔永均　韩登江）

【交通管理】2020年，黑河市公安局全面落实道路交通安全管理“十项机制”，开展“战疫情、防事故、保安全”春季攻势、道路交通事故预防“减量控大”和农村交通安全整治、城市缓堵保畅、治理酒驾醉驾违法犯罪行为等系列交通安全整治行动，强化公路交通安全防控体系建设，加强恶劣天气道路交通应急管理，加大交通安全宣传力度，推出疫情期间便民利企10项办法，落实公安交管“放管服”改革12项措施，确保全市交通环境有序、和谐、安全、畅通。全市查处交通违法行为45.9万起，事故、亡人、受伤、财损4项指标分别同比下降12.89%、30.85%、2.18%、2.67%，全市未发生死亡3人以上交通事故，道路交通安全形势持续平稳。市车管所被公安部交管局评定为“全国二等车辆管理所”。

（崔永均　韩登江）

【边境管理】2020年，黑河市公安局聚焦“守住国门、管好边境、筑牢屏障”任务目标，推进党政军警民“五位一体”边境管控新机制建设，推动建立完善边境管控工作联席会议、军警地联系协调、联合巡边管边等6项工作制度，建立“两线两区”边境管控体系，绘制三级边境管控布防图及行动示意图，建设重点通道视频监控26处，搭建信息化智能管控平台12个，进一步提高边境管控能力。

（崔永均　韩登江）

【户政管理】2020年，黑河市公安局研究制定《黑河市公安局关于加强新时代公安派出所工作的实施意见》《全市公安机关加强新时代公安派出所工作三年行动计划（2020—2022年）》，开展“学东莱、创枫桥，争当人民满意派出所”活动，深化“枫桥式公安派出所”创建，弘扬新时代东莱精神，开展“百万警进千万家”活动，推进网格化管理服务，主动完成疫情防控任务，充分利用防疫数据充实更新“一标三实”（标准地址、实有人口、实有房屋和实有单位）基础信息，广泛收集社区、物业等基层组织、社会团体基础信息，全力开展第七次全国人口普查户口整顿，创新疫情防控网上宣传服务，开通“互联网＋户籍业务直办平台”，推行“警调衔接”机制，成立“民警移动工作室”，最大限度化解矛盾纠纷、疏导社会情绪、消除安全隐患。全市派出所排查化解矛盾纠纷1087起，服务救助群众4056人。

（崔永均　韩登江）

【出入境管理】2020年，黑河市公安局主动服务黑河自贸区建设、沿边开发开放和“一带一路”倡议，加大公安机关“放管服”改革力度，扩展“互联网+公安政务服务”平台和国家移民管理局政务服务平台功能，搭建24小时服务中心，主动支持服务企业复工复产，开通绿色通道，上门指导材料收集，及时帮助解决实际困难。精准把握疫情期间调控政策，启动定向出国（境）劝阻引导工作，加强出入境人员信息核查、分析研判和落地排查，排查登记回国中国公民90

余万人次，核查省厅推送涉外防疫信息350余万条。严格执行口岸签证签发管理各项制度，加强外国人实有人口化管理，强化住宿登记管理、派出所调查、外管App运用等手段，准确掌握外国人动态，全面提升全市公安出入境涉外管控水平。推进群众“办事不求人”工作，优化公安出入境管理服务举措，公安政务服务窗口实行劝戴口罩、扫码验证、引导自助、分批分流、预约办理、网上办理“六步引导”办事流程，推行“全时段、无间歇”服务和窗口“一站式”服务，推出“我帮办”“容缺受理”“面见后置”“错时服务”等便民举措，办理出入境证件5819证次。深化全警实战大练兵，全面提升全市公安出入境管理民警业务能力，在全省“出境入境管理法”实战应用比武中，取得集体第二名、个人第一名和第三名的好成绩。（崔永均　韩登江）

【信息化工作】2020年，黑河市公安局始终把大数据作为推动公安工作创新发展的大引擎、培育战斗力生成新的增长点，市局成立大数据智能化建设领导小组和大数据工作专班，持续推进公安大数据智能化建设应用，探索大数据时代下“智慧警务”模式，健全完善大数据支撑下的高效警务运行体系。推进“雪亮工程”建设，建设完成全市各类智能视频监控摄像头，市级平台汇聚接入各类型视频监控点位，完成人像识别平台和视频图像联网应用平台建设，建立全市统一视频智能化运维管理平台和视频综合应用平台，不断提升对人、车、案、事等多维数据综合时空研判能力，切实提升了大数据服务实战应用能力。在疫情防控工作中，探索大数据防疫手段建设，市局研发黑河市疫情防控信息登记系统、归国人员预警比对和大数据比对分析模块，建立疫情防控信息登记App、治安卡点综合查缉布控平台，实行“智能捕捉+自动筛查+推送落地”运行机制，实现了疫情防控科技赋能、数据分析、远端预防、闭环管理、动态预警。黑河市疫情防控信息登记系统获得国家版权局颁发计算机软件著作权登记证书。同时，在全省率先完成看守所视频提审和律师会见系统建设，完成监管场所法院远程审判系统搭建工作，保障了常态化疫情防控条件下刑事诉讼活动的正常进行。（崔永均　韩登江）

【执法规范化建设】2020年，黑河市公安局聚焦法治公安建设目标，推进执法规范化建设，推进执法权力运行机制和执法监督管理机制改革，把严格规范公正文明的执法要求落到实处，不断提高公安工作法治化水平和执法公信力。开展执法突出问题专项整治，建立组织机构，制订实施方案，突出整治重点，制发统计台账，列表整改推进，加强对全市公安机关2018年以后办理的全部案件清理整治。强化开展法制大练兵，深化网上案件巡查，评查各类案件2804件，发现并整改各类问题285个。深化以审判为中心的刑事诉讼制度改革，全面落实非法证据排除规则和认罪认罚从宽制度，推进省厅取保候审监督管理系统应用，将执法音视频系统与案综系统进行对接，加强执法全流程记录综合应用。严格涉企犯罪案件管辖，强化全流程执法监督管理，完善执法办案全流程闭合式管控机制，有效防止和纠正涉企案件办理违法违规问题发生。

（崔永均　韩登江）

黑河市公安交警支队指挥中心　（王静钼／摄）

【队伍正规化建设】2020年，黑河市公安局推进公安机关机构改革，完成机场公安机关、森林公安机关、航运公安机关、地方铁路公安机关管理体制调整工作；积极稳妥推进市、县公安机关机构改革，研究起草《黑河市公安局职能配置、内设机构和人员编制规定（讨论稿）》，努力形成职能科学、事权清晰、指挥顺畅、运行高效的现代警务管理体制。推进全市公安队伍正规化、专业化、职业化建设，始终将政治建警摆在首位，强化政治责任落实，全力支持配合市委第四巡察组巡察工作，全力做好巡察整改“后半篇文章”，下大力气解决突出问题，着力促进公安队伍自我净化、自我完善、自我革新、自我提高。加强疫情防控“战时政治工作”，第一时间发布动员令，全市党员民警主动请缨参战，市局机关党员民警支援一线卡点，成立“疫”线临时党支部15个，组建党员突击队33支，27人火线入党。市局完成37个基层党支部换届选举和委员增补工作，组织市局机关、直属单位党员干部和民警辅警捐款41.13万元，策划开展“战疫文学”“防疫一线”等专题活动7个，采编一线民警战“疫”图片4200张、视频1200条，累计在中省市级主流媒体刊发稿件1700余篇、发布信息2300余条。开展全警实战大练兵活动，研究制定“年度培训计划”和主题练兵方案，开展政治轮训、线上培训、警种业务技能练兵，组织开展线上线下各类练兵活动346次，培训民警、辅警5600余人次，1名民警获评全国公安机关实战大练兵标兵个人，3个集体和8名民警获评全省公安机关实战大练兵标兵集体和标兵个人，全警的综合素养、专业技能和实战本领得到大幅提升。推进“坚持政治建警全面从严治警”教育整顿，成立全面从严管党治警领导小组及办公室，出台《中共黑河市公安局委员会关于构建新时代公安特色大监督格局的实施意见》，压紧压实从严管党治警主体责任，推进内设纪检监察机构组建，始终保持“严”的主基调，全面形成监督合力，从严要求、从严管理、从严监督，努力推动全面从严管党治警向纵深发展。（崔永均 韩登江）

【百日攻坚行动】 2020年，全市公安机关贯彻落实副省长李毅讲话精神和省厅党委决策部署，开展“三打两控一遏制”百日攻坚行动，紧盯目标指标，强化任务攻坚，发挥“四个作用”、强化“八个推进”、创新“四类战法”，全力以赴打胜打赢百日攻坚战，全面实现“五升五降”（严重暴力犯罪案件破案率、电信网络诈骗案件破案数、刑拘数、经济案件打处数、黄赌案件查处数同比分别大幅上升；刑事案件发案数、八类暴力犯罪发案数、盗窃案件发案数、道路交通事故起数、遇难人数同比分别下降）总体目标，确保了全市社会大局持续安全稳定，奋力开创边疆公安工作新局面。行动期间，全市刑事案件综合破案率环比上升31.8%，八类案件发案数同比下降46.2%；电信网络诈骗案件破案数同比上升4900%，群众财损数环比下降2.2%；抓获网上在逃人员数环比上升205%，网上在逃人员库存数下降23.9%；进京越级访、非访人数同比下降28.3%、22.2%；现场查处道路交通违法行为数同比上升48%，道路交通事故起数、死亡人数同比下降25.9%、53.3%。（崔永均 韩登江）

【旅发大会安保】 2020年，黑河市公安局落实省、市部署要求，把第三届全省旅发大会安保工作作为全年一项重要政治任务来抓，坚持“安全第一、内紧外松”的原则，实施组织领导大落实、风险防控大排查、社会治安大整治、交通安全大管控、素质作风大提升“五大行动”，投入警力2000余名，严把安全许可、安全容量、安全检查、秩序维护“四道关口”，精细落实旅发大会各项安全保卫任务，全力打赢旅发大会安保攻坚仗，实现了防拥挤、防暴恐、防案件、防事故“四防目标”，确保大会所有活动、会议和观摩景点绝对安全、万无一失。市局和交警支队被市委、市政府评为旅发大会“突出贡献集体”，有15名民警被分别获得“先进个人标兵”和“先进个人”称号。（崔永均 韩登江）

【涉外警务】 2020年，黑河市公安局加强与俄阿州警方国际执法合作，进一步巩固双边区域警务合作机制，开展打击治理跨境赌博专项行动，开展警务交流、案件协查、协同侦办等工作，相互发函并妥善办理案件协查、警务交流等案（事）件13件。加强入境和常住外国人管理，成立“三非”外国人治理局际协调小组，召开协调小组第一次全体会议，推进全市“三非”外国人治理工作，办理涉外案（事）件11起，其中，未按规定办理外国人住宿登记案件10起，监护人未尽监护义务致使未成年人非法居留案件1起。（崔永均 韩登江）

9月4日，黑河公安机关护旗方队为第三届黑龙江省旅游产业发展大会提供安保服务（山 川／摄）

【扫黑除恶专项斗争】 2020年，黑河市公安局开展扫黑除恶“六清行动”，中央督导组、全国扫黑办、公安部、省扫黑办下转576条线索全部“清仓见底”，4名涉黑涉恶目标在逃人员全部抓获，21个黑恶团伙全部侦查终结移送检察机关审查起诉，会同相关部门研究建立长效机制。同时，坚持扫黑除恶与整治治安乱点同步进行、综合治理，聚焦社会治安、金融放贷、信息网络等重点行业，排查整治治安乱点60个，维护了行业经营秩序、净化了社会环境，实现了将黑恶势力连根拔起、斩草除根的目标。（崔永均 韩登江）

【从优待警】 2020年，黑河市公安局出台《黑河市公安机关疫情防控期间从优待警十项措施》《黑河市公安机关做好疫情防控期间民警辅警身心健康保护工作的意见》，举行疫情防控战时表彰仪式，班子成员“疫”线送奖，对防疫一线表现突出的148名民警辅警进行战时表彰奖励，全市公安机关共有5个集体和4民警被评为省级及以上疫情防控先进集体和先进个人，其中交警支队获全国公安系统“抗击新冠肺炎疫情集体一等功”奖励，舍己救人的抗疫英雄王志坚获个人二等功、“全省抗击新冠肺炎疫情先进个人”和全省“优秀共产党员”称号。积极稳妥推进两个职务序列新调整政策落实，在全省率先完成全市民警职级套改和首次晋升工作，其中，完成高级警长和警务技术主任职务晋升99人次、综合管理类职级晋升和转任51人次，全部兑现职务序列改革套改晋升的工资待遇，最大限度释放改革红利。为全体民警辅警购买“新冠肺炎疫情”保险，开通心理健康服务热线，走访慰问民警、辅警、英烈家属94人，发放慰问金29.7万元。旗帜鲜明地为依法履职民警撑腰鼓劲，查办侵害民警权益案件10起，追究刑事责任5人、行政处罚13人，有力地维护了民警正当执法权益。争取用于公安机关内部防疫和民警奖励补助资金，为民警辅警采购防护装备、用品5万余件，全面做好办公场所、执法办案场所、执勤场所、监管场所、政务窗口消杀防疫工作，保障全体民警辅警防疫安全。

（崔永均　韩登江）

【教育整顿】 2020年，黑河市公安局召开全市公安机关“坚持政治建警全面从严治警”教育整顿动员部署大会，印发经市委审批的实施方案，成立主要领导为组长的教育整顿领导小组，下设办公室及工作专班，成立教育整顿9个工作组，明确21个重点部门警种，建立责任清单、联络机制和领导班子成员联系点制度，出台《黑河市公安局党委自警自律八项承诺》，坚持以上率下、全面从严，着力从解决认识问题、导向问题、态度问题、抓法问题“四个问题”入手，打好铁腕治警、正风肃纪的政治仗攻坚仗。建立“三横三纵+”教育整顿网络，开展线上线下培训55期，其中开展政治轮训线上培训和政治理论专题学习测试13期。开展队伍建设专项督察，开展违规经商专项清理，检查发现各类问题26项，整改20项。建立队伍风险隐患排查研判机制，印发《全市县级公安机关推进新时代公安队伍革命化正规化专业化职业化建设工作方案》，建立60条具体推进措施，有力推进基层公安机关队伍“四化”建设。（崔永均　韩登江）

黑河边境管理支队

【概况】 2020年，黑河边境管理支队坚持以习近平新时代中国特色社会主义思想为指导，贯彻落实中共十九届四中全会和全国公安工作会议精神，在黑河市委、市政府和市公安局的领导下，坚持政治建警、改革强警、科技兴警、从严治警，着眼提升社会治理能力现代化水平，战疫情、防风险、保安全、护稳定，加强边境管理和社会面管控工作，服务黑河经济社会发展全局，努力为黑河振兴发展打造安全稳定的社会环境。

（徐继明）

【疫情防控】 2020年，黑河边境管理支队把疫情防控工作作为首要政治任务，成立疫情防控工作领导小组，制定《应对新冠肺炎疫情工作方案》和《内部人员防控工作方案》，明确17项具体举措，组织党员民警捐款9.9万元。坚持每天研判疫情形势，向市委、市政府专题汇报16次，研提建议举措12项，得到市委领导批示肯定。严密一线封控，对边境一线每日至少实地巡查1次，重点地段视频巡查不少于2次；与解放军部队开展联勤巡逻，充实一线防控力量。突出二线查缉，在70个边境社区、村屯设立管控查缉点，实行进出双向检查，开展重点查缉管控。强化区域联防，与卫健委、医院、外事等部门建立信息通联机制，密切掌握疫情动态，形成闭环管理；加强与边检站联系，对入境货运司机进行落地排查，严防非法入境、藏匿等情况发生。阻断输入途径，排查确定198处冬季重点防控边境通道，实体运行18处前出点位，对涉边重点人员进行约谈；利用各类平台和科技手段，分析偷越国（边）境现实危险性，做到防患于未然。强化内部管理，严守“零感染”底线，多渠道筹措防护、防疫物资，为中心任务开展提供可靠支持；严格执行每日排查报告机制，强化外出人员行前教育，归队健康隔离措施；基层每天开展防疫消毒，为民警职工、辅警和社会化保障人员进行核酸检测，实现全体人员无感染。主动志愿服务，落实小区封闭管理要求，组织民警坚守3处疫情检查点和驻地医院、隔离宾馆等7处重点疫情防控部位，每日对辖区群众和物流、商场等人员聚集场所开展地毯式走访摸排，累计投入警力1.6万人次，走访群众8.2万户、21.2万人次，排查行业场所1.8万家次，查处涉疫案件72起、行政处罚129人。疫情期间，2名干警获得三等功和嘉奖奖励。（徐继明）

【政治工作】 2020年，黑河边境管理支队推进教育整顿，以高站位谋篇布局、以实举措强力推进、以严要求整肃队伍，先后召开动员部署会、试点调度会9次；精研方案，成立专班，线上开设网页专栏、微信公众号，线下配发笔记本、印制口袋书、参观教育基地，推动工作起步加速；创新构建“红色忠诚、黄色廉政、蓝色职业”三色框架教育体系，筑牢民警廉洁自律意识；部署开展“违纪违法线索大排查、干部人事专项工作大清理、执法执勤问题隐患大整治”活动，全面检视各类问题，坚持挺纪在前，有力警示教育队伍。突出党建领航引领，高标准开展争创“四强四优”等活动，下发《党支部规范化标准化建设指导意见》，拍摄组织生活示范片，开展实操演练、党课讲堂、记录检查活动，提升党支部规范化建设水平。加强小远散单位党员教育管理建设，创新“一表一卡一册”党员管理台账，开展“星级党员”“星级党支部”评比。探索实行“党团组织双轮同驱”联建模式，推出“五同三带”党团工作法，开展系列主题党团活动，实现党团组织同进步、双促进，2个集体、2名个人被团市委表彰。主动融入民族团结示范市创建活动，支队在全市创建工作大会上作典型交流。发挥政治工作效能，推进“三边”教育实践活动，创新“1+N”教育模式，举办2期政治轮训班，借助“联学+自学”“轮训+见学”“课堂+实践”形式，实现教育全覆盖。召开典型培树和警营文化建设座谈会，完善三级典型储备库，建立月报、季评、年总结制度，以点带面激发队伍活力，6个集体、35名个人受到各级表彰奖励。按照“全年有主线、季度有主题、每月有活动”原则，制发警营文化工作指导意见，组建支队工会和内部文体协会，定期开展文体活动，丰富警营文化生活。扩大队伍宣传影响力，在新闻媒体发稿700余篇，依托支队“警声境界”微信平台发布信息71条、抖音政

务号发布短视频135个；纪实片《边境线·68公里》，获得国家局微视频大赛三等奖、总站单项作品类一等奖。（徐继明）

【边境管理】2020年，黑河边境管理支队通过实地走访、编发短信、集中宣传、发放宣传品等形式，提升教育效果，累计印制发放宣传品18类1.2万余件，协调通信运营商发送短信200万余条；实行“民警+辅警+护边员+警犬”的模式，分时段、全覆盖开展边境巡查；建立护边员队伍，使用钉钉软件强化日常管理，为市区边境派出所护边员争取地方夜查补助，激发工作积极性，累计开展边境巡查、夜查4700余次。对船管站维修改造，在重点下江通道架设宣传警示牌，为界江生产作业船只安装北斗定位设备。主动担负中俄黑龙江大桥24小时执勤值守任务，受到地方党委政府和公安机关主要领导的肯定。织好“联网”，推动建立“五位一体”协调联动机制，支队领导进入市委边防委任职，各地主官进入同级公安机关或乡镇领导班子，推动市委边防委召开联席会议6次，协调市公安局召开全市边境管控工作会议3次，推动市委边防委组织联合查边4次，各级联合查边1000余批次；与外事等涉边部门签订联动共治协议，与国家安全等单位签订情报共享协议，开展会商交流活动40余次，提升防控打击精准力。建设“法网”，推动市委边防委新出台护边员队伍管理办法、民兵参加边防执勤、生产作业规范等8个指导性文件，建立完善边境管控联席会议、军警地联系协调等“六项制度”；完善修订应急预案，研发地理要素信息系统和数据可视化分析平台，规范重大突发事件处置流程，建立三级联动快反机制，组织拉动演练41次；开展边境清查、集中整治越界捕捞等专项行动，清查登记无证船只369艘，查处违边案件65起73人，阻止处理企图偷越国（边）境事件4起4人。（徐继明）

【治安管控】2020年，黑河边境管理支队全面打好治安管控攻防战，完成全国“两会”、十九届五中全会，以及全省旅发大会等重大安保任务，市委、市政府给予充分肯定，专门致信总站，表扬支队工作成绩。集中整治治安突出问题，贯彻“三打两控一遏制”百日攻坚行动部署，开展专项清查行动，累计检查行业场所3300余家，下发整改通知286份。全年累计查处治安案件686起，行政处罚296人；协办刑事案件367起，收缴枪支3支、子弹1089发，抓获网上在逃人员4人；独立侦办2起涉毒刑事案件。（徐继明）

【基础业务】2020年，黑河边境管理支队全面抓好基础业务工作，完善“三队一室”“两队一室”勤务模式，推动“三队二室”试点建设，优化警务流程，规范工作机制；开展“百警进万家”活动，采取责任区民警错时、驻村等方式，提升走访效能，更新维护派综平台信息；创新学习新时代“枫桥经验”，健全边境辖区社会矛盾调解机制，化解各类矛盾纠纷233起，努力实现辖区基础牢、出事少、治安好、党和人民满意。推进执法规范化建设，先后召开执法规范化建设推进会5次，组织执法检查4次，开展专项活动6次，拍摄完成执法实践基地建设示范片；以执法实践培训基地为平台，组织新警开展为期3个月的执法实践培训；支队在全省岗位技能练兵法律知识比武中获得第一名，3名民警通过国家法律职业资格考试第一科目；重新修订《支队接处警工作流程》《执法执勤必戴执法记录仪十三种情形》，民警执法工作得到进一步规范；推进基本级执法资格培训，落实支队月考、大队周考、重点时期日考措施，确保通过率达到100%。花园边境派出所被公安部授予“全国公安机关执法示范单位”称号。（徐继明）

【后勤保障】2020年，黑河边境管理支队深度谋划科学统筹，开展支队预算项目库建立和全口径预算编制，规范组建内控制度、国有资产管理、基建工程领导小组和政府采购委员会，明确职责分工，提升资质能力；修订7个管理规定，明确3个流程，强化审核监督，确保管理执行到位。惠警举措深入警心，参加“边守·边爱”主题联谊会，为民警交友搭建平台；实施省内两地分居民警月轮休制度，为夫妻团聚提供条件；与黑河学院签署人才培训共建协议；与市教育局、退役军人事务局及军分区协调，为民警子女争取入学择校和中考加分政策；组织民警职工开展体检，向民警发放健康监护设备，协调地方为民警开展洗车、修车、洗浴等优惠服务；开展金融知识进警营专题讲座，树立正确理财观念；推进社会化服务保障，将支队服务保障人员全部纳入物业公司管理。（徐继明）

12月，黑河边境管理支队在中俄黑龙江大桥24小时执勤值守

（黑河边境管理支队／供图）

7月31日，黑河市人民检察院与司法、行政机关共同召开市域社会治理现代化“四个专项行动”联席会议（市人民检察院／供图）

意见》，在确保案件质量的基础上，有效减低、减少延期和退查次数，把好延期关，对不符合重大疑难条件的案件决不允许延期；对经过一次延期或退补后，再次延期的案件，须报上级院备案。经全市两级院的共同努力，年末全市案件比值为1.67，比1—7月份降低了0.35个百分点。（夏　茵）

【扫黑除恶专项斗争】 2020年，黑河市两级人民检察院批捕黑恶案件284人，起诉黑恶案件302人，建立派驻式提前介入、线索管理、黑恶财产处置等12项长效机制。对市委指挥部交办的涉黑恶案件组织召开案件推进会，与侦查人员共同分析原因，明确侦查方向，提出补查意见，打好合力战。两级院检察长组织案件研讨会议61次，推动案件快速突破、快速办结。打准法律战，立案监督13人，追漏犯34人，追漏罪26件，追诉遗漏犯罪事实17件。起诉时不认定为涉恶犯罪的82人，监督撤回移送审查起诉19人。打实治理战，梳理出金融管理、工程建设、交通运输等领域的监管漏洞38个，制发检察建议16份，提出整改建议55条，并逐一推动整改落实。（夏　茵）

【护航民营企业】 2020年，黑河市人民检察院秉持“宁做一件实事，绝不做百件虚事”理念，服务民营企业发展。走访企业51家70次，解答影响企业经营的厂房租赁、税费缴纳、劳动雇佣等法律问题36个；邀请企业家52人参加服务民营企业专题检察开放日，听取民企呼声，增进司法认同。开展涉企刑事挂案清理监督，清理久拖不决案件2件，侦查机关均撤案。办理涉企公开听证案件7件，作出不起诉决定6人。如市法院办理的颜某等4名民营企业家虚开增值税专用发票案，4人为初犯，均认罪认罚，为助力复工复产，市院组织公开听证对4人作出不起诉决定，并进行了法治教育。疫情防控期间，将值守阵地作为普法阵地，录制了疫情期间民事法律问题普法广播，发布126篇防疫信息，制定疫情防控刑事案件指导意见、保障复工复产服务意见等文件6份。（夏　茵）

【代表委员联络】 2020年，黑河市人民检察院深入“互动式”联络人大代表、政协委员。两级人民检察院主动向人大、政协汇报工作21次，接受人大视察调研工作8次。联络代表委员641人次，收集代表委员意见建议76条，在公开听证、检察开放日等各项活动中，邀请代表委员230人次。（夏　茵）

法　院

【概况】 2020年，全市法院坚持党对法院工作的绝对领导，严格落实《中国共产党政法工作条例》。坚持服务大局、司法为民、公正司法，忠实履行宪法法律赋予的职责，共受理各类案件33102件，审结32247件，结案率97.4%。开展“三释”警示教育，严格执行“三个规定”等铁规禁令，统筹推进司法巡查和整改落实工作。主要工作连续三年保持全省优秀行列。黑河市中级人民法院继续保留“全国文明单位”称号、逊克法院被评为“全国文明单位”“全国优秀法院”，北安法院张弘默被评为“全国法院先进个人”。2020年12月，黑河市中级人民法院内设机构26个，编外设置机关党委。辖6个县（市、区）基层人民法院，20个人民法庭、3个巡回审判点。（彭碧旭　王洪菊）

【刑事审判】 2020年，黑河市中级人民法院依法惩处危害公共安全、人民群众生命财产安全等犯罪，审结销售伪劣产品等涉疫情犯罪案件9件，审结故意杀人、抢劫、诈骗等犯罪案件75件99人，审结危险驾驶犯罪案件259件259人，审结制售伪劣农业生产资料犯罪案件3件4人，审结环境资源犯罪案件62件96人。依法惩治腐败犯罪，审结贪污贿赂等职务犯罪案件29件32人。依法审理被告人高某、王某销售有毒有害食品犯罪案件，向市场监管部门发出司法建议，严格规范保健品市场，保障消费者生命健康。（彭碧旭　王洪菊）

【案件执行工作】 2020年，黑河市中级人民法院推进解决执行难系统治理、综合治理、源头治理。开展“六稳六保”“雷霆2020·边城重剑”等11个专项行动，执结违法占用耕地、涉民生等5类案件519件。实施搜查、强制腾退房屋58件次、拘留47人、罚款5人22万元。推进社会诚信体系建设，联合惩戒12878人次，移送涉嫌拒执犯罪11件13人。专班执行“MMM”诈骗案件，跨5省16市行程万余千米，扣划资金4563万元。
（彭碧旭 王洪菊）

【行政审判】 2020年，黑河市中级人民法院审结行政诉讼案件360件、非诉案件75件，行政机关负责人出庭率100%。落实国家工作人员旁听庭审制度，邀请市城市管理综合执法局、市应急管理局等多家行政机关110余名工作人员旁听庭审。加强行政争议调解工作机制建设，审理某公司诉某市政府履行给付行政征收补偿款法定职责一案中，加大调解力度，促成双方达成协议，实质性化解行政争议。参与棚户区改造等社会稳定风险评估工作，服务“放管服”改革，推进法治政府建设。（彭碧旭 王洪菊）

6月16日，市区法院法官带案下基层，将赔偿款送到受灾农户手中
（市中级人民法院／供图）

【一站式诉讼服务体系建设】 2020年，黑河市中级人民法院依托诉调对接中心与184家调解组织346名调解员建立联络机制，办理调解案件5557件，调解成功4887件。办理网上立案8092件，同比增长11.5倍；跨域立案154件，同比上升14.9%；电子送达44399次，让信息多跑路、让群众少跑腿。全市7个速裁团队，47名法官办案8450件，占一审民事案件结案的59.5%，实现简案快审、繁案精审。爱辉区法院被评为“全国法院一站式多元解纷诉讼服务体系建设先进单位”。（彭碧旭 王洪菊）

【司法为民】 2020年，黑河市中级人民法院加大对留守儿童、妇女、老年人、残疾人等弱势群体合法权益的保护力度。依法审理劳动争议案件259件，审结婚姻家庭案件1225件。助力脱贫攻坚，妥善审理涉“三农”案件，审结农村土地承包案件360件，审结拖欠农民工工资案件288件，依法判处拒不支付劳动报酬罪3件3人。加强涉诉信访源头治理，加大信访联动化解力度，化解多个长期信访积案。（彭碧旭 王洪菊）

【法治化营商环境建设】 2020年，黑河市中级人民法院坚持新发展理念，平等保护市场主体。加强知识产权保护，与黑河市市场监督管理局联合成立黑河自贸片区知识产权调解中心，调解4起大庄园集团诉个体经营者侵害商标权案件。制定服务保障全市旅游产业高质量发展意见，为第三届全省旅发大会提供司法助力。开通涉企案件立、审、执绿色通道，审理涉企纠纷8314件。建立“一企业一法官”定向服务联络机制，与市工商联共同开展“万名干警走访万家企业”活动，走访438家企业，帮助解决解答法律问题421个。（彭碧旭 王洪菊）

【服务自贸片区建设】 2020年，黑河市中级人民法院制定《关于为中国（黑龙江）自由贸易试验区黑河片区战疫情保稳定促发展提供司法服务和保障的意见（试行）》。到中俄跨江索道等项目企业，提供法律咨询帮助。市中级人民法院组建自贸片区案件专业合议庭、爱辉区法院成立“自贸片区法庭”，共审理涉自贸片区案件2217件。克服疫情影响，在全省率先部署14套互联网庭审系统，在线审理涉自贸片区建设系列案件23件，被最高人民法院、《人民法院报》宣传推广。
（彭碧旭 王洪菊）

【扫黑除恶专项斗争】 2020年，黑河市中级人民法院强化“打伞破网”“打财断血”，依法审结车某某36人、范某某28人等涉黑涉恶案件25件。推进“六清”行动，在全省率先布设与辖区看守所互联的科技法庭，确保庭审活动顺利进行，涉黑涉恶案件全部审结。加大“黑财清底”力度，涉黑恶财产刑执行立案44件，控制到位财产1.9亿元。立足长效常治，发出司法建议书72件，反馈率95.9%。
（彭碧旭 王洪菊）

【智慧法院建设】 2020年，黑河市中级人民法院安装并应用裁判文书智能生成系统、智能纠错系统，公开裁判文书17865篇、庭审直播996件、审判流程信息16428条、执行信息11290条。召开新闻发布会25次，发布典型案例30个。举办“公众开放日”85期、参观人数2100余人。393名人民陪审员参与审理案件1260件，推进司法民主公开。疫情防控期间，全市法院718名干警、25372人次下沉社区，筑牢社区疫情防控第一道防线，超前化解潜在矛盾纠纷200余件。（彭碧旭 王洪菊）

【干部队伍管理】 2020年，黑河市中级人民法院坚持党对法院工作的绝对领导，严格落实《中国共产党政法工作条例》。执行重大事项请示报告制度，向市委报告工作9次。制定《关于落实〈党委（党组）落实全面从严治党主体责任

规定〉的实施意见》，推进“四位九廉一体”廉政工程，完善廉政风险防控机制。开展“政治大轮训”，召开党组理论学习中心组会议11次，干警集中学习18次，举办“微党课”30期。开展“两个坚持”专题教育，院领导、支部书记讲党课25次。打造“一院一品牌”边疆特色党建，抓党建、带队建、促审判。开展“三释”警示教育，严格执行“三个规定”等铁规禁令，2名法官因任职回避调整岗位。统筹推进司法巡查和整改落实工作，开展审务督察和纪律检查27次，通报批评、提醒谈话22人次。疫情防控期间，全市法院有52名干警递交入党申请书，5名表现突出的干警火线入党。

（彭碧旭　王洪菊）

【司法能力提升】 2020年，黑河市中级人民法院开展“司法能力提升年”活动，强化岗位大比武大练兵，举办“法官讲坛”8期，线上线下培训班5期，参训500余人次。坚持“入额必办案”，院庭长办理案件21321件，占比66%以上，在全省名列前茅，孙吴法院法官人均结案303件，全省排名第一。加强审判监督管理，评查案件和法律文书3372件，提升审判质效。到农村、企业、学校、社区等宣讲《中华人民共和国民法典》36次，让民法典走进人民群众心间。

（彭碧旭　王洪菊）

司法行政

【概况】 2020年，黑河市司法局在市委、市政府和省司法厅的领导下，坚持以人民为中心的发展思想，坚持稳中求进的工作总基调，围绕中心，履职尽责，坚持一手抓新冠肺炎疫情防控，一手抓司法行政工作推进，持续开展扫黑除恶专项斗争，维护社会稳定，公共法律服务持续推进，“七五”普法圆满收官。系统疫情防控工作有效开展，制定出台《黑河市司法局依法保障疫情防控期间复工复产十项措施》。组建战“疫”律师公益法律服务团，到20余家企业开展“法治体检”。实行“12348”法律热线接听“日报制”，确保线上服务“不打烊”；对复工复产企业的法律服务需求实行“加急办理”模式，提供免费政策解读、法律咨询等400余人次，法律建议50余条。

（牟竞文　侯　亮）

【公共法律服务】 2020年，全市律师办理各类案件1833件，其中，刑事案件232件、民事诉讼1361件、行政诉讼94件、非诉讼法律事务43件。公证机构办理各类公证5113件，线上线下解答法律咨询万余人次。基层法律服务部门代理案件336件，其中，民事诉讼165件、行政诉讼3件、参与仲裁3件、非诉讼法律事务11件、咨询和代书93件、公益法律服务61件；提供免费法律服务116件，担当法律顾问361家。法律援助中心办理援助案件627件，其中，刑事案件225件、民事诉讼401件、行政案件1件；办理认罪认罚316件，接待咨询3800余人次。司法鉴定机构代理司法鉴定业务202件，其中法医临床类146件，酒精检测类19件，交通类37件。

（牟竞文　侯　亮）

【人民调解】 2020年，黑河市司法局坚持发展“枫桥经验”，落实矛盾纠纷多元化解总体要求，在乡镇（街道）、社区建立个人调解工作室89个，化解各类纠纷500余件；推进行业性专业性人民调解工作，以市委、市政府文件出台《黑河市人民政府关于加强全市医疗纠纷人民调解工作的意见》《黑河市人民调解参与信访矛盾化解工作实施方案》，加强与法院、公安、人社、信访和政府外事等部门衔接联动，联合下发《关于建立道路交通事故诉调工作机制的实施意见》《关于诉讼调解与人民调解衔接的工作规范》《加强基层劳动争议调解工作的实施意见》等文件，全市共建立行业性专业性人民调解组织62个，形成了社会矛盾纠纷多层面、多维度、多领域化解工作格局。优选36名专家建立市级人民调解专家库、191名专家建立县级人民调解专家库，为开展矛盾纠纷多元化解储备力量；落实人民调解组织和人民调解员入驻“人民法院调解平台”工作要求，组织调解员参加法院网上调解培训，为开展“网上调解”奠定基础。充分发挥人民调解职能作用，开展矛盾纠纷排查，摸排矛盾纠纷1396次，发现纠纷268件，预防纠纷113件；调解各类纠纷2373件，调解成功2269件，成功率95.6%。

（牟竞文　侯　亮）

【社区矫正】 2020年，黑河市司法局全方位开展《中华人民共和国社区矫正法》的学习宣传和贯彻落实。各县（市、区）全部建成社区矫正中心，全部开通远程视频督察系统；两节、“两会”等重要节点组织开展集中点验和帮扶教育活动，开展安全隐患大排查；疫情防控期间严格执行人员管控“日报告”制度；整合共享社区矫正机构与监狱教育矫正资源和执法资源，推进刑罚执行一体化进程；设立市级社区矫正委员会，共成立3个县级委员会，55个乡镇、11个街道委员会，保持社区矫正工作安全稳定。

（牟竞文　侯　亮）

【“七五”普法】 2020年，黑河市司法局下发普法依法治理全年工作要点，开展“防控疫情、法治同行”等专项治理活动。黑河市落实党委常务会、政府常务会会前学法制度，共开展会前学法13次。全面落实“谁执法谁普法”普法责任制，将83个中省市直单位列为考核对象，明确普法责任清单，细化量化考核措施，制定切合实际的考核标准，确保普法责任清晰明确、有效落实。针对疫情防控、复工复产、自贸片区建设、市域治理、民生保障等社会热点问题开展“点对点”的专题讲座、法律咨询等普法宣传活动，组织律师开展线上法律服务45件。全面落实“七五”普法验收标准，到县（市、区）及32个基层单位进行验收指导。9月23日，省级“七五”普法检查验收组通过实地检查对全市“七五”普法规划完成情况给予充分肯定。组织各县（市、区）政府法治建设分管负责人观摩中级人民法院行政诉讼庭审案件，使行政人员直观了解行政案件的审理流程等。加大《中华人民共和国民法典》宣讲力度，在全市法治建设培训班中单设“走进法治新时代——民法典解读”专题课，邀请省委民法典宣讲团成员为县（市、区）和各部门法治建设分管领导作专题辅导。（牟竞文　侯　亮）

【涉外法律服务】 2020年，黑河市司法局针对疫情对涉外法律服务的不利影响，巩固中俄双方法律服务行业往来交流基础。及时调整工作思路，转变工作方式，建立黑河市司法局涉外法律服务远程视频室，在高科技信息技术支撑下，畅通与布市律师协会、公证协会实时、可视、可沟通的专线视频连接渠道。发挥驻俄国际法律服务综合体作用。在中俄边境口岸闭关期间，按照《黑龙江省公证协会与阿穆尔州公证协会合作相互协助查询公证相关事项协议书》的约定，利用信息技术等手段为涉外企业办理相关公证事项，精准高效为企业解决停工停产、巨额销售损失的燃眉之急。截至2020年末，法律服务综合体累计办理委托、保全证据等公证业务26件，解答咨询30余人次，为当事人避免经济损失2000余万元。（牟竞文　侯　亮）

【自贸片区法律服务】 2020年，黑河市司法局服务中心工作，加强为黑河自贸片区建设提供法律服务。贯彻落实《黑龙江省司法厅支持我省自贸试验区建设工作的实施方案》，第一时间与自贸片区管委会对接，设立法律服务查询机，挖掘法律服务切入点，起草《黑河市司法局关于为中国（黑龙江）自由贸易试验区黑河片区建设提供优质高效法律服务的意见》，明确服务举措并组织落实。挂牌成立“中国（黑龙江）自由贸易试验区黑河片区中俄律师联合办公室”，在自贸片区成立律师事务所1个，设置执业律师热线接听席1个、业务咨询席1个。依托法律服务综合体，探索创新跨境法律服务业务规则互认，开创黑龙江省涉及俄罗斯公民在境内不动产继承公证先例，创新案例《跨境法律综合服务新模式》被确定为10项首批省级创新实践案例之一。通过网络发布动态公共法律服务指引，推行电话预约、微信咨询、远程视频解答、“互联网+公共法律服务”等方式，尽最大可能满足口岸闭关期间企业遇到的经营方面的法律服务需求。召开黑河自贸片区企业法务人员座谈会，为企业提供“订单式”服务；组织党员律师公益法律服务团开展“进片区企业问诊送法”公益服务，帮助查找法律风险点，出具法治体检报告，提出预防解决意见建议。承办2020年“法律服务龙江行——自贸区法律服务直通车”活动。（牟竞文　侯　亮）

【公共法律服务体系建设】 2020年，黑河市司法局落实中央、省委关于公共法律服务体系建设工作要求，以两办名义制发《黑河市关于加快推进公共法律服务体系建设的实施方案》。推进公共法律服务实体平台建设，辐射城乡的公共法律服务实体平台基本形成。持续加强公共法律服务热线平台建设，“12348”热线月均接听群众法律咨询400余人次。以市政务网、普法微信群、微信公众号、普法微博为依托，搭建法律服务网络平台，通过在线解答、法治讲堂等形式，提供多元、便捷、及时的法律服务。孙吴县司法局初步完成“司法慧眼”信息化建设，利用“小鱼易连”互联互通，开通公证“线上审核”功能，着力打造“管理一站式、服务一家人、办事一条龙”的“3+X”综合性法律服务窗口。拓宽对特殊群体、特定法律服务需求的法律援助范围，推出“法律援助惠民生”——维权与爱同行、守望成长呵护未来、助力残疾人脱贫攻坚等系列活动，通过法律慰问下村屯、法律服务进社区（企业）等方式，扩大援助覆盖面，提升法律服务供给力。（牟竞文　侯　亮）

【扫黑除恶专项斗争】 2020年，黑河市司法局以“六清两建”为抓手，深化扫黑除恶长效机制建设。制发《黑河市司法局对利用信息网络实施涉黑涉恶等有组织违法犯罪开展专项整治工作方案》，制定系统公职人员涉黑涉恶违法犯罪线索移送制度，明确不属于本单位管辖的公职人员涉黑涉恶违法犯罪线索移交的工作流程。加大排查管控力度，健全排查机制，及时发现并铲除黑恶势力苗头。加大对涉黑恶势力犯罪案件律师辩护代理的指导监督。健全规范律师接案审查、呈报备案、结案审查和责任追究等工作机制，指导律师事务所全部建立律师承办黑恶势力犯罪案件请示报告、集体讨论、检查督导制度；全市律师市级备案涉黑涉恶案件14件次；律师接受市法律援助中心指派办理涉黑恶案件73件、参与车某等人涉黑案件庭前会议38人次，

9月11日，2020年“法律服务龙江行”走进黑河自贸片区活动现场

（市司法局／供图）

开展针对性扫黑除恶宣传活动2次，利用媒体刊载扫黑除恶宣传信息及扫黑成果信息50余件次。（牟竞文　侯　亮）

【司法体制改革】 2020年，黑河市司法局稳步推进牵头落实的建设法治政府、建立覆盖城乡居民的公共法律服务体系、推进行政执法“三项制度”落实、推进刑罚执行一体化、加强司法鉴定事中事后监管和推动行政复议体制改革等6项改革任务。会同法院、检察院完成人民陪审员选任工作和人民监督员制度改革工作，全市有人民陪审员382名，2020年有246名人民陪审员参加法院民事、刑事、行政案件审判1028件；组织人民监督员参与监督案件52件，参加检察院开放日活动1次，指派市级人民监督员104人次。（牟竞文　侯　亮）

【监狱所联防联控】 2020年，黑河市司法局协调落实联防联控职责。贯彻中央及省委关于做好监狱系统疫情防控工作指示精神，落实辖区内“三狱一所”联防联控职责，及时向市委、市政府汇报司法行政部门狱所疫情防控要求，介绍辖区内狱所相关情况。沟通协调解决狱所疫情防控专业指导和技术支持、确定集中救治定点医疗机构、成立医疗救治专家组、建立检测救治“直通车”等问题。陪同司法部督导组调研狱所防疫情况，并及时向省司法厅汇报市域联防联控情况。落实重点刑满释放人员必接必送、身体检查、居家观察等防控措施，实行接收“日报告”制度。加强物资保障，及时协调调拨口罩、防护服、测温仪、消毒液等必备物资。

（牟竞文　侯　亮）

仲　裁

【概况】 依据《中华人民共和国仲裁法》有关规定，1997年7月市政府批准设立黑河仲裁委员会，2019年6月黑河仲裁委员会办公室更名为黑河仲裁服务中心，直接隶属市政府，全额拨款事业单位，公益一类。核定编制8个，实有人员8人，机构领导职数1正2副，内设综合科、仲裁科、立案科3个科室。作为黑河地区唯一的常设民商事仲裁机构，主要职责是依法对平等主体的公民、法人和其他组织之间的合同纠纷及其财产权益纠纷提供公益性服务，为全市提供经济仲裁、法律仲裁服务和人民调解，承办民商事财产、合同案件的调解、仲裁工作。（牟宗成）

【案件办理】 2020年，黑河仲裁服务中心进一步提高办案效率和质量，扩大受理案件种类。加大调解力度，引导当事人通过和解、调解方式化解纠纷。全年受理仲裁案件6件（均属工程类、财产类纠纷），合同金额509万元。其中，结案2件、调解1件、裁决1件，办理中4件。

（牟宗成）

【仲裁宣传】 2020年，黑河仲裁服务中心到黑河边境经济合作区企业永安一品营销中心等开展仲裁法律宣传活动；组织市交通局、市扶贫办等6家共建单位联合举办“深入贯彻《中华人民共和国仲裁法》努力打造最优营商环境”宣传活动；参加2020年黑龙江省公共法律服务龙江行走进黑河自贸片区宣传活动。通过仲裁法宣传活动，让社会各界进一步了解仲裁、走近仲裁，提高了仲裁制度的知晓率。（牟宗成）

【合作交流】 2020年，黑河仲裁服务中心抓住黑河自贸片区获批的机遇，2020年加入了中国自贸区仲裁合作联盟，与国内多家仲裁机构建立工作联系。由市司法局牵头，与商务局、外事办、贸促会、工商联等部门组建黑河国际商事调解联席会议，多次参与研究国际商事争议纠纷解决机制建设，明确了主要职责、工作规则等，准备筹建黑河国际商事调解中心。与哈尔滨仲裁委等省内仲裁机构保持密切沟通，不定期交流工作经验。

（牟宗成）

【互联网仲裁】 2020年，黑河仲裁服务中心依托互联网技术最新成果，建立与互联网金融平台对接的仲裁办案系统和电子证据平台，开展互联网仲裁，提高仲裁质效，降低仲裁成本，满足人民群众和市场主体的新期待。适应黑河自贸片区建设，探索对俄国际商事仲裁，打造对俄仲裁交流平台。（牟宗成）

黑河军分区

【概况】 2020年，黑河军分区上下坚决贯彻落实上级指示精神，坚定不移举旗铸魂，聚焦主业练兵备战，奋力抓建固本开新，严防死守抗击新冠肺炎疫情，国防动员事业和军分区全面建设稳步提升。疫情期间，注重发挥军地支援保障作用，紧急支援黑河市政府、嫩江市疾控中心医用口罩，支援驻军部队医用酒精消毒剂，出动专武干部和民兵进行巡逻、设卡和宣传。在争取政策支持、军转干部安置、军人子女入学、国防动员设施建设维护等工作中发挥了牵头和骨干作用，在平安黑河、幸福黑河、文明黑河、美丽黑河的建设中发挥了积极协调作用。（蒋天山）

【黑河市委常委会议军会议】 2020年7月27日，市委书记、军分区党委第一书记马里主持召开六届90次常委会（议军会议）。会议听取军分区政治委员白景新汇报黑河军分区工作情况，听取各县（市、区）主要负责人党管武装工作述职，研究部署有关工作。会议要求，要立足新起点，谋求新作为，切实统一军地双方思想，努力锻造召之即来、来之能战、战之必胜的精兵劲旅，为实现强边固防、兴边富民作出新的更大贡献。11月21日，马里主持召开中共黑河市委六届98次常委会，研究解决10月下旬省委常委会议军会议指出的问题。军分区、市直有关部门主要负责人参加会议。会上，徐新汇报了一年来全市国防动员工作开展情况和省委常委会议军会议指出的2个方面问题，军分区领导汇报了驻军部队需要市委、市政府帮助解决的问题。会议凝聚了将贯彻落实省委议军会精神，转化为支持国防和军队建设实际行动的思想共识。（蒋天山）

【思想建设】 2020年，黑河军分区围绕铸魂育人，强化理论武装，坚持用习近平新时代中国特色社会主义思想和习近平强军思想武装头脑、指导实践，党委（常委）会学习习近平总书记系列重要讲话形成制度机制。深化主题教育，以“九学九促”为牵引，4次组织“传承红色基因，担当强军重任”主题教育小课辅导，结合党委理论学习中心组（带机关）理论学习，全面领会中共十九届五中全会精神，军地联合挖掘整理红色资源的做法《让红色血脉在黑土地涌动》在《中国国防报》头版头条刊发。正确舆论引导，针对新冠肺炎疫情和中美博弈引发的国内外舆论，5次跟进开展形势政策教育，提升官兵辨别是非能力。注重融合增效，协调办理90名军人子女入学优待，资助贫困学生48名，助力黑河市获得“全国双拥模范城”四连冠。全年在各级报刊发表稿件31篇，较好反映了军分区精神风貌和建设成果。（蒋天山）

【战备训练】 2020年，黑河军分区落实习近平总书记指示要求，战备工作有效落实。组织首长机关封闭训练，全面推开军事职业教育，结合冬季边境联合封控行动、防汛综合演练，检验提升指挥能力，“五个不会”（不会分析判断形势、不会定下作战决心、不会理解上级意图、不会摆兵布阵、不会处置突发情况）差距逐步缩小。出动基干民兵历时5个多月协助边防连队巡逻执勤；组织专武干部和民兵参加防疫行动，事迹被中央电视台七频道军事栏目报道；完成基干民兵训练，考核成绩均在合格以上。接受省军区军事训练监察考核，受到考核组高度赞誉。全年有4期军事安全形势分析受到省军区通报表彰，23篇疫情专报被省军区刊发，15篇要讯被省军区采纳。（依光辉）

【国防动员】 2020年，黑河军分区贯彻落实党管武装制度，坚持军地合力抓国防动员工作，先后2次协调召开市委常委议军会议，集中研究解决驻军部队和武装工作存在的矛盾困难，进一步强化军地各级领导抓建国防意识。持续组织党管武装考评，助推人武部建设三年规划如期完成，6个人武部规范化建设水平大幅提升，有4个单位跨入3星级人武部行列。发挥国防动员委员会办公室职能作用，组织国动委职能部门对接军事斗争国防动员需求，综合分析全市国防动员形势，调整修订国防动员专项行动计划，完成多类国防动员潜力指标调查和数据更新，全市军事斗争国防动员准备更加充分。联合征兵办公室职能部门，完成征集直招士官和义务兵任务，征兵"六率"（登记率、报名率、上站率、合格率、择优率、退兵率）连年达标。

（陈大伟）

【基层建设】 2020年，黑河军分区贯彻依法从严治军方针，全年抓好部队安全管理。坚持依靠制度管，军分区党委每季度例会分析安全形势，结合半年和年终总结2次派出工作组，对各单位安全管理工作进行检查督导；结合规范化建设，狠抓民兵武器装备仓库安全管理和勤务分队"四个秩序"落实，部队上下正规有序。坚持融入实践抓，严格落实上级防疫指示要求，成立领导小组，研究制订《黑河军分区加强新冠肺炎疫情期间边防管控行动预案》和《黑河军分区参加处置突发公共卫生事件行动方案》，12次召开防疫工作会议，研判形势，部署工作，推动落实，实现"零感染"目标。开展条令法规学习月、军车交通安全月和百日安全等活动，购买发放《中华人民共和国国家安全法》《中华人民共和国保守国家秘密法》《中华人民共和国网络安全法》等法律读本480册，制定下发《黑河军分区安全保密工作检查考评暂行细则》，促进安全管理工作落地落实，军分区上下全年安全无事故。

（依光辉）

【服务保障】 2020年，黑河军分区围绕"协调军地，保障三军，服务官兵"，做好组织后装保障工作。防疫期间发挥桥梁纽带作用，协调地方为驻军部队提供消毒液3000千克，协调驻军部队为市援鄂医疗队提供物资60件（套），支援地方医用口罩5万余只。做好后勤保障工作，落实"五位一体"理财要求，财经管理秩序科学正规；实行油料社会化保障，移交油料10余吨，办理军车专用加油卡，实现一车一卡统一监管；协调组织多名官兵、文职、职工和家属体检，若干人参加疗养，保障人员健康。加强武器装备管理，组织春秋换季保养，鉴定退役车辆，上交退役报废装备，封箱现役武器，完成多种报废武器、维修器材熔炼销毁任务，做法在省军区要讯刊发。

（苗　锐）

11月，"黑河好八连" 官兵踏雪巡逻　（黑河日报社／供图）

【作风建设】 2020年，黑河军分区贯彻全面从严治党要求，严格制度落实，坚持"三会一课"、落实"两学一做"学习教育、过好组织生活，持续烧旺熔炉、锤炼党性，两级党委的原则性、战斗性和凝聚力不断增强。严抓民兵党建，制订下发《关于加强基干民兵预建党组织建设的实施意见》，民兵党建工作得到规范，作用发挥比较明显，疫情期间，党旗飘在前、党徽戴在前、党员冲在前。严肃党风党纪，先后3次组织纪律专题党课教育，教育引导党员远离红线底线；圆满完成领取地方绩效奖整改任务；采取电话告知、发函、诉诸法律"三步走"的办法，追缴违规发放的伙食费；采取问卷调查、发放公开信和廉洁征接兵监督卡等形式，全程督导廉洁征兵工作落实，接受廉洁征兵举报监督，全年无违规违纪和上访告状问题发生。（蒋天山）

【党管武装】 2020年，黑河军分区牵头建立落实3项具体机制制度，准确掌握和帮助解决驻军部队难题难事。建立联席会议机制，由军分区每半年协调驻军部队负责人召开联席会议，使双方协调走上规范化、制度化轨道。既推动了地方有关部门及时为部队排忧解难，又促使了部队改变自我保障的惯性思维，注重运用丰富的社会资源服务自身建设。建立联络员机制，由军分区定期向地方有关部门统一提报驻军部队军事需求，并做好督促落实工作，切实搭建起桥梁纽带。落实党委议军制度，市本级和所辖6个县（市、区）每年至少召开1次党委议军会，围绕完善国防动员体系、深化部队调整改革、军人军属优待等现实困难问题，军分区（人武部）党委第一书记召集相关部门研究解决。常态、稳固、密切的互动关系，精准高效地把驻军部队官兵对第二故乡的热爱之情，转化为

紧急支援的实际行动，形成了军地攻坚克难的强大合力。（董　亮）

武警黑河支队

【概况】 中国人民武装警察部队黑龙江省总队黑河支队（以下简称“武警黑河支队”）组建于1952年，在中国人民公安部队黑龙江省总队黑河专区公安大队基础上创建组编而成，历经多次编制体制调整，2018年1月正式改编定名为中国人民武装警察部队黑龙江省总队黑河支队。（杨馥瑞）

【思想建设】 2020年，武警黑河支队坚持把思想政治建设摆在首位，立根固本、铸魂育人。持续汇聚“深入学训词、奋斗决胜年”思想共识，常态推进“不忘初心、牢记使命”和“传承红色基因、担当强军重任”主题教育深化转化、配合融合。着眼“知心走心开心暖心”，立足“一点三片”体系，活用“三讲一谈”模式，全面推开“卫士讲堂”群众性教育，打造“人人唱主角、事事是教材、处处是课堂、时时受教育”的新格局；开展“学战疫英雄，寻生命意义”主题实践活动，在“两上两进”中传播战“疫”正能量；传承驻地抗联、瑷珲、知青、军工等红色基因，扎实推进“一基地一场馆”建设，开展“远学张富清，近学李纯珊”和红色党日活动；广泛兴起以剪纸文化、水杯文化、床头文化、广场文化为代表的“强军风采”群众性文化，愉悦官兵身心、滋养精神世界。15名官兵被总队表彰为“最美龙江卫士”，35名官兵立功受奖，支队长曹利民获第二十届“中国武警十大忠诚卫士”提名奖。（杨馥瑞）

【中心任务】 2020年，武警黑河支队紧盯国际国内态势和军事斗争形势研战谋战备战，坚持党委专题议战议训，部队常态实战实训，扎实做好应对风险变局的准备。固牢执勤阵地，扎实抓好执勤安全教育整顿、“三共”活动（指武警黑河支队与目标单位之间开展“共建、共管、共保安全”活动）和隐患排查治理，正规执勤秩序，严格防疫措施，执勤安全教育整顿和监门哨执勤防控做法相继被总队转发，年内有5篇关于执勤工作做法在《武警执勤》上刊载。梳理下发35起成功经验和39起事故案例汇编，广泛开展“讲案例谈战例”活动；抓好专勤专教、专勤专研、专勤专训、专哨专练和方案演练，组织依图讲案考核，提高干部“六会”（会调查研究、会出谋划策、会指导工作、会沟通协调、会组织落实、会文字表达）、哨兵“三能”（能指挥作战、能组织训练、能管理部署）。着眼9米监墙实际，创新运用电动升降平台，有效提升应急小组封控效率。年内，完成第三届全省旅发大会警戒安保任务。建强战备力量，推进“一规范、三系统”运行和“八个体系”战备建设，制作执勤战备工作规范、编写配装图册，配发单兵模拟对抗系统，支队推进边境反恐维稳建设经验做法被总队推广。坚决贯彻“随时准备打、一直准备中、提前准备到位”的要求，定期组织机关“三种力量”（维稳、救治、运输）和应急分队开展以疫情防控、边境维稳、抗洪抢险为背景的拉动演练，完善方案预案，规范编携配装，补充战备物资，不断提高部队快速反应和应急处置能力。支队防汛抗洪演练被央视等主流媒体报道。锤炼打赢能力，严格落实网上查训、考核量化、通报评比制度，灵活运用“六种组训模式”和“五小练兵”，为基层购买配发训练器材、制定下发训练教案汇编、各类教学光碟，有效提升军事训练质量水平。突出首长机关指挥训练和干部任教组训，着眼“教、学、练、考、评”，先后组织5个波次网上教学能力考核，尤其在战术作业中，坚持现场出情况、随机定预案、集体研战法，得到总队军事训练考核组高度认可。严密组织“魔鬼周”极限训练，精心备战“巅峰”“运筹”比武，狠抓驻训强训。支队“运筹”比武综合成绩居总队第一，承训第三片区“魔鬼周”任务被武警部队通报表扬。按照“前期抓适应、中期抓提高、后期抓规范、全程抓安全”总思路，科学拟制新兵教育训练计划，配发训练器材、书桌、图书、跑步机，科学开展适应性针对性训练。抓实入营“三项教育”（形势战备、手机使用、红色传统），配合开展“用长征路规划军旅路”读书实践活动，教育引导新兵端正入伍动机，强化战斗意志。严密组织“三查”（政治审查、心理测查和体格检查），严格按政策、程序、规定清退不合格兵员，从源头上纯洁部队。连续25年执勤无事故、24年实现安全“三无”（无严重行政责任事故、无执勤事故、无刑事案件），全面建设呈现出厚积薄发、稳健上行的发展局面。（杨馥瑞）

【安全发展】 2020年，武警黑河支队树立“安全靠建、管理要严”的安全观，坚持按纲要建、按大纲训、按条令管、按课表操课、按食谱就餐、按计划组织活动。扎实抓好《中华人民共和国人民武装警察法》宣传贯彻，持续开展“条令年”活动，贯彻《正规化管理若干规定》，抓好编制专项清理整治、“六个过一遍”及清除“土政策”“土规定”活动，常态开展“四不两直”督导检查，努力把法治理念渗透官兵血液、融入一言一行。严格落实安全工作“八个规范”，健全完善“主官同责”“一岗双责”安全责任体系，注重以安全文化引领安全发展，扎实开展“百日安全竞赛”和群众性创安系列活动，紧盯“人车枪弹酒、水火电毒密、贷赌黄游群”重点险点，开展安全管理领域七个专项整治和“安全大讲堂”专题教育，常态运行安全考核、抽查点验、讲评通报、跟踪回访机制，严格“无后果”追责问责，形成建立群策群力、群防群治的抓安创安格局。（杨馥瑞）

【基层建设】 2020年，武警黑河支队聚焦“三个过硬”建设标准，坚持扎实抓经常、接力打基础、科学谋发展。开展“学纲要、知纲要、用纲要”活动，采取网上集训、经常性培训、参观见学多种形式，用好经验交流、难题会诊、业务辅导等帮带措施，不断提升按纲建队基本功。坚持“党委领建、机关帮建、大队强建、中队自建”，突出边境一线、分布散远单位，建立健全“重点单位挂钩帮建和重点人员动态分级联管”责任制，倾听官兵心声，真心解难帮困、减压减负，机关作风更加务实，基层精力更加聚焦，“遗留问题”“棘手难题”均取得重大突破。推行集体婚礼、集体生日、军地联谊等暖心惠兵工程，有效激发官兵干事创业内动力；开展“党建助扶贫、援建促脱贫、复工防返贫”系列活动，在爱心助贫、服务群众中收获民心、赢得支持，定点帮扶的孙吴县阿象山村实现全民脱贫。（杨馥瑞）

【综合保障】2020年，武警黑河支队以“保任务、保基层、保建设”为重点，定期组织后勤“一组五队”开展岗位练兵、专业比武、应急演练，不断提升后勤应急保障能力。刚性运行预算论证机制，全面推开军网商城采购，推进后勤领域重点问题“清仓归零”和武器弹药专项整治，后勤规范化法治化水平明显提升。开展“伙食文化年”活动，创新组伙模式，拓展服务功能，抓好直达配送、两业生产、技能培训，实现保障水平与伙食标准同步提升。坚持把官兵生命健康放在第一位，严格防控措施，抓实防疫保障，实现“零输入、零感染”目标。高标准完成孙吴、黑河、北安、嫩江4个中队营房新建和执勤一中队、执勤三中队、教导队营房扩建工程，协调地方党委、政府推进支队机关选址迁建，稳步推进机关、教导队营房修建，解决基层饮水、淋浴、供暖等“五难”问题，官兵工作、生活条件大幅度改善。（杨馥瑞）

双拥工作

【概况】2020年，按照黑龙江省双拥模范城（县）创建工作推进会和黑河市委常委会第82次会议暨市双拥工作领导小组会议精神，全市积极争创全国双拥模范城和省级双拥模范县，加大双拥宣传力度，开展双拥共建和帮扶帮建活动，双拥工作扎实有效推进。黑河市以全省9个参评地市中排名第一的成绩获得全国双拥模范城“四连冠”。嫩江市、逊克县成功争创省级双拥模范县“六连冠”、孙吴县成功争创省级双拥模范县“四连冠”。（王媛媛）

【全国双拥模范城创建】2020年4月22日，市退役军人事务局双拥办依据国家、省《全国双拥模范城（县）考评标准》（以下简称《考评标准》），向33家成员单位征求承担创建全国双拥模范城考评标准任务的意见11项78条。成员单位反馈意见10条，并报送本单位分管双拥主要领导、责任科室和联络员，为本市双拥工作建立健全了长效机制。协调黑河电视台，提供专题片素材3次，制作完成双拥专题片、双拥汇报材料幻灯片。为进一步营造“军爱民、民拥军、军民团结一家亲”的浓厚氛围，整理出2016—2019年双拥工作照片681张，制作双拥画册56页。收集整理拥军优属先进单位、个人事迹材料13篇，拥政爱民先进单位、个人事迹材料7篇。对照新一轮《考评标准》，全面查缺补漏、补齐短板弱项，做到不留死角、不留盲区、不走过场的自检自查创城档案工作。按照全国双拥办《发挥双拥工作优势大力支持新冠肺炎疫情防控工作的通知》要求，突出整理军民合力支持新冠肺炎疫情防控工作。收集、整理市双拥工作领导小组成员单位、驻黑河各军警部队、各县（市、区）双拥办在疫情期间双拥工作开展情况6卷267篇双拥工作信息。（王媛媛）

【省级双拥模范城（县）考评工作】2020年1—4月，市双拥办组织所辖6个县（市、区）开展考评自检、自查、自评并上报情况，并提出反馈整改意见。5月31日至6月6日，市双拥办工作组到6个县（市、区），开展新一届全省双拥模范城（县）创建调研式考评，查阅档案资料，召开不同层面座谈会，面对面同基层人员交流研讨，总结双拥特色工作和典型经验，了解双拥工作困难问题，研究解决的办法和措施，提出整改意见。7月2日，市双拥办下发《关于双拥模范城（县、区）创建考评工作的通知》。7月6日，黑河市成立省级双拥模范城（县）检查考评组，参照省考评模式，成立3个考评专项小组。7月10日，召开考评组成员培训会，细化分解任务，要求考评组成员熟悉掌握黑龙江省《双拥模范城（县）创建命名管理办法》实施细则和《考评标准》9个方面、72个大项、183个小项具体考评标准，严格按照《考评标准》考评，严肃考评纪律，规范考评程序，确保考评工作顺利开展。7月11—13日，市考评组对所辖6个县（市、区）全部开展考评工作，严格依据《考评标准》打分考评。全市各县（市、区）考评排名分别为逊克县、嫩江市、孙吴县、爱辉区、北安市、五大连池市。（王媛媛）

【省双拥办调研检查创建考评工作】2020年9月15—18日，省双拥创建考评工作调研检查组到黑河市，就双拥创建考评工作进行调研检查。15日，黑河市召开双拥创建考评工作汇报会。调研检查组听取了黑河市2016—2019年双拥模范城创建工作和全省双拥创建工作推进会议精神落实情况的汇报，并对黑河市双拥工作领导小组成员单位双拥工作相关情况进行询问和了解。调研检查组对“黑河好八连”拥政爱民工作情况进行实地调研检查，并到嫩江市、孙吴县、逊克县实地调研检查双拥创建考评工作。（王媛媛）

【双拥工作会议】2020年12月22日，黑河市召开全市双拥工作领导小组（扩大）会议，贯彻国家、省双拥模范城（县）命名暨双拥先进单位和个人表彰大会精神，安排部署当前及今后一个时期双拥工作。市委书记、市双拥工作领导小组组长马里出席会议并讲话。市委常委、副市长王兴柱宣读《关于命名表彰黑河市双拥模范区双拥先进单位和个人的决定》。会上，黑河市代省双拥工作领导小组向受命名表彰的全省双拥模范城（县）、双拥先进单位和个人代表颁发了奖匾和证书，表彰了全市双拥模范区、双拥先进单位和个人。（王媛媛）

【双拥活动】2020年，黑河军分区贯彻落实中共十九大提出的“让军人成为全社会尊崇的职业”“组建退役军人管理保障机构，维护军人军属合法权益”等

12月22日，黑河市双拥工作领导小组（扩大）会议召开

（市退役军人事务局／供图）

黑河市首届"最美拥军人物"获奖人员一览表

表14

姓　名	工作单位及职务
王秀兰	黑河市百姓经贸有限公司百姓综合商店总经理
王玉英	嫩江市嫩江镇墨尔根社区党总支书记、居委会主任
王殿佳	五大连池市城市管理综合执法局党工委书记、局长
付　伟	爱辉区法院党组成员、政治部负责人
孙　攀	逊克县融媒体中心记者
李春霞	中国联合网络通信有限公司黑河市分公司军政行业总监
宋　扬	爱辉区政府办科员
张云清	黑河市委宣传部宣教科科长
张丽娜	北安市庆华军工遗址博物馆馆长
侯　静	孙吴县孙吴镇商茂社区党支部书记

黑河市首届"最美拥军人物"提名奖人员一览表

表15

姓　名	工作单位及职务
王玉华	孙吴县第一小学党支部书记、校长
尤海英	逊克县财政局社保股负责人
叶　蕾	爱辉区西兴街福龙社区副主任
由勤和	逊克县奇克镇山湖社区居委会主任

为抓手，联合市委、市政府创新提出"四个千方百计"（千方百计办好军队急需的事、军人期盼的事，让军属安心的事，让优抚对象满意的事）；军分区也在全体驻黑河部队倡导下开展"四个不遗余力"（不遗余力做好文明黑河的引领者，幸福黑河的建设者，和谐黑河的奉献者，美丽黑河的宣传者）创新工作。各服务行业也陆续开辟军人优先通道，确保军人依法优先，落实"让军人成为全社会尊崇的职业"的举措。黑河军分区作为地方党委军事部、同级政府兵役部、军民融合协调部，决定其在沟通军地联系、增强军政军民团结方面具有特殊和不可替代的作用。

黑河市退役军人事务局全面落实"四个千方百计"办事拥军理念，联合黑河军分区、市教育局对全市享受教育优待的现役、退役军人子女优待情况进行全面审核，军人子女教育优待率100%。组织开展"情系边海防官兵"拥军优属活动，对辖区内驻守边海防地区的现役官兵家庭，进行全覆盖排查摸底，通过上门走访慰问和电话了解困难需求，建立"一对一"联系卡，走访慰问边海防现役官兵家庭24户，赠送慰问品折合人民币1.7万元。组织开展为抗日老战士发放一次性慰问金活动。组织各县（市、区）双拥办在8月31日至9月3日，入户走访慰问抗战老战士，为19名抗日老战士发放一次性慰问金5000元。8月24日，市双拥办组织业务科室工作人员到武警黑河支队开展"送政策进军营"宣讲，200名官兵参加宣讲活动。同市委宣传部、黑河军分区和市妇女联合会联合评选出首届"最美拥军人物"和提名奖20人、第二届"最美军嫂"和提名奖20人。组织开展首届"十佳双拥社区""优秀社区""优秀拥军社会团体"评选活动、"送政策进军营""千家饺子进军营"和第三届"军营开放日"、烈士纪念日向人民英雄敬献花篮仪式等双拥共建活动。（董　亮　王媛媛）

【帮扶帮建】 2020年，黑河军分区全面支援黑河市经济社会发展。坚持按照"两不愁三保障"标准抓落实，做到加快

续表15

姓　名	工作单位及职务
祁占胜	五大连池市发展和改革局党组书记、局长
李世颖	嫩江市教育局体卫艺办公室负责人
宋秋月	嫩江市嫩江镇东风社区退役军人服务站负责人
张秋爽	北安市二井镇政府副镇长
张存丰	孙吴县沿江满达乡党委书记
祝　军	孙吴县腰屯乡党委书记

黑河市第二届“最美军嫂”获奖人员一览表

表16

姓　名	工作单位及职务
车黎黎	黑河市仲裁服务中心科员
白　云	黑河市文化广电和旅游局科员
宁卓义	黑河市发展和改革委员会科员
吴微微	黑河市实验小学教师
张　焱	黑河学院艺术实践教学中心副主任
张　彦	爱辉区花园街道博文社区宣传委员
赵黎黎	黑河市退役军人服务中心副主任
姚　远	黑河市不动产登记中心科员
高　妍	黑河市市场监督管理局科员
高隽馨	黑河市园林中心助理工程师

黑河市第二届“最美军嫂”提名奖人员一览表

表17

姓　名	工作单位及职务
王珊琪	黑河学院外国语学院英语翻译教研室主任
李　蕾	五大连池市接待中心副主任
杨志华	嫩江市第三中学教师
杨欣丽	黑河市基本医疗保险经办服务中心基金科科长
吴　超	黑河市住房和城乡建设局科员
张小雪	黑河学院经济管理学院教师
张天琪	逊克县委办国安法规组组长
陈思竹	爱辉区罕达汽镇政府乡村振兴发展服务中心主任
侯　静	黑河市税务局科员
薛　静	中国建设银行股份有限公司北安支行员工

脱贫与防止返贫相结合、固强补弱与整体提高相统一，确保帮扶力量不减弱。孙吴县人武部领导先后20余次到红旗乡红旗村检查督促脱贫攻坚情况和走访慰问贫困户，进村入户，站到一线、深入末端搞帮扶，会同驻村干部走进田间地头，邀请专业人员论证扶贫措施，得到了地方各地党委、政府的高度赞誉。嫩江市人武部党委聚焦特殊困难问题倾斜政策、资金和项目，决定当年增加15万元经费预算，用于前进镇庭院经济的帮扶工作，集中兵力打好剩余贫困歼灭战。五大连池市人武部加强与生产生活息息相关的水电、交通、广场等基础工程建设，在提升村容村貌上用劲发力，利用“五一”“十一”、元旦、春节等重大节日，开展助民爱民和走访慰问贫困户活动。孙吴县人武部组织干部职工到红旗乡红旗村植树500余棵，清扫整治村容村貌8次，清理边沟6千米，运送垃圾10车，赢得广大村民的好评。始终把发展产业作为脱贫的根本之策，进一步帮建壮大产业，在分类施策、提质增效上下功夫。孙吴县人武部利用华山千万元现代农机合作社落户红旗村的优势，采取技术入股、圈舍入股、牲畜入股、土地入股等方式，实现互惠互利，既为贫困群众创收，又树立了农村产业创收的标杆。五大连池市人武部针对帮扶对象自产农产品矿泉大米销路不畅的问题，发动干部职工帮助推销，实现收益2万元，提高精准帮扶的针对性和时效性。军分区先后投入30万元为重点帮扶对象建设700平方米的小型采摘园、1个电商平台和2栋蔬菜大棚，与当地乡政府共同研究推进生态农业种植基地项目建设，将贫困人员纳入企业经营之中，实现了贫困人员的全部脱贫，其做法被黑龙江电视台《北疆子弟兵》栏目播发。充分挖掘驻地绿色食品和粮食深加工传统优势，帮扶贫困退役军人和军人家庭，全年共帮扶68个贫困户，累计投入资金60万元，筹措资金近170万元，设立助学资金30余万元，推进有机农业、畜牧养殖、乡村旅游、电商产业等多种项目建设和产业发展，加大教育帮扶力度，共建活动丰富多彩，扶志扶智重点突出，扶贫工作取得明显成效。建立阳光档案，持续助学扶困，投入助学金9.6万元资助48名贫困学生，帮助贫困学生享有平等受教育权利。　　（蒋天山　董　亮）

【双拥宣传】 2020年，市双拥工作成员单位在《黑河日报》、黑河电视台等主流媒体开设双拥专题专栏，宣传报道全国、省、市双拥表彰大会精神，利用网络、微信微博等媒介大力宣传军政军民团结在实现中国梦、强军梦征程上的巨大作用，宣传黑河军民的鱼水深情，宣传驻黑河部队官兵牢记使命、践行宗旨、服务人民的感人事迹，宣传边城人民支持部队的模范事迹。编发双拥工作信息31期，及时交流双拥工作经验做法、反映双拥工作动态。在"中国双拥"微信公众号上刊登2篇双拥稿件。依托城乡社区和军营宣传橱窗、电子屏等生动立体的宣传载体播发播放双拥图片、宣传标语、专题片，扩大宣传受众面和广度。制作双拥国防宣传图板1块、大刀旗1幅、宣传单300份参加全民国防教育日活动。

（王媛媛）

人　防

【概况】 2020年，黑河市人民防空办公室贯彻落实国家及省、市关于政府服务只跑一次总要求，审核相关服务事项，开展公共服务事项确认及公示。落实人防结建政策，依法依规开展人防建设和管理。2020年12月，市办机关内设3个科室，所属事业单位1个：黑河市人防指挥信息保障中心。（茹丽丽）

【"放管服"改革】 2020年，黑河市人民防空办公室简化程序，提高效率，对行政审批、行业内信息系统建设等业务工作流程进行优化升级，借鉴"最多跑一次"模式，移植成熟经验，推动再造工作流程，通过推行"互联网+人防政务"服务模式，实现预约服务、上门服务以及网上办理，方便了群众。按"承诺即审批"规定，采取容缺审批方式，为黑河市卫生健康中心办理人防审批手续，为加快项目建设赢取时间。

（茹丽丽）

【人防结建管理】 2020年，黑河市人民防空办公室严格落实人防结建政策，坚持"以建为主，以收促建"的原则，加快全市人防工程建设，全面提升城市抗毁能力。加强人防法治建设，依法依规开展人防建设和管理，坚持法定职责必须为，法无授权不可为，严格按照法定程序行使权力、履行职责，确保了人防建设在法治轨道内运行，实施的行政执法行为没有程序和实体违法，没有不作为、乱作为问题，没有发生行政复议案件。

（茹丽丽）

【安全监管】 2020年，黑河市人民防空办公室对全市人防工程进行全面的安全隐患排查，对排查中发现的隐患问题重新建立台账，制定整改工作方案，形成"一工程一册""一隐患一卡片"的档案资料，对风险较大的早期工程进行报废回填或封堵，有效地杜绝安全隐患的发生。加强常规检查指导，在疫情期间，要求企业严格落实疫情防控，加强人员分类管控，了解企业诉求，帮助企业解决相关问题，全面推进企业复工复产。

（茹丽丽）

【通信指挥】 2020年，黑河市人民防空办公室坚持平战结合，打造准军事化管理机关，加强防空警报器维护保养，防空警报器统控率和鸣响率均达到100%，在防火期为黑河市消防指挥中心发放防火警报11次。健全战备值勤制度，确保组织实施战备值勤，保障平时迅速转入战时通信联络；严格执行设备维护规定和标准，所有通信设备做到周检、月检、年检和日常维护管理相结合，指挥台值班执勤率和沟通率100%。加强通信演练准备工作，完成全省人防在伊春组织的无线电通信网综合演练全部科目，演练取得成功。（茹丽丽）

【人防宣传】 2020年，黑河市人民防空办公室通过发放人防宣传资料、利用商场的电子屏幕播放宣传片、在小区单元楼粘贴宣传彩页、悬挂宣传条幅、开通黑河市人民防空办公室微信公众号等形式，推进人防宣传教育进企业、进社区、进网络。与市委宣传部、市工信科技局等单位联合开展庆祝中国人民防空创立70周年"九一八"人防警报试鸣国防教育宣传活动。开展以宣传"三防"（防化学武器、防核武器、防生物武器）知识为主要内容的系列活动，共发放宣传资料和宣传手册3000份，摆放宣传展板10块，悬挂条幅10个。

（茹丽丽）

应急与安全管理

综　述

【概况】 2020年，全市应急管理部门助力新冠肺炎疫情防控大局，组织全市开展“四大活动”、安全生产专项整治三年行动、双重预防机制、安全生产标准化建设、国家安全发展示范城市建设等工作。黑河市应急管理局协调组织召开全市安全生产会议、安委会全体（扩大）会议、全市安全生产视频调度会议，落实国家、省安全生产工作要求，部署本地安全生产工作，取得明显成效。完成各县（市、区）安全生产和消防责任制考核，组织督查检查，为全市安全生产工作提供了有力保障。防灾减灾救灾有力有序，各项工作取得积极进展。全市行政处罚793.4万元。矿山企业缴税15.36亿元，同比增长34.1%，解决就业9600人，采矿业上缴税收同比增长35.1%，是拉动全市规上工业增长主要力量，有色金属矿采选业占56.3%，拉动全市规上工业增加值增长18.8%，支撑黑河市工业发展。安全生产行政处罚案卷代表全省参加全国案卷评查。发挥市安委办职能作用，创新安全生产综合监管模式，完善综合督导与交叉执法结合、向14个重点行业部门派驻督导员、事故警示提示等工作机制，黑河市发挥安全生产综合监管职能做法作为典型经验材料成为2020年度全省应急管理工作典型。逊克县共建社区获评国家级综合减灾示范社区，北安市北苑社区获评省级综合减灾示范社区。全年未发生较大以上事故，全市安全生产形势稳定好转。　（徐铭峰　李国茂）

【应急管理机构改革】 2020年，黑河市稳步推进应急管理机构改革。市应急管理局承担全市应对安全生产类、自然灾害类等突发事件和综合防灾减灾救灾工作，8个部门和市政府5个常设议事协调机构行政职责。落实中办、国办《关于深化应急管理综合行政执法改革的意见》，推进安全生产、应急管理综合行政执法体制改革。落实防灾减灾救灾体制机制改革实施意见，持续推进14项阶段性任务和21项长期任务。有序承接森防、防汛职能，承担市森林草原防灭火和防汛抗旱指挥部办公日常工作，进一步健全完善了应急保障体系。市应急管理局内设科室13个，所属事业单位5个：市应急保障中心（正处级）、黑河航空护林站（正处级）、嫩江航空护林站（正处级）、市安全生产综合执法支队（副处级）、煤炭监控中心（正科级）。

（徐铭峰）

【教育培训】 2020年，黑河市应急管理局夯实安全培训考核载体，组织安全生产培训机构、黑河市考试院开展资质审查备案及上报工作，均达到省厅要求标准，允许开展相应培训考核工作。完成全市7处煤矿安全培训机构资质报备工作，允许开展煤矿安全培训工作。全市2处安全生产培训机构利用应急管理部提供的“链工宝”网络培训平台及线下形式组织开展培训业务，全年累计培训高危行业主要负责人、安全生产管理人员380人次；特种作业人员1640人次；普通行业主要负责人、安全生产管理人员1970人次。组织高危行业主要负责人和安全生产管理人员、特种作业人员开展考核，全市全年累计考核110余场次。煤炭行业结合大培训和“学法规抓落实强管理”专项活动，组织主要负责人培训考核14人，安全生产管理人员培训考核130人次，特种作业人员培训考核420人次，班组长培训考核130人次，其他从业人员培训考核2660人次。应急管理宣传教育工作采取线上为主、线下为辅，开展“万人在线同步接受警示教育”等活动，微信公众号共发布各类工作动态、应急科普和理论学习知识等857条，在市政府网站发布部门动态240条、政务公开信息221条；向各有关媒体投稿供稿300余条。全省应

急管理宣传活力榜排名由第13位最高升至第3位。（杨永强 姜 叶）

应急指挥

【应急保障】 2020年，黑河市应急管理局及时收集灾害事故信息，第一时间转发至县级应急管理部门值班值守人员，建立健全黄色以上预警信息反馈汇总机制。指挥中心每周一组织局当日带班领导和相关科室人员参加省厅周视频会50余次；重要节假日和敏感时期组织值班员每日收集事故灾害动态信息，及时向省厅和市委、市政府主要领导汇报。参与组织协调处置“2·7”嫩江3.8级地震、“4·22”暴雪灾害、“8·17”强降雨等突发事件，3次调动黑河市森林消防支队参与抗洪抢险救援。黑河市应急保障中心加强应急预案修订工作，重点推进53件市专项应急预案修订工作，完成修订印发30件，市专项应急预案演练完成29项。健全应急协调联动机制，与黑河军分区、武警部队建立工作运行、军力调动、信息互换、保障支持等工作机制。落实安全风险分析研判工作制度，组织涉灾部门开展会议、书面会商13次，印发《自然灾害风险形势综合分析报告》13期，制发重要时间节点《重点行业领域风险分析研判及对策措施报告汇编》3册，发布预警预报工作提示16期，发放宣传资料6万余份，张贴宣传图板1万余块，悬挂宣传条幅665条。（张 鹏 齐 璐）

【防灾减灾救灾】 2020年，黑河市应急管理局指导完成972个乡镇（社区）、村屯《自然灾害救助应急保障预案》编制工作，乡村两级预案编制率达到100%。加强防灾减灾宣传，建立4+1灾害信息员监测预警网，确保灾害发生第一时间统计上报灾情。2020年全市范围内相继遭受雪灾、洪涝、风雹、台风等自然灾害，其中，台风灾害损失最为严重，给灾区群众生产、生活带来极大影响。经核定，全市各类自然灾害共10.9万人受灾，1人因灾死亡，1998人紧急转移安置；17间房屋倒塌，2214间房屋不同程度损坏；农作物受灾面积158.86千公顷，占播种面积的8.3%，其中绝收面积26.71千公顷，占受灾面积的16.8%；直接经济损失5.9亿元。结合灾情实际，共向上争取省拨救助资金958万元，救助受灾群众3.7万人。黑河市应急管理局接受省拨救灾物资棉帐篷100顶、棉被褥1000套，向克东分库调拨单帐篷500顶、床1000张、棉褥1000条，向县（市、区）调拨棉帐篷141顶。投入12万元对省级储备分库进行维修保养，保障储备库安全运转。完成7680平方米应急物资综合储备中心项目申报、可研、立项、选址、环评、土地征用等工作。做好灾情信息和救灾工作动态统计报送和对外发布工作，接收县级灾情201条，整合上报灾情103条，编制《灾情快报》32期。（赵艳欣 齐 璐 张 进）

【应急指挥中心项目建设】 2020年，黑河市应急指挥中心项目全面开工建设，与“智慧黑河”设计单位沟通相关设计需求，完成黑河市应急指挥中心的应急指挥区、应急监测值守区、应急运行保障区3个楼层建设，使用面积1300平方米。将感知网建设、卫星通信网建设、电子政务外网接入等重点任务纳入应急指挥中心建设内容，完善和提升指挥体系信息化建设，完成应急指挥平台建设相关前期工作立项和招标工作。

（张 鹏）

安全生产与监管

【行政审批】 2020年，黑河市应急管理局抽调人员，进驻市政府行政服务大厅，开展行政审批事项受理和优化营商环境等工作。按照“批管分离”“一站式服务”行政审批工作新要求，简化办事流程，实现“一个窗口”对外和“一站式”服务，努力让企业“最多见一次面”，行政审批时限在原有法定时限内压缩一半，危化、非煤矿山安全生产许可审批时限由法定35天减少到22天，做到服务受理零推诿、服务方式零距离“四零”承诺服务。网上业务办理达100%。在政务大厅受理烟花爆竹经营许可、非煤矿山安全生产许可、非药品类化学品经营许可备案，新建、改扩建生产、储存危险化学品建设项目安全条件审查，非煤矿山建设项目、储存危险物品（含危险化学品）、烟花爆竹及其他危险性较大建设项目安全设施设计审查和竣工验收等13项事项。办理危化品经营许可首次申请2件，延期申请70件，企业法人变更20件，共计92件；非煤矿山企业安全生产经营许可证2件；烟花爆竹经营许可证延期申请2件。（吴峻高）

【执法检查】 2020年，黑河市应急管理局围绕法治政府建设、推进依法行政、创建法治政府的目标，结合全市应急管理系统工作实际，多措并举，推进依法行政、法治政府建设工作，取得阶段性成效。成立黑河市应急管理局法治政府建设工作领导小组，制定相关会长制度，建立健全专家协助审核机制，执法记录仪配备比例达到100%。对直管企业下达各类执法文书65份，处罚违法企业8户。市应急管理系统监管复工复产企业95家，组织服务指导组156个，参加指导服务735人次，指导服务企业340家次，检查监控企业330家次。深入开展安全生产“大执法”行动。发放安全生产“大执法”宣传通告350份，涵盖规模以上企业、重点企业155户。全市上报执法计划企业221家，发现一般隐患1525条，完成整改1481条，行政处罚34.49万元，停产整顿2家，曝光1家。重点检查全市工贸粉尘涉爆企业、非煤矿山尾矿库和危险化学品领域35家企业，查出隐患和问题91条，行政处罚2万元。对非煤矿山企业下达责令整改通知书10份，查出隐患和问题106条，行政处罚6.9万元。对危险化学品企业下达责令整改通知书8份，查出隐患和问题38条，全部整改完毕。配合多部门开展联合执法检查工作，推进互联网监管模式的系统数据完善和实际运用。

（赵 成 徐习武）

【督察检查】 2020年，黑河市应急管理局加强安全生产督察检查工作。全国“两会”期间，组织督查组检查61家单位，整改隐患209项；专项检查组检查411家单位，整改隐患377项。7月28日至8月20日，开展夏季安全生产检查，检查企业82家，抽查部门18个，整改问题隐患424项。11月8—16日，开展安全生产督查检查和交叉互检“两公开一随机”执法，采取“四不两直”“暗访抽查”形式，落责任、查隐患、惩违法，抽查8个乡镇、9个行业主管部门，发现问题42项，随机检查企业35家，发现隐患和问题325项，下达责令整改指令书33份，行政处罚告知书9份。开展安全生产“四大行动”。“大体检”整改隐患3180项；“大执法”整改隐患4435项，停产整顿8家；“大培训”组织培训51920人次；“大曝光”105家，曝光隐患及违法违规行为264项；“大宣传”发布信息1548条，其中，省厅网站和公众号采纳144条、《龙江应急》杂志采纳20条、《黑龙江日报》采纳23条、《中国应急管理报》采纳3条。完成双重预防机制建设615家，推动18个重点行业领域扩大建设覆盖面，从重点企业向一般企业延伸。推进重点行业领域企业安全生产标准化建设三年计划，达标382家。开展冬季安全生产督导行动，检查企业2184家次，关闭取缔企业1家，停产整顿企业7家，曝光单位33家。

（李国茂）

【危化品安全监管】 2020年，黑河市应急管理局贯彻落实国家、省、市危险化学品、烟花爆竹安全监管各项要求，严把安全准入关，严抓安全风险管控和隐患排查治理工作，全市危险化学品烟花爆竹安全监管工作得到稳步发展，有效杜绝各类事故的发生。开展危化品和烟花爆竹集中整治、“两重点一重大”“小化工”、危险化学品和烟花爆竹冬季安全生产保卫战等系列专项执法整治行动，检查598家企业（含3个重大危险源企业），发现隐患均完成整改。把好安全生产新、改、扩建的危险化学品企业“三同时”审查关。完成安全设施设计审查企业19家，监督企业开展安全设施竣工验收16家，从源头上把好安全准入关，确保企业安全。全市危险化学品生产、储存、经营（带储存设施且构成重大危险源）企业，涉及“两重点一重大”化工企业完成“两台账、一图、一栏、一卡”双重预防机制建设工作。扩展“双机”建设范围，增加烟花爆竹批发企业及加油站，鼓励其他危险化学品企业参加双重预防机制建设。全市163家列入危化和烟花爆竹双重预防机制建设名单企业，全部完成创建。加大对企业安全标准化建设督导检查，全市158家企业全部标准化创建，其中，达到三级标准化企业149家，二级标准化企业9家。推动危险化学品安全生产风险监测预警系统建设，黑河市3户三级重大危险源企业完成重大危险源企业监测接入工作。

（张　进）

【工矿商贸安全监管】 2020年，黑河市应急管理局组织开展年度执法、“四大活动”和专项整治三年行动，强力推动双重预防机制和安全生产标准化建设，保障全市工矿商贸行业安全生产形势向好发展。市、县两级共派出检查组384个，发现一般问题隐患11492项，重大隐患9项，整改率100%，约谈警示企业33户，责令停产整顿13户。下发黑河市采石场及工商贸小微企业安全标准化评审工作文件，对各地安全标准化建设情况进行定期调度和通报，有力推动建设覆盖率。非煤矿山企业安全标准化已达标25户，工贸八大行业规上企业已达标23户。工贸八大行业规上企业“双机”建设已完成创建29户，非煤矿山企业完成22户。采用政府购买服务方式，聘请采矿、尾矿、机械通风、电力等专业专家，对全市重点非煤矿山企业、尾矿库进行“体检式”执法检查，开展矿山安全设计审查2户、现场复核企业5户。检查矿山企业96户次，整改一般隐患问题872项。全面开展尾矿库风险隐患排查，派出检查组6个，检查尾矿库企业7户，下达限期整改指令12份，整改问题隐患86项；落实政府包保责任，在当地主流媒体及政府网站对全部11座尾矿库信息进行公示；开展尾矿库闭库治理，逊克县茅宝沟铁钼矿五等尾矿库、东安金矿五等尾矿库、翠北宏利尾矿库完成闭库销号，并在当地政府网站进行公告；严格汛期安全管控，逊克县东安金矿、爱辉区争光岩金矿和嫩江多宝山铜矿等重点尾矿库企业均与当地政府和相关部门开展政企联动应急演练，提高了应急处置能力。

（李忠刚）

7月13日，黑河市应急管理局对金矿地下开采进行安全检查

（市应急管理局／供图）

【煤矿安全监管】 2020年，黑河市政府加大煤矿安全基础设施建设，开展煤矿老空区隐蔽性水害物探普查。争取省级投入120万元，完成市煤矿安全监控中心建设。引导煤矿投入设备改造资金1.2亿元，5处生产煤矿实现机械化开采，减少炮采工作面5处，减少作业人员200余人。推进煤矿机械化、信息化建设，全市2处露天煤矿、3处井工煤矿实现机械化开采。加强对安全生产标准化管理体系工作的动态监管，全年累计下矿执法检查161天，下达安全生产行政执法文书107份，整改复查240条。严格执行在矿24小时驻矿监管，每周一个夜班入井检查。截至2020年末，全市有煤矿监控信息化平台矿井11处，其中井工煤矿8处、露天煤矿3处，7处井工煤矿完成煤矿安全监控系统升级改造；有5处煤矿达到三级及以上安全生产标准化管理体系等级，其中，二级安全生产标准化管理体系矿井3处，三级安全生产标准化管理体系矿井2处。开展煤炭行业淘汰落后产能化解过剩产能专项整治工作，6处矿井产能置换方案取得省发改委批复。组织协调相关资质部门编制黑河市矿区总体规划。完成黑河市2020—2022年煤矿安全补助资金项目库上报申请煤矿安全补助资金相关工作、煤炭产量统计及煤炭经济运行分析工作。 （田寅绪 王增福 张继军）

【调查评估和统计】 2020年，黑河市应急管理局依法承担生产安全事故调查处理工作，监督事故查处和责任追究情况，组织开展自然灾害类突发事件的调查评估、应急管理统计分析工作，做好灾情核查、损失评估等灾害救助工作。做好生产安全事故统计信息归口直报工作，17起事故按时完成统计上报，直报率100%。依据事故处理进度收集汇总事故调查处理批复、结案通知等文件，做好有关工作的督促指导和上传下达，推动事故调查处理重点工作落地落实。开展事故整改措施落实“回头看”工作，对2015—2019年全市发生的109起各类生产安全事故，按省要求完成检查评估工作。2020年全市共发生各类生产经营性事故17起，受伤5人，死亡17人。事故发生起数同比上年多发生2起，上升13.33%；死亡人数同比上年减少7人，下降29.17%。 （赵艳欣）

森林消防

【概况】 2020年7月，市森林草原防灭火指挥部办公室（以下简称“市森防办”）转隶市应急管理局。市森防办提前启动秋防准备工作，明确“三个不发生”和“力争不发生人为森林火灾”的工作目标。召开全市秋季森林草原防灭火暨安全生产工作电视电话会。与市林草局、市水务局实行防火、防汛双轨制，4名处、科级干部到市森防办、防汛办参与工作。8月以后承接市森防办工作。

黑河市森林消防支队始建于1951年，是森林消防队伍保持建制时间较长的支队之一。2018年，黑河市森林消防队伍改革转制退出现役。2020年，支队下辖直属、爱辉、嫩江、孙吴、逊克5个大队、10个中队、1个应急通信与车辆勤务中队，是省森林消防总队编制第二大的支队。黑河市森林消防支队成立以来，先后参加灭火作战和抢险救灾1100多起，先后有14个单位和4名个人受到总部、国家部委表彰，4人立一等功，15人立二等功，支队立集体二等功1次，4次被消防局表彰为先进支队，所属二中队连续10年被表彰为标兵中队。2020年，新冠肺炎疫情发生后，支队20名湖北籍指战员迅速响应号召，参与到抗疫当中，孙吴县大队七中队一级消防士曹冈和嫩江市大队六中队四级消防士格红强被应急管理部表彰为抗击新冠肺炎疫情先进个人。累计出动217人次处置爱辉区和嫩江市的洪涝灾害。出动450人次完成爱辉区核酸检测维护现场秩序任务。严密组织爱辉泉山、嫩江卧都河、嫩江麦海和孙吴向阳4处执勤点春秋两防靠前驻防任务。 （齐璐 夏明洪）

【防灭火工作】 2020年，黑河市应急管理局调整完善《黑河市森林防灭火指挥部工作规则》，实行市级领导带班、24小时三级值班制度，快速收集信息，落实森林火情日报告、零报告制度。同各地政府签订《森林防火责任状》，明确“三个不发生”目标。全市共投入大量人力、设备、灭火机、车辆，租用飞机多架，并设置多处驻防点。设立检查点225个，开展防灭火综合演练16次，烧除草塘沟913条6937千米。运用瞭望塔、巡护飞机监测巡查，组织106个督查组巡回检查，出动宣传员2万余人、宣传车

森林消防队员在演练现场实施扑救 （市森林消防支队／供图）

1842辆、印发宣传品124万余份。实现连续29个防期没有发生重特大森林火灾，9个防期零火灾。（齐　璐）

【转型强能】 2020年，黑河市森林消防支队坚持以森林消防局“火焰蓝”专业技能尖子比武为牵引，常态开展群众性练兵活动。邀请专业机构开展现场教学培训，224人获得初级救护员证。开展森林草原火灾隐患大调研，会同黑河、齐齐哈尔两地森林防火部门建立完善“预警预报、快速提报、兵力联动、协同保障”四项机制。高标准完成“龙威2020”防汛应急演练，在全市比武中包揽优胜单位前三名。抓实“巴威”“美莎克”台风应对各项准备，完成内涝抢险、人员搜救等5起救援任务。“国庆节旅游景区专项防火行动”受到市委、市政府高度认可，相关做法被总队转发。（夏明洪）

【森防队伍建设】 2020年，黑河市森林消防支队配合总队完成审计、巡察工作，对检查中指出的问题，认真进行整改。严密组织强化政治机关意识教育，机关政治能力得到提升。加强基层党支部建设，表彰“两优一先”对象，党支部规范化标准化建设取得新进展。广泛开展“致党委一封信”“谏言献策大家谈、靠前接访面对面”“伙食测评”活动，公示纪检监督举报电话，设置实体意见箱，对指战员反映的问题及时回应关切，实现风气建设向纵深推进的良好局面。全年共调整使用干部74人、选晋消防士57人、立功受奖396人、选学技术23人、发展党员24人。加大对后进单位重点帮扶、精准帮带力度，实现了4个大队、10个中队5年内全部提升为先进大队、支队，直属大队二中队连续11年被森林消防局表彰为基层建设标兵中队，孙吴县大队被总队表彰为进步明显单位。集中组织《国家综合性消防救援队伍基层建设纲要》网上培训，相关做法被总队转发。扎实开展作风纪律专题教育整顿、安全工作大检查、暑期百日安全竞赛活动和消防员选退工作，突出抓好重点环节跟踪管理，支队被森林消防局表彰为安全工作先进单位。从提升“五个不出营区”服务保障效能入手，先后投入资金用于机关、基层5个基建工程项目建设，有效改善了指战员工作生活环境。（夏明洪）

航空护林

【概况】 黑河市应急管理局所属航空护林站2个，分别为黑河航空护林站、嫩江航空护林站。

黑河航空护林站始建于1983年9月，1985年9月建成正式开始航空护林工作。2020年转隶到黑河市应急管理局，并由单一航空护林，向林火预警、林火扑救、灾情勘验、河湖巡护、点位核查、抢险救灾等大应急方面转变。总巡护面积320万公顷，主要包括爱辉区、逊克县、孙吴县以及嫩江市的部分区域。全年飞行173.48小时、86架次。2020年，嫩江航站共安全保障飞行1796小时、2020架次，做好“全灾种、大应急”工作职能转变，着手建立嫩江航站航空应急救援体系，以确保飞行安全为重点，以建设规范化、标准化、现代化全国一流航站为发展目标，完成全年航空森林消防工作任务。（魏雪冬　高　峰）

【黑河航空护林站】 2020年，黑河航空护林站严格按照军、民航飞行标准，严格把握气象条件和有关安全飞行标准，按照军、民航相关技术规范，查摆安全隐患风险点15项，立行立改13项，设施设备更新等2项列入中期整改，确保安全航巡救援。制定专业业务流程和操作规范标准，出台《黑河航空护林站工作人员行为规范》，修订、补充、完善党风廉政、行政管理、业务规范59项，形成完备的规章制度体系，确保各项职责在制度下运行。科学合理开展吊桶、吊篮、吊索等飞行演练，常态化开展林火扑救、抢险救灾等演习演练，不断充实完善相关预案，真正实现备勤常态化、平战一体化、反应快速化的目标。2020年共开展巡护77架次、吊桶训练5架次、载巡1架、索降1架、吊篮1架。（魏雪冬）

【嫩江航空护林站】 2020年，嫩江航空护林站航站航期全年历时240天。全年安排春航护林飞机8架，夏航护林飞机2架，秋航护林飞机9架。出动使用电源车500余班次。落实安全责任制，严格执行安全管理规章制度。全面部署和打好冬季安全生产保卫战，组织各科室进行安全生产自查，邀请嫩江市应急局专家对油库等重点区域进行专项安全检查，对查摆出的10多项问题进行有计划

5月，嫩江航站组织开展飞机吊桶取水灭火训练　（市应急管理局／供图）

地集中整改。对航护科、航管科设备进行提档升级，对机载台基地接收部分进行改造升级，确保飞行观察员与调度员通过地空通信网络和局域网实现地空通信畅通，无障碍传递火情信息。设立飞行计划和实时监控显示屏，便于飞行员与调度员掌握飞行动态，为做好航护工作提供了可靠的设备保障。航管科通过引进ADS-B技术，进一步做到了精准调度指挥，飞行航路、航空护林飞行航线的可监视范围覆盖到加格达奇、黑河以及周边航站站点，实现了护林防火与应急救援事故定位精准化，飞行可视化、数字化，全面保障了飞行安全。

（高　峰）

消防救援

【概况】 2020年，全市消防救援队伍忠实践行习近平总书记重要训词精神，精准聚焦“转保争”工作总目标，加快实施“五大体系”建设，防范化解重大安全风险，有效应对处置各类灾害事故，经受住了新冠疫情、抗洪救灾、重大安保等急难险重任务考验，维护了人民群众生命财产安全和社会稳定。黑河市消防救援支队实现了基层建设先进支队“八连冠”，安全工作先进支队“四连冠”，队伍内部持续安全稳定和集中统一。全市连续18年未发生较大以上火灾事故，消防安全形势保持持续平稳。（魏瑞建）

【思想政治建设】 2020年，黑河市消防救援支队将“坚持五个不动摇”教育实践活动作为推进队伍转型升级的思想保证和政治要求，明确62项工作任务，实施挂图作业、按图推进。支队党委先后研究决策消防工作和队伍建设重大议题32个，落实科学选人用人标准，党委决策决议落实率达到100%。实施“暖心工程”，党委承诺的“12件为基层办实事”事项全部兑现，解决基层关心关注问题32个。指战员、专职队员、文员在探亲疗养、法律援助、组织帮扶方面实现全覆盖、无差别；旅发大会景区面向消防救援人员全部免费开放；协调相关部门为指战员家属申请随队、发放未就业补贴和分居补助，为指战员子女办理入学择校，增强了指战员的使命归属感和职业荣誉感。通过召开安保誓师大会、开展战旗签字、重温入党誓词等多种形式，激发指战员战斗意志，组织开展球类、棋牌、电子竞技、读书朗诵、迷你马拉松等文体竞赛活动，组织文艺小分队进行创作，开展“只争朝夕、不负韶华”文艺调演，陶冶指战员情操。大力培树先进典型，召开“七一”表彰大会，宣扬岗位建功典型事迹，引导指战员在改革进程中争先创优。支队连续五届被评为全市拥政爱民先进单位，被市委、市政府授予“青年五四奖章集体”“第三届黑龙江省旅游产业发展大会先进集体”称号。1个基层单位被当地政府授予集体三等功，8名个人获得省、市两级党委、政府表彰。（魏瑞建）

【消防管理】 2020年，黑河市公安局开展消防安全专项整治三年行动、冬春火灾防控等专项行动，加强常态化疫情防控条件下公安派出所消防监督管理工作，制定消防安全治理检查要点和辖区列管单位隐患整改责任清单，把消防安全管理纳入社会治安防控、“百万警进千万家”活动重要内容，联合消防救援机构、物业服务企业开展住宅小区消防安全隐患集中排查行动，严格落实行业场所、企业单位消防安全责任，加大对老旧住宅、“九小场所”巡查检查力度，督促整改火灾隐患268处。进一步加强公安派出所消防监督管理，组织开展全市公安派出所消防监督管理业务培训，主动指导服务复工复产企业消防管理，预防遏制火灾事故发生。

（崔永均　韩登江）

【灭火救援】 2020年，黑河市消防救援支队制定出台《全员大练兵工作实施方案》和《训练工作奖惩办法》，全员建立“训练档案”，以“日周月”为单位，分战线落实“六个一”练兵措施。支队主官以身作则、定期督导，党委委员带头练兵、实地帮扶，坚决确保人员训满、时间训够、内容训全、质量训高。在完善“周测试、月考核、季评比”训练制度的基础上，采取“互联网+练兵”模式，通过企业微信、H5技术等数字化平台，量化练兵指标，指导练兵实践，实施“龙虎榜+红黑榜+精英榜”目标激励，营造练兵尚武的浓厚氛围。分岗位、分战区组织开展体能体型、执勤岗位、防火岗位、通信岗位练兵比武竞赛，全市消防救援队伍在同一平台“亮成绩、比高低”。在全省第一届应急救援职业技能大赛中，获优秀组织奖；在全省第二届“火焰蓝·健美达人”体能体型竞赛中，获全省团体第三名，指挥员组亚军、消防员组季军。将“教训管考”贯穿融合，高质量完成2批新消防员分散训练工作，考核通过率实现100%，创办《新蓝淬火》杂志5期，全程记录新消防员从“新蓝队员”到“焰蓝新锐”的蜕变过程。深入分析研判“一桥一管一道一线”，自贸片区建设和产业结构转型升级过程中，消防安全可能面临的突出风险，开展中俄天然气管线、中俄石油管道、黑龙江大桥应急救援处置课题调研，完善处置对策。提请市政府印发《特大火灾事故应急预案》，修订重点单位、灾害事故类型预案456份，累计开展支队级实战演练8次，基层单位演练560次，有效检验了队伍灭火救援实战能力。在2020年夏季抗洪抢险中，成功解救被困人员103人，疏散群众235人。（魏瑞建）

【火灾防控】 2020年，黑河市消防救援支队按照“党委政府统筹主导、行业部门主动履职、社会单位和广大人民群众积极参与”的工作思路，打造了专项整治“黑河模式”。市委书记马里，市委副书记、市长李世峰多次作出批示指示，市政府4次召开常务会研究消防工作，通过安全生产暨消防安全工作会议、市政府全体会议、市长办公会议等重要会议进行强调部署。以两办文件印发《消防安全专项整治三年行动实施方案》，通过“两督三考”，严格督促落实，确保行动成效。将保持消防车通道畅通、规范电动车充电、不在公共区域摆放物品等写入《黑河市文明行为促进条例》。将小区占用、堵塞消防通道现象纳入社区网格化志愿服务整体任务，开展打通消防车通道统一行动。消防安全专项整治三年行动“黑河模式”被全省以现场会形式推广。市政府常务会审议通过《持续深化消防执法改革实施方案》《深入贯彻落实黑龙江省消防安全责任制实施办法的通知》通过司法合规性审查，消防安全责任体系更加完善。年内向14个市直行业主管部门下发《消防安全建议函》。先后针对住宅小区、大型商业综合体、学校、仓储物流等场所，组织行业部门召开现场会6次。市政府2次开展部门督导，推进责任落实。市综治办将小单位、小企业纳入乡镇街道综合网格管理。6个部门联合出台《消防车通道联合管理和综合执法协作机制》，制作《打通消防生命通道工程指导手册》，规范施划、管理、处置等各项流程。部署开展清剿火患春季攻坚、危化企业专项整治、四大行动、冬春火灾防控等工作，“三自主两公开一承诺”在一、二级列管单位广泛开展，年内挂牌重大火灾隐患7处，全部整改销案。分场所、分领域开展消防安全责任人培训，培养各领域明白人2000多人。累计指导社会单位超过15000家次，实地检查单位2262家。2020年，全市共接警出动658次，扑救火灾372起，抢救疏散被困人员210人，抢救财产价值1510.5万元，全市连续18年未发生较大以上和有影响火灾事故，消防安全形势保持持续平稳。（魏瑞建）

【消防服务营商环境建设】 2020年，黑河市消防救援支队把推进优化营商环境与深化消防执法改革有机结合，制定出台《便民利企八项措施》，在切实打通政务服务堵点的同时，及时释放消防执法改革红利。坚持开门述廉，广泛开展“向人民报告”系列活动，主动接受人民群众监督，兑现竭诚为民承诺。在全省消防执法质量考评中被评为优秀单位；在消防产品监督管理工作考评中总成绩位列全省第二名。持续推进防火岗位大练兵，自主研发“Hi消答题”练兵小程序，量化练兵内容，实施每日打卡，定期测验，红黑榜排名，做到学用相长、常长结合、久久为功。在全省第二届防火岗位比武竞赛中，获得团体总分第五名、精神文明奖，1人获评业务尖兵。

（魏瑞建）

【消防安全宣传】 2020年，黑河市消防救援支队协调市委宣传部出台消防宣传工作方案，整合主流媒体宣传资源，全方位、立体式开展消防安全教育“六进”活动，提升市民消防安全素质。年内全市5万中小学生参加“我是小小观影人”影评；13万人参与“消防知识脑力大挑战”；616家重点单位参加消防安全责任传递接力；“身边隐患随手拍”“居家防疫须知的消防常识”、消防主题公园“云上”消防宣传点击量破25万次。在各类媒体曝光存在火灾隐患单位95家，倒逼火灾隐患整改。壮大消防志愿者队伍，6000多名广场舞消防志愿者投入公益宣传，推荐市中医院党办副主任窦满有被评为“全国119消防奖”先进个人，支队抖音平台获全省“2020年度消防优秀影响力奖”。（魏瑞建）

【综合保障】 2020年，黑河市消防救援支队争取消防经费，完成指挥中心升级改造，实现智能接警、实战指挥、智慧消防、道路监控等多系统接入，全力打造智能化消防指挥中枢。加快执勤训练基层基础设施建设，北安庆华、嫩江铁东2座小型消防站正式投勤，合作大队特种车辆车库投入使用。高标准建设世锦赛训练塔1座，指导改造室内训练塔5座，执勤训练条件更加优化。爱辉大队室内训练馆落成，孙吴大队室内训练馆开工建设。通过专项资金和政府赠予相结合的方式，采购动中通通信指挥车、泡沫供液车、水罐车、宿营车，加快消防车辆装备提档升级。坚持“建管同步、训战结合”，强化对远程供水系统、大流量排水、54米登高平台消防车和水域、森林、山岳等车辆器材装备的投勤应用，第一时间组建班组，开展专业训练，有效发挥装备效能。针对辖区典型灾害事故开展战保拉动演练4次，培训饮食保障、装备抢修、车辆维修等骨干人才30人。（魏瑞建）

发展和改革

【概况】 2020年，黑河市发展和改革委员会坚持以习近平新时代中国特色社会主义思想为指引，抢抓“三区一市”（自由贸易试验区、重点开发开放试验区、跨境经济合作试验区、兴边富民试点市）重要机遇期，准确把握新发展阶段，牢固树立新发展理念，主动融入新发展格局，推进工作落实，应对新冠肺炎疫情冲击，推动发改事业取得新成效，全市经济发展势头强劲恢复。2020年12月，黑河市发展和改革委员会内设13个科室，所属事业单位2个：市重点项目服务中心、市价格认证中心。（王　露）

【宏观经济运行】 2020年，黑河市发展和改革委员会统筹抓好疫情防控和经济社会发展，牵头成立经济运行调度专班，密切关注疫情对经济的冲击，逐月对全市经济运行情况进行分析调度，提出一系列有针对性的意见建议，为市委、市政府科学决策提供参考。全市经济下滑态势得到扭转，经济总量跃上新台阶，地区生产总值实现614.4亿元，同比增长3.5%，增速列全省第一位；全市城镇常住居民人均可支配收入同比增长3.1%，增速列全省第一位；全市固定资产投资扭转下滑态势实现正增长，同比增长0.2%，剔除中俄东线天然气管道、黑龙江大桥一次性不可比因素，全市固定资产投资同比增长16.8%；万元GDP能耗超额完成“十三五”节能目标任务。（王　露）

【政策资金争取】 2020年，黑河市发展和改革委员会深度对接国家战略，争取政策资金支持。推进黑河兴边富民试点市建设，梳理重点项目和政策诉求，为高效承接国家政策奠定基础。《黑河重点开发开放试验区建设实施方案》上报国家待审，《黑河陆上边境口岸型国家物流枢纽建设方案》通过省上报国家。黑河市全境纳入东北地区西部生态经济带发展规划。准确把握国家资金投向和政策导向，督促指导项目单位做好谋划储备、规范前期等工作，多次到省和国家有关部门汇报对接，资金争取再上新台阶，全市发改系统向上争取资金共49.9亿元，比上年增长4.7倍。其中，中央预算内资金5.6亿元，转移支付资金4.3亿元，抗疫特别国债资金33.3亿元，专项债券资金6.8亿元。其中，为老旧小区和棚户区改造项目争取中央预算内资金5465万元，市第一人民医院争取抗疫特别国债资金4.8亿元。组织开展2020年度风电、光伏发电平价上网项目申报工作，爱辉区光伏发电、北安市赵光风电和孙吴县大河口林场风电3个项目获批，列入国家建设计划。（王　露）

【转方式调结构】 2020年，黑河市发展和改革委员会围绕转方式调结构，培育壮大实体经济，坚持将加快推进百大项目建设作为抗疫情、稳增长、惠民生的重要举措，百大项目“百日会战”圆满收官，超额完成省定目标。发挥市百大项目建设指挥部办公室职能作用，高质量编制百大项目年度计划，实现省市百大项目数量和年度投资双提升。制发全市百大项目推进工作方案和开复工工作方案，组织开展全省百大项目集中开工仪式黑河分会场活动，实行市领导包保、1+1双牵头、专班推进、驻场服务员和承诺开工制，采取视频调度、专班工作群等创新方式，跟踪破解项目推进难题，全市145个百大项目全部开复工，完成投资113.3亿元，同比增长22.4%，投资完成率98.5%。其中，22个省百大项目全部开复工，完成投资54.5亿元，同比增长123%，年度投资完成率126%。中俄民族风情园改扩建、多宝山铜矿二期、天之草汉麻综合加工、中国瑷珲国际汽车营地等67个项目建成投产或投入使用，为扩投资、稳增长提供了强力支撑。加快推进重大

进度，提高审理效率，审结案件50件；狠抓执行环节，全年结案45件，其中以前年度案件25件。开展打击虚开骗税违法犯罪专项行动，案件得到有力查处，立案虚开骗税案件7件。扫黑除恶成果明显，累计立案查处12件，依法追缴入库收入2326万元。开展打击骗取涉疫税收优惠专项工作，发现疑点企业2户，立案查补入库收入4万元。收到发票协查30件，受理举报14件，公布重大税收违法失信案件3件。（仉　耀）

【培训宣传】2020年，国家税务总局黑河市税务局开展“岗位大练兵、业务大比武”活动，依托市局机关党校，组织专题培训三期126人，启动每周“业务大讲堂”，业务培训16次1088人次。组织全系统651人参加数字人事“两测”考试。通过专项工作规范过程管理，全年立项126项。推进ABCD四面处理方法，稳妥处理重点信访事件。精简绩效考核指标，加强后期分析利用。围绕全局重点工作和重大事项向省局和市委、市政府报告17次，得到其主要领导肯定批示7次。《黑龙江日报》《中国税务报》12次报道黑河税务发挥职能作用服务经济发展的成果，经验做法2次登上中央电视台。（仉　耀）

审　计

【概况】2020年，黑河市审计局共审计33个单位，查出违规问题金额870万元，管理不规范问题金额103309万元；移送问题线索12件。局内设科室12个，所属事业单位1个：黑河市固定资产投资审计中心。（安　佶）

【预算执行审计】2020年，黑河市审计局以促进重大政策贯彻落实、推动建立完善现代财政制度、提高财政资金使用绩效为目标，开展黑河市直、五大连池风景区、黑河边境经济合作区及4个部门2019年预算执行及决算草案审计。规范政府采购行为，提高财政资金使用绩效，维护国家利益和社会公共利益，保护政府采购当事人的合法权益，开展政府采购政策执行及效率效果情况审计。完成审计署财政直达资金跟踪审计、国务院关于黑河市预算执行审计发现问题督导整改、省审计厅下发的全市财政一级预算单位财政数据疑点核实等多项临时交办的工作任务。（安　佶）

【经济责任审计】2020年，黑河市审计局贯彻新修订的《党政主要领导干部和国有企事业单位主要领导人员经济责任审计规定》，促进领导干部履职尽责、担当作为，确保党中央令行禁止。共完成领导干部经济责任审计10项，其中，任中4人、离任6人。查处主要问题金额8642万元。组织开展原黑河市林业局局长自然资源资产离任审计。审计中，首次使用地理测绘信息和卫星遥感影像数据，使用相关专业软件，比对发现疑点并结合现场踏查发现农民拱地头开垦林地、私建猪舍、林辅沼泽地被建筑使用等方面存在的问题，实现了“天上看、网上管、地上查”、自然资源动态监管。（安　佶）

【公共投资审计】2020年，黑河市审计局鉴于2020年度政府投资类项目呈现出投资额大、数量多、工期紧的特点，转变以往竣工决算审计为主的工作理念，转向项目跟踪审计与竣工决算审计齐头并重的新工作模式。对于重大的政府投资项目，按照要求做到提前介入，创新方式，编制从项目程序控制阶段到工程项目实施零星检查，直至项目验收结算阶段的“三阶段控制”跟踪审计实施方案，合理确定跟踪审计重点，切实提高跟踪审计质量和效率。全年审计13项，共发现审计问题22个，涉及多计多结工程价款金额35.28万元。（安　佶）

【国有企业资产负债损益审计】2020年，黑河市审计局聚焦国有企业改革，加大企业审计力度，重点开展了象山水电厂和自来水有限责任公司2019年度资产负债损益审计，在推动企业重大政策措施落实、提质增效、防控化解风险、重大改革任务、优化营商环境等方面发挥了重要作用。（安　佶）

【民生审计】2020年，黑河市审计局统筹全市审计人员，组成6个审计组，利用2个月时间，对嫩江市、北安市、五大连池市、逊克县、孙吴县、五大连池风景区2017年1月至2020年6月的企业职工养老保险基金筹集、管理和使用情况进行审计，揭示和反映企业养老保险制度运行、政策执行、资金筹集管理使用和业务管理中存在的突出问题，移送问题线索12件。按照省审计厅要求，组成审计组，对七台河市本级职工养老保险基金审计，移送问题线索2件。开展北安市公共卫生资金审计，有效提高了资金使用效益。（安　佶）

【跟踪审计】2020年，黑河市审计局按照市委、市政府“从物资组成立之日，即安排审计局开展跟踪审计”的指示精神，开展疫情防控政策落实情况跟踪审计，为打赢疫情防控阻击战，提供了有力审计监督保障。开展省级百大项目建设情况跟踪审计，加强对项目建设各个环节的审计监督，保障项目建设优质高效。开展市区棚户区改造情况跟踪审计，切实维护市区棚户区改造群众住房保障权益，保障重大民生工程资金使用安全。开展孙吴县乡村振兴相关政策及资金审计，促进农业农村高质量发展，提高涉农资金使用绩效，维护农民利益。抽查了120余个政府部门（单位）、110余个项目，共发现问题45个，提出政策建议10余条。（安　佶）

统　计

【概况】2020年，黑河市统计局围绕全市经济增长、结构调整、产业升级等重点领域，加大调研力度，增强经济运行分析深度，不断提高统计对宏观经济的预判能力，为党政领导把脉经济社会状况提供科学依据。2020年12月，市统计局内设科室5个，所属参公事业单位

1个：黑河市社会经济调查队；事业单位2个：黑河市统计局普查中心、黑河市统计局计算站。（靳万才）

【统计监测预测】 2020年，黑河市统计局严格执行月度、季度经济分析会制度，分析经济增长点、影响因素，提出下步措施建议。注重加强对基础统计数据的管理，通过系统审核模板、加强数据分析、深入企业调研、对数据波动大的企业进行重点监测，夯实数据基础，客观反映经济发展实际。开展百大项目、产业项目和招商引资统计监测，与相关部门做好沟通，第一时间掌握项目最新进展，及时发现并解决问题。关注民生问题，拓宽服务领域，扩大监测范围和力度，为党政领导决策提供重要参考。受新冠肺炎疫情影响，统计数据运行状态波动较大，为掌握数据动态，了解企业和重点项目实际情况，深层次、多角度分析月度、季度经济运行特点、研判后期运行趋势，并及时做出预测和预警，做到正确分析当前形势、把握运行趋势，预判发展走向。（靳万才）

【第七次人口普查工作】 2020年，按照国家及省工作部署，统筹安排第七次全国人口普查工作，及时成立普查机构、严格选聘普查员、普查指导员（以下简称“两员”）。印发《关于做好黑河市第七次全国人口普查工作的通知》，明确职责分工、工作方式，将具体任务落实到基层和具体责任人。各县（市、区）全部成立第七次全国人口普查领导小组及内设机构。从社区工作人员、见习大学生、机关事业单位新招录人员、学校教师、志愿者等多种渠道共选聘“两员”5800余人，“两员”数量达到了普查要求。为提高“两员”素质和普查工作能力，市统计局克服疫情干扰，按照《第七次全国人口普查方案》《第七次全国人口普查指导员和普查员选聘、培训和管理工作细则》要求，多次到各县（市、区）进行面对面培训。开展普查宣传，印发《黑河市第七次全国人口普查宣传方案》，采用线上在广播电视上做公益广告，线下设置彩虹门、组织秧歌队等方式开展普查宣传，同时利用统计开放日契机，在瑷珲—腾冲公园开展人口普查主题宣传活动，各县（市、区）也都采取形式多样的方式宣传人口普查工作，营造了良好的普查宣传氛围。解决重点普查区域划分难度大、边界不清、易重易漏等问题，100%完成全市普查小区边界划分工作。完成市县两级综合试点工作，鼓励普查对象进行网络自主填报，填报率达16.5%，高于省级不低于10%的目标。联合公安部门做好户籍资料衔接和入户清查工作，利用电力大数据进行空户筛查，减少漏户现象的发生，提高入户效率。（靳万才）

【统计服务】 2020年，黑河市统计局及时编发2019年度统计公报，并在黑河政府门户网站上登载。对《黑河市统计信息月度监测》《全省主要经济指标对比情况》月度资料进行优化升级。对《2020年统计年鉴》进行改版，增加彩图、指标解释等内容。配合组织部门开展领导评价和群众测评，起草全市主要责任指标考核的各种会议材料，与责任部门沟通协调完成2019年度市对县（市、区）主要责任指标考核工作；配合纪检部门开展政治生态考核第三方测评，并对测算结果数据进行统计汇总工作。主动研究探索自贸区统计体系，多次组织合作区、爱辉区统计局专题研究自贸区统计指标建立工作，借鉴福建、上海、天津等自贸试验区主要统计指标体系，结合黑河实际，拟定黑河自贸区统计制度和报送体系，初步核算自贸区主要经济数据，配合自贸区完成相关报表数据填报工作，对省自贸办有关文件征求意见稿提出统计部门的意见。（靳万才）

【依法统计】 2020年，黑河市统计局贯彻落实中共中央办公厅、国务院办公厅印发的《防范和惩治统计造假、弄虚作假督察工作规定》，开展数据质量提升“百日行动”专项活动。结合防范和惩治统计造假、弄虚作假自查自纠工作重点，查找风险防控点、制定防控措施、通过市局抽检、问题整改、整章建制等措施，全面提升统计数据质量。发挥统计执法职能，完成“七五普法”验收工作，完善统计局“一库两单”“双随机一公开”监管工作平台建设。建立统计执法骨干人员库，入选省级统计执法骨干库3人，建立市级统计执法骨干库，市直及各县（市、区）12名取得国家统计执法证的人员入选，为全面提升统计执法队伍建设、顺利开展统计执法检查提供有力保障。借助网络平台，微信公众号、大型普查宣传《中华人民共和国统计法》，常

9月20日，统计开放日宣传活动（市统计局/供图）

态落实领导干部违规干预统计工作记录制度，进一步规范数据生产过程，及时查询反馈，加强质量管理和评估，保证源头数据质量，力求数据真实准确，维护了数据质量和统计公信力。（靳万才）

【调研分析】 2020年，黑河市统计局利用所掌握的第一手材料，及时撰写统计分析、统计信息，坚持月度经济形势分析制度，加强预警分析，优质、高效地提供统计分析和统计服务。针对新冠肺炎疫情对全市经济的影响，多角度多层次剖析经济运行情况，撰写有针对性的经济形势分析，为市委、市政府领导分析决策提供统计保障。撰写《全市一季度经济运行预测分析》获得市委、市政府主要领导和分管领导批示。在市政府第18次常务会议上政府主要领导对统计局撰写的经济运行预判分析报告提出表扬。多篇统计分析信息被省内网及市政府网采纳，其中，《黑河市边境贸易创新发展研究》《黑河市主要经济指标回升向好》《优化产业结构，加快动能转换助推黑河经济发展》等5篇信息被国家统计局内网采纳。（靳万才）

统计调查

【概况】 2020年，国家统计局黑河调查队作为国家统计局的派出机构，围绕各级党委、政府的中心工作，经济社会发展中的热点难点问题，开展调查研究，建立服务型统计体系，服务宏观经济决策，服务国民经济核算，服务地方政府统计，服务社会信息咨询，为国家提供优质高效的统计调查服务，为促进地方经济社会发展献计献策，为地区经济发展提供了客观、真实的数据基础和信息保障。2020年12月，国家统计局黑河调查队内设8个科室。（胡　博）

【住户调查样本轮换工作】 2020年，国家统计局黑河调查队举办居民收支调查工作定点单位挂牌仪式，召开由政府牵头协调，市、区、街道（乡镇）、社区（村屯）共同参加的调查网点现场会，搭建起与政府各部门沟通之桥、与市县统计局共建之桥、与街道负责人助力之桥、与辅助调查员辅导之桥、与抽中调查户关爱之桥的5道“连心桥”，畅通联络机制，营造携手共赢调查环境，为样本轮换工作顺利开展奠定坚实基础。发挥市级调查队市管县职能，推进住户“片警化”管理，分兵把口，三次到市（县）检查指导工作，保证各市（县）高质量完成样本轮换工作。（胡　博）

【脱贫攻坚普查】 2020年，国家统计局黑河调查队贯彻党中央重大决策部署，细化保障方案和工作预案，明确任务，强化举措，严格执行普查方案，带领普查人员克服高温多雨等不利天气影响，历时3个多月，高质量完成脱贫攻坚普查数据审核验收，普查结果得到市委、市政府主要领导和省脱贫普查办充分肯定。（胡　博）

【农作物遥感和实割实测调查】 2020年，国家统计局黑河调查队多次到调查网点开展实地调查，通过深入调查地块，确保了调查数据符合实际。对辖区内各县（市、区）上报数据以实地踏查和数据核查相结合的方式进行复查，使全市上报数据质量得到总队高度认可。（胡　博）

【价格权数测算】 2020年，国家统计局黑河调查队开展消费价格、工价新基期权数测算工作，在组织实施、责任分工、操作步骤、指标解释、时间安排、资料存档等方面严格执行工价制度方案要求，采取专项调查、问卷调查、权数评估、座谈会等多种方式开展消费价格权数测算，环环相扣全力做好了价格基期轮换工作。（胡　博）

【劳动力调查陪访】 2020年，国家统计局黑河调查队严格执行制度要求，强化劳动力陪访力度，当年业务人员入户陪访占全部城镇调查户的51.2%，电话回访占全部未陪访户的70.3%，陪访和电话核查覆盖80%的调查户。建立健全失业人口、重点人口等核心指标数据台账，创建2015—2021核心指标数据汇总台账，为研判数据提供了历史依据。（胡　博）

【畜牧业调查】 2020年，国家统计局黑河调查队组织开展了市（县）畜牧业调查工作。调查中，克服范围大、时间紧、配合度低等困难，协同农业农村局和地方统计局共同走访部分大中型养殖企业，直接进厂房、入圈舍，保证了源头数据有据可查、有证可依。（胡　博）

【常规调查】 2020年，国家统计局黑河调查队顺利完成主要农产品中间消耗调查以及农产品价格调查；采购经理调查联网直报率100%，企业走访率达62.5%，新设小微企业和个体经营户跟踪调查规范有序，工业生产者出厂价格调查企业走访率达到54.5%。（胡　博）

【信息工作】 2020年，国家统计局黑河调查队深度剖析居民收入、粮食产量、消费价格、劳动力就业等核心数据，以“信息专报”形式直接报送市委、市政府主要领导参阅。疫情期间，对政府疫情防控举措满意度、企业复工复产等情况开展14项快速调查，其中，2篇被批示，1篇被防疫指挥部全文采用。全年撰写35篇调研分析，被国家网采用1篇，总队网采用25篇，采用率为71%；撰写116篇政务信息，被国家网采用15篇，总队网采用82篇，采用率为71%；全队分析信息采用率、批示率均取得了新突破。撰写《黑河市绿色有机大豆发展前景简析》等4篇信息专报，分获市领导批示。全年共向党政、企业等部门提供数据咨询服务49次，按季发布《黑河统计调查主要数据》4期。（胡　博）

【统计法宣传】 2020年，国家统计局黑河调查队在“9·20”中国统计开放日、“12·8”《中华人民共和国统计法》颁布纪念日等重要普法节点，与市统计局等4家单位联合开展集中宣传活动，宣传现场设立统计普法宣传展板、统计服务咨询台，累计向过往群众发放印有《中华人民共和国统计法》《中华人民共和国统计法实施条例》的宣传单、《调查员手册》、普法挂历等普法宣传纪念品2000余份。被《黑河日报》、黑河电视台、爱辉区电视台等多家媒体进行现场全程报道，进一步扩大了宣传层面，提高了社会各界对统计工作的认识、理解和配合程度。2020年，2人通过统计执法证考试，队内共有6人持有执法证。

（胡　博）

市场监督管理

【概况】 2020年，黑河市市场监督管理局在新冠肺炎疫情防控期间，设计实施进入超市、农贸市场扫码登记系统，在全省率先实现人员轨迹可追溯。强化药店管控工作，完成疫情防控药店"哨兵"备案185家。利用"沃填报"系统，持续做好相关药品实名制购买登记工作。制订疫情常态化防控实施细则，形成专班督查检查机制，建立"哨点"+"哨兵"+"流动小分队"疫情防控机制。免费为全市检测校准测温枪5500余台。坚持"查控为要、人物同防"，开展进口冷链食品疫情防控。联合市疾控中心将检查关口前移，采取"先检测、后入库"的方式对进口冷链食品形成闭环管理。巩固专项行动的有效成果，制订《2020年扫黑除恶专项斗争工作要点》《全市市场监管系统"六清""两建"工作实施方案》。结合疫情防控、日常监管工作累计排查市场主体21030户次。2020年12月，黑河市市场监督管理局内设35个科室，派出机构12个：自贸区监管一分局、自贸区监管二分局、兴安街分局、海兰街分局、西兴街分局、中央街分局、五大连池风景区分局、瑷珲镇分局、罕达汽镇分局、上马厂乡分局、锦河分局、红色边疆分局。所属事业单位6个：黑河市质量技术检验检测中心、黑河市药品检验和不良反应监测中心、黑河市市场监督管理综合行政执法支队、黑河市消费者权益维护中心、黑河市个体劳动者权益保障中心、黑河市特种设备检验研究所。

（张　欢）

【商事制度改革】 2020年，黑河市市场监督管理局将17个部门的30个审批和备案事项整合到营业执照上，实现"35证合一"。92项审批事项在法定时限基础上平均压缩70%以上。开办企业通过"企业开办专区"和"一网通办"平台实现了1个环节、3小时内办结。市场主体可自主选择到"企业开办专区"综合受理窗口、全程电子化登记窗口、银行网点登记注册自助服务一体机、监管分局等多种渠道办理相关业务。联合6部门制发《黑河市关于新开办企业"零成本"实施方案》，实现企业注册"零成本"。2020年12月，市本级有各类市场主体33455户，同比增长12%。

（张　欢）

【营商环境优化】 2020年，黑河市市场监督管理局制定《2020年黑河市市场监管局深化作风整顿优化营商环境实施方案》《提升营商环境政策措施分工表》。全面推行审批窗口"我帮办"，打造"办事不求人"服务品牌。实现行政审批"一网通办"，网办事项达197项，61%的审批事项可即时办结。"双公示"及时率达100%。实施部分审批事项告知承诺制，简化办理流程。推行食品许可证照联办套餐服务，实行容缺受理等守信激励措施。针对市场主体"急难睹"的突出问题，推出柔性措施，主动服务企业，开通绿色通道、实行特事特办，助力全市百大项目顺利开工，打造提升优良的营商环境。

（张　欢）

【"证照分离"改革试点】 2020年，黑河市市场监督管理局推行自贸区黑河片区"证照分离"改革。复制推广全国自贸区各片区改革试点经验案例23项。制订《黑河市"证照分离"改革全覆盖试点事项清单（分解版）》，梳理事项534项。提出改革建议和举措32项。帮扶片区内企业获批首张"药品生产许可证"。制发《关于进一步推进企业注销便利化工作的实施意见》，对符合条件的企业实行简易注销，注销公告时间由45天减少至20天，实行容错二次申请。允许自贸区内企业在名称中使用带有自贸区地域特点的标志性字样，办理39家。

（张　欢）

【智慧市场监管】 2020年，黑河市智慧市场监管平台投入运行。建立学校、幼儿园食堂远程实时监控系统。对"双随机一公开"执法检查、"12315"投诉举报等数据集中整合，实现系统内数据共享。自建广告监测系统正式运行，实现对县（市）传统媒体广告实时全覆盖监测。设计开发药械经营智慧化监管App系统。

（张　欢）

【助力复工复产】 2020年，黑河市市场监督管理局开展助力食品行业复工复产网络直播推介活动。会同11个部门联合制发《黑河市支持企业（个体工商户）复工复产20条措施》。为市场主体减免检测费39.8万元、帮助减免租金505.08万元、协调银行发放贷款270万元。

（张　欢）

【"双随机、一公开"监管】 2020年，黑河市市场监督管理局召开部门联席会议，建立"双随机、一公开"（指在监管过程中随机抽取检查对象，随机选派执法检查人员，抽查情况及查处结果及时向社会公开）协同监管机制，"一单两库"（一单指随机抽查事项清单，两库指市场主体名录库、执法检查人员名录库）覆盖率实现100%。开展部门联查、省级联查，抽查市场主体4392户。制发《黑河市市场监督管理局清理长期停业未经营企业实施方案》，开展了"僵尸"企业的全面清理。

（张　欢）

【旅游市场监管】 2020年，黑河市市场监督管理局提升第三届全省旅发大会会议安全保障，制定《安全保障方案》《应急处置预案》，成立救援组织。检查旅游景点大型特种设备40台。检查旅发大会景点及周边餐饮单位350家次，约谈不合格餐饮单位，监督菜品留样1124份。与爱辉区委宣传部合作开展"黑河美食优惠月"活动。

（张　欢）

【质量提升行动】 2020年，黑河市人民政府2019年度在省政府对质量工作

7月，执法人员通过监管系统对餐饮企业、超市、学校食堂等进行巡查

（王丹/摄）

考核中，被评为全省质量考核“一类城市”。制订《黑河市重点行业、重点产品质量提升工作方案》，确定重点，逐级开展质量提升工作。采用线上线下结合方式开展“质量月”活动。探索“企业首席质量官”工作。重点培育北安市在“质量工作改革创新”领域参加2019年度市场监管工作真抓实干成效明显地方申报推荐。（张　欢）

【知识产权保护】2020年，黑河市政府印发《黑河市2020年—2021年〈关于强化知识产权保护的意见〉推进方案》。成立中国（黑龙江）自由贸易试验区黑河片区知识产权调解中心和“自由贸易试验区黑河片区知识产权保护工作站”。探索借助国家知识产权运营公共服务平台开展知识产权质押融资。“黑河大豆”2件地理标志证明商标、“极境寒养”区域公用品牌42个类别商标获得国家核准注册，新提交五大连池面粉、大豆、大米等地理标志证明商标申请3件。推广“极境寒养”区域公用品牌，78家企业获得“极境寒养”商标许可使用。全年全市有效注册商标7705件，地理标志证明商标12件；地理标志保护产品6个。

（张　欢）

【农业和服务业标准化管理】2020年，黑河市制定国家标准1项，地方标准9项，团体标准1项，企业标准23项。全市共有标准化示范试点6个。其中，国家级试点1个、省级试点5个。全市共有9个项目成功申报2020年省级地方标准制修订计划项目。组织县（市）局开展4个农业标准化示范项目和1个新型城镇标准化试点申报工作，被确定为省级示范区。《北安市基本公共教育服务标准化试点》获批。初步搭建起覆盖旅游服务全过程的旅游标准体系框架，采用国家标准、行业标准27项、地方标准17项。（张　欢）

【认证认可监管】2020年，黑河市发放首张承诺制检验检测机构资质认定证书。全市发放有机产品证书169张，同比增加55.05%；获证组织数量87家，同比增加35.94%。2020年12月，黑河辖区有效期内认证证书共476张，获证组织共223家，认证机构共39家。

（张　欢）

【计量管理】2020年，黑河市市场监督管理局开展计量服务中小企业行活动。全市成立7个技术服务组，提供91人次的技术服务，帮助企业解决了26个问题。开展计量监督管理，检定电子秤1302台，检查加油机47台，加油枪122把，检查眼镜制作场所计量器具176台（件）。稳步推进能源计量工作，重点耗能企业全部完成自查整改，对全市近20家家电商场、门店实施抽查检查，检查品种累计36类，检查产品936台（件）。全市培育计量诚信示范单位11家。

（张　欢）

【食品安全监管】2020年，黑河市市场监督管理局组织完成2019年度县（市、区）食品安全考评工作。建立风险防控清单，开展体系检查及专项行动15次，排查隐患70个。开展餐饮服务单位风险等级评定，全覆盖开展农村地区食品经营许可审核复查，食品标签标识抽查合格率90%以上，打造小作坊“示范”样板坊13家。制订2020年食品安全监督抽检计划，全市监督抽检计划共5096批次。强化检测结果核查处置与信息发布。全年核查处置任务按时完成率100%，核查处置工作在全省排名第一。

（张　欢）

【药械安全监管】2020年，黑河市签订《药械质量价格自律承诺书》189家。400余家药品经营企业取得新版许可证。全面推行“沃填报”系统。开展全市专项检查，共检查药品、医疗器械经营企业13331家次。完成药品抽检任务640批次。（张　欢）

【特种设备安全监管】2020年，黑河市市场监督管理局开展特种设备安全“四大”（大体检、大执法、大培训、大曝光）行动，检查特种设备1012台（套），排除隐患240处。完成双重预防机制建设单位3家。组织开展事故应急演练4次。清查原农垦、森工移交特种设备342台（套），确保了特种设备零事故。

（张　欢）

【产品质量安全监管】2020年，黑河市市场监督管理局强化重点产品质量安全抽检。共抽检重点产品37批次，抽检

任务全面完成。在专项检查中，抽查车用柴油55批次，立案7起，罚没37.54万元。开展化肥获证企业产品质量安全专项整治，检查获证生产企业19家，达到市场主体全覆盖。（张　欢）

【检验检测】 2020年，黑河市市场监督管理局推进检验检测服务平台建设。黑河市质量技术检验检测中心同黑河绿农集团、黑河海关综合技术中心签订三方战略合作框架协议。完成食品监督抽检和食用农产品抽检769批次，超额完成45批次，其中为绿农集团免费检验56批次。完成粮食品质测报检验任务416批次。（张　欢）

【价格监管】 2020年，黑河市市场监督管理局加强旅游市场管理，与旅游业经营者签署《黑河市旅游业价格自律承诺书》。持续整治医疗服务收费价格。加强涉企收费的监管，制订《整治涉企违规收费工作方案》，约谈企业10家。开展转供电主体专项检查，督导企业退还多收电费23.04万元；督办黑河口岸某港航有限公司退还企业"港口设施保安费"0.29万元。组织多方协调会，为工业区内企业用户降低年用电成本10多万元。全市办理价格违法案件38件（案件办结率100%），罚没款16.5万元。（张　欢）

【重点市场监管】 2020年，黑河市市场监督管理局规范黑河市殡葬行业市场的经营行为，开展殡葬市场联合检查。与发改委、民政局等相关部门，共同对黑河市改扩建的殡仪馆启用前进行现场检查指导。开展农资打假保春耕行动，制订《2020年农资打假保春耕行动方案》，与农资经营市场主体签订《农资商品销售承诺书》200余份。向全市523家农资市场主体发布《致农民朋友的一封信》。检查市场主体725户次。开展农资定量包装抽检，全市共抽查农资经营业户51户，抽检种子、化肥67个批次，全部合格。抽检化肥生产企业3家23个批次，抽检流通领域173个批次。加强成品油市场整治。对个别加油站销售商品公示项目不全，现场责令其改正。开展野生动物保护专项整治。与林业和草原局、公安局、农业农村局召开部门联席会议，进一步强化了部门间协调联动。（张　欢）

【公平竞争及反垄断审查】 2020年，调整黑河市公平竞争审查工作联席会议组成人员。修订《黑河市市场监督管理局公平竞争自我审查工作制度》，对全市2019年政策措施类文件进行梳理排查，废止11件、修订6件，审查增量政策文件74件。选取5家企业作为商业秘密示范点建设单位。（张　欢）

【广告监管】 2020年，黑河市自建广告监测系统正式运行，实现对县（市）传统媒体广告全覆盖实时监测。利用国家级及省级监测平台监测黑河市级媒体广告零违法。利用广告载体发布和宣传抗击新冠肺炎疫情公益广告，在各电视台发布涉及疫情防控公益广告273条，在《黑河日报》《黑河晚刊》发布疫情防控公益广告31条。鼓励、支持、引导媒体参与公益广告宣传，县级传统媒体共播放公益广告904条，占县级传统媒体广告总条次的98.5%；市本级传统媒体共发布公益广告835条，占市本级传统媒体广告总条次的84.63%。（张　欢）

【网络商品交易监管】 2020年，全市共有网络经营主体数量709户，新增网络经营主体184户，同比增长35%。全市电商平台"亮标亮照"率达100%。开展2020网络商品交易监管执法专项行动，召开电商企业行政指导约谈会，进一步规范网络经营行为。推进动产抵押登记业务一站式办理和查询，全市办理动产抵押登记、变更、注销347件，盘活企业资产、帮助企业实现融资10.2亿元。（张　欢）

【普法宣传工作】 2020年，黑河市市场监督管理局制发《2020年"谁执法谁普法"普法责任制实施方案》，从制定学法用法制度、落实普法责任、开展法律"七进"及防疫专项普法等方面进行系统内外的全方位普法。发放各类宣传资料5万余份，解答群众疑问千余次。制作黑河市市场监督管理局"七五"普法工作纪实片，选送国家市场监督管理总局参评。（张　欢）

【消费维权】 2020年，黑河市市场监督管理局以"凝聚力量，共同抗击疫情"为主题，开展"3·15"国际消费者权益日活动。旅游景区新建消费维权服务站7处，创建黑河市放心消费示范单位23家。全市共受理消费者投诉892件，举报947件，投诉举报按时办结率100%，黑河市市场监督管理局"12315"投诉举报办公室接听消费者咨询类来电共计10932次，共计为消费者挽回经济损失75.33万元。（张　欢）

综 述

【概况】 2020年，黑河市农业农村局统筹疫情防控和农业农村经济社会发展两手抓、两手硬，坚持全面组织、全面经营、全面服务、全程管理，大力实施乡村振兴战略，加快农业强市建设，全市农业农村经济稳中有进，持续向好，粮食生产、畜牧生产基础更加稳固，农村基础设施建设和农村面貌明显改善，县域经济实力稳步提升，农民收入稳定增长，农村改革全面深化，稳住农业基本盘，成为全市经济社会发展突出亮点。聚焦"一县一业"，指导各县（市、区）培育能源矿产、农产品加工、矿泉康养等精干主导产业，稳步推动县域经济高质量发展。狠抓产业项目建设，县域纳入本年省市百大项目的产业项目59个，开复工率、投资完成率分别达到100%和104%。2020年12月，黑河市农业农村局内设11个科室，所属单位4个：黑河市农业综合行政执法支队、黑河市农业农村服务中心、黑河市畜牧水产服务中心、黑河市农业机械化总站。

（刘雅昆）

【农业农村改革】 2020年，全市农村集体产权制度改革工作全面完成，成立613个村级集体经济组织，占总数的100%。建设7个农村集体资产产权网上交易平台，并开通运行。五大连池市建设乡幸福村股份经济合作社机动地以最高每公顷8000元价格成交。北安市开展全省第一批农村宅基地改革与管理试点，完成62个行政村基础普查。全市农业生产托管面积709.8万亩次，五大连池市、嫩江市被省确定为农业生产社会化服务项目试点示范县，向上争取项目扶持资金1147万元。加快"普惠金融+智慧县域"项目建设，全市6个县（市、区）农民网上无抵押贷款平台全面开通，累计贷款14.7亿元，贷款人数2.13万人。

（刘雅昆）

【农产品供给】 2020年，黑河市深化农业供给侧结构性改革，增加绿色优质农产品供给。绿色有机认证标识达到346个，同比增长13.4%，完成年度目标的110%，绿色有机认证面积43.67万公顷，同比增长6.5%，完成年度目标的100.7%。引导企业、合作社入驻国家、省级农产品质量安全追溯平台，加强绿色有机食品认证和地理标志注册，新增国家级大豆绿色食品原料基地面积3.33万公顷。全市入驻国家农产品质量安全追溯平台企业277家，同比增长31.9%；入驻省级平台企业191家，同比增长40.4%，追溯面积8.01万公顷，同比增长17.8%。

（刘雅昆）

【农产品加工】 2020年，黑河市农产品"两头两尾"质效双增。鼓励丰禾、桦林等产业关联的农民合作社、家庭农场整合优势资源，发展农产品加工。全市农产品初、深加工企业、合作社达到168家，其中，农业产业化县级龙头企业达到39家。全市农产品加工量达到282.65万吨，同比增长3.1%，农产品加工转化率达到58.7%，同比增长2个百分点。"极境寒养"区域公用品牌授权企业达到78家，涉及产品140余个，48家企业携300多种优质绿色农产品亮相第八届黑龙江绿博会和第三届国际大米节，签约13项、7300万元，达成合作意向59项、2.8亿元。

（刘雅昆）

【农业生态建设】 2020年，黑河市落实农业"三减"示范基地346个、面积27.19万公顷，同比分别增长17.3%、19.8%，落实耕地轮作休耕试点面积6.06万公顷。全市有粪污资源化利用配套设施任务的规模养殖场190家，配套率达到100%。2019年度秸秆综合利用率达到91.39%。

（刘雅昆）

种植业

【概况】 2020年，全市坚持高标准、高质量绿色春耕，战疫情、抢农时、促生产，种植结构和品种进一步优化，粮食作物播在丰产期，播种面积总体稳定。落实粮食安全责任制，对标省下粮食生产任务指标，把粮食作物计划种植面积和产量任务分解落实到各县（市、区）。市域粮食作物播种面积182.9万公顷，比上年增加1.29万公顷。其中，大豆144.81万公顷，比上年增加7.5%；水稻1.66万公顷、玉米29.19万公顷、薯类1.04万公顷、小麦3.97万公顷、杂粮杂豆2.24万公顷，分别比上年减少1%、10.3%、19.4%、43.7%、49.4%。粮食产量517.55万吨，粮食生产再获丰收。蔬菜、鲜食玉米、食用菌、杂粮杂豆等特色经济作物规模稳步发展。全市种植经济作物及其他作物1.33万公顷，其中中药材种植面积达到1.21万公顷，同比增长34.8%。爱辉区、逊克县、孙吴县被评为全省中药材基地建设示范县，获得补贴资金1700万元。（刘雅昆　梁　馨）

【“互联网+种植业”高标准示范基地建设】 2020年，制定下发《黑河市2020年互联网+种植业高标准示范基地建设方案》，做好原有和新增物联网设备的运行和维护。全市基地个数达到106个，比2019年增加3个，落实面积3.37万公顷，比2019年增加666.67公顷。其中，水稻高标准示范基地18个，面积4866.67公顷。玉米高标准示范基地6个，面积3466.67公顷。大豆高标准示范基地54个，面积1.91万公顷。小麦高标准示范基地2个，面积400公顷。蔬菜高标准示范基地16个，面积5466.67公顷。中药材高标准示范基地5个，面积200公顷。玫瑰花、汉麻、食用菌等特色作物高标准示范基地5个，面积133.33公顷。（梁　馨）

【四大粮食作物种植】 2020年，全市粮食作物以大豆、玉米、水稻和小麦四大作物为主。黑河市因独特的气候条件和肥沃的黑土地，最适宜东北非转基因大豆生长，是全国最大的绿色有机非转基因大豆生产基地，播种面积和产量占全省的1/3、全国的1/7，有“中国大豆看龙江、龙江大豆看黑河”之美誉。全市第四积温带地区，大豆种植品种主要以高蛋白黑河43号、合农95号和金源55号为主；第五积温带地区，大豆种植品种主要以高蛋白的黑河45号、高油脂的嫩奥5号和华疆4号为主。据国家统计局黑河调查队统计，全市大豆种植面积144.80万公顷，占全省的29.2%，占全国的14.7%；总产量283.9万吨，占全省30.9%，占全国的14.5%。开展大豆万亩高产攻关示范，选取48个合作社生产主体，70个地块落实大豆万亩高产攻关示范面积2.25万公顷。经实收测产，全市大豆万亩高产攻关示范方平均单产为亩产167.2千克，高于全市大豆平均单产9%。2020年，全市玉米的种植品种主要以福瑞尔1号、德美亚1号和东农257号为主。5月末，玉米基本完成播种。10月末，完成秋收。全市玉米播种面积29.19万公顷，总产195.80万吨，单产为亩产447.12千克。2020年5月末，小麦全部播种完毕，10月末完成秋收。全市小麦播种面积3.97万公顷，比上年减少43.7%。总产16.95万吨，单产为亩产285.12千克。2020年，全市水稻种植面积1.66万公顷，10月20日完成收获，总产10.80万吨，单产为亩产434.61千克。（梁　馨）

【中药材种植】 2020年，全市中药材种植以一家一户分散种植居多，组织化、规模化程度低。主要采取人工种植，机械化作业占比较少，标准化栽培技术到位率不高。中药材种植面积1.21万公顷，比上年增加0.31万公顷。中药材产量2.1万吨，比上年增加0.7万吨。产值4.7亿元，比上年增加34.2%。（梁　馨）

【食用菌种植】 2020年，全市食用菌生产企业和合作社较少，小规模分散经营比较多，生产规模不大。全市共有食用菌合作社、企业和种植大户38家，食用菌生产规模3054.9万袋。黑木耳加工量47.3万千克，蘑菇加工量155.1万千克，销售额3635.4万元。（梁　馨）

林业和草原

【概况】 2020年，黑河市林业和草原局以“坚持一个中心，做好两篇文章，提升三个能力”为重点，做好常态化疫情防控的基础上，扎实推进森林草原防火、生态建设、资源保护和产业发展等工作，努力克服疫情带来的不利影响，实现全市林草事业持续健康发展。黑河市林业和草原局内设9个科室。所属单位15个，其中，财政全额拨款事业单位7个：黑河市草原服务站、黑河市林业草原信息中心、黑河市林业种苗和有害生物防治服务站、黑河市自然保护地服务中心、黑河市林业科学院、黑河市森林草原火灾预防监测中心、黑河市中俄林业科技合作园区；非财政补助单位8个：黑河市机械化森林消防大队、黑河市平山林场、干岔子林场、头道岭林场、卡伦山林场、古东河林场、西岗子实验林场、黑河市建华林场。（王思佳　刘　佳）

【森林草原防火】 2020年春季森林草原防火后，全市森林草原防火指挥部职能转隶市应急局。全市各级林草部门勇于担当，坚决履行管控职责，全面做好防火宣传、火源管理、监测预警、队伍能力提升和基础设施建设等工作。通过整合全市林区远程视频监控系统，推进防火智能化、信息化建设，火灾应急处置能力不断加强。实现了连续29个防期未发生重特大森林火灾和9个防期零火灾的历史性突破。（王思佳　刘　佳）

【造林绿化和森林抚育】 2020年，黑河市完成营造林任务5927公顷，绿化村庄292个、面积880公顷，全部超额完成任务。为切实提高造林保存率，各地林草部门克服资金压力，完成补植补造1667公顷。全年完成森林抚育25600公顷，林冠下红松造林3407公顷。依

5月5日，黑河市义务植树活动　　（市林业和草原局／供图）

据东北卫星气象数据中心、黑龙江省生态遥感中心发布《植被生态质量监测报告》显示，全市植被生态质量较2000年提高22.2%。　（王思佳　刘　佳）

【资源保护】 2020年，黑河市持续开展资源疑似变化斑块核查工作，核查范围实现森林、草原和湿地全覆盖。共核查疑似变化图斑1040块、面积1080公顷，确认违法182块、面积96公顷，违法地块全部收回，恢复植被53公顷。核查工作中，省移交市森林督查疑似变化图斑397个，较2019年4079个下降90%，降幅居全省之首。做好核查整改工作的同时，为进一步强化和规范林草资源管理工作，确保森林草原湿地资源不破坏、不流失，使生态环境得到有效保护和改善，在全市范围内组织开展"林地草地湿地综合治理的行动"，以强化对林边、草边、水边、路边的排查为重点，严厉打击涉林违法行为。2020年，全市共办理林业行政案件216起，全部办结，行政处罚224人，罚款116.81万元。

（王思佳　刘　佳）

【自然保护地整合优化】 2020年，黑河市林业和草原局牵头成立黑河市自然保护地整合优化工作协调议事领导小组，并组建相应工作专班，对全市45处自然保护地边界范围、功能区划、矢量数据和基础信息收集、整理、填报，并在省第二调查规划设计院的指导下对矢量数据进行实地校核，《黑河市自然保护地整合优化预案》编写完成，通过省政府常务会议审定，并上报国家。全市各自然保护地管理机构与省林草局和技术支持部门对接，按照国家林草局的要求对全市的保护地整合优化预案进行了修改完善，报送国家林业和草原局再次进行审核。　（王思佳　刘　佳）

【林草产业】 2020年，黑河各级林草部门依托高纬寒地气候特点和生态资源优势，发展林产经济，初步形成以寒地林果、道地北药和特色种苗种植为主的林产经济体系。林区新增林果面积4400公顷，新增北药面积2000公顷，完成出圃苗木2.6亿株。全市林草总产值74亿元，同比增长5.6%。（王思佳　刘　佳）

【林业科技】 2020年，黑河市林业科学院和林业科技合作园区推动林业科研、技术推广和生态站建设等各项工作。有16篇科研论文被国内核心期刊录用；6个省级地方标准通过评审；1项科研成果获得黑龙江省科学技术二等奖；中俄林业科技合作园区被命名为黑龙江省科普教育基地；《五大连池森林氧吧监测与生态康养研究成果》在全省第三届旅发大会上发布；启动《黑河森林湿地草地生态系统服务功能评估》项目，初步核算黑河森林湿地草地生态价值4464.8亿元/年。　（王思佳　刘　佳）

农业科学研究

【概况】 2020年，黑龙江省农业科学院黑河分院共承担各级科研任务45项，总经费528万元。其中，科技部重点研发项目3项，农业农村部国家大豆、玉米产业技术体系岗站等农业农村部项目5项，科技厅重大专项1项，省科技厅地方引导专项2项，黑龙江省农业科学院"农业科技创新跨越工程"9项，黑龙江省协同创新体系岗位专家5项，黑龙江省东北早熟科企联合体、众诚联合体项目等9项，黑河玉米专家工作站、市科技特派员等市级课题5项，院级课题5项及黑龙江省三区人才项目1项。在各级刊物上发表学术论文27篇，参加省级以上各类学术视频会议28次，经黑龙江省品种审定委员会审定4个大豆新品种。自主研发的早熟大豆品种省内推广面积突破80万公顷，其中早熟优质大豆品种黑河43号省内推广面积突破60万公顷，是全国推广面积最大的大豆品种。爱辉区河南屯村水稻试验地（4.32公顷）置换到爱辉区西岗子镇坤站村水稻示范园区（15.43公顷），黑河市政府相关部门正在办理置换后土地的划拨土地证。2020年12月，黑龙江省农业科学院黑河分院内设9个科室。　（崔杰印）

【大豆育种研究】 2020年，黑龙江省农业科学院黑河分院开展超早熟、极早熟、早熟品种选育工作。提交参加国家试验6份，黑龙江省试验25份，大豆良种重大科研协作攻关试验材料共35份。承担北部高寒区极早熟、超早熟大豆品种良种攻关试验，参试品种45份，落实试验点21个。承担北方早熟春大豆国审品种生育期组鉴定任务，参试品种30份；承担早熟组良种攻关试验，参试品种15份；承担大豆开花相关QTL鉴定试验。继续依托国家大豆产业技术体系东北春大豆特早熟育种岗位及大豆高产、高效栽培技术示范项目，做好大豆新品种黑科60号、金源73号等品种的培育示范推广工作。（崔杰印）

【水稻育种研究】 2020年，黑龙江省农业科学院黑河分院承担黑龙江省种子管理局黑龙江省第四积温带水稻品种品比试验（73份）、区域试验（22份）和生产试验（5份），完成试验要求并向种子管理局提交试验报告；完成黑龙江省第五积温带水稻品种区域（21份）、生产试验（5份），完成试验要求并向种子管理局提交试验报告；完成七大作物育种专项子课题——寒地第三积温区优质高产水稻新品种培育课题要求；完成黑龙江省水稻产业协同创新推广体系水稻育种岗任务；完成黑龙江省科技创新跨越专项——寒地种质资源创制与应用年度计划任务。申报植物新品种保护权2项。黑粳12号参加黑龙江省第五积温带生产试验。（崔杰印）

【玉米育种研究】 2020年，黑龙江省农业科学院黑河分院完成国家玉米产业技术体系黑河综合试验站、黑龙江省玉米产业协同创新体系玉米育种岗、黑河玉米专家工作站等任务，完成多项应急性调查，跟踪生产，针对生产中出现的重大问题及时提出建议；通过百亩示范方建设，带动了周边万亩玉米全程机械化栽培。边单9号、边单10号、黑科玉17号参加生产试验；黑科玉16号、黑科玉20号、黑科玉24号、黑科玉22号、黑科玉11号参加区试试验；黑科玉25号、黑科玉26号、黑科玉27号、黑科玉28号、黑科玉29号、黑科玉30号参加品比试验。（崔杰印）

【土壤肥料与耕作栽培研究】 2020年，黑龙江省农业科学院黑河分院针对大豆玉米轮作、大豆施肥制度不合理的问题，课题组对当地大豆施肥、种植方式、管理方式、耕作方式等方面进行调研，研究制定了化肥农药定量减施、配施有机肥和叶面喷施的施肥量，该项技术实施提高了肥料利用效率，增加了土壤肥力及大豆干物质积累，化肥平均节肥10%，产量提高5%左右。利用有机肥+定量减施化肥+营养剂包衣（灭菌包衣）+农药减施+叶面追肥技术集成后可节肥15% ~25%，农药减施25%，增加产量5% ~12%，肥料利用率提高12.5%。化肥农药综合定量施肥优于常规农户施肥，技术重现性好，经济效益稳定，可作为东北大豆化肥农药减施的一项技术推广应用。开展“国家土壤质量爱辉观测实验站”项目启动工作。（崔杰印）

6月18日，无人机在芸豆试验田进行除草作业　（省农科院黑河分院／供图）

【植物保护与杂粮研究】 2020年，黑龙江省农业科学院黑河分院植物保护研究室通过试验的开展和项目的研究，本年度黑河地区大豆蚜虫发生高峰期在8月中下旬，大豆食心虫成虫羽化期在7月下旬和8月初，大豆食心虫属轻度危害。玉米螟在黑河地区属于轻度发生，百杆幼虫数量7.25头。对大豆和玉米轮作条件下的施肥进行筛选，明确在轮作模式下，不同肥料处理对大豆、玉米产量的影响。针对15个高粱品种和6个谷子品种在黑河地区进行生育期鉴定，筛选出适合黑河地区种植的高粱品种6份，谷子品种3份，并对适合黑河地区种植的高粱品种进行肥料优化筛选，筛选出最优化肥配方1个。（崔杰印）

【品种资源研究】 2020年，黑龙江省农业科学院黑河分院研究室主要开展黑龙江省大麻区生试试验；玉米品种密度协同的光温高效利用；优质高产高效大豆新品种展示；食用豆国家产业体系品种区域试验；高纬寒地播密和追肥对外引红小豆性状表现的影响；野生大豆资源提纯与复壮；纤维用大麻播期与密度试验；籽用稀植龙大麻5号的播密交互试验；大麻跳甲触杀剂筛选等任务。本年度继续开展芸豆、红小豆、麻类的盆栽资源保存，杂交育种工作。种植盆栽芸豆材料共计156盆，收芸豆杂交果50余份。种植盆栽大麻材料共计428盆，收大麻杂交果40余份。（崔杰印）

【科技合作共建】 2020年，黑龙江省农业科学院黑河分院以“农民增收、农业增效”为宗旨，围绕黑河市农业生产中存在的技术问题，外引内联，邀请知名专家学者到黑河市进行技术指导服务，为黑河市现代农业发展较好地发挥了科技支撑作用。组织科技人员制作大豆微量元素及叶面肥选择、大豆主要病虫害防治技术、黑龙江省高寒区水稻栽培技术、如何选择大豆品种及大豆品种简介等8部作品及黑龙江省大豆春播生产建议、黑龙江省北部区水稻春耕建议，先后以PPT+视频、小视频、技术手册形式进行分享学习。参加黑龙江省电视台《农业科技助农在线帮》节目2人次，参加录制“科技助农在线帮”活动第145期、146期黑河分院专场，讲解极早熟地区《玉米品种选择及高产、高效栽培技术》《早熟大豆种质创新及栽培技术》的相关内容。组织技术人员编写《孙吴县全域创建农业绿色发展示范区种植业培训手册》，印制2000册，发放给承担大豆任务的乡镇和参加培训的农民。编写《绿色食品允许使用的农药和其他植保产品清单》，印制2000册。重点围绕大豆、玉米、水稻高产栽培技术、大豆与玉米轮作技术、玉米秸秆全量还田技术、大豆、玉米、水稻优质品种选择、病虫草害防治技术、合理施肥技术等多个方面开展技术培训与服务。为各县（市、区）共引进推广新品种（系）15个，引进推广技术5项，培训场次10场，培训农民450人，网络服务次数27次，解决生产问题54个，网络服务人数5000人次。

（崔杰印）

【中俄合作交流】 2020年11月5日、11月10日，黑龙江省农业科学院黑河分院分别与俄罗斯远东国立农业大学、全俄大豆研究所开展2020年线上科技交流培训会。邀请来自中俄共计6名专家学者围绕大豆育种、病虫害防治及土壤长期定位试验等学术话题进行专题报告和讨论。为提高科技创新能力和增进国际合作交流，大力开展对俄学术交流活动，争取对俄合作新项目的申报。（崔杰印）

畜牧水产

【概况】 2020年，黑河市畜牧水产中心以“粮头食尾”“农头工尾”为抓手，坚持质量第一、效益优先，深化供给侧结构性改革，建设现代产业体系，推进一、二、三产业深度融合，加快畜牧水产建设。全年畜牧业产值66.4亿元，增长5%；渔业产值4.8亿元，下降3.7%。肉类总产量9.3万吨，奶类产量27.7万吨，禽蛋产量1.7万吨，水产品总产量1.8万吨。2020年12月，黑河市畜牧水产服务中心内设4个科室。（郭春妍）

【生猪产能】 2020年，黑河市聚焦省下达全市生猪存栏53万头、出栏80万头，能繁母猪存栏5万头的任务目标，全力推进生猪规模化养殖，完成新建改扩建规模养殖场35家。全市生猪存栏64.42万头，完成121.5%；生猪累计出栏94.54万头，完成118.2%；能繁母猪存栏6.94万头，完成138.8%。全市未发生非洲猪瘟疫情。（刘雅昆）

【家畜繁育】 2020年，黑河市畜牧水产推广“两牛一猪一马”的繁育改良。在奶牛繁育实行优质冻精人工配种全覆盖的基础上，推广应用性控冻精等先进繁改技术，提高单产和能繁母牛产犊率；推进生猪人工鲜精配种技术；推广人工鲜精配种技术，提升马群整体质量，提高养马户效益。全市繁育站点69个，授精技术人员122人，全部实行社会化服务。全市可繁奶牛存栏44740头，冻配41290头，奶牛品种良种化率、冻配覆盖面均达到100%；可繁肉牛存栏106387头，冻配16542头，使用优质肉牛冻精22745剂，孙吴县安格斯肉牛冻胚冻配改良3882头。能繁母猪存栏47509头，猪人工鲜精配种39742头次。全市马存栏14403匹，可繁马存栏6088匹，国外引进种公马鲜精配种123匹。（郭春妍）

【动物疫病防控】 2020年，黑河市畜牧水产服务中心完成春秋两季重大动物疫病集中免疫工作。4月上旬、9月中旬开始，指导全市各县（市、区）抓好春秋两季集中免疫技术工作。截至10月30日，全市高致病性禽流感、口蹄疫等重大动物疫病应免密度均达到应免的100%，实现了“应免尽免、不留空当”，全面构筑起坚强免疫屏障。6月8—19日、11月16—21日，组成调研指导组开展春秋两季重大动物疫病防控工作调研。调研组到全市31个乡镇、50个村、20个规模场、42个散养户、11个屠宰场、6个兽医实验室、7个重大动物疫情应急储备库，全面了解各地春秋防疫开展、非洲猪瘟防控整改落实、强制免疫注射、重大动物疫病监测、疫苗档案建立、防疫队伍状况、资金物资保障等情况。调研组对发现的问题与各县（市、区）进行了沟通与反馈，并提出指导意见。指导各地科学开展从饲养、运输、屠宰、销售、加工等全链条清洗消毒工作。各地共投入资金15.8万元，购买生石灰、火碱、84等消毒药约71吨，消毒面积290.7万平方米，覆盖全市所有乡镇、行政村、生猪定点屠宰场、农贸市场、肉类加工业户，共消毒村屯1080个次、散养户24086个次、规模场1605个次、屠宰场201个次、车辆1217台次。

（郭春妍）

【疫病监测采样】 2020年，黑河市畜牧水产服务中心开展重大动物疫病采样与免疫效果评估工作。6月8—19日，11月16—21日，组成工作组到各地开展集中监测采样工作。工作组到全市26个乡镇、50个村屯、31个规模场、51个散户、11个生猪屠宰场现场采集畜禽样品2440份。7月，中心实验室开展春季重大动物疫病免疫抗体及非洲猪瘟病原学监测，累计监测2361份。高致病性禽流感、口蹄疫等重大动物疫病血清学抗体效价达到农业农村部规定的70%以上标准；非洲猪瘟病原学监测结果均为阴性。（郭春妍）

【水产技术推广】 2020年，黑河市畜牧水产服务中心重点推广稻渔综合种养技术，确定稻蟹综合种养为渔业主推技术，稳步发展稻渔综合种养。北安市乌裕尔水产养殖合作社开展722.33公顷稻鱼、稻蟹综合种养技术模式，放养蟹苗3万千克、鱼苗0.5万千克。产成蟹11.6万千克，成鱼2.5万千克，亩均增收400余元。通过完善稻田基地基础设施建设，真正做到减少化肥使用量200余吨，减少农药使用量67%。做到“一水两用、一地双收”，发挥良好生态效益，带动周边200公顷稻田推广稻渔综合种养，提升稻田综合利用效益和经济效益。先锋水库开展“人放天养”的生态养殖方式，500公顷水面放养花、白鲢夏花鱼苗300万尾，带动其他大中水面开展“库育湖出”的育种养殖模式。产花白鲢鱼种13万千克，产值92万元，为省内外大型湖泊水面提供优质种苗，解决了成鱼集中上市价格过低和销售难的问题。通过实施水产养殖用药减量行动，鱼药使用量同比平均减少5%以上，抗生素类兽药使用量同比平均减少10%以上，形成一批标准化技术成果和用药减量化技术模式。养殖者规范用药水平明显提高，水产养殖动物兽药残留问题得到初步缓解，养殖水产品质量安全水平稳步提升。（郭春妍）

【重大动物疫情应急储备库建设】 2020年9月，黑河市畜牧水产服务中心参加由省农业农村厅举办的黑龙江省兽医实验室检测能力比对工作，黑河市比对结果全部正确，为重大动物疫病监测预警提供有效的技术支撑。为有效应对动物疫情防控，黑河市畜牧水产服务中心负责市级动物疫情应急物资的管理和使用，建设30平方米的重大动物疫情应急储备库，并购置总价值约9万元的防护服等应急物资。（郭春妍）

【动物疫病业务培训】 2020年5月20—22日，黑河市畜牧水产服务中心举办全市动物疫病监测技术培训班，各地选派技术骨干共10人参加。培训班采取理论和试验操作相结合的方式，对非洲猪瘟荧光定量PCR试验、禽流感、新城疫血凝抑制试验、口蹄疫液相阻断ELISA试验等进行现场培训，有效提高市县两级动物疫病检测技术骨干的实验理论水平和实际操作能力。7月，市畜牧水产服务中心聘请黑龙江职业学院农牧工程学院2位教授，就“牛繁殖及常见问题”“肉牛饲养管理及发展前景”开展专题培训。各县（市、区）畜牧站、乡镇畜牧服务中心等畜牧技术推广机构技术人员、乡村肉牛养殖户及贫困户共计236人，通过钉钉平台视频直播参加培训。7月29—30日，选派3名技术骨干组成专家组，负责第二届全市动物疫病防治员竞赛（孙吴）的技术指导和评分工作。通过竞赛，全面提升全市动物防疫技术人员理论素质和技能水平，锤炼了动物防疫队伍。11月，市畜牧水产服务中心聘请黑龙江职业学院农牧工程学院2位教授到孙吴县10个乡镇、12个贫困村屯，对贫困户肉牛养殖户进行现场指导，解决贫困户的肉牛养殖难点，提高科学化养殖的思想认识。（郭春妍）

水　利

【概况】 2020年，全市水利系统有效应对主汛期14次大范围强降雨、3次过境台风和3条河流13站次超警戒（保证）水位洪水，指挥调度21座水库超汛限水位安全运行，确保全市度汛安全。水利基础设施建设全面提速，实施43项11类工程，完成投资4.64亿元，居全省第三位；全力打好水利脱贫攻坚战，投资3870万元建设农村饮水安全巩固提升工程51处，受益人口3.67万人，建档立卡贫困人口农村饮水安全达标率100%；各级河湖长有效履行职责，河湖“清四乱”专项行动、“亮剑护河”联合执法行动成效显著，列入水利部等各类“四乱”河湖台账145个问题全部销号；推进节水型社会达标建设，嫩江市、五大连池市相继通过国家验收；集中开展取用水管理专项整治，全市完成取水口登记5703个，完成整改问题5281个，完成率100%；治理水土流失面积1060平方千米，完成率155.9%，超额完成年度任务；推进15度以上坡耕地退耕还林还草工作，全市核定15度以上坡耕地185块、面积28.9公顷，退耕协议全部签订；全年水利系统安全生产运行无事故，63座水库通过大坝安全鉴定、8座水库降等报废，办理质量监督手续11项，监督小型水利工程项目34个。2020年12月，黑河市水务局内设6个行政科室、所属3个事业处室：市堤防工程服务保障中心、基层水利服务站、防汛抗旱保障中心。直属企事业单位3个：市水利研究院、象山水电厂、黑河市隆谊工程质量检测有限公司。（王英男）

【工程建设】 2020年，全市水务系统共落实11类43个建设项目，总投资49661万元，其中，国省投31638万元，地方配套18023万元。主要支流、中小河流、农村饮水安全、岸岛治理4类10项工程列入全省百大项目。累计完成投资

4月9日，农村饮水维修改造工程施工现场　（黑河日报社／供图）

46383万元，完成率93.4%，达到省定目标。（王英男）

【水利工程建设监管】 2020年，黑河市水务局办理质量监督手续11项，监督小型水利工程项目34个，开展监督质量检查3次，质量核备项目8项，对不达标的工程项目下达了限期整改通知。组织开展安全生产隐患排查，深刻吸取逊克县铁多金属矿“5·17”透水事故教训，以在建工程、水库（电站）、办公场所、住宿区、防汛物资库为重点，在全市范围内开展水利行业安全生产“大体检大执法大培训大曝光”活动，发现隐患3个，整改3个，整改率100%，投入整改资金1.5万元。开展水库大坝安全鉴定与水库降等报废工作。水库大坝安全鉴定年度任务共涉及69座水库，完成63座，完成率96.9%；水库降等报废年度任务共涉及8座水库，完成8座，完成率100%。（王英男）

【农村饮水安全】 2020年，全市共实施农村饮水安全巩固提升工程51处，涉及嫩江市、孙吴县、五大连池风景区3个县51个村屯，受益总人口3.67万人，累计投入资金3870万元，全部完成工程建设任务。扎实开展“回头看”评价工作，防止出现“返贫”。县级排查共发现问题129个，市级抽查共发现27个问题，累计投入整改资金419万元。10月，市水务局进行农村饮水安全保障工作专项评估，全市建档立卡贫困人口农村饮水安全达标率100%。（王英男）

【河湖长制】 2020年，黑河市水务局贯彻省总河湖长1、2、3号令等重要指示和批示精神，各级河湖长履职尽责，河湖“清四乱”专项行动、“亮剑护河”联合执法行动成效显著。市级河湖长14人巡河112人次，县级河湖长74人巡河1297人次，乡级河湖长392人巡河11334人次，村级河湖长1038人巡河26972人次。全市列入水利部台账、水利部暗访、省级暗访河湖“四乱”问题共计145个，全部完成销号。“亮剑护河”联合执法专项行动完美收官。水务、公安、检察3部门共巡查河流568次，巡查湖泊4次，巡查河道3186千米，出动执法人员1473人次，现场制止违法行为35起，处理行政案件16件，责令停止违法行为37个，化解涉河湖不稳定因素12个。全市完成划界河流395条，完成率100%。全市399条（部分打捆）河湖2021—2023年度“一河（湖）一策”方案初稿编制完成，市本级8条河流方案完成审定印发。（王英男）

【水资源管理】 2020年，黑河市水务局完成逊别拉河、小边河水量分配方案的编制与批复、2020年水量调度计划的编制工作，按时汇总上报乌裕尔河、讷谟尔河水量调度执行情况。编制完成逊别拉河生态流量保障方案。完成黑河市节水行动方案，新增取水项目全面落实率达到100%。推进节水型社会达标建设，嫩江市、五大连池市相继通过国家验收，爱辉区开展节水型社会创建工作。全市完成取水口登记5703个，登记完成率100%；认定存在问题数5281个（主要为未发放取水许可证、未安装计量设施问题），认定问题率92.6%；完成整改问题数5281个，整改率100%。市本级征缴水资源费入市财政库70.46万元。（王英男）

【水土保持】 2020年，黑河市水务局完成15度以上坡耕地退耕还林还草年度工作，全市共现场核查地块831块、面积377.28公顷，核定结果为15度以上坡耕地185块、面积28.9公顷。各相关县（市、区）组织乡（镇）与土地使用者完成退耕协议签订工作。水土保持生态建设任务完成情况继续纳入地（市）经济社会发展主要责任指标体系，全市分解下达2020年度指标任务680平方千米。全市累计完成水土流失治理面积1060平方千米，完成率155.9%，超额完成任务。完成2019年度136项、2020年度205项违法违规项目分类查处工作。市本级征缴水土保持费入市财政库1832万元。（王英男）

【依法治水】 2020年，黑河市水务局全面推行行政执法“三项制度”（全面推行行政执法公示制度、执法全过程记录制度、重大执法决定法制审核制度），依法公开行政执法事项清单、执法服务指南和流程图，水行政执法全过程记录，重大执法决定实行法制审核。持续加强事中事后监管，认领填报“互联网+监管”平台事项，创建“两库一单”，补充完善事中事后监管平台内容。联合市场监督管理局开展信用监管。加大河道巡查力度，全年开展黑龙江城区段、二公河、石金河和南大沟水域岸线巡查工作90余次，汛期运行检查30余次，处理河道管理范围内损坏事件2起，完成筷子厂桥影响行洪拆除工作。推进城区河道“清四乱”工作，依照《中华人民共和国水法》《黑龙江省河道管理条例》等法规，严格水行政执法，对市城区河道管理范围内搬迁户实行“一户一策”，城区河道范围内省督导组反馈及自查共涉及55户61个图斑疑似“四乱”问题，全部销号。（王英男）

农业机械化

【概况】 2020年，全市有农机化服务机构62个，其中，市级1个，县级7个，乡（镇）级54个。全市农业机械总动力329.8万千瓦，拖拉机拥有量87695台，配套农具170258台。全市耕种收综合机械化水平达到99.6%。黑河市农业机械化总站隶属黑河市农业农村局，主要职责为全市农业机械化工作提供服务和指导，提供农业机械化信息服务，开展农机从业人员培训，引进推广农机新技术、新机具，推进农机成果转化与应用，开展农机对外交流与合作。2020年12月，市农业机械化总站内设5个科室。（陈　瑶）

【农机社会化服务体系】 2020年，全市农机社会化服务体系基本形成城乡立体交叉、功能齐全完备的服务网络，能够开展农机作业、维修、销售、技术推广、培训和科研等多方面的服务。全市农机作业服务组织现发展到64033个、农机维修厂点320个。农机经营总收入达到9.73亿元。全市有县级农机驾校5所。

（郭春龙）

【农机装备】 2020年，全市共落实农机购置补贴资金1.65亿元，带动农民投入更新资金4.32亿元，受益户数达到4566户，共计补贴农机具4873台，其中，大中型拖拉机1945台，大中型农具2749台，大型联合收割机179台。全市大中小型拖拉机保有量达到87695台，其中，大中型拖拉机保有量达到24332台、小型拖拉机保有量达到63363台。拖拉机配套农具保有量达到170258台。大中型联合收割机保有量达到6949台。在全市农产品初加工机械中，动力机械达到4397台，粮食加工机械达到1020台。全市畜牧业、渔业机械4126台。

（郭春龙）

【农机作业】 2020年，全市机械播种面积达到128.74万公顷，其中，玉米机播18.14万公顷，大豆机播102.90万公顷，小麦机播3.03万公顷，水稻机插1.42万公顷，其他3.26万公顷。机械耕地面积达到129万公顷、机械中耕面积达到123.33公顷、机械秋整地面积达到58.1万公顷，其中，深松13.20万公顷、玉米秸秆全量还田面积10.13万公顷，机械收获达到128.53万公顷、机械粉碎秸秆还田面积达到50.32万公顷。农机作业量总计达到600万公顷。 （孙连海）

【农机新技术推广】 2020年，农机化总站围绕全省农机推广工作目标和重点，推广免耕播种机技术2000公顷、水稻钵体育苗机械插秧技术4000公顷、大豆生产全程机械化技术28.67万公顷和玉米生产全程机械化技术6.67万公顷，全市6个县（市、区）全部认定为全国率先基本实现主要农作物生产全程机械化示范县，共举办培训班10期，培训人员2000余人次。加大农机新技术宣传，各县（市、区）农机化总站制作农机新技术宣传单，到乡镇村屯、农机专业合作社、农机大户和普通农户家开展技术宣传单发放活动，解答农机新技术相关问题，共发放农机新技术宣传单2000余份。

（于国明）

黑龙江北大荒农垦集团总公司北安分公司（管理局）

【概况】 黑龙江北大荒农垦集团总公司北安分公司（管理局），以下简称“农垦北安分公司（管理局）”，位于中国综合自然区划的兴安岭——长白山区，小兴安岭主脉由北向南纵贯垦区东部，下辖15个农场有限公司。辖区总面积8986.2平方千米，占全省垦区总面积的1/5，其中，耕地34万公顷，林地12.7万公顷，草原7.98万公顷，水面1.3万公顷。总人口15.4万人。2020年，农垦北安分公司（管理局）遭遇3次台风侵袭，作物受灾面积之大、七十年来前所未有。农垦北安分公司（管理局）面对自然灾害和改革任务，坚定信念、科学谋划，团结带领广大干部职工同心抗疫、共御灾情、统筹改革、谋划发展、保障民生，经济社会平稳和谐，改革发展取得丰硕成果。全年实现企业（可比价）增加值33.3亿元，同比增长7.6%；其中，第一、二、三产业分别实现增加值23.9亿元、0.9亿元、8.5亿元，同比分别增长7.5%、17.1%、6.8%。农场职工家庭人均可支配收入26455元，同比增长11.9%；人均劳动生产率5.5万元，同比增长18.9%；营业总收入22.33亿元，同比增长28.85%；实现企业利润9255万元，同比增长110.1%。经营业绩在集团综合排名第二位，20项指标中9项名列前三，经营能力显著增强。 （付维秋）

【农垦改革】 2020年3月，农垦北安分公司（管理局）将45项改革发展任务、27项公司制改制工作进行整合、分解、落实，完成100天冬季攻坚行动和推进公司制改制主要任务。按照“三定”方案要求，将原管理局机关29个部门整合成17个部门，原15个农场机关451个部门整合成285个部门。完成分公司、子公司两级机关机构搭建和人员选配工作，分公司机关核定总编制105个、实际配备85人，各农场有限公司核定总编制2275个、实际配备2086人；制定分公司、子公司员工岗位说明书2380项、内控管理制度1567项，业务流程1201项。5月，北安管理局撤销，完成公司制改制和变更登记工作；完成分公司、子公司和管理区三个层级权责事项和议事规则制定实施工作。完成社区属地移交工作。全力推进原局直不良企业处置和

农机装备现代化 （农垦北安分公司／供图）

改制工作，9家“不良企业”处置全部完成。14家全民所有制企业中注销4家，完成公司制改制10家。完成34家涉改事业单位职能、财务、资产、档案移交工作，交接资产总额3404万元。（付维秋）

【农业种植】 2020年，农垦北安分公司（管理局）坚持“建体系、上标准、补短板、增效益”的发展路径，完成总播种面积33.71万公顷，实现粮豆总产17.44亿千克，同比增长12.7%。投资1.56亿元更新机械709台（件），农机装备现代化水平进一步提升。抓好黑土保护工作，深松整地23.3万公顷、农作物秸秆还田33万公顷、“三减”示范区8.39万公顷、轮作休耕地3.22万公顷，投资2.3亿元落实高标准农田建设项目24个计1.27万公顷。坚持全作物、全面积、全过程标准化管理，推广应用新技术13项计8.4万公顷。完善农业服务体系，整合农业科技服务中心，推进“双控一服务”战略落地，集中采购肥料总量达到7.07万吨，实现提质节本2300余万元。统筹推进红星、赵光“数字农场”试点工作，探索推进全链条数字化升级。以山产品采集、食用菌栽培等为重点，推进林下经济产业建设，实现产值2.24亿元。通过推广畜牧实用技术，持续推进奶牛单产12吨提升行动，不断提高5家现代示范奶牛场标准化管理和技术水平。

（付维秋）

【企业管理】 2020年，农垦北安分公司（管理局）推动全面预算管理工作，把好预算编制关、审核关、执行关，完成预算收入30.85亿元，预算支出27.87亿元，核减企业经费性及项目支出1.2亿元。推进控债化债工作，防范化解债务风险，年末借款减少3.57亿元，负债总额下降5.46亿元，资产负债率67.72%，比上年降低6个百分点。清收超账期三项应收款7579万元，余额净下降18.94%。生产性投资稳步实施，完成预算内基本建设项目137个、总金额4.75亿元，其中自筹资金1.06亿元。完成审计项目614项、总金额443.29亿元，挽回经济损失735万元，基本实现审计全覆盖。围绕建立和完善现代企业制度，加快推进企业内部体制机制转换，制定优化三项制度改革“1+7+N”配套制度，现代企业内部治理结构逐步建立。搭建“关键业绩指标（KPI）+重点工作（GS）”绩效考核体系，实现绩效考核与奖惩激励的有效联动，形成管理人员能上能下、员工能进能出、收入能增能减的“三能”机制，用工结构更加优化，人员配置更加合理，收入分配更加科学，市场化程度显著提高，企业团队的向心力、凝聚力、执行力和战斗力全面提升。（付维秋）

【产品营销】 2020年，农垦北安分公司（管理局）多元布局快速提升营销能力。围绕集团“181”发展战略，全力构建营销“大格局”，加快农产品多元化营销向纵深推进。打造“北国寒地”品牌，商标范围涵盖食品、工艺品等21类。加强产品推介力度，组织参加上海农博会、哈尔滨绿博会、厦门有机博览会和重庆农交会，并与中绿集团、南京国环、数溪科技、爱科赛尔、辽宁成大等20余家企业建立合作关系。与国投安信、九三集团、象屿集团合作，利用“保险+期货”“订单+期货”“基差贸易”等金融衍生品工具规避市场风险、稳定预期收入。采取内部轮训、外部交流方式，开展产品营销、期货交易等业务培训15期2000余人次，提升了营销队伍的市场化思维和业务拓展能力。主要农产品统营量37.35万吨，统营率21.86%，营收金额3.47亿元，实现利润699万元。推出“北垦优品”微商城，亲民、龙绿产品分别走进薇娅等网红直播间和央视综艺频道《星光大道》，抢占特色产成品“云上市场”。7家北大荒绿色智慧厨房专营店相继开业，线上线下营销形成互动，产品推广、品牌宣传作用凸显。亲民、龙绿、柳编3家企业销售额达1.19亿元，同比增长16.14%。亲民公司荣膺2020年（第十七届）“中国品牌年度大奖有机食品NO.1”称号。（付维秋）

【社会稳定】 2020年，农垦北安分公司（管理局）完成“七五”普法工作，法律服务力度进一步增强，依法治理能力逐步提高。坚持把好“源头预防、事要解决、依法规范”三个关口，全力做好全国“两会”、疫情防控、“三无”农场创建等重点信访工作，实现了“五个不发生”工作目标。安全应急工作按照“党政同责、一岗双责”的原则和“三个必须”要求，全面夯实企业主体责任，强化安全生产责任体系建设，开展培训3期，培训人员730人，制定各类安全应急预案906个，开展专项应急演练68场，排查重点单位1881家次，整改隐患824项，全年安全生产事故零发生，职工群众安全感、幸福感、满意度不断提升。

（付维秋）

黑龙江北大荒农垦集团总公司九三分公司（管理局）

【概况】 黑龙江北大荒农垦集团总公司九三分公司（管理局），以下简称为“农垦九三分公司（管理局）”，位于黑龙江省西北部，地处小兴安岭南麓向松嫩平原过渡的丘陵漫岗地带。行政区域在嫩江市、讷河市和五大连池市境内（其中哈拉海农场在齐齐哈尔市境内）。地理坐标为北纬48° 37′ ~50° 04′，东经124° 25′ ~126° 23′，全局总控制面积5645平方千米，其中，耕地252800公顷，草原95333.3公顷，林地88000公顷，水面10000公顷。属寒温带大陆季风气候，年平均气温0.4℃，降水量500~600毫米，有效积温1900℃ ~2270℃，属四、五、六积温带。无霜期在100~120天。下辖鹤山、荣军、大西江、红五月、尖山、七星泡、嫩江、山河、嫩北、建边、哈拉海等11个国有农场，80个农业管理区。2020年，农垦九三分公司（管理局）实现营业总收入31.23亿元，同比增长65.1%。实现利润总额12482万元，同比增长211.4%。实现资产负债率57.5%，同比下降1.2个百分点。全局家庭户数量为5.08万户，辖区常住人口数量10.8万人。2020年，农垦九三分公司（管理局）投资256万元新建、扩建党群服务中心7个，建立党建服务点11个，党建经济示范点52个；推进党建载体"项目化"管理，打造分公司级党建载体项目12个，申报集团级项目5个。（张　晗）

【种植业】2020年，农垦九三分公司（管理局）坚持市场导向，科学调整农作物结构布局，总播种面积25.31万公顷，其中粮食作物种植面积25.17万公顷，包括水稻0.98万公顷、小麦0.1万公顷、玉米6.12万公顷、大豆16.92万公顷、杂粮杂豆0.77万公顷、马铃薯0.29万公顷；经济作物及饲草作物0.14万公顷。加快绿色发展步伐，全局绿色食品种植认证面积20.13万公顷，有机食品种植认证面积6.67万公顷，绿色农产品认证数量46个，有机产品认证数量103个，39个"互联网+"绿色有机种植示范基地建成。（张　晗）

【工业】2020年，农垦九三分公司（管理局）实现工业总产值1.4亿元，实现工业增加值0.4亿元。大豆产业蓬勃发展，立足资源优势，大力发展大豆加工全产业链。全局现有大豆加工企业4家，年可加工大豆9324吨，形成绿色腐竹、休闲食品、笨榨豆油、豆粉等为主的大豆产品加工格局。以特色化、差异化发展为方向，着力构建"一企一业""一场一特"产业格局，甜玉米、食用菌、冻干果蔬加工、双孢菇等优势特色产业蓬勃发展。山河农场有限公司投资1150万元完成甜玉米一期扩建项目，并与双汇集团建立长期战略伙伴关系，加工产出玉米粒2832吨，实现产值1200万元，利润85万元；嫩江农场有限公司新上设备全年加工蓝靛果60余吨，生产花青素600千克；红五月农场有限公司与食用菌加工企业合作生产双孢菇酱，销售菇酱24万瓶。（张　晗）

【林业】2020年，农垦九三分公司（管理局）坚持"做强优势项目、发展新兴产业、突出生态优势、促进全面发展"的林业经济发展理念，大力发展林业经济。稳步推进"林果""林药""野生动物养殖"等林业经济工作，经济林面积达成830.8公顷，中药材种植面积达成563.53公顷，食用菌种植15万袋，特种养殖完成15.2万只（头）。完成造林绿化面积541.8公顷。植树总株数196.6万株，栽植绿篱、花篱4000延长米。完成农田牧场防护林更新77条面积115.17公顷、用材林41块面积184.39公顷、水土保持林8块面积10.56公顷、水源涵养林7块面积18.81公顷、生态经济林5块面积62.17公顷、特种其他造林49块面积109.03公顷。完成义务植树317350株，绿化义务植树基地27个，完成造林面积67.73公顷。开展林业有害生物防治工作，针对部分农场发生樟子松枯梢病发病较为严重的情况，采用车载式喷药、人工背负式喷药和无人机喷药等多种形式进行防治，完成药物防治面积910公顷，其中病害发生面积157.9公顷全部完成第一次防治，另有752.1公顷樟子松人工林完成药物喷洒预防工作。（张　晗）

【畜牧业】2020年，农垦九三分公司（管理局）围绕打造"国家优质安全生鲜乳生产基地"，推进单产水平12吨以上高标准现代化奶牛示范场建设。13个参加生产性能测定的奶牛牧场全年平均单产达到9.7吨，其中，10吨以上牧场4个，11吨以上牧场1个；累计上交鲜奶9.9万吨，同比增长6.38%；争取国家补助资金1178万元，完成粮改饲试点面积

九三秋收　（农垦九三分公司／供图）

0.50万公顷，共收贮优质青贮19.35万吨。推进畜禽粪污资源化利用整县推进项目，全面启动43个养殖场专业化粪污处理，完成投资6626.77万元，其中争取中央财政资金3500万元。（张　晗）

【基础设施建设】 2020年，农垦九三分公司（管理局）投资7998.84万元，装备各类农机具375套；投资138.32万元，对全局23座小型水库进行养护维修；推进高标准农田建设，实施高标准农田建设项目13个。（张　晗）

【旅游】 2020年，农垦九三分公司（管理局）以打造农文旅融合示范区为目标，推进农业园区化、园区景区化、农旅一体化。七星泡农场有限公司与金福艺农合作，投资2000万元建设占地5000平方米的知青客栈和文化驿站等项目全面建成并投入使用；鹤山农场有限公司与金福艺农公司合作，配套投资300万元，打造北大荒鹤山文化驿站。以“红色文化游”“知青怀旧游”“生态农业游”“农业科技游”等为主的旅游线路被纳入省级旅游规划线路，全年共接待省内外旅游人数5万余人次。（张　晗）

【生态环境】 2020年，农垦九三分公司（管理局）推进畜禽粪污资源化利用，区域内建有10个有机肥厂，年可处理畜禽粪污30万吨，年生产优质有机肥10万吨左右。引进液体粪肥密闭贮存囊技术，在6个农场的规模化奶牛养殖牧场建设7万余立方米容积的密闭囊，年可生产液体粪肥7万吨左右。与中国农业大学开展技术合作，将经密闭贮存并发酵处理后的液体粪肥进行机械化、精准化的还田利用。38个规模养殖场新建和改造升级粪污处理配套设施，全部通过属地农业农村、生态环境部门的验收，使规模养殖场粪污处理设施装备配套率达到100%，畜禽粪污综合利用率达到95%以上。（张　晗）

【科技创新】 2020年，农垦九三分公司（管理局）提高科技创新推广能力，组织实施基层农技推广补助、九三大豆产业创新研究院等重点科技项目28项。加强农业科技示范网络建设，在农业科技示范带设置重点示范田100个、示范面积0.47万公顷，重点示范农业新技术20余项。建设农业科技园区10个，核心区面积377.33公顷，组织开展新品种、新技术、新模式试验200余项。（张　晗）

【脱贫攻坚】 2020年，农垦九三分公司（管理局）全面完成脱贫攻坚巩固提升任务，按照“137”脱贫攻坚年度目标思路要求，持续深化“三全三动三覆盖”的脱贫攻坚模式，全局101户（177人）建档立卡户全部完成年度巩固任务，哈拉海农场贫困场顺利通过验收摘帽，圆满完成脱贫攻坚收官之战的各项任务目标。（张　晗）

【品牌建设】 2020年，农垦九三分公司（管理局）品牌建设进一步加强。北大荒九三大豆品牌馆建成启用，成为展示九三大豆品牌建设和形象的重要窗口。九三大豆品牌价值达25.8亿元，成为全国唯一拥有品牌价值的大豆品牌。集团授权荣军豆制品有限公司使用北大荒商标，为加快腐竹生产提供了品牌支撑。（张　晗）

【农垦改革】 2020年，农垦九三分公司（管理局）农垦改革工作实现新突破，行政职能和办社会职能移交全面完成。管理局13类、2950项行政权力事项全部移交属地政府，属地政府共接收安置管理局涉改参公人员38人。局场两级中小学移交全面完成，共移交教职工3395人。21家全额拨款事业单位职能和人员全部移交属地管理，属地政府共接收安置91人。4月14日，九三分公司17个社区与属地乡镇政府签订协议，将社区职能及人员移交属地管理，共移交社区工作者250人；“三供两治一业”、城市环卫管理和市政设施管理等公益属性类办社会职能移交工作有序推进。农场企业化运行机制基本形成。按照权责明确、精干高效、职能到位、运转协调的要求，建立健全董事会、监事会、经营管理层等法人治理结构，完善新型劳动用工、薪酬、社会保障等制度，高标准完成分公司及所辖11个农场有限公司《内部控制手册》编制工作。农垦改革验收顺利完成。按照省委关于农垦改革验收的要求，对标对表，细化分解改革任务，全面完成改革自查验收工作。（张　晗）

【宣传工作】 2020年，农垦九三分公司（管理局）加强宣传工作，强化舆论引导。在国家、省、集团以上官方媒体和新媒体发稿突破2000篇，其中，传统媒体发稿500余篇，新媒体发稿1500余篇。企业文化建设推进，弘扬北大荒精神，着力讲好“九三故事”“企业故事”，强化“北大荒文化”宣传和文化阵地建设，“中国艺术摄影学会和黑龙江摄影家协会九三基地”在九三挂牌，继“北大荒书法文化基地”之后，九三摄影成为农垦九三分公司（管理局）又一张文化名片。（张　晗）

【企业管理】 2020年，农垦九三分公司（管理局）严格落实节支措施，以全面预算为措施，严格执行支出负面清单制度，共压缩支出6091万元，非刚性、非重点项目支出压减54.8%，公用经费压减9.5%。严把政府采购审核关，审减33项采购项目，审减金额62万元，节支率9.3%。突出企业创收，做实做强粮贸和营销公司，盘活、用好、出租闲置资产，增加企业收入。协调金融机构由高息贷款向低息转换、由低息向无息转换，最大限度降低财务费用支出。按照集团（总局）农场有限公司和农场职能、机构、编制设置方案的批复要求，下发“三定”方案落实情况统计表，抓好各农场有限公司干部选配，确保干部调整中不超编、不超职，全面加快改革步伐。加强选人用人方面业务培训，进一步规范干部选拔任用程序，出台各农场有限公司干部管理备案办法。启动青年干部培养计划，起草《九三分公司优秀年轻干部培养锻炼实施办法》。（张　晗）

综　述

【概况】 2020年，黑河市统筹推进新冠肺炎疫情防控和经济社会发展，生产需求持续改善，发展动能不断累积，经济总体呈逐月复苏、稳步向好态势。2020年12月，全市规上工业增势良好，增加值同比增长25.9%，增幅比前11个月高1.3个百分点，全省排名第一。从三大门类看，采矿业增长38.7%，是拉动规上工业增长的主要力量；制造业增势较好，增长10.2%；电力热力燃气及水生产和供应业增势稳健，增长7.1%。从主要行业看，有色金属矿采选业占55.1%，拉动全市规上工业增加值增长20.3个百分点。从重点企业看，多宝山铜业、宝山矿业、北安象屿、上海电气等生产形势较好，正向拉动全市规上工业快速增长。

2020年，黑河市工业和信息化科技局在市委、市政府和省工信厅的领导和支持下，立足统筹疫情防控和推动工信发展。集思谋划起草工业"十四五"规划，落实省政府要求，拟定《黑河市实施产业链链长制推动全市产业高质量发展工作方案》。以持续开展深化机关作风整顿优化经济发展环境为重要载体，有效激发广大干部职工以"疫"为令的担当之责，迅速安全有序有效地促进企业复工复产，为推动全市商业、供销、粮食、交通、旅游、建筑等各大行业迅速恢复生产经营作出应有贡献，成为黑河实现高质量发展、跨越赶超的重要支撑力量。2020年12月31日，黑河市工业信息科技局重组为工业和信息化局，主要职能为负责工业行业的宏观指导、监测与分析，民营经济（中小企业）的宏观指导，承担工业领域信息化发展任务，负责试车行业和盐业行业管理工作，统筹协调推进全市军民融合工作，内设机构9个。（陈凤海）

【规模以上工业主要产品产量】 2020年，黑河市列入重点监测的12种产品产量，6增5降1停产。增长的产品有食用植物油增长2.3倍、铜含量41.3%、黄金32.9%、乳制品25.9%、发电量9.4%、玉米淀粉2.4%；下降的产品有小麦粉-1.0%、水泥-12.3%、煤炭-25.0%、工业硅-29.2%、包装饮用水-59.1%；铁精粉生产企业停产。（陈凤海）

【工业生产】 2020年，黑河市工业和信息化局加强对重点行业、重点企业、重点产品的监测，做好工业经济运行分析及研判预警；每月按时保质发布《黑河市工业经济运行监测月报》；每月提前汇总测算各县（市、区）工业增加值预计完成情况，增强对全市工业经济运行调控的针对性和有效性。在战"疫"中，坚持"两手抓、两不误"，迅速安全有序有效地促进企业复工复产，并及时开展企业复工复产后适应疫情常态化工作。全市规上工业增加值增速25.9%，高于上年同期3.9个百分点，高于全省22.6个百分点。（陈凤海）

【规模以上工业企业运行】 2020年，黑河市工业和信息化局瞄准市定全年规上企业亏损企业扭（减）亏和省下达规上工业亏损面工作目标，将全部规上企业纳入监测范围，分别对有亏损倾向企业、轻微亏损企业和严重亏损企业，采取一企一策措施，推进扭亏增盈工作。全市107户规上工业企业中亏损企业42户，亏损面39.3%，低于全省平均水平0.5个百分点，列全省第七位，完成省下达30%以下目标任务。通过对外招商、开发新产品、横向联合等办法，抓好盘活停产半停产企业工作。嫩江松彬建筑材料、五大连池火山泉饮品、五大连池久美石泉饮品等5户企业盘活。（陈凤海）

【行业管理】 2020年，黑河市工业和信息化局成立食盐应急处置领导小组并制定应急预案，建立信息反馈机制，对食盐批发企业、零售网点分别实行周、日报告制度，密切监测食盐供、需、销情况，嫩江市盐业公司食盐储备库成为全市第一家省级储备库通过验收。有序推进食品工业企业诚信体系建设工作，集中力量部署和推动婴幼儿配方乳粉企业接入工信部“食品工业企业质量安全追溯平台”。开展对民爆行业安全生产整治，做到发现安全隐患及时全部整改。加强民爆生产经营企业和市县两级工信部门民爆监管工作检查，健全各项规章制度，推进安全标准化提档升级工作。5月20日，全市集中销毁过期炸药175箱，4200千克，雷管11286发，彻底消除隐患，受到省工信厅通报表扬。

（陈凤海）

【营商环境优化】 2020年，黑河市工业和信息化局围绕担责和服务群众，落实整治措施，深化整治内容。推行领导干部和执法人员走流程，解决行政许可中存在的实际问题。推荐黑河市中小企业协会认定为省中小企业公共服务平台。重新梳理市本级政务服务事项流程，并拆分推行网上办理。加强省、市和县政务服务事项统一规范，按照“证照分离”相关规定，实行网上应办尽办，纳入三级政务公共服务平台管理。对未纳入市政大厅办理事项，推行“一次性告知”制度。推行行政检查和监督“三项制度”，自觉规范从政行为。（陈凤海）

【中小微企业扶持】 2020年，黑河市工业和信息化局坚持发展民营经济不动摇，及时调整了黑河市发展非公有制经济（中小企业）工作领导小组。牵头制定《黑河市工业信息科技局等十二部门关于应对新型冠状病毒肺炎疫情支持中小企业及个体工商户健康发展的政策措施》，在财税和土地政策支持、稳定企业职工队伍、加大融资支持力度、减轻企业负担、方便市场准入、有序推动复工复产等6个方面，为中小企业及个体工商户应对疫情排忧解难，支持全市中小企业及个体工商户战疫情、保经营、稳发展。先后对市统计局提供的691户、省中小企业局提供的1442户工业企业名单进行摸底调查，确定全市现有规下工业企业700户，实际存活637户。探索建立规下工业经济运行月报表制度，较好掌握规下工业企业经济运行情况。到9月末列入清理拖欠民营企业中小企业账款台账共计8804.87万元已全部清偿完毕，全市无挂牌督办事项，无新增欠款，全面完成清理拖欠民营企业中小企业账款工作任务。（陈凤海）

【重点企业培育】 2020年，黑河市工业和信息化局对省临规企业数据平台提供的企业进行核实筛选，结合全市年销售收入1000万~2000万元的成长型企业实际情况，重新梳理临规企业数据库，确定重点培育对象，会同统计部门实行联合帮扶和靶向培育，促进各类要素集中。全年新增规上企业19户，确保完成省下达净增2户目标任务。（陈凤海）

【政策资金扶持】 2020年，黑河市工业和信息化局强化争取政策资金力度，为企业争取各类资金132万元。其中，为黑河市中小微企业科技创业园、黑河合创国际申请创新创业载体奖励资金共100万元；为黑龙江省鑫元丰农业机械向省工信厅申报2项黑龙江省民营企业和“老字号”企业加强标准体系建设补助（地方标准）资金10万元；为黑河市创新小微企业科技创业园争取省2019年度“创客中国”大赛奖补资金22万元。推荐黑河市中小企业协会认定省中小企业公共服务平台。佳汇食品等10户企业办理贷款周转金业务11笔，额度12360万元，减免贷款手续费140万元。

（陈凤海）

【融资服务】 2020年，全市共有69户工业企业获得贷款95笔7.66亿元，其中，60户工业企业通过稳企稳岗基金获得80笔贷款4.24亿元，占总额的56.2%；5户企业获得5笔商业贷款2.18亿元，占工业企业贷款总额的28.9%；为红河谷汽车测试、世纪天漠海电脑网络、凌宇智能科技3户科企落实稳企稳岗贷款资金1258万元。列入省级疫情防控物资重点保障企业5批次56家企业。申请省工信厅先后2次调拨防护口罩2万余只。引导2家小微型企业创业创新示范基地在疫情期间对入驻企业减免租金及各项费用216.9万元。（陈凤海）

【节能降耗】 2020年，黑河市工业和信息化局及时调整充实全市规上工业重点能耗企业名单，并实行重点跟踪监察。对关鸟河水泥、恒基水泥等2户企业能耗限额标准及阶梯电价执行情况和元泰硅业重点高耗能行业能耗情况进行专项监察，并配合第三方机构对规上15户工业企业开展节能诊断工作，有效降低了全市规上工业能耗水平。开展“散乱污”治理活动，如期完成全市19户企业的整治工作任务。全市规上工业万元工业增加值综合能耗同比下降11.4%。

（陈凤海）

【工业信息化】 2020年，黑河市工业和信息化局推进工业化和信息化融合，探索先进技术，强化科技成果应用。企业两化融合管理体系贯标工作持续推进。组织26户企业参加国家两化融合评估诊断和对标引导工作，通过评估和对标，找到自身两化融合工作不足，为下步工作改进明确方向。全市107户规上企业加入工业互联网，其中北安象屿金谷生化科技有限公司和北安宜品努卡乳业有限公司进入工业互联网企业名录。探索工业物联网技术应用，启动集汽车测试、研发检测、智能网联及汽车文化、康养旅游等于一体的“黑河寒地高新技术产业园项目”。加强制造业智能化转型升级，北安完达山乳品有限公司奶粉智能包装车间、北安象屿生化科技有限公司淀粉车间被省工信厅认定为黑龙江省数字化（智能）示范车间，车间采用思爱普企业资源管理系统，集散控制系统采用德国西门子PCS7系统，检验室采用LIMS系统和产品可追溯管理系统。利用“二维码”对基础数据进行全面采集，通过WEB数据发布系统实现生产数据互联互通；黑河龙江化工有限公司的300吨/天双膛气烧氧化钙窑项目，完善了氧化钙产业链，通过西门子自动控制系统，实现自动化生产，并与电石车间信息互联互通，数据共享。2020年该公司氧化钙生产车间参加了省工信厅的数字化（智能）示范车间认定工作。 （陈凤海）

煤炭工业

【概况】 2020年，全市煤炭行业规模以上工业企业12户，产值同比下降5.4%，增加值同比增长14.0%，利税同比增长11.4%。推进富宏、军金、西岗子、东方红等煤矿扩能改造，富宏煤矿扩储改造完成，产能由15万吨提升至60万吨。 （赵 冬）

【黑河市宋集屯煤矿有限责任公司】 黑河市宋集屯煤矿有限责任公司成立于2001年3月12日，注册地为黑河市爱辉区，于1968年建矿，2001年改制，下设三吉屯露天煤矿，全部由职工出资入股，经济类型为有限责任公司，注册资本金为625.3万元，员工265人。企业生产经营范围为煤炭开采（仅限分支机构经营）、销售。企业自有房屋租赁服务。企业采用露天开采，间断式开采工艺，单斗铲—卡车采煤法、公路运输开拓。主要生产工艺包括剥离、运输、排土、采煤、排水、供电六大主要生产环节。年产原煤60万吨，主要产品销往黑河市热电有限责任公司，逊克县蓝天热电有限责任公司。2020年产值同比下降8.2%，增加值同比下降11.8%。 （赵 冬）

【黑河市欧林煤矿有限公司】 黑河市欧林煤矿有限公司成立于2012年4月17日，注册地为黑河市爱辉区，注册资本500万元，员工335人，为黑龙江东吉煤业集团有限公司100%控股。于2004年8月开工建设，2012年4月18日验收合格，取得全部证照。企业生产经营范围为煤炭开采、煤炭洗选。煤矿设计生产能力为30万吨/年，采用3条斜井开拓，开采方式为地下开采。开采的煤层为Ⅱ号煤层，批准占用的地质储量为1539.59万吨，设计服务年限为25.8年。矿内占地面积为13.70万平方米。主要产品为长焰煤，在黑龙江省销售。2020年产值同比增长11.0%，增加值同比增长40.9%。 （赵 冬）

有色金属工业

【概况】 2020年，全市有色金属行业规模以上工业企业5户，产值同比增长42.9%，增加值同比增长45.8%，利税同比增长58.4%。黑河市围绕提升资源精深加工水平，推动嫩江多宝山铜矿二期、银泰矿业扩能等项目建设，2020年有色金属行业增加值占全市规上工业总量的55.1%，对工业经济发展支撑作用进一步增强。 （赵 冬）

【黑龙江多宝山铜业股份有限公司】 黑龙江多宝山铜业股份有限公司是紫金矿业集团的全资子公司，2006年1月在黑龙江省工商行政管理局注册成立，注册资本20亿元，员工852人。多宝山铜（钼）矿床经济产值超千亿元，矿山剩余服务年限为26年。公司工程建设总投资53.8亿元，年营业收入达40亿元以上，税费贡献8亿~10亿元/年，提供就业岗位3000多个，是黑龙江省投资最多、生产能力最大的有色金属矿山，是地方最大的纳税企业和最具影响力的骨干企业。2020年，产值同比增长50.2%，增加值同比增长68.4%。 （赵 冬）

【黑河银泰矿业开发有限责任公司】 黑河银泰矿业开发有限责任公司主要从事东安金矿开发工作，位于逊克县新兴乡，2016年11月由中国银泰集团旗下银泰黄金股份有限公司收购，员工人数344人。东安金矿450吨/日采选冶项目于2015年6月18日通过国家发改委项目核准，项目投资8.29亿元。2017年10月开始试生产，2018年完成安全生产等各项验收，达到设计生产规模。2020年产值同比增长9.2%，增加值同比增长9.2%。 （赵 冬）

农副食品加工业

【概况】 2020年，全市农副食品加工行业规模以上工业企业26户，产值同比增长17.6%，增加值同比增长12.6%，利税同比增长26.7%。黑河市围绕深度开发原字号，完善粮食深加工、畜产品及特色农产品深加工产业链，统一打造“黑河绿色有机功能性食品”品牌，佳汇生猪屠宰加工等项目加快推进，国源食品、云之润生物科技、天之草汉麻纤维加工等项目建成投产。 （赵 冬）

【北安象屿金谷生化科技有限公司】 北安象屿金谷生化有限公司成立于2015年8月，是世界500强厦门象屿集团有限公司旗下投资企业。象屿金谷粮食深加工项目位于黑龙江省北安市健康产业园区内，总投资30亿元，由粮食仓储和玉米深加工、大豆深加工和菲汀、肌醇生产项目组成，职工500余人。主要产品有淀粉、淀粉糖、氨基酸、燃料乙醇、生物发酵饲料等，广泛应用于制糖、造纸、纺织、食品、医药、啤酒发酵、饲料等行业。2017年3月，进入规上企业，设计产能为年加工玉米60万吨。2020年2月8日起，北安象屿金谷生化科技有限公司全面进入封闭运行状态，在岗人员不足63%的情况下，调整倒班方式，严格执行复工复产制度、预案机制，坚持生产“不停车”。2020年产值同比增长20.8%，增加值同比增长20.8%。 （赵 冬）

【黑龙江省景润生物科技有限责任公司】 黑龙江省景润生物科技有限责任公司成立于2019年8月，注册地为孙吴县，注册资本5000万元，员工60人。公司占地面积10.8万平方米，厂区占地面积8.9

万平方米，有固定形态钢板仓3座，钢结构仓库3500平方米，仓储能力6万吨，铁路专用线1条，浸油生产线1条。企业生产经营范围为农副产品加工、销售及仓储、道路运输等。企业采用浸出工艺进行生产，在生产加工上使用完善的生产设备和较先进的生产技术，使食用豆粕出产率达85%，三级豆油10%，食用软磷脂5%。企业设计生产能力为年加工大豆30万吨，年生产大豆油4.8万吨，高蛋白豆粕24.3万吨，粮食一次性最高储量2.2万吨。2020年产值同比增长9倍，增加值同比增长8.6倍。

（赵 冬）

热力生产和供应业

【概况】 2020年，全市有热力生产和供应业规模以上工业企业20户，产值同比增长3.7%，增加值同比增长8.1%，利税同比增长77.5%。（赵 冬）

【黑河市热电有限责任公司】 黑河市热电有限责任公司是黑河市直属国有大型企业。1988年建厂，1991年正式投产，2018年末由热电厂改制为公司制企业，注册资本26174万元。经过2次规模扩建和2017年的改建，企业形成“十炉七机”规模，总装炉容量1015吨+2台116兆瓦热水锅炉（2台65吨沸腾炉、3台75吨循环流化床锅炉、3台220吨循环流化床锅炉、2台116兆瓦热水锅炉），总装机119兆瓦（2台CC12兆瓦双抽式汽轮发电机组、3台B15兆瓦背压式汽轮发电机组、2台B25兆瓦汽轮发电机组），管网总长度496.8千米（其中一级网114.7千米、二级网382.1千米），在市区建有84座换热站，公司占地面积17万平方米，供热能力1400万平方米。承担黑河市区1170.2万平方米的供热任务，是黑河市区唯一的集中供热热源企业，在职职工1082人。2020年产值同比增长5.4%，增加值同比增长6.5%。

（赵 冬）

【嫩江盛烨热电有限责任公司】 嫩江盛烨热电有限责任公司始建于2006年，注册地为嫩江市，经过多年投资建设，形成固定资产6.8亿元，员工370人，是嫩江城区内唯一一家热电联产集中供热民营企业。企业生产经营范围为电力、热力生产和供应、管道工程、管道安装。企业有发电供热锅炉6台，75吨锅炉3台、130吨锅炉2台、115兆瓦热水调峰锅炉1台，15兆瓦背压式汽轮发电机组4台套，烟气排放全部符合国家新规环保排放标准。承担着嫩江城区17万人、650万平方米、212天的供热任务。年发电量2.0亿千瓦时，供热量340万吉焦。2020年产值同比增长6.0%，增加值同比增长46.9%。

（赵 冬）

寒区试车经济

【概况】 2020年，全市共有寒区试验场地16处。黑河市围绕发挥冰雪资源优势，推动寒区试车与体育赛事、康养旅游、会展经济等融合发展“试车经济”。12月到次年3月的试车高峰期，拉动了黑河市超市、宾馆、餐饮、娱乐、通信业及航空冬季营业额大幅增长，成为独具特色的经济增长点。2019—2020年试车季，黑河举办首届寒区试车节，承办被誉为“汽车奥运会”的2020年中国量产车性能大赛，黑河寒区试车高科技产业园进展顺利；黑河市越野滑雪基地、新能源汽车测试研发中心等项目启动前期工作。（陈凤海）

【寒区试车产业】 2020年，黑河市工业信息局注重“三到位”管理服务。国家机动车产品质量监督检验中心（上海）1月份落户黑河，标志着黑河寒区试车的检验技术水平提升到一个新高度。坚持防控部署精准到位、封闭管理措施到位和服务管理保障到位，抢抓节后2019—2020年试车的黄金期，保证返黑河汽车测试车企共计48家，返黑河汽车测试人员共计781人，车辆600余台适时完成测试项目任务，有效完成了新冠肺炎疫情特殊时期的试车任务。2019—2020年试车季，试车产业为黑河经济带来4.17亿元增收（增加值为2.65亿元）。

（陈凤海）

【寒区试车服务保障】 2020年，黑河市利用业务窗口、网络平台、移动终端App等载体，为试车企业提供包括业务咨询、政策宣传、人员登记、绿色通行证发放、24小时救援、人力资源中介、宾馆预订、

2月，试车企业有序复工　　（黑河日报社／供图）

餐饮推荐、旅游指导、地产导购等相关业务服务，开展“一窗式受理、一站式互动、一条龙服务”，实现服务便利化、快捷化。开展跟踪式服务，确保“有求必有应”。辟建试车公共停车场，将图书馆江边段近2万平方米平台作为冬季试车车辆临时停车场，可提供停车位600个，供试车企业使用，解决了市区内宾馆停车位紧张的问题，满足车企对测试车辆高寒低温环境的要求。夏季，市区新增充电桩35个，加快了新能源汽车充电桩建设，进一步完善公共快充服务网络，加快实现市区内3千米充电服务圈。入冬后，黑河市各级公安交管部门将试车保障与冬季护游深度结合，推进冬季护游暨寒区试车服务保障举措，开展路线审批、临牌办理等工作，确保试验商用车及时启动试验项目，快速推进试验流程。与试车场地、试车企业建立联系，主动推送安全管理配套服务，切实构建试车安全环境。通过层级匹配和服务衔接，为试车企业顺利入驻和安全运行提供坚强保障。（陈凤海）

【首届寒区试车节】2020年12月10日，首届寒区试车节在黑河拉开帷幕，为期3个月，共举办CCPC雪地越野和城市街道挑战赛、保时捷自驾体验等8项系列活动。黑河市通过全网矩阵进行宣传、推广、传播，提升城市的知名度，加强对外交流，全方位呈现黑河冬季冰雪魅力，提高了黑河及黑河汽车测试产业的知名度。（陈凤海）

【黑河寒区试车高新技术产业园项目建设】2020年，黑河市工业信息局推进黑河寒区试车高新技术产业园项目建设，完成总体规划，一期自动驾驶测试场项目开工建设。项目计划总投资36.36亿元、占地总面积6平方千米，是集汽车测试、研发检测、智能网联及汽车文化、康养旅游等功能于一体的产业平台。建成后，将成为亚洲路谱最全面、设施最先进、功能最完善的寒区试车基地，将成为黑河市试车产业的核心竞争力，带动黑河整体试车产业全面发展。（陈凤海）

电力工业

【概况】2020年，国网黑龙江省电力有限公司黑河供电公司（以下简称“国网黑河供电公司”）面对改革发展和电网建设任务繁重、疫情防控和提质增效压力倍增等困难与挑战，坚决贯彻上级决策部署，完成全年各项目标任务。售电量完成40.19亿千瓦时，同比增长8.34%。售电平均单价完成359.89元/千千瓦时，比指标上升1.02元/千千瓦时。综合线损率完成7.35%，同比降低1.7个百分点。城市、农网综合电压合格率分别为99.99%和99.71%，城网、农网供电可靠率分别为99.89%和99.79%。实现安全生产5944天，安全调度17958天。

国网黑河供电公司是国网黑龙江省电力有限公司（以下简称省公司）直属供电公司之一，国有大型电网经营企业。2020年12月，国网系统员工1031人，担负着黑河地区、齐齐哈尔市4县（克东县、克山县、依安县、拜泉县）、26个国有农场、13个驻军农场、松花江林业局所属的2个林业局的供电任务，总供电面积8.45万平方千米。国网黑河供电公司内设职能部门13个，业务机构12个，自贸区供电机构1个：国网黑河自贸试验区供电公司。所属县级供电企业9家：国网北安市电业局有限公司、国网嫩江市电业局有限公司、国网五大连池市供电有限公司、国网孙吴县电业局有限公司、国网逊克县电业局有限公司、国网克山县电业局有限公司、国网依安县电业局有限公司、国网拜泉县电业局有限公司、国网克东县电业局有限公司；共有员工1797人，农电用工1265人。（梁金韬）

【电网结构】2020年，国网黑河供电公司黑河电网主电源分为国网和俄网，共有5个电压等级：500千伏、220千伏、110千伏、35千伏、10千伏。其中500千伏换流站1座，总变电容量为111万千伏安；220千伏变电站9座，主变总容量2220兆伏安；110千伏变电站35座，主变总容量1824.8兆伏安；35千伏变电站131座，主变总容量780兆伏安。联网的小火电厂5个、小水电厂10个。供电区通过500千伏兴黑线、220千伏海北线与绥化电网相联，通过220千伏拉嫩甲线、拉克线与齐齐哈尔电网相联，通过220千伏多加线、呼黑线与大兴安岭电网相联，通过220千伏布爱甲乙线、110千伏布黑线与俄罗斯电网相联。（梁金韬）

【电网建设】2020年，国网黑河供电公司强化规划引领，全面落实“十三五”电网规划，结合自贸区及百大项目建设情况，实施“两保两促”措施，完成电网基建投资8557万元，生产技改和大修投资8981万元。编制“十四五”电网规划，形成规划项目477项，充分满足地方未来经济发展的电力需求。完成110千伏黑河自贸区输变电工程等18项可研编制。抓好工程质效，推行“先签后建”举措，依法合规推进安北500千伏输变电工程及安北220千伏下级电压整理工程。锦江220千伏变电站改造工程按期竣工，有力保障自贸区供电需求。依安、拜泉、克东、北安等县公司13项历史遗留工程全面完成。成立公司“网上电网”建设领导小组，推动电网发展数字化转型。（梁金韬）

【安全生产】2020年，国网黑河供电公司树立“四个最”（最根本的是紧盯安全目标、牢牢守住“生命线”，最重要的是落实安全生产责任制，最关键的是及时解决各类风险隐患，最要紧的是加强应急体系建设）意识，实现“四杜绝、四不发生”目标。安全基础管理从严，深入推进本质安全建设，修订417个岗位安全责任清单和《安全生产奖惩补充实施细则》，实行安全生产重奖重罚；签订安全生产责任状共1618份，组织全员“安规”考试2次，安全日活动6次。人身安全管控从严，落实领导干部下现场机制，强化“四不两直”安全督导，对442个作业现场实行到岗到位和安全督查，看死盯牢作业现场；开展全口径安全专项巡查，发现并纠正各类安全问题231个。安全隐患治理从严，扎实推进安全生产专项整治三年行动，完成“一下一上”任务。通过开展输配电“三跨”“四害”“装置违章”“家族性缺陷”等治理活动，554个严重及以上隐患得以消除，森林草原输配电线路火灾隐患治理工作成效获国家电网公司检查组肯定。电网运行检修管理从严，安排停电作业198项，发布电网风险预警12个，制定电网专项应急预案8个，完成多加、加松线3级电网风险管控任务。成功应对暴雪和台风“三连击”，完成疫情防控等重要保电任务。大安全管理从严，开展建设施工安全大检查，健全完善产业单位安全生产管理制度，网络信息、保密、交通等实现全口径安全。
（梁金韬）

【经营管理】 2020年，国网黑河供电公司加大增供节支力度，落实提质增效专项行动任务分解方案69项举措。完成电能替代3.5亿千瓦时，超额完成年度指标。强化管理增效能力，制定《县公司主要经营指标管理指导意见》，签订《企业负责人业绩考核责任书》，完善激励和约束机制，推动县公司内部挖潜，降本增效。物资服务基建和生产等实际需求作用有效发挥，物资供应组织有序。推进产业单位内控及合规专项提升工作，压实主办单位主体责任，有效提升产业单位竞争力。以人才培养、机制建设、技术攻关为抓手，一体化推进科技创新，为企业科学发展带来有力驱动。
（梁金韬）

【优质服务】 2020年，国网黑河供电公司全力做好疫情防控工作，落实省公司、市委、市政府决策部署，实现“双零”（零确诊、零疑似）目标，完成2100户网格化排查；累计7个月，共组织4430人次参加6个弃管小区和高速卡口值守，获市疫情防控领导小组专题简报表扬。强化重点区域和设施供电安全保障，严格执行重点岗位隔离值班、封闭管理。成立21个抢修分队，每天投入抢修人员585人，全力确保疫情期间电网稳定运行。服务市域经济发展，缓解企业经营压力，落实国家电网公司阶段性降低用电成本等2项政策，惠及电力客户约14.7万户，降低企业用电成本6215万元。支持黑河召开第三届全省旅发大会，投资106万元进行线路建设和电力改造，组织103人、7台发电车（机）现场保电，获得“黑河市承办第三届全省旅游发展大会先进集体”称号。助力脱贫攻坚，完成“抵边村寨”电网建设，惠及6397名农村用户。微视频《友谊点亮边城》入选2020年全省“脱贫攻坚奔小康”百部优秀作品。
（梁金韬）

1月，电力抢修人员全面巡线消缺，确保节日供电稳定　（黑河日报社／供图）

综　述

【概况】 2020年，黑河市高标准推进城市建设，实施4大类45个市政项目，启动史上力度最大的拆违专项行动，拆除违建351处、12万平方米。实施40个老旧小区改造，完成7个小区二次供水改造，棚户区改造基本建成1575套。567个行政村生活垃圾得到治理，乡村环境明显改善。黑河市住房和城乡建设局坚持以人民为中心的发展思想，推进全市住房和城乡建设事业跨越式、高质量发展，取得实效。

2020年12月，黑河市住房和城乡建设局（加挂黑河市人民防空办公室牌子）内设机构14个，所属事业单位9个：黑河市住房保障与房屋租赁服务中心、建筑安全站、工程质量监测站、房屋物业服务站、新型墙体材料研究推广中心、住房和城乡建设信息中心、人防指挥信息保障中心、工程造价和装饰装修服务中心、棚户区改造服务中心。

（钟福宽）

【城市建设规划】 2020年，黑河市国土空间规划编制工作领导小组印发《黑河市国土空间规划（2020—2035年）》编制工作方案。完成规划编制第一轮全域调研，主体功能区规划、土地利用总体规划、城市总体规划的实施评估和全市国土空间开发保护现状评估工作。开展《黑河市边境区域城市顶层设计及自贸片区发展战略规划》《黑河市域综合交通专项规划》专题研究，完成桥头区道路及空间结构布局规划。推进“三条线”划定，按照全市打造50万以上人口城市标准争取城镇开发边界指标。推进村庄规划编制各项工作。全市568个村庄形成五类村庄名录，确定60个规划试点村庄。

（王　峰）

【营商环境优化】 2020年，黑河市住房和城乡建设局开展工程建设项目审批改革，深化并联审批和告知承诺制，推动审批各环节前置要件模板化、审批标准及承诺事项公开化、事中事后监管精准化、各部门衔接无缝化，最大限度减少审批部门的自由裁量权，提高一次通过率，企业从办理立项到完成施工许可最快仅用16个工作日。在全省率先将社会投资项目审批全流程总时限缩短至30个工作日，实现了全过程领办制度。开展行业清源行动，针对“三书一函”（监察建议书、司法建议书、检察建议书、公安提示函）反映的问题，查找行业漏洞，加强源头治理，并将扫黑除恶专项斗争与专项治理结合起来，及时整章建制，形成长效机制，清除黑恶违法犯罪滋生土壤。

（钟福宽）

城市建设

【重点工程项目】 2020年，黑河市城建重点工程项目建设顺利推进。老通江街改造一期工程完工，9月3日实现通车，二期环境治理及绿化景观改造提升工程完成工程量的80%。企联大厦消防工程改造，落实资金1100万元，完成改造总量的50%。文化宫改造工程完成，8月投入使用。市医控中心工程开工建设，做好前期推进和建设服务工作。实施企联大厦、荣耀世纪等17栋高层楼体亮化和11条街路照明设施新建，累计安装各类照明设施33.47万套。兼顾老旧楼体修缮与楼体“美容”，高品质完成市区74栋楼体、21座垃圾压缩站和15栋公厕粉饰工作，对海兰风情街沿街商服店面进行统一升级改造，归集整理城市架空管线1.1万米。

（钟福宽　郭玉斌）

【烂尾楼治理】 2020年，黑河市住房和城乡建设局加强烂尾楼治理。鑫隆农贸市场完成装饰装修并投入使用。亿隆购

9月，老通江街改造一期工程完工　（市住房和城乡建设局／供图）

物中心项目因甲乙双方工程款拨付和债务纠纷已进入司法程序，等待司法审理结束，将督导产权所属人尽快完成建设工作。（钟福宽）

【城市路网建设】 2020年，黑河市城市管理综合执法局采用“模拟清单”“打捆招标”方式和“纪检+审计+督查”联动监督模式推进项目建设。完善城市路网，实施双拥大街、海兰街、王肃街等道路升级改造19条，铺装机动车道、人行步道35万平方米，更换扶正路缘石1.05万延长米。新建“城市绿道”建设3处，铺装彩色沥青等4.1万平方米，安装路缘石0.8万延长米。（郭玉斌）

【休闲空间拓展】 2020年，黑河市区新建改造公园、广场4处，16.7万平方米，瑷珲—腾冲中国人口地理分界线主题公园、世纪广场、大黑河岛生态广场等成为黑河“新地标”。（郭玉斌）

【地下管线改造】 2020年，黑河市区大力开展地下管线改造工作，启动大黑河岛跨江索道区道路及附属市政设施工程等4个项目，完成给排水管线铺设5290延长米，雨水管线2610延长米。推进城乡垃圾一体化建设，建设移动式垃圾压缩站21座，压缩箱26个。（郭玉斌）

村镇建设

【农村人居环境整治】 2020年，全市农村“厕所革命”稳步推进，全市共完成农村厕所改厕4139户，其中建设室内厕所2699户，较年度任务目标超额完成171%；爱辉区（二类县）卫生厕所普及率达到87.5%，提前完成二类县卫生厕所普及率达到85%的目标。五大连池市新发镇德利村采用“室内水冲厕所+城镇污水管网”模式改造厕所170户，经验做法在黑龙江省农村人居环境整治动态上推广。全市建设人居环境整治示范点63个，完成投资1.18亿元，建设“菜园革命”示范村252个。投入2157万元，完成爱辉区外四道沟村和孙吴县哈达彦村2个省级俄罗斯族风格“龙江民居”试点村建设任务。（刘雅昆）

【农村住房改造】 2020年，黑河市全面打赢决战决胜农村脱贫攻坚住房安全保障攻坚战。按全省2020年6月末统一时间节点，累计完成1414户建档立卡贫困户和912户其他三类人住房问题整改，动态调整新增393户改造任务已全部完成，竣工率100%，实现农村住房安

7月，大黑河岛生态广场项目施工现场
（黑河日报社／供图）

7月，拆迁后修建的清真寺休闲广场　（刘增伟／摄）

全保障目标。（钟福宽）

【农村生活垃圾治理】2020年，黑河市住房和城乡建设局采取制发方案、编制规划、实行试点、加强调度，全力督导，全市新建垃圾分拣中心477座、垃圾转运站8座，1706名村级保洁员工资全部纳入地方财政预算。印发垃圾分类宣传挂历1.6万份、制作宣传横幅和标语66处。全市农村生活垃圾治理制度体系和治理体系初步形成，实现有效治理目标。（钟福宽）

建筑业

【概况】2020年，全市深化建筑业"放管服"改革，黑河市权限内新办14件建筑业资质企业，安全生产许可证20件。全市持续推进建筑业供给侧结构性改革，加快推进建筑产业现代化发展，增强企业核心竞争力，为发展地方经济助力。市住房和城乡建设局重点在应统尽统、提高本地市场份额、加快完成产值上下功夫。落实行业主要经济指标、监测重点企业、落实项目本地化等。加强保增长监测调度。召开全市建筑业相关指标统计工作培训会议，邀请统计局就统计要求和基本内容及注意事项等做专项业务培训。建立周调度制度，对标对表经济全年实现正增长目标分解方案，指导各县（市、区）管行业、抓项目、优服务，促进建筑业经济指标加速向好。全年实现建筑业产值18.3亿元，实现预期目标。（钟福宽）

【建筑安装工程投资】2020，全市有在建房地产开发项目199项，建筑面积248.25万平方米，比上年增加33.47%，总投资50.75亿元，比上年增加61.62%。其中，新建项目167项，建筑面积154.7万平方米，投资36.2亿元；黑河市区在建项目39项，建筑面积86.6万平方米，投资24.8亿元。黑河市区在建项目中，新建项目35项，建筑面积59万平方米，投资20.3亿元。（钟福宽）

【工程质量安全监管】2020年，黑河市住房和城乡建设局加强工程质量安全监管，开展工程质量安全标准化创建工作和工程质量常见问题治理，工程质量总体水平稳步提升，上访量逐年下降。开展建筑市场综合执法检查和安全专项检查，狠抓扬尘治理和文明工地创建，安全生产实现了无较大以上事故的目标。（钟福宽）

【建筑市场秩序整顿】2020年，黑河市住房和城乡建设局全面落实治欠保支各项制度，全市建设项目全部纳入黑龙江省施工现场信息化管理平台，强化施工现场项目班子人员、劳务人员管理，落实建筑工人实名制等治欠保支各项制度，防范发生拖欠农民工工资风险。持续开展建筑市场专项整治，重点围绕未取得施工许可证施工建设，挂靠、转包和非法分包检查、违反实名制管理制度等方面组织建筑市场专项检查和整治。加快诚信制度建设，构建以信用为基础的新型建筑市场监管体系，建设动态信用评价系统，将信用结果运用到工程承发包过程中，引导企业诚信经营、守法经营。加大督导检查力度，对未落实治欠保支制度的问题督促责任单位限期进行整改。全年独立开展建筑市场检查17次，综合执法检查1次，配合市直劳动监察部门1次。对发现的问题下达了整改建议书25份，年内均整改完毕。（钟福宽）

【技术创新和绿色发展】2020年，黑河市住房和城乡建设局推动全市建筑业企业参加工法和十项新技术示范工程申报。推广BIM技术应用，指导建筑业协会组织开展了建设工程BIM学习培训，进一步提高企业对BIM技术应用重视程度，增强企业应用BIM技术的主动性。黑河学院体育馆项目采用了BIM等新技术。在全市范围内推行绿色建筑标准，大力推广绿色建筑，全市绿色建筑面积为100.90万平方米，超额完成省里下达的任务。（钟福宽）

市容市政管理

【概况】2020年，黑河市城市管理综合执法局围绕市委、市政府城市工作总体部署，秉承"恪尽职守、为人民管好城市"的工作理念，把握黑河市承办第三届全省旅发大会的机遇，完善城市基础设施，优化城市市容环境，提升城市品质形象，城市建设管理工作取得明显成绩。黑河市城管执法局获评省住建系统年度重点任务绩效评价第二名，黑河市第三届全省旅发大会"突出贡献集体"。2020年12月，黑河市城市管理执法局内设机构9个，所属事业单位7个：城市管理综合执法支队（副处级）、市政保障中心、园林中心、排水中心、环境卫生保障中心、数字化城管管理监控中心、园林绿化科研所，所属国有企业4个：热电公司、自来水公司、生活垃圾厂、医疗垃圾厂，代管单位1个：黑河市恒顺消防服务保障中心机场消防队，行业监管企业4个：黑河龙江环保治水有限公司、黑河市中燃燃气公司、黑河市液化气公司、黑河市兴旺液化气公司，PPP合作企业1个：餐厨垃圾处理厂。（郭玉斌）

【市容管理】2020年，黑河市城市管理综合执法局聚焦承办旅发大会，保障重点项目用地，打响市区征地拆迁和查处违法建筑"百日攻坚战"。确定并完成黑龙江大桥桥头附属设施及周边环境修复项目、B区铁路街区块、C区电台旧址地块等征地拆迁任务16个，第四中学北侧道路项目、吉斯达3号地拆违项目、大黑河岛环境整治等拆违任务38个，完成征地143.6公顷。同步完成瑷珲—腾冲公园周边1号地、黑河学院体育馆等区块拆迁和市卫生健康中心建设项目、棚户区改造项目等拆违任务，拆除房屋577户29908.12平方米。开展旅发线路综合整治，拆除沿街破损围挡4916米，清理旅发大会沿线空地堆放物品、杂物200余处，清理农机商店占道经营31家，拆除擅自设置户外广告牌匾144个，拆除铁路街大型立式牌匾13个。（郭玉斌）

6月，市城市管理综合执法局对市区王肃街170根中华灯灯杆进行粉刷

（黑河日报社／供图）

【环境卫生】 2020年，黑河市城市管理综合执法局对标卫生城市创建标准，推进城乡环境综合治理。发挥机械化清扫效能，机械化清扫清洗全天候、不间断，全年出动689车次，清理淤泥1352吨。吸污作业882车次，清掏、吸污12743吨。开展"春风春绿"专项行动，清理垃圾1875吨，清除高空"白色垃圾"290余处。清运城乡一体化压缩站垃圾341.04吨、出动车辆44台次。实现生活垃圾处置5.85万吨，无害化处理率100%。餐厨垃圾清运覆盖全市餐饮、食堂等服务行业463家，转运餐厨垃圾7450吨。垃圾渗滤液应急处理4月启动，实现达标排放52600吨。处置普通医疗废物220吨，单独转运、处置发热门诊医疗废物2吨，隔离病房医疗废物1吨，宾馆隔离生活垃圾65吨。城市生活垃圾分类全面启动，黑河市城市生活垃圾分类工作电视电话会议确立了生活垃圾分类发展蓝图，公共机构生活垃圾分类、街道示范片区建设顺利进行，开通"黑河市垃圾分类"公众号，开展生活垃圾分类知识宣传"五进"活动，垃圾分类知识编进中小学教材，多渠道全方位面向社会宣传普及垃圾分类知识。餐厨垃圾处理厂、可回收物分拣中心和大件垃圾处理厂如期建成，垃圾分类终端处理体系"扎口"。（郭玉斌）

【城管执法】 2020年，黑河市城市管理综合执法局强化执法队伍能力素质和理论业务建设，持续开展全系统"强基础、转作风、树形象"专题法治培训活动，160余人参加培训。推进市容秩序综合整治，规范街道两侧店外经营、摆放杂物、堆积建筑垃圾等行为，加强建筑工地渣土管理，清理擅自占用人行道路和公共场地摆摊设点10142处、乱堆放1034处、违法乱贴小广告5800余张、清理建筑垃圾646处，查处遗撒车辆883台次，整改工地351次，封停38次，规劝处罚踏青毁绿不文明行为650人次。围绕活跃地摊经济，采取专人管理、错时管理等方式，在全市增设地产蔬菜销售区84处，新增摊位820个，吸纳就业人员约1350人。获评全国"七五"普法中期先进集体、住建部"强基础、转作风、树形象"专项行动表现突出单位、全省"谁执法谁普法"示范单位。（郭玉斌）

【园林绿化】 2020年，黑河市城市管理综合执法局努力营造以公园绿化为中心、道路绿化为骨架的生态园林绿化格局。推进龙海路（中央东大街至王肃街）段、龙科街（魁星路至党校）段、环城西路绿化瑷珲—腾冲公园等新建项目，新增绿地面积12.09公顷。实施黑河市世纪广场改造、大黑河岛生态广场建设、大黑河岛生态绿化、文化宫游园、航韵游园、双拥大街花海等精品园林改建项目，拓展园林绿量的同时，为市民和游客休闲打卡提供了"新热点"。抓好精细化管养，优化城市绿化环境，年内新植各类乔木0.15万株，灌木2.3万株，补植补种各类乔木0.76万株，灌木5万余丛，种植草坪1.5万平方米，栽植玉簪花5.2万株。打造"色彩黑河"新印象，在市区主要街路小区摆放木质花箱40组，盆花1万余盆，栽植草本花卉210余万株，垂钓矮牵牛11万株。聚焦黑河市行道树品种单一、树形单调，靶向引进半垂和全垂新品种共计300株。治理杨树飞絮扰民，对城区5000多株成年雌性杨树注射"絮缘"和"一插净"，抑制花芽形成。开展绿化知识普及，与市区各小学搭建"绿色课堂"护绿教育基地，开展绿化科普宣传活动。全年建成区绿化覆盖面积826.08公顷，绿化覆盖率41.3%，绿地面积725.93公顷，绿地率36.3%，人均公园绿地面积13.52平方米。（郭玉斌）

【公用事业】 2020年，黑河市城市管理综合执法局强化城市排水治理，新建2.5米/秒排水能力泵站1座，更新破损、淤堵排水管线373米，井盖88个（套），雨水篦子138块，抢修破损雨水口和检查井74座。认真落实防内涝应急预案，根据雨情启动龙江路泵站4次，出动应急抢险人员43人次，车辆16台次。完成黑河污水处理厂提标改造工程建设，出水符合一级A标准，实现污水处理763万吨。实施黑河市环保节能技术改造项目一期工程，对市本级3台锅炉进行了环保节能技术改造，完成供热老旧管网改造4.2千米。"气化龙江"完成城区建设计划12.3千米市政中压管线建设，现有庭院管线91.43千米，管网覆盖居民小区4万户，其中具备通气条件的3万户，中压管网基本覆盖主城区，实现点

火通气小区53个，居民点火户数0.6万余户。新建门站1座，供气能力10万立方米/日，可保证全市每天不间断供气。"数字城管"视频监控系统升级改造"进行时"，数字城管视频监控一期60处摄像头完成线路改造并网工作，增设19处43个监控摄像头。监控资源共建共享取得进展，城管、公安共享点位1993处。（郭玉斌）

【便民服务】2020年，黑河市城市管理综合执法局把提升服务水平作为"导向牌"，架起与群众之间的"连心桥"。完善信访机制，畅通信访渠道，受理群众信访问题605件次、500余人次，反馈率100%，办结率99.45%，维护了社会稳定。开通24小时城管热线12319，受理投诉案件8440件，办结案件8295件，办结率98.3%，转办率100%。加强供水客服24小时值班值守，随时待命解决市民维修需求，客服系统来电9448个，处理9409个，处理率99.6%。落实供热企业信用评价制度，并对外公示"红黄黑"榜，供热质量评分178分。深化"放管服"改革，持续优化营商环境，推进"行政审批事项向电子政务平台集中"，真正实现"三集中三到位"。针对占道宣传、市政管线紧急抢修等问题，适时提出"审批制"改"备案制"，进一步缩短"申请"与"批准"之间的距离。开展"证照分离"改革工作，梳理改革事项6项。压缩用水用气用热办理时间，优化办理环节，对标国内一流标准用水用气办理环节由5个压缩为2个，用热办理环节压缩为3个。（郭玉斌）

【城市供热】2020年，黑河市热电有限责任公司实现发电量50969万千瓦时，上网电量44017万千瓦时，供热量701.12万吉焦，消耗原煤97万吨。新增供热面积19.83万平方米，供热面积累计1170.2万平方米。实现热电总收入4.66亿元，利润50.91万元。提升安全管控水平，落实安全生产责任制，强化规程规范培训考核，全年进行应急、消防等安全培训考核1756人次，职业病防治培训考核630人次，职业健康宣教790人次。开展"春检""夏检"、消防安全、职业卫生等专项检查，全年排查安全隐患60项，整改率100%，公司实现安全运行1218天。提升检修技改水平，保证设备安稳运行。实施黑河市环保节能技术改造项目一期工程，对市本级3台锅炉进行超低排放改造。全年完成大小修标项1480项，非标项35项，技改18项，清洗换热器60台，维修保养阀门9000余个。完成新接一二级网管线12641延长米，改造管线6384延长米。完善承诺服务制，开展走进千家万户"访民问暖"工程，全年走访用户5979户，处理不热用户2116户，处理热用户跑水463户，无偿为热用户清洗暖气1721户。（郭玉斌）

1月20日，黑河热电有限责任公司工作人员在集中控制监看设备运行情况

（黑河日报社／供图）

【城市供水】2020年，黑河城区供水干线总长139千米，供水总量832万立方米，售水量620万立方米，有效供水率75%。黑河市自来水有限责任公司是一家国有独资公司，有主力水厂1座、加压泵站3座及3家下属企业。全年加大供水基础设施建设，完成工业园区提升泵站改造为无人值守泵站工作，完成净水助凝剂（聚丙烯酰胺）投加工艺改造，启动黑河市老城区污水给水管网改造水厂环保提升及垃圾综合整治项目中的水厂环保提升项目，确保城市供水安全。加大供水服务保障力度，新增手机抄表收费系统，在公司官方网站增加了临时用水等8项在线报装功能，实现便民目标。利用客服系统、GIS系统、表务系统等工作平台，主动排查市区内的供水干线和进户线的管网漏点，全年共查到供水管网漏点151处。实施城区二次供水改造，共计改造小区43个方区，地沟改造60栋，泵站改造6座，一期改造年内总完成量约70%。二次二期年内完成供水管线改造8千米，楼房改造30栋。

（郭玉斌）

房地产业

综　　述

【概况】 2020年，黑河市加强房地产市场管理。采取有效调控政策，指导企业做好市场营销，提高商品房销售率，切实减轻房地产开发企业负担。截至2020年12月末，全市新批准销售商品房面积78.95万平方米，比上年同期减少34.41%。其中，市城区新批准销售商品房面积51.96万平方米，比上年同期增长72.39%。全市新建房屋销售面积112.17万平方米，比上年同期增长42.93%。其中，市城区新建房屋销售面积44.09万平方米，比上年同期增长90.95%。 （钟福宽）

【老旧小区改造】 2020年，全市投资2.21亿元，改造68个老旧小区、256栋楼、114.55万平方米，涉及居民1.27万户，完成工程总量的90%，其中，黑河市区投资1.26亿元，改造40个老旧小区、191栋楼、87.93万平方米，涉及居民9505万户。把治乱拆除砖棚板棚等陈旧设施作为推进城区老旧小区改造的突破口，拆除砖棚板棚412个、私搭乱建违章设施25个，清理乱推乱放78处，牵头协调中国电黑河分公司、中国联通黑河分公司、中国移动黑河分公司、黑河有线电视、国网黑河供电公司等单位，对老旧小区空中飘线、挂线混乱等问题展开集中专项整治。依据国家和黑龙江省的政策规定，立足实际，制订《黑河市城区“十四五”规划期间老旧小区改造工作计划》，并于9月组织专班力量开展2021年老旧小区改造的申报工作。 （钟福宽）

房地产市场

【概况】 2020年，全市房地产市场运行平稳，房屋价格由于建设标准提高、建筑成本增加等因素稳中有升，房产开发项目规模逐年增加，小区配套设施、绿化更加完善。网签系统实现与上级主管

6月25日，市棚改服务中心联合市城管执法局、市公安局对市区一处平房区域进行拆除

（黑河日报社／供图）

部门互联互通，实现数据实时上传。（钟福宽）

【商品住房市场调控】 2020年，黑河市住房和城乡建设局全面贯彻落实省、市关于统筹新冠肺炎疫情防控和经济社会发展的部署要求，加强房地产市场调控。落实全省房地产业平稳发展各项举措和要求，暂缓新建商品房预售许可新标准和商品房预售资金监管政策执行，简化手续办理、提高服务效能，切实减轻房地产开发企业负担。进一步开展建筑市场源头整治，巩固扫黑除恶成果，加大对违法围标、串标的专项整治力度，规范评标专家和中介机构的市场行为，创新招投标工作方式方法，推广使用EPC模式招标。加强施工现场实名制管理，强化项目班子、监理班子履职尽责行为。指导做好市场营销，房地产市场迅速克服疫情的不利影响，至10月底全市新建房屋成交面积超过上年同期，实现正增长。（钟福宽）

【房产经纪机构市场监管】 2020年，黑河市住房和城乡建设局加强房产经纪机构市场监管，开展了专项治理工作，规范房产经纪机构市场行为的同时，指导做好新冠肺炎疫情防控工作。做好网签备案工作，按照上级主管部门的工作要求，黑河市本级及所辖的县市网签系统全部与省住建厅网络系统联网，实现数据互联互通。（钟福宽）

【商品住房展销会】 2020年11月27—29日，黑河市住房和城乡建设局、市房产协会主办的“惠民购房 安居兴业”黑河2020年房展会在黑河商贸大酒店举行。黑河10家优秀地产企业，向购房者推介优质住房，搭建房地产市场供需平台。各家企业推出让利、赠送、好礼、特价房等优惠政策，吸引了置业者的目光。3天房展会共成交29套，面积2920.64平方米，交易总金额达1650万元。（钟福宽）

住房保障

【概况】 2020年，黑河市本级计划向上争取住房租赁补贴专项资金1200万元，到位资金1440万元，为计划的120%，超额完成目标任务。（钟福宽）

【征收回迁】 2020年，黑河市住房和城乡建设局开展征收拆迁“百日攻坚战”，完成陌陌俱乐部等3个房屋征收项目；完成黑河热电厂2号楼、3号楼57户回迁入户工作；开展福康家园房屋征收项目前期工作；完成2020年度省住建厅下达的373户棚户区改造房屋征收工作和901户回迁安置工作。（钟福宽）

11月，“惠民购房 安居兴业”黑河2020年房展会（市住房和城乡建设局/供图）

【市本级住房租赁补贴】 2020年，黑河市将中等偏下收入、新就业大学生、稳定就业外来务工人员等住房困难家庭纳入住房保障范围，城区发放住房租赁补贴2707户898万元。年末，住房租赁补贴完成社区、街道初审工作，各相关部门数据核查复审完毕，补贴发放到保障家庭手中，做到应保尽保。市住房和城乡建设局按照省住房和城乡建设厅要求，准备住房租赁补贴资金申报材料，及时上报2020年住房租赁补贴计划，与上级主管部门保持沟通联系、适时跟踪推进落实。（钟福宽）

【公租房保障】 2020年，黑河市住房和城乡建设局通过协商、政策宣传、律师介入等措施，共缴回公租房82户，投入资金27万元及时进行维修、维护，达到正常使用状态，并通过抽签摇号程序将房屋分配到符合条件的轮候家庭手中。按照省住建厅2020年重点任务清单要求，建立住房保障联审机制，明确各部门责任分工，建立住房保障联席会议制度和工作互评机制，按住房保障工作职能分工完成各单位、部门征求意见工作，并以联合发文形式进行下发《关于建立健全黑河市城区公租房保障工作机制明确责任分工的通知》。按照住建部加快推进公租房保障信息化建设的部署安排，加快推进公租房信息系统建设工作。全面提升公租房信息化管理水平，实现公租房数据“及时、准确、全覆盖”。完成公租房信息系统上线联网任务，实现系统上线运行、数据联网，并按省住建厅要求完成房源信息录入工作。（钟福宽）

【人才公寓建设】 2020年，黑河市优化创新创业环境、强化人才队伍建设，实施人才公寓项目，发挥公共租赁住房作用，实现精准保障。公共租赁住房人才公寓维修及装修改造项目，是促进人才融入城市的一项民生工程。项目建筑面积2282.48平方米，改造后可提供房间48个作为市公共租赁住房人才公寓。11月22日，与市人社局交接完毕。12月15日，黑河市“筑巢助梦”人才公寓入住启动仪式举行。黑河市人才公寓项目总投资3400万元，配备会客室、办公室、创客空间、读书角、活动室等多功能一体化设施，首批共有36名优秀人才入住。（钟福宽）

物业管理

【概况】 2000年以后，黑河市的城区物业管理工作，经历了从无到有，从小到大，从不规范到有序发展的市场化运行过程。其间，黑河市房屋物业服务站探索服务管理方式方法，务实推进各项工作，市城区物业服务管理工作排在全省的中上游。2020年1月27日，黑河市住房和城乡建设局及时向各物业企业传达部署市疫情防控指挥部下达的各项工作任务和指示精神，要求物业企业对外来人员和返城人员进行普查、配合各部门（街道、社区等）开展疫情防控工作。接到市长热线、群众来电、物业企业、志愿者等工作咨询和问题解答700余条，对物业小区疫情防控工作进行了有效的督导。组织对居民小区进行封闭管理。协调争取疫情防控物资，向各物业企业发放口罩1万个、消毒水14.25吨、宣传喇叭50个、废弃口罩回收桶指示牌120个、业主出入通行证5万个。加强检查督导，组织对市区112个物业服务小区疫情防控工作进行督导，解决物业企业在疫情防控工作的诸多难题，促进了疫情防控工作落实。（钟福宽）

2月，黑河市区某物业企业为居民小区业主免费派发口罩（黑河日报社／供图）

【黑河市区物业】 黑河市城区共有住宅楼1467栋，总面积813万平方米，287个住宅小区。小区服务管理共分为2类：实行物业服务管理的，是指由物业服务企业实施服务管理的楼房，市住建局对物业企业进行行业监督指导；市城区共有物业服务企业51家，从业人员958人，管理住宅小区125个，783栋楼房，505万平方米，占总量的53%。无物业服务管理的，是指没有实行物业服务的小区，主要是老旧小区。这部分小区，由爱辉区政府负责管理（委托市执法局保洁公司服务），小区其他共用设施、设备需要维修时，则由社区协助组织或业主自行组织集资维修；共有住宅684栋楼房，308万平方米，占总数量的47%。物业服务小区规模，黑河市城区实施物业管理的125个小区，小区规模普遍较小，其中2万平方米以下的小区32个、2万~5万平方米的小区46个、5万~10万平方米的小区31个、10万平方米以上的小区16个。黑河市城区物业收费标准基本分为4个档次，收费率达到90%以上的小区39个，达到70%~80%的小区43个，达到60%~70%的小区37个，60%以下的小区6个。（钟福宽）

【物业行业管理服务】 2020年，黑河市住房和城乡建设局对物业小区实行差别化管理，开展物业服务管理综合整治行动，下达整改通知书2份，约谈物业公司经理4次，处理各种违规行为6起，层层落实物业企业安全生产主体责任，提升物业管理水平。组织对市区112个物业服务小区疫情防控工作进行督导，发现问题立即整改，解决物业企业在疫情防控工作的诸多难题，较好地促进了疫情防控任务落实。指导物业企业制定安全生产工作制度，市城区物业服务小区没有发生重大安全事故。主动把物业管理纳入全市大型工作任务，组织物业企业参加春季爱国卫生活动月、创文明卫生城、筹备召开旅发大会、秋季环境综合整治等全市的大型活动任务，物业服务企业共清运垃圾2000余立方米、清理小区内小广告1500余条，治理违反小区公共秩序行为30余起。（钟福宽）

生态保护

综　述

【概况】2020年，黑河市生态环境局贯彻习近平生态文明思想，围绕市委、市政府中心工作，把打好污染防治战作为重中之重，加强生态环境保护，持续改善环境质量，开展水源地立法工作，进一步规范执法，生态损害赔偿制度改革取得阶段性进展，全市生态环境保护工作取得积极进展。完成第二次全国污染源普查任务，共普查1664个污染源对象，获生态环境部颁发的“全国污染源普查表现突出集体”称号。北安市、五大连池市、孙吴县相继通过省级生态县（市）创建考核验收，全市国家级生态乡镇达到6个，省级生态县、乡镇、村比例分别达到83.3%、73.9%和61.4%。2020年12月，市生态环境局内设机构5个，所属事业单位2个：市生态环境保护综合执法局（副处级）、市生态环境信息和应急保障中心（正科级）。

（魏玉成）

【城市环境质量】2020年，黑河市空气环境质量位居全省前列，级别达二级标准，达标天数为360天（98.6%）。全市11个国控断面水质全部达标，达标率为72.7%，超过省下达54.54%要求。县级以上集中式饮用水水源地达标率100%。土壤环境质量总体保持安全稳定，农用地和建设用地安全可用。黑河市区域昼间声环境质量为二级，等效声级为541dB（A）；道路交通昼间声环境质量为一级，等效声级为626dB（A）；功能区昼间总点次达标率100%；功能区夜间总点次达标率100%。（魏玉成）

【营商环境优化】2020年，黑河市生态环境局印发《优化营商环境和“五细”工作实施方案》，着力改进工作作风，全面优化营商环境。规范政务服务事项办事指南填报，在省政务服务事项管理平台认领行政许可、行政确认、公共服务等事项14项大项，子事项29项，按照省统一样本填报事项设定依据、受理条件、办理流程图、办理时限和申请材料等，在省一体化平台进行公示。完成公共服务事项和其他依申请事项与“全省事”App、国家和省级平台对接，全面实行网办和不见面审批，网办率和进驻大厅率均达到100%。主动为企业提供排污许可证申报指导和服务，全面提升审核效率，核发排污许可证70家，登记管理1282家。服务省市百大项目建设，制订《环评百人帮百企服务活动方案》，对省市百大项目专人服务、全程跟踪，采取豁免管理、提前介入、专班服务等措施，推动项目建设提速增效，完成省百大项目环评审批19个、市百大项目环评审批97个。落实环评审批正面清单，对列入正面清单项目实行环评告知承诺制审批和环评豁免管理，审批办结时限进一步压缩。全市共审批报告书类项目4个、报告表类项目104个，实行承诺制审批项目35个，豁免管理项目25个。

（魏玉成）

【机构改革推进】2020年，全市严格落实生态环境保护“党政同责、一岗双责”，成立市生态环境保护委员会，制订《黑河市有关部门生态环境保护责任清单》，起草《关于构建现代化环境治理体系的实施意见》。按照权责清单集中调整规范要求，填报权责清单事项157项，其中，保留136项、取消17项、暂停实施1项、删除2项、转变1项。市生态环境局推进机构改革，完成农垦、森工转隶，组建市生态环境保护综合执法局，机构队伍得到进一步加强。1月，原黑河市生态环境监测中心站上划，成立黑龙江省黑河生态环境监测中心，由省生态环境厅管理；黑河市生态环境保护综合行政执法支队更名为黑河市生态环境保护综合执法局。（魏玉成）

环境污染防治

【概况】 2020年，黑河市召开市委常委会议5次，市政府常务会议5次，研究部署生态环境保护工作。黑河市生态环境局对照省污染防治攻坚战下达的144项指标任务，进行全面梳理，确定黑河市122项指标任务。制发《黑河市污染防治攻坚战“百日会战”专项行动方案》，加强污染防治攻坚工作，采取有力措施，实行“周调度、月通报”机制，突出打好“蓝天、碧水、净土”三大保卫战。全年完成21项总体任务，污染防治攻坚战122项指标任务基本完成。（魏玉成）

【大气污染防治】 2020年，黑河市持续推进县级城市建成区燃煤小锅炉淘汰改造，定期开展调度检查，共改造完成57台，完成省定目标。抓好秸秆禁烧，建立联席会议制度，构建四级网格，全面开展督查巡查，确保有效管控。2019—2020年，黑河市有效解决秸秆露天焚烧实现“零火点”，获得省奖励资金748.3万元，名列各市（地）第一。编制《黑河市散煤污染治理专项行动方案（2020—2022年）》，加强高污染燃料管控，制定《关于划定高污染燃料禁燃区的通告》，明确燃料种类和工作要求。出台《黑河市重污染天气应急预案》，确保市区空气质量。开展“散乱污”企业治理，排查出54家企业，全部完成整治。强化柴油货车污染治理，发布《关于划定禁止使用高排放非道路移动机械区域的公告》，开展柴油车路检路查和入户检查共计8000余台，开展非道路移动机械编码登记，登记3800余台。（魏玉成）

【水污染防治】 2020年，黑河市持续落实《水污染防治行动计划》，出台《黑河市饮用水水源保护办法》。委托中国环境科学研究院和中国环境监测总站开展黑龙江流域（黑河市段）本底值研究，作为典型案例上报生态环境部水司，为“十四五”扣除背景值提供了依据。确定全市12个农村生活污水治理试点，组织各县（市、区）筹划农村生活污水治理项目，全市共申报9个农村生活污水治理项目资金2000万元。聚力开展集中式饮用水水源地专项行动，针对排查梳理13项环境问题，督促相关县（市）政府科学谋划整治措施，制定整治方案，提前完成整治任务。加强疫情期间医疗废水、城镇污水、定点医院、隔离点监管，开展环境应急监测163次，监测结果均达标，避免了疫情可能引发的次生环境污染。（魏玉成）

【土壤污染防治】 2020年，黑河市持续强化土壤污染防治和自然生态保护。梳理《黑河市土壤污染防治工作方案》，细化分解101项具体任务。强化重点监管单位以及疑似污染地块监管，完成了3个农用地重金属超标点位排查和检测。重新调整并公开土壤环境污染重点监管单位名录，如期完成38个地块基础信息核实，土壤环境风险得到有效管控。（魏玉成）

黑土地保护

【概况】 2020年，黑河市落实东北黑土地保护性耕作行动计划，推广“三三轮作”制度，促进增加土壤有机质含量，持续强化黑土地保护与质量提升。全市黑土地保护利用试点项目面积达到3.67万公顷，耕地轮作休耕试点面积6.06万公顷。（刘雅昆）

【高标准农田建设】 2020年，黑河市全年共争取高标准农田建设项目8个，总投资6.49亿元，建设任务3.31万公顷，争取资金额在全省排名第四；获省2019年高标准农田建设评价激励奖励资金2230万元，进入激励名单县全省排名第二。全年完成投资5.21亿元，投资完成率80.27%；完成建设任务2.66万公顷，任务完成率80.33%，完成省定目标。（刘雅昆）

【耕地后备资源开发】 2020年，黑河市自然资源局挖掘全市耕地后备资源充足的优势，探索启动后备资源开发，抓住国家需要水田指标契机，利用北安农业开发整治成果，将97.4公顷水田指标纳入国家平台交易，获国家统筹耕地补充资金收益2.1亿元，闯出了耕地指标交易新路子。指导县（市、区）立项入库补充耕地项目1个，目标为新增耕地2569公顷（旱田2254公顷、水田315公顷），新增水田指标交易约收益4亿元以上。（王　峰）

自然生态保护

【概况】 2020年，黑河市共有自然保护地45处，总面积132.37万公顷。其中，自然保护区23处、总面积97.07万公顷：国家级自然保护区6处、面积59.37万公顷，省级自然保护区10处、面积36.37万公顷，市县级自然保护区7处，面积1.33万公顷；自然公园22处、总面积35.30万公顷：国家级自然公园13处、面积32.87万公顷，省级自然公园9处、面积2.43万公顷。根据2020年统计资料显示，全市林地总面积452万公顷，其中，黑河地方森林面积244万公顷，约占全省的11.3%，居全省第三位。全市森林蓄积量1.67亿立方米，居全省第三位。全市森林覆盖率48.2%，居全省第五位。2016年12月黑龙江省人民政府公布的《湿地名录》数据显示，黑河市共有湿地2958块，52.48万公顷，占全省湿地面积的十分之一，占全国湿地面积的百分之一。黑河市开展生态文明建设示范市（县）和“两山”实践创新基地调查，对各项指标进行科学测算。严守生态底线，切实做好“绿盾”专项行动问题整改，基本完成77项问题整改。推行环境信用体系建设，督促企业持续改进环境行为，14家企业评为绿牌，2家企业评为蓝牌，评价结果在市政府门户网站发布。加强自然生态环境保护、优化经济发展布局，完成了“三线一单”初步成果编制。

2020年黑河市国家级自然保护地一览表

表18

类　别	名　　称
国家级自然保护区（5处）	黑龙江五大连池国家级自然保护区 黑龙江胜山国家级自然保护区 黑龙江公别拉河国家级自然保护区 黑龙江中央站黑嘴松鸡国家级自然保护区 黑龙江大沾河湿地国家级自然保护区
国家级自然公园（13处）	五大连池风景名胜区 五大连池国家地质公园 五大连池国家森林公园 黑龙江黑河坤河国家湿地公园 黑龙江爱辉刺尔滨河国家湿地公园 法别拉河鳜国家级水产种质资源保护区 黑龙江北安乌裕尔河国家湿地公园 嫩江卧都河茴鱼哲罗鲑国家级水产种质资源保护区 大沾河风景名胜区 黑龙江逊克段国家级水产种质资源保护区 胜山要塞国家森林公园 黑龙江山口国家地质公园 大沾河国家森林公园

（杨锐芳　焦　峰　魏玉成）

【监督检查】 2020年，黑河市生态环境局市县两级联动，联合林草、水务和农业农村等部门组成了2个检查组对所辖14个省级及以上自然保护区和2个国家级风景名胜区开展“绿盾2020”强化监督工作，针对采矿采砂、工矿企业、核心区缓冲区旅游设施和水电设施等4类焦点问题进行全面排查。市检查组采取无人机等技术手段对以主要保护对象为野生鱼类的逊别拉河省级自然保护区和都尔滨河省级自然保护区5个退耕还林还草点位进行现场检查。落实各县（市、区）政府组织生态环境、林草及保护地管理机构等部门对所辖省级及以上自然保护区和国家级风景名胜区开展全面自查。利用微信公众号等新媒体形式向社会广泛征集自然保护地内违法违规问题线索，鼓励公众参与，加强宣传，努力营造良好社会氛围。（魏玉成）

【问题整改】 2020年，黑河市生态环境局联合市林草局印发《黑河市自然保护地问题整改验收销号工作制度》，对2017年以来“绿盾”自然保护地监督检查专项行动发现的问题，建立问题总台账和聚焦台账，截至2020年3月，完成整改销号67个，完成整改待销号6个，整改中14个。截至2020年12月，16个问题点位完成整改销号，4个问题点位整改中。（魏玉成）

生态环境管理

【概况】 2020年，黑河市生态环境局加强环境执法监管，健全完善生态环境执法随机抽查等监管制度，维护群众环境权益。落实行政执法“三项制度”，建立环境执法正面清单，涉及重大工程和重点领域的148家企业纳入监督执法正面清单。开展工业园区环境保护专项执法检查、尾矿库环境风险隐患排查、集中整治“散乱污”企业等专项行动，严厉查处环境违法行为。全年共检查1560次，下达行政处罚13件、罚款44.7万元。加强核与辐射安全监管，制订《黑河市核安全与放射性污染防治“十四五”规划》，完善45家单位数据填报，组织实施辐射安全检查专项行动，与黑河海关开展涉恐事件应急处置演练。强化疫情期间医疗废物环境监管，启动对以医疗行业为重点的监管和执法检查，对2家医疗废物处理厂和35家医疗机构的医疗废弃物产生、贮存、处置开展全面环境执法检查。（魏玉成）

【规范性文件管理】 2020年，黑河市生态环境局完成代政府起草《黑河市人民政府关于划定高污染燃料禁燃区的通告》《黑河市人民政府关于划定禁止使用高排放非道路移动机械区域的通告》《黑河市重污染天气应急预案》等6个规范性文件的合法性审查备案和公平竞争审查。对规范性文件开展妨碍统一市场和公平竞争的政策措施、违背民法典等清理，逐一对照工作要求，提出清理意见，加强对规范性文件的日常管理。（魏玉成）

【规范执法管理】 2020年，黑河市生态环境局制定实施《黑河市生态环境局推进行政执法“三项制度”工作方案》，确保“三项制度”有效实施。全面推行行政执法公示制度。制订《黑河市生态环境系统关于严格执行行政执法信息公示的工作制度》，在市政府网站、省政务服务一体化、“双随机、一公开”等平台向社会主动公开本部门执法人员信息、检查事项、行政许可办事指南和流程图等信息。组织全市生态环境系统160余人参加行政执法证件考试，全部通过行政执法资格考试。对执法人员的执法活动各环节细化管理。按照要求定期将行政许可和行政处罚文书等执法决定在市政府网站发布，并报送市级信用信息共享等平台。全面推行执法全过程记录制度。按照《环境行政执法文书制作指南》制作行政执法文书，规范行政执法的重要事项和关键环节，执法人员用语文明规范，所有行政执法行为有据可查，有源可溯。全面推行重大执法决定法制审核制度。成立黑河市生态环境行政处罚案件审查委员会，设立宣教法规科，明确专人负责法制审核。起草《黑河市生态环境保护综合行政执法事项清单》，在作出重大执法决定前，需经处罚委员会集体讨论。（魏玉成）

【生态环境损害赔偿制度改革】 2020年4月23日，黑河市调整了市生态环境损害赔偿制度改革工作领导小组成员，明确领导小组办公室设在市生态环境局，负责统筹推进生态环境损害赔偿制度和制度体系建设。2020年，市生态环境局加快推行生态环境损害赔偿制度改革，健全完善配套机制。组建了包括生态环境、自然资源、林业草原、水利、农业农村5个领域的市生态环境损害评估专家库，出台了专家库管理办法。组织相关部门负责人和专家参加生态环境部举办的生态环境损害赔偿制度改革视频培训班，提升生态环境损害赔偿工作能力。加强各部门沟通协调，做好配合工作，甄别筛选专项行动和日常执法案件中，造成环境污染和生态破坏符合启动条件的案件，及时推动生态环境损害赔偿。全年处理了采石过程中破坏林地、非法开垦占用林地、毁林毁草3起生态环境损害赔偿案件。（魏玉成）

【环保督察反馈问题整改】 2020年，黑河市生态环境局坚持把中央环保督察反馈问题整改作为重要政治任务，严格按照市督察整改方案要求，充分履行综合协调职能，召开专题会议，开展现场检查，定期进行调度，严格落实月填报制度，推动反馈问题整改落实。中央环保督察"回头看"反馈21项问题全部完成整改。通过常态化跟踪问效，城镇污水治理、存量垃圾治理、饮用水管网改造等建设项目取得突破性进展。

（魏玉成）

【生态保护宣传】 2020年，黑河市生态环境局促进信息公开，审核发布各类信息189条，推动生态环境信息和政务公开化。深化生态环境宣传"五进"活动，唱响生态环境宣传"好声音"，先后在《黑河日报》、黑河电视台建立《打好污染防治攻坚战》《有效解决秸秆露天焚烧》等专题专栏，刊发新闻报道和生态环境知识等150余篇。提升"双微"宣传质效，规范发布流程和标准，共发布各类信息2400余条，营造浓厚生态环境保护氛围。组织全市生态环境系统100余人参加的"美丽黑河随手拍"活动，征集摄影作品200余幅。12月，黑河生态环境监测中心公众号开通，择优在"黑河生态环境"微信公众号刊发宣传信息。围绕"绿色低碳，全面小康"主题，联合市政府办、执法局共同开展低碳日宣传活动，发布了绿色低碳倡议书。联合市文明办、教育局共同举办"六五"环境日宣传活动，将《环保在心间》等宣传视频作为教学内容，推送到中小学生环保课堂进行线上教学，全市10万余名学生进行观看。举办"美丽中国，我是行动者"生态环保主题书法、绘画和摄影比赛，面向全市中小学生征集生态环境作品近2000幅，通过摩天轮电子拱形屏播放"六五"环境日宣传海报和视频，构建政府为主导、企业为主体、社会组织和公众共同参与的现代化环境治理体系。（魏玉成）

【生态保护培训】 2020年，黑河市生态环境局开展"科级干部讲法"、业务大讲堂等活动，参加国家、省、市组织的教育培训，制定年度学法计划，组织开展《中华人民共和国大气污染防治法》《信访条例》《优化营商环境条例》等20余期讲座，进一步提高干部职工法治素养和依法办事能力水平，推动"谁执法谁普法"普法责任落实。贯彻《中华人民共和国民法典》的"绿色"内涵，把学习融入生态环境保护法治建设工作中，坚持依法治污、依法行政，确保《中华人民共和国民法典》在生态环境保护工作中得到全面有效施行。编印"以案释法"专刊5期，供全市生态环境系统学习、讨论和借鉴，以进一步提高法治意识，增强依法行政能力。以"六五"世界环境日、宪法宣传周等节点开展主题宣传，充分发挥主流媒体宣传作用，加强生态环境保护重点工作宣传报道，加强对政策理论知识和业务知识宣传报道。

（魏玉成）

大沾河区域生态资源保护

【概况】 大沾河风景名胜区由国务院于2017年3月21日正式审定发布，成为全国第九批国家级风景名胜区。2019年6月28日，黑河市委、市政府着眼于全域开发大沾河旅游资源，通过国家级风景名胜区的龙头品牌带动效应，促进大沾河区域原生态大景区打造，成立大沾河区域生态资源保护发展中心（大沾河风景名胜区保护发展中心），为市政府直属正处级事业单位。2019年8月29日正式成立，内设机构4个，所属服务站

黑河市固废与化学品管理培训 （黑河日报社／供图）

2个：逊克风景名胜资源保护建设服务站、沾河风景名胜资源保护建设服务站。

（李金录　朱蕴超）

【综合管理】 2020年，大沾河区域生态资源保护发展中心主要对现有片区进行摸底调查，掌握辖区内自然保护地类型、数量、规模与分布现状，查清每片保护地的面积、边界、主要保护对象、功能区划以及社会经济基本情况。收集最新国土、基本农田、各级行政区界线、城镇建成区、村庄、林场场部、开发区、水利水电设施、合法建筑、基础设施等矢量数据；林保和遥感影像数据；各保护地范围和功能分区矢量数据。排查区域内非法违章建筑，查处保护区内违法违规活动，研究制定保护地优化整合方案。

（李金录　朱蕴超）

克梯河　（大沾河区域生态资源保护发展中心／供图）

【资源优化整合】 2020年，大沾河区域生态资源保护发展中心完成大沾河区域初步踏查和风景名胜区的详细踏查，对片区及边界进行优化，把大沾河区域优质旅游资源纳入风景名胜区中。通过矢量数据摸底，大沾河风景名胜区面积为13962.86公顷，其中，湿地面积1369.73公顷、耕地面积3434.28公顷、园地面积3.39公顷、林地面积8051.86公顷、草地面积882.18公顷、商服用地面积3.48公顷、工矿仓储用地面积2.62公顷、住宅用地面积58.96公顷、公共管理与公共服务用地面积8.61公顷、特殊用地面积0.33公顷、交通运输用地面积105.96公顷、水域及水利设施用地面积26.26公顷，其他土地面积15.2公顷。对保护区资源调查情况进行2次全面核查，修正数据误差，建立保护区资源图形数据库。对新鄂鄂伦春族乡建立鄂伦春民族文旅养种产业融合基地、沿大沾河设置生态健康运动项目建设、大寿山森林远足科普登高项目建设、克梯河大裂谷探险猎奇项目建设、边疆村异域风情环境村容环境提升项目建设等提供数据基础。

（李金录　朱蕴超）

【资源管护】 2020年，大沾河区域生态资源保护发展中心按照违建别墅清查整治工作要求，配合逊克县违建别墅清查整治工作办公室，对大沾河风景名胜区进行全面排查，共有50处卫星照片可疑点，其中，24处在大沾河风景名胜区范围内，26处在地方。对50处村屯，垃圾场、打鱼房、地营子、青储窖等可疑点，通过违建核查通（App）上传给违建别墅清查整治办公室。经逊克县违建别墅清查整治办公室审查，大沾河风景名胜区范围内24处可疑点、面不存在违建别墅问题，地方的26处可疑点也不存在违建别墅问题。配合逊克县政府部署防火工作，健全各级森林防火联防机构和防火制度，通过发送防火短信、发放小型防火物品、开展防火知识进村入户、进学校宣传活动等措施，加强防火宣传教育；抓住春秋防火重点时段，加强火源管理，开展火灾隐患排查，坚持火情零报告制度，严格值班检查，实现全年无森林火灾的阶段性目标。

（李金录　朱蕴超）

交通综述

【概况】 2020年，黑河市现代化立体交通网络体系加速形成。全市共有客运站82个，客运站平均日发班次859个，日发送旅客量21527人次。公路通过吉黑、绥北高速公路至哈尔滨仅需6小时。铁路通过哈北、齐北线可与全国铁路网连接。4C级国际机场开通至哈尔滨、北京、上海、珠海、漠河等航线。黑河是全国唯一一个民航、铁路、公路、管道和水路5种运输方式均齐全的对俄口岸。中俄东线天然气管道将俄罗斯天然气资源与我国东北、京津冀和长三角等重点天然气市场相连。黑河与俄布市之间通过黑龙江公路大桥、跨江空中索道和水路航线可实现两市间四季通关，为跨境经济合作区资源集聚奠定良好的交通运输基础。2020年12月，市交通运输局内设机构10个，所属行政事业单位5个：市公路事业发展中心、公路水运工程事务中心、交通运输综合行政执法支队、交通运输信息中心、公路事业发展中心黑河站。（王 郡）

【交通运输规划制订】 2020年，黑河市交通运输局坚持规划引领，科学规划交通运输事业发展。抓好港口规划推进，谋划桥头区口岸“公、铁、水”多式联运交通布局。为共享桥头区联检查验及配套设施资源，实现“大交通带动大物流促进大发展”，协助黑河港务局推进黑河港桥头区国际货运码头前期工作。《黑河港总体规划（修编）》环境影响评价报告整理修编完成，上报到省生态环境厅审批。抓好专项规划编制，为科学谋划“十四五”交通发展蓝图，委托省交投集团公路勘察设计院组织开展《黑河市综合交通“十四五”发展规划》编制工作，完成了初稿。（王 郡）

【运输服务保障】 2020年，黑河市交通运输局围绕市委、市政府中心工作，做好交通运输服务保障。在充分调研和广泛征求社会各方面意见基础上，提出深入贯彻落实交通强国战略，实施“六大提升工程”，即以重点项目建设为牵动，实施交通保障提升工程；以发挥规划功能为引领，实施交通规划提升工程；以规范行业管理为目标，实施交通管理提升工程；以维护群众利益为根本，实施交通安全提升工程；以提高服务水平为途径，实施交通形象提升工程；以“两个作用”发挥为核心，实施全面加强党的建设提升工程，推进交通运输事业全面提档升级的总体思路和工作目标，较好地完成全年工作任务。（王 郡）

【疫情期间交通管控与运输保障】 2020年新冠肺炎疫情发生后，全市67条公交线路、459台公交车从1月25日起停运，公路客运站及655台客运班车从1月27日起全部停运，6713台出租车从2月2日起停运。3月上旬恢复营运以后，严格执行疫情防控规定，通过交通管控，有效阻断了疫情传播途径。做好疫情防控车辆通行保畅工作，为防控疫情应急运输车辆办理通行证135个。帮助中石油公司解决了其在俄罗斯承建的“阿穆尔天然气处理厂工程”所需工程物资运输通关问题，7台货车及时出境。做好复工复产运力保障，累计出动“点对点”客运专车60台次，运送返岗农民工1698人。及时调动货运车辆23台，解决了嫩江市3375吨（含九三管理局1625吨）化肥在铁路积压问题。做好学校复课后疫情防控工作，从6月1日起，有针对性地在复课中学所在区域的公交线路上开设公交专车接送学生。（王 郡）

【旅发大会运输保障】 2020年，黑河市交通运输局为助力第三届全省旅发大会召开，成立6个专班，制订6个方面工作方案。按照《全省旅发大会观摩路线国省干线公路保畅提升方案》，对黑河

6月，市交通运输部门开设公交专车保障复课学生出行安全

（市交通运输局／供图）

至瑷珲镇、黑河至中俄民族风情园、外环路等路段共57千米进行提升优化，实施路基路面维修补强、附属设施修复和路域环境优美工程。此项工作得到省交通运输厅的支持，安排观摩路线提升资金1045万元，全面完成罩面提升工程。与飞龙航空公司、交投集团谋划加格达奇—漠河—黑河通用航线，于9月1日开通。（王　郡）

【黑龙江公路大桥开通服务保障】2020年，黑龙江公路大桥具备通车条件，但由于疫情原因未能正式开通运营。为保证大桥在疫情结束后第一时间开通货运，黑河市跨境交通基础设施保障中心协助省交通运输厅及黑龙江阿穆尔河大桥开发建设有限公司（中俄合资公司）开展与界河桥开通运营相关的对外联络协调等工作，与俄方相关单位合作促成了两国省州间关于大桥开通工作的多次视频会谈，为货运开通作了充分准备。（刘湘冀）

公　　路

【概况】2020年，黑河市交通运输局树立“适度超前、开放共享”的工作理念，争取上级支持，完善现代交通体系，推进交通重大项目建设。重点推进2个省百大项目公路项目：跨黑龙江索道项目、国道丹阿公路黑河至卧牛湖段改扩建项目；1个市百大项目：五汤公路沾河至大平台段改扩建工程项目；2个国省道改扩建项目：省道逊克至孙吴公路逊克口岸至逊克（靠山村）段续建项目、国道嫩双公路前进至嫩讷界段45.7千米改扩建项目。全年农村公路和林区公路建设项目27个。2019年结转项目1项：山口湖景区至二龙山场部公路项目，建设规模18.1千米，计划总投资5824万元，全年完成年度投资2517.7万元，并交工通车。全年计划项目26项225.08千米，计划总投资24238.4万元，其中中央车购税投资15736万元，年内开工建设11项，完成年度投资4353.3万元，其他项目开展了招标控制价编制和评审。黑河市跨境交通基础设施保障中心推进黑龙江大桥桥头附属设施及周边环境修复项目建设，亚洲开发银行贷款项目前期工作取得突破性进展。（王　郡　刘湘冀）

【交通管理】2020年，黑河市交通运输局以持续抓好交通运输系统各项改革工作为抓手，全面提升交通运输行业管理水平。提升公路管养水平。推进实施干线公路“管养五化”，开展省级养护示范路和市级示范路创建工作，完成最美黑嫩环线492千米（黑双公路217千米、呼嫩公路136千米、黑加公路139千米）养护示范路建设工作。维护交通运输市场秩序，出台实施《黑河城区出租汽车从业人员信誉考核办法》，规范出租汽车从业人员管理，做到有法可依。为调动激励出租车驾驶员增强文明服务意识，以“争创优质服务，守护秀美黑河”为主题，开展“争创星级出租车”评比活动，引导广大出租车驾驶员以实际行动争做文明“驶者”。发挥市交通运输综合行政执法支队作用，加大非法营运、违规营运、超限超载车辆等案件查处力度，做到有案必查、违法必究。投诉案件171件，出动执法人员3500余人次，执法车辆800余台次，排查车辆近5000台次、查处“黑车”12台、违规经营车辆近百起、口头警告60余台次、停运整顿8台次、查处超限车辆44台（百吨以上车辆6台），卸载超限货物1679.16吨，罚款15.4万余元。提升行政审批效能。按照省交通运输厅2020年版市县行政权力事项目录，重新梳理市级权力事项65项，全部实现政务事项标准化。推进政务事项网上办理，除出租车经营许可和城市公交经营许可依法需政府调控、无需网上办理外，其他89项政务事项全部实现网上办理，实际网办率100%。受理并办结道路运输资格证申领、换证、年审、转户申请共7886件，完成客货运、临时港口许可181件，更新备案客运、旅游车辆19台，汽车维修企业备案38家。推进全市机动车维修治理站（M站）建设。按照污染防治攻坚战要求，切实抓好机动车排放污染有效防治工作力度，在孙吴县建设完成本市首家M站，设立治理维护工位3个，治理维修能力在每天15台以上。（王　郡）

【交通安全】2020年，黑河市交通运输局树立“稳定压倒一切”思想，落实各级责任，维护交通运输安全维稳大局。健全完善安全责任体系，对照机构改革

后各部门职责，逐级签订年度安全生产责任状。紧盯“两节”“两会”、清明、五一等重要时间节点，先后组成4个检查督导组对交通运输、“两客一危”（从事旅游的包车、三类以上班线客车和运输危险化学品、烟花爆竹、民用爆炸物品的道路专用车辆）、水上安全、货运场站、汽修企业等重点领域和关键环节开展检查督导和暗访等工作，累计出动人员200余人次，检查企业25家，行政管理部门7个，120个安全隐患全部整改。加大公路危险点整治力度，抓好危桥改造工作，全年计划实施危桥改造项目109座，开工102座，完成年度投资10863.7万元。实施公路安全生命防护工程74项610.9千米，开工34项，完成年度投资2877.4万元，其他项目开展了招标控制价或造价评审。开展普速铁路安全隐患综合治理工作，牵头印发《普速铁路安全隐患综合治理工作实施方案》，明确了双段长责任制。全年治理隐患点211个，占全部隐患点的61%。

（王　郡）

【交通形象提升】 2020年，黑河市交通运输局服务百姓出行和城市发展，更新高档次出租车59台，调整公交路线5条，调整公交站点12个。服务旅游产业发展，开通了城区至中俄民族风情园旅游大巴专线。服务自贸试验区建设，强化口岸管理队伍建设，提高审批通关效率。查验国际道路运输车辆9674辆次，审验许可证4800余份，运输货物总量12.96万吨（中方6.58万吨），为上年同期的86%。推进国际危化品运输工作，代政府起草《关于开通国际危险化学品运输业务的函》并上报省交通运输厅。

（王　郡）

【黑龙江大桥公园项目】 2020年，黑龙江大桥桥头附属设施及周边环境修复项目（即黑龙江大桥公园项目）共占地10.9公顷，其中一期工程占地1.7公顷，建设期为2020年4—8月，投资约2600万元。在黑龙江大桥公园和观光塔的建设过程中，由于时间紧任务重，通过科学计划、精心组织、周密安排，将施工任务目标逐项分解、倒排工期、延长工作时间、交叉平行作业、合理安排机械设备等措施加快推进施工进度，在上级规定的时间内，保质保量地完成该项目的建设工作。从公园开始建设至9月中旬，黑河市跨境交通基础设施保障中心共接待省部级领导对公园和大桥的视察指导团组30余个，地厅级领导和外地领导、客商参观考察团组120余个，市区内兄弟单位参观游览团组80余个，新闻媒体团组10余个，旅发大会期间接待团组60余个。黑龙江大桥公园景区作为第三届全省旅发大会重点观摩地，仅旅发大会后的9月6日当天，进入景区参观人数就逾万人。在黑河市承办第三届全省旅发大会表彰大会上，黑河市跨境交通基础设施保障中心获“突出贡献单位”奖，1人获“突出贡献个人”奖，1人获“先进个人标兵”奖，1人获“先进个人”奖。

（刘湘冀）

9月，黑龙江大桥公园开园　　（刘湘冀／摄）

【亚行贷款项目】 2020年，黑河市向亚洲开发银行申请的1.5亿美元（折合人民币10.3亿元）贷款项目前期工作取得进展。通过了项目范围审核，可研初稿编制完成，进入技术援助专家实地考察阶段。年内，按照计划召开了亚行贷款技援启动会，黑河市跨境交通基础设施保障中心以组织者的身份主导了技援团在黑河的考察工作，并在完成考察团与黑河市签署亚行贷款谅解备忘录工作中发挥了主要作用。会议结束后，完成了项目移民安置和少数民族发展规划咨询服务单位的招聘工作。按照亚行要求，组织大量人力物力开展了黑龙江绿色转型示范项目黑河市社会调查，针对不同地区、年龄、性别和职业的人群，开展对于亚行贷款项目拟开展活动的意愿、需求和建议（主要包括旅游基础设施、工业园标准化厂房、交通安全、环境保护，以及供水、卫生设施和其他市政设施等）的问卷调查。

（刘湘冀）

【跨黑龙江索道项目】 2020年5月18日，跨黑龙江索道项目复工，总占地面积19.53万平方米，总建筑面积9.57万平方米，项目计划总投资5.7亿元。中俄双方完成施工场地的“三通一平”建设和施工现场回填工作，中方回填土方9.5万平方米，临时用电完成铺设进场，施工图纸进入评审阶段。

（王　郡）

【国道丹阿公路黑河至卧牛湖段改扩建项目】 2020年8月13日，国道丹阿公路黑河至卧牛湖段改扩建项目初步设计获批，年内推进了土地征收工作。该项目建设里程15.57千米，投资估算8.67亿元，其中建筑安装工程费5.9亿元。

资金来源为中央车购税投资5.9亿元、省政府一般债券2.77亿元。按照省政府关于将醉美G331边防路建设整体打包、实行PPP运作模式的要求，将建设管理权限移交给省交投集团。（王　郡）

【五汤公路沾河至大平台段改扩建工程项目】 2020年，五汤公路沾河至大平台段改扩建工程项目因征林手续未获批复，仅有省危桥改造计划的桥梁于4月20日开始陆续开工建设。全年完成投资7200万元，预计2021年5月全线开工。该项目为黑河市首条采取PPP模式建设的交通项目，通过公开采购方式确定省交投集团为建设单位。建设里程239.5千米，投资概算6.65亿元。资金来源为国家及省投资31901万元（中央车购税投资30096万元，省投危桥改造资金1805万元），其余通过PPP运作模式融资解决。（王　郡）

【国省道改扩建项目】 2020年，黑河市交通运输局重点推进了2个国省道改扩建项目。省道逊克—孙吴公路逊克口岸至逊克（靠山村）段续建项目复工建设，完成年度投资93万元，累计完成投资3511万元。该项目于2017年开工建设，计划总投资4667万元，其中中央车购税投资2034万元。国道嫩双公路前进至嫩讷界段45.7千米改扩建项目于2018年开工建设，2020年完成投资4502万元并交工通车。该项目计划总投资32977万元，其中中央车购税投资22846.5万元。（王　郡）

【农村公路运输服务网络建设】 2020年，黑河市交通运输局按照“城乡统筹、以城带乡、城乡一体、客货并举、运邮结合、试点先行”总体思路，结合全市地广人稀的特点，采取“点、线、面”相结合的方式，有针对性地开展农村公路运输服务网络建设。按照“多站合一、资源共享、应季开放”的模式，建立相对较为高效的货运站（场），解决了农民生产物资购买、特色农产品销售难以运输的问题。全市所辖65个乡镇基本建立了客运站，567个行政村全部实现通客车，全部设立村邮站，实现100%直接通邮，快递进村率100%。（王　郡）

铁　路

【概况】 2020年，黑河铁路完成生产经营指标，货物运输量实现133.95万吨，完成计划的99.6%，同比增长23.2%；货物周转量实现19522.2万吨千米，完成计划的101.5%，同比增长18%；旅客发送人数实现27.2万人，完成计划的43.3%，同比下降61.6%；旅客发送周转量完成5432万人千米，完成计划的39.1%，同比下降63%；总收入实现11843万元，完成计划的69.9%，比上年减少5002万元，同比下降29.7%。主营业务收入8208万元，完成计划的60%，比上年减少4867万元，同比下降37.2%，其中货运收入完成5097万元，完成计划的94.4%，比上年增加48万元，同比增长1%；客运收入完成3111万元，完成计划的57.6%，比上年减少5457万元，同比下降64%；其他业务收入368万元，营业外收入3267万元。总支出13424万元，比上年减少3615万元，同比下降21.2%。上缴税金694万元，利润-1581万元。黑河铁路（集团）有限责任公司属国有企业，管内运营是东北铁路网的重要组成部分，全年共举办业务培训、技术比武、岗位练兵、委外代培、业务安全考试185期11285人次。公司党委下设1个二层党委，7个总支，36个党支部，共有党员522名。（李　丽）

【安全生产】 2020年，黑河铁路（集团）有限责任公司贯彻落实国家和省、市安全工作的总体部署，坚持“长远抓基础、现实抓控制、重点抓整治、合理抓保障”的工作思路，贯彻“安全第一、预防为主、综合治理”的方针，强化底线思维和红线意识，推进落实安全生产责任体系“五级五覆盖”和“五落实五到位”工作的有关要求，做好铁路运输安全工作。加强跟踪检查，公司安监室每月到站段车间检查相关工作的落实情况，对各项整改及要求的相关工作做到跟踪问效，确保安全隐患实现闭环式管理，防止事故的发生。通过建立完善的信息网络和反馈渠道，加大现场作业管控，对关键岗位，重点环节影响安全的问题加大考核力度，狠抓“两违”（铁路系统的违章违纪），保证了运输形势的基本稳定。坚持“党政同责、一岗双责”的工作机制，定期检查全程跟踪，坚持“四不放过”（事故原因未查清不放过、责任人员未处理不放过、整改措施未落实不

4月20日，五汤公路沾河—大平台段改扩建工程开工建设

（市交通运输局／供图）

放过、有关人员未受到教育不放过）的原则，严格定性，严肃追究责任者及各级干部在作业及安全管理上的责任。公司先后筹措资金970.8万元用于隐患整治和设备维修，完成了机车、车辆的各种修程，线路隐患重点地段换轨改造，排水工程、病害处所重点治理。加强与市综治办及县（市、区）综治办的沟通协调，开展路外安全及道口安全专项整治活动，通过集中专项整治活动，进一步健全和完善了路外安全及道口安全管理制度。投入资金9.85万元维护全线20个雨量站，投入83.4万余元整治防洪隐患处所。对“8·18”“9·4”水害断道、列车停运，及时组织精干力量抢险救灾，完成防汛工作。全年共发生铁路交通事故3起。杜绝责任列车一般C类及以上事故，无责任货运事故、无责任火灾爆炸事故、无责任设备故障、无从业人员劳动安全事故，杜绝了责任较大路外伤亡事故发生。截至12月31日18时，公司实现安全生产5810天，安全生产形势保持稳定。（李　丽）

【运输生产】 2020年，黑河铁路（集团）有限责任公司运营工作受新冠肺炎疫情冲击较大。年初，不仅管内客车全部停运，货运也一度停滞，车务段密切跟踪拍卖粮北粮南调信息，及时调整营销工作策略，全年共组织发送大宗货源集装箱、散粮车25.78万吨。科学合理编制日班计划，争取哈尔滨铁路局支持，给地铁挑选70吨敞车和棚车，全年争取到近3000辆70型运用车，7月公司货运量完成17.53万吨，同比增长134.3%，创建路以来同期最高。全年集装箱发送量突破21万吨。打造黑河铁港联运新模式，全年发送20英尺跨境集装箱288标箱7000余吨。合理安排汛期、水害期间行车组织，按时开通了三吉屯站，解决了五大连池热力公司用煤需求。顺利完成军用物资运输和新老兵运输工作。因疫情及水害影响，多对旅客列车先后多次停运。与哈尔滨铁路局同步开通实施电子客票业务。（李　丽）

【设备设施运用状态】 2020年，黑河铁路（集团）有限责任公司工务段强化线路日常保养及质量验收评定工作，全年仪器探伤1680千米，手工探伤3360千米，发现轻伤钢轨42根，重伤钢轨10根，成段更换钢轨80根。机务段完成中修机车2台，轮修机车46台，其中，小修机车23台，辅修机车23台，小修轨道车3台，碎修945件。车辆段客车段修38辆，辅修1辆，发电车小修10台/次。自备货车简易段修15辆，临修144辆。运用车临修110辆。车务段完成通信传输设备检修11套、专用设备检修11套、通信试验杆检修13个，中继器检修40处。（李　丽）

【北黑铁路升级改造工程】 2020年，黑河铁路（集团）有限责任公司推进北黑铁路（龙镇至黑河段）升级改造工程。该工程是2020年省百大项目之一，也是黑河市重大交通基础设施建设的“一号工程”，是黑河人民期盼多年的重大民生工程。该工程投资概算89.6亿元，2020年向上争取到位资金24.2亿元（一般债券5亿元、抗疫特别国债19亿元、前期费0.2亿元），完成投资4亿元，换填土方17.8万立方米，硬化地面1.94万平方米，清理路基表层6015延长米。按照市委、市政府的工作部署，项目推进组克服新冠肺炎疫情带来的不利影响，建立上下联动、衔接畅通的工作机制，通过倒推工期、挂图作战，项目于9月21日开工建设，计划2023年9月竣工。项目建设体量和速度开了先河。工程开工后，公司落实市委、市政府“跑步进场，加快推进”的要求，提出“高起点起步，高标准推进，高水平管理，高质量建设”的建设理念，先后4次召开推进会议和组织开展检查，对现场各参建单位工作进行督导、落实，各项工作顺利推进。（李　丽　王　郡）

【铁路运输疫情防控】 2020年，黑河铁路（集团）有限责任公司各站段按照疫情防控要求，对相关人员进行了疫情防控相关知识的培训，客运作业人员佩戴防护眼镜和防护帽进行防护。疫情期间对出行及到达旅客严格执行全员扫码、登记、测温工作，对车站公共区域和旅客列车实施每日定期消毒。第三届全省旅发大会在黑河召开期间，自2020年8月29日起至9月6日对到达黑河市的各次旅客列车的所有旅客进行体温检测，顺利完成运输防控任务。（李　丽）

民　航

【概况】 2020年，受全国新冠肺炎疫情

9月27日，北黑铁路升级改造工程前期准备工作会议

［黑河铁路（集团）有限责任公司／供图］

影响，黑河民航面对多次出现航班取消等不利因素，运输生产受到较大影响，全年共完成航班起降1668架次，同比下降28.6%，完成旅客吞吐量132150人次，同比下降38.8%。黑河机场加强机场运行疫情防控保障，成立7个保障组，建立健全疫情防控有效机制，与地方疫情防控部门建立联动机制，建立健全常态化的消杀机制。疫情防控安全关口前移，机场医疗救护人员上飞机对进港旅客采取机上体温检测，对来自重点疫区旅客采取腋下测温；抽调各部门人员组成出港旅客测温组，对出港旅客航站楼入口和安检通道入口处采取2次体温检测。加强应急处置，制订下发《疫情防控应急处置预案》，并组织开展了公司级的桌面演练，与机场公安、医疗、地方防控部门联动，妥善处理3次机上发热旅客转移等应急处置程序，确保了疫情期间航班保障工作顺利完成。全年未发生机场原因造成的事故征候，确保了黑河机场安全形势平稳。2020年12月，黑河机场内设7个部门，在职员工105人。（李　忠）

【安全管理】 2020年，黑河机场以夯实“三基”（抓基层、打基础、苦练基本功）建设为基础，切实转变工作作风，严守安全底线，持续加强安全责任落实。年初，结合安全重点任务，层层分解安全目标，分公司、各部门、班组、员工层层签订“安全责任状”。先后召开36次党委会和17次经理办公会研究安全管理工作，召开8次全体员工大会部署安全工作，进一步压实了安全责任。加大各层级监督检查力度，全年共开展综合安全检查11次；节假日及重要保障前专项自查4次；开展一线工作岗位现场监察42次；开展公司级视频监察工作36次，部门级监察150余次；疫情防控检查20次；开展空防安全保障能力评估和反恐怖专项自查工作各5次，通过不同形式的监察管控，有效提升了安全管理能力。为加强航站楼消防安全管理工作，向黑河市城市管理综合执法局发函，为黑河机场招聘航站楼消防控制室操作员。将省机场集团年度安全工作重点进行了逐项分解，明确了责任部门和责任人，树立标杆班组，推进班组建设工作。为推进机场换证工作，召开3次换证工作推进会，11月2日将换证请示及换证材料上报东北局机场处。11月25日，委托第三方对机场SMS体系建设实施效果情况进行审核评估启动。按照第三方出具的评估报告，由安全办公室牵头进行整改。12月1—3日，东北局组织现场审查组对黑河机场实施现场审查。（李　忠）

【专项活动】 2020年，黑河机场提前部署，抓好节假日、国家重大活动等特殊时期的安全保障工作。按照民航局、省机场集团工作部署要求，先后召开“安全工作作风教育整顿活动”“抓作风、强三基、守底线”“三个敬畏”等专项活动启动会议，全文传达各上级单位活动方案，同时制定分公司工作方案，明确工作任务和完成时限。组织机坪运行安全知识、FOD、空防安全等培训。将“三个敬畏”“抓作风、强三基、守底线”的宣传贯彻教育融入“安全工作作风教育整顿活动”中，由各部门负责组织学习警示案例，对照岗位职责，多方面开展自查、研讨和风险分析。组织全体员工参与飞行区FOD徒步检查活动。（李　忠）

【安全风险管理】 2020年，黑河机场依据省机场集团风险管理和安全隐患排查治理办法，修订分公司制度，并对班组长进行培训。结合行业发生的典型案例，组织开展机坪无动力设备、保障车辆及设备等风险分析。根据分析、评估结果制定了有效防控措施，并下发各部门。落实“安全隐患零容忍”的要求，推进航站楼消防控制室设备故障隐患整改，打牢平安机场建设的基础。运输服务部、航务管理部等部门将“防隐载”“迟、漏、错报”等风险纳入部门核心风险进行管控，未发生“隐载”和“迟、漏、错报”等事件。跟踪整改落实推进安全隐患管理，排查隐患问题共58项，整改完成58项，整改率为100%。危险源共584项，4个底线指标库共1208项。整改推进服务短板库，共有服务短板26项，整改关闭26项，持续修订学习项1项。坚持严格检查验收，推进了安全风险管理标准化建设。（李　忠）

【运行保障】 2020年，黑河机场加强飞行区安全管理，组织相关部门召开除冰雪协调会，固化气象预警通报机制，部署冬季除冰雪工作，加强驱鸟防范措施、控制区围界和FOD管理。加大对跑道机坪适航性、助航设施有效性、特种车辆、供电系统等设施设备巡视检查，确保处在可适用状态。严格落实规章标准，安

4月19日，黑河瑷珲机场职工破冰行动　（黑河机场／供图）

检、空管、机务严格执行空防安全和放行标准，配载、装卸严格执行复核制度。加强落实风险防控管理，下发13次涉及运行安全和疫情防控的安全提示。

（李　忠）

【基础设施建设】 2020年，航站楼消防改造工程项目于11月14日完成第三方消防查验工作，开始进行地方住建局验收工作和消防许可证办理；巡场路升级改造工程于10月19日完成竣工验收，开始行业验收；导航台更新改造项目招标工作全部完成，开始进行安全与质量监督申报工作。航站楼供电干线改造工程完成招投标工作，12月开工建设；飞行区场地平整工程完成招投标工作，计划2021年5月开工建设；消防站扩容改造工程项目获得可研批复，正在推进初步设计评审工作。（李　忠）

【经营管理】 2020年，黑河机场严格落实各项管理制度，按照省机场集团各项工作部署，落实“过紧日子”的要求，各项费用与上年同期相比呈下降趋势。其中，燃油同比减少16.13%，实现了节约，挖潜增效，有序推进了各项管理工作。

（李　忠）

【服务管理】 2020年，黑河机场按照省机场集团服务管理工作要求，落实服务重点工作，进一步推进服务质量品牌建设工作。为全面提升服务管理能力，分公司对接制定并下发《黑河机场服务管理体系》，修订完善了公司层级服务管理规定、投诉管理规定等管理制度。强化投诉管理，落实AB角要求，设置2名投诉管理人员，实行首问负责制，未发生旅客投诉事件。按照年度培训计划，扎实开展培训，组织开展公司级服务培训1次，部门级服务培训4次。强化短板管理，定期组织开展服务短板排查整治工作，鼓励员工主动自愿报告日常工作中发现的服务设施缺陷与服务环节漏洞，开展服务短板排查5次，发现蓝色服务短板3个，全部整改完成。打牢服务安全基础，全面提升服务保障能力。在春运工作保障期间，航站楼内按照节日习俗进行布置。完善机场微信公众号的内容发布流程，增加了旅客乘机流程和疫情防控信息内容，丰富了服务项目。

（李　忠）

港　务

【概况】 2020年，黑河港完成货运量38.8万吨，港口吞吐量66.3万吨，集装箱吞吐量11036箱，创造了港口吞吐量、收入和利润3项指标的历史新高，创造年度固定资产投资额、进口贸易额、集装箱吞吐量、进口粮食和江砂货运量历史新高，实现了运输和装卸进口俄产散粮的历史性突破。新冠肺炎疫情期间，黑河港务局有限公司成立疫情领导小组，设立防疫办和保障队，全面加强港口疫情防控。第一时间更新对船舶、港口、进出港车辆、司乘、外来人员和现场工作人员的一系列闭环管控标准、防控措施、操作指南。在港口管理方面，落实昼夜值班巡查制度，围绕人、车、货等重点部位和环节，搭建横到边、纵到底、全覆盖的防控网络。严格门禁管理、人员防护、健康排查、就餐及生活垃圾管理。在船间管理方面，落实落细船舶防疫与生产、船员换班与下船隔离、防疫物资供应与生活服务保障等诸多封闭管理具体工作，在高风险运行下确保零感染。以党支部凝聚党员、以党员带动群众，确保有序防控和安全生产，全年未发生疫情感染和安全生产责任事故，助力服务第三届全省旅发大会，获市级“先进集体”称号。2020年12月，黑河港务局有限公司内设机构10个。

（赵　楠）

【货物运输经营】 2020年，黑河港务局有限公司调整生产经营重心，以“贸易补产值、货运补利润”工作方针，冲减疫情对国际客运和滚装运输停运影响，完成进口豆粕、大豆、小麦贸易，以贸促运增加船舶运输和港口装卸营收。建立大客户清单合作模式，保持AGPP项目出口物资和进口粮食、板材货源的稳定性，基本实现港口货源保障支撑，港口吞吐量创66.3万吨历史新高。统筹“优布局、调结构”的港航生产顶层设计，产业发展导向作用进一步突出，紧扣俄产江砂进口新货源培育发展，实现贸易进口江砂15万吨，奠定了增收补欠基础。持续培育发展壮大集装箱产业，推动扩大水、公、铁多式联运集装箱规模，吞吐量连续5年攀升，突破1万箱内河港口新高。深耕以大豆为代表的进口贸易，探索单纯的物流供应商角色向贸易商角色转变。历史性开辟了俄罗斯波亚尔科沃至逊克散粮运输新航线，当年投产当年见效，实现新航线开发运营进口散粮2.9万吨，扩大了增收渠道；拓展延伸产业服务链条，以取得国际道路普通货物运输经营资质，推动产业实现向水运+陆运联运一体化布局的实质性迈进。实施近期和长期目标协同发展战略，全力推进黑河自贸片区新港建设，为“十四五”初期启动新港建设奠定了重要基础。

（赵　楠）

【锚定主业】 2020年，黑河港务局有限公司在港航生产各环节提质提速提效。强调生产提速、各作业环节提效，抢时间、争主动，发挥最大潜能运转。通过购置、租赁设备以增加船舶运力和港口接卸能力，配备专船、固定箱数以保障医疗物资、果蔬绿色通道顺畅。建立大客户清单合作模式，通过靶向服务以超前精准定制全链条配套服务。坚持港航生产分管领导全天候驻扎一线，强化协同作战、无缝对接，用空间换时间，以效率换效益。实行早6晚8港口作业时间，人停机不停成为常态，相对集装箱、沙石等非人机结合作业，日平均作业时长高达16小时，创造了日装卸量7500吨的历史新高。（赵　楠）

【发展改革】 2020年，黑河港务局有限公司以深化三项制度改革的内生动力，催生企业发展活力。以“控总量、调结构、提素质”为导向，以盘活存量、优化人才增量、解决管理人员和生产岗位力量不足为问题导向，推动形成“横向职责清晰、纵向分工明确”的管理运行机

5月20日，黑河港夏航期首航龙推302轮装载机械发往俄布市港口　　（黑河港务局有限公司／供图）

制。推行扁平化管理改革，推行“一专多能、一岗多责”岗位设置，将原16个部门或中心缩减为6个部门或中心。结合收入分配制度和岗位类别，系统评估公司薪酬体系现状，加大薪酬分配向技术技能等关键岗位的倾斜力度，引导职工向生产岗位流动。借助岗位价值评估工具对典型岗位进行测算，建立岗位等级表，确定各岗位工资标准，优化薪酬固浮比、调整津补贴设置，建立薪酬动态调整机制。重点实施以所有管理人员全部“起立”的方式重新竞聘上岗，同时，对所有生产岗位人员一律实行聘任制上岗，为有潜力、有能力的员工搭建“舞台”。引入全员绩效评价体系，进行岗位工作指标月度动态考核，破解收入能增不能减难题，给出了“能减”的依据。　（赵　楠）

海　事

【概况】2020年，黑河海事局管辖范围包括黑河、大兴安岭2个地市以及黑龙江省北安农垦管理局所属15个农场、大兴安岭林业管理局所属10个林业局和黑河市境内的2个林业局。管辖黑龙江干线自黑中739千米以上至黑龙江上游894千米处，管辖界江里程1151千米。辖区有航运企业13家，登记在册船舶252艘，在册船员总数862人。吞吐量百万吨级以上港口1座，30万吨级以上港口2座，千吨级泊位10个；锚地11处；过江电缆5处；中俄跨江输油管道1处，天然气管道1处，冬季浮箱固冰通道2处；船坞7处；国际气垫船停泊营运区1处。辖区乡镇舢板船245艘，已登记231艘，检验发证93艘；乡镇渡船19艘，渡口19道。

2020年，黑河海事局主动“下沉”，落实“送知识、送技能、送服务”下基层。以“交通强国”建设为纲领，以着力构建“陆海空天”一体化水上交通运输安全保障体系为遵循，以决战决胜龙江海事“三大战役”为抓手，以水上安全和防污染监管为中心，不断开创黑河海事发展新局面。爱辉海事处党支部获得全国交通运输系统“先进基层党组织”称号，1人获直属海事系统“优秀共产党员”称号，4名党员获黑龙江海事局“两优一先”表彰。2020年12月，黑河海事局有内设机构5个，处室办事机构1个，所属派出机构4个：爱辉海事处（副处级）、漠河海事处（副处级）、逊克海事处（副处级）、呼玛海事处（正科级）。爱辉海事处下设黑河港海巡执法大队、大黑河岛海巡执法大队、五大连池海巡执法大队3个内设机构，其他海事处均实行扁平化管理，处队合一，不设内设机构。　（王　勇）

【水上安全监管】2020年，黑河海事局贯彻习近平关于安全生产讲话精神，落实龙江海事“四季精准监管模式”。自春季流凌期起，结合黑河段水情和疫情特点，关口前移，提前把脉，开展启动流凌期监管模式，落实船舶出坞防污染和首航前安全检查，并就《船舶船员新冠肺炎疫情防控操作指南》提前宣传，助力港航企业复工复产。明水期以后，受“巴威”“美莎克”“海神”台风影响，为保障重点时段、重点水域安全，严格落实领导带班和24小时值班制度，及时转换监管模式，制定并实施有针对性管控措施，先后启动汛期水上交通和节假日安全监管模式。冬季，采用远程指导和现场检查相结合，建立健全水上突发事件应急预案，保障浮箱固冰通道的顺利搭建。　（王　勇）

【中俄巡航合作与信息交流活动】2020年，黑河海事局联合俄联邦阿州紧急情况事务总局对中俄黑龙江大桥、中俄货运口岸、锚地、跨境索道、中俄东线天然气管道等重点水域开展联合巡航，进一步提升中俄双方在界河联合巡航、水上交通安全监管等方面的协调配合能力。为黑河市政府与俄阿州政府共同纪念抗战胜利75周年“水上花”祭扫活动提供了安全保障。此外，强化信息互通机制，全年与俄方进行信息交流131次，疫情期间，开展水上安全知识进校园活动保障服务，双方互通进校园商谈信息10余次，为疫情过后中俄开展“水上安全与救助知识进校园”活

9月18日，黑河海事局与俄联邦阿州紧急情况事务总局开展中俄联合巡航
（黑河海事局／供图）

动奠定坚实基础。（王　勇）

【监管能力提升】 2020年，黑河海事局开展全员大培训、大练兵、大比武活动和年度“下基层、下船艇”等活动。全面落实北斗导航定位系统的车载和船载安装，确保通信顺畅和实时追踪。主动服务最北自贸区建设，助力地方经济发展。全力支持企业复工复产，参加疫情防控志愿服务活动，有力保障第三届全省旅发大会水上活动顺利举行。（王　勇）

邮　　政

【概况】 2020年，中国邮政集团有限公司黑河市分公司（以下简称“黑河市邮政分公司”）以党建为统领，以问题为导向，以服务能力提升为依托，推进改革创新，增强企业经营质效，实现了重点业务有效突破，网点效益快速提升，平台建设焕发活力，企业管理科学规范，队伍凝聚力不断增强，企业整体运行质量得到有效提升。全年全市邮政累计实现收入20597万元，同比增幅8.6%。2020年12月，黑河市邮政分公司下辖嫩江、北安、五大连池、逊克、孙吴5个县（市）分公司，担负着全市65个乡镇、567个行政村的邮政通信任务，服务人口158万人，服务面积6.8万平方千米。全市邮政从业人员1181人，邮政普遍服务网点110处，有邮路39条，其中，国际邮路1条，二级干线邮路1条，邮区内邮路37条，邮路单程总长度4972千米。（张西军）

【网络基础建设】 2020年，全市在普遍服务集中达标整治工作中共投入资金30余万元，用于加强党报党刊提速、普服网点监控改造及安防设施建设，采购安装物理隔离、烟雾报警器、牌匾店招等工作，全市实现县级城市党报党刊当日见报，567个建制村全部达频。组建服务质量专项检查专员体系，严把服务质量管控关口，重点关注指标有了明显提升。（张西军）

【政务服务创新合作项目建设】 2020年，黑河市邮政分公司以普通服务为基础，将政务服务延伸，提升乡镇网点综合效能，先后与四嘉子乡、瑷珲镇、前进镇、二井子镇政府共同打造乡镇综合便民服务平台。横向开发、纵向挖潜，逐步延伸项目价值链，持续做大邮政“朋友圈”，与26家单位签订合作协议。合作企业涉及商企、政务、军民、惠农、校园等市场。推进“邮政快递”合作项目深入融合，先后与12家快递企业签订合作协议，实现邮快合作全覆盖。全年累计代投快递50.33万件，实现代投收入52.03万元，拉动了网点、站点服务能力和收入的增长。（张西军）

【邮政安全管理】 2020年，黑河市邮政分公司树立科学管控理念，加强财务标杆管理及县（市）分公司标杆对标工作，严格管控成本费用，促进企业盈利能力和发展质效双提升。持续加大安全管理投入力度：全市金融网点更换防尾随门42处；新增24小时ATM双震动报警系统35处；市公司联网监控中心一期建成并投入运营。联合黑河市邮政管理局、黑河市疾控中心，开展黑河市邮政快递业疫情防控应急演练，提升一线防疫应急处置能力。全面加强资金、网点、邮件、运输、消防等各项安全管理工作，强化值班值守、舆情监控、信访维稳、法律事务等工作，维护了和谐稳定的发展局面。（张西军）

【维修改造项目建设】 2020年，全市新增储蓄综合网点2处、改造扩建邮件处理中心3处、维修改造网点15处，新增邮政车辆12台，新增电动投递车辆50台。全年累计支出维修改造项目资金581.7万元，新增固定资产投资677.56万元。（张西军）

快递业

【概况】 2020年，全市有邮政、快递企业75家。其中，具有独立法人资格的快递企业31家，分支机构38家，末端网点192家。有场地面积10.82万平方米，从业人员2417人，机动车195辆，电动三轮车807辆。全市65个乡镇、567个行政村通过自设站点、邮快合作和第三方合作等方式实现快递服务全覆盖。2020

年新冠肺炎疫情发生后，实行24小时全天候对全市各领域货物运输车辆协调管控工作，确保中风险地区货运车辆进城管控形成闭环，为全市人民筑牢疫情防控安全屏障。（王　萌）

【快递业务】2020年，黑河市快递业务稳步增长。全年快递服务企业业务量完成1011.09万件，同比增长10.6%；快递业务收入完成1.57亿元，同比增长15.22%。快递业务收入占行业总收入的43.25%，比上年增长2.16个百分点。全年同城快递业务量完成46.21万件，同比下降0.53%；实现业务收入315.02万元，同比下降19.97%。全年异地快递业务量完成944.46万件，同比增长8.96%；实现业务收入8305.29万元，同比下降2%。全年国际/中国港澳台快递业务量完成20.42万件，同比增长2093.64%；实现业务收入746.66万元，同比增长2349.67%。同城和异地快递业务占比下降，国际/中国港澳台业务占比上升。同城、异地、国际/中国港澳台快递业务量占全部比例分别为4.57%、93.41%和2.02%；业务收入占全部比例分别为2.01%、52.99%和4.76%。民营快递企业市场份额略有下降，国有快递企业业务量略有上升。国有、民营快递企业业务量市场份额分别为3.08%、96.92%，业务收入市场份额分别为5.74%、94.26%。2020年，快递与包裹品牌服务集中度指数CR8为99.29。（王　萌）

【快递从业人员职业技能培训】2020年，黑河市邮政管理局强化快递行业人才队伍建设，多次开展职业技能培训。与黑河市人社部门等联合开展了校企合作签约暨职业技能提升行动对接服务月活动。与黑河市人社局联合印发《关于推进落实邮政快递从业人员职业技能培训工作的通知》，进一步明确邮政快递从业人员职业技能培训政府补贴范围和申请流程。在市人社局、市就业服务中心及市职教中心学校的支持下，组织开展2020年黑河市第一期快递从业人员职业技能培训。培训班采取“理论+实操”的教学模式，讲授快递员实务、国家快递业法律法规、快递员服务礼仪、安全常识、禁毒等理论知识，进行快递业务实操技能学习，快递公司互相开展了从业经验分享。（王　萌）

【推动行业扩容转型】2020年，黑河市邮政管理局开展“快递进村”工程。成立邮快合作工作领导小组，由局领导带头，对黑河市各县（市、区）实行分区包片推进，通过任务分解、细化分工，推动快递进村工作稳步实施。建立快递下乡进村基础工作台账，实行挂图作战及销号管理，确保快递进村工作有数据、见实效。加强宣传引导，通过制作快递进村宣传视频、印发宣传单、在建制村张贴通告、微信群宣传等线上线下老百姓喜闻乐见的宣传方式，让广大农村地区寄递用户知悉快递进村政策，切实保证快递进村宣传工作的广度和深度。通过试寄测试、实地检查、走访用户等方式，检验寄递企业在落实快递进村工作中的落实情况，并充分运用执法手段，对部分快递进村工作落实不到位、服务标准执行不到位的快递企业，通过约谈、整改等手段，切实增强企业快递进村工作的责任意识。全市辖区内已有12个品牌的70余家快递企业签订了邮快合作下乡进村协议，占全市快递品牌的100%，邮政企业全年累计代派快件30

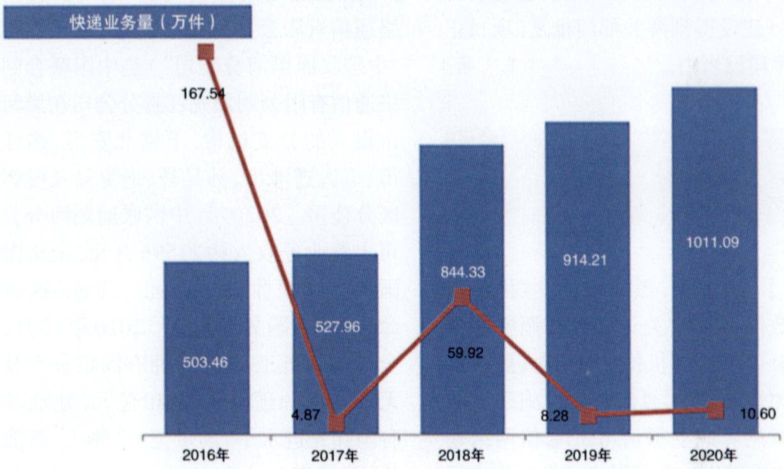

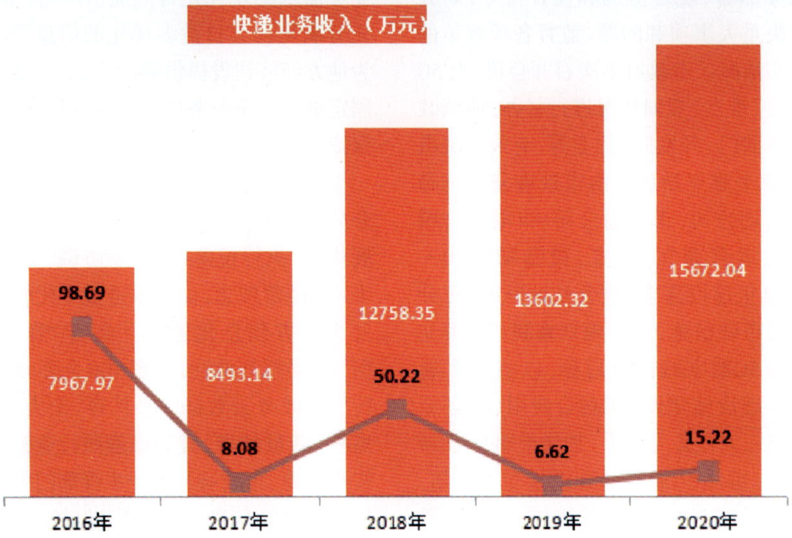

图1　2016—2020年黑河市快递业务发展情况示意图

（黑河市2020年邮政行业发展统计公报）

余万件。通过邮快合作、快快合作、委托第三方及快递企业直接进村等多种方式实现快递进村率100%。加快“快递进厂”工程，鼓励企业重点推进“快递+五大连池矿泉系列产品”示范项目，开展线上销售，线下运输的模式，助力发展特色产品。全年产生快递业务量100余万件，解决就业20余人。（王　萌）

【“快递出海”工程】 2020年，黑河邮政跨境电商国际物流项目获批，黑河市邮政分公司与黑河自贸区管委会签订邮政跨境电商国际物流项目协议，鼓励邮政企业进一步挖掘边境仓+海外仓进出口运营功能，提升“哈—黑—俄”陆运邮路效能。黑河市邮政分公司邮件监管场所（场地）建设得到海关部门批复，项目正在有序建设当中。（王　萌）

通　信

【概况】 2020年，黑河市下发《黑河市人民政府办公室关于成立和调整部分市政府议事协调机构的通知》《黑河市关于加快推进5G通信基础设施建设的实施意见》，成立黑河市5G通信网络建设工作推进组，对5G网络建设工作进行总体部署、统筹协调和监督指导，研究解决重大事项和问题，监督各项政策的落实情况。市政府多次召开会议，对5G建设、难点、规划情况进行督办，协调政府各部门、开发商、物业等，有效解决黑河12个难点站址。由市铁塔公司统筹市移动公司、市联通公司、市电信公司三大运营商5G宏、室、微基站2020—2022年建设需求，整合站址资源，充分利用市政设施，进行规划编制。以率先打造5G数字城市为目标，以实施5G通信基础设施建设、5G融合应用、5G创新发展三大任务为抓手，加快推动5G创新发展，编制5G通信基础设施专项规划，开展黑河自贸片区、城市核心区、重要功能区、重要场所的5G商用。在重要景区、密集商业、医院、工业园区、高等院校等开展5G试验网点，在政府党政机关、重点商业区等优先落实5G基站建设。黑河市通信办公室配合黑河市政府疫情管控同时，协调工信局、交通局、应对新冠肺炎疫情指挥部、农业农村局等部门，为铁塔、移动、联通、电信公司办理通行手续15车次，48人次，确保基站维护、通信应急得以有效解决。牵头移动、联通、电信、龙江广电网络4家运营商，组织完成第三届全省旅发大会、寒区冰雪试车节、黑河铁路新址奠基仪式通信保障工作，累计增补5G站点3个，出动通信保障车辆20余辆、通信保障人员70余人次。

（黑河市工业和信息化局）

【中国联通黑河分公司】 中国联合网络通信有限公司黑河分公司（以下简称“中国联通黑河分公司”）是中国联合网络通信有限公司黑龙江省分公司在黑河市设立的分支机构，下辖北安市、嫩江市、五大连池市、孙吴县、逊克县及爱辉区分公司。2020年，中国联通黑河分公司主营业务收入达23596万元，全年向国家上缴税收2056万元。连续6次被命名为“全国文明单位”。2020年12月，全市在岗员工982人，拥有固定资产及无形资产原值共计18.40亿元，建成具有国际先进水平、高带宽、立体式、智能化，能够满足语音、数据、图像、视频等业务需求的现代化智能通信网络，能够充分满足社会日益多样化的信息需求，为地方经济建设提供移动通信、互联网、固定电话等全业务通信产品和信息服务保障。

经营发展。2020年，中国联通黑河分公司以数据和客户为核心，落实“发展规划+执行统筹+跨专业协调”的“大市场”经营理念，加快推进数字化转型，助力地方信息化建设。参与“数字黑河”顶层规划设计，投资500余万元，进行黑河政务云数据中心扩容，全力保障黑河“智慧城市”建设。遵照行业标准，按照市委、市政府及行业主管部门要求，做好网络及信息安全工作，保护广大用户的合法权益，切实履行基础电信企业应承担的社会责任。

网络建设。2020年，中国联通黑河分公司以服务于数字化社会建设为核心目标，实施精准投资，加快网络建设。全年投资7967.17万元，其中，5G业务及其配套投资3987.5万元，投资占比50.05%；政企客户投资2399万元，投资占比30.11%；宽带网及其他建设投资1580万元，投资占比19.84%。

通信保障。2020年，中国联通黑河分公司履行央企社会责任。在疫情防控期间，为政府、行业、广大市民提供高质量的网络保障和信息化服务。为市县两级政府开通“好信云”会议系统，保障政府视频会议；为学校提供联通“空中课堂”服务，保障学校远程教学；与市县两级10家医院对接，提供5G远程医疗技术，保障医院远程医疗。在通信保障方面，完成第三届全省旅发大会开幕式、全省百大项目启动等通信重保任务7项。全面完成脱贫攻坚任务，全年共支出扶贫村网络建设、扶贫消费等扶贫成本83.5万元。在普遍服务方面，完成北安通北林业局2个林业站移动网普遍服务的4G基站立项工作。（岳春鹏）

【中国移动黑河分公司】 2020年，中国移动通信集团黑龙江有限公司黑河分公司（以下简称“中国移动黑河分公司”）全年通信服务收入近4.44亿元，收入增幅领先行业-3.21PP；通信客户份额近70.4%；4G客户近64万户，4G客户渗透率超71.66%；重点客户保拓率超112.5%。新建渠道网点31家，全区各类实体渠道总数超255家。资产规模超过4.27亿元，客户规模近89.6万户，基站总数4G基站近3000个，5G基站500个。宽带客户近15万户，魔百和电视客户规模8万户，现网宽带共开通端口数近36万线。员工共计517人。开展网格化运营，全区共划分16个网格，网格人员共计99人。获“黑河市优秀企业”“热心消防公益事业先进集体”等称号，爱辉分公司持续保持“全国模范职工之家”称号。

5G应用及信息化支撑服务。2020年初，中国移动黑河分公司在政务、医疗、旅游、交通、教育、工业等9大行业应用上向政府及相关部门提供5G应用方案支撑；9月，支撑旅发大会举行，提供5G无人机VR视频直播项目；11月，支撑黑龙江公别拉河国家级自然保护区服务中心建设信息化网络云平台。2020年疫情期间，提供大量免费服务，其中，远程会议服务1.4万户，云MAS短信100万条，专网升级保障320条，停课不停学远程直播平台服务3万余人。在信息化项目上建设专网专线527条，新增使用带宽260GB，新增使用IP近600个；企业上云服务超70个集团单位，提供上云服务140余项；在电力、自来水等行业物联网连接数1.5万个。

工程建设。2020年，中国移动黑河分公司建设项目投资近1.3亿元。5G新建光缆130千米，管道12千米，开通站点496个，实现黑河市区、自贸区、工业园区的无缝覆盖及其他5个县（市）城区重点覆盖。购置13座汇聚机房，黑河家客十三期完成84个小区的家宽建设，新建家宽高价值及难点小区55个，达产端口数1万余个，新建集客专线近300条，完成13家政务内网、40家中小企业、26家重点客户的预覆盖。

设备维护。中国移动黑河分公司共完成近4560个基站的设备维护工作。家庭宽带终端端口36.8万个，集客专线达到近4000条，传送网光缆新增1500千米、总长近2万千米。通过梳理并新建故障综合调度流程，达到24小时时时监控、随时响应、及时处理。小区退服故障平均处理历时1.79小时，重要场景故障平均处理历时不超22分钟，超长退服小区解决率100%。

网络优化。2020年，中国移动黑河分公司加强传送网和无线网优化，开展家宽品质提升工作，取得较好成效。传送网优化共计解决流量挂牌端口300余个，将现网业务分批、分类集中部署，共割接、下电、退网、拆除各类传输设备137端，释放空余纤芯804芯，增加可再利用纤芯652芯。无线网优化以现场驻地优化为先导，到各县（市、区）分公司开展驻地工作，实勘村屯102个，测试弱覆盖问题点186处，带动县域维护人员自主维护能力提升，4G网络问题点解决率提升至98.02%。开展家宽品质提升工作，完成2.5万用户上门服务、0.57万质差终端替换；104处小区隐患整治，12处传输段落整治，改造57个一级分光小区，家宽上网质量和用户感知进一步提升。

5G建设现场　　（中国移动黑河分公司／供图）

应急通信保障。2020年，中国移动黑河分公司建立应急队伍架构，增加应急支援分队，明确应急保障队伍人员，开展多项应急演练，完成多次应急通信保障任务。疫情期间，对全区56个重点单位、重保基站测试巡查130余次，临时开通专线23条，对83家重要政企客户的近1300条重点传输线路时时监控，确保疫情防控时网络稳定。4月暴风雪、7—9月自然灾害期间，及时启动Ⅳ级应急预案，抢修故障物理站点1386个，抢通光缆14条，无严重故障发生，无汇聚节点环阻，无重保站点退服。9月，无偿为第三届全省旅发大会提供各项服务、保障工作。全年完成5次重要场景保障，完成42个集团客户、267条专线的896次重要客户通信保障工作，全面配合市林业和草原局等13家重要客户完成专项通信保障51次。完成13次大面积停电保障，累计发电2876次，历时1.9万小时。　（谭宏升）

【中国电信黑河分公司】 2020年，中国电信股份有限公司黑河分公司（以下简称"中国电信黑河分公司"）全力抓好5G、宽带两条主线，推动云改数转，开展全渠道能力提升工程和政企300拓荒工程，培养团队能力，以行业应用解决带动基础业务规模发展。进一步增收节支，强化服务。新建渠道网点50家，渠道总数达到270家。通信服务收入过亿，通信客户规模达15万户以上。完成计划指标104.5%，全省排名第三名。资产规模超过2.8亿元，客户规模超15万户，基站总数超1200个。2020年12月，黑河分公司有部门21个，其中，运营管理部室10个、生产操作中心5个、区营销中心1个，所属县分公司5个。

通信建设。2020年，中国电信黑河分公司建设项目投资近550万元。解决了网络拥塞和用户投诉问题扩容小区10个，改善网络覆盖和到期搬迁基站10个。5G建设全年开通329个室外站，3个室分建设。开展了全专业的工程检查、安全生产检查及接入网的专项自查整改工作，共发现并整改问题381个，确保工程实施有效健康开展。8月，开展了网络通信防汛应急演练。

服务保障。2020年，中国电信黑河分公司助力第三届全省旅发大会召开，对5条公路60个主要景点的4G网络覆盖情况进行测试及优化，历时10余天，测试1000多千米，为旅发大会提供了利用5G+VR技术实现超高清直播、全景体验解决方案，引入线上数字化城市展示新形式得到黑河市委、市政府领导高度认可。克服困难进行复工复产，免费开通天翼云视频会议用户3000余户，涉及企事业单位60余家，协助开通云视频会议近百场，免费为50个委办局开通“天翼云桌面”，无偿发送疫情防控提醒短信64.23万条，免费提供来电名片业务、在线教育“云课堂”等暖心业务。

（田红红）

【中国铁塔黑河市分公司】 中国铁塔股份有限公司黑河市分公司（以下简称“中国铁塔黑河市分公司”）隶属于中国铁塔股份有限公司黑龙江省分公司。有内设部门5个，下设北安市、嫩江市、五大连池市、逊克县、孙吴县、爱辉区6个办事处。2020年新冠肺炎疫情发生后，中国铁塔黑河市分公司配合疫情管理部门，坚持远程办公，开放资源共享，并将省公司自主研发的“人员出入登记管理平台”免费向黑河全区推送使用，截至2020年3月10日，共有312个小区物业和单位使用此平台，同时覆盖了黑河市区7所大中型超市。《黑河日报》以《扫码登记小程序、助力值守护小区》为题进行报道。中国铁塔黑河市分公司全年实现经营收入9253万元，建设和改造投资1124万元，新建铁塔站址5个。全网铁塔塔均租户数达到63%，公司资产规模达到4.59亿、拥有铁塔站址资源2107个。

网络建设。全年累计交付4G建设任务266个，主要为联通L900项目，需求应交付率达到100%。克服冬季施工等困难，高效优质地完成全量需求农村覆盖的基础配套工作，为运营商通信业务的按期开通提供了有力保障。开展5G通信网络建设攻坚之年活动。全年完成5G站址建设550个，主要覆盖市区、现场和大型乡镇，为加快5G建设进度、助力黑河地方经济发展起到重要作用。

网络维护。2020年，中国铁塔黑河市分公司处理风险配电箱隐患227处、塔类隐患1166处，完成2068处站址铁塔春检工作，铁塔等隐患整治855处，全年更新改造设备投资453万元，为基站的安全运行奠定了坚实的基础。完成了疫情期间运营商医院、公路覆盖等127处高等级站址、节假日、旅发大会等大型应急通信保障工作12次，全年累计发电3233站次，3.8万小时，无重大通信故障发生。

行业拓展。2020年，中国铁塔黑河市分公司拓展业务范围，开拓了卫星、政法、林业、农业、环保、民航、乡镇、快递、通信、旅游等重点行业合作模式，累计起租订单总数201个。在疫情期间，服务社会、服务人民，通过公司渠道，向社会各界提供疫情防控产品服务，与多个单位达成的疫情防控合作项目。

（董志猛）

无线电管理

【概况】 黑河无线电管理处系黑龙江省工业和信息化厅派出机构，正处级建制。2020年，黑河无线电管理处发挥单位职能，助力5G建设，加强无线电台（站）管理，加强无线电干扰查处，开展专项整治，保障重大活动无线电安全，加强中俄频率协调，取得良好效果。（孟照东）

【助力5G建设】 2020年5月，黑河无线电管理处在上年建立的黑河市5G系统建设和无线电干扰协调长效机制基础上，建立了黑河市县域广电联通5G干扰协调群。快速协调2起联通5G基站对地球站的干扰。及时发布广电申办地球站执照许可模版，各单位网上发送申报资料，电台执照采用邮寄方式送达，方便了办理单位，提高了工作效率。全年给可能受干扰的5G地球站加装滤波器若干个，核发5G地球站执照若干个。

（孟照东）

【无线电台（站）监管】 2020年，黑河无线电管理处跟踪设台变化，要求设台单位及时提交设台信息变更函，第一时间修改频率台站数据库。频率许可、设台许可严格按审批权限办理，严格按省局网站公示的审批流程和许可要件的要求办理，开展申报材料电子邮件（含微信）收发。及时更新《销售备案市场主体名录库》，走访无线电发射设备销售商，发放《关于无线电发射设备销售备案有关事项的通告》，落实谁监管谁普法的要求，及时将新网址告知销售备案的商铺，定期查看备案信息，有更改的及时提醒商户。（孟照东）

【无线电干扰查处】 2020年，黑河无线电管理处排查国内其他无线电有害干扰2起。经检查，解除了五大连池德都机场下滑台和嫩江市东部山区中继台太阳能充电器受到不明干扰问题。（孟照东）

【无线电专项整治】 2020年，黑河无线电管理处会同公安、机场等部门，做好无人机主动防御设施的清理整治工作，走访中俄天然气首站、中石油黑河分公司了解无人机防御设施情况，保护航空飞行安全。会同公安、广电等部门持续保持对“黑广播”“伪基站”的高压严打态势，融合优化技术手段，提高打击治理效能。在黑河辖区各地公安刑侦大队、广电局的协同配合下，共取缔“黑广播”5起。（孟照东）

【重大活动无线电安全保障】 2020年，黑河无线电管理处加强对重点业务频段、重点地区无线电监测与干扰排查工作，严格履行民航、铁路专用频率保护长效机制。完成各类考试无线电安全保障25次。按照“双随机，一公开”工作有关要求，5次开展专项活动。6月，省局随机抽取有关执法人员参加对部分设台单位、无线电发射设备销售单位进行执法检查行动；7月底，完成水上边境测试工作；8月30日至9月2日，完成第三届全省旅发大会的无线电安全保障任务；10月16—23日，完成省局组织的电磁环境测试专项任务。（孟照东）

综　述

【概况】 2020年末，全市金融机构人民币存款余额1045.2亿元，比年初增长16.5%，其中住户存款786.7亿元，比年初增长15.8%。金融机构人民币贷款余额443.3亿元，比年初下降11.5%，其中短期贷款271.8亿元，比年初下降19.8%。

2020年末，黑河市保险公司资产总量65.53亿元，比年初增长12.65%，累计实现原保险保费收入37.36亿元，同比增长1.37%。赔付支出12.36亿元，同比下降22.82%。财产保险公司累计实现原保险保费收入10.67亿元，同比增长4.42%。人身保险公司累计实现原保险保费收入26.69亿元，同比增长0.2%。

（勾霄婉）

【小额贷款行业】 黑河市小额贷款公司试点工作开展以来，小额贷款行业从无到有、从小到大，成为银行机构服务小微、服务“三农”的有益补充，对拉动就业，增加税收，促进地方经济发展发挥了作用。黑河市第一家小额贷款公司成立于2009年6月29日，最多时全市曾有小额贷款公司16家。截至2020年12月，全市共有小额贷款公司10家，其中爱辉区4家、黑河自贸片区3家、北安市1家、嫩江市1家、五大连池市1家。受宏观经济下行影响，全市小额贷款公司面临的市场环境愈发严峻，部分小额贷款公司不良贷款较高，长期无法正常经营，影响行业整体发展质量。部分公司存在未按时报送监管报表、无经营场所、实际经营场所与注册地址不一致等问题。2020年，黑河市财政局继续开展小额贷款公司清理整顿工作，引导有意向行业退出的小额贷款公司进行“双变更”，进一步做好政策解读及沟通服务工作。

（郭柏铖）

【典当行业整改】 2020年，黑河市辖区内共有10家典当行。黑河市金融服务局按照省地方金融监督管理局《关于做好典当行有关监管工作的通知》，对2018年典当行年审复审确认的待行政许可审批的典当行下达了限期整改通知。监督涉改的6户企业按期进行整改，规范了金融市场秩序。

（郭柏铖）

【金融监管】 2020年，黑河市强化金融监管处罚。加大对违规行为的处罚力度，严格执行“双罚”制度，严厉追究相关责任人的责任，对机构暴露出的问题应罚尽罚。全年作出行政处罚23项，其中，处罚机构5家，处罚相关人员18人，处罚金额106.5万元。加强现场和非现场协同，发挥EAST监管作用，利用EAST系统进行检查，并建立系列监测制度，确保各项政策落实落细。做好金融消费者维权工作，全年共接收办理信访举报投诉和咨询316件，未发生申请复查、复核及行政复议、行政诉讼案件。加大对保险机构的监管力度，创新监管方式，推动新冠肺炎疫情期间市场准入工作有效开展，切实发挥非现场监管“前哨”作用，压实机构主体责任，加强负面舆情监测，紧抓机构疫情防控落实措施，推动企业复工复产疫情防控综合保险工作有效开展。督促完成农险理赔工作，持续推动农险转型高质量发展，稳妥做好辖内天安财险接管工作，协调大病保险业务平稳过渡，及时部署应对突发自然灾害，探索监管有效措施，对辖内保险机构相关风险进行梳理，夯实保险机构基础性工作。持续开展乱象整治“回头看”、中介市场清虚治乱工作，辖内专业中介机构由70家减少至37家。股权和关联交易专项整治持续推进，同业业务、股东行为风险管控进一步加强，重点案件风险处置力度进一步加大。扫黑除恶专项斗争进一步强化，外部事件风险应对能力明显提升。

（勾霄婉）

【金融助力复工复产】 2020年，黑河金融行业支持企业复工复产，与多个地方党政职能部门联动，推动疫情以来相关金融政策措施落地，出台支持中小企业及个体工商户、百大项目建设等多项政策。成立3个工作专班，强化宣传、精准对接，工作成效明显。全年累计在支持企业复工复产、“三农”、地方经济发展等领域让利超1亿元。黑河市纳入省级中小企业稳企稳岗基金贷款重点支持企业名单中，企业有1764户获得信贷支持38.4亿元，企业获贷率70%。（勾霄婉）

【金融服务民生】 2020年，金融服务“三农”提质增效，累计投放备春耕贷款98.96亿元，减免利息金额2364.73万元。小微企业金融服务明显增强，推广“百行进万企”“信易贷”，落实无还本续贷政策，帮助企业解决还款与再融资接续问题。普惠型小微企业贷款余额比年初增长34.88%，普惠型小微企业贷款利率比年初下降1.13个百分点。助力脱贫攻坚保障民生，累计向全市建档立卡贫困户发放扶贫小额贷款4.85亿元，受益户数12897户。（勾霄婉）

【金融服务重点项目】 2020年，黑河市金融机构加大对重点领域的金融服务力度，银行机构为黑龙江大桥、黑河保税物流中心项目、中俄首条跨境索道项目等重大规划授信超20亿元，发放贷款19.59亿元，成功对接省百大项目、市县重点投资项目、重点产业项目16项。推动省局支持自贸区金融服务工作45条工作措施在区内落地。推出知识产权保险业务，搭建质押融资风险分担机制，组织开展金融助力自贸区建设座谈会，搭建自贸区银企对接平台。（勾霄婉）

中国人民银行黑河市中心支行

【概况】 2020年，全市金融机构本外币各项存款增速延续平稳增长态势。存款规模持续攀升，全市各项存款余额1043.9亿元，同比增长16.5%，其中，非金融企业存款增速明显，全市非金融企业存款余额94.4亿元，同比增加44.2%，企业存款快速增长，为复工复产的顺利推进提供较为充足的资金储备。各项贷款保持稳定增长，全市本外币各项贷款余额443.3亿元，同比减少57.4亿元，剔除黑河农发行政策性因素影响，各项贷款实际同比增加48.6亿元，增长19.4%。从产业结构看，第一、二产业贷款余额分别同比增加7.4亿元、9.9亿元，第三产业同比减少52.9亿元。从贷款投向来看，涉农领域信贷投放占主体，全市金融机构涉农贷款余额292.5亿元，占全市各项贷款的70%；信贷重点支持“制造业”“交通运输、仓储和邮政业”和“建筑业”，其贷款余额分别为15.5亿元、19.3亿元和4.4亿元，同比分别增加4.5亿元、2.6亿元和1.6亿元；全市房地产贷款余额1.5亿元，同比减少0.01亿元，全年基本保持不变。从贷款结构看，短期贷款余额为269.7亿元，同比减少72.8亿元，下降21.3%。中长期贷款余额为160.5亿元，同比增加8.6亿元，增长5.7%。从贷款主体看，普惠小微企业贷款余额41.1亿元，同比增加11.3亿元，增长37.9%。普惠小微贷款支持小微经营主体6361户，同比增加1175户，增长22.7%。2020年12月，中国人民银行黑河市中心支行内设16个科室。（韩 宁）

【货币政策】 2020年，中国人民银行黑河市中心支行突出货币政策落实的精准性和直达性，为市场主体发展营造良好政策环境。贯彻落实降准政策，累计释放流动性逾4亿元，保持地方法人金融机构流动性合理充裕。用好用足人总行三批次再贷款再贴现政策，实现黑河市支小再贷款、再贴现货币政策工具使用零的突破，全年投放再贷款再贴现资金16.22亿元，让利实体经济4500万元。扩大中小微企业贷款阶段性延期还本付息政策覆盖面，推动“两项直达工具”全面落地，引导和推动符合条件的法人机构发放普小微企业信用贷款2299.2万元，支持256户中小微企业办理延期还本付息金额7.23亿元。发放无抵押无担保信用贷款5748万元，位居全省首位。强化LPR对贷款定价的引导作用。深化LPR改革，有效疏通利率传导机制，持续释放改革红利，全市各项贷款加权平均利率5.12%，同比下降0.87个百分点，降低企业融资成本近3亿元。（韩 宁）

【金融稳定】 2020年，中国人民银行黑河市中心支行强化风险监测、评估、预警、处置水平。对地方法人金融机构实

12月22日，“青春有为　廉洁有我”清廉金融文化主题演讲比赛

（市银监局　供图）

施网格化风险管理，加强日常监测，密切关注房地产、互联网金融、非法集资等领域风险，做好重点监测工作，做到重点监测机构风险情况心中有数。开展央行金融机构评级，落实央行评级提档升级辅导计划，指导辖区1家法人金融机构提档升级，扩大2项直达工具在辖内金融机构的覆盖面。抽调市县两级金融稳定业务骨干力量组成核查工作组，对辖区8家地方法人银行实施现场核查，确保“一行一策”差异化金融风险防控精准无误。组织中支机关8个相关科室及1家县支行，在全省率先开展银行挤兑应急实战演练。配合银保监局开展天安保险接管工作，有效防控负面舆情风险，确保辖区稳定。建机制促联动，推动黑河市金融稳定发展工作议事协调机制落地，制订《黑河市金融稳定发展工作议事协调机制（征求意见稿）》，明确各相关单位职责定位，确立沟通联络机制，进一步健全区域金融监管体制。全力打好扫黑除恶收官之战。开展黑河市金融放贷行业专项整治工作，引导民间资本健康有序流动。配合公安局、扫黑办等部门开展涉黑涉恶协查，协助公安部门侦办1起涉黑涉恶案件。建立健全扫黑除恶长效机制，与黑河银保监分局及各金融机构进行常态化沟通，与黑河市扫黑办、市公安局等行业主管部门开展常态协作，开展扫黑除恶常态化宣传教育活动，对黑恶势力起到威慑震慑效果。 （韩 宁）

【信贷政策】 2020年，中国人民银行黑河市中心支行金融支持稳企业保就业成效明显。制定下发《中国人民银行黑河市中心支行金融支持稳企业保就业工作方案》，加强与地方政府相关部门的衔接配合，聚焦重点行业和重点支持群体，充分发挥“几家抬”工作合力，累计为214家重点市场主体提供信贷支持12.4亿元。按照人民银行哈尔滨中心支行工作部署，在全辖范围内启动驻企金融联络员试点工作，累计派出16家金融机构63名驻企金融联络员进驻89家企业开展工作，提供财务辅导、信用培育、化解经营难题等金融服务951户次，为企业发放贷款28.66亿元，其中企业首贷占比67.13%，驻企金融联络员工作得到人民银行哈尔滨中心支行和地方政府的肯定。在一系列措施推动下，全市中小微企业融资呈现出“增量、降价、扩面、纾困、创新、提质、强效”的良好发展态势。信贷支持重点领域进一步优化，围绕金融精准扶贫、现代农业、百大项目等重点领域，加大信贷支持力度。组织金融机构落实人民银行总行金融精准扶贫工作要求，持续为贫困人口脱贫提供资金支持。自脱贫攻坚战打响以来，全辖累计发放扶贫再贷款9.84亿元，余额0.19亿元。金融精准扶贫贷款余额13.48亿元，累计发放扶贫小额信贷4.83亿元，余额1.84亿元，惠及建档立卡贫困户12905户，有力支持黑河市脱贫攻坚工作，孙吴省级贫困县提前两年摘帽。引导金融机构投放春耕生产和秋粮收购贷款98.96亿元，为全市粮食生产提供有力保障。通过搭建对接平台，互通信息，衔接共需，指导金融机构及时跟进百大项目名单和资金需求，全面提高金融服务质量。全市金融机构累计对7个百大项目授信5.4亿元，投放信贷资金1.07亿元。 （韩 宁）

【金融服务】 2020年，中国人民银行黑河市中心支行持续深化支付环境建设。实现移动支付便民工程全覆盖，县域及农村支付环境建设得到改善。组织开展“云闪付发放政府消费券”宣传活动，辖区云闪付用户数增长率、二维码交易笔数增长率位居全省首位。

改进国库管理服务，推广应用电子更正、免抵调业务和电子退库审核程序，大幅提高国库业务处理效率。全面启动人民银行经理国库35周年宣传活动，普及国库相关知识。完成全辖11台自助查询服务机的合理布设，进一步满足社会公众征信需求。有序推进辖区社会信用体系建设，对信用良好的市场主体给予贷款优先、额度放宽等优惠政策。推广应收账款融资服务平台，全年新增平台注册用户25户，累计促成融资4笔，融资金额5500万元。推动人民币现钞跨境调运工作，人民银行总行批准黑河农村商业银行、龙江银行通过黑河口岸开办人民币现钞跨境调运业务，待疫情结束后，2家金融机构将适时开展人民币现钞调运。 （韩 宁）

【服务黑河自贸片区发展】 2020年，中国人民银行黑河市中心支行创新结算方式，推动全省首笔边民互市贸易预付货款成功落地。围绕黑河自贸片区发展需

4月28日，黑龙江自贸区黑河片区“边民创业担保贷款”发送启动仪式

（中国人民银行黑河市中心支行/供图）

求，制订《新边民互市贸易进口付汇方案》，对9家边民互市贸易合作社进行差异化管理，实现边民互市贸易付汇4178万元，边民互市贸易合作预付货款新模式在全省推广。创新服务方式，发行全省首张“边民联名卡”。方便边民身份认定、快速融资和便利结算，实现金融服务与政策红利的深度融合。金融机构共发放“边民联名卡”860张，发放边民信用贷款108万元，累计减免融资成本5.78万元。创新管理方式，激发涉外企业活力。推进“放管服”改革，促进贸易投资便利化。对辖内边贸果蔬出口企业实施差异化管理，减轻企业频繁调整贸易信贷报告压力，允许大豆回运进口企业办理“多进口差额报告”，有效提高企业资金使用效率。全年大豆进口付汇8.22亿元，同比增长39.79%。上调全口径跨境融资宏观审慎调节参数，有序推进人民币跨境使用，全年跨境人民币结算量23.43亿元，同比增长11.47%，位居全省地级市首位，本币结算优势进一步发挥。（韩　宁）

【金融法治】 2020年，中国人民银行黑河市中心支行推进金融法治工作，有效保障金融消费权益。落实领导干部学法制度，组织开展《中华人民共和国宪法》《中华人民共和国民法典》等法律法规学习活动。加强对执法人员业务培训与法律知识测试，依法行政意识和能力不断提升。规范做好咨询投诉管理工作，压实金融机构投诉处理第一责任人责任，依法妥善化解矛盾纠纷。（韩　宁）

银行业

【概况】 2020年，黑河市共有银行业金融机构16家，网点330家，银行从业人员5276人。黑河市银行业金融机构资产总额1298.8亿元，比年初增长2.99%。负债总额1256.17亿元，比年初增长3.37%。黑河市银行业金融机构不良贷款余额21.97亿元，比年初增加0.03亿元，不良贷款率4.96%，比年初提高0.56个百分点。

截至2020年末，黑河市银行业金融机构资产总额1298.8亿元、负债总额1256.17亿元，分别比年初增长2.99%和3.37%，增速比上年同期提高2.12个百分点和2.76个百分点。本外币各项存款余额1028.78亿元，比年初增加141.83亿元，增长15.99%，增幅同比提高5.19个百分点。本外币各项贷款余额443.29亿元，比年初减少56.07亿元，下降11.23%。剔除政策性下降因素，辖内银行贷款余额443.3亿元，比年初增长9.72%，贷款加权平均利率5.97%，比年初下降0.93个百分点。辖内银行业普惠型小微企业贷款余额41.52亿元，比年初增长34.89%，高于各项贷款增速46.12个百分点。不良贷款余额21.97亿元，比年初增加0.03亿元；不良贷款率4.96%，比年初提高0.56个百分点。处置不良贷款5.16亿元，同比增加0.87亿元。实现税后净利润8.01亿元，比上年同期减少1.26亿元。

黑河市银行业中间业务收入16847万元，比2019年末减少5472万元。中间业务减少的主要原因是管理性中间业务收入和结算性中间业务收入大幅减少。黑河市银行业结算性中间业务收入7225万元，比2019年末增加1801万元，占中间业务收入的42.88%；担保性中间业务收入16万元，比2019年末增加4万元，占中间业务收入的0.09%；管理性中间业务收入6229万元，比2019年末减少2768万元，占中间业务收入的36.97%；投资银行业务收入8万元，比2019年末减少15万元，占中间业务收入的0.04%；其他中间业务收入3370万元，比2019年末减少893万元，占中间业务收入的20%。（勾霄婉）

【中国工商银行股份有限公司黑河分行】 2020年，中国工商银行股份有限公司黑河分行（以下简称“工行黑河分行”）内设20个部门，下辖7个一级支行、23个二级支行，服务范围覆盖全辖6个县（市、区）。实现拨备前利润17706万元，比同期增盈229万元；实现净利润11960万元。本外币全部存款余额152.13亿元，比年初增长18.58亿元，增幅13.89%，高于近5年全部存款平均增幅4.39个百分点。其中，机构存款时点比年初增长1.45亿元，日均比年初增长2.77亿元。各项贷款累放14.4亿元，同比多放5.26亿元，增幅57%。其中，为法人客户发放贷款12.7亿元，同比增长5.64亿元，增幅79%。各项贷款余额26.12亿元。其中个人住房贷款余额12.35亿元，占比47.18%。实现中间业务收入5632万元，完成省行计划的110.43%，计划完成率全省排名第三位。

工行黑河分行提升普惠金融服务质效，加大“支农支小”信贷投放，银监普惠口径贷款余额12195万元，较年初增长5061万元，贷款增速71%，高于全行贷款增速78个百分点。普惠贷款客户较年初增长45户，新增贷款加权利率较上年下降0.46个百分点；扎实推进“春润行动”，保春耕备耕。解决农户担保难、融资贵等问题，全年累计发放农贷5304万元，同比增长291%，累放额全省工行排名第三位；持续做好稳企稳岗贷款投放，有效支持企业复工复产。全年累计投放稳企稳岗贷款70户，金额21459万元，支持疫情防控重点保障企业2户，贷款金额2400万元；进一步加大信用贷款投放力度，信用贷款余额达到4438万元，较年初增长3470万元。提升个人金融业务服务水平，个人客户总资产达到127亿元，个人客户总量达75万户，私人银行客户较年初增长7户，总量达48户，同业可比口径客户90户，信用卡存量客户数8.1万户，信用卡发卡量达12.3万张，手机银行客户净增6.68万户，总量达41万户。成为国家外汇管理局批准允许开办互市贸易的金融机构，办理了全市首笔互市贸易进口付汇业务，全年完成互市贸易交易额4.2亿卢布。实现国际结算量1.31亿美元，同比增加1171万美元，实现跨境人民币结算量5.8亿元，同比增加1.34亿元；实现结售汇量3465万美元，中间业务收入实现170万元，通过争揽新入驻黑河自贸片区的企业落户，全年新增外汇贸易客户13户，超额完成省行下达的人民币利率互换考核指标。（张　旭）

【中国建设银行股份有限公司黑河分行】

2020年，中国建设银行股份有限公司黑河分行（以下简称“建行黑河分行”）内设13个部门，下辖4个县（市）支行、4个城区支行。税前利润7088万元，完成计划的100.96%；实现经济增加值4631万元，完成计划的109.69%；主营业务收入19442万元，完成省行计划的103.13%。本外币全口径存款时点余额96.94亿元，新增13.82亿元，增幅16.62%，比上年增加3.3个百分点。一般性存款时点余额96.75亿元，新增13.7亿元，增幅16.5%，计划完成率142.68%。一般性存款日均余额90.12亿元，新增10.04亿元，增幅13.96%，计划完成率129.89%。其中，个人存款稳步增长，增速高于全省平均水平。本外币各项贷款余额15.19亿元，计划完成率60.61%，新增5.21亿元，增幅52.18%，比上年提升5.5%。

建行黑河分行加强对公客户拓展，推动客户发展战略，实现国际收支客户45户。推进沿边金融业务的创新，第一笔边民互市贸易业务于9月29日落地，汇出汇款136.64万卢布。个人存款增长态势较好。个人时点存款超额完成计划173.39%，首次突破10亿元，日均存款超额完成全年工作计划143.60%。理财产品销售较年初新增5662万元。非货币基金、期缴保险销售同比有所增加，保险销售5094万元，非货币基金6317万元，有效定投户数362户。依托乡村战略，推动“地押云贷”业务、小微企业信用快贷和个体工商户经营快贷。通过“裕农通+”的模式，为农民客户群提供综合性金融服务。全年裕农通服务点新增33个，累计布放569个，将金融服务的触角延伸到广大农村地区。为140户小微企业及个体工商户提供授信支持，贷款金额846.29万元；为327户新兴农业主体提供授信支持，贷款支用金额21399.68万元，累计为2.33万农户、投放8.65亿元农业经营类贷款。为455户家庭农场和新型农民合作社投放线上助农惠农贷款2.8亿元。（王　超）

【中国农业银行股份有限公司黑河分行】

2020年，中国农业银行股份有限公司黑河分行（以下简称“农行黑河分行”）内设部室15个，有各类营业机构38个，其中，分行营业部营业室1个，县（市）支行5个，城区支行1个，二级支行（翻牌支行）29个，分理处2个。实现拨备前利润1.6亿元，同比增加529万元，计划完成率114%；拨备后利润1.4亿元，同比增加0.87亿元，计划完成率121%；税后净利润1亿元，同比增加0.6亿元，计划完成率117.5%。各项存款时点余额176.6亿元，比年初增长24.6亿元。核心存款日均余额159.4亿元，日均年增量14.4亿元，计划完成率136.6%。其中，个人核心存款余额140.5亿元，年增量22.2亿元，同比多增4.3亿元。各项贷款余额24.1亿元，年增量2.9亿元。其中，法人贷款余额11亿元，年增量1.5亿元；个人贷款余额13.1亿元，年增量1.4亿元。实现中间业务收入6043万元，同比增加145万元，计划完成率100.7%。

农行黑河分行推出线上融资产品，加快资产业务产品向线上转换步伐。累计投放线上“惠农e贷”2390笔4.8亿元。发放企业类“微捷贷”“纳税e贷”“抵押e贷”共111笔0.6亿元；发放个人类“药商e贷”“烟商e贷”“酒水e贷”“房抵e贷”“医护e贷”“教育e贷”“教师e贷”共128笔1758.9万元。全年累计投放涉农贷款13.8亿元，其中，投放涉农企业贷款4亿元，客户49户；投放农户贷款9.8亿元，4069笔。发放抗击新冠肺炎疫情贷款2.8亿元；发放稳企稳岗贷款2.8亿元，惠及客户32户；发放小微企业贷款1.9亿元，惠及客户96户；投放农户生猪养殖贷款322万元。（韦　星）

【中国农业发展银行黑河市分行】 2020年，中国农业发展银行黑河市分行（以下简称“农发行黑河市分行”）内设10个部室，下辖市分行营业部、北安市、嫩江市、五大连池市、逊克县和孙吴县支行6个营业机构。全行累计发放各类贷款54.34亿元，年末贷款余额143.55亿元；全年实现账面利润0.51亿元，FTP利润2.79亿元；各项存款余额7.37亿元，日均存款余额9.46亿元；黑河市分行严控风险，贷款质量持续向好。不良贷款继续保持零余额，不良贷款率为零。

农发行黑河市分行在企业复工复产、小微企业发展、脱贫攻坚和国家粮食安全等方面主动担当作为，支农模式更加多元化。开通防疫办贷应急通道和复工复产办贷通道，累计将443户企业纳入防疫应急重点企业名单和双稳基金企业名单，支持17户企业复工复产，累计投放贷款6.21亿元；严格执行企业复工复产利率优惠政策，进行信贷支持，累计6.10亿元贷款享受到了利率优惠，为企业降低融资成本610万元；营销小微企业13户，涵盖制造、批发零售、热力生产和供应、农林牧渔等行业，投放贷款0.93亿元，实现全辖区覆盖。全年累计投放各类粮食收购贷款26亿元，收购粮食48万吨。全年投放扶贫贷款6.58亿元。（张佳强）

【中国银行股份有限公司黑河分行】

2020年，中国银行股份有限公司黑河分行（以下简称“中行黑河分行”）内设7个部门，辖6个经营性支行：黑河开发区支行、黑河中央街支行、黑河东兴路支行、北安中央路支行、北安东直街支行、嫩江嫩兴路支行。共10家营业网点。资产总额50.56亿元，比上年增加8.49亿元，增长20.19%；负债总额50.13亿元，比上年增加8.52亿元，增长20.48%。实现营业净收入8969万元，同比增加837万元，增长10.29%；拨备前利润3427万元，同比增加979万元，增长39.98%；净利润2450万元，同比增加119万元，增长5.09%。存款余额48.42亿元，比年初增加7.55亿元，增长18.47%。贷款余额11.56亿元，比上年增加1.06亿元。不良资产余额1277万元，比年初减少308万元；不良率1.12%，比年初下降0.41个百分点。

中行黑河分行贯彻落实客户多元化、产品多样化和金融资产扩大化，销售保险、理财、基金等非存类产品，从单一存款营销转向拓展全量金融资产，累计销售保险1724万元、基金8000万元、理财近10亿元，实现存款与全量金融资产规模双增长。全量金融资产余额53.35亿元，比年初增加8.66亿元，增长19.38%。以普惠金融业务为重点，投放8户合作社种植贷款7896万元、种植大户贷款4150万元。普惠金融重点领域贷款余额6849万元，新增1662万元，计划完成率332.4%；普惠金融重点领域贷款户数113户，新增44户，超额完成普惠金融重点领域投放、定向降准等任务指标。优客分期实现辖内网点全覆盖，新增场景及优客分期交易额7316万元，同比增长42.31%，计划完成率114.32%。新增信用卡有效客户3388户，计划完成率73.65%。银行卡条线实现中间收入763万元，全年计划完成率112.97%，银行卡不良余额192万元，全年计划完成率106.2%。个人加权客户10.09万户，比年初新增1.25万户，增长14.14%，其中加权中高端客户新增1.09万户，完成省行下达指标的160.61%。

（赵凯富）

【交通银行股份有限公司黑河支行】2020年，交通银行股份有限公司黑河支行（以下简称“交行黑河支行”）内设3个科室，在黑河市区设有1个物理网点，1个离行式自助银行，3个离行单台设备。各项存款余额10.2亿元，比年初增长3.26亿元；人民币各项贷款余额1.5亿元。

交行黑河支行支持地方的经济建设，满足企业和个人的融资和消费需求。截至2020年末，累计发放3000余笔下岗再就业贷款和1700余笔住房贷款及其他消费贷款，支持失业人员、大学生及其他符合条件且有创业需要的人员进行创业和消费。对接黑河市医药类企业，根据企业需求和省行进行协调，省行贷审会通过对其贷款申请的审批，批准授信额度200万元，缓解了疫情期间企业开展业务的压力，为民营小微企业解了燃眉之急。（刘海艳）

【黑河农村商业银行股份有限公司】2020年，黑河农村商业银行股份有限公司（以下简称“黑河农商行”）内设20个部门，外设21个支行和10个分理处。以股权链接的形式下辖管理北安、嫩江、五大连池、逊克、孙吴5家县级农商银行，并在嫩江市设立1家村镇银行。全辖资产总额356.58亿元，贷款余额139.22亿元，负债总额323.32亿元，存款余额260亿元。实现拨备前利润2.91亿元，上缴利税0.69亿元。

黑河农商行扶持现代化大农业、畜牧业新体系建设、优质养殖与乳制品加工企业发展，支持面和市场份额占全市有信贷需求农户、合作社的90%以上。为335家涉农企业投放贷款22.15亿元，为147家农业合作社投放贷款7.46亿元。全年累计投放备春耕生产贷款2.87万户、金额60.23亿元；累计投放“三农”贷款109亿元，线上办贷率达到70%以上。支持企业复工复产，累计投放中小微企业贷款1165户、金额35.44亿元；投放稳企稳岗贷款452家企业、金额20.33亿元；支持疫情防控相关企业，投放应急防控物资重点生产企业、民生企业贷款103户、金额12.3亿元。执行“两免一降”扶贫政策，对脱贫的建档立卡贫困户，在脱贫攻坚期内保持扶贫小额信贷支持政策不变，力度不减。累计投放扶贫贷款1.4万户、金额4.93亿元。全年累计办理国际结算业务1010笔，金额折6217万美元，有效满足黑河自贸片区跨境结算需要。与3家俄罗斯银行签订跨境现钞调运协议，跨境人民币现钞调运业务获人民银行总行备案批复，待条件允许开展调运。开展“农商带货、助农兴商”直播带货活动，为黑河本土“极境寒养”品牌农产品、扶贫农产品站台带货，共为7家本土企业销售各类农副商品超3万份，销售总额197.77万元。

（边庆祝）

【中国邮政储蓄银行黑河市分行】2020年，中国邮政储蓄银行黑河市分行（以下简称“邮储银行黑河市分行”）实现营业收入2.36亿元，实现净利润0.76亿元。全口径各类存款余额43亿元，同比增长10.56%。其中，自营个人储蓄日均余额达到30.85亿元，实现净增3.41亿元，同比增幅12.44%。公司存款余额25.07亿元，同比增加13.54亿元，同比增幅117.43%。各项贷款余额27.36亿元，同比增长7.39%。不良贷款率0.61%。全年累计投放各类贷款超过21亿元。

截至2020年末，邮储银行黑河市分行全口径发卡7.59万张，卡片结余131.44万张，卡户存款余额51.79亿元。其中，2020年自营发卡3.62万张，卡片结余53.40万张，卡户存款余额17.95亿元。信用卡业务新客发卡实现质量并重，全年信用卡新客发卡5913张，比2019年增长9.35%，结存客户数3.87万户，同比增长13.49%。信用卡交易笔数97.15万笔，交易金额12亿元。义务代发低保工资、社保、养老金、新农保、其他补贴资金等各类民生业务金额超过18.8亿元，代发客户达到92.5万户；支持农民进城购房置业，累计发放住房贷款2.89亿元。个人保险业务，保费新增8254.87亿元；自营理财保有量10.21亿元；全口径代收付交易笔数207万笔，交易金额49.73亿元。其中，自营代收付交易笔数95.98万笔，交易金额24.14亿元。紧跟网络金融发展趋势，强化电子银行渠道建设，电子银行分流客户的功能逐步显现。全行电子银行总替代率96.73%，全年新增电子银行客户数3.15万户，累计客户数量超56.84万户。其中，自营电子银行客户数新增1.79万户，累计客户数量超26.74万户。手机银行激活率达到77%，同比提高1.99%。全年金融扶贫贷款实现净增4903万元。支持普惠型小微企业发展，年末贷款结余0.72亿元，年净增1.33亿元，完成精准扶贫和“两增两控”（增贷款余额和小微企业户数的增长，控制不良贷款和小微企业的贷款成本）任务。（英　杰）

【龙江银行股份有限公司黑河分行】2020年，龙江银行股份有限公司黑河分行（以下简称“龙江银行黑河分行”）全辖建立9个营业机构：分行营业部、九三支行、北安支行、嫩江支行、农安支行、爱辉支行、五大连池支行、墨尔根支行、兴安支行。分行机关内设8个部门。截至2020年12月31日，两项存款时点余额69.83亿元，比年初增长13.60亿元。

两项存款日均余额63.43亿元，比年初增长10.24亿元。贷款余额29.21亿元，比年初增长4.16万元。完成拨备前利润9543万元。

龙江银行黑河分行支持地方经济发展。在各项存款余额并不高的基础上，拆借资金加大对地方企业及个人的信贷支持。加大信贷投放力度、强化提升金融服务水平，重点关注大项目、普惠小微企业、自贸区建设、备春耕生产、企业复工复产、民生项目等。加强与黑河自贸片区、省鑫正担保公司的合作，继续进行金融服务创新突破，以自贸区园区落地企业为目标，开展信贷支持工作，推进"自贸e贷"业务发展，实现对互市贸易政策产业链的金融服务。加大金融扶贫工作力度，品种涵盖中小企业贷款、"三农"贷款、个人消费贷款。对建卡贫困户、妇女创就业能手，或能够带动贫困人口致富或吸纳贫困人口就业的农业企业、合作组织等新型经济主体进行主动扶持，全面帮扶。

（王剑峰）

保险业

【概况】 2020年，黑河辖内保险公司（不含保险中介机构）分支机构总数160家，其中三级机构22家，四级机构84家，五级机构54家，正式员工1048人，高管人员133人，营销人员16141人；专业中介机构37家，非银邮类兼业代理机构13家，银邮类兼业代理机构14家（网点数量330个，从业人员5276人）。（勾霄婉）

【保险赔付】 2020年，黑河市保险业支持抗灾救灾，政策性种植险赔付率97.01%。辖内保险机构承办扶贫小额人身保险累计承保55682人次，累计保费收入313.04万元，累计保险金额13.6亿元。严格规范辖内车险市场秩序，全市车险市场综合费用率35.03%，低于全省平均水平。

（勾霄婉）

【中国人寿保险股份有限公司黑河分公司】 2020年，中国人寿保险股份有限公司黑河分公司（以下简称"中国人寿黑河分公司"）下辖县级支公司5个、参照远郊综合性支公司管理的城区机构2个。本部内设部门12个，全辖有签订劳动合同员工190人。全市系统共有销售人员1509人，其中，个险条线销售人力1450人，银保条线销售人力29人，团险条线销售人力30人。实现总保费收入8.63亿元，同比增长0.18%；长期险首年标保完成5640.78万元，同比下降23.94%；长期险首年期交保费12327.74万元，同比下降13.32%；十年期级以上首年期缴保费完成5797.8万元，同比下降26.63%；保障型业务保费3787.77万元，同比下降15.59%；短期险保费4075.93万元，同比增长0.72%，政策性健康保险保费6217.11万元，同比增长8.42%。总保费收入保持平稳，保障型产品占比提高，进一步优化险种结构，坚守保险本源，切实为百姓提供人身保险保障。全年服务客户近13万人次，处理保全业务47068笔，全年长期险理赔（不含大病保险）11776件，赔付金额7116.06万元。承办全市76.12万城乡居民大病保险业务，全年共受理大病保险理赔1.11万人，3.13万人次，赔付金额5665.87万元，为全市城乡居民提供大病保险保障。全年共为建档立卡贫困人口24553人提供8.47亿元的意外保险保障。为建档立卡贫困人口15098人提供0.74亿元的疾病住院补充保障。全年理赔4712人，理赔金额179.26万元。

（刘一丽）

【中国人民财产保险股份有限公司黑河市分公司】 2020年，中国人民财产保险股份有限公司黑河市分公司（以下简称"中国人寿黑河分公司"）本部部门8个，内设营业部4个。有在编员工134人，营销人员218人。下辖爱辉、嫩江、北安、五大连池、逊克、孙吴6家支公司、1家营业部、12家营销服务部。严格执行监管规定，确保车险依法合规经营，车险业务实现较快发展。推动商业非车险突破上规模、农险扩面增品稳步开展。全市实现保费收入23018.7万元，完成省公司计划的92.6%，同比下降0.98%，低于市场增速5.29个百分点。其中，车险保费收入6992.5万元，完成年计划的90.49%，同比下降0.4%，高于市场增速0.5个百分点；农险保费收入13271.37万元，完成年计划的91.79%，同比增长0.32%，低于市场增速5.4个百分点；商业非车险2754.81万元，完成年计划的103.1%，同比下降8.09%，低于市场增速18.9个百分点。全市赔付成本总额12915万元，综合赔付率78.32%。黑河公司市场份额21.38%，同比上升1.14个百分点。

（王立成）

口　岸

【概况】 2020年，黑河市人民政府口岸办公室（以下简称“市政府口岸办”）贯彻落实国家和省、市决策部署，按照“内防反弹、外防输入、守好国门”的总要求，组织口岸各相关部门，采取系列措施，服务和保障全市防控工作大局、服务外经贸企业复工复产、推进黑河公路口岸建设、促进外经贸恢复增长。2020年黑河口岸进出口货物共计62.2万吨，位于黑河口岸历史第二高位。2020年12月，市政府口岸办内设3个科室。
（郝连江）

【黑河公路口岸工程项目建设】 2020年，黑河公路口岸工程项目建设全部完成。完成3栋主体楼土建工程、幕墙铝板安装及室外装修、室内装修、公用设施、设备安装。联检部门自行向上争取的查验设备基本全部到位，开始安装调试。完成口岸场区硬化及配套工程建设，主要包括场区内各种管网、电力外网及管网配套工程建设；场区道路硬化、广场铺装及限定区域内物理围网；H986查验用房、出入境监管库、货检入境检验检疫用房、场区查验工作等功能性用房。
（郝连江）

【口岸营商环境优化】 2020年，市政府口岸办加大优化口岸营商环境力度，协调口岸各部门抢先按下黑河口岸散装货物运输“快进键”。抢抓工期，利用20天时间，在黑河港区内建设26间联检部门临时办公用房，制定相关工作方案、应急预案、管控措施。协调海关和港口部门出台提效率、促外贸、稳增长措施，实行“7×24”小时预约通关，建立通关保障关企联络群，实行无午休工作制。进一步压缩通关时间，未被布控查验的报关单直接快速放行，进口货物凭提单概要申报即可提货，降低集装箱海关H986机检比例。采取舱单归并、价格预裁定措施，提高回运大豆通关速度。延长港口装卸时间，增加装卸作业人员，促进全市加速回归对外经贸高质量发展“快车道”。
（郝连江）

【口岸旅检通道运行】 2020年，新冠肺炎疫情发生后，市政府口岸办采取举措，抢运进口医用物资，帮助中外旅客顺利回国。为解决全市医用物资紧缺问题，在省内其他对俄口岸没有运输医疗物资先例的情况下，联系俄阿州对外经济联络部，临时开通黑河口岸旅检通道，抢运在俄罗斯购买的口罩、防护服等医用物资，保障全市医疗物资的有效供应，也帮助省内部分市、县医疗物资的供应。1月28日至4月3日，临时开通旅检通道35次，在严控疫情的基础上验放双方回国旅客1930人，有效解决中俄旅客顺利回国问题。
（郝连江）

【口岸联防联控管理】 2020年，新冠肺炎疫情发生后，市政府口岸办实施联防联控，严防境外疫情输入。黑河海关严格筛查出入境旅客，做好旅客出入境《中华人民共和国出入境健康申明卡》收集、验核、登记、归档工作，开展“三查、三排、一转运”工作，并对入境车辆实施100%登临检疫和消毒，监督指导运输企业做好运输工具消毒工作，确保重点人员隔离与转运。黑河边检站严查入境旅客行程信息，对途经韩国、日本、意大利、伊朗等重点疫情国家人员来华轨迹、来华目的、14天内接触史、旅行史、乘坐交通工具史必问，对来华证件资料基础信息、在华停留期限、居留许可必查，并及时将来华人员证件号码、详细住址、联系方式等基础数据进行推送，为全市疫情防控决策提供数据支撑，全面实现早发现、早报告、早处置。大岛公安分局全力维护口岸治安秩序，及时对大厅内非出境人员进行管理和疏散，避免人员聚集；对入境旅客相关信息进行电脑录入，立即上报市疫情防控指挥部；将入境旅客转交爱辉区专用运输车辆，送至指定地点进行集中隔离。市交警支队加强对入境货车司机进行管控和全程监管，防止司机私自改变行驶路线，实行点对点卸货、装货，坚决杜绝疫情经过货运车辆输入境内。（郝连江）

【口岸闭环管控机制】 2020年，黑河口岸采取系列措施，在促进外经贸恢复生产的同时，确保实现口岸闭环管控。组织口岸各相关部门制订《2020年黑河口岸驳船散货（集装箱）运输疫情防控应急预案》和《2020年黑河口岸驳船散货（集装箱）运输疫情防控工作方案》，制作《货检口岸散装船舶入境工作流程图》，并根据实际情况不断细化货运现场散装码头、进出境船舶、装卸人员和一线查验人员的管控措施，要求中方、俄方船员不下船、不上岸，14天为一个周期的工作模式，登临查验区联检人员每日由专车接送、指定宾馆居住，杜绝与码头其他工作人员接触，实行闭环管控。黑河口岸货运现场对进出境船员实施全流程健康监测和管理服务，确保实现闭环管控，在切实做好货运口岸顺畅通关基础上，严防境外疫情输入。根据黑河口岸散装码头实际和疫情防控需要，在口岸散装码头建设临时办公用房和功能用房，包括防疫需要的洗消室、更衣室、隔离室等必要的工作房间，并接入供水、供电、排水和网络等必要保障设施。其中，登临检验区功能性用房10间、联检查验区办公用房13间，以及边检站执勤岗亭4间，确保了货运口岸查验工作需要。（郝连江）

【货检口岸应急演练】 2020年5月14日，黑河口岸举行了涵盖个人防护、登临检疫、体温复测、流调、医学排查、样本采集、转交医疗机构等内容的货检现场散装运输疫情防控应急演练，口岸各联检部门和卫生防疫部门共100余人参加演练。通过演练，疫情突发事件处置重点、职责分工进一步细化明确，联络渠道、信息共享、现场封控、人员防护等方面配合更加密切，处置流程更加熟练，口岸一线疫情防控队伍面对突发事件的应急指挥、疫情报告、疫情控制、医疗救治等能力全面提高。截至11月5日黑河口岸明水期闭关，没有发生境外疫情输入和船员感染问题。（郝连江）

黑河海关

【概况】 2020年，黑河海关坚持“五关”（政治建关、改革强关、依法把关、科技兴关、从严治关）建设不放松，统筹推进常态化口岸新冠肺炎疫情防控和促进外贸稳增长工作，扎实做好“六稳”工作，全面落实“六保”任务，全力打造新时代沿边强关，全面落实各项改革措施，不断推进各项工作有序开展。黑河海关共监管进出口货物（黑河海关报关且已结关）178.4万吨，同比增加1.4倍。两税入库3.9亿元，同比增长43%。口岸监管进出境人员6.6万人次，监管进出境运输工具1.3万辆/艘次。进出口总值59.8亿元，同比增长19.6%。快速验放进出口防疫物资3.82亿件；签发植检证5020份，签发普惠制证书1149份。巩固压缩货物整体通关时间成效，进出口货物海关通关时间分别压缩至1.5小时，0.27小时。做好能源监管工作，共计监管进口天然气40.85亿立方米，监管进口电力30.6亿千瓦时。黑河海关通过全国文明单位复核，旅检一科“惠风之旅”党建品牌被海关总署授予示范品牌，1名关员获“全省优秀共青团员”称号。黑河海关内设13个科室，设副处级办事处1个（办事处内设科室4个）。下辖2个事业单位：黑河海关综合技术中心、黑河海关后勤服务中心。（韩文赫）

【监管工作创新】 2020年，黑河海关构筑防控体系，形成防控合力。根据疫情进展情况，及时调整防控工作措施，统筹做好口岸疫情防控和促进外贸稳增长工作。完善口岸设施，优化一线配置，保障货物快速通关。协同黑河市相关部门科学谋划，规范建设水运口岸卫生检疫用房，成为全省标杆。综合技术中心媒介生物安全实验室率先成为全省核酸检测第三方认可检测机构，“应检尽检”“愿检尽检”检测样本2565份。设立疫情防控物资快速通关专用窗口，实现通关“零延迟”，进口疫情防控物资总量占关区25%。建成现场检验工作室，确保快速检疫审批、快速查验、快速检测、快速出证。依据海关总署发布的风险评估警示通报，根据疫情发展态势及人员、交通工具流动等特点，指定俄语专业人员密切关注俄罗斯疫情变化，发布俄罗

12月，黑河海关全年监管进口俄罗斯电力30.6亿千瓦时　（黑河海关／供图）

斯疫情信息240余期。每日更新俄罗斯新冠肺炎发病城市、地区信息，对来自俄罗斯有确诊病例城市或地区的入境人员采取最严格的排查措施。在全省口岸率先开展司乘人员100%流调，100%周期性核酸检测。加强同相关单位对接，充分发挥派驻纪检组防护监督作用，慎终如始抓好疫情防控各项工作。研判疫情发展态势，及时完善疫情应急处置方案4版、防控制度88项。落实对进口冷链食品及时开展核酸检测工作要求，规范对货柜、包装物的预防性消毒。完善应急处置措施，不断加强内部疫情安全防护。共检测食品货物外包装、环境样本360批次，结果均为阴性。累计抽调2098人次参加社区疫情防控值守工作。大黑河岛办事处在全国海关抗击新冠肺炎疫情表彰中获“先进集体”称号。（韩文赫）

【跨境贸易营商环境优化】 2020年，黑河海关树立“办理海关事项不求人”服务品牌。持续优化口岸营商环境，通过“不见面”“线上容缺”方式办理企业注册登记备案事项165笔，采取电话及小视频等方式便捷出具各类证书6169份，申报无纸通关货物1.2万批次。立足海关职责定位，从企业需求和群众关注的事项抓起，发挥企业协调员制度优势，建立“海关、政府部门、企业”复工复产联合保障机制，及时解答企业疑问超过1200次。主动梳理作业流程、加强沟通联系、深入企业政策宣讲，通过微信群发布政策解读、海关公告和通关指南287篇次，“一对一”解决疑难58项。用足用好各项惠企便民措施，落实国家减税降费政策，推广汇总征税、关税保证保险等便利通关措施，新增汇总征税企业4家，实现企业缓缴税款0.87亿元。通过电子邮件、电话、微信等非见面方式当场办结企业注册，“零延时”加急办结3单红十字会、政府机关等临时注册登记。发挥自身的检测实力和先进的仪器设备优势，对食品生产环节、食品流通环节、餐饮服务环节、食用农产品、酒类等领域开展委托检测1918批次/11161项次，出具检测报告1892份。打造“龙江样板”边境贸易创新高地。全省首批边民互市贸易进口大豆共计21.07吨落地加工为大豆油，总增值率达到21.4%。黑河口岸互市贸易监管模式在关区推广，进口中药材成功在黑河落地加工。（韩文赫）

【服务跨境通道建设】 2020年，黑河海关多次与中俄跨境索道项目建设方进行工作沟通，就卫生检疫功能布局、动植检建设规范和通道建设等方面提出建设意见和要求，使项目设计满足通关需要。推进黑龙江大桥口岸无害化处理中心建设，全力支持黑龙江大桥公路口岸建设单位复工复产，全程跟进公路大桥口岸海关监管区及配套设施规划建设，进一步加快建设进度。支持进境肉类、冰鲜水产品、食用水生动物综合海关指定监管场地建设，对立项申请、建设设计规划进行前期指导。加强与自贸片区管委会的协调沟通，全力做好黑河保税物流中心（B型）运营前监管对接工作，督促管理方开展系统培训和业务测试，做好项目入区前指导。10月29日，黑河某进出口有限公司申报的“前铲装载机”成功完成申报、查验、放行出区手续，标志着黑河保税物流中心（B型）正式封关运行。助力天然气、电力清洁能源进口。在黑河首站设置海关监控中心，通过视频采集系统有效减少站场人工巡检频次，实现站场智能化监管。建立首站天然气实验室，投入400余万元购买检测分析仪器设备，定期向企业提供进口天然气实验室检测分析报告及相关参数。主动与中石油、电力企业开展联防联控，全力支持企业复工复产。“公路舱单归并申报”“支持自贸试验区内生产车辆返境维修”“优化进口电力通关模式”“互贸进口商品保税备货制度”“打造自贸试验区黑河片区检验检测技术服务平台”等自主创新举措取得较好成效。（韩文赫）

【监管工作强化】 2020年，黑河海关开展“国门利剑2020”“蓝天2020”“龙腾行动2020”等专项行动共立案侦办刑事案件5起，立案办理行政案件12起，其中1起刑事案件被总署确定为一级挂牌督办案件。将打击洋垃圾走私作为生态文明建设的重要举措，严厉打击货运渠道藏匿、伪报、假借或倒卖他人许可证等方式走私固体废物违法活动，完善禁止洋垃圾入境的监管体系，严厉打击象牙等濒危物种及其制品走私行为，强化口岸监管查验。制订《黑河海关防堵俄罗斯非洲猪瘟疫情输入应急实施方案》，严格落实入境运输工具登临检疫、船员随身携带行李物品查验等5个100%最严格措施。在做好新冠肺炎疫情防控的同时，密切做好疟疾等其他传染病的外防输入工作，严防疫情叠加，坚决筑牢口岸疫情防线。开展保密宣传与自查，进一步增强保密意识。落实“谁执法谁普法”普法责任制，提升法治海关建设水平。开展知识产权保护专项行动，主动梳理作业流程、加强沟通联系、深入企业政策宣讲。召开落实“六稳”“六保”任务要求推进会4次。开展稽查作业16起，查发各类违法违规事件10起，稽查追补税合计39.82万元。（韩文赫）

商　务

【概况】 2020年，受新冠肺炎疫情影响，全市社会消费品零售总额123.3亿元，同比下降17.8%。其中，餐饮业营业额19亿元，同比下降17.2%；住宿业营业额2.6亿元，同比下降15%。全市对外贸易进出口总值完成78225万美元，同比增长31.2%。其中，出口14803万美元，同比下降27.8%，占全省出口总额的3.3%。进口63422万美元，同比增长64.5%。全市共有进口企业1721家。当年新备案的各类进出口企业198家。全市有进出口业绩的企业235家，其中5000万美元以上的2家，1000万美元以上的8家，1000万美元以上企业的进出口额53878万美元，占进出口总额的68.8%。商品交易市场有大型商业网点5000平方米以上6户，销售额超亿元的有6家。全市有农产品批发市场17个，农业生产资料批发市场10个，生活资料市场5个，工业品市场5个。成品油营销，全市辖区内有加油站142座，成品油销售22.7万吨，其中，汽油销量9.45万吨，柴油销量12.85万吨。平均每天销售成品油621吨。2020年12月，黑河市商务局内设8个科室，隶属事业单位1个：黑河市人民政府驻俄罗斯阿穆尔州联络中心。（王旭辉）

【互市贸易】2020年，黑河市互市贸易实现进出口总额6268.5万元，12.2万人次参贸，边民受惠146.7万元。简政赋权，将黑河互市贸易监管点管理、边民证制发、互贸进口商品落地加工企业备案委托黑河自贸片区管委会办理。将国贸城资产划转自贸片区，支持开展互贸+跨境电商创新。指导协助互市贸易商品交易场所按海关要求完成建设升级并通过海关验收。支持自贸片区制作“数字边民证”11733张、注册成立“边民专业合作社”42家，发放“边民贷”108万元。开展边民互市贸易进口大豆落地加工压力测试工作并形成成果，促进互市贸易中药材落地加工项目取得实质进展。（王旭辉）

【对俄合作】2020年，黑河市新增境外投资备案项目3项，新增备案投资总额3700万美元，全部为对俄农业合作项目。加强对外合作项目建设，持续推进阿穆尔—黑河边境油品储运与炼化综合体项目和萨哈（雅库特）共和国油田区块勘探开发项目。阿尔哈拉30万吨锑矿开采加工项目正在办理出口许可证延期至2021年。新丝路木业境外一期启动建设，22公顷征地工作完成，200个烘干窑开工，开始进行原料收储。农业合作项目调整务工对策，北丰、龙昌、华卓等具备规模的境外农业项目针对疫情雇佣其他国家劳务人员开展工作。跨境物流项目加快推进，中俄跨境物流枢纽项目物流核心区和商业中心启动建设。利源达国际物流运输项目开始办理投资备案，对在俄2万平方米厂区进行功能完善。在北丰农业产业园、和兴商贸物流园、别列佐夫卡石化建材园3个境外园区建设中，总投资额累计18955万美元，入区企业75户。（王旭辉）

【跨境电商综合试验区建设】2020年1月，国家6部委将黑河纳入跨境电商零售进口试点范围，4月国务院批准黑河设立中国（黑河）跨境电商综合试验区。全年黑河市跨境电商综合试验区实现交易额10.44亿元，同比增长1.2%，网络零售额2.51亿元，同比增长3.7%。推动创新发展，推动与黑河自贸片区叠加发展、线下园区跨境双园一体化发展、与边民互市贸易融合发展。创新“跨境电商多仓联动”“互市贸易+跨境电商”等模式。黑河跨境电商货运物流“多仓联动”新模式作为黑龙江省自贸区创新成果在全省推广。产业集聚能力和项目建设加强，黑河综合试验区入驻平台类、应用类、服务类企业280余家，拥有俄罗斯商品代理权120个；拥有海外仓12个，布市海外仓扩容项目开工；跨境电商线下体验店和跨境电商直播中心运营，黑河保税物流中心（B型）封关运行；跨境电商监管仓1210查验线具备海关验收条件；邮关、商关、跨境电商9610“三关合一”项目立项，对俄电商陆运物联枢纽中心项目入驻保税物流中心；哈尔滨中继仓、苏州昆山中继仓、义乌中继仓投入运营。11月，由俄罗斯官方授权的俄罗斯进口馆暨黑河跨境电子商务产业园区中国国际进口博览会线下商品展示中心揭牌运营。（王旭辉）

【市场体系建设】2020年，全市农产品批发交易量11.84万吨，交易额6.12亿元。报废车拆解数量794台。二手车交易达18390台，交易额为9亿元。汽车销售8839台，实现销售额近8亿元。年初开展全市电子商务进农村示范县申报工作，5月逊克县入围电子商务进农村国家级示范县，逊克县对该项目进行筹建中。按照《关于报送黑龙江省农产品批发市场体系建设转型升级三年行动计划工作部署，完成黑河市8家（通北农资大市场、黑河方晟源商贸有限公司、黑河市顺兴经贸有限公司、嫩江市商贸城、孙吴县蔬菜水果专业批发市场、嫩江市果品公司、黑河市爱辉区果品公司、北方商城有限公司）农产品批发市场评估。黑河市推进农商互联北安华升食品有限公司农产品供应链项目完成中期评估和“回头看”。（王旭辉）

【小店经济推进】2020年，黑河市按照商务部等7部门《关于开展小店经济推进行动的工作部署，争取上报国家级小店经济试点城市。成立工作专班和起草《黑河市小店经济推进行动实施方案》，向省商务厅等7部门提请国家级小店试点城市申请及材料。10月黑河市与哈尔滨市、大庆市被确定为首批小店经济推进行动省级试点城市，黑河市、大庆

9月27日，黑河首届俄货节开幕（黑河日报社／供图）

市被省商务厅等7部门推荐为国家小店经济城市试点，俄品多科技有限公司、黑河市全域绿色农业发展有限公司等4家企业申请国家小店经济赋能服务企业试点，申报通过国家核准认定。正在推进各县（市、区）研究制定本区域的小店经济发展实施方案。（王旭辉）

【窗口服务】 2020年，黑河市商务局落实一个窗口服务“网上办理”，15项行政审批、许可、备案事项全部实现网上受理。进入市政务服务大厅的政务服务事项共有10项，均在政务网上公布办理事项、流程及所需材料和办理时限。对外贸易经营者备案登记和成品油零售经营资格审批开始办理业务。为做好省商务厅下放的成品油新建加油站核准事项承接工作，与市自然资源局联合印发《关于全面开展确定新建加油站站址与土地招拍挂工作的通知》，并先后印发《关于印发〈黑河市新建加油站规划建设工作方案〉的通知》《关于新建加油站站址与土地招拍挂的通知》，把成品油新建加油站核准事项的办理工作落到实处。截至2020年末，对外贸易经营者备案1231家，其中，新建604家，变更627家，咨询389家。录入黑河市人民政府网上政务服务中心审批业务管理系统企业333家，录入黑龙江省信用信息共享平台企业314家。（王旭辉）

【商务执法】 2020年，黑河市商务局为有效维护商场秩序，有效地开展商务执法工作。加大打击知识产权和假冒伪劣商品工作的力度，设立由22个部门组成的“双打”领导小组，建立各部门联动机制，在专项整治的基础上，完善信息系统，建立信息通报制度，共同开展日常监管，严厉打击非法生产销售不合格产品的行为。为加大规范市场经营秩序，推动单用途商业预付卡市场健康有序发展，制订《规范预付消费经营行为专项整治工作实施方案》，设置领导小组办公室，年内开展多次排查工作。本着简政放权，方便管理的原则，将单用途预付卡规模发卡企业的备案和监管工作权限下发到各县（市、区）。按照国家和省的要求，制订《12312商务举报投诉服务中举报投诉办理规程》及《12312商务举报投诉服务中心工作制度》，并认真履行投诉事件，及时反馈相关情况，提升市场监管和公共服务能力。全年收到“单用途预付卡”投诉9起，商务局处理6起，转办3起。实施“双随机、一公开”网络监管平台全覆盖，依法依规开展商务执法。截至2020年末，“一单两库”共录入全市商务执法人员35名，平台共录入监管对象208家企业，主要涉及成品油流通、单用途预付卡、报废汽车回收、二手车销售等相关行业企业信息。开展6项联合检查，抽查对象共15家（其中1家停业），对部分企业存在一些常见问题，已限时整改。（王旭辉）

【对俄联络】 2020年，黑河市政府驻俄阿州联络中心围绕市委、市政府中心工作，与俄阿州创建了中俄地方双边24小时疫情防控工作联络新的工作机制，设立双方独立联络官。辟建黑河—布拉戈维申斯克抗疫医疗物资回运绿色通道，运回口罩等抗疫物资。组织接受捐赠和对俄援助医疗物资转运工作，先后完成黑河市接受捐赠和对俄援助物资5批次、近260万元，协助省政府接受捐赠和对俄援助物资5批次、近50万元，帮助哈尔滨市和省内其他地市接受捐赠和对俄援助物资6批次，近60万元。配合中国驻外使领馆建立中国滞留境外公民救助工作机制，组织中方人员撤离回国，协调医疗救助及安全转运43人，发放健康包50余份，发放口罩5000只。推动边境贸易平稳运行，协调黑河口岸货运量实现40多万吨。服务于第三届全省旅发大会，完成协调中俄双方领导视频致辞、俄方配合在黑龙江俄方一侧点亮欢迎彩灯，燃放烟火，组织俄市民观赏等任务。完成在黑龙江面上中俄共同纪念反法西斯胜利75周年“水上花”祭扫活动协调联络工作。（王旭辉）

【促进消费活动】 2020年，黑河市分别于6月、9月、11月组织“约惠初夏龙江购物节”“钜惠金秋龙江购物季”“约会冰雪龙江冬装节”，自行开展“钜惠冬季火热黑河”“俄货节”等消费促进活动，促进节日消费、节庆消费，延长夜间消费，全市共有5000家以上企业和个体工商业户参加。发放5批政府消费券共3000万元，覆盖全市零售、汽车、餐饮、住宿、旅游、药店、加油站、大型家电综合卖场，直接拉动消费5倍以上。以电子商务等新业态促进消费，1—12月电子商务交易额实现88.6亿元，同比增加1.3%。黑河中央商业步行街被列入首批省级试点步行街。（王旭辉）

自贸区黑河片区

【概况】 2020年，中国（黑龙江）自由贸易试验区黑河片区（以下简称“自贸区黑河片区”）克服新冠肺炎疫情及口岸闭关的不利影响，攻坚克难、砥砺前行，扭转不利局面，全部经济指标实现正增长，全年地区生产总值8.1亿元，同比增长12.3%；固定资产投资9.79亿元，同比增长23.7%；对外贸易进出口总额41.9亿元，同比增长63.7%；工业增加值2.62亿元，同比增长3.6%；公共财政收入2.18亿元，同比增长8.5%。（方　铭）

【管理机制体制创新】 2020年，自贸区黑河片区组织架构形成。管委会内设机构由32个压减到18个，制定《黑河自贸片区引进人才管理办法》，引进研究生、选调生、公务员22人，聘用专业人才15人。推进营商环境改善。片区成立至2020年，新增企业1215家，注册资本66亿元。与普华永道合作开展营商环境预评估，推进“证照分离”改革全覆盖，推出政务事项“跨省通办”服务，努力实现“办事不出区”“一枚印章管审批”“一支队伍管执法”。落实复制推广经验。前五批223项国家改革试点经验复制推广140项，第六批37项复制推广事项，省市各单位正在落实。推进改革试点任务。《中国（黑龙江）自由贸易试验区总体方案》89项任务，落实74项；《中国（黑龙江）自由贸易试验区黑河片区实施方案》114项任务正在推进。承接权限下放。省级1025项下放审批权限，确定606项可承接事项；申请市级赋权171项，现有审批权115项。推进制度创新。提出创新案例15项，其中4项上报国家评审，3项获全省复制推广，1项获部委备案推广，党建创新案例获首届自贸区党建评比全国复制推广，“多仓联动”创新模式入选中国改革2020年度50典型案例。加大宣传力度。通过中央电视台、《人民日报》、澎湃新闻等国家媒体和省市主要媒体专题报道254篇，其中国家级63篇。（方 铭）

【产业项目】 2020年，自贸区黑河片区高标准谋划推进各类自贸区专项规划，先后完成《黑河市顶层设计及自贸片区发展战略规划》《黑河自贸片区总体创建规划》《黑河自贸片区产业发展规划》《黑河国家物流承载城市战略规划》《黑河自贸片区空间建设规划》等。推进重点产业项目建设。“6+N”产业集群效果初步显现，全年重点项目开复工24个，完成年度投资计划的109.2%。推进工业企业复工复产。支持黑龙江新丝路林产品有限公司、黑河国源食品有限公司、黑河市宝康中草药材科技有限公司、黑河阿穆尔食品有限公司等11家新建企业开工投产，扶持黑河龙江化工有限公司、黑河瑞达硅业有限公司、秀山鑫和硅业有限公司等6家停产企业复工复产，协助企业争取稳企稳岗专项资金支持3500余万元。主动对上开展政策衔接，综合保税区、俄电扩区等申报工作得到上级支持；争取国家债券和专项资金，累计争取一般和专项债券3.58亿元，外贸发展专项资金3848万元，各类专项资金1760万元。（方 铭）

【商贸物流】 2020年，自贸区黑河片区对外贸易保持稳定增长。通过支持壮大主体，稳定贸易品种，对外进出口额实现大幅增长。全国首单从俄罗斯进口的创新试验低风险中草药完成通关。互贸贸易产业取得新进展。收购并改造边民互贸交易点，全国首创制发“数字联名边民卡”1万余张，互市贸易交易量、交易额分别增长124%和48%。完成黑龙江边民互贸首批俄罗斯进口大豆进境落地加工。跨境电商实现连续增长。建立建设黑河边境仓、俄罗斯布市海外仓、哈尔滨、苏州、义乌中继仓，形成跨境电商“多仓联动”集成集运新模式。成功获批国家级跨境电子商务综合试验区，黑河保税物流中心（B型）封关运营，1210查验线项目、国际邮政互换局项目进驻，跨境电商线下体验店和直播基地投入运营，跨境电商产业园交易额15.1亿元，网络零售额突破3亿元。大黑河岛整体开发全面启动。大黑河岛国际商贸中心装修改造完成，辟建大黑河岛国际商贸中心线下体验店，成为旅发大会的重要景点，全力打造自贸创新高地。（方 铭）

4月8日，中国（黑龙江）自由贸易试验区黑河片区招商引资推介会

（黑河日报社／供图）

【基础设施建设】 2020年，自贸区黑河片区规划建设城市市政道路，完成跨境产业集聚区块电业街和百合路、战略新兴产业区地块榆树街和东支路的道路及给排水的规划、施工图纸设计工作。提升产业平台综合承载能力，中小企业孵化基地一期工程完成场地平整、临时办公建筑、场区临时便道和成品库独立基础施工。互市贸易产业园项目工程完成6号及8号厂房的部分基础主体工作。高质量推进园区配套设施建设，完成黑河自贸片区大门亮化改造、重点区块绿化升级，二公河园区内蒸汽管线修建，污水处理厂项目前期工作，电力线杆、通讯线杆改迁工程。切实做好黑河自贸片区土地收储和项目用地保障工作。完成城市建设农用地转用征收工作，收储土地88.3公顷，完成10.4公顷林地组卷报批及补偿工作。（方 铭）

经济合作

【概况】 2020年，黑河市按照省商务厅确定的目标任务，综合考虑黑河市现有基础和跨越发展需要，抓住战略机遇期，全市成功吸引63个牵动能力强、带动效果好的超亿元大项目有效落地，落地资金115.6亿元。2020年12月，黑河市经济合作促进局机关内设3个科室。（李 莉）

【精准招商】 2020年，黑河市经济合作促进局根据疫情防控工作需要，组织开展“不见面”招商引资活动，制订《黑河市2020年“不见面”招商引资工作方案》，采取“云端”考察、“邮寄”签约、“云上”服务，制作项目推介PPT、资料视频，通过采取群推送、视频互动交流、微信“点对点”等精准推介的方式，保持与

企业的密切联系，实现了从“见面签”到“在线签”，确保疫情期间招商力度不减，项目签约不停。1—6月全市疫情期间，组织“不见面”网上招商活动42次，形成合作线索113条，签约项目46个，签约额208.83亿元，谋划项目211个，总投资额797.4亿元。市县两级党委、政府和各相关单位主要领导带队，抽调各部门精干力量组成招商小分队，依托现有企业、产业和资源优势，借助各种平台，赴各地开展招商引资活动，全力以赴外出对接洽谈项目，促成项目签约落地。3月19日，召开全市招商引资暨项目建设工作推进会议，各地政府向市政府递交2020年招商引资工作责任状，明确招商数量指标、质量指标和进度指标。9月4日，组织参加第三届全省旅发大会，结合常态化疫情防控实际，按照线下适度、云端同步的模式，推介活动采用互联网推介和网络直播方式举行，在线浏览达20余万人次。活动期间，共邀请160余家客商企业参会，签订合作项目12个，合作金额60.5亿元，全面推动旅游产业发展与自贸区建设互动、旅发大会承办与后旅发大会延伸。11月4—10日，市政府主要领导带队到上海参加中国第三届上海进博会，到宁波、嘉兴、南京市长三角地区开展招商对接活动。期间，聚焦前沿理念深入调研重要课题，围绕重点产业精准对接头部企业，针对优势提升紧密衔接高校智库，着力向国内外宣传推介黑河，与40多家企业进行对接洽谈，达成合作协议2个、合作意向3项、合作线索3个。（陈　蕊）

【外资项目】2020年，全市新设立外资企业5家，实际利用外资99.2万美元。其中，北安市的黑河华润燃气有限公司到资98万美元、爱辉区的黑河市力东经贸有限责任公司1.2万美元纳入商务部外资管理平台。5月26日，黑河市爱辉区与俄罗斯艾维基集团通过视频连线的形式就养殖场项目签署土地租赁合同和投资协议。充分发挥自贸片区优势，通过“云洽谈”的方式与阿州农业协会中10余家会员企业就鸡饲料加工、俄罗斯香肠、烘焙食品等项目达成合作共识，与喀山医药保险公司就跨境中草药加工、研发等项目投资建设达成合作共识，利用最新外商投资政策，开展俄电、天然气、矿产领域合作，优化境外公司注册流程。有30余家俄方企业有意愿在黑河自贸片区内注册公司。待疫情稳定后，将与俄方政府沟通，开展境外注册业务，助力贸易、跨境电商、网络新媒体等产业发展。对接国外商会牵线以韩国山野菜食品加工出口产业为主要合作点，通过跨境电商模式，发展中草药萃取、化妆品研发等产业链条。（赵赴超）

【开发区改革创新】2020年，黑河市经济合作促进局扎实推进全市开发区改革创新发展工作，搭建产业发展承载平台。推进开发区人事和薪酬制度改革。黑河自贸片区推行上海正略钧策咨询公司设计的KPI绩效考核体系，优化组织、薪酬、绩效三大体系；北安经济技术开发区创新干部管理模式，对管委会中招商、运营、建设等专业性较强的职位，实行公开招聘、直接选聘或阶段性聘任制。与谷川联行公司签订委托招商协议，委托其为开发区进行招商引资工作。黑河边境经济合作区深化“放管服”改革，进一步优化营商环境，做到“一次就办好”，实现企业办事不出区。推进集中行政许可权审批提速，实现一枚公章管审批。在政务大厅设立俄罗斯综合服务窗口，为中俄企业注册登记和日常经营提供便利化服务。共同梳理拆分国家、省级涉企清单事项534项涉企事项，其中，直接取消审批13项、审批改为备案8项、实行告知承诺68项、优化审批服务443项。设立全程电子化网上批，线上全流程电子化登记，实现“零跑腿、不见面”审批，内外资从企业“核名”到“提交材料”，最快2小时左右就可以拿到营业执照，真正做到全程电子化的智能审批、秒办秒批。“绿色通道”审批的事项实行“专班”服务，分别在线上、线下全流程帮办、代办，从速审批，审批时间在原基础上再压缩20%以上。推进开发区公共服务建设。五大连池经济技术开发区中小企业创业园公共服务平台项目总投资6250万元，总建筑面积2.6万平方米，为入园企业提供产品展厅、咨询服务、市场推广及培训、创业培训、就业培训等服务。项目于2020年7月31日开工建设，完成总工程量60%。探索开发区市场化运营模式。成立五大连池风景区万吉矿泉产业示范基地投资建设有限公司，重点推进示范基地基础设施建设项目的投资管理和招商引资等工作。7月，五大连池市德都企业管理服务有限公司成立，负责开发区招商引资、基本建设、投融资及运营管理、创业园及园区热源污水处理的生产管理等配套服务。（白宇涛）

【对口合作】2020年，黑河市落实与珠海市对口合作，对接推动项目和重点任务落实。加强两地高层互访，就加快两省自贸片区合作、珠海与黑河对口合作、推进重点产业合作进行会谈，市领导带队到珠海参加“2020澳珠企业家峰会”。两市共同起草《珠海市与黑河市共建黑河市瑷珲对俄进出口加工基地工作方案》，初步提出开展联合规划、联合招商、联合开展医药开发研究、联合开展市场开拓和联合推进配套设施建设等5项工作举措。两市自然资源部门按照“优势互补、真诚合作、互惠双赢、共同发展”原则，拟定《广东省珠海市黑龙江省黑河市土地开发整理及跨省耕地指标交易战略合作意向协议书》，完成52.18公顷水田（北安市）指标交易，自然资源部完成验收；实现土地利用指标交易收入约1.17亿元，等待两省财政厅进行资金拨付；深化农产品精深加工方面合作。珠海海贝严选、华发优选平台圈与黑河市绿农集团先后进行相互联合合作，各平台分别开辟专门栏目进行“极境寒养”品牌展示及系列产品推广，绿农集团也将珠海的系列产品上传绿色物产网。实现产品对接100余种，各方展开市场营销活动，对黑河绿色功能性物产打开营销渠道。珠海“乡意浓”公司、“菜篮子”公司与黑河绿农集团合作建设“极境寒养”黑龙江黑河绿色物产体验中心。珠海市帮助引进广东省及粤澳合作中医药科技产业园内的医药研发生产企业入驻黑河市，共同开展中药研发和加工等方面合作，提高黑河市中药材精深加工水平。黑河市北药中心立足资源优势，与国内知名院校签订合作协议，开展科技研发和中草药加工，合作建立中医药产业跨境电商平台，以此为基础，与粤澳合作中医药科技产业园建立战略合作关系，利用黑河及俄罗斯寒地道地药材发展“两国三地”中医药产业发展平台。（白宇涛）

【营商环境优化】2020年，黑河市经济合作促进局制定《黑河市招商引资激励办法》，推进“放管服”改革，通过行政审批做“减法”、市场监管做“加法”、公共服务做“乘法”，全力为项目落地提供便利。领导干部与企业进行结对，全面推行“最多跑一次”，咨询导办、贴心帮办、全程代办服务，切实了解企业服务需求解决实际问题和困难，推动业务办结时同步签发电子证照。围绕中国（黑龙江）自由贸易试验区黑河片区建设，打造自贸片区“黑河品牌”、增强招商引资“黑河优势”，推动构建市场化法治化国际化营商环境，为黑河跨越发展、全方位振兴提供坚强有力保证，全面营造重商、亲商、安商、稳商的良好环境。（李　莉）

贸易促进

【概况】中国国际贸易促进委员会黑河市委员会（黑河国际商会），以下简称“黑河市贸促会”。2020年12月，黑河市贸促会内设2个科室，下辖6个县（市、区）贸促会：爱辉区贸促会、北安市贸促会、嫩江市贸促会、五大连池市贸促会、孙吴县贸促会、逊克县贸促会，2个管委会贸促会：五大连池风景区贸促会、黑河边境经济合作区贸促会。黑河市贸促会与各贸促会存在业务指导关系。2020年新冠肺炎疫情发生后，黑河市贸促会随时关注滞留境外华人和黑河市对外贸易从业人员情绪动态，定期召开会议研判分析，把控信息报送渠道，全面提升信息报送水平。全年共向市委、市政府专题报送俄罗斯及远东地区疫情动态及俄罗斯政策信息30篇，通过政府门户网站、微信公众号、企业微信群、黑河日报社等渠道及时推送俄罗斯疫情发展最新情况22篇，贸促会业务动态情况19篇。6月，促成黑龙江省安徽商会、中俄地方商协会联盟、黑龙江佰消安卫生防疫服务有限公司，共向全市捐赠17台（套）价值230.1万元的医疗检测设备。组织企业向国内捐赠食品、口罩、防护服等物品。协助黑龙江省外埠商协会从俄罗斯采购口罩、防护服支援中国国内疫情严重地区。倡导动员在俄阿州华人企业为中国内地采购俄罗斯口罩、防护服等防护物品。按照市政府统一部署，推选黑河国际商会驻阿穆尔州商务代表，作为市政府代表参与做好在俄布市中国公民的转运疏散和劝解工作，为在俄中国公民提供住宿、交通等“一站式”服务。（史居权）

【展会工作】2020年，黑河市贸促会参加第八届黑龙江绿博会和第三届大米节工作。组织筛选48家绿色食品企业参加疫情后的首次线下展会。会上，签约金额7321.96万元，意向合作金额27873万元，现场销售累计金额达75.04万元。黑河市获大会组委会颁发的优秀组织奖和优秀布展奖。组织黑河市部分企业赴上海参加第三届中国国际进口博览会。促成浙江嘉兴思纯贸易有限公司与黑龙江十六膳公司签订20万元采购销售合同；推动黑河品乐进出口公司与哈萨克斯坦瓦里莎拉经贸公司达成进口哈萨克斯坦白酒的合作意向。组织全市9家绿色食品和进口食品骨干企业赴上海参加第21届中国国际食品和饮料展览会，企业现场累计销售40余万元，现场签约30多单，金额865万余元，意向协议70多条，金额1850万余元。在展会期间，拜访7家商协会，开展会内会外多种形式的宣传推介和招商活动。组织全市绿色食品、特色农产品、俄罗斯商品等40家有代表性企业参加哈洽会线上展示活动。加快推进全市绿色食品市场推广，多次到黑河绿农集团和绿色食品企业开展调研，组织企业报名参加2020韩国首尔国际食品展线上视频洽谈活动。组织全市36家企业参加锦州—黑河绿色食品线上专卖会。利用赴辽宁营口、锦州、大连开展招商对接为契机，开展宣传搭建桥梁，助力黑河绿色食品走出龙江、走向全国。（史居权）

【线上会谈】2020年，黑河市贸促会创新工作，举办线上招商对接洽谈会。借助黑河“三区一市”叠加机遇，联合黑河自贸片区管委会，与黑龙江省国际商会、中国电信黑龙江分公司、人民网大数据计算中心等单位代表，通过线上视频进行招商对接活动。通过钉钉视频会议平台，与锦州贸促会进行线上工作会谈，并线上签订友好合作协议。与黑河国际商会驻俄阿州商务代表处、驻哈尔滨联络处，举行了两岸三地线上工作交流会。通过微信视频方式与阿州工商会举行线上工作会谈。确定在疫情常态化形势下，建立线上联络沟通机制，继续发挥中俄地方商协会联盟作用，为中俄企业开展好线上精准对接活动，共同为在俄华人和华人企业提供帮助。（史居权）

【招商工作】2020年，黑河市贸促会组织代表团到辽宁省营口市、锦州市、大连市开展招商宣传和对接交流活动，与辽宁营口、江苏连云港、海南海口贸促会签订四城市贸促战略合作协议，搭建全新合作平台，形成四个自贸区紧密连接，构建沿海沿边沿江联动的贸促循环全新格局。与锦州贸促会、锦州黑龙江商会签订合作协议，搭建黑河—锦州“江海合作”经贸平台。分别与大连贸促会、大连黑龙江商会、大连中外经济技术交流协会进行交流对接，与多家企业达成多个合作意向。成功将大连正兴磨料有限公司总部引入黑河注册，将总部的进出口业务和纳税转到黑河，为黑河贸易额和财政收入作出贡献。（史居权）

【商事法律】2020年，黑河市贸促会为嫩江中坤粮油有限公司办理首例不可抗力事实性证明，避免企业与国外客户出现的贸易纠纷和不必要的损失。与温州调解中心开展跨地域联合调解，帮助黑河和温州两地企业解决关于20万元定金的涉俄商事纠纷案件，为黑河企业挽回经济损失。与东莞贸促会共同邀请中国贸促会调解中心专家在线上为两地企业开展商事法律培训，帮助企业了解掌握国内解决国际商事纠纷新方式和更快更好更经济地化解商事纠纷的渠道和手段。宣传推广“贸促系统网上办理”新模式。在疫情严重时期，引导企业通过电话、电子邮件等方式与中国贸促会法律支援平台取得联系，获取相关法律支持。协助黑河裕乾国际贸易公司在线上办理首例商事证明书，协助黑龙江省德朗福食品公司办理首例自由销售证明书。（史居权）

【企业服务】2020年6月，黑河市贸促会、黑龙江省国际商会、黑河自贸片区管委会三家共同携手打造的“贸促会—黑河自贸片区企业服务平台”启动。平台以“聚合资源、广拓渠道、搭建平台、精准服务”为服务宗旨，为企业提供法律咨询与投诉、法律培训、经贸动态资讯发布、举办法律大讲堂等服务，492家黑河自贸片区注册企业进入平台。结合开展业务大讲堂活动，参加国家和省贸促会举办的相关线上培训。参加中国贸促会举办的5期贸易投资促进线上培训，省贸促会举办的10期“企业复工复产公益讲座”“黑龙江省自贸试验区（黑河）片区法律风险防范”线上培训等活动。举办“新时期如何做好群团和贸易促进工作”“一带一路展望”“黑河口岸优劣势分析”等内容的业务大讲堂9次。联合中信保黑龙江省分公司为全市中小微企业搭建贷款投保平台，在疫情严重期间，派员在政务服务中心现场为全市22家企业办理投保手续，为企业投保短期出口信用保险提供政策性保障及便利化服务。扶持发展本土企业做大做强，支持五大连池风景区李二牤矿泉食品公司扩大经营领域，从矿泉水、矿泉豆腐，发展到矿泉鱼项目，推荐其为市政府重点扶持企业，并协助其申请500万元商业贷款用于扩建厂房。（史居权）

粮食流通

【概况】2020年，黑河市粮食局做好市级地方储备粮管理工作，按照省粮食局下达指标调整市级储备粮规模，全市承储企业共承储市级储备粮小麦4万吨。市粮食局推动国家粮食黑河大豆交易中心建设，全力推动粮食顺畅销售，帮助粮食加工企业发展，开展全国政策性粮食库存数量和质量大清查，推进军粮供应体系改革，加强疫情防控期间粮油市场监测，确保了全市粮源充足稳定。2020年12月，黑河市粮食局内设5个科室。（关银珲）

【粮食购销】2020年，黑河市粮食局为有效应对疫情对粮食收购的不利影响，成立解决农民卖粮难工作组，下沉基层全面摸清农民余粮底数和分布情况，研判购销形势，着力解决农民余粮保管和销售的问题，按时统计全市秋粮购销情况，并向上级部门和政府主管领导报送。市县两级粮食部门因地制宜，同步推进，及时发现，研究和解决重点难点问题，全力推动粮食顺畅销售。秋粮购销期开始后，市委、市政府召开全市秋粮购销电视电话工作会议，市粮食局迅速部署，制定秋粮购销工作预案，指导各地做好秋粮购销工作，确保不发生区域性卖粮难和坏粮现象。2020年秋粮购销期，全市收购粮食247.5万吨，其中，小麦23.3万吨、大豆75.8万吨、玉米147.1万吨、水稻1.3万吨。（关银珲）

【粮食加工】2020年，全市入统粮食加工企业共有43户（包括农垦转隶企业），年加工产能275万吨。完成粮油加工原料消耗109.9万吨，完成粮食加工销售收入18.7亿元。疫情期间，县以上级的应急加工企业17户，开工生产8户，规上企业12户，开工生产8户。为有效帮助全市粮食加工企业快速发展，市粮食局争取大豆加工补贴，按照省粮食局、省财政厅《关于印发黑龙江省大豆加工补贴暂行实施方案的通知》要求，经核查全市上报申请补贴企业黑龙江省九三农垦荣军豆制品加工有限公司等4户企业，申报补贴金额337.49万元。（关银珲）

【粮食安全考核】2020年，黑河市粮食局作为考核工作的牵头部门和考核工作组办公室所在部门，组织开展黑河市粮食安全责任制考核工作，协调市考核工作组各成员单位开展2019年度粮食安全市长责任制考核自评工作，撰写《黑河市人民政府关于2019年度粮食安全市长责任制考核自评情况的报告》，经市政府审核后，与自评佐证材料汇编一同上报省粮食安全省长责任制考核工作组。组织开展对县（市、区）考核工作，协调市考核工作组各成员单位制定对各县（市、区）政府的2019年考核指标和评分标准，指导各地开展自评，督促市考核工作组成员单位开展部门评审，形成对各地的综合评价结果。（关银珲）

【大豆交易中心建设】2020年，黑河市粮食局推动国家粮食黑河大豆交易中心建设，为中心建设主体黑河龙丰粮库争取扶持政策，为企业争取市级储备粮2.4万吨以及异地储备业务，保证企业稳定收益，帮助企业解决困难、去除包袱、轻装上阵，全力做好交易中心建设工作。持续完善基础设施建设，为进一步提高粮食保管能力，交易中心主体黑河龙丰粮库在每个储粮仓内加装了高清防尘防爆摄像头，搭配电子检温设备，形成粮食数量、质量监控系统，确保库存粮食质量安全。大豆交易中心的建设项目6万吨海关监管库获批。恢复铁路专用线申请获铁路部门同意。（关银珲）

【粮油市场监测】2020年，黑河市粮食局全面了解掌握市内粮食购销状况和趋势，每周收集并上报被监测点粮油价格。优化原粮成品粮价格监控的布点，充分利用全市25个监控点为国家和省、市提供第一手粮食价格信息，为上级部门宏观调控和决策提供了有力的数据支撑。（关银珲）

【粮食库存清查】2020年，黑河市粮食局开展全国政策性粮食库存数量和质量大清查工作。按照省粮食局关于开展全省政策性粮管理问题排查整改“回头看”专项行动的相关部署和要求，市粮食局成立专项行动领导小组，制发《关于印发全市政策性粮食管理问题排查整改“回头看”专项行动方案的通知》，组织全市粮食行政管理部门和企业，严格按照全省政策性粮食管理问题排查整改“回头看”专项行动的时间安排、排查对象和内容，结合黑河市实际，开展排查，共发现质量不达标方面问题的304个货位，全部完成整改。其中，中央事权粮食质量不达标问题的303个货位完成整改，地方事权粮食质量不达标问题的1个货位完成整改；存在储存品质不宜存问题的1446个货位，全部完成整改。（关银珲）

【军粮供应体系改革】 2020年，黑河市粮食局落实军粮全国统筹办法规则，学习贯彻中央军委后勤保障部、财政部、国家粮食和物资储备局《关于进一步完善军粮供应管理工作的通知》要求，抓好陈粮清理，严格刷卡购粮手续，保证军粮数量、质量和资金安全。加强军粮质量管理，对各军粮站库房和部队网点储粮情况定期进行检查，防止坏粮的现象发生，确保部队吃上合格粮、放心粮、满意粮。规范军粮串换办法，定期与粮食供应企业和需求部队双向沟通，掌握供需市场，解决供需矛盾，积极筹措粮源，满足部队需要。（关银珲）

【法治宣传】 2020年，黑河市粮食局做好法治宣传教育，加强粮食部门法治建设，做好行政复议和行政应诉案件统计，配合相关部门做好扫黑除恶专项行动，制定方案，收集排查线索，完善相关制度，组织开展秋粮收购市场监督检查工作。（关银珲）

【粮油应急保障】 2020年，黑河市粮食局完善粮食应急储备，以所属粮食骨干企业为依托，建立10个应急物资储备库、应急粮油供应网点93个、应急加工企业20个，建立应急配送中心11个、储运企业15个。加强疫情防控期间粮油市场监测，1月26日至6月9日每日监测黑河市粮油市场间隔供应情况，并在龙江调控工作群进行报告。切实做好疫情防控时期军粮供应保障工作，强化运输保障能力，建立军粮绿色通道，加强军粮储备管理，严把质量关安全关，推广电话预约送粮到部队，全员上岗下沉基层指导防控，确保了粮源充足稳定。帮助企业复工复产，按照“属地管理”以及“谁用人，谁负责”的原则，切实落实主体责任，做好“厂区全封闭，员工全覆盖，车辆全过程”等管理工作，从企业厂区、企业人员、往来运输车辆等各方面严格执行疫情防护要求和规定，保障企业员工生命安全和身体健康，切实维护疫情防控大局稳定。及时向各企业转发《黑龙江省人民政府办公厅关于应对新型冠状病毒感染的肺炎疫情支持中小企业健康发展的政策意见》，指导有需求的企业开展线上金融活动。（关银珲）

供销合作

【概况】 2020年，全市供销系统销售总额29亿元，资产总额7亿元，利润6043万元。新冠肺炎疫情发生后，黑河市供销合作社联合社（以下简称“黑河市供销社”）开展防疫宣传和排查，共发放宣传单5600份，组织捐款捐赠防疫物品。市县两级供销社成立农资企业复工复产工作推进组，制定企业复工复产疫情防控工作方案和应急处置预案，并确定复工复产时间表，细化复工达标和申报程序任务分工，实行“挂图作战”。为强化农资企业的疫情防护意识和防控能力，市供销社邀请疾控专家通过视频连线直播方式，对全市近百名农资营销和运输人员进行专业防疫培训，并在爱辉区储运公司现场进行实地防疫消杀模拟演练。各地供销社多次组织人员到拟开复工企业进行检查，指导企业对经营场所、设施设备、营业环境、工作人员、销售商品进行消毒防控，逐级落实疫情防控责任。省供销社在全省推广黑河经验，央视、省电视台、学习强国、供销总社先后播发黑河社典型做法。黑河市供销社获得2020年度全省供销社系统地市级综合业绩考核一等奖。2020年12月，市供销社内设6个科室。（张建国）

【生产服务】 2020年，黑河市供销社开展“农资防假，绿色施肥”春耕服务宣传月和“强化农资服务、助力绿色发展”活动，邀请省级专家在各县（市、区）巡回举办“测土配方和支农信贷知识培训班”，省电视台农业频道全程采访并作为科普内容专题报道。组织嫩江、爱辉供销社采购8架无人机，分别成立“供销飞防大队”，年服务面积1733公顷以上。通过“龙江供销”服务平台和农资物流网点开展线上线下农资经营服务，销售化肥23.7万吨，占全市销售总量的66%，充分发挥供销社在春耕农资保供稳价中的重要作用。防疫和农资保障统筹推进的做法多次被供销总社媒体推广，央视和省台的《新闻联播》先后报道，市供销社、嫩江供销社先后两次在全省、全国供销系统视频会上作典型发言。（张建国）

【黑河中俄国际农产品贸易城建设】 2020年，黑河市供销社落实市政府关于加快项目建设的总体部署，把握全国供销合作总社通过“新网工程”专项资金投资扶持农产品批发市场建设契机，围绕黑河地区城乡群众生活需要，突出发挥全市“一带一路”重要节点城市、黑龙江大桥、自贸试验区优势，统筹资源争取供销总社和省社在项目建设上的支持，根据发展实际进一步完善项目申请报告，加快与中国供销农产品批发市场控股有限公司协调对接，推进黑河中俄国际农产品贸易城项目，着力打造边境优质农产品批发交易平台，为黑河农业提质增效以及中俄贸易合作助力。（张建国）

【基层社建设】 2020年，黑河市供销社指导北安供销社依托省社“惠丰通村网”，创建“北安供销惠民通村网”电商平台，建立62个综合服务社覆盖全部行政村，通过帮助销售农产品增加了贫困户收入。逊克、五大连池供销社坚持经营性和公益性服务统筹兼顾原则，新建

131个村级综合服务社。帮助爱辉区供销社争取到国家总社项目资金500万元，维修改造爱辉、西岗子等7个基层社及1家区属企业，示范带动全系统改造升级薄弱基层社17个。5年共领办、协办、合办农民合作社96个，促进20个基层社与农民合作社实现产权和业务融合。（张建国）

【农产品流通】2020年，黑河市供销社推进“农超对接”，在黑河玉国生鲜和嫩江佳佳红等超市设立5个“绿色农产品专区专柜”；端午节期间，市县供销社同步启动“助农销售、便民消费”服务月，实现供销两旺；第三届全省旅发大会期间，开展“亮供销招牌、展本地精品、迎旅发盛会”活动，古驿嫩江绿色食品专营体验店、“瑷珲e购”网红电商中心等展出独具地方特色的农产品。（张建国）

【果蔬供应】2020年，黑河市供销社发挥系统农产品批发市场保障作用，指导嫩江市、爱辉区、孙吴县等供销系统果蔬批发市场在保证安全的前提下，广开货源渠道增加商品供应量，满足居民“菜篮子”需求。组织嫩江市社开通送货车23台，开展免费送货上门服务。疫情期间，全系统共调运蔬菜2060吨、水果7842吨、冻货118吨，果蔬市场没有出现断供、哄抬物价等现象，保障了居民生活需求。（张建国）

【综合改革】2020年，黑河市供销社按照省市综合改革重点工作任务要求，制定《2020年黑河市供销合作社系统综合改革重点任务工作实施方案》，建立综合改革台账，实行深化综合改革推进工作月报制度。全系统综合改革台账34项综改指标，运行态势良好，均处在完成或基本完成状态，其中基层组织覆盖率达到90%以上，化肥市场占有率达到66%。市县两级联社均建立健全代表大会、理事会、监事会“三会”制度；两级理(监)事会全部定编定岗，配齐编制人员；成立社有资产管理委员会，形成理(监)事会对社有资产委员会、社有资产委员会对社有企业实行有效管理的新机制。（张建国）

成品油销售

【概况】中国石油天然气股份有限公司黑龙江黑河销售分公司(以下简称“中石油黑河分公司”)隶属于中国石油天然气股份有限公司黑龙江销售公司管理，是石油成品油销售终端企业，发挥着向黑河地区供应成品油、润滑油、非油商品的主渠道作用。2020年，受新冠肺炎疫情和超低油价影响，黑河地区成品油市场低迷、供需矛盾加剧、油价起伏不定、市场竞争激烈。中石油黑河分公司围绕提质增效攻坚目标，较好地完成年度各项经营管理目标。全年成品油销售总量实现15.6万吨，财务预算支出均衡受控，安全生产稳定运营。疫情期间严格落实上级公司及地方防疫要求，全年累计发放口罩12.6万只、手套2.5万副、酒精消毒液7139瓶、测温枪85把、水银体温计473只，守住员工及家属零感染、经营和办公场所零疫情的底线。2020年末，黑河市再现疫情，黑河分公司实施升级管控，设立定点加油站，开辟防疫车辆快速通道。2020年12月，中石油黑河分公司内设5个部门和纪检监察岗1个专职岗位，下设北安、嫩江、五大连池、孙吴、逊克5个片区和黑河、北安2座油库，黑河地区共有运营加油站57座。（魏　丹）

【主营销售】2020年，中石油黑河分公司精研市场形势，健全商情监测体系。科学研判市场需求，紧跟复工复产步伐，抓住油价探底需求反弹契机，上报“春耕保供”请示，为配送车辆办理通行证，优化计划配给，组织低凝点0#柴油进货，预约送油到户，为农户提供价低质优的油品，3月份0#柴油销售同比增加2500吨。精准施策营销，直批根据销售成本和客户类型，贴近市场走势，灵活实施南北分区定价，价格到位率同比提高2.45个百分点；纯枪取消价格直降，依据竞争程度开展刷卡降、春耕卡、电子券组合等差异化销售，价格到位率同比提高2.06个百分点。精心服务客户，制定客户开发维护责任制，建立客户电子档案，对接省级百大项目25个，对接率100%。致敬“最美逆行者”，为援鄂医疗队成员办理中国石油天使加油卡20张，享受“天使英雄卡”加注汽油0.5元/升优惠。开展“六进”办卡，加强引流获客后的锁客固新，累计发卡14176张。秉承“互惠互利，合作共赢”理念，强化异业合作，与银行、通信业合作派发储值电子券，帮助客户安装操作云闪付App。响应黑河市政府“约惠初夏，龙江购物节”活动，以券转换，加大对省、市政府惠民消费券的宣传，累计核销黑河市政府消费券4572张。加大与社会站的合作互促，成立石油商会，自觉遵守市政府下发的“规范价格告诫函”，全力维护市场秩序，实现抱团取暖，合作共赢。非油逆势突围。优化店面提升，培育百万元店。突出氛围打造，组织陈列竞赛，设计特色堆头，手绘DIY海报。拓宽销售渠道，线上直播带货，线下地摊经营，免费送货上门，销售稳步上升。抓牢拳头商品，举办7场线上推介会和2场现场观摩会，实现化肥销售同比增收28%。加强战略合作，与烟草协定采购统一结算，资金自主调剂，同比增幅46%。强化营销管理，控制采购成本，做活商品销售，年度非油收入和毛利完成率位列全省第一和第三。（魏　丹）

【油站建设】2020年，中石油黑河分公司稳固地方与企业关系。上报“2020—2022年推进中石油新建项目计划”，追加五大连池市桥北、龙镇道口加油站规划，办理桥头区加油站土地竞拍准备。加快油站建设步伐，13座站于5月17日陆续开工，防渗改造平均工期控制在30天以内，完善油站功能、提升形象、实现运营安全，为早日投入运营创造效益提供有力保障。安装电拌热装置，科学论证策划后，在北安国道加油站新增电拌热设备，填补黑河分公司冬季0#柴油销售的空白，吸引部分客户回流，增加销售300余吨。（魏　丹）

【安全生产】 2020年，中石油黑河分公司夯实QHSE管理体系的基础工作。年内组织2次全覆盖的QHSE体系内审，累计整改问题1163条；严格履行一岗双责，执行全员记分管理，对24名新上岗、转岗的中层管理人员进行履职能力评估；开展多种理论学习和实操训练，在省公司油库岗位员工技能竞赛中，黑河油库取得团体第五名、分析工个人第二名的成绩。提高风险管控水平。组织机关办公楼火灾应急演练，发布预警信息67条；开展"百日违章"专项整治，健全检查考核机制，开展"两节"、罩棚、升级管控专项检查7次、安全联系点活动40次，领导班子深入基层检查94次，发布通报6期，严惩"三违"及触碰"红线"行为；实施隐患问题闭环管理，投入资金172.9万元，整改库站隐患41项。抓好环境保护，开展油气味道专项整治，提前取得库站排污许可资质，环保管理基础得到有效提升。强化质量计量管理，严格加油机流量计自检强检，坚持移库倒罐现场监督，加强换号油品质量抽查，组织客户"开放日"活动，新增7座省公司命名的"诚信示范站"。

（魏　丹）

【改革创新】 2020年，中石油黑河分公司"大部制"改革深水破冰。管理架构精减，5名科级干部岗位轮换。持续深化劳动用工改革，以提高用工效率为导向，核定劳动定员人数，达到"瘦身健体，轻装上阵"。推进薪酬分配改革，建立薪酬、绩效、专项奖和劳动竞赛"四位一体"的综合激励体系，加大向基层倾斜力度，配套营销、零售、非油等专项奖励。开展"战严冬"劳动竞赛，推动"收入凭贡献，岗位看业绩"的理念落地生根，疫情影响下一线员工人均收入仍增长1.45%。信息化支撑作用更加明显，推进各系统有效融合，提供系统取数分析，IC卡移动支付全面应用，电子发票线上自主开具，多渠道支付优化升级，进一步提升客户体验。

（魏　丹）

【企业文化】 2020年，中石油黑河分公司夯实党建基础，加强政治引领。扎实开展中心组学习，巩固运用"不忘初心、牢记使命"主题教育成果，加强党支部标准化建设，提升基层组织力。融入中心工作，有力支持生产经营。围绕经营管理开展"战严冬"主题教育活动，坚持节假日党员驻站帮扶，以支部为单位开展非油竞赛和销售评比，持续将党的建设贯穿于工作始终。勇挑责任重担，充分展示先锋作用。疫情严重时，仍保持加油站全数运营，履行"油品不断供，商品不涨价，防护不放松，服务不打折"的承诺，偏远加油站经理连续站内监守60余天；成立党员突击队，协助政府入户调查值守；春耕前，党员和车辆"全副武装"，送油到村屯卡口，有力地践行石油人的"三大责任"。发挥群团作用，促进幸福指数提升。坚持节日慰问，探访困难员工，累计发放慰问金8.12万元，员工对企业的认同感和归属感大幅增强。关爱员工身心健康，安排员工健康体检，赠送员工生日蛋糕，发放劳保健康用品，企业的向心力不断增强。开展学雷锋及志愿者行动，投身"文明城"创建，激发青年后备力量，中国石油的品牌形象和认知度继续得到提升。

（魏　丹）

烟草专卖

【概况】 2020年，黑河市烟草专卖局（公司）以"稳销量、提结构、增税利"为目标，全力以赴消化社会库存，调整市场状态，经济运行稳中向好，市场基础更加扎实，较好地完成年度各项经济运行指标，全年销售卷烟44611.56箱，单箱值实现23692.42万元，同比增加806.22万元，增长3.5%，实现税利2.31亿元，同比增加982万元，增长4.4%。2020年12月，黑河市烟草专卖局（公司）内设16个科室，下辖嫩江、北安、五大连池、孙吴、逊克5个县（市）局（分公司）。

（陈　浩）

【专卖管理】 2020年，黑河市烟草专卖局（公司）保持市场监管高压态势，集中力量查市场、查源头、堵渠道，严打卷烟走私活动，专卖打私打假实现新突破，全年查办涉烟案件266起，国标案件2起，5万元以上非法经营真烟案件1起，查获违法卷烟58.93万支，实物案值57.06万元，侦办真烟案件9起，查获违法真烟26.10万支，案值25.31万元，涉案金额1412万余元，批捕犯罪嫌疑人14人，判刑13人。

（陈　浩）

【企业管理】 2020年，黑河市烟草专卖局（公司）落实黑龙江省烟草专卖局（公司）精益管理的各项要求，以全面预算为切入点，梳理流程、完善制度，在各项成本费用管理上，挖掘潜力，向管理要效益，全年降本增效155.17万元。

（陈　浩）

教 育

综 述

【概况】 2020年，全市共有各级各类学校472所，其中，幼儿园308所、小学65所、初中66所、高中22所、职教中心学校8所、特殊教育学校3所。在校生146558人，教职工18441人，专任教师14373人。市教育局内设8个科室，所属事业单位18个：正处级建制单位2个（黑河市教师发展学院、黑河市第一中学）、副处级建制单位1个（黑河市招生考试院）、科级建制单位10个（黑河市第三中学、黑河市第四中学、黑河小学、黑河市特殊教育学校、黑河市实验幼儿园、黑河市教育幼儿园、黑河市英才幼儿园、黑河市教育信息中心、黑河中俄青少年活动中心、黑河市学生资助管理中心）、刚转隶暂未确定规格单位5个（农垦北安管理局第一高级中学、农垦北安管理局第二高级中学、农垦北安管理局第三高级中学、农垦九三管理局第一高级中学、农垦九三管理局第二高级中学）。

（吴　刚）

【教师队伍建设】 2020年，黑河市教育局做好全市校长和教师队伍培养培训工作，印发《黑河市名优校长和名优教师培养工程实施方案（2020—2022年）》，进一步强化教师队伍建设。完成“黑河市普通高中教师新课标新课程全员培训”工作，2015名教师和教研员参加培训，有效提升了全市高中教师综合素养。强化师德师风建设，选树教师典型，开展“师德师风专项整治”工作，全市2所学校、5名教育工作者被评选为全省教育系统师德先进集体和先进个人。

（吴　刚）

【线上开课】 2020年，黑河市新冠肺炎疫情期间“停课不停教、停课不停学”，全市200余所中小学学校、1万余名教师、11万余名学生开展“线上开课”，总体运行稳定，社会反映良好。在教育部“线上开课”优秀课例评选中，全市有7个优秀课例获得国家级奖项，26个优秀课例获得省级奖项，入选比例在全省名列前茅。

（吴　刚）

【返校复学】 2020年，黑河市教育局制

3月9日，新冠肺炎疫情防控期间“线上开课”展示　（市教育局／供图）

定印发《新冠肺炎疫情防控开学方案》等文件60余个，强化联防联控机制，指导全市中小学、幼儿园开展应急演练、培训、复学核验等工作全覆盖。建立市教育局处级领导包保县（市、区）、直属学校责任机制，成立8个督导检查组3次到各县（市、区）、直属各学校，通过实地查看、“走流程”等方式，精准压实返校复学、疫情防控工作。（吴 刚）

【交流合作】 2020年，黑河市教育局组织举办第三届“冰上丝绸之路”远东中俄青少年艺术周暨第八届“冬之韵”中俄民俗大联欢，第四届“冰上丝绸之路”远东中俄青少年艺术交流周暨第十一届“春之声”中俄青少年民族民间舞交流系列活动等品牌项目活动，与俄布市教育局联合举办以“校外教育”为主题的2020年中俄校长论坛。参与俄布市举办的2020哈尔滨国际击剑公开赛、《民族乐器》国际青少年音乐演奏竞赛，组织开展“中俄青少年保护大界江——黑龙江”视频接力，第二届“秋之技”中俄青少年科技交流周暨“一桥两国同探月”中俄研学系列交流活动。其中，第三届全省旅发大会项目之一的首届“夏之梦”中俄美术交流周活动，首次利用ZOOM系统实现跨境两国十地同时上线参加开幕式，实现全球直播，新华网、优酷等多家互联网媒体对开幕式进行宣传报道，开幕式及大师课堂在线观看人数共计117394人。（吴 刚）

【校园安全管理】 2020年，黑河市教育局制订《关于落实市域社会治理现代化试点工作的实施方案》，全市完成67所城区中小学、幼儿园“双重预防机制”建设任务，14个试点校以示范引领方式推进风险分级管控和隐患排查治理创建工作。全年累计开展卫生防疫、消防、法治等安全教育培训300余场次，参与师生30余万人次。（吴 刚）

【规范办学】 2020年，黑河市教育系统严格执行国家课程方案和课程标准，开足开齐规定课程，坚持“零起点”教学，加强学生作业管理，落实限时到校制度，注重家校合作，切实减轻学生过重课业负担。出台《黑河市中小学校课后服务工作实施方案》，着力解决学生课后托管困难、课业负担过重问题。在全省率先出台《黑河市校外培训机构管理办法（试行）》，进一步规范了全市校外培训机构设置与审批管理工作，促进了全市校外培训机构健康发展。（吴 刚）

学前教育

【概况】 截至2020年末，全市有幼儿园308所，教职工3493人，其中，专任教师1696人，在园幼儿21832人。（吴 刚）

7月27日，首届“夏之梦”中俄青少年美术交流周开幕（市教育局／供图）

【普惠性学前教育资源】 2020年，黑河市学前普惠性幼儿园覆盖率达到85.15%，提前达到2020年国定目标，位居全省第一方阵，公办园在园幼儿占比达到53.68%。继续实施第三期学前教育行动计划，新建、改扩建公办幼儿园5所。督促指导各县（市、区）做好普惠性民办园认定工作，按照比例组织专家完成了对各县（市、区）认定的28所普惠性民办幼儿园抽检工作。全力推进城镇小区配套幼儿园治理工作，5所小区配套幼儿园治理任务全部完成，完成率100%。（吴 刚）

【幼儿园办园行为】 2020年，黑河市教育局加强制度建设，修订《黑河市学前教育机构常规管理规定（试行）》《黑河市一类幼儿园评审标准》。规划县域接受学前教育普及普惠督导评估时间。加强幼儿园准入管理，督促县（市、区）开展民办园审批和公办园注册备案工作，2020年审批备案民办园12所，注册公办园11所。（吴 刚）

【结对帮扶活动】 2020年，为实现优质资源共享，黑河市教育局组织9所省级示范性幼儿园、2所市级一类园与69所被帮扶园结成帮扶对子。帮扶园充分发挥示范引领作用，实地指导17次，提供跟岗学习5次，开展线上专家讲座43节、示范课31节，分享教育资源210次，累计受益教师1660人，提高了被帮扶园管理水平和保教质量。在全省学前教育重点工作任务调度会议上，爱辉区学前教育发展经验得到省教育厅点名表扬。（吴 刚）

【保教质量】 2020年，黑河市教育局组织开展幼儿园疫情期间居家陪伴指导案例征集活动，征集市级优秀案例56个，向省推荐的5个优秀案例被选入省幼儿园优质家庭教育指导资源。加强骨干园长培训，选送1名优秀园长参加全国幼儿园骨干园长高级研究班，全省仅有2个培训名额。（吴 刚）

义务教育

10月29—30日，全市中小学举行“五色”研学实践教育研讨活动

（市教育局／供图）

【概况】 截至2020年末，全市有义务教育学校131所，专任教师9445人，在校学生84599人。（吴　刚）

【课程改革】 2020年，黑河为培养学生的创新精神和实践能力，在全市小学设立了20所STEM（结合科学、技术、工程、数学的跨领域综合素质教育）试点校。印发《全市小学开展STEM教育试点工作方案》，建立STEM教育交流群，组织试点校线上参加浙江省第三届中小学STEM教育大会，观摩项目活动18节，收看报告讲座4个、典范经验8个。组织试点校及有关人员到哈尔滨市东风小学考察学习该校的STEM教育实施情况。（吴　刚）

【控辍保学】 2020年，黑河市教育局落实《黑龙江省义务教育阶段控辍保学操作指南》，建立控辍保学工作台账定期报送制度。印发《黑河市教育局关于进一步加强控辍保学工作的通知》，对全市控辍保学工作进行部署落实。进一步完善农民工子女以居住证为主的入学政策，开通农民工子女入学绿色通道。加强对学困生（学习成绩暂时落后的学生）的转化。督促县（市、区）制定帮扶工作方案，以学校为单位，建立学困生帮扶台账，指导学科教师分析学困生成因，制定帮扶措施，建立帮扶台账。（吴　刚）

【素质教育】 2020年，黑河市教育局落实《中国学生发展核心素养》，将《中小学德育工作指南》作为学生日常行为的基本遵循，融入学校日常管理和学生管理，开展“世界读书日”等活动，黑河市实验小学案例被“学习强国”采用。开展第23届全国推广普通话宣传周活动，重点围绕教育教学各个环节，教育学生讲好普通话、写好规范字。制发《关于开展2020年全市中小学（幼儿园）“爱眼日”宣传教育工作的通知》，与各县（市、区）人民政府签订防控近视眼责任书，做好近视眼防控工作。市教育局联合体育局制定下发《关于举办2020—2021年度全市“百万青少年上冰雪”活动启动仪式的通知》，城区1000余名学生参加启动仪式，组织青少年跳绳、冰球、冰陀螺等趣味体育项目表演，并开展冬季长跑活动。开展全市中小学“五色”研学实践教育（开展红色基因传承、绿色生态文明、蓝色高新科技、金色现代农业、银色冰雪文化），获得省教育厅高度肯定，中国教育新闻网以《黑龙江省黑河市研学实践教育立足地域特色“行走的课堂”有滋有味有香有色》为题进行报道。（吴　刚）

【义务教育优质均衡发展】 2020年，黑河市加强对各县（市、区）义务教育优质均衡发展指导，起草《黑河市关于深化教育教学改革全面提高义务教育质量的实施方案》《关于推进县域中小学集

1月9日，黑河市教育局组织学生冰上运动考试　（市教育局／供图）

团化办学的指导意见》，推进农村义务教育学校联盟发展，扩大优质教育资源供给，有效促进教育公平。10月22日，召开全市义务教育优质均衡发展工作推进会议。按照"省级统筹，以县为主的管理体制"，市政府和县（市、区）政府签订县域义务教育优质均衡县建设责任状。11月4日，市教育局实地对逊克县推进义务教育优质均衡县建设情况进行指导。在2019年黑龙江省县域内城乡义务教育一体化改革成效第三方评估中，黑河市位列全省第三名，较好地完成2020年国家义务教育质量监测工作。

（吴　刚）

【研学实践教育基地（营地）】 2020年10月，黑河市教育局公布黑河市首批中小学生研学实践教育基地（营地）名单。经过对全市申报的相关单位进行遴选，批准65家单位为黑河市首批中小学生研学实践教育基地，瑷珲研学实践教育营地为黑河市首批中小学生研学实践教育营地。要求各地教育行政部门牵头建立研学实践教育统筹、管理机制，教研部门充分利用好各基地（营地）资源，指导做好课程开发、线路设计。66家基地（营地），按照《黑河市中小学生研学实践教育基地（营地）管理办法》，组织开展研学实践教育工作，打造特色品牌项目。

黑河市首批中小学生研学实践教育基地一览表

表19

序号	名　称	序号	名　称
1	黑河好八连	27	嫩江市青少年活动中心
2	黑河博物馆	28	嫩江市墨尔根古道驿站博物馆
3	黑河市消防救援支队	29	嫩江市高峰林场
4	黑河市生态环境局	30	黑龙江省建边农场
5	黑河广播电视台	31	黑龙江省荣军优粮贸易有限公司
6	黑河旅俄华侨纪念馆	32	五大连池市青少年活动中心
7	黑河中俄民族风情园文化产业发展有限公司	33	五大连池市博物馆
8	黑河全域绿色农业发展有限公司	34	五大连池市朝阳山抗联红色景区发展服务中心
9	黑河市中俄林业科技合作园区	35	孙吴县科技馆
10	黑河市林业和草原局	36	逊克县青少年活动中心
11	黑河寒地大豆博物馆	37	逊克大平台雾凇景区
12	黑河学院美术与设计学院	38	逊克县宝山玛瑙小镇
13	黑河市地震台网中心	39	全国俄罗斯第一村——逊克县边疆村
14	黑河市职业技术教育中心学校	40	黑河逊克中俄农业科技园区
15	黑河市疾病预防控制中心	41	逊克县东山森林公园
16	黑河学院中苏抗日战争历史纪念馆	42	黑河市瑷珲历史陈列馆
17	黑河市新华书店有限公司	43	黑河市爱辉区民族文化传承教育基地
18	黑河市城市规划体验馆	44	爱辉区中俄青少年文化交流中心
19	黑河中俄青少年活动中心	45	"瑷珲—腾冲"人口地理分界线主题公园
20	北安市青少年活动中心	46	黑河红河谷国际滑雪场有限责任公司
21	北安市庆华军工遗址博物馆	47	中国瑷珲国际汽车营地
22	北安博物馆	48	黑龙江胜山国家级自然保护区服务中心
23	北安市科技馆	49	郭氏家族馆
24	北安市创客机器人科技有限公司	50	姚福升故居
25	北安市体育事业发展中心	51	瑷珲海关历史陈列馆
26	北安市艺术基地	52	黑河知青博物馆

续表19

序号	名　　称	序号	名　　称
53	爱辉区怡嘉园蔬菜种植农民专业合作社	60	外三道沟村知青体验园
54	黑龙江公别拉河国家级自然保护区服务中心	61	外四道沟俄罗斯族村
55	坤河达斡尔族满族乡	62	新生鄂伦春族民俗旅游景区
56	黑河市日辉农业科技有限公司	63	黑河市坤鹏生物科技有限公司
57	爱辉区二站乡历史文化馆	64	合作区法爵烘焙旗舰店
58	爱辉区西岗子镇稻田公园	65	五大连池风景名胜区自然保护区火山博物馆
59	爱辉区西岗子镇坤站村驿站文化产业园		

（吴　刚）

【青少年科学普及工作】 2020年，黑河市教育局利用校外场所开展青少年科学普及工作，指导北安市青少年活动中心开展了“科技巡展暨关爱贫困、留守学生”温情行动。充分发挥青少年活动中心的公益作用，嫩江市青少年活动中心校外教育培训部为当地中小学生举办了陶艺、书法、急救、茶艺等公益培训班，其他县（市、区）的青少年活动中心也结合实际开展了多项科学普及活动。（吴　刚）

普通高中教育

【概况】 截至2020年末，全市有普通高级中学22所，专任教师2046人，在校学生25240人。2020年招生8493人，毕业生8799人。（吴　刚）

【教育教学改革】 2020年，黑河市第一中学新建钱学森实验班，筹建钱学森纪念馆；逊克县第一中学深化高效课堂，摸索出“备、讲、练、考、评——五步分层教学法”，充分激发不同层次学生的学习潜能。8月，市教育局邀请高考先行省份浙江省海宁中学校长就选课走班及高考综合改革等重要环节，面向全市教育行政部门、教研部门及高中学校相关人员进行了远程线上讲座，各高中学校也围绕着学生生涯规划等方面开展了相应的培训。（吴　刚）

【高中教育多样化发展】 2020年，黑河市教育局为有效推进全市普通高中多样化有特色发展，制订《黑河市普通高中多样化特色发展实施方案》，从目标、实施路径、保障措施等方面对全市推进普通高中多样化有特色发展进行规划设计。推进爱辉区第五中学艺体特色发展，艺体生招生规模逐年扩大。在逊克县第一中学新开设“零起点”俄语实验班。（吴　刚）

【黑河市第一中学俄语生培养】 2020年，黑河市第一中学突出俄语特色地位，加快推进黑河一中俄语教学楼项目，为扩大俄语在校生教学规模、提升俄语教学水平提供条件。开展了俄语生“直通车”实验，共10名学生高中毕业后赴俄高校本科留学，同时学校按照教育部留学基金委要求选拔了5名公派留学生赴俄罗斯圣彼得堡国立师范大学攻读大学。（吴　刚）

职业教育

【概况】 截至2020年末，全市有职教中心学校8所，教职工1092人，其中，专任教师832人，在校学生6913人。（吴　刚）

【优化专业布局】 2020年，黑河市教育局为加大对地方经济社会发展支持力度，对接“三区一市”建设需求，深化校企合作、产教融合，全市新增黑河市职业技术教育中心学校幼儿保育、智能养老服务、跨境电子商务及北安市职业技术教育中心学校的老年人服务与管理4个专业获省教育厅批准备案。开展了“1+X”证书试点工作。为提升中职学生就业能力，黑河市、五大连池市、北安市、嫩江市职教中心学校上报的老年照护、汽车运用与维修、大数据分析与应用等13个证书获省教育厅通过参与试点。（吴　刚）

【中高职贯通培养工作】 2020年，全市7所中职学校均选出2~3个优势专业与省内高职院校建立了“3+2”中高职贯通培养合作关系，共计招生293人。参与省级“双优”（优质中职校、优质专业群）建设评选，黑河市职教中心学校通过省专家组评审获准进入省级优质中职校建设行列；黑河市、五大连池市、嫩江市职教中心学校的护理、计算机应用、工艺美术3个专业进入省级优质专业建设行列。（吴　刚）

【社区大学】 2019年12月，黑河社区大学依托市职业技术教育中心学校挂牌成立，活动对象以社区常住居民为主，兼顾下岗职工、退役士兵、农村剩余劳动力等群体，开设应急救助、康复保健、营养膳食等课程。2020年，黑河社区大学开展专题讲座3次，参与学生和家长及社会人士共计1189人。（吴　刚）

高等教育

【概况】 黑河市唯一一所高校为黑河学院。2020年，黑河学院有全日制在校生11233人，折合在校生11443人。占地面积61.53万平方米，校舍建筑面积25.17万平方米，固定资产总值4.89亿元，教学科研仪器设备值15649.63万元。有教职工849人，其中，专任教师590人，正高级职称110人，副高级职称166人。博士28人，硕士428人。设有二级学院14个，开设本科专业40个。建有国家级特色专业建设点2个，省级一流专业4个。建有教育部国别和区域研究中心备案的俄罗斯研究中心。建有黑龙江省TRIZ理论研究所、远东研究院、中俄比较教育研究所和环境艺术研究所等研究机构。建有国家级“中俄大学生交流基地”“俄语中心”“黑河学院——俄罗斯阿穆尔州美术家协会艺术实践教学基地”，是教育部第一批确定的“中俄联合培养本科生项目”单位，与国家留学服务中心共建我国第一个“赴俄留学培训基地”，建有国内第一个中俄高校TRIZ研究推广基地，与俄罗斯合作院校联办第一本双语学刊——《远东高教学刊》，与布市国立师范大学共建阿州第一个“孔子学院”。“携手青春，共享阳光”国际青年大会入选俄罗斯100个最佳社会实践活动方案，并被俄罗斯联邦国家杜马授予“中俄文化交流优秀活动奖”。建有苏里科夫美术学院中国青年画家研修基地。成立“黑河学院俄罗斯远东智库”；通过成果转化、政策咨询等形式，服务国家“一带一路”倡议和黑龙江省“中蒙俄经济走廊—龙江陆海丝绸之路经济带”建设。（伦凤梅）

【学院发展规划】 2020年，黑河学院总结“十三五”发展经验，编制“十四五”发展规划，科学确定学校发展目标和愿景。加强顶层设计和问计于民相结合原则，各专项规划研制组开展调研论证、专题研讨及论证会议40场，14个二级学院规划研制工作组开展专题研讨及论证会议38场。截至12月末，各专项规划和二级学院规划初稿全部提交完成，进入修订再完善阶段，切实为学校“十四五”发展开好头、布好局奠定坚实基础。（伦凤梅）

【教学研究】 2020年，黑河学院出台《人才培养战略定位和专业结构优化调整工作实施方案》及2020级人才培养方案的制修订工作。获批“跨境电子商务”新专业及教育部“第二学士学位”备案专业16个；俄语、绘画等6个专业被省教育厅推荐遴选国家级一流本科专业建设点。黑河学院冰球队获“战马杯”第二届全国大学生冰球锦标赛阳光组冠军。获批教育部“产学合作、协同育人”项目5项，建立跨境新商业产业学院，并作为全省六所高校之一推荐至教育部参与国家级首批现代产业学院遴选工作；紧密对接自贸区发展战略，挂牌成立黑龙江自贸试验区黑河片区黑河学院研究中心，围绕自贸试验区理论与政策、贸易投资国际规则、企业与物流发展、跨境结算、法律制度比较、区域市场调查等主要领域开展系统研究。打造集自贸区理论研究、对策研究和前瞻性研究于一体的开放性研究平台。引入线上教学质量监测平台，加强课堂教学质量监控。与黑河市边境管理支队、黑河市消防救援支队、黑河市森林消防支队达成共建人才培训基地的协议。在总结13年顶岗支教工作经验基础上，在全省首创基层党政机关顶岗实习工作模式并全面推开，完成黑河市属所有县（市、区）顶岗实习工作的全覆盖、全校二级学院学生输送全覆盖。缓解北安市、爱辉区等6个县（市、区）基层乡镇人才急缺问题，发挥高校智力优势助力地方精准扶贫，为基层边远地区破解吸引人才、留住人才、发展人才难题开拓全新思路。作为典型案例，在全省教育大会上进行经验交流。顶岗实习（支教）工作成果获得省级教学成果奖一等奖。（伦凤梅）

【科研工作】 2020年，黑河学院推进三级重点学科协同发展，遴选建设重点学科15个；横向科研项目经费突破百万，接受委托横向科研项目14项。成立黑龙江自贸试验区黑河片区黑河学院研究中心，与布市国立师范大学共建中俄教育比较研究中心，推进地域特色研究领域深入发展。中俄科技文化艺术产业园建成，成为黑河片区首个大学产业园。知识产权远程教育培训综合考评连续三年全省第一。首次开展科研工作目标管理绩效考核，促进科研管理职能下移。截至2020年末，教职工公开发表学术论文255篇，其中，中文核心以上期刊23篇，EI收录会议论文4篇；出版学术著作、教材24部，其中，国家一级出版社出版学术专著4部、教材6部；获得授权专利85项，其中，授权发明专利2项、实

12月10日，黑河学院“北疆龙”冰球队获得“战马杯”第二届全国大学生冰球锦标赛阳光组冠军
（黑河学院／供图）

用新型专利63项、外观设计专利20项，转化实施4项；获得科研成果奖91项，其中，黑龙江省社会科学优秀成果奖5项。以申硕工作为契机推动学校科研建设，编制申硕工作简报4期，除专任教师中博硕比例尚未达标外，各项建设指标均达到申硕基本条件要求。（伦凤梅）

【对俄交流】 2020年，黑河学院与莫斯科国立柴可夫斯基音乐学院签订合作协议，推进学校与莫斯科国立柴可夫斯基音乐学院共建中国音乐人才研修基地建设；举办3期莫斯科国立柴可夫斯基音乐学院中国音乐人才研修班。与俄罗斯莫斯科国立苏里科夫美术学院续签友好合作协议；举办5期中国青年画家油画研修班。参与联合俄罗斯雅罗斯拉夫国立师范大学创建俄语复合型人才培养学校论证工作。推进孔子学院转隶工作，综合提升孔子学院办学水平，推动中国传统文化传播。（伦凤梅）

【师资队伍】 2020年，黑河学院推进绩效工资改革，研制出台绩效工资改革政策制度体系，按照岗位分类完善绩效工资管理体制和机制，激发教职工与学校同步发展的内生动力。研制岗位设置与管理考核办法，与岗位年度绩效考核紧密结合，推进第三轮岗位聘用工作。推进职称评聘制度改革，做好职称评聘改革准备和任务落实工作。落实《关于全面加强人才队伍建设的实施意见》，开展“头雁计划”“英才计划”，不断强化人才培养，打造校内领军式人才。全职引进2位教授，柔性引进3位教授。出台并落实《关于加强和改进教师思想政治工作的意见》《关于进一步加强师德师风建设的意见》，深入推进“教师思政”工作，加强师德师风建设。（伦凤梅）

【学团工作】 2020年，黑河学院学生思想政治工作聚焦学风引导，成效明显。辅导员和班主任队伍建设管理不断加强。打造“周恩来班”经典品牌。加强学生心理健康和国防教育；大学生征兵工作成效明显。培育构建“6+1”素质拓展创新体系，获批黑龙江省首批共享型高校创新创业孵化平台，推进实践平台建设，促进理论与实践相结合。2020年录取新生3331人，其中，招收120名公费师范生，成为全省第五所招收公费师范生的高校。（伦凤梅）

12月10日，黑河学院中俄教育比较研究中心揭牌 （黑河学院／供图）

【校园设施建设】 2020年，黑河学院完成学校教学办公区无线网络建设项目，推进校园统一平台、银校合作智慧校园等项目建设，网络安全进一步提升。实施后勤改造项目12项，维修改造面积3.5万平方米，推进校园超市项目，满足学生对多样化生活服务的迫切需求；改造餐厅，优化学生用餐环境，设立教职工自助就餐区；完成5、6、7号学生公寓外墙保温与外立面改造工程，学校9座陈旧学生公寓有8座完成修缮改造。完成校园供热管网、电力改造工程。（伦凤梅）

【线上教学】 2020年，黑河学院科学部署安排春季学期新冠肺炎疫情防控期间教学工作任务，出台《关于新型冠状病毒感染肺炎疫情防控期间教学组织工作的应急预案》，成立“疫情防控期间教学组织与管理工作组”，全力保障疫情防控期间学校线上教育教学活动的顺利有序实施，编撰《在线教学工作简报》，发布《在线教学质量报告》，做到推迟开学不停教、不停学；全校线上开课1045门，开展61136个在线课堂，在线学生1568110人次。（伦凤梅）

【就业指导】 2020年，黑河学院为做好新冠肺炎疫情防控下的学生就业工作，多次召开毕业生就业工作专项会议，落实学校“一把手”工程，实行全员包保责任制，成立就业工作领导小组。全面指导学校的就业工作，形成“学校统一领导、招生就业处统筹协调、各学院负责具体落实、全员参与式”的领导体制和工作机制，就业工作形成“全员参与”的良好氛围。（伦凤梅）

综 述

【概况】2020年，黑河市科学技术局坚持科技创新是引领发展的第一动力，按照省委、市委关于深入实施创新驱动发展战略的总体部署，全面加强区域科技创新能力建设，推进产学研用协同创新，促进科技成果高质量转化，全力为疫情防控、复产复工、“六稳”“六保”提供科技支撑，有效地推进了区域科技创新发展。全年发布各类科技成果557项，实现技术交易额2091万元，在孵科技创新团队和企业371（个）家，科技特派员276人。

2020年12月31日，中共黑河市委办公室、黑河市人民政府办公室关于印发《黑河市科学技术局职能配置、内设机构和人员编制规定》的通知，独立设置黑河市科学技术局，作为政府工作部门，加挂黑河市外国专家局牌子。黑河市科学技术局行政编制15个，处级领导职数：局长1职，副局长2职；科级职数：科长4职，副科长5职。局内设4个科室：办公室、成果转化与科技资源配置科、农业农村与社会发展科技科、对外合作与招商引智科。将黑河市工业信息科技发展服务中心由隶属于原黑河市工业信息科技局，调整为黑河市科学技术局所属事业单位，同时更名为黑河市科学技术发展服务中心，原加挂牌子不变。（姜 华）

【智力引进】2020年，全市共引进外国来华工作人员30人，其中，俄罗斯籍专家24人、菲律宾籍3人、荷兰籍1人、伊朗籍1人、加纳籍1人。其中，博士研究生4人、硕士研究生20人、学士4人、专业技术人员2人。主要分布在高校、经贸企业、语言教学机构等领域。依托黑河自贸片区全面启动C类外国人来华工作许可，为片区重点产业发展拓展智力引进渠道。（韩春伟）

【科技园区建设】2020年，黑河国家级农业科技园区建设步伐加快。依托中俄食品加工贸易园、高纬寒地粮油产业园、中俄食品加工贸易园、中俄农业科技合作园、中俄林特科技产业园、健康生物产业园、高纬寒地粮油产业园“五园一点”组织实施了大豆深加工项目、国家浆果林木种质资源库项目、黑果腺肋花楸丰产栽培技术示范推广项目等重点产业项目17项。加快推进嫩江栗象现代农业服务综合体建设、黑龙江（孙吴）汉麻产业园区信息服务品台建设、孙吴县冷藏保鲜冷链物流建设，建立黑果腺肋花楸丰产栽培技术推广示范基地和种质资源库平山基地，鼓励和支持园区开展绿色标识认证。年内新成功申报绿色标识认证企业55个，绿色标识认证达到82个，绿色有机面积涵盖近20万公顷，绿色农产品标准化种植面积100%；“嫩江大豆”获全省十大农业品牌称号；完成春季杂交蓝靛果忍冬28份，完成欧洲花楸嫁接试验品种18个，完成欧洲花楸、垂桦等苗木播种面积1.33公顷320余万株，完成蓝靛果忍冬、云山苗木换床面积1.53公顷72万株，完成苗木销售出圃50万株，试验示范种植大豆、水稻、玉米等作物小品种173个。园区企业总数发展到58家，新型农业经营主体达到151户，年度实现主营业务收入21.4亿元，利税总额4483万元，产业增加值27.13亿元。（姜 华）

【台站基础设施建设】2020年，黑河市地震台网中心实施地震台维修改造项目，加强台站基础设施建设，对地震台宏观观测区域进行了市电供电线路铺设及变压器1万伏跌落保险更换；对综合观测楼上下水系统（水泵、管线、阀门等）、一楼暗回路箱整体更换。对地震台锅炉房漏雨部分房盖和墙体进行防水处理，更换锅炉房12米烟囱。投入9万余元对6月8日暴雨引发的山洪对地震台

黑河市科学技术局到重点科技企业开展高企培育业务指导与合作对接

（市科学技术局／供图）

围栏、桥涵、宏观观测人工湖出水口坝体等基础设施损毁进行维修维护。完成地震台宏观观测湖湖心亭踏步修复、安装护栏和整体粉刷。（徐晓萌）

【气象观测质量管理体系建设】 2020年，黑河市气象局内审组按照黑龙江省气象局气象观测质量管理体系相关要求，编制《黑河市气象局气象观测质量管理体系建设运行2020年度工作方案》《黑河市气象部门2020年度气象观测质量管理体系质量目标》，制订《黑河市气象局2020年度气象观测质量管理体系内部审核检查表》，于6月12—22日对市本级和所辖6个县（市、区）气象局通过远程视频的方式进行了气象观测质量管理体系的内部审核。在内部审核过程中发现的问题，全市气象部门按照不符合项报告及观察和建议项清单进行了整改。10月，编写2020年气象观测质量管理体系管理评审输入报告。11月，配合省局完成全国内审抽查，并顺利通过外部审核。（张　严）

科技创新

【创新主体培育】 2020年，黑河市科学技术局实施新一轮科技型企业三年行动计划，科技企业群体逐渐壮大。采取“面对面”和“一对一”的方式开展业务培训与指导，启动开展了科技型企业评价入库工作。年内发布各类科技成果557项，签订技术合同25项，实现技术交易额2091万元；9家孵化服务机构全部纳入省级备案，有在孵科技创新团队和企业371（个）家，入库培育创新型领军企业2家，新认定和再次认定高新技术企业7家，新培育创建科技型中小企业230家。全市104家企业完成了科技部科技型中小企业评价系统注册，28家企业完成科技部科技型中小企业评价入库，10家企业进入省重点高新技术企业培育库。为14户高新技术企业、科技型中小企业落实上年度研发费用加计扣除政策资金1393.87万元，减免所得税近300万元。

（姜　华）

【创新环境建设】 2020年，黑河市科学技术局重点围绕科技人才、科技企业和科研机构等不同政策受众层面，有针对性地归集整理编制印发《创新创业政策汇编》《创新创业政策摘编》《“大众创业、万众创新”税收优惠政策指引汇编》等国家和省市76个创新创业政策文件，并推进各项政策措施的有效落实。扎实开展“科技四服务”（为科技工作者服务、为创新驱动发展服务、为提高全民科学素质服务、为党和政府科学决策服务）活动，依托“一网五平台”，采取线上线下相结合的方式，开展科技创新创业政策解读和科技成果推介，因企施策，精准对接，服务科技人员、服务科技园区、服务科技企业、服务科研院所活动取得明显成效。年内共计为科技企业、科研院所和孵化服务机构，争取和落实研发费用税前加计扣除、所得税减免和研发费用后补助及孵化服务机构奖励等专项资金660万元，落实稳企稳岗贷款资金1258万元。

（姜　华）

【科技成果转化】 2020年，全市科技成果转化能力明显增强。黑河市科学技术局共计组织实施“北部高寒区优良大豆品种集成转化与推广”“优质食用大豆专用品种及高效生产集成配套技术示范”“全大豆肽浓缩饮品开发”和“中药材及林产品精深加工”等市级以上科技成果转化和应用研究与开发项目60项，为区域农林特色产业创新发展提供了有效的科技支撑。（姜　华）

科技服务

【备春耕科技服务】 2020年，黑河市科技局组织省农科院黑河分院专家组建了“备春耕科技服务团”，重点围绕大豆高产高效栽培技术、大豆病虫害绿色防控技术等现代农业技术，通过微信科技服务群、QQ科技服务群等网络平台，面向农业科技园区、农业合作社和农业技术服务机构以及种植大户集中开展了线上技术培训和科技讲座，为区域农业备春耕生产提供有效的科技服务和技术支撑。全年共开展技术答疑300余次，解决技术问题100余个，推广新品种新技术20余项。

（姜　华）

【科技特派员专项行动】 2020年，黑

河市实施科技特派员专项行动，先后制订出台《黑河市关于新时代深入推行科技特派员制度的实施方案》《黑河市科技特派员管理制度》等政策措施。重点依托省农科院黑河分院、黑河学院等高校和科研院所，组建了一批觉悟高、本领强的特派员工作队伍。全市遴选建立了一支276人的科技特派员队伍，其中，市级科技特派员80人，县级科技特派员196人，实现了市县两级科技特派员对全市65个乡镇、县级科技特派员对全市131个建档贫困村屯的全覆盖。围绕“农业三减”“农作物绿色种植”“肉牛高效养殖”等现代农业技术的示范推广，组织实施市级科技特派员专项科技计划项目5项，安排专项资金累计22.5万元。自专项行动计划实施以来，面向农业科技园区、农业合作社和农业技术服务机构以及种植大户，集中开展技术培训和科技讲座30余期，培训服务人员3000余人次，技术咨询答疑1000余次，解决技术问题100余个，推广新品种新技术20余项，推介科技成果75项。

（姜 华）

科技交流与合作

【产学研合作】 2020年，黑河市科学技术局有效推进产学研合作与协同创新。联合江南大学、哈尔滨工业大学和东北农业大学等省内外高校和科研院所，共同建立黑龙江省农耕大豆研发技术创新中心和林产品技术研发中心等企业技术创新基地，依托黑龙江万物生生物科技有限公司、黑龙江北亿农业科技开发股份有限公司和黑龙江省天运山产品有限公司等行业优势科技型企业，利用和发挥区域生态和资源优势，围绕非转基因特种大豆的规范化种植、标准化生产和系列化开发，集成开展良种繁育、种植和系列产品开发以及功能性新产品生产等环节的技术创新、工艺创新和产品创新。

（姜 华）

【对俄交流合作】 2020年，黑河市科学技术局对俄科技交流合作不断深入，启动开展了中俄科技创新年专项活动，依托黑河学院联合俄布市国立师范大学等10余所中俄高校，组织开展“中俄合作历史与前景”线上学术研讨会；依托黑河市利源达专用车制造有限公司与俄莫斯科信息技术发展有限责任公司开展技术研发线上对接会，重点解决“2-3-4-5-6-7桥认证中增加一线双桥的车型”等技术难题，填补了国内行业技术空白；依托黑河自贸片区启动开展离岸国际创新创业孵化服务载体建设。先后同布市俄罗斯国立大学、阿穆尔大学、圣彼得堡国立技术大学等俄罗斯高校和科研机构建立科技合作关系，分别开展线上科技合作对接与离岸科研课题研究，在现场远程应用技术研究与协作方面实现突破。同上海博为医药集团签订离岸科技合作协议，协同开展离岸干细胞与再生医学的应用研究与开发。位于大黑河岛国贸城的离岸科技双创空间挂牌成立。

（韩春伟）

地震监测

【概况】 黑河市地震台网中心为黑河市人民政府直属的公益一类事业单位，履行地震监测管理工作职责。2020年，开展地震监测和地震台（网）建设、运行、维护工作，为省和国家实时提供高质量监测数据，做好地震监测设施和观测环境保护，开展对俄地震台（网）合作建设与科技交流，完成市委、市政府交办的工作。2020年12月，黑河市地震台网中心内设4个科室。

（徐晓萌）

【监测预报】 2020年，黑河市地震台网中心在做好地震监测工作和保障地震监测质量的基础上，加强监测仪器的管理维护，做好震情跟踪工作。确保各种仪器的正常运转，向上级业务部门提供连续、准确、及时、可靠的数据。传输测震数据连续率、传输流体及辅助测项数据连续率、体应变数据记录连续率均为100%。按时向省和国家地震局报送监测数据，做到不丢震，不漏震。截至12月末，累计分析地震3161个，可定位地震704个，流体分析率100%，前兆跟踪分析率100%。向黑龙江省地震局报送黑河市宏微观异常零报告46份。落实震情会商和值班制度，坚持月会商、半年会商，共撰写月会商报告11份，半年会商报告2份。参加黑龙江省2020年地震趋势会商会2次，撰写《黑龙江省地震趋势会商报告》2份。向市应急管理局报送黑河市地震灾害风险评估报告11份。严格执行24小时震情值班制度，做到不漏岗、不脱岗。参加参评考核工作，制作上传2019年测震、流体观测资料质量评比相关材料，取得良好以上成绩。

（徐晓萌）

【对俄科技合作】 2020年，由中国地震局和黑河市地震台网中心承担的国家发改委实施对俄合作地震监测“一带一路”子项目前期台址勘选工作完成，并于上半年完成拟在俄阿州建设的台址勘选报告。受中俄两国新冠肺炎疫情影响，对俄科技合作业务工作开展受到阻碍，本着量力而行、尽力而为的原则，克服重重困难，黑河市地震台网中心通过多种形式多种渠道开展对俄科技合作。5月，协商延长中科院地质所、黑河台网中心与俄罗斯合作伙伴合作项目有效期（原则同意，疫情后会晤签署正式文件）。10月，协商交换历史地震事件数据，向中科院地质所提供部分资料。11月，沟通协商疫情后推进中俄合作项目粗略路线。

（徐晓萌）

【地震监测台网优化】 2020年，黑河市地震台网中心协助中国地震局项目组完成在黑河辖区内地震流动观测网点台址前期勘选工作，帮助沟通协调台址用地问题。在前期堪选的基础上，对所选点（位）的交通、电力、通信、台基、地理位置、后期维护等情况进行比较，筛选确定6个点（位），北安市、孙吴县和嫩江市各2个。争取在中国地震局地震流动观测台阵项目课题完成后，将设在黑河市的流动观测台变为长期地震监测台，优化观测台网布局，推动加密观测网点

建设，得到黑龙江省地震局的支持，并列入省局“十四五”规划。（徐晓萌）

【地震突发事件】2020年2月7日08时12分，嫩江市发生3.8级地震。地震发生后，黑河市地震台网中心进行应急处置，第一时间向政府主管领导和市应急局报告震情，并及时与嫩江市地震监测部门沟通了解情况，面对突发地震事件积极应对，保障群众生命财产安全。（徐晓萌）

【科普宣传】2020年，黑河市地震台网中心争取省地震局支持，编报《黑河市地震烈度速报演示项目》获批准。参加“科普宣传周”宣传活动，通过悬挂宣传条幅、设置宣传展板、发放宣传资料、现场答疑等形式，宣传防震减灾和应急避震知识。推进地震群测群防工作，指导县（市、区）地震部门开展人员培训，并由宣讲小分队成员赴现场授课，进一步提高全市地震“三网一员”队伍的整体业务水平。组织做好省级防震减灾科普教育基地（2021—2025）的重新申报，以及市级研学实践教育基地和国家级防震减灾科普教育基地的首次申报工作。省级科普教育基地和市级研学教育实践基地获批，黑河市防震减灾科普教育基地成为黑河市首批中小学生研学实践教育基地。（徐晓萌）

气　象

【概况】2020年，黑河市气象局加强岗位练功和对县局的业务培训与指导，测报、预报、网络等基础业务质量稳定，未出现重大错情。规范执行短时临近业务岗位职责与流程，规范短时临近预报预警发布内容，细化预警范围，增加短临天气发布实时检验内容，整体提升短时临近预报预警的服务能力。黑河市气象台共计制作发布短时预报297期、短临预警115期。为防汛部门提供15期防汛专报，为政府领导决策提供46期（重大）气象信息专报。2020年12月，黑河市气象局内设3个科室，所属5个事业单位：气象台（专业气象台）、黑河市气象科技服务中心、黑河市气象技术装备中心（后勤服务中心）、黑河市气象局财务结算中心、黑河市雷电防护中心。（张　严）

【基本气候】2020年1—12月，全市年平均气温继续偏高，且打破历史纪录，成为新高；全市年均降水量为历史第二多，仅次于2019年。降水异常现象突出，多地全年降水量达到历史前十位之内。全年气温持续走高，年均气温打破历史纪录、达历史第一位。全年日照时数特多，作物生长关键时期日照充足。

降水。全市平均年降水量居历史第二位。2020年1—12月全市平均年降水量731.1毫米，平均比常年偏多42%、比2019年略少3%，是1961年以来历史第二位。从全市各月平均降水量距平百

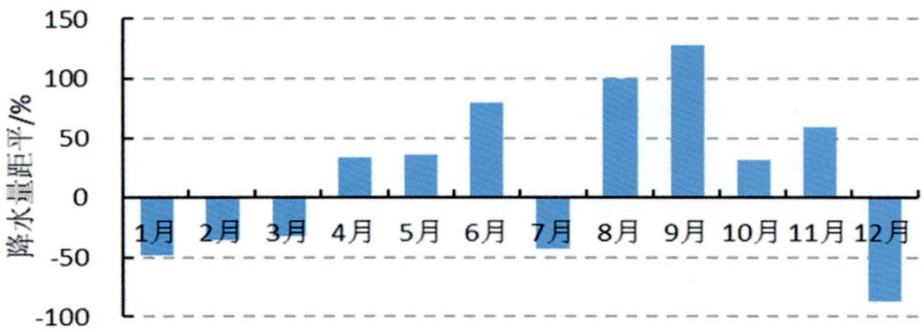

图2　2020年全市各月平均降水量距平百分率统计图

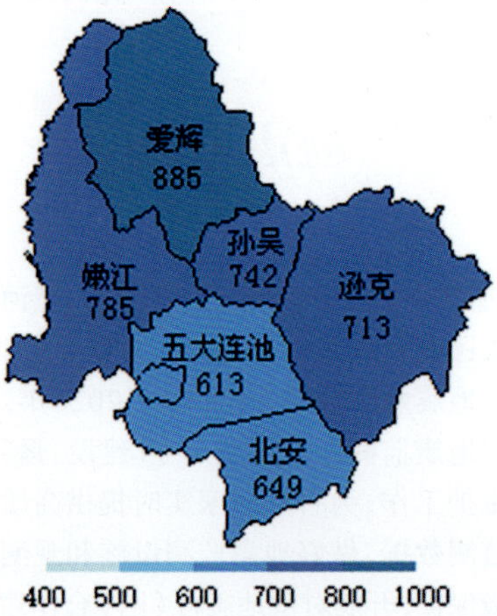

图3　2020年各地降水量实况示意图（单位：毫米）

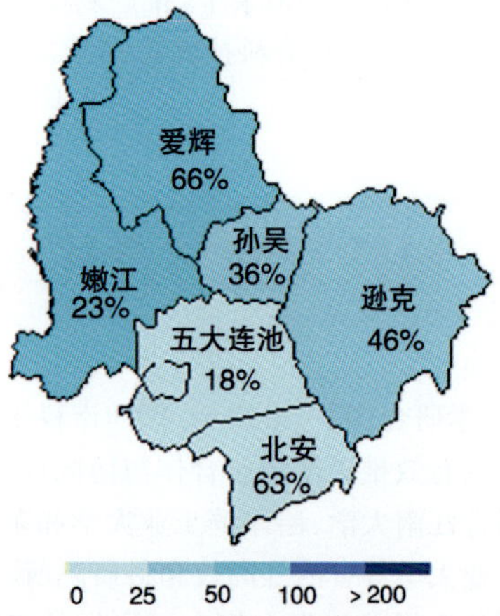

图4　2020年各地降水距平百分率示意图

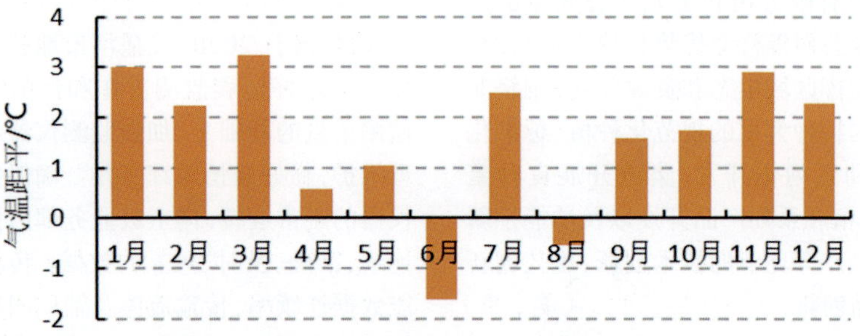

图5　2020年全市各月平均气温距平统计图

图6 2020年黑河市各县（市、区）年平均气温距平示意图（单位：℃）

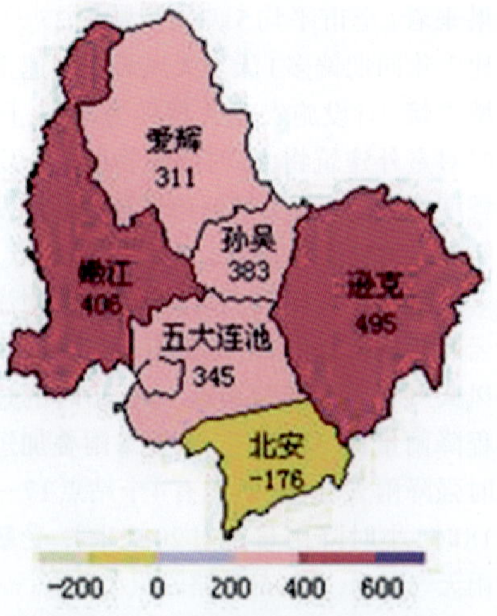

图7 2020年全市作物生长季（5—9月）日照时数距平示意图（单位：小时）

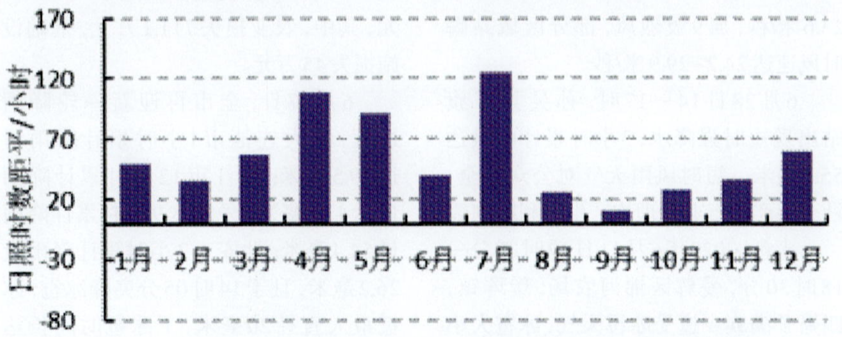

图8 2020年各月全市平均日照时数距平统计图

分率变化情况看：2020年降水距平百分率整体从负转正再回落至负。其中，6月、8月、9月及11月降水量特多，6月降水居历史第四位，8月和9月降水均列历史第二位。12月降水特少，居历史少水第二位。2020年全市各地年降水量在613~885毫米之间。其中，爱辉区和嫩江市的年降水量分别为885毫米和785毫米，均打破历史降水量纪录、位居第一位，逊克县和孙吴县的年降水量分别为713毫米和742毫米、分列历史多水第二位和第四位。

气温。2020年全市年平均气温为2.5℃，比常年偏高1.6℃，比2019年略高0.4℃，创1961年以来历史新高。2020年全市平均气温整体呈现宽底“U”形，夏季6月、8月出现低温时段，其他时段气温持续高，尤其1—3月、7月、11—12月，气温均为特高。孙吴比常年高2.5℃，其他各地年均气温比常年高1.2℃~1.6℃。

日照。2020年1—12月全市年平均日照时数3277小时，比常年多668小时，比2019年多807小时。从全市逐月日照时数距平图看：8—10月存在阶段性寡照现象，但总体日照时间充足，其中7月日照时数比同期多125小时，对大田作物生长极为有益。（张 严）

【业务培训】 2020年，黑河市气象局先后开设基层预报服务人员培训班、行政执法业务培训班等，提升市、县两级业务人员的综合素质，保证各项业务工作高质量开展。4月上旬至6月2日，采取集中小班次、网络培训、乡镇（场）作业点为单位分批次到现场教学等方式进行人工影响天气作业培训，培训作业人员165人，培训率100%，提高作业人员技能，并进行政审人员备案。（张 严）

【应急管理】 2020年初，《黑河市气象灾害应急预案》列入全市应急工作计划。根据黑河气象站点实际情况，重点对黑河市气象灾害应急响应启动标准进行了研究和确认。理顺气象应急成员单位的职能变化后，把省局暴雨暴雪联动机制融合到预案中。在征求意见的基础上，11月完成司法局的合法性审查和应急管理局的符合性审查，12月由市政府办作为部门预案印发。（张 严）

【气象服务】 2020年，黑河市防火期形势严峻，森林防火气象服务工作始终是春秋季气象服务的重点。黑河市气象局春秋两季防火期发布专题报告2期，专题气象信息34期，防火期内未发生重特大灾情，及时准确的气象服务发挥重要作用。新冠肺炎疫情期间，根据省人工影响天气指挥中心关于人工影响天气工作指示精神和《黑龙江省人民政府人工降雨办公室关于疫情期间人影地面作业准备工作相关要求的通知》要求，结合全市实际情况，制定2020人影工作计划，开展人影设备年检工作与人影作业人培训。全年人工增雨防雹作业20次，消耗火箭弹126枚。其中，防雹作业1次，消耗火箭弹5枚；旅发大会实施人工消雨作业19次，消耗火箭弹121枚。第三届全省旅发大会在黑河开幕时间与台风“美莎克”影响黑河时间叠加，为保证开幕式正常进行，市委、市政府提出人工干预天气保障开幕式及其系列活动的要求。这是黑河第一次开展人工影响天气作业，从预案制定、技术路线确定到预警指挥、实施作业得到市县两级配合，设置3道防线，共进行3次联合人工干预作业。（张 严）

【行政执法检查】 2020年7月上旬至8月中旬，黑河市气象局对市辖区内防雷设施安装使用重点场所进行全覆盖执法检查。检查了市本级区域内的33家易燃易爆重点场所，包括矿山、加油站、油库、气库、氧气厂等场所，比上年新增8家，新增的主要为新近建设并投入运营的场所和上年农垦、森工气象行政管理职能移交后农垦、森工区域内的重点场所（中石油黑龙江农垦石油有限公司锦河加油站、中石油黑龙江农垦石油有限公司红色边疆加油站、黑龙江省北安农垦鸿鑫成品油销售有限公司）。对市区内2家具有检测资质的防雷装置检测公司进行现场执法检查。按气象法律规定，受理并形式审查孙吴县气象局和嫩江市气象局提交的气象探测环境审批材料，组织相关科室完成现场核查，出具初审意见，并上报省局有关处室。省局出具“行政许可决定书”送达相对人。

（张　严）

【主要气候事件】2020年度的主要气候事件是春季暴雪、春季大风、夏季雷雨大风，冰雹、盛夏区域性暴雨及洪涝，台风影响和秋季寒潮，这些气候事件给当地公众生产、生活均造成不同程度的影响。

暴雪寒潮。4月19日清晨，全市大部地区出现大风天气，极大风速在14.7~21.6米/秒之间。当天气温剧烈下降，至20日，各地平均气温的24小时降幅在9℃~12℃之间、最高气温从20℃上下降至0℃以下，降温幅度之大较为罕见。19—21日，各地出现强降水天气，过程降水量在20~52毫米之间，其中爱辉区和嫩江市出现大暴雪、新增积雪深度超过20厘米。爱辉区48小时降水量达4月份历史同期第一位，嫩江市48小时降水量达到4月份历史同期第二位。

恶劣天气对城乡管理、公众出行、设施农业、疫情防控均带来不利影响；但对降低森林火险等级具有积极作用，同时为大田春播打下良好基础。黑河市气象台针对此次恶劣天气先后发布寒潮蓝色预警信号、大风蓝色预警信号、道路结冰黄色预警信号、暴雪预警信号（经历多次预警升级），累计更新确认12次。根据降雪量及预警信号发布情况，黑河市气象局于4月20日19时率先启动气象内部的气象灾害（暴雪）Ⅳ级应急响应，要求各单位做好应急监测、为当地政府部门提供全方位气象服务，并将启动应急状态事项上报黑河市减灾委员会与应急管理局。

春季大风。2020年春季，全市大风天气明显偏多，从各气象观测站统计结果来看，全市平均5级风日数在27天，比上年同期偏多1天。大风天气加速土壤失墒，对设施农业管理极为不利，同时对室外建筑物、临时搭建物造成一定程度的毁损。春季黑河市气象台共计发布大风预警信号16次，累计覆盖16天。

强对流风雨。6月8日傍晚受强对流云团影响，黑河市出现暴雨、强对流、大风天气。其中黑河市区16—20时的过程降雨量达59.4毫米，出现暴雨叠加短时强降雨天气（爱辉区有4个站点17—18时1小时降雨量超过20毫米）；受暴雨天气影响，市区部分路段积水严重。

北安市和五大连池市于18—19时期间出现大风天气，北安本站瞬时风速达22.7米/秒，五大连池本站瞬时风速达23.6米/秒，属9级烈风，部分区域站瞬时风速达24.2~29.9米/秒。

6月28日14—17时，孙吴县红旗站出现短时强降水，3小时累计雨量达55.8毫米。短时风雨天气对公众安全、社会生产及行业管理均产生不利影响。

冰雹。2020年6月11日17时30分—18时30分，爱辉区锦河农场、瑷珲镇、四嘉子满族乡遭受冰雹天气，冰雹大小在2~4毫米，但各地冰雹直径较小，未对农作物产生实质性影响。

6月16日14时30分，北安市突降冰雹，冰雹最大直径25毫米，降雹持续时间30分钟左右，致使北安市海星镇兴旺村3个自然屯种植的大豆、玉米、水稻等农作物不同程度受灾。据当时初报统计，灾害共有265人受灾，农作物受灾面积462公顷，其中，农作物成灾面积462公顷，农作物绝收面积112公顷。因灾造成直接经济损失92.5万元，全部为农业损失。

6月28日12时，北安市石泉镇长胜村、团结村、通河村、富华村、石昌村开始出现强降水，12时05分开始伴有冰雹，普遍直径3~5毫米，最大冰雹直径10毫米，持续30分钟，降水量20.6毫米，造成种植的大豆、玉米等农作物遭受雹灾，均无人员伤亡，无房屋受损。截至6月28日17时，共有受灾人口519户1414人，农作物受灾面积2248公顷，其中，农作物成灾面积1670公顷，农作物绝收面积512公顷，直接经济损失895万元。

洪涝灾害。6月23日8时至24日8时，全市有7个站达到暴雨量级，最大降雨出现在孙吴县红旗林场，为70.5毫米，41个站点达到大雨量级。此次降雨致使逊克县（车陆乡、新鄂乡、宝山乡、逊河镇、克林镇）、孙吴县（腰屯乡）、爱辉区（西岗子镇、瑷珲镇）8个乡镇部分村屯种植的大豆、玉米等农作物受淹，水毁桥涵9座（逊克县），给农业生产生活带来一定影响。据初步统计，全市共有3个县（区）8个乡镇3700人受灾，农作物受灾面积4510.33公顷，其中，农作物成灾面积244公顷，农作物绝收面积79公顷。造成直接经济损失756.1万元，其中，农业损失711.1万元，基础设施损失45万元。

6月27日，全市再迎新一轮降雨过程，五大连池市1小时累计降雨量达29.5毫米；嫩江市12小时累计降雨量达47.1毫米；爱辉区9小时累计降雨量54.4毫米；北安市3小时累计降雨量26.2毫米，且于14时05分突降冰雹，冰雹最大直径20毫米，下冰雹时间长达30分钟。全市共有5个县（市、区）9个乡镇5688人受灾，逊克县紧急转移安置5人（分散安置），农作物受灾面积7117.81公顷，其中，农作物成灾面积4270.03公顷，农作物绝收面积1878.47公顷；一般损坏农房3户6间，爱辉区水漫桥4座、水毁农村公路及农田路8千米、排洪排涝沟8千米；逊克县21座桥涵被冲毁。此次灾害共造成直接经济损失1872.55万元，其中，农业损失1597.95万元，基础设施损失273.1万元，家庭财产损失1.5万元。

区域暴雨。8月2日，全市出现区域性暴雨，其中，嫩江市区、临江乡、海江镇、多宝山镇、长福镇、九三管理局、尖山农场以及孙吴县红旗林场达大暴雨量级（101~199.8毫米）。暴雨及大暴雨致使联兴乡、多宝山镇、临江乡、前进镇、霍龙门镇、海江镇、长福镇、嫩江镇、科洛镇、伊拉哈镇、塔溪乡、长江乡、建边农场、荣军农场、嫩江农场等12个乡镇和3个农场种植的大豆农作物遭受洪涝灾害。降水最大地区位于嫩江市区，达199.8毫米，打破原单日降水量极值（105.5毫米，1981年7月31日）记录，居历史第一位。

当时受持续降雨影响，全市33座水库中6座水库超限，加紧泄洪。此次灾害共有受灾人口13996人（转移人口1568人，其中，避险转移1410人，分散安置158人），死亡1人。农作物受灾面积54801.10公顷，成灾18946.09公顷，绝收8339.20公顷，一般损坏房屋10户30间；桥涵269处，水漫桥16座，道路157180米，堤防57米，堤坝3035米，水打沟115393延长米，路边沟87426延长米，造成直接经济损失12860.01万元，其中，农业损失8712.09万元，基础设施3749.70万元，家庭损失398.22万元。

盛夏高温。7月，黑河气候高温少雨，以当日最高气温达到30℃及以上定义为一个高温日，爱辉区、孙吴县、嫩江市的高温日数为18~21天，其他地区11~14天。气象条件有效补偿了6月气温偏低的影响，加快作物生育进程，对大田作物快速生长有利。但高温闷热时段不利于公众外出活动，不利于户外建设施工人员长期作业。

台风。受台风“美莎克”外围云系影响，9月3—5日全市自南向北遭遇强风雨天气，主要风雨时段在3日，有2个站点出现大暴雨：五大连池一队降水为114.5毫米，孙吴清溪站降水为102.1毫米。另有63个监测站降雨量在50~100毫米。有10个监测站出现10级以上大风，最大风力出现在北安石泉站，达28.2米/秒。另有45个站极大风速达8~9级，19个站极大风速达5~7级。受此次强风雨天气影响，北安市遭受经济损失1387万元，其中，农业损失1208万元，基础设施和其他损失179万元；嫩江市共有受灾人数395人，农作物受灾面积486.67公顷，成灾面积486.67公顷，水毁桥涵3处，路边沟（延长米）1000米，造成直接经济损失82.50万元，其中，农业损失73.00万元，基础设施9.50万元。

秋季寒潮。秋季10月、11月多股强势冷空气交替影响全市，导致全市出现多次大范围降温和大风天气。10月7日各地最低气温-3℃左右，48小时降幅平均达8℃；10月12—13日南部地区出现强降温，48小时内最低气温降幅达10℃；10月22—23日全市大范围出现寒潮天气，48小时内最低气温从4℃~8℃将至-6℃~-4℃。11月冷空气主体势力较弱但不断分裂南下侵扰全市，导致全市气温起伏不定。11月9日各地最低气温-15℃~-11℃之间，48小时降幅平均达7℃~12℃。与此同时，10月21日、11月8日全市大部分地区平均风力达到6级、阵风8级左右；剧烈的降温及大风天气对各类户外生产经营活动、公众健康及出行均产生不利影响。

雨雪冰冻。10月底至11月初，全市出现雨雪冰冻天气，降水开始时气温在零度以上，以雨开始，夜间因气温骤降而快速转为雪，后期降雪持续，尤其北部地区过程降水量在10~20毫米之间，积雪积冰严重，对城市管理、交通出行带来极大安全隐患。黑河市气象局提前发布预报、预警，市公安交通警察支队迅速启动恶劣天气应急处置预案，积极应对恶劣天气对交通造成的不利影响。截至11月1日19时，辖区双嫩高速、北黑高速、G331公路、S302公路全部封闭。

气候对农业的影响。2020年，作物生长期的气候条件基本满足各类作物生长和成熟需求，但当年雨热配置条件略差，强对流天气频繁，局地农田受灾较为严重。受春末降雨影响，当年春播期略有拖后，但各类作物生育期进程基本正常；成熟后期阴雨天气居多，但产量形成未受到严重影响；收获期全市抢抓晴好天气，确保成熟作物均在适宜期内完成收获。

气候对林业的影响。2020年，春季气温回升迅速、雨水充足，林区植被返青速度较快；树木枯亡率低；5月后期至秋季，全市各林区降水多、日照足，适宜的温湿条件利于树木生长；且林区未发生雷击火、大范围林木病害等现象。另外，春秋两季防火期大风日数较近五年少，林区高火险日数少于近年；综合来看，全年气象条件利于本地森林资源的更新与保护。

气候对人体健康的影响。2020年，春季后期和初冬时节，冷暖空气活动频繁，阶段性升降温明显，对人体健康有一定的不利影响。春季后期天气多为风和日丽，适宜公众开展户外运动。夏季降雨偏多、强对流天气频发，但空气质量全年优良，对公众开展户外活动略有不利影响。盛夏7月全市炎热天气特多，导致人体不适，尤其增加了户外作业人员的中暑风险。

气候对交通的影响。2020年，春季暴雪、盛夏局地暴雨，秋冬季降雪和结冰均给城乡交通管理带来一定不便，境内高速受降雪、结冰现象影响，多次分时段关闭，一定程度影响公共交通出行。盛夏区域性暴雨导致辖区内火车轨道路基及涵洞多处损毁，短期内影响公众出行及物资的运输。但全年全市未发生因恶劣天气导致的重大交通安全事故。

气候对水资源的影响。2020年，黑龙江干流黑河站于4月22日13时开江，比常年早5天，比上年早6天，开江水位90.76米，伴有一级流冰；截至4月23日08时，全市辖区黑龙江干流全线开江，水势、冰情平稳。黑河站封江日期是12月4日，比2019年晚17天。黑龙江上中游流域降水丰沛，盛夏时期降雨集中且雨势强、范围广，导致辖区内多处水利设施超警运行、多次开闸泄洪，但全市辖区的黑龙江干流未发生特大洪水。嫩江干流嫩江站开江时间为4月8日，比常年早8天，比上年早9天，开江水位217.74米。封江日期为11月6日，比常年提前4天。全市境内嫩江干流水位长期居高，盛夏集中的降雨导致河水出槽，发生中小型流域洪水，对居民生活、农业生产带来一定不利影响。（张　严）

公共文化

【概况】 截至2020年末，黑河市有公共图书馆6个，总藏量531.84万册（包括数字图书）；博物馆26个，全年博物馆参观人数221.97万人次；文化馆（艺术馆）7个，乡镇综合文化站66个，农村文化大院567个，社区文化活动中心46个，农村文化小广场515个。

（王　佳）

【群众文化活动】 2020年，黑河市开展满族上元节和颁金节、鄂伦春族古伦木沓节、达斡尔族库木勒节、朝鲜族初伏节、市（民）文化节等大型节庆活动和第三届全省旅发大会文化展演、2020中国（黑河）第三届农民丰收节黑河市专场、民族团结进步宣传日文艺演出、开展庆祝“建党”“中华人民共和国成立”文艺演出等大型文化活动10余项，围绕“农民文化艺术大舞台、农民美术书法摄影艺术展、农民朗诵会、农民大合唱、乡村广场秧歌（舞）”5大版块在全市范围内开展“黑河市第四届农民文化艺术节线上展演”系列活动，开展线上展演25期、美术、摄影、书法4期、朗诵2期。举办广场文化活动周、广场舞大赛等广场活动10余场，完成文化讲坛27次，各类工艺讲座200余场、送演出下基层100场等。

（王　佳）

【群众文化培训】 2020年，黑河市文化广电和旅游局组织全市近200人参加省级培训活动。为更好地满足新冠肺炎疫情防控常态化条件下全市群众精神文化生活新期待，开展市级群众文化线上培训，把文化惠民工作落到实处，全年开展线上培训31期，受众万余人次。

（王　佳）

文　艺

【概况】 截至2020年末，黑河地区有文艺表演团体265个。疫情期间，倡导全市文化工作者“不当旁观者，争当战斗者”，投身到文化作品创作中去，推出疫情防控创作文化作品1002个；持续开展“抗击疫情，志愿先行”网络线上教学小课堂共28期；多项剪纸作品在省优秀抗疫剪纸展中获奖。在全省第四届农民文化艺术节期间，开展线上展演25期，美

2020黑河市民族管弦乐新年音乐会　　（黑河日报社／供图）

术、摄影、书法3期，朗诵2期。（王　佳）

【文艺创作】 2020年，黑河市文化广电和旅游局为提高文艺作品创作生产的组织化程度，促进全市文艺创作繁荣发展，按照《全市优秀文艺作品创作生产三年行动计划》要求，强化文艺人才队伍建设，通过艺术创作、人才培养“齐步走”的导师制、项目制的方式，促进文艺人才成长，激发了创作活力。选送6个艺术门类31个优秀作品参加全省第十六届“群星奖”评比，有11项作品获奖，其中，《粉丝计划》《特别遗产》获戏剧类小品一等奖，《额德木齐莫日根》获舞蹈类一等奖，《神圣的万春之花》获声乐类辅导一等奖。（王　佳）

【文艺演出】 2020年，黑河市文化广电和旅游局组织开展“我们的中国梦、文化进万家”迎新春系列活动，相继举办“2020年迎新春民乐戏曲专场文艺晚会”“笛箫宛转民族风”民族管乐专场演出等文化活动。组织参与黑河市庆祝建党99周年，“党心系民心·爱心助发展”——党员助农助企主题活动、民族团结进步宣传日文艺演出、2020中国（黑河）第三届农民丰收节黑河市专场文艺演出、“迎国庆”文艺演出等数十场高质量、高标准的文艺演出。（王　佳）

文化遗产保护

【概况】 截至2020年末，黑河市有各类文物遗存338处（多处遗址遗迹合并公布为1处文物保护单位的，按照1处计算），其中，全国重点文物保护单位6处、省级文物保护单位21处、市级文物保护单位67处。有市级以上非物质文化遗产53项，其中，国家级6项、省级33项、市级53项。（王　佳）

【文物保护】 2020年，黑河市文化广电和旅游局全面加强文物保护基础工作，完成黑河市2020年度文物保护单位保护项目资金申报工作，获取国家项目批复820余万元。完成嫩江市全国重点文物保护单位、省级文物保护单位文物损害情况认定等工作。

2020年黑河市全国重点文物保护单位名录

表20

序号	名　称	地　址	类　别	时　期	公布时间
1	瑷珲新城遗址	爱辉区	近现代重要史迹及代表性建筑	清	2001年6月25日
2	侵华日军东北要塞——孙吴胜山要塞	孙吴县	近现代重要史迹及代表性建筑	1934—1945年	2006年5月25日
3	鄂伦春神泉祭坛遗址	逊克县	古遗址	清	2013年5月3日
4	墨尔根至漠河古驿站驿道	嫩江市	古遗址	清	2013年5月3日
5	朝阳山东北抗联第三路军密营遗址	五大连池市	近现代重要史迹及代表性建筑	1939—1941年	2019年10月7日
6	中共黑龙江省工作委员会和省政府旧址	北安市	近现代重要史迹及代表性建筑	1945—1949年	2019年10月7日

2020年黑河市省级文物保护单位名录

表21

序号	名　称	地　址	类　别	时　期	公布时间
1	侵华日军七三一细菌部队——孙吴支队罪证遗址	孙吴县	近现代重要史迹及代表性建筑	1940年	1986年12月17日
2	黑河清真寺	爱辉区	古建筑	清	1990年12月29日
3	东山农场遗址	逊克县	古遗址	旧石器时代至新石器时代	1990年12月29日
4	河西古城	逊克县	古遗址	金	1990年12月29日
5	振边酒厂	爱辉区	近现代重要史迹及代表性建筑	1921年	2005年1月31日
6	四方城城址	孙吴县	古遗址	辽	2005年1月31日
7	伊拉哈城址	嫩江市	古遗址	辽、金	2005年1月31日
8	曷苏昆山谋克故城	北安市	古遗址	金	2005年1月31日

续表21

序号	名　　称	地　址	类　　别	时　期	公布时间
9	黎明遗址	逊克县	古遗址	旧石器时代晚期至新石器时代	2014年11月28日
10	西石砬子城址	逊克县	古遗址	辽、金	2014年11月28日
11	元茂昌商号旧址	爱辉区	近现代重要史迹及代表性建筑	1900年	2014年11月28日
12	通济当铺旧址	爱辉区	近现代重要史迹及代表性建筑	1906年	2014年11月28日
13	瑷珲海关旧址	爱辉区	近现代重要史迹及代表性建筑	1909年	2014年11月28日
14	侵华日军黑河要塞	爱辉区	近现代重要史迹及代表性建筑	1934—1945年	2014年11月28日
15	黑河人民自治军司令部旧址	爱辉区	近现代重要史迹及代表性建筑	1945—1946年	2014年11月28日
16	侵华日军西双河军事设施遗址	逊克县	近现代重要史迹及代表性建筑	1937—1945年	2014年11月28日
17	侵华日军后勤军事设施遗址	孙吴县	近现代重要史迹及代表性建筑	1935—1945年	2014年11月28日
18	侵华日军毛兰屯野战阵地工事	孙吴县	近现代重要史迹及代表性建筑	1940—1945年	2014年11月28日
19	黑龙江日报社旧址	北安市	近现代重要史迹及代表性建筑	1945—1949年	2014年11月28日
20	庆华工具厂旧址	北安市	近现代重要史迹及代表性建筑	1950—2006年	2014年11月28日
21	侵华日军永胜飞机场旧址	嫩江市	近现代重要史迹及代表性建筑	1937—1945年	2014年11月28日

2020年黑河市市级文物保护单位名录

表22

序号	名　　称	地　址	类　　别	时　期	公布时间
1	胜利墓葬	逊克县	古墓葬	金	1993年6月30日
2	东山恐龙化石	逊克县	其他	旧石器时代	1993年6月30日
3	大岭抗俄战迹地	爱辉区	古遗址	清	1993年6月30日
4	卡伦山墓葬	爱辉区	古墓葬	辽	1993年6月30日
5	卡伦山抗俄战迹地	爱辉区	古遗址	清	1993年6月30日
6	庙台子遗址	北安市	古遗址	金	2006年3月5日
7	伪满发电厂遗址	孙吴县	近现代重要史迹及代表性建筑	中华民国	2006年3月5日
8	东山侵华日军军事设施	逊克县	近现代重要史迹及代表性建筑	中华民国	2006年3月5日
9	鹿场南遗址	逊克县	古遗址	新石器时代	2006年3月5日
10	赵光烈士纪念塔	北安市	近现代重要史迹及代表性建筑	中华民国	2006年3月5日
11	抗日暨爱国自卫战争革命烈士纪念塔	北安市	近现代重要史迹及代表性建筑	中华民国	2006年3月5日
12	多金傲拉氏将军墓	嫩江市	古墓葬	清	2006年3月5日
13	侵华日军军人会馆遗址	孙吴县	近现代重要史迹及代表性建筑	中华民国	2006年3月5日
14	赤卫太子少保海全墓	嫩江市	古墓葬	清	2006年3月5日
15	塔溪清代兴安城遗址	嫩江市	古遗址	清	2006年3月5日
16	侵华日军特仓阵地发电所	孙吴县	近现代重要史迹及代表性建筑	中华民国	2006年3月5日
17	侵华日军曾家堡飞机场遗址	孙吴县	近现代重要史迹及代表性建筑	中华民国	2006年3月5日
18	科后武显将军墓	嫩江市	古墓葬	清	2006年3月5日
19	三分场侵华日军地下掩体遗址	孙吴县	近现代重要史迹及代表性建筑	中华民国	2014年7月17日

续表22

序号	名　称	地 址	类　别	时 期	公布时间
20	新丰侵华日军地下碉堡	孙吴县	近现代重要史迹及代表性建筑	中华民国	2014年7月17日
21	红望村侵华日军地下军事工事群	孙吴县	近现代重要史迹及代表性建筑	中华民国	2014年7月17日
22	北孙吴村侵华日军孙吴大桥遗址	孙吴县	近现代重要史迹及代表性建筑	中华民国	2014年7月17日
23	孙吴镇侵华日军地下隐蔽部	孙吴县	近现代重要史迹及代表性建筑	中华民国	2014年7月17日
24	城区街道侵华日军细菌部队地下储藏井	孙吴县	近现代重要史迹及代表性建筑	中华民国	2014年7月17日
25	四季屯侵华日军地下观察哨	孙吴县	近现代重要史迹及代表性建筑	中华民国	2014年7月17日
26	孙吴村侵华日军忠魂塔	孙吴县	近现代重要史迹及代表性建筑	中华民国	2014年7月17日
27	军民社区侵华日军宪兵指挥部及附属建筑旧址	嫩江市	近现代重要史迹及代表性建筑	中华民国	2014年7月17日
28	伪满时期清溪车站警护队驻地	孙吴县	近现代重要史迹及代表性建筑	中华民国	2014年7月17日
29	四季屯侵华日军地下隐蔽所	孙吴县	近现代重要史迹及代表性建筑	中华民国	2014年7月17日
30	河北村日军隐蔽部	孙吴县	近现代重要史迹及代表性建筑	中华民国	2014年7月17日
31	新丰侵华日军地下兵舍旧址	孙吴县	近现代重要史迹及代表性建筑	中华民国	2014年7月17日
32	新青村侵华日军蓄水池旧址	爱辉区	近现代重要史迹及代表性建筑	中华民国	2014年7月17日
33	大石村民居	嫩江市	古建筑	清	2014年7月17日
34	西峰山侵华日军地下工事旧址	爱辉区	近现代重要史迹及代表性建筑	中华民国	2014年7月17日
35	军民社区侵华日军火车库旧址	嫩江市	近现代重要史迹及代表性建筑	中华民国	2014年7月17日
36	东北抗日联军第三军冰趟子战役遗址	北安市	近现代重要史迹及代表性建筑	中华民国	2010年6月8日
37	龙头山清代墓葬群	五大连池市	古墓葬	清	2010年6月8日
38	小山湾西遗址	北安市	古遗址	金	2010年6月8日
39	北安文化宫	北安市	近现代重要史迹及代表性建筑	中华人民共和国	2010年6月8日
40	东北抗联八道林子后方基地旧址	北安市	近现代重要史迹及代表性建筑	中华民国	2010年6月8日
41	东北抗日联军第三路军白皮营指挥中心旧址	北安市	近现代重要史迹及代表性建筑	中华民国	2010年6月8日
42	无名烈士墓地	北安市	近现代重要史迹及代表性建筑	中华民国	2010年6月8日
43	七英雄纪念陵园	五大连池市	近现代重要史迹及代表性建筑	中华人民共和国	2011年6月14日
44	北岗村侵华日军火车站站舍及守备炮楼旧址	嫩江市	近现代重要史迹及代表性建筑	中华民国	2011年6月14日
45	博尔气遗址	嫩江市	古遗址	新石器时代	2011年6月14日
46	西孟侵华日军飞机包群	嫩江市	近现代重要史迹及代表性建筑	中华民国	2011年6月14日
47	青山公园革命烈士纪念碑	五大连池市	近现代重要史迹及代表性建筑	中华民国	2011年6月14日
48	侵华日军铁路桥守护队哨所旧址	孙吴县	近现代重要史迹及代表性建筑	中华民国	2011年6月14日
49	龙镇八卦街	五大连池市	近现代重要史迹及代表性建筑	清	2012年5月17日
50	孙吴镇侵华日军123师团北泽驻地	孙吴县	近现代重要史迹及代表性建筑	中华民国	2012年5月17日
51	钟灵禅寺	五大连池市	近现代重要史迹及代表性建筑	中华民国	2012年5月17日

续表22

序号	名　称	地　址	类　别	时　期	公布时间
52	露营战斗遗址	五大连池市	近现代重要史迹及代表性建筑	中华民国	2012年5月17日
53	平度村侵华日军军械所遗址	孙吴县	近现代重要史迹及代表性建筑	中华民国	2012年5月17日
54	龙镇水塔	五大连池市	近现代重要史迹及代表性建筑	中华民国	2012年5月17日
55	孙吴镇侵华日军神社遗址	孙吴县	近现代重要史迹及代表性建筑	中华民国	2012年5月17日
56	腰屯乡侵华日军节制闸遗址	孙吴县	近现代重要史迹及代表性建筑	中华民国	2012年5月17日
57	匡安岭抗俄战迹地	爱辉区	古遗址	清	2012年5月17日
58	铁古砬二号遗址	嫩江市	古遗址	新石器时代	2012年5月17日
59	龙镇侵华日军飞机库遗址	五大连池市	近现代重要史迹及代表性建筑	中华民国	2012年5月17日
60	西兴乡侵华日军平顶村飞机场	孙吴县	近现代重要史迹及代表性建筑	中华民国	2012年5月17日
61	腰屯乡侵华日军第7590部队酒保遗址	孙吴县	近现代重要史迹及代表性建筑	中华民国	2012年5月17日
62	孙吴镇兴华村侵华日军123师团地下指挥中心	孙吴县	近现代重要史迹及代表性建筑	中华民国	2012年5月17日
63	东风村战备山洞	五大连池市	近现代重要史迹及代表性建筑	中华人民共和国	2012年5月17日
64	九道沟村侵华日军飞机库	爱辉区	近现代重要史迹及代表性建筑	中华民国	2012年5月17日
65	龙镇苏联红军烈士纪念碑	五大连池市	近现代重要史迹及代表性建筑	中华民国	2012年5月17日
66	兴安乡侵华日军铁路桥墩	五大连池市	近现代重要史迹及代表性建筑	中华民国	2012年5月17日
67	山河河南遗址	逊克县	古遗址	金	2012年5月17日

（王　佳）

【参加首届黑龙江冰雪非遗节活动】 2020年1月11—17日，首届黑龙江冰雪非遗节在哈尔滨举行。黑河市省级名录项目鄂伦春族桦树皮镶嵌画、北安乌鱼绣、北安嬷嬷人剪纸、鄂伦春桦树皮剪纸和市级名录项目鱼皮制作技艺、鄂伦春传统服饰制作技艺等应邀参加非遗节系列活动。通过参加非遗活动，使黑河市非遗传承人加强了与其他地市的非遗项目学习交流，得到了整体提升，进一步推动了全市优秀传统文化实现创造性转化和创新性发展。

2020年黑河市国家级非物质文化遗产名录

表23

	名录项目	批准时间	保护单位	传承人
1	鄂伦春族摩苏昆	2006年5月	黑河市戏剧创作评论工作室	莫宝凤（已故） 孟淑珍
2	鄂伦春族狍皮制作技艺	2008年	爱辉区文物管理所	孟兰杰 葛长云
3	鄂伦春族古伦木沓节	2006年5月	爱辉区文化馆	社会传承
4	五大连池药泉会（圣水节）	2010年	五大连池风景区非物质文化遗产保护中心	社会传承
5	满族说部（孙吴何世环满语故事）	2020年10月	孙吴县文化馆	何世环
6	瑷珲上元节	2020年10月	爱辉区文化馆	社会传承

2020年黑河市省级非物质文化遗产名录

表24

	名录项目	批准时间	保护单位	传承人
1	鄂伦春族狍皮制作技艺	2008年	爱辉区文物管理所	关红英
2	鄂伦春族摩苏昆	2006年5月	黑河市戏剧创作评论工作室	杜贵良
3	鄂伦春族狩猎文化	2007年3月	爱辉区文化馆	吴福兴
4	鄂伦春族斜仁柱	2009年6月	爱辉区文化馆	莫彩强
5	鄂伦春族口弦琴	2009年6月	爱辉区文化馆	吴瑞兰
6	鄂伦春族桦树皮镶嵌画	2007年3月	爱辉区文化馆	莫鸿苇
7	北安乌鱼绣	2013年8月	北安市非物质文化遗产保护中心	王春艳
8	北安嬷嬷人剪纸	2013年8月	北安市非物质文化遗产保护中心	郭　昕
9	北安葫芦烙画	2013年8月	北安市非物质文化遗产保护中心	杨金全
10	北安“柳派”二人转	2007年3月	北安市非物质文化遗产保护中心	高志信
11	薛氏剪纸	2013年8月	五大连池群众艺术馆	薛玉梅
12	火山矿泥陶制作技艺	2013年8月	五大连池群众艺术馆	刘敦明
13	五大连池传说	2009年6月	五大连池药泉民俗研究会	孔令斌
14	鄂伦春族萨满服饰	2011年7月	逊克县博物馆	莫秀芳
15	桦树皮制作技艺	2009年6月	黑河白桦林工艺品有限公司	陶丹丹
16	瑷珲“上元节”	2013年8月	爱辉区非物质文化遗产保护中心	祁学俊
17	古驿道站丁习俗	2016年1月	嫩江县墨尔根古道驿站博物馆	孙艳秋
18	何世环满语故事	2016年1月	孙吴县文化馆	何世环
19	鄂伦春族乌勒尔	2016年1月	黑河市戏剧创作评论工作室	莫桂茹
20	玛瑙雕刻技艺	2016年1月	逊克玛瑙协会	社会群体
21	俄罗斯族巴斯克节	2016年1月	逊克县文化馆	社会群体
22	鄂伦春族古伦木沓节	2006年5月	爱辉区文化馆	社会群体
23	五大连池药泉会（圣水节）	2010年	五大连池风景区非物质文化遗产保护中心	社会群体
24	瑷珲民间故事	2019年8月	爱辉区文化馆	肖　岐
25	鄂伦春传统民歌	2019年8月	黑河市非物质文化遗产保护中心	莫彩柱
26	鄂伦春烙烫画技艺	2019年8月	逊克县文化馆	陈立峰
27	鄂伦春饮食习俗	2019年8月	黑河市非物质文化遗产保护中心	周玉江
28	北安朝鲜族初伏节	2019年8月	北安市非物质文化遗产保护中心	社会群体
29	鄂伦春族剪纸	2019年8月	逊克县文化馆	陈　玥
30	鄂伦春族桦树皮镶嵌画	2019年8月	逊克县文化馆	陈　玥
31	木雕（北安木雕）	2019年8月	北安市非物质文化遗产保护中心	李宝峰
32	鄂伦春桦树皮制作技艺	2019年8月	爱辉区文化馆	张玉霞
33	鄂伦春手工艺品制作	2019年8月	逊克县文化馆	孟　杰

2020年黑河市市级非物质文化遗产名录

表25

序号	名录项目	保护单位	传承人	批准时间
1	拉爬网	孙吴县文化局	车月娥	2007年1月
2	满族饮食文化“八大碗”	孙吴县文化局	吴德发	2007年1月
3	北安剪纸	北安市非物质文化遗产保护中心	沈春友	2007年1月
4	北安小器作技艺	北安市非物质文化遗产保护中心	李宝峰	2015年6月
5	鄂伦春族烙烫画技艺	逊克县文化馆	陈立峰	2015年6月
6	鄂伦春族桦树皮镶嵌画	逊克县文化馆	陈　玥	2015年6月
7	驿站马肉干	嫩江县文化馆	孙艳秋	2011年6月
8	彩嵌工艺画	黑河市非物质文化遗产保护中心	孟　蕊	2009年5月
9	满族布艺贴画	黑河市非物质文化遗产保护中心	赵崇华	2009年5月
10	鄂伦春族依哈嫩	黑河市戏剧创作评论工作室	关　杰	2015年6月
11	何世环满语故事	孙吴县文化馆	关　爽	2017年6月
12	瑷珲民间故事	爱辉区文化馆	肖　歧	2017年6月
13	鄂伦春族传统民歌	黑河市戏剧创作评论工作室	莫彩柱	2017年6月
14	鄂伦春族口弦琴	爱辉区文化馆	张　慧、夏　爽、孟明明	2017年6月
15	鄂伦春族摩苏昆	黑河市戏剧创作评论工作室	吴海凤、莫春霞	2017年6月
16	当当鼓	五大连池市文物管理所	钟晓飞	2017年6月
17	鄂伦春族桦树皮镶嵌画	爱辉区文化馆	王　咪	2017年6月
18	盖氏手撕纸	嫩江县墨尔根古驿站博物馆	盖春学	2017年6月
19	北安乌鱼绣	北安市评剧团	吴虹颐	2017年6月
20	鄂伦春族剪纸	逊克县文化馆	陈　玥	2017年6月
21	达斡尔族哈尼卡	爱辉区文化馆	朱月华	2017年6月
22	鄂伦春族斜仁柱	爱辉区文化馆	吴　坚、孟　宇	2017年6月
23	鄂伦春族桦树皮	爱辉区文化馆	张玉霞	2017年6月
24	鄂伦春族手工艺品制作	逊克县文化馆	孟　杰	2017年6月
25	鄂伦春族狩猎习俗	爱辉区文化馆	戈春庆、张林江	2017年6月
26	鄂伦春族饮食习俗	黑河市戏剧创作评论工作室	周玉江	2017年6月
27	鄂伦春族传统服饰	逊克县文化馆	莫代荣	2017年6月
28	北安嬷嬷人剪纸	北安市非物质文化遗产保护中心	郭　昕	2013年8月
29	北安葫芦烙画	北安市非物质文化遗产保护中心	杨金全	2013年8月
30	北安“柳派”二人转	北安市非物质文化遗产保护中心	高志信	2007年3月
31	薛氏剪纸	五大连池市群众艺术馆	薛玉梅	2013年8月
32	火山矿泥陶制作技艺	五大连池市群众艺术馆	刘敦明	2013年8月
33	五大连池传说	五大连池药泉民俗研究会	群　体	2009年6月

续表25

序号	名录项目	保护单位	传承人	批准时间
34	鄂伦春族萨满服饰	逊克县博物馆	莫秀芳	2011年7月
35	桦树皮制作技艺	黑河白桦林工艺品有限公司	陶丹丹	2009年6月
36	瑷珲“上元节”	爱辉区文化馆	祁学俊	2013年8月
37	古驿道站丁习俗	嫩江县墨尔根古道驿站博物馆	孙艳秋	2016年1月
38	鄂伦春族乌勒尔	黑河市戏剧创作评论工作室	莫桂茹	2016年1月
39	鄂伦春族奴根任	黑河市戏剧创作评论工作室	社会群体	2017年6月
40	逊克玛瑙雕刻技艺	逊克县玛瑙协会	社会群体	2016年1月
41	俄罗斯族巴斯克节	逊克县文化馆	社会群体	2016年1月
42	鄂伦春族古伦木沓节	爱辉区文化馆	社会群体	2006年5月
43	五大连池药泉会（圣水节）	五大连池风景区非物质文化遗产保护中心	社会群体	2010年
44	达斡尔族库木勒节	爱辉区文化馆	社会群体	2017年6月
45	满族颁金节	爱辉区文化馆	社会群体	2017年6月
46	朝鲜族初伏节	北安市非物质文化遗产保护中心	社会群体	2017年6月
47	满族剪纸	爱辉区文化馆	齐　英	2019年11月
48	鱼皮手工制作技艺	爱辉区文化馆	闫思婷	2019年11月
49	鱼拓	爱辉区文化馆	刘伟夫	2019年11月
50	墨尔根驿站马肉干制作技艺	嫩江市文化馆	刘丽彦	2019年11月
51	杨氏面塑	五大连池市文物管理所	杨　玲	2019年11月
52	北安连环画	北安市非物质文化遗产保护中心	吴　彦	2019年11月
53	鄂伦春族口弦琴技艺	逊克县文化馆	焦文宝	2019年11月

（王　佳）

【文博宣传】 2020年，黑河市采取“互联网+教育”模式组织开展疫情期间线上宣传展览活动，实行闭馆不闭展，举办网上展览、网上抗击疫情作品征集和抗击疫情宣传教育等系列活动，累计推出线上展览近百期，其中，推出《树新讲知青——战疫特别节目》11期、《“抗击疫情”——网上征集作品集锦》10期，撰写《科学防护新型冠状病毒肺炎儿童绘本——我是防疫小战士》、录制儿童情景剧《魁星阁的故事》等，得到人民群众的广泛好评。5月18日，组织各博物馆开展“静静的黑河”主题活动和“世界文化和自然遗产日”活动。

（王　佳）

文化市场

【概况】 2020年，黑河市文化市场综合行政执法支队开展文化市场专项清理整治行动，规范文化市场的经营行为。开展文物保护单位安全巡查工作，严防文物安全事故发生。疫情防控期间，组建“流动小分队”，开展文旅市场等公共场所工作检查，保障了全市文化市场规范有序运营。

（王　佳）

【文物保护单位巡查】 2020年10月12—30日，黑河市文化市场综合行政执法支队按照《文物保护单位执法巡查办法》要求，集中开展秋季文物保护单位安全巡查工作。对全市6个县（市、区）的近百处市级以上不可移动文物进行了执法巡查，对县级和未定级文物进行了抽查，对存在安全隐患提出整改要求。重点对5处国保单位、13处省保单位及31处市保单位是否存在盗掘、盗窃、破坏文物、法人违法等违法犯罪活动，消防安全主体责任、日常消防安全管理、消防设施器材配置及检验、维修、用火用电、消防演练等工作落实情况进行了检查。对责令整改部分文物设施缺少封闭保护，人畜自由进入，内部存在大量居民生活垃圾等问题进行了“回头看”，全部问题整改到位。检查中发现1处遗址保护范围内有违法建筑，多处遗址存在安全隐患，现场要求属地管理部门立即整改，并进行了监督回访。（王　佳）

【非法卫星地面接收设施整治】2020年，市文广旅局联合市委政法委、市公安局、市城市执法局、市市场监督管理局在全市范围内开展了整治非法安装使用卫星电视广播地面接收设施专项行动。进一步规范了卫星电视广播传播秩序，打击了非法销售安装和使用卫星电视广播地面接收设施行为，依法拆除非法卫星地面接收设施45套，维护了正常广播电视收视秩序。对全市电器销售商店集中地域开展检查，发放宣传单，向商户宣传普及擅自生产、销售、安装和使用卫星电视广播地面接收设施的危害及需要承担的法律后果。（王　佳）

【文旅市场检查】2020年，市文广旅局组建疫情防控"流动小分队"，对市直及爱辉区文旅市场经营场所的消防安全、环境卫生等工作进行检查。对经营场所进行宣传普及，强调疫情防控低风险不等于零风险，各经营场所要全部建立"哨点"+"哨兵"疫情防控机制，做好日常经营记录、检查记录，发现问题及时跟踪问效，对外来人员重点排查，压实责任。通过对文旅市场经营场所进行全覆盖检查巡查，提高了创建平安文化旅游市场水平，助力了第三届全省旅发大会顺利召开。（王　佳）

新闻出版

【概况】2020年，市委宣传部、市文广旅局联合开展新闻出版市场专项清理整治行动。共检查13家经营场所，实地查看印刷、广告等内容，对书店书籍、进货渠道是否违规销售非法出版物、所经营的出版物是否有侵权和盗版现象等违法违规行为进行了全面检查。新闻出版市场专项整治行动，进一步加强了出版物市场安全监管，规范了出版物市场的经营行为，保障了全市出版物市场规范有序运营，为全市经济社会发展提供了和谐有序的新闻出版发展环境。

《黑河日报》是黑河市委机关报，创刊于1946年8月1日，是黑龙江省创办最早的地市级党报。《黑河日报》为周五刊，对开四版，一版为地方和国内国际综合要闻版，报道市委、市政府中心工作和国内国际重要新闻；二版为综合新闻版，报道政治、经济、文教、卫生等新闻；三版为系列专刊版，属专版、专题类版面；四版为时事、广告版，报道国际、国内的时事新闻，刊发各类广告。黑河日报社是《黑河日报》出版单位，是中国地市报研究会常务理事单位、黑龙江省报业协会理事单位。2020年，黑河日报社内设机构27个，纸媒有《黑河日报》《黑河晚刊》，网络媒体有黑河新闻网、"今日黑河""品读黑河"微信公众号、《黑河日报》官方新浪微博、新华社现场云（网络直播平台）、"黑河日报"今日头条号、极光新闻号，开发动态翻页效果新型数字报——《黑河日报》云展电子报。

黑河市新闻工作者协会是以全市各新闻单位为团体会员的群众团体，内设通联报道科。2020年，全市新闻战线贯彻习近平总书记关于"党的新闻舆论工作的职责和使命"48个字工作指示，各项工作有效开展。黑河市新闻工作者协会严格执行新闻协调制度，围绕市委、市政府中心工作，策划组织新冠肺炎疫情防控、第三届全省旅发大会、黑河自贸片区建设、百大项目建设等主题宣传、成就宣传，为黑河高质量跨越式发展营造浓厚舆论氛围。全年共协调完成四大班子领导及部门的政务活动采访工作150余次。（王　佳　牟利明　闫文秀）

【新闻宣传】2020年，黑河日报社提升政治站位，新闻宣传持续用力。宣传习近平新时代中国特色社会主义思想和中共十九届四中全会、五中全会精神。持续做好《在习近平新时代中国特色社会主义思想指引下——新时代新气象新作为》《新时代新气象新作为——回眸2019》等专栏，推出《黑河这片热土，更富魅力更具活力——全市招商引资工作步入加速前行快车道》等重点报道80余篇，充分展示全市以中共十九大精神为指引，推动经济社会发展的新举措、取得的阶段性成果。持续开展决战决胜脱贫攻坚系列报道，开设《脱贫攻坚进行时》《决战决胜脱贫攻坚》等专栏，推出《孙吴县挂牌督战向贫困发起总攻》《逊克县宝山乡走出电商助农扶贫发展之路》等70余篇报道，转载新华社《决战贫困，要下更大的决心》系列评论4篇。持续精心组织项目建设报道，围绕招商引资、重点产业项目建设、自贸试验区建设等内容组织开展宣传报道。开设《聚焦项目建设》《项目建设进行时》《自贸试验区发展新高地》《中国最北自贸试验区黑河》《落实虎跃计划推进招商引资》等多个专栏，推出《铺就通往美好生活的钢铁大动脉——北黑铁路升级改造工程开工建设纪实》等重点报道40余篇，有力宣传全市项目建设的进程和典型经验做法。持续开展整顿机关作风优化营商环境专题报道，开设《优化营商环境 提高服务效能》专栏，深入宣传全市深化机关作风整顿优化营商环境的重要部署、各地各部门的务实举措、典型经验。（牟利明）

【疫情防控宣传】2020年，新冠肺炎疫情防控开始后，《黑河日报》1月28日（正月初四）即恢复出版，并增刊10余期，确保党中央和省委、省政府及市委、市政府关于疫情防控的决策部署、疫情防控知识及时传达到位、宣传到位。传统媒体主动发声，彰显"定海神针"作用。开设《防控一线党旗飘扬》《一手抓防疫一手抓生产》《统筹推进疫情防控和经济社会发展》等专栏，全方位、多角度宣传报道全市各地各部门和广大党员、干部、群众抗疫情、促发展的生动实践，共刊发相关报道1200余篇。新媒体平台全方位覆盖，宣传效果突显。黑河新闻网实行24小时工作制，制作推出"众志成城——坚决打赢疫情防控阻击战"专题，随时发布疫情信息，发布相关报道稿件600余篇。黑河日报社微信公众号"今日黑河"、黑河日报社官方微博，在按要求统一推送疫情防控重要内容的同时，围绕广大群众关切，及时采

写、组织、发布相关信息。共推送各类信息1000余条。（牟利明）

【新闻专栏】2020年，黑河日报社加强新闻策划，不断提升新闻宣传深度。执行《黑河日报社新闻报道策划制度》，制订《关于试车产业宣传报道方案》《全市两会报道方案》《黑河日报"新春走基层"报道安排》《两节重点文化活动宣传报道方案》等20余个报道方案；策划推出春耕生产、项目建设、疫情防控及恢复正常秩序等内容的宣传报道选题100余个，开设30余个专栏，推出一大批有深度、有影响力的新闻报道，其中"逊克中禾现代农机合作社""瑗珲国际汽车营地""自贸区黑河片区启动建设一周年"等系列报道，受到市委肯定。抓好宣传工作，重点工作报道成效显著。充分做好旅发大会宣传报道，开设《办一次会兴一座城》《做好后旅发时期大文章》专栏，刊发《创造"黑河旅发速度"汇聚发展磅礴力量——黑河旅游产业发展站上新起点》等重点报道120余篇，策划推出6个旅发大会专版，集中反映举全市之力办好旅发大会的生动实践以及举办旅发大会产生的突出成效，形成强大的舆论声势。充分做好"两会"报道，对全国、省、市"两会"开展重点报道，报道形式更多、宣传效果更佳。开展"走基层、入一线"聚焦社会民生"百日会战"、创建全国文明城市、寒区试车等重点专题宣传报道。开设相应专栏，对备春耕、农村人居环境整治、森林草原防火、春季植树造林等阶段性重点工作深入进行宣传报道。完善《关于加强新闻评论工作的实施办法》，开设《本报时评》专栏，围绕市委、市政府工作大局、重要节点，及时组织社论、评论员文章、言论，特别是在疫情防控的关键时段，加大评论的刊发频次，推出《提高工作本领，决战疫情防控》《把项目建设作为根本抓手，全力推进高质量发展》等本报评论员文章及"本报时评"评论文章50余篇，进一步发挥了党报宣传舆论主阵地作用。参照《黑龙江日报》要闻版版式，同步做好省委、省政府重要会议、重大政策措施、重要活动报道，形成上下联动、全方位覆盖的舆论宣传热潮。（牟利明）

【新媒体建设】2020年，黑河日报社加快媒体融合，彰显全媒体宣传优势。获东北网授权，网站数字报更新时间提前3个小时；开发动态翻页效果新型数字版——《黑河日报》云展电子报；开通黑河日报头条号、极光号，形成"一报一网一博两微两号"新媒体传播矩阵，建立了涵盖报纸、网络的新闻传播渠道。坚持在《黑河日报》推出重点报道时，附"新媒互动"二维码，链接新媒体，实现相互补充、全媒体发布。"今日黑河"微信公众号创新宣传手段，采用视频等形式解读"两会"报告、"数"览2020政府工作报告。配合防疫行动制作公益海报，突出疫情防控报道的时效性、贴近性，"今日黑河"收获3篇10万+阅读量。黑河新闻网充分发挥正面舆论引导作用，围绕市委、市政府工作大局，制作专题专栏，及时发布相关新闻信息，传播力明显加强。（牟利明）

【优秀新闻作品评选活动】2020年，黑河市新闻工作者协会组织了2019年度黑河市优秀新闻作品评选活动，经各县（市、区）委宣传部、市直各新闻媒体推荐，市新闻奖评选委员会初评，市委宣传部部务会议审核通过，共评选出57件优秀新闻作品。完成2019年度黑龙江省新闻奖黑河作品推荐工作，全市共推荐上报黑河日报社新闻摄影《黑龙江水系最大浮吊进驻黑河港》、黑河广播电视台《俄罗斯视窗》等9个作品。（闫文秀）

【"好记者讲好故事"活动】2020年，黑河市新闻工作者协会组织全市新闻战线开展"好记者讲好故事"活动，展示新闻工作者的良好形象。按照"全面覆盖、层层选拔、优中选优、社会参与"的原则，各新闻单位认真组织，精心制作，推选优秀宣讲作品。各宣讲员结合新闻舆论工作重点，讲述亲历亲见亲闻亲为的精彩故事。共组织评选出一等奖1名、二等奖3名、三等奖10名，并将优秀的宣讲作品通过"黑河宣传"微信公众号进行广泛宣传，扩大了社会影响力。（闫文秀）

【"砥砺四力看发展"主题宣传活动】2020年，黑河市新闻工作者协会按照全市宣传思想文化战线开展"走基层、入一线"聚焦社会民生"百日会战"活动的工作要求，策划并启动聚焦（县、市）区开展"砥砺四力看发展"主题宣传活动。各（县、市）区按照方案，围绕本地地域经济特色，围绕全市重大项目建设、"兴边富民试点"、决胜脱贫攻坚、绿色有机农业和极境寒养品牌等方面的亮点、重点进行大力宣传。全年在市本级媒体刊播发稿件224条，其中，《黑河日报》110条，黑河电视台114条，在中、省媒体刊播近百条。（闫文秀）

广播电视

【概况】2020年，黑河广播电视台以习近平新时代中国特色社会主义思想为指导，学习《习近平谈治国理政》第三卷，贯彻中共十九大和十九届四中、五中全会精神，全面落实中央和省委、市委重大决策部署，全国和全省广播电视工作会议及全市宣传部长会议精神，践行舆论引导能力提升、新时代精品创作、智慧广电建设、视听中国播映、安全播出、管理优化等"六大工程"，全台思想高度统一，发展合力加速凝聚，舆论引导能力和水平不断提升，安全生产防线不断筑牢，基础设施建设不断夯实，规范化管理不断完善，队伍建设不断加强，又快又稳地推动了黑河广电事业产业健康发展。黑河广播电视台内设17个科室，下设台属独立法人企业1个，即由黑河双子印象文化交流有限责任公司和黑河国投集团合作注册成立的霓裳国际传媒股份公司。（初永海）

【宣传报道】2020年，黑河广播电视台聚焦重大题材，强化重点报道。广播、电视、新媒各栏目围绕疫情防控、复工复产、重大项目建设、重大活动开展、决战脱贫攻坚等适时开辟专栏专题60余个，对重大题材进行全力报道，形成强大舆论声势。围绕推进文旅融合、打造旅游亮点，及时有效做好第三届全省旅发大会的宣传推介，在本级媒体播发旅发大会相关报道近500条，在省级以上媒体发稿128条次，制作宣传片36部、献礼加油片10部、预热片10部、宣传短片和公益广告20余部，其中短视频《启航黑河》《璀璨黑河》《世界的黑河》等累计浏览量突破100万次，提升了黑河的知名度和美誉度。拓宽宣传渠道，提升宣传效果，全年共完成“两新一重”项目暨北黑铁路升级改造项目集中开工、2020黑河旅游发展论坛暨首届俄货节开幕等13场现场直播活动，提升了主流媒体的传播力。围绕直播+带货，组织市委书记实力代言网上直播，直播“龙江带货官”活动，以线上直播带动线下销售，助力经济复苏。《黑河新闻联播》推出微信公众号，实现电视、手机大小屏同步播出，内容链条延展，覆盖全国48个城市地区；开通视频号，每天推出一条短视频。10月1日播出的《黑河：与祖国同辉》视频当日点击量达10余万人次，累计点击量超过60万人次；在俄罗斯新媒体中播出，点击率过万人次。黑河广播电视台官方抖音、今日头条号、微博，入驻澎湃新闻、极光新闻，宣传效果明显增强。加强对上报道工作，一批优秀稿件得到央视、省台的高度关注。采写的《新丝路跨境林业项目建设提速》《百大项目复产复工按下“快捷键”》等一批重点报道在省新闻联播头题组合播发；《浓浓烟火气带动大民生》稿件在央视新闻、财经等多个频道播发。全年在中省直媒体共计发稿530余条、国际媒体2条，其中在央视频发短视频161个，发稿数量在黑龙江省台位列前茅。利用省级专项引导资金，组织拍摄的纪录片《东北西南2020——爱辉—腾冲对角线》拍摄制作完成，进行后期剪辑包装。（初永海）

【基础设施建设】 2020年，黑河广播电视台加大基础设施建设力度，进行设备改造，采访摄录设备、媒资存储系统、高清播控系统通过采购中心进行招标采购。10台采访设备摄录一体机投入使用，媒资存储系统安装调试完成。黑河新闻综合频道和黑河公共频道高标清播控系统签订采购合同，中标方正组织供货。加大办公环境改善力度，加装主楼大厅供暖设施，改造自来水供水管线，对台阶、外墙、屋顶等破损处进行维修。建立重点单位消防安全档案，增配3名消防安全员，进行集中培训和演练，并通过消防安全检测验收，进一步排除了消防安全隐患。（初永海）

【安全播出与转播】 2020年，黑河广播电视台筑牢安全生产防线。强化安全责任，克服设备老化、故障频发等问题，加大安全隐患排查、应急预案演练、技术保障等工作力度，保障全国和省市“两会”期间、第三届全省旅发大会开幕式及春节、国庆等重要保障期间的安全播出。电视新闻综合、公共频道累计安全播出13152小时，FM103.8频率安全播出4932小时，无线电视发射累计安全转播10230小时。在“开春即开工”项目建设启动仪式、全省百大项目集中开工仪式、市政府产品推介会等现场直播活动中，采用连线直播信号传输的新模式，首次利用网络推流软件将视频信号转为网络推流信号进行传输，并利用网络技术完成联机互动，画面、声音等技术指标均达到预期效果。（初永海）

【产业经营】 2020年，黑河广播电视台转变经营理念，实现扭亏为盈。坚守党媒姓党的政治站位，抵制涉嫌欺诈、虚假、低俗等内容广告。大幅增加公益广告播出频次，播出各类公益广告2.6万余条次，时长2.4万余分钟，游字1万余次，树立了爱心、诚信、阳光、进步的良好形象。因2020年黑河台承办大型直播活动增多，特别是承担旅发大会宣传推介、开幕式等重要工作，助推了产业创收。台属企业转变思路，利用丰富的宣传资源、媒体外联资源、项目落地执行力强的优势，参与到全台行动中，在百大项目开复工、旅发大会宣推、开幕式和省台施工技术合作等活动中，通过制作对外宣传片、争取资金扶持、对外联络等工作，公司总收入达到73万元，实现5年来首次扭亏为盈。（初永海）

博物馆建设

【概况】 黑河市博物馆事业稳步向前发展，从1989年全省第一座地市级博物馆黑河博物馆建成以来，截至2020年末，黑河市已注册各类博物馆（陈列馆）达26家，乡镇及村史馆19家。全市博物馆馆藏文物42187件/套，其中，国家一级文物57件/套、国家二级文物420件/套、国

黑河商会历史陈列馆（市文化广电和旅游局／供图）

马占山历史陈列展馆（市文化广电和旅游局／供图）

家三级文物6226件/套。2020年建设完成的黑河商会历史陈列馆、马占山历史陈列展馆、黑河小微博物馆群是黑河市承办第三届全省旅发大会的重点和具有鲜明特色的项目。独具特色的博物馆群，每年让大量海内外游客在黑河享受着不同层次、不同类型的文化体验，对黑河市文化旅游产业发展起到了推动作用。

2020年黑河市国有博物馆名录

表26

序号	名　称	级别	地　址	批准时间
1	瑷珲历史陈列馆	一级	爱辉区瑷珲镇	1975年
2	北安庆华军工遗址博物馆	二级	北安市乌裕尔大街1号	2012年
3	黑河知青博物馆	二级	爱辉区瑷珲镇	2016年
4	黑河旅俄华侨纪念馆	二级	爱辉区王肃街72号	2007年
5	黑河博物馆	三级	爱辉区海兰街241号	1987年
6	孙吴日本侵华罪证陈列馆	三级	孙吴县北孙吴镇	1983年
7	五大连池火山博物馆	三级	五大连池风景区新区	2003年
8	黑河市城市规划历史陈列馆		爱辉区兴安街41-1号	2013年
9	爱辉区新生乡岭上人展览馆		爱辉区新生乡政府旁	1983年
10	瑷珲海关历史陈列馆		爱辉区瑷珲镇	2015年
11	黑河市瑷珲历史陈列馆分馆中俄艺术陈列馆		爱辉区海兰街241号	2016年
12	黑河学院中苏抗战历史纪念馆		爱辉区中央东大街黑河学院	2015年
13	北安博物馆		北安市龙江路434号	2010年
14	中共黑龙江省工作委员会旧址陈列馆		北安市二转盘逸园西侧	2013年
15	黑龙江省政府旧址陈列馆		北安市龙江路北大荒街38号	2013年
16	嫩江市博物馆		嫩江市清江街110号	2003年
17	嫩江市墨尔根古道驿站博物馆		嫩江市清江街110号	2014年
18	逊克县鄂伦春民族博物馆		逊克县国防街99号	1991年
19	孙吴胜山要塞博物馆		孙吴县沿江乡	2014年
20	孙吴县侵华日军军人会馆遗址陈列馆		孙吴县北孙吴镇	2013年
21	闯关东纪念馆		孙吴县西兴乡平度村	2013年
22	朝阳山抗联博物馆		五大连池市朝阳山乡	2016年
23	五大连池市博物馆		五大连池市滨水新区1号	2016年

2020年黑河市民营博物馆名录

表27

序号	名　称	地　址	是否免费
1	瑷珲卫国英雄园	瑷珲镇	是
2	瑷珲记忆馆	瑷珲镇	是
3	孙吴县抗日战争纪念馆	孙吴县火车站东侧	是

（王　佳）

【瑷珲历史陈列馆】 瑷珲历史陈列馆坐落于瑷珲新城遗址内，是全国唯一一处以全面反映中俄东部关系史为基本陈列内容的专题性遗址博物馆。展馆始建于1975年。2000年9月，黑河市委、市政府决定对原馆进行改扩建，2002年6月15日新馆落成并对外开放。新馆园区占地10万平方米，展厅面积总计7000平方米。瑷珲历史陈列馆爱国主义教育主题鲜明，定位准确，意义深远。展览紧紧围绕着黑龙江由中国内河成为中俄两国界河，瑷珲城由繁盛至衰败的历史变迁，充分展示了黑龙江所拥有的辉煌历史和饱受摧残的屈辱历程。瑷珲历史陈列馆是全国首批全国爱国主义教育示范基地、首批国家一级博物馆、首批国家级国防教育示范基地、中国侨联爱国主义教育基地、全国中小学生研学实践教育基地、国家AAAA级旅游景区，基本陈列“瑷珲历史陈列”是第五届全国博物馆十大陈列展览精品。瑷珲历史陈列馆先后创办了中俄艺术陈列馆、马占山历史陈列馆、黑河商会历史陈列馆3个分馆，形成“一主馆、三分馆”的馆群格局。常设展览“走出黑河 打响抗战第一枪——著名抗日爱国将领马占山”，以“任黑河警备司令的马占山”“黑河出发江桥抗战的马占山”“黑河再出发二次抗战的马占山”“毛泽东主席高度评价的马占山”4个部分，较为完整地展现马占山将军以家国大义为根本，两次从黑河出发，始终坚持武装抗日，誓死效国、戎马一生的爱国精神。常设展览“兴业肇基 阛阓云齐”——黑河商会历史陈列，以开埠前后的黑河、黑河商会的成立、黑河商会在边境贸易中发挥的作用3个部分，较为全面地反映出民国初期黑河商会在复杂历史的环境中所发挥的重要作用，以及为维护华人利益作出的贡献。（王　佳）

【黑河知青博物馆】 黑河知青博物馆坐落于黑河市瑷珲镇，于2009年开馆，是我国首座以全面展示、传承中国知青历史文化为主旨的大型展馆，是集研究、收藏、教育、展示、阅览于一体的社会公益性文化场馆。该馆总建筑面积1.14万平方米，布展面积8600平方米，馆藏文物3.3万件，史料9461件/套，建有基本陈列馆、赤子之诚专题馆、知青油画馆、知青国画馆、知青影视剧院、开放式文物库房等设施。该馆基本陈列以“中国知青与共和国同命运”为展览主题，全面讲述了自1955年全国第一批知青开垦北大荒以来数十年的知青史。展示了1776.48万名中国知青担负起建设祖国边疆农村的历史责任，在红土地、黄土地、黑土地、大草原、大戈壁战天斗地的光辉历史，再现了广大知青在改革开放的伟大征程中创造出的辉煌业绩。展览分为共赴广阔天地、谱写闪光青春、浴火凤凰、苦涩的记忆、返城之路、改革开放的中坚、两地情7个部分。举办了由文化和旅游部主办的首届中国知青文化周、“与共和国同命运”全国巡展已在全国19个省市展出、与喜马拉雅手机新媒体合作开通的《树新讲知青》节目点击量达110万，成为全国知青历史文化的研究中心、知青历史文物的收藏中心、知青精神宣传教育的展示中心。是国家AAA级旅游景区、黑龙江省爱国主义教育基地。2018年，获全国文博系统先进标兵单位，挂牌“国家方志馆知青分馆”。2020年，晋升为国家二级博物馆。（王　佳）

瑷珲历史陈列馆　（黑河日报社／供图）

【黑河博物馆】 黑河博物馆位于黑河市海兰街241号，于1989年建馆。占地面积4700平方米，建筑面积3300平方米，展厅面积2100平方米。展馆共有四层，一层展出俄罗斯油画，二层展出“国家特拨瓷器展”，三层四层作为临时展厅。馆藏文物7246件/套，其中，一级文物18件/套，二级文物67件/套，三级文物567件/套。黑河博物馆以弘扬和传承中华民族传统文化、培育和践行社会主义核心价值观为主要工作内容，加强与社会各界的沟通与协作，为百姓提供展示平台；开展馆际交流活动，引进外来展览丰富群众的文化生活，输出本地展览宣传北疆特色文化；组织“相约博物馆”活动，为学生开辟第二课堂；拓展互联网+模式来讲好黑河故事，传播好黑河文化，较好地发挥了博物馆宣传教育基地的作用。2005年，被黑龙江省委、省政府命名为第四批爱国主义教育基地；2007年，被黑龙江省军区命名为改革开放教育基地；2013年，晋升为国家三级博物馆。（王　佳）

【旅俄华侨纪念馆】 黑河旅俄华侨纪念馆坐落于黑河市王肃街西段一栋始建于清光绪三十二年（1906年）的百年欧式建筑——通济当铺旧址内，2007年开馆。占地面积4000平方米，展厅面积1800平方米，是全国唯一大规模集中展示、研究旅俄华侨（旅苏、俄留学生）的专业馆，是中国侨联爱国主义教育基地、中国华侨国际文化交流基地，黑龙江省廉政教育基地，黑龙江省统一战线同心协力基地，公安消防部队政治教育基地，是黑龙江一百个最值得去的地方之一，国家AAA级旅游景区。纪念馆展示的内容主题思想深远、内容翔实厚重，是一部纵深100余年、涉及党、政、军、民、学、工、商、文化及隐蔽战线的旅俄华侨史、中国早期马列主义传播史和留苏（俄）人员学习奋斗报效祖国史。陈列品以诸多新发现的以及广大留苏（俄）学生捐赠的历史照片、珍贵的档案资料、书籍笔记、富有特色的文物精品为主，辅以油画、沙盘、雕塑、超写实雕塑等展示手段客观、形象、生动详实地为广大受众讲述了旅俄华侨及留苏（俄）学生的百年历史。2020年，晋升为国家二级博物馆。　（王　佳）

电影放映机收藏陈列馆　（黑河日报社／供图）

【黑河市小微博物馆群】 2020年9月3日，黑河市小微博物馆群开馆，成为弘扬历史文化的新阵地、丰富群众文化生活的新舞台、提升城市文化品位的新窗口。小微博物馆群是黑河市承办第三届全省旅发大会的重点和具有鲜明特色的项目，充分挖掘区域特色历史文化内涵，通过新建、提升、建临时展馆等方式，筹建20余个馆社，以小而美、小而精为特点，与大型博物馆形成错落有致、星罗棋布的精品小馆群，多维度、多层次展示黑河市多元文化。小微博物馆群各展馆内容丰富、主题迥异、特色鲜明，与现有博物馆相呼应，串起市区内的文博圈，增强了黑河文化软实力。

2020年黑河市小微博物馆群名录

表28

序号	名　称	陈列内容	馆　址
1	黑河砂金历史陈列馆	展示清末至20世纪80年代，黑河辖区内金矿发现发展沿革和黑河人民大力生产黄金、支援国家建设的历史，见证黑河“黑龙江三千里江山金镶边”的辉煌	海兰街116号
2	电影放映机收藏陈列馆	展出老电影机和电影胶片，用老电影诉说着人们的往事	长发街45号
3	鄂伦春族题材油画陈列馆	展示表现鄂伦春族宗教信仰、神话传说、狩猎文化、风景风俗等题材的油画作品	长发街13号
4	铜版画收藏陈列馆	展示俄罗斯艺术家制作的铜版画作品	长发街21号
5	收音机收藏陈列馆	展示收音机的发现和发展历史	长发街23号
6	咖啡炉收藏陈列馆	展示咖啡炉的发明、发展、传播和使用以及精湛的工艺	长发街11号
7	钟表收藏陈列馆	展示个人收藏的各款式钟表	长发街31号
8	黑河历史建筑陈列馆	展示百余年来黑河城内的老建筑照片和中华人民共和国成立后的70多年间黑河城市建设和发展巨大变化	海兰街123号
9	留声机收藏陈列馆	展示个人收藏的留声机（电唱机）	西兴路16号
10	钱币收藏陈列馆	展示我国各历史时期和一些地方金融机构发行的钱币	旅俄华侨纪念馆后院
11	鱼拓画艺术陈列展	展示完全用真鱼制作的鱼拓画，非物质文化遗产之一，制作方法独特，作品栩栩如生	旅俄华侨纪念馆后院
12	俄罗斯艺术馆	展示俄罗斯油画家的优秀作品	长发街6号

续表28

序号	名　　称	陈列内容	馆　　址
13	桦树皮技艺文化陈列馆	展示利用桦树皮精美艺术品，其制作技艺是国家非物质文化遗产	江天路113号
14	李振东冰雪画展览馆	展示在国画基础上派生出来的一种独特的画法——冰雪画	王肃街226号
15	东珠艺术展示馆	展示中国东北松花江、黑龙江、乌苏里江、鸭绿江等流域的野生东珠（也称北珠）	旅俄华侨纪念馆后院
16	俄罗斯油画馆	展示俄罗斯油画家的优秀作品	长发街10号
17	漆艺作品陈列馆	展示具有浓郁民族特性的各类艺术漆艺作品	长发街35号
18	俄罗斯油画展览馆	展示俄罗斯油画家的优秀作品	财政局正门西侧门
19	麦秸画艺术创作陈列展	展示民间传统手工艺美术品麦秸画	旅俄华侨纪念馆后院
20	典故石说陈列展	展示象形奇石，感受石头集群“讲”史话	旅俄华侨纪念馆后院
21	王肃烈士纪念馆	展示黑河解放区的开拓者和奠基人，第一任黑河地工委书记、军分区司令员兼政委王肃的英雄事迹	旅俄华侨纪念馆后院
22	鱼皮技艺文化陈列馆	展示利用鱼皮纹理和质地设计、制作的鱼皮画艺术作品	铁路街35号
23	逊克北红玛瑙艺术馆	展示精美的逊克北红玛瑙艺术品	王肃街212号

（王　佳）

社科联活动

【概况】 2020年，黑河市直社科类学会组织共计21个。其中，社科联所属学会直属学会2个，联系的社科类学会组织19个。黑河市社会科学界联合会（以下简称“黑河市社科联”）发挥党和政府联系广大社科工作者的桥梁纽带作用，开展学会工作，代市委、市政府组织全市社会科学优秀科研成果评奖，进行社会科学知识普及、宣传工作。按时完成《黑河学刊》出版发行工作，新增事业编制3个，解决了《黑河学刊》自创刊以来没有编制的问题。　（张玉龙）

【课题研究】 2020年，黑河市社科联挖掘黑河历史文化旅游资源，丰富黑河文化内涵和人文精神，“黑河历史文化资源与生态旅游资源整合与开发对策研究”被列为黑龙江省社会科学院立项课题；围绕黑河经济社会问题，向省社科联申报“‘一带一路’背景下黑河寒地试车由单一服务向多元化服务转型的对策研究”“黑河自贸实验片区建设的对策研究”“基于‘轴—点—面’模式下的黑河市全域旅游结构模式的构建”3项课题，其中“黑河自贸实验片区建设的对策研究”被列为全省经济社会发展重点研究课题。　（张玉龙）

【社科评奖】 2020年，黑河市社科联为调动和激发社会科学工作者的积极性、创造性，推动全市社会科学事业发展，制订《黑河市第十三届社会科学优秀成果评奖实施方案》《黑河市第十三届社会科学优秀成果评奖暨黑龙江省第十九届社会科学优秀成果初评工作方案》。6月10日，组织开展黑河市第十三届社会科学优秀成果评奖暨黑龙江省第十九届社会科学优秀成果初评工作，审核通过市级评奖成果162项。10月24日，请省评审专家进行评奖，共评选出96项优秀成果，其中，一等奖11项，二等奖16项，三等奖30项，佳作奖39项。此次评奖活动是全省地（市）第一次由省级专家进行评审的活动，评奖成果是近两年哲学社会科学领域坚持正确学术研究导向，围绕服务中心工作主题，多视角、多层面开展学习研究工作成果的集中展示，对于进一步推动全市哲学社会科学事业的繁荣发展具有重要的引领和促进作用。

2020年黑河市第十三届社会科学优秀成果奖一览表

表29

获奖等次	一等奖		
姓　名	题　　目	作品类型	单　位
宁艳红	《黑水为证：旅俄华侨的历史记忆》	专著	黑河学院

续表29

姓名	题目	作品类型	单位
石金焕等	《在华俄侨作家“离散”创作研究》	专著	黑河学院
祁国江	《后苏联时期俄语构词中的新趋势》	论文	黑河学院
张晓丽	《黑龙江省鄂伦春族桦树皮艺术保护与传承研究》	研究报告	黑河学院
杨丽华	《后现代视野下王家卫电影的叙事风格》	论文	黑河学院
辛明远	《计算机专业TRIZ理论教学模式的构建与实践》	研究报告	黑河学院
邵丽梅	《数学文化与数学应用例谈》	编著	黑河学院
邸欣然	《黑龙江优秀精神助力龙江振兴发展》	论文	黑河市委党校
彭传勇等	《战后东北亚国际关系史研究》	专著	黑河学院
谢慧	《关于“一带一盟”倡议对接黑河市与俄罗斯远东合作法律风险防范的建议》	研究报告	黑河学院
翟立强	《〈跨太平洋伙伴关系协定〉的发展、现实挑战与中国应对策略研究》	专著	黑河学院
获奖等次	二等奖		
姓名	题目	作品类型	单位
于光华	《基于数据驱动的大学生培养质量评价分析》	论文	黑河学院
马红	《MOOCs对国家开放大学资源共享的影响研究》	论文	黑河学院
王佳	《关于边境县农村党组织软弱涣散的问题和建议》	调研报告	逊克县委党校
王颖等	《移动学习时代高校教学模式研究》	研究报告	黑河学院
甘海泉	《论俄罗斯文学中女情人的“永恒女性”之美》	论文	黑河学院
刘丽明	《碎片化时代时政新闻的“微”创新——以央视新闻〈V观〉栏目为例》	论文	黑河学院
何昆	《韩国电影〈釜山行〉的中国文化意蕴》	论文	黑河学院
吴立红等	《马克思主义哲学与中国传统文化结合机制研究》	研究报告	黑河学院
张庆梅	《黑河实施乡村振兴战略研究》	课题	黑河市委讲师团
李建荣等	《应用型本科院校实施通识教育的历史启示》	论文	黑河学院
李昕	《刍议后苏联时期俄罗斯宗教政策的形成与转变》	论文	黑河学院
陈泽刚	《体育舞蹈对女大学生体质健康的影响》	论文	黑河学院
姜莹	《边境城市牌匾公示语俄译规范研究》	研究报告	黑河学院
徐卫	《教育信息化背景下“农民工子女”教育模式发展研究》	研究报告	黑河学院
郭丽莉	《美国华裔文学后经典叙事研究》	编译著	黑河学院
谢春河	《“十月革命”后中国政府对黑龙江沿岸俄罗斯族的管理》	论文	黑河学院
获奖等次	三等奖		
姓名	题目	作品类型	单位
丁宇	《新时代要把党的政治建设放在首位》	研究报告	黑河市委党校
丁磊	《黑河市农产品加工业发展研究》	调研报告	逊克县委党校
万红	《中俄文化交流的特点及影响——从文化兼容角度谈起》	论文	黑河学院
马丽丹等	《新时代大学生理想信念教育的困境及对策》	论文	黑河学院
尹萍等	《毛姆长篇小说的中国书写论略》	研究报告	黑河学院
邓指辉等	《“互联网+”时代的俄语教学策略研究》	论文	黑河学院

续表29

姓　名	题　　目	作品类型	单　位
包学敏	《大数据时代下电视新闻的创新路径分析》	论文	黑河学院
田玉萍	《基于学生核心素养整合教师教育课程》	研究报告	黑河学院
刘玉凤等	《大学英语学科建设中家庭教育参与策略研究》	论文	黑河学院
刘冰等	《学科融合背景下的大学语文课程改革研究》	论文	黑河学院
刘　娟	《〈普通话异读词审音表〉（修订版）浅析》	论文	黑河学院
朱海静	《黑龙江流域跨国中俄少数民族分布情况探析》	专著	黑河学院
吴　昊	《中俄经贸合作促进大学生创业就业可能性研究》	论文	黑河学院
吴梦媛	《深入推进脱贫攻坚的对策建议——以黑龙江省逊克县为例》	研究报告	黑河市委讲师团
宋春艳	《21世纪黑龙江中国画艺术的现状与发展研究》	研究报告	黑河学院
张守波	《探析卓越法律人才培养计划下地方新建本科院校法学专业实践教学》	论文	黑河学院
张　玲	《多元文化视域下华裔作家任碧莲作品探析》	论文	黑河学院
张　蕊	《浅析广西壮族采茶舞的风格特点》	论文	黑河学院
张　璐	《“互联网+农业”对俄跨境电商物流人才培养基地建设的探索——以黑河学院为例》	论文	黑河学院
李冬辉	《推进城市执法体制改革的研究》	论文	北安市委党校
李　娜	《应用型本科高校法学专业双师型教师培养路径探析》	论文	黑河学院
李春艳等	《黑龙江俄侨文化遗产保护问题研究》	论文	黑河学院
李　莹	《移动学习环境下大学英语翻转课堂的教学模式探究》	论文	黑河学院
陈丽丽	《黑龙江省人口老龄化现状及对策分析》	论文	黑河学院
林虹伟	《党员干部在深化党的创新理论学习中增强党性、坚定理想信念研究》	研究报告	逊克县委党校
姜丽萍等	《黑龙江省中俄边境地区保护生态环境建设生态文明对策研究》	研究报告	黑河学院
赵金东	《推进北安市文化产业发展对策研究》	论文	北安市委党校
崔继舟	《“鉴证”——中苏抗战历史纪念馆图集》	调研报告	黑河学院
曾光顺等	《公共产品供给不均与基本公共服务均等化的矛盾及解决对策研究》	论文	黑河学院
韩士媛等	《“一带一路”视域下的语言建设》	论文	黑河学院

（张玉龙）

【地情资料编撰】 2020年，黑河市社科联组织人员对黑河历史文化、经济社会发展现状进行全面梳理，召开征求意见会，请省级专家进行把关修订，几易其稿，完成20余万字的《黑龙江历史文化通览·黑河卷》编撰工作，拟于2021年上半年出版印刷，为建党100周年献礼。（张玉龙）

【编印《决策参考》】 2020年，黑河市社科联发挥智库专家和社科工作者“思想库”和“智囊团”的作用，围绕市委、市政府中心工作，以自贸区建设、疫情防控、复工复产、全域旅游、城市建设、冰雪旅游等为主题，编印《决策参考》12期，为市委、市政府领导科学决策提供智力支持。（张玉龙）

【学术活动】 2020年，黑河市社科联按照年初工作计划，与省社科联和兄弟地市联系，学习借鉴换届好做法好经验，多次开展学会工作调查。下发《关于做好社科类社团组建和规范化管理的通知》，为换届做好前期准备。支持组织学会开展宣传活动，黑河市历史研究会与市委宣传部融媒体中心联合在新媒体上对关于王肃相关的遗址遗迹进行视频图文介绍。从保卫边疆开发边疆建设边疆角度，以爱国主义教育为主题，开展驿站文化研究，探讨清驿路、驿站古今历史文化旅游长廊建设。（张玉龙）

【《黑河学刊》期刊】 2020年，黑河市社科联按照国家新闻出版署、省新闻出版局的各项规定和最新标准及要求，稿件审定更严格，编辑更细致，加工更规范，按时完成《黑河学刊》出版发行工作。严格落实文稿三审三校制，确保正确的舆论导向，全年编辑出版6期，为社科工作者搭建了学习交流的平台，进一步发挥了社会科学学术期刊在弘扬理论、传承文明方面的作用，顺利通过省新闻出版局年检审核和社会效益评价考核。（张玉龙）

综　述

【概况】 2020年，黑河市共接待国内外游客642万人次，同比下降51.1%。其中接待国内旅游者635.7万人次，同比下降47.5%。旅游收入38.4亿元，同比下降66.5%。其中国内旅游收入37.3亿元，同比下降61.5%。截至2020年末，全市有旅行社92家。其中，出境社12家、国内社37家。注册导游员988名。A级旅游景区（点）29个。其中，国家AAAAA级旅游景区1个，国家AAAA级旅游景区6个，国家AAA级旅游景区14个，国家AA级旅游景区8个。

黑河市文化广电和旅游局指导全市有旅游资源潜力的乡镇大力发展乡村旅游，规范运作。截至2020年末，全市共有全国乡村旅游重点村3家、省级乡村旅游重点村4家、省乡村旅游示范点16家。拥有星级酒店15家。其中，四星级酒店4家，三星级酒店10家，二星级酒店1家。

2020年黑河市旅游景区一览表

表30

序号	旅游区（点）名称	评定时间	所在地	质量等级
1	五大连池风景区	2010年12月	五大连池风景区	AAAAA
2	瑷珲历史陈列馆	2010年9月	爱辉区	AAAA
3	黑河中俄民族风情园	2020年10月	爱辉区	AAAA
4	北安市庆华军工遗址旅游区	2016年12月	北安市	AAAA
5	山口湖景区	2014年11月	五大连池市	AAAA
6	大沾河国家森林公园景区	2015年8月	五大连池市	AAAA
7	农垦嫩江农场源明湖旅游区	2017年11月	嫩江市	AAAA
8	新生鄂伦春民俗旅游景区	2012年5月	爱辉区	AAA
9	黑河旅俄华侨纪念馆景区	2011年12月	爱辉区	AAA
10	知青博物馆	2012年11月	爱辉区	AAA
11	黑龙江省委省政府旧址	2012年12月	北安市	AAA
12	五大连池市朝阳山抗联红色景区	2020年12月	五大连池市	AAA
13	青山公园景区	2010年12月	五大连池市	AAA

续表30

序号	旅游区（点）名称	评定时间	所在地	质量等级
14	五大连池二龙山工农业旅游观光区	2008年12月	五大连池市	AAA
15	逊克县大平台雾凇景区	2018年1月	逊克县	AAA
16	孙吴日本侵华罪证陈列馆景区	2018年1月	孙吴县	AAA
17	孙吴县胜山要塞景区	2010年12月	孙吴县	AAA
18	鹤山城乡一体化现代化大农业生态旅游风景区	2017年12月	嫩江市	AAA
19	黑龙江省农垦山河平顶山旅游区	2009年12月	嫩江市	AAA
20	墨尔根古道驿站博物馆	2020年12月	嫩江市	AAA
21	高峰森林公园景区	2020年12月	嫩江市	AAA
22	北安博物馆	2012年8月	北安市	AA
23	五大连池农场生态园区	2012年12月	五大连池市	AA
24	逊克县库尔滨鄂伦春民族风情旅游区	2012年7月	逊克县	AA
25	逊克县新鄂度假村景区	2012年7月	逊克县	AA
26	逊克县石景山庄旅游度假区	2012年1月	逊克县	AA
27	大西江现代农业观光旅游区	2007年	嫩江市	AA
28	嫩北农场恬淡园旅游景区	2012年12月	嫩江市	AA
29	七星湖旅游度假村景区	2012年12月	嫩江市	AA

2020年黑河市星级酒店一览表

表31

序号	名　　称	评定时间	地　　址	质量等级
1	黑河国际饭店有限责任公司	2009年10月1日	黑龙江省黑河市王肃街128号	四星
2	黑河市关鸟河商贸旅游大酒店有限责任公司	2007年12月29日	黑河市合作区通江路33号	四星
3	五大连池风景区轩煌酒店	2008年8月6日	五大连池风景区火山路3号	四星
4	五大连池市金隆酒店有限公司	2009年7月12日	五大连池市青山路53号	四星
5	黑龙江省总工会五大连池职工疗休养中心	2008年6月3日	五大连池风景区工人疗养院	三星
6	五大连池风景区顺达宾馆	2009年8月14日	五大连池风景区顺达宾馆	三星
7	五大连池风景区兴安园宾馆	2011年6月30日	五大连池风景区药泉东路	三星
8	五大连池风景区青年酒店	2013年4月15日	五大连池风景区石龙南路	三星
9	五大连池风景区新泉山温泉酒店	2014年12月2日	五大连池风景区石龙东路	三星
10	五大连池风景区绥五宾馆	2014年12月2日	五大连池风景区绥化步行街	三星
11	北安市万达商务酒店	2014年12月2日	北安市铁西区汽车产业园202国道旁	三星
12	嫩江大酒店	2015年12月31日	嫩江市清江路市政府东侧	三星
13	嫩江市乐水汇商务宾馆	2018年2月10日	嫩江市学府墨香居门市	三星
14	逊克县金色海岸酒店	2018年2月10日	逊克县交通路	三星
15	嫩江市铭家宾馆	2015年12月31日	嫩江市育才新城6号楼门市	二星

（王　佳）

9月4日，第三届黑龙江省旅游产业发展大会推介会会场 （黑河日报社／供图）

【第三届黑龙江省旅游产业发展大会】 2020年，黑河市文化广电和旅游局围绕“办会兴城、强市富民”的办会目标，精心谋划旅游发展蓝图，打造旅游新产品新业态，务实推进旅游新项目，打造全域旅游新格局，助推旅发大会成功举办。做好与各方沟通联络工作，加强与省文旅厅的沟通请示，准确把握省委、省政府的工作要求，确保大会工作衔接顺畅、有序推进、圆满完成。精准把握全域旅游发展格局，科学编制《第三届黑龙江省旅游产业发展大会总体规划》《黑河市全域旅游发展总体规划》。高质量建设一批文旅项目，重点完成黑河旅游服务中心基础设施提档升级，推出黑河旅游大数据监管服务平台及一部手机游黑河，开启黑河智慧旅游新时代；完成内容丰富、主题迥异、特色鲜明的小微博物馆群建设；对马占山历史陈列馆和黑河商会历史陈列馆进行布展，对瑷珲历史陈列馆和黑河知青博物馆进行整体提升改造。设计文化展演活动，组织开展“追梦新时代文艺演出”“歌舞表演”“民乐专场”“流行音乐节”等多场次风格各异的文艺专场展演。大会期间，在主会场和瑷珲—腾冲公园分会场、黑龙江大桥分会场分别组织开展20余个国家级及省级非物质文化遗产项目、工艺品展览和文艺表演。 （王 佳）

【旅游市场整治】 2020年，黑河市文化广电和旅游局全面推进行政执法“三项制度”（建立执法全过程记录制度、严格执行重大执法决定法制审核制度、推行行政执法公示制度），完善执法程序，规范执法行为，提高执法效能。加大旅游市场秩序综合整治执法检查力度，严肃查处各类涉旅违规违法案件，打造规范有序、充满活力的旅游市场环境。全市各级文化市场综合行政执法机构组织开展文化旅游市场检查共2015次，出动执法人员7119人次，检查文化旅游企业27253家次，发现问题整改3家。及时受理和协调解决旅游投诉4起。

2020年黑河市星级旅行社一览表

表32

序号	旅行社名称	经营范围
1	黑河职工国际旅行社有限公司	出境社
2	黑河市环球旅游有限公司	出境社
3	黑河青年旅行社有限责任公司	出境社
4	黑龙江天马国际旅行社集团有限公司黑河分公司	出境社
5	黑河市环球旅游有限公司逊克分公司	出境社
6	黑龙江海外旅游有限公司黑河分公司	出境社
7	哈尔滨市松花江国际旅行社有限公司黑河分公司	出境社
8	哈尔滨青年国际旅行社黑河分社	出境社
9	黑龙江省中国青年旅行社有限公司黑河分公司	出境社
10	盈科美辰国际旅行社有限公司黑河分公司	出境社
11	银建国际旅行社有限公司黑河分公司	出境社
12	黑龙江省风景国际旅行社有限公司黑河分公司	出境社
13	黑河中国国际旅行社有限责任公司	边境社
14	黑河海外旅行社有限公司	边境社
15	黑河中国旅行社有限责任公司	边境社

续表32

序号	旅行社名称	经营范围
16	黑河大黑河岛国际旅行社有限责任公司	边境社
17	黑河平安国际旅行社有限公司	边境社
18	黑河天马商务旅行社有限公司	边境社
19	黑河界江国际旅行社有限公司	边境社
20	黑河北疆教育旅行社有限公司	边境社
21	黑河途途旅行社有限责任公司	边境社
22	黑河远东国际旅行社有限公司	边境社
23	黑河市新华假日旅游有限责任公司	边境社
24	黑河市龙江国际旅行社有限公司	边境社
25	黑河市海澜旅行社有限公司	边境社
26	黑河神州国际旅行社有限公司	边境社
27	黑河阳光国际旅行社有限公司	边境社
28	黑河中侨假日旅行社有限责任公司	边境社
29	黑河兰海国际旅行社有限责任公司	边境社
30	黑河银建旅行社有限公司	边境社
31	黑河俄风行国际旅行社有限公司	边境社
32	黑河锦绣江山国际旅行社有限公司	边境社
33	黑河市美好时光国际旅行社有限责任公司	边境社
34	黑河市东方之星国际旅行社有限公司	边境社
35	黑河市辉煌商务国际旅行社有限公司	边境社
36	黑河环宇国际旅游有限公司	边境社
37	黑河友谊国际旅行社有限公司	边境社
38	黑河市飞驴国际旅行社有限责任公司	边境社
39	黑河鑫诚国际商务旅游有限公司	边境社
40	黑河双龙国际旅行社有限责任公司	边境社
41	黑河市雪域边江国际旅游有限公司	边境社
42	黑河市启程国际旅行社有限公司	边境社
43	黑河观光国际旅行社有限责任公司	边境社
44	黑河市远洋旅行社有限责任公司	边境社
45	黑河市博康国际旅行社有限公司	边境社
46	黑河市龙行天下国际旅行社有限责任公司	边境社
47	黑河市泉来国际旅行社有限公司	边境社
48	黑龙江省观江旅行社有限公司	边境社
49	黑河悦程国际旅行社有限公司	边境社
50	黑河市启缘国际旅行社有限公司	边境社

续表32

序号	旅行社名称	经营范围
51	黑河市康乾国际旅行社有限公司	边境社
52	黑河乐游国际旅行社有限公司	边境社
53	黑龙江省中国国际旅行社有限责任公司黑河分公司	边境社
54	五大连池风景区连池印象国际旅行社有限公司	边境社
55	黑河界江国际旅行社有限公司嫩江分公司	边境社
56	黑龙江省瑷珲古城旅行社有限公司	境内社
57	黑河市北国明珠国际旅行社有限公司	境内社
58	黑河市世达旅行社有限公司	境内社
59	黑河市望江国际旅行社有限公司	境内社
60	黑河市正通国际旅行社有限公司	境内社
61	黑河市协程旅行社有限公司	境内社
62	五大连池风景区矿泉旅行社	境内社
63	五大连池风景区兴海旅行社	境内社
64	五大连池风景区龙江旅行社	境内社
65	五大连池风景区黑龙旅行社	境内社
66	五大连池风景名胜区五湖旅行社有限公司	境内社
67	五大连池风景名胜区自然保护区药泉山旅行社	境内社
68	五大连池风景区连池旅行社	境内社
69	五大连池风景名胜区日河旅行社	境内社
70	五大连池风景名胜区绿色田园旅行社	境内社
71	五大连池风景区广源旅游有限公司	境内社
72	五大连池风景区圣水家园旅行社有限公司	境内社
73	五大连池风景区北国情旅行社有限公司	境内社
74	五大连池风景区一二三景亮国际旅行社有限公司	境内社
75	五大连池风景区华亿国际旅行社有限公司	境内社
76	黑龙江省松花江国际旅行社有限公司五大连池风景区分公司	境内社
77	黑龙江省海洋国际旅行社有限公司五大连池风景区分公司	境内社
78	黑河观光国际旅行社有限责任公司五大连池风景区分公司	境内社
79	哈尔滨慵懒旅行社有限公司五大连池风景区分公司	境内社
80	五大连池旅行社	境内社
81	五大连池市青年旅行社	境内社
82	五大连池职工旅行社	境内社
83	北京温都水城国际旅行社有限公司五大连池分公司	境内社
84	北安市方圆旅行社有限责任公司	境内社
85	黑龙江省松花江国际旅行社有限公司北安分分公司	境内社

续表32

序号	旅行社名称	经营范围
86	黑龙江国之旅游有限公司北安分公司	境内社
87	嫩江市金泰旅行社有限责任公司	境内社
88	黑龙江省九三农垦领航文化旅游有限公司	境内社
89	黑龙江省中国国际旅行社有限责任公司嫩江分公司	境内社
90	黑河大马旅行社有限公司	境内社
91	逊克县畅游旅行社	境内社
92	同江市招商国际旅行社有限公司逊克分公司	境内社

（王　佳）

旅游资源

【概况】 黑河市与俄罗斯隔江相望，地理位置优越，有独特的自然旅游资源和丰富的人文旅游资源，五大连池的火山地质地貌景观，冬季奇特的冰雪景观，美丽的历史古城瑷珲等。黑河文化多元，是百年口岸城市，也是东西方文明交融地，生活方式、传统习俗和建筑风格融入了很多俄罗斯元素，形成了风格独特、别具魅力的城市气质。黑河市有浓厚的民俗文化、红色文化、知青文化，建成了东北地区最大的民族公园中俄民族风情园，全国首批百家爱国主义教育示范基地瑷珲历史陈列馆，国家方志馆分馆黑河知青博物馆，展示中俄友好历史的旅俄华侨纪念馆，全国唯一以驿站为主题的墨尔根古道驿站博物馆，被称为博物馆、纪念馆之城。黑河市把旅游业作为促转型、调结构、稳增长的首位产业来培育，加快全域旅游战略布局，推动中国国际特色旅游目的地建设，进一步叫响“中俄风情之都、北国养生福地”品牌。（王　佳）

【自然景观】 黑河市森林、冰雪、湿地、界江、湖泊生态优良，自然景观旅游资源丰富。负氧离子含量高，是极佳的天然氧吧，入选“2017中国好空气城市排行榜”，每年夏季吸引百万国内和俄罗斯老年人到黑河避暑养生。

五大连池火山。五大连池风景区山奇、石怪、泉神、洞异、湖秀、林幽，被誉为“天然的火山博物馆”和“打开的火山教科书”，是国家重点风景名胜区、国家自然遗产，是世界生物圈保护区、世界地质公园，被列入联合国教科文组织绿色名录，也是著名康疗养生、休闲度假旅游胜地。国家AAAAA级旅游景区，景区内的14座层状火山和28座盾形火山高低错落、姿态迥异。天然矿泉享有“神泉圣水”的美誉，与法国维希、格鲁吉亚北高加索纳尔赞矿泉并称为“世界三大冷矿泉”，具有神奇的功效。黑龙山、火烧山、格拉球山、南北饮泉、龙门石寨、温泊、冰洞、石海、喷气锥、喷气碟等400余处地质奇观和旅游景点供游人观赏。

大沾河国家森林公园。国家AAAA级旅游景区，是一处集森林观光、探险漂流、奇石观赏、科学考察、休闲养生及旅游度假为一体的天然生态型森林公园。以大沾河及其沿岸秀丽的风光为景观主体，红松母树原始林、水森林、湿地、神水、火山石、峭壁等景观相互辉映。山雄水秀、峰奇壑险、石怪泉异、林广树茂，有着全省独一无二的漂流资源、森林浴资源、科考探险资源、鄂伦春民族风情旅游资源和森林小火车旅游资源。

山口湖风景区。国家AAAA级旅游景区、国家级水利风景区及省级地质公园。以湖光山色、水利枢纽、天然森林、河流、湖泊、湿地、地质遗迹等景观为特色，开辟了游泳场、漂流、水上乐园、彩弹射击、垂钓场、狩猎场等娱乐项目。通过丰富的生态旅游项目，实现运动健身、休闲度假、科学研究等综合效能，带给游客无尽的乡情野趣。景区水面鸥鸟盘旋，盛产哲罗、细鳞、高白鲑、狗鱼等14科48种淡水鱼。（王　佳）

【冰雪旅游资源】 2020年，黑河市贯彻习近平“冰天雪地也是金山银山”重要理念，依托黑河丰富的冬季冰雪旅游资源，确立“最北自贸区、冰雪理想国”冰雪旅游主题，推动黑河冰雪旅游产业持续健康发展。

红河谷国际滑雪场。黑河红河谷国际滑雪场是黑河地区唯一一家SSS级滑雪场，其雪期之长居国内滑雪场首位，是黑河和俄罗斯远东地区场地最大的雪场。拥有4条高中级雪道、4条索道、1座儿童滑雪场、1座初级滑雪教练场地、雪橇及雪圈场、近千米长的雪地摩托赛道、雪滑梯、冬季捕鱼、儿童冰雪冬令营等。

逊克县大平台雾凇景区。国家AAA级旅游景区，位于逊克县大平台湿地自然保护区。雾凇景区包括沿库尔滨河而建的平台、高山、台山3个村。每年约有14万摄影爱好者和旅游者摄影、观光和度假。冬季是旅游旺季，约有10万人次。（王　佳）

旅游开发建设

【概况】 2020年，黑河市文化广电和旅游局初步完成《黑河市“十四五”文旅产业发展规划》,确定第三届全省旅发大会项目29个、后旅发大会项目46个。制订《市文化广电和旅游局2020年“不见面”招商引资工作方案》,提出加快推进五道豁洛旅游养生岛项目、振边酒厂项目、中俄民族风情园项目、自驾车营地等项目建设。配合省文旅厅开展《黑龙江省全域旅游发展总体规划(2020—2030年)》《黑龙江省冰雪旅游产业发展规划(2020—2030年)》编制工作。全年完成总投资17.7亿元。完成全市28家A级旅游景区质量等级复核工作,其中27家达到相应标准。中俄民族风情园成功创建国家AAAA级旅游景区。五大连池市朝阳乡边河村、爱辉区瑷珲镇外四道沟村、爱辉区新生乡新生村、爱辉区瑷珲镇外三道沟村被评为省级乡村旅游重点村,其中,五大连池市朝阳乡边河村、爱辉区瑷珲镇外四道沟村、爱辉区新生乡新生村入选全国乡村旅游重点村。(王 佳)

7月,中俄民族风情园改扩建工程即将竣工 (黑河日报社/供图)

【中俄民族风情园】 中俄民族风情园始建于2005年,在中央电视台为纪念世界反法西斯战争胜利50周年出品的电视剧《这里的黎明静悄悄》拍摄基地的基础上逐步扩建而成,拍摄过《玫瑰绽放的年代》《老农民》《大江作证》《黑河风云》《毛岸英》《闯关东》等多部热播影视剧。占地面积35公顷。2020年10月,晋升国家AAAA级旅游景区,按照AAAA级旅游景区及“醉美龙江331风景廊道”优质旅游服务区标准,建成鄂伦春鄂乡民风、满族八旗迷宫、中俄影视鎏金、俄罗斯风情小镇、花田喜事、婚纱摄影、户外拓展、水上乐园和星空营地、九州木居等各具特色景观,打造集民族风情展示、影视文化博览、养生休闲度假、康体运动娱乐于一体的文旅休闲目的地。(王 佳)

【中国瑷珲国际汽车营地】 中国瑷珲国际汽车营地位于“醉美331风景廊道”爱辉区外四道沟俄罗斯族村,占地面积21.4万平方米。汽车营地以“一轴、一环、一带、八区”为核心,突出“超大营位设计+必备基础设施+特色功能服务”的设计理念,打造以户外体验为主的新型旅游模式。7000余平方米的多功能游客服务中心可满足团队会议、住宿和餐饮需求,83个汽车营位,以及营位之间充足的空间距离和良好的私密性深受游客喜爱,是全省车位最多、规模最大、配套服务功能最全的汽车营地。(王 佳)

【海兰之夜风情街】 海兰街形成于1913年,1915年定名兴隆街。1949年因此街有海兰水泡人民政府,将此街改名海兰街。民间也称文化街、三道街。西起电厂北路东至公园路,全长1500米,为百年老街。其东端300米已开发为俄罗斯商品街,两侧商铺林立,均以俄罗斯日用百货、珠宝玉器、海鲜食品为主,是游客旅游、购物首选之地,已成为黑河的特色街区。为进一步扩大消费,打造夜经济模式,市政府投资改造东兴路至电厂北路1200米路段,实施机动车道升级改造,铺设人行道,绿化升级整条街路,新增小型街景、雕塑,街道整体亮化,优化步行系统。同时进一步完善中俄艺术品陈列馆、小微博物馆、快捷酒店等配套设施。(王 佳)

黑河旅游服务中心 (黑河日报社/供图)

【黑河市旅游服务中心】 黑河旅游服务中心2020年建成投入使用，占地面积6200平方米，一二层主要有全域旅游业务办理、游客集散服务、智能化信息咨询展示和旅游大数据监管服务平台等4大功能。可当日办理一次性赴俄旅游护照，满足游客当日办照当日出境的需求；提供自驾车及租车还车服务，解决大交通到黑河的游客在黑河自驾需求；停车场安装了充电桩，满足游客电动车充电需求；可预订旅游专车和机场大巴车专线服务。按数字龙江要求，建设了旅游大数据监管服务平台，与省文旅厅大数据监管服务平台、智慧黑河及"趣龙江"平台共享互通，引入5G及人脸热力识别技术，可实现24小时大数据及旅游智能化监测管理服务和旅游行业动态智能分析。可为游客提供基于当前位置的"一部手机游黑河"智能移动服务，以及重点景区全景实时VR体验。同时还提供文旅政务服务、旅行社业务、旅游咨询、投诉受理、智能邮局产品和黑河旅游商品、特色文创产品一站式展销等服务。（王　佳）

五大连池风景名胜区自然保护区管理委员会

【概况】 五大连池风景名胜区自然保护区管理委员会是黑河市人民政府派出机构，赋予县政府职能，机构规格为正处级。2020年，五大连池风景名胜区自然保护区（以下简称"五大连池风景区"）地区生产总值5.74亿元，同比增长1%；固定资产投资1.45亿元，同比增长10%；公共财政预算收入3600万元，同比下降48.4%；规模以上工业增加值1420.6万元，同比增长5.9%；社会消费品零售总额1.73亿元，同比下降17.8%；城镇常住居民人均可支配收入2.74万元，农村常住居民人均可支配收入1.79万元，同比分别增长1.1%、8.6%；旅游人次37万、旅游综合收入1.11亿元，同比分别下降81.4%、84.1%。（杨金辉）

【项目建设】 2020年，五大连池风景区高位编制规划，聘请泛华集团编制《五大连池风景区顶层设计及系统性发展战略规划》。推进"十四五"规划纲要和27个专项规划编制。谋划储备2021年省级百大项目1个，市级百大项目4个。谋划基础设施、生态环保、产业、民生保障4类项目，形成五大连池风景区"十四五"重点项目库，入库项目100项，总投资258.7亿元。列入国家重大项目建设储备库36个。全年对上争取资金8670万元。全力抓好招商引资，开展不见面招商活动，持续对接推进安徽途居宿营地公司房车营地、北京首农集团矿泉水开发、北京爱家集团旅游提升、农夫山泉矿泥护肤品开发、贵州百灵功能饮品开发、广州不染楼氡矿泉开发等项目，实现招商引资到位资金2.3亿元。加快推进重点项目，2020年列入省市级百大项目3个，年度计划投资2.5亿元，当年开工项目2个，完成投资1亿元。省级百大项目年产50万千升（一期20万千升）冰泉啤酒完成12万平方米土地平整、5000平方米成品库、包装车间基础施工及部分设备订购；市级百大项目福爱矿泉水完成征占林地、土地招拍挂和部分设备订购，进行土地平整；市级百大项目园区基础设施推进征占林地等前期工作。景区重点产业项目11个，年度计划投资8000万元，年内开工项目9个，完成投资2749万元。火山博物馆布展、火山博物馆室外景观设施、地质公园能力建设（五池底泥清淤）竣工；景区景点提升改造、康养小镇（花海）环境综合治理、矿泉豆腐厂、省工人疗养院升级改造、重要地质遗迹保护、青泉村旅居养老项目取得明显进展。（杨金辉）

【生态保护】 2020年，五大连池风景区夯实生态保护基础，通过IUCN（世界自然保护联盟）保护地绿色名录再评估。完成五大连池国家自然保护区优化整合预案，并通过省政府常务会议上报国家林草局。启动申遗准备工作，成立领导小组，制订《申遗工作方案》，明确工作步骤和任务分工。推进保护项目建设，完成五大连池生态环境保护项目子项目2个并通过验收。完成老黑山南坡下山通道将军岩地质灾害治理、二龙眼泉至老黑山保护通道改造1094米。开展特殊地质遗迹调查及多目标土壤地球化学调查工作。加强河湖管护工作，严格落实河（湖）长制，区级河湖长巡河湖87次。开展河湖"清四乱"回头看，整治乱堆乱建问题7个。推进省级示范河湖创建，石龙河入选"省示范河湖首批建设"名单。完成河湖划界，开展亮剑护河联合执法专项行动，清除违法设置拦河设

五大连池火山地质博物馆生态厅　（谷鸿翎／摄）

五大连池火山地质博物馆景观广场花海　（谷鸿翎／摄）

五大连池风景区火山堰塞湖　（郭伯林／摄）

施1处。强化资源环境保护。加大污染防治攻坚战推进力度，完成整治任务4个。禁止秸秆露天焚烧实现全区“零火点”。加强大气、水体、负氧离子、地质灾害监测。完成全国第二次污染源普查，通过市生态环境局验收。开展违建别墅整治、风景名胜区监督管理排查和乱占耕地建房专项整治工作，违建别墅封停1个、拆除3个，一般违建拆除6个、没收3个，其余一般违建已启动国有资产清理程序。封山育林533.33公顷，退耕还林185.33公顷。（杨金辉）

【旅游康养产业】2020年，五大连池风景区以承办旅发大会项目观摩任务为契机，通过景观品位的提升、基础设施的完善、旅游环境的优化，夯实旅游康养产业发展基础。完成火山博物馆布展和室外景观建设，打造成为景区标志性的精品建筑。打造2条旅发大会项目主要观摩线路。对旅游从业人员进行业务培训，抽调55名志愿者、选拔15名优秀讲解员并进行系统培训。设立分会场，在火山地质博物馆和三池温泉国际选取直播点，现场连线直播“印记火山三百年圣火火种驻馆仪式”和“温泉夜宴”康体养生泡温泉场景。开展旅游用品专项整治，重点查处销售假冒伪劣旅游商品等违法行为，严厉打击涉游虚假违法广告。对旅行社与游客签订的旅游合同逐条进行审查，坚决查处虚假商业宣传。加快智慧景区建设。完成主要景区信息采集摄像头、游客中心720度全景摄像头安装，加强老黑山、龙门石寨景区4G信号，新老镇增加5G基站。维修改造游客中心，提升服务功能。在黑河智慧旅游服务平台“一部手机游黑河”建立“助销客”，帮助旅游企业进行网络销售。利用官方微信公众号开通景区语音讲解功能。加强宣传促销。完成国家级旅游度假区申报文本，并报送文旅部待评审。通过携程网络平台和黑河市政府网络平台开展优惠促销活动。举办“印记火山300年”“火山之恋冰雪奇缘”冬季旅游宣传活动。制作播出《飞越家乡》等4部高清专题片。完成35项文创产品的设计开发，对景区吉祥物进行升级打造、重新设计图文LOGO。在新华社、中新社、央广网、《黑龙江日报》等中央、省级媒体发稿298篇。积极对接中央电视台《地理中国》栏目，到景区拍摄制作节目2期。（杨金辉）

【矿泉特色产业】2020年，五大连池风景区高标准建设经济开发区。开发区规划环评完成批复，入河取水口、排污口完成审批，征占林地正在报批。根据入园企业需求，对经济开发区基础设施“给水、污水、供热”工艺及规模进行调整，完成开发区基础设施一、二期工程可研第三次修编及批复、初步设计修编及审批工作，正在推进修编后施工图设计，部分施工图进入审查阶段。安全影响评价完成批复；土地利用总体规划、土地集约利用评价、水土保持方案完成编制或修编；修编防洪影响评价、基础设施项目环评、供水水源工程建设项目水资源论证报告。经济开发区基础设施二期累计完成投资9986万元。年产50万千升啤酒（一期20万吨）、年产300万吨矿泉水入驻开发区，均复工。高质量打造绿色农业发展示范区。全区种植作物面积1.20万公顷，粮食产量达0.31亿千克。实施农业“三减”行动，搭建科技服务平台，组建农业专家团队，建立农业技术信息微信群，举办农村集体经济组织带头人培训班，培训村干部、种植、养殖合作社、家庭农场人员150余人次。发展地方特色渔业养殖，以五池子水域为依托，开展南蟹北养，投放中华绒毛蟹3000万只。矿泉鱼、矿泉鸭、矿泉酒、矿泉豆腐等矿泉特色种养加业持续发展。（杨金辉）

【民生事业】2020年，五大连池风景区决战决胜脱贫攻坚，落实行业扶贫政策，提高“两不愁、三保障”水平。青龙湖观光园、光伏发电等扶贫产业稳定运营，新建集体产业青龙湖养鸭厂投入运营，青泉村旅居养老扶贫项目完成改造。帮助贫困户解决各类日常生活、买药就医等困难38件，土地流转47户31.39公顷，发展庭院经济6户，51人实现就业。整治农村人居环境，完成龙泉村文化广场建设，启动村屯巷道建设、院墙规范和亮化工程。青泉村维修改造巷道7条2280延长米，完成村庄绿化工程。优化政务服务，政务服务中心办理等各类事项2790余件，全区583项政务服务事项实现全省政务服务网审批。制订下发《2020年全区深化机关作风整顿优化营商环境实施方案》，设立12346企业投诉网络电话，完成41个区直部门工作方案的审核工作。开展行业乱象专项整治，8个牵头单位分别制定专项整治实施方案。统筹抓好社会事业。加强医务人员培训，推进医疗卫生体制改革，提升院感防控能力。有序开展线上教学，高三、初三稳定复学，幼儿园获“首批全国足球特色幼儿园”称号。新区群众健身广场供电设施及照明投入使用。建设龙泉村饮水安全巩固提升工程。对8户鉴定为C、D级的“四类重点对象”住房进行维修改造或回迁安置。开发公益性岗位93个；职业技能培训393人；引导196名农民工有序赴省外返岗。（杨金辉）

综述

【概况】2020年，全市有各级各类医疗卫生机构1149家，其中，医疗机构1130家，卫生机构19家。综合医院40家，中医医院6家，专科医院3家，疗养院1家，妇幼保健院（站）7家，乡镇卫生院75家，社区卫生服务中心（站）25家，村卫生所（室）622家（含农垦森工64家），社会办医疗机构314家（民营医院8家、门诊部45家、诊所261家），厂矿企事业卫生室37家，共有编制床位9065张，卫生技术人员10163人。各级各类卫生机构中，疾控中心8家，监督机构8家，采供血机构3家，职工总数507人。

2020年，黑河市按照党中央、国务院和省委、省政府决策部署，提前谋划、周密安排，紧盯重点领域和关键环节，严查细管、防治并举，取得了常态化疫情防控阶段性成效，实现了医务人员零感染，确诊病例零死亡，境外病例零输入。制订《黑河市秋冬季新冠肺炎防控工作方案》和《黑河市应急预案》，在全市原有流调队伍和核酸检测人员基础上，成立由医疗卫生、公安干警、社区工作人员组成的流调队伍，成立2796名医疗卫生人员组成的应急核酸采样队伍，并全部完成学习培训。提升医疗救治水平，成立并调整了由75名专家组成的黑河市市级新冠肺炎医疗救治专家组，组建了2个由22名医护人员组成的市级援助梯队。8家定点救治医院全部接入省级远程医疗平台，为医疗救治提供有力技术保障。全面提高核酸检测能力，全市15家医疗卫生机构能够开展核酸检测，每日检测最大量10012份，达到全市全覆盖。全市备案病原微生物实验室55家，已开展核酸检测的PCR实验室医疗机构15家。（张馨予）

【黑河市卫生健康中心项目建设】2020年，黑河市卫生健康中心项目选址位于黑河市爱辉区机场路东侧、龙源路南侧，地块总面积16.6万平方米，项目占地面积11.5平方米，总建筑面积14.1万平方米。项目内容包括黑河市第一人民医院（黑河市重大疫情救治基地）、黑河市传染病医院、黑河市疾病预防控制中心、黑河市中心血站、黑河市中俄医学交流中心、爱辉区疾病预防控制中心，计划总投资13.58亿元。2020年申请到位抗疫特别国债6.71亿元，于8月开工建设。项目建成后，将补齐黑河公共卫生领域短板，提升黑河公共卫生服务体系和预防突发传染病的应急救治能力。

（张馨予）

【基层医疗卫生】2020年，黑河市卫生健康委员会持续推进“优质服务基层行”活动，全市社区卫生服务中心、乡镇卫生院自评覆盖率达100%。推进爱辉区紧密型医共体试点建设，为分级诊疗打下良好基础。做实做细基本公共卫生服务项目，强化人员培训，推进基本公共卫生服务精细化管理。提供优质家庭医生签约服务，提高居民签约服务满意度。加强人才队伍建设，做好基层卫生人才能力提升培训项目，为社区卫生服务中心招聘30名执业医师。按照分类指导、分众施策、分级负责的工作原则，扎实开展健康促进三年攻坚行动，推进健康教育进乡村行动，依托农村广播、文化大院、标语口号、微信公众号等载体，对村民主要健康问题开展健康教育，传播健康素养基本知识。推进健康教育进家庭行动，依托重大公共卫生项目、基本公共卫生服务、家庭医生签约服务和基层计划生育服务，入户宣传健康扶贫知识。推进健康教育进学校行动，有效整合资源，组织开展健康促进进学校活动。推进基层健康教育骨干培养行动，抽调人员组建健康教育骨干培训团队，依托健康巡讲活动，实现基层健康教育骨干培训全覆盖。（张馨予）

【中医药产业】2020年，黑河市中医药

11月，黑河市中医医院举办"第三届膏方节"活动　（黑河日报社／供图）

发展领导小组成立，设立黑河市北药研究开发中心，各县（市、区）均成立工作专班。全市中药材种植面积达1.07万公顷，经营主体达1400余个，爱辉区、逊克县成为省级中药材基地建设示范县。推进中医药全产业链招商，在第二届黑龙江中医药产业博览会上，"极境寒养"地理标志和"寒域道地"中药材特色得到了各方广泛关注。推动中俄中医药产业跨境合作，增加俄药进口品种，筹建中俄合资公司，推进中药材、国际医疗、医药科研等中医药跨境产业集群发展，增加境外中医药传承工作室、健康旅游基地等项目。　（张馨予）

【计划生育服务管理】2020年，黑河市卫生健康委员会开展公共卫生人口监测项目经费使用，各县、市均制定《人口监测工作方案》和《人口监测绩效考核评估办法》，严格落实经费使用。落实计生特殊家庭"双岗"联系人制度，特殊家庭信息档案建档率达100%，联系人覆盖率达100%；开通就医"绿色通道"，确保计生特殊家庭成员在普通门诊就诊能够享受优先便利服务。全面开展"三个全覆盖专项行动"，将特扶对象纳入家庭医生团队重点服务人群，签约率达100%。多部门联合，开展了打击"两非"专项活动，并建立了由卫健部门牵头，民政、财政、人社、医保等部门共同参与的计划生育特殊家庭沟通联络机制。　（张馨予）

疾病预防控制

【疾控监测】2020年，黑河市卫生健康委员会提高疫情网络报告预警能力，传染病预警均在规定的时限内核实处理，响应率达100%；法定传染病发病率和死亡率与上年同期相比呈下降趋势。规范计划免疫规划管理，免疫规划疫苗接种率达95%以上。加强卫生饮用水监测，全市共设置监测点66个。严重精神障碍患者报告管理治疗在全省排名第二。开展食品安全风险监测，监测范围覆盖全市。推进基层食品安全"一体化"创建，确定逊克县为试点，逐步完善基层食品安全工作体系。做好食源性疾病监测，全市二级以上哨点医院23家。开展餐具、饮具集中消毒服务单位执法监督专项行动，规范辖区企业的生产经营行为，提高餐具、饮具集中消毒服务行业的整体卫生管理水平，切实保障人民群众健康安全。　（张馨予）

【疾控服务水平提升】2020年，全市各级疾控机构设施设备建设符合标准，能够满足本地区疫情防控、流行病学调查和应急处置的需要。黑河市疾控中心实验室有仪器136台（件），认证检验能力289项，新冠肺炎疫情发生后，黑河市委、市政府为市疾控中心配备了核酸提取仪、荧光定量PCR、-80℃超低温菌株存储冰箱等一批检验设备，并购置了消杀器械和应急车辆，极大地提升了全市处置重大突发公共卫生事件快速应急、快速检测的能力。核酸检测单采日检测量1000份，混采日检测量1万份；全市5个县（市）疾控机构开展核酸检测实验室能力建设，逊克县完成建设并配备了检测人员，可以开展核酸检测，北安市、五大连池市、嫩江市、孙吴县于年底前建成。　（张馨予）

【应急处置能力提升】2020年，黑河市不断强化卫生应急信息化建设，全市传染病预警均在规定时限内核实处理，响应率100%。建立完善突发公共卫生事件应急处置指挥信息系统，实现国家、省、市、县、区全覆盖。重新调整了全市卫生应急队伍，设立传染病和群体性不明原因疾病、食物中毒与食源性疾病等15支114人组成的市级卫生应急队伍和64支518人组成的县级卫生应急队伍，针对防护服穿脱、流行病学调查、实验室标本采集、疫源地处理、大型活动防控救治等进行桌面演练和实战演练5次。全市卫生应急工作经费和应急储备经费均纳入同级政府财政预算，市级医疗机构和疾控机构结合应急处置实际需要，提前1个月向政府提出储备申请，政府给予充足保障，卫生应急物资储备能够满足需要。全面提高生物安全事故处置能力，成立了由感染病学组、重症医学组等6个专业49名专家组成的黑河市应对生物安全事故医疗专家组，全面做好应对生物安全医疗事故的准备。　（张馨予）

【疫情防控与救治】2020年，全市定点医院用于救治新冠肺炎床位309张，出现病例后，能够在48小时内将医院（或独立院区）整体腾空。全市10家发热门诊严格落实首诊负责制，实行24小时接诊，对发热病人做好基本身份信息登记和备案，强化新冠肺炎临床症状早期识别。严格执行病人登记报告制度，发现可疑病例第一时间进行隔离医学观察。强化医疗机构院感防控，规范工作流程，减少人员现场聚集，细化发热病人接诊、筛查、留观、转诊工作流程，防止发热患者与其他患者密切接触。严格执行一医一患一诊室就诊，患者有序排队，保持安全距离。对发热门诊全部患者进行新冠病毒核酸和血常规检测，可疑患者全部留观。落实落靠主体责任，辖区内24家医院成立由院长担任主任委员的感控委员会，全市122家医院明确了感控工作管理部门，指定专人负责院感防控工作，并根据医疗机构规模增加院感专职人员数量配备。住院病区严格执行门禁管理制度，患者及陪护人员全部进行核酸检测，一患一陪护，严防交叉感染。全面做好基层医疗机构哨点诊室设置和人员配备，协调相关部门完善哨点诊室建设。有效落实各项防控措施，指导乡村医生对本村返乡人员开展全面排查，家庭医生团队积极引导居民签约，主动接受健康管理。对3409名基层医疗卫生机构工作人员进行个人防护和院感防控知识培训，充分利用信息平台开展健康咨询、随访等活动，向群众广泛宣传疫情防控知识。全市各级医疗卫生机构开展新冠肺炎疫情应急演练121次。（张馨予）

卫生管理

【医药卫生体制改革】 2020年，黑河市公立医院医疗费用不合理增长与提升医疗服务与保障能力指标控制取得明显成效，全市公立医院医疗服务收入占医疗收入比例29.40%，公立医院人员支出占业务支出比例48.90%，公立医院财政补助收入占总支出比例57.19%，公立医院资产负债率32.53%，收支平衡的公立医院数占公立医院总数比例100%，公立医院平均住院日8.47天，以上指标均达到国家和省级平均水平。市直中央财政公立医院综合改革补助资金737万元分配到市第一人民医院、市中医医院和市口腔医院。（张馨予）

【医疗卫生服务】 2020年，黑河市卫生健康委员会落实“看病不求人”工作要求，卫健部门包保工作组和全市二级以上公立医院党委书记、院长“走流程”明察暗访，梳理人民群众就医的“堵点、难点”问题。推动医联体建设，完成中期评估。大病专项救治病种增加至30种，重病兜底保障患者42人，救治率100%；大病患者772人，救治率100%；慢病患者12717人，管理率100%。联合公安局开展医疗机构安全风险排查，二级以上医疗机构全覆盖，对存在的问题进行整改。（张馨予）

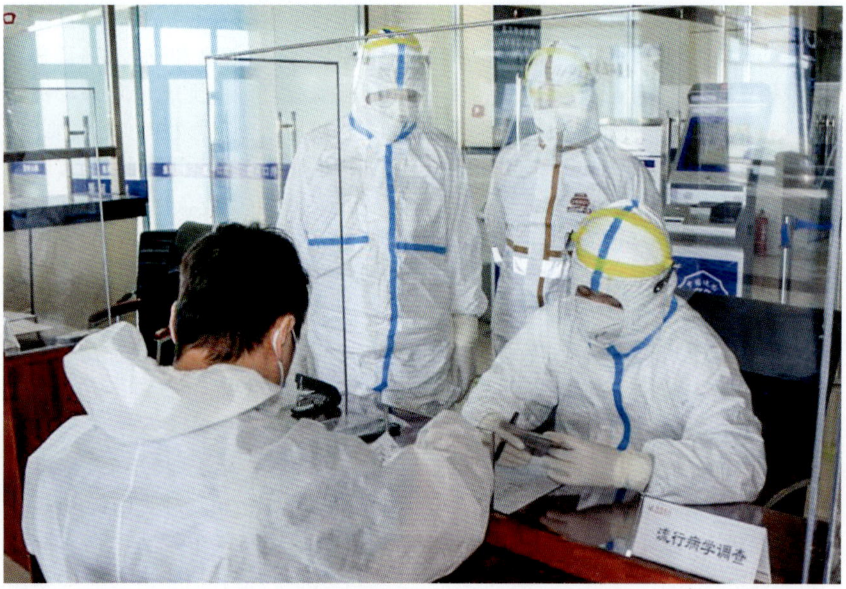

4月4日，黑河市疾控中心对入境人员进行流行病学调查

（市卫生健康委员会／供图）

【药物政策】 2020年，全市政府办基层医疗机构药品全部实行网上集中采购，零差率销售。全市65家乡镇卫生院、592个村卫生所（室）、18个社区卫生服务中心全部实施了国家基本药物制度，基本药物制度覆盖率达100%。2020年全市药品采购2.71亿元，其中基本药物采购9808.77万元，占比36.19%。通过黑龙江省药品集中采购网，定期监控医疗机构药品采购情况，无连续三个月不达标医疗机构。确定北安市、嫩江市为综合试点单位，北安农垦医院（三级）基药采购金额占比为47.32%，嫩江市人民医院（二级）占比为35.22%；嫩江市海江镇卫生院（一级）占比为79.76%。全面实施短缺药品直报，上报短缺药品信息70余条。（张馨予）

【卫生健康信息化建设】 2020年，按照“互联网+医疗健康”要求，全市辖区内开通24小时问诊电话的二级以上医疗机构25家，成立“名医基层工作室”25家，在“健康龙江平台”实现网上预约挂号21家，实现门诊显示患者排队信息19家，实现住院部显示手术患者排队信息14家，门诊大厅设立自助查询、打印设备13家，采取信息化手段推送检验检查结果11家，通过自助、诊间、移动终端等进行医疗费用结算8家，包括黑河市第一人民医院在内的8家医疗机构开展了远程医疗服务。（张馨予）

【行风建设】 2020年，黑河市卫生健康委员会严格践行“四种形态”，狠抓作风整顿。全面加强公立医院党的建设，努力实现党建与经济社会发展深度融合，持续深化作风整顿优化营商环境工作，不断加强医德医风建设，增强各级党组织的创造力、凝聚力、战斗力，为把卫生健康事业发展推向新高度提供坚强的思想和组织保证。举办学习贯彻中共十九届五中全会

精神专题辅导班和廉政警示系列学习活动，全年共开展理论中心组学习12次，委党委党员领导干部讲党课45次。开展纪念建党99周年系列党建活动和“爱家乡、游黑河”主题党日活动，通过组织党员参观黑河重点旅游观光基地、疫情防控摄影展、重温入党誓词、召开抗疫感想学先进座谈会等形式，强化党员干部责任意识和担当精神。（张馨予）

卫生监督执法

【综合监督】2020年，黑河市卫生健康委员会对医疗卫生机构、公共场所等有关单位依法依规全面开展监督指导，对全市民营医院、综合门诊部、个体诊所等医疗机构是否营业进行日查夜巡。助力复工复产，监督、指导美容、美发、住宿等公共场所疫情防控。稳步推进卫生监督“双随机、一公开”工作，及时在市政府网站进行公示。继续开展“蓝盾行动”，持续保持打击非法行医高压态势。（张馨予）

【职业健康监管】2020年，黑河市卫生健康委员会扎实推进尘肺病防治攻坚行动，制定下发《黑河市尘肺病防治攻坚行动实施方案》，成立工作领导小组，与各县（市、区）政府主要领导签订《尘肺病防治攻坚责任书》。用人单位粉尘危害申报率98.08%、职业健康检查率96.77%、负责人培训率90%、职业管理员培训率90%、劳动者培训率95.74%。全面开展工作场所职业病危害因素监测，申报率为55.56%，覆盖率达100%。进一步规范全市职业健康检查机构备案管理工作，实现县级行政区域职业健康检查机构全覆盖。（张馨予）

【公共场所督导检查】2020年，黑河市卫生健康委员会积极应对新冠肺炎疫情的影响，强化公共场所督导检查，对宾馆、口岸、农贸市场、医院、学校、幼儿园等场所环境及进口冷藏食品进行风险排查和检测，采集样本15442份，新冠病毒核酸检测均为阴性。对市直各医疗卫生机构、各交通运输卡口进行专项督导，对全市67家医疗卫生机构、115家个体诊所、63家乡镇卫生院、227家村卫生室进行秋冬季疫情防控监督检查，下达整改意见书107份。（张馨予）

【依法履职】2020年，黑河市卫生健康委员会制定“谁执法谁普法”责任制实施方案，明确责任主体及责任清单。建立委党委会议、主任办公会议、理论中心组学习会前学法制度。将卫生健康法律法规纳入党委中心组重要学习内容，组织卫生健康系统干部职工参加学法用法培训。健全网上审批服务工作流程，行政许可事项、高频事项承诺时间占法定时限平均比例达到80%。确保网上办事流程清晰，操作便捷，完善评价渠道，在线政务服务平台设立咨询投诉窗口，做好“三项制度”组织实施工作，落实主要领导第一责任人责任，发挥法治政府建设领导小组作用，逐项落实法治政府建设指标任务。（张馨予）

爱国卫生

【爱国卫生运动】2020年，黑河市巩固国家卫生城市创建成果，成立黑河市国家卫生城市复审迎检领导小组，细划制定包括11个大项163小项工作任务，涉及64个行业标准和28个职能部门的《国家卫生城市暗访评价表》和《国家卫生城市复审工作任务及验收标准分解表》，确保国家卫生城市复审各项工作有序推进。（张馨予）

【健康黑河建设】2020年，黑河市卫生健康委员会进一步强化组织领导，以市政府名义印发《健康黑河行动（2019—2030年）实施方案》，成立以分管市长为组长，卫生、教育、体育3个部门主要领导为副组长，30个相关成员单位组成的健康黑河行动推进委员会。制定印发《关于进一步做好健康知识科普宣传工作的通知》《黑河市2020年健康素养促进项目工作实施方案》和健康科普宣传工作计划，结合新冠肺炎疫情防控工作，利用《黑河日报》、黑河广播电视台和各类新媒体广泛普及健康知识，不断提高广大市民的健康意识和防控能力。（张馨予）

妇幼老龄事业

【妇幼健康服务】2020年，黑河市成立市级产科质控中心，完善从乡村到县、市的危重孕产妇转诊抢救绿色通道，全市1万平方米以上医疗机构母婴室建设达标率达到100%，提前完成全省规划目标。全面做好助产机构预防“艾滋病、梅毒、乙肝母婴传播”项目指导、资金监管和免费检测试剂发放工作，把好孕早期免费检测和阳性病例治疗随访关。全市孕产妇艾滋病、梅毒、乙肝检测率达99.42%，对艾滋病感染孕妇及所生婴儿采取干预措施率达100%，对乙肝孕妇及所生婴儿采取干预措施率达100%，对梅毒感染孕妇及所生婴儿采取干预措施率达86.51%。疫情期间，设立3家新冠肺炎孕产妇救治定点医院，成立孕产妇救治专家组和儿童救治专家组。全力保障危重孕产妇救治绿色通道畅通，疫情期间共有4例妊娠合并血小板减少，2例RH阴性血的产妇顺利分娩，危重孕产妇救治中心接收下级转诊18人。在黑河市第一人民医院紧急设立全市产前筛查中心，保障产前筛查工作有序进行。（张馨予）

【老龄健康服务】2020年，黑河市创新医养结合养老服务模式，全市90家养老机构均提供不同形式的医疗服务，床位8837张、惠及在院老人5982名，每千名老年人拥有医养结合型服务床位达18张。全市20家二级以上综合医院（含中医医院）开设老年病科，所有二级以上医院全部设立老年人优先服务窗口，65周岁以上老年人纳入健康管理率达66%。黑河市被确定为全国安宁疗护第二批地市级试点。（张馨予）

体育

群众体育

【概况】2020年，全市在册体育社会组织共193家。其中，市直51家、爱辉区22家、嫩江市35家、北安市23家、孙吴县25家、五大连池市21家、逊克县13家、五大连池风景区3家。活跃在一线的社会体育指导员共3926名。其中，市直398名、爱辉区238名、嫩江市905名、北安市893名、孙吴县524名、五大连池市649名、逊克县221名、五大连池风景区98名。全市有各类体育健身站点共330个。

黑河市体育局以增强人民体质、提高健康水平为根本目标，以满足广大人民群众日益增长的健身需求为根本出发点，壮大体育社会组织，完善体育社会组织管理，创新开展全民健身系列活动，加快体育设施建设，满足群众健身需求，打造城市冰雪健身圈。全年开展“冰雪体育之冬”系列活动10余项，承办国家体育锻炼达标赛，参加省“全民健身日”活动，举办钓鱼大赛、羽毛球邀请赛、冬泳文化节、棋运会、职工乒乓球赛和中俄国际象棋网络友谊赛等20余项体育赛事。（李　响）

【全民健身活动】2020年，新冠肺炎疫情防控常态化的情况下，黑河市体育局开创全民健身赛事活动新模式，组织开展形式多样的全民健身系列活动，营造了良好的全民健身氛围。1月11—12日，黑河市第二届“华泰杯”国际象棋“棋王、棋后”赛暨黑河市国际象棋二级裁判员培训在黑河市实验小学举办，比赛设公开组、棋士组，共有来自各县（市、区）的166名选手参赛。赛后对29名选手进行二级裁判员培训，开展编排程序课程、裁判员礼仪等课程的学习，为黑河市国际象棋的规范发展奠定了基础。8月8日，参加2020年黑龙江省“全民健身日”活动暨大众健身“云”动会分会场连线直播活动，通过“城市健康跑步团”健身跑和太极拳协会太极拳展演，向全省观众展示黑河市“中俄双子城 北国养生地”的城市风貌和全民健身、科学健身的成果。8月15—16日，黑河市第二届“棋运会”在市全民中心体育场举行。有国际象棋真人秀团体对抗赛、3分钟有奖快棋赛、国际象棋智力体能团体接力赛等13个比拼项目，吸引了150组家庭参与比赛。8月29日，黑河市举办“迎旅发”首届王者荣耀电竞线上公开赛，比赛由黑河市体育局主

8月15—16日，黑河市第二届“棋运会”在市全民中心体育场举行，图为国际象棋真人秀团体对抗赛项目

（市体育局／供图）

10月16—18日，黑河市第十一届“东方夏威夷杯”羽毛球邀请赛在全民健身中心体育馆举办　（市体育局／供图）

办，黑河市首家体育电竞俱乐部——星河电竞俱乐部承办。比赛采用全程直播加赛事解说的流行方式，在抖音App和虎牙平台同时观看人数达到600余人，营造了良好的电竞发展氛围。经过一天共4轮激烈的比赛角逐，爱辉区代表队获得总冠军。9月9日，“全民健身 活力中国”国家体育锻炼标准达标赛黑河站在市全民健身中心体育场举行，来自全市各行业和各年龄段的240人参加测试。此次达标赛参赛运动员按年龄划分为儿童组、少年组、青年组、壮年组和老年组，测试了5大类10余个项目，达标率89%，优秀率25%。9月13日，第一届“中通快递杯”钓鱼大赛在瑷珲镇举行，共有57人参赛。这是黑河市首次举办的钓鱼赛事，对黑河市钓鱼项目的发展起到了推动作用。10月16—18日，黑河市第十一届“东方夏威夷杯”羽毛球邀请赛在全民健身中心体育馆举办。来自黑河各县（市、区）及齐齐哈尔依安县、克东县的24支队伍320余名运动员展开激烈的角逐。

黑河市各县（市、区）也举办了丰富多彩的群众体育活动。爱辉区组织开展中俄徒步大会、线上中俄国际象棋邀请赛、“区长杯”速滑比赛、雪地足球联赛等活动。嫩江市依托“畅游嫩江冰雪·体验别致冬天”冬季旅游节开展“赏冰乐雪”汽车计时赛、冰雪嘉年华、雪地足球等多项赛事。五大连池市及风景区承办新年登高活动、全国徒步大会、“山口湖”冰钓比赛、“斯巴达克·国庆杯”青少年足球邀请赛等活动。北安市举办“百花·山晨水杯”乒乓球大奖赛、冰球联赛、篮球联赛等赛事活动。孙吴县开展职工乒乓球赛、象棋比赛、雪地足球等多项赛事。逊克县举办棋运会、篮球赛、雪地足球等多项活动。

（李　响）

【体育宣传】 2020年，黑河市体育局发挥官方微信公众号“健康黑河动起来”的宣传推介作用，做好赛前、赛中及赛后的宣传工作，不断提高新闻传播时效性。全年共在“健康黑河动起来”微信公众号中刊发原创信息400余条，阅读量15万余次。2020中俄界江黑龙江国际冰球友谊赛，新华社、新浪、百度、360等国内外30余家新闻媒体进行了全程报道，搜索引擎相关条目30余万条，CCTV-5体育世界、黑龙江新闻联播等相继播出了比赛相关情况。中俄国际象棋网络友谊赛获得了广泛关注，龙江体育、学习强国、百度新闻、搜狐新闻、腾讯新闻等30余家国内知名媒体进行了报道。

（李　响）

【全民抗疫居家健身辅导】 2020年2月初开始，黑河市体育局组织市直及各县（市、区）50余名社会体育指导员每天在“抖音”和“快手”平台发布“#全民抗疫平安过年”主题健身指导视频，包括太极拳、健身操、瑜伽、有氧操、武术、徒手健身等多个体育项目，活动期间累计拍摄发布近400条，总数量位居全省第四名。3月9日、10日，通过“快手”平台分别进行家庭健身和太极拳教学直播，并与省台连线，近万人在线观看，增长粉丝1000余人。5月中旬，开始在系统内选拔人员和挑选素材，同时邀请市电视台专业团队进行“全民抗疫居家健身辅导”4期视频的拍摄，分别由市体育局领导、体校高级教练员、全民健身中心健身指导员和局机关科员不同的年龄和层面，进行健身气功八段锦、负重体能训练、家庭徒手健身和有氧健身操辅导视频的录制，从5月25日起在“亲亲黑河”、市体育局公众号和其他网络媒介进行连载播放。引导广大市民用科学的锻炼方式居家健身，有效应对全市疫情防控工作。

（李　响）

【基层健身设施建设】 2020年，黑河市体育局完成了中央及省级体育彩票公益金全民健身工程项目的申报工作。接收省教育局分配的社区多功能运动场设施4套、笼式足球设施2套、全民健身路径10套，根据各县（市、区）上报比例进行名额分配，并签署了捐赠协议。向省体育局和市发改委争取足球场地建设资金，2020年10月前，在各县（市、区）完成14块室外足球场地建设，其中，省体彩资金资助192万元建设9块球场、发改委专项足球场地建设资金资助580万元建设4块球场、风景区自筹资金建设1块球场，超额完成全市2020年末前建设12块足球场地的硬指标。加快体育设施建设，满足群众健身需求。截至2020年5月末，体育场地普查系统内人均场地面积达1.85平方米，超额完成“十三五”规划人均1.65平方米和全民运动健身模范市人均1.8平方米的工作任务；超额完成黑河市“十三五”期间建设33块足球场地的指标任务，实际完成40块。

（李　响）

竞技体育

【人才培养】 2020年，黑河市体育局不断加强竞技体育后备人才培养，强化教练员队伍建设，提升竞技体育水平。黑河市体工队新增速度滑冰教练员1名，速度滑冰运动员2名，新增10名调训运动员和5名试训运动员，组织1名教练员及7名运动员参加了省体育局反兴奋剂培训；黑河市体育运动技术学校制定招生方案，在8个项目上招录42名运动员，选招试训拳击、越野滑雪、自行车、田径运动员10人，新增教练员2名，教师2名。市体育局系统向省优秀运动队输送集训队7人、现役国家集训队队员5人。（李　响）

【体育赛事】 2020年，全市共选派77名运动员参加省以上比赛25项次，共获得奖牌10枚。其中，金牌4枚、银牌4枚、铜牌2枚，40人次进入录取名次。黑河市运动员在全国速度滑冰锦标赛获得1枚团体银牌；省拳击锦标赛获得2枚金牌、1枚铜牌；省射击锦标赛获得2枚金牌、2枚银牌；全国青少年速度滑冰锦标赛获得全能1枚银牌。全市共有34名运动员将代表黑龙江省参加全国第十四届冬运会速度滑冰、短道速滑、冰球、冬季两项、越野滑雪、高山滑雪、自由式滑雪、北欧两项4个大项8个分项的比赛。（李　响）

冰雪体育

【概况】 2020年，黑河市贯彻落实“绿水青山就是金山银山、冰天雪地也是金山银山”理念，依托冰雪优势，开展全民上冰雪运动，从全民普及、青少年培养等层面扩大冰雪运动辐射面和影响力，让更多人参与冰雪运动，尤其是让青少年、群众通过冰雪运动得到全面发展。

（李　响）

12月14日，黑河市体校运动员刘浩堃(左一)在2020年黑龙江省青少年U16拳击锦标赛中获冠军

（市体育局/供图）

【冰雪体育之冬系列活动】 2020年初，在2019—2020年度黑河市“赏冰乐雪”系列活动暨第六届“冰雪体育之冬”“百万青少年上冰雪”“全民冰雪活动日”活动中，举办了2020新年登高健身大会、全国徒步大会、2019—2020年度黑河市校园雪地足球冠军联赛、“欢乐冰雪 健康黑河”中俄界江零点跨越冬泳表演、“黑龙杯”冬泳文化节等赛事。12月18日，2020—2021年度黑河市“赏冰乐雪”系列活动暨第七届“冰雪体育之冬”“百万青少年上冰雪”“全民冰雪活动日”启动仪式在黑河市全民健身中心体育场举行。来自健身操协会的100余名成员开始徒步踏雪活动。黑河市各小学400余名学生感受冰雪、乐享其中，足球、冰尜、爬犁等项目深受青少年欢迎。为期4个月的“冰雪体育之冬”系列活动，以“冬季动起来 健康你我他”为主题开展各类特色冰雪赛事活动，丰富群众生活、增强人民体质，更好地推动全市群众冰雪运动普及发展。12月26日，2020徒步中国·全国徒步大会五大连池站暨2021“中国体育彩票”全国新年登高健身大会黑龙江主会场在五大连池风景区启幕，1500名登山、徒步爱好者汇聚在火山脚下，用运动的方式共同感

黑河市校园雪地足球（男子）冠军联赛　（市体育局/供图）

受冰雪奇观，体验冬日健身的无穷乐趣，喜迎新年的到来。以圣水广场为出发点，沿既定线路开始徒步，行程规划为2天，完成所有赛段徒步路程的队员获得了中国登山协会颁发的完赛证书。（李 响）

体育文化交流

【概况】2020年，黑河市体育局充分发挥地缘优势，开展丰富多彩的体育文化交流活动，在疫情境遇中寻求突破，创新国际体育交流方式，借助网络媒体继续搭建中俄两岸民间体育交往平台，推进中俄体育交流发展，打造精品体育赛事。（李 响）

【中俄国际青少年羽毛球邀请赛】2020年1月10—12日，中俄国际青少年羽毛球邀请赛暨黑河市羽毛球爱好者邀请赛在黑河市全民健身中心体育馆开赛。来自黑河市和俄布市的18支代表队共200多名运动员参赛，竞赛项目分为青少年单项赛与成人团体赛。（李 响）

【中俄冬泳文化节】2020年1月14日，首届中俄“黑龙杯”冬泳文化节在中俄界江黑龙江黑河市域冰面开幕。黑河市、嘉荫县和俄布市的50余名冬泳爱好者，开展了冰桶挑战、跳水、冰池拔河、泳装足球等多种形式的冰雪活动，黑河各社团为冬泳文化节助阵表演了丰富多彩的节目。（李 响）

【中俄界江黑龙江国际冰球友谊赛】2020年1月18日，2020中俄界江黑龙江国际冰球友谊赛在冰封的黑龙江黑河市域江面上开赛，这是继2017年首届中俄国际界江冰球友谊赛之后，中俄两国冰球队第四次在界江上正面“交锋”。黑龙江省儿童冰球队、青少年冰球队、成年冰球队和俄阿州儿童冰球队、青少年冰球队、成年冰球队参加比赛，600余名中俄观众现场观赛。比赛在以往儿童组、青少年组比赛的基础上，增加了成年组比赛，实现了中俄冰球项目交流在年龄上的全覆盖。1月15—17日，中俄冰球代表队在北安市参加了2020中俄国际冰球友谊赛。（李 响）

【中俄国际象棋网络友谊赛】2020年5月31日，中俄双子城2020中俄国际象棋网络友谊赛开赛，通过网络直播开幕式。来自天津市、陕西省、内蒙古自治区、云南省、河北省、黑龙江省和俄阿州、犹太自治州等20家中俄国际象棋协会和俱乐部共400余名青少年报名参赛，比赛分3个组别，历时3小时30分钟，进行了1778局对决。此次比赛是黑河市首次开展的中俄网络赛事活动，在疫情防控常态化期间，通过网上比赛的方式创新拓宽中俄体育交流渠道。（李 响）

【黑河市围棋网络争霸赛】2020年8月21—22日，黑河市围棋网络争霸赛开赛。此次围棋比赛为个人赛，采用网络对弈的方式，共有来自全市各县（市、区）的近百名棋手“云上”对弈。（李 响）

【黑河市象棋网络争霸赛】2020年9月12日，黑河市象棋网络争霸赛开赛。此次比赛为个人赛，共有来自全省近50名业余象棋爱好者展开线上对弈。象棋争霸赛，是继中俄国际象棋网络赛和围棋网络争霸赛之后的又一次“线上”竞赛，为全市棋类运动发展增添了新动力。（李 响）

【黑河市职工乒乓球赛】2020年12月4—6日，首届黑河市职工乒乓球赛在全民健身中心二楼体育馆举办。来自市直单位19支代表队、24支俱乐部和5个县（市、区）队，共计48支代表队340名运动员参加比赛。此次比赛展示全市广大干部职工积极向上，开拓进取的良好精神风貌，调动了广大职工群众参与全民健身活动的热情，有力地推进全民健身和全民健康深度融合。（李 响）

体育产业

【概况】2020年，黑河市体育局创新体育产业赛事，不断开发特色冰雪项目，推动健身休闲产业与冬季旅游融合发展。4月30日发布《关于加快推进落实〈黑河市加快发展健身休闲产业的实施计划（2019—2025年）〉的通知》，完成全国体育产业机构名录库更新报送任务。全市共有44家在册体育法人和产业活动单位，90家在册体育个体经营户。6月初，组织动员14家体育商家参与“约会初夏·龙江购物节”消费券派发活动。（李 响）

【参加全国体育产业培训】2020年11月3—5日，黑河市体育局组织人员参加全国体育产业处级干部培训班，就国内外宏观经济形势、体育产业政策分析、体育消费调查、体育产业发展案例分享等方面进行了线上学习与研讨。（李 响）

【体育旅游精品项目】2020年，在“2020中国体育旅游精品项目”中，黑龙江省有10个项目上榜，其中黑河有4个。五大连池风景区被评为“2020中国体育旅游精品景区”，中俄界江黑龙江国际冰球友谊赛、横渡中俄界江——黑龙江两项赛事被评为“2020中国体育旅游精品赛事”，中俄跨境冰雪体育休闲之旅线路被评为“2020中国体育旅游精品线路”及全国十佳精品项目。（李 响）

【体育彩票销售】2020年，全市共销售体育彩票1.06亿元，比2019年同期增长0.9%，筹集体彩公益金757万元。其中，黑河市本级销售4918万元，同比增长8%；嫩江市销售2180万元，同比增长24.13%；孙吴县销售476万元，同比下降40%；北安市销售1835万元，同比下降19%；逊克县销售492万元，同比下降10%；五大连池市销售622万元，同比增长23%；五大连池风景区销售70万元，同比下降11%。（李 响）

人力资源和社会保障

【概况】 2020年，全市人力资源和社会保障系统全面完成年初确定的各项工作任务。清理整顿人力资源市场秩序专项行动工作受到人力资源和社会保障部、国家市场监督管理总局通报表彰，治欠保支考核工作实现连续3年获得全省A级等次，黑河市劳动保障监察支队被评为“全国农民工工作先进集体”。黑河市人力资源和社会保障局内设13个科室，下辖6个处级事业单位：市就业服务中心、市社会保险事业服务中心、市人才服务中心、市劳动保障监察支队、市劳动人事争议仲裁院、市考试院；2个科级事业单位：市人力资源和社会保障信息中心、市就业创业服务指导中心。 （梁照华）

【就业创业】 2020年，黑河市在稳就业上下功夫，全市城镇新增就业14850人，完成省定指标的150%；失业人员再就业9264人，完成省定指标的165.43%；就业困难人员实现就业2934人，完成省定指标的183.38%；城镇登记失业率3.31%，比省定指标低2.19个百分点。开展各类培训14512人，完成省定任务指标的162%；完成青年见习523人，完成省定任务指标的111%；为632人发放创业担保贷款6592万元；建成各类孵化基地5家，在孵企业107家，带动就业839人；为14557人发放2019年度灵活就业社会保险补贴2857万元；组织1076家企业开展线上招聘会59场，发布就业岗位5.55万个，提供就业岗位16640个。 （梁照华）

【社会保险】 2020年，黑河市社保扩面工作持续推进。截至12月末，全市参加企业基本养老保险、机关事业养老保险、城乡居民养老保险、失业保险、工伤保险分别为15.87万人、4.55万人、40.95万人、4.69万人、9.32万人，分别完成省定指标任务的108.7%、107.6%、100.4 %、100 %、102.6 %。落实社保“减免缓补”政策，共为全市企业减免养老保险、工伤保险、失业保险3项社保费2.48亿元，惠及企业2180户。为638家企业发放失业保险稳岗补贴1368.2万元。扩大失业保险保障范围，累计审核通过全市申领失业补助金1553人、571

10月16日，“金秋招聘月”助企稳岗促就业活动现场 （黑河日报社／供图）

万元，发放补助1119人、142万元。确保养老金及时足额发放，对全市14.41万离退休人员基本养老金进行调整。机关事业单位退休人员人均增加养老金200.44元/月；企业退休人员人均增加养老金133.41元/月，全市年增加资金25566万元。开展专项清理整治违规领取城乡居民养老保险待遇百日攻坚行动，查处违规领取养老保险金人员2930人，追缴违规待遇247万余元，整改率和追缴率均达到100%。（梁照华）

【人事人才】 2020年，黑河市人力资源和社会保障局组织完成全市事业单位招聘1226人，引进硕士研究生以上学历急需紧缺高层次人才267人。全市培养高技能人才127人，新增专业技术人才1731人，其中，高级943人，中级613人，初级175人。开展全市人才情况调研，摸清人才底数；承办全省高层次专家助力黑河脱贫攻坚服务行动，举办医疗、农业和林业知识讲座7场，提出合理化建议15条，解决疑难问题6个；为16名援鄂医务人员兑现了职称晋升待遇；采取面试+考核的方式为黑河卫健系统公开招聘急需短缺专业技术人员19名；推荐省级抗击新冠肺炎疫情评选表彰先进个人40名、先进集体15个；抽调考务人员2120人次，组织完成各项考试15项，参考人数16473人次；完成大学生实习实训1018人；人才公寓、研究生公寓和大学生后勤保障中心投入使用。（梁照华）

【劳动关系】 2020年，黑河市劳动关系各项指标完成情况位居全省前列。全市劳动合同签订率95%，超省定指标4个百分点；制定出台疫情防控期间劳动维权8项措施，结案率100%；为442名劳动者追发工资等待遇341.87万元，同比下降80.4%；市直农民工工资预防欠薪监控预警平台建成并投入使用，监控企业148户；全市收缴农民工工资保障金1.66亿元；全市共处理劳动争议案件652件，结案率100%，调解成功率达75%。（梁照华）

【优化服务】 2020年，黑河市人力资源和社会保障局依托人社部“人社服务快办行动”和全省人社系统经办机构提升服务质量攻坚行动，着力提升人社服务水平，优化营商环境。梳理政务服务事项185项，网办率达100%。减少要件16个，减少流程步骤14个，24个高频服务事项办理时限提速50%，6个企业群众眼里“一件事”实行打包办理，事业单位人员调动、机关工勤、事业单位工资待遇核准实行定期通报制，退休证办理实现一次办结。3个窗口实行综合柜员制，66项服务事项实现一窗受理。完成劳动仲裁“一厅两室”建设，标准达到全省先进水平。办案智能化水平明显提高。全市办案系统市县两级网络覆盖率、线上办案率均达到100%。针对疫情，实施百大项目人社服务专员制，推行疫情防控期间“不见面”服务，“12333”热线保持24小时在线，全市累计受理电话咨询4681个，“不见面”办理业务5182笔。开展“业务大讲堂”和2020年度全省人社窗口单位业务技能练兵比武“日日学、周周练、月月比”活动，在全省人社系统业务技能练兵比武决赛中获三等奖。（梁照华）

5月，劳动监察支队到建筑工地宣传发放农民工工资维权口袋书手册

（市人社局／供图）

医疗保障

【概况】 2020年，黑河市医疗保障局做好医保扶贫、医疗服务价格改革、医保基金监管、新冠肺炎疫情医疗保障等工作。基本医疗保险和生育保险实现合并运行，市域内直接结算在全省率先开通，异地就医、特殊用药、基础输液议价降价等多项工作被省、市两级媒体专题报道。全市基本医疗保险参保总人数达到95.88万人，同比增长0.18万人。全市医疗保险基金总收入14.48亿元，总支出11.68亿元，累计基金结余17.18亿元，处于安全平稳可持续运行状态。市医疗保障局内设4个科室，下辖1个直属副处级单位：黑河市基本医疗保险经办服务中心。（赵丽园）

【待遇政策保障】 2020年，黑河市先后调整提高待遇政策10余项，全市基本医保待遇享受人数和基金支付额度比上年同期分别增长46.19%和29.3%。取消门诊慢性病、器官移植术后抗排异门诊特殊治疗起付线，将职工医保报销比例由60%提高到80%。取消恶性肿瘤门诊特殊治疗起付线，封顶线提高到2万元，使用职工报销比例由60%提高到70%，使用靶向用药不执行统筹基金年度最高支付限额。17种抗癌靶向用药纳入医保

报销目录，平均降幅达56.7%；“两病”覆盖面扩大到城乡居民；取消器官移植术后抗排异治疗、恶性肿瘤门诊特殊治疗费用报销起付线，最高报销比例提升20%。贫困人口基本医疗保险报销比例上调5%，先后两次将大病保险报销比例提高10%，起付标准由1.3万元下调至6000元。（赵丽园）

【医药价格改革】 2020年，黑河市作为全省第一家开展基础输液的集中带量采购，全市基础输液价格最高降幅达到82%，平均降幅达到50.36%，次均住院费用中的基础输液支出降幅51%，年节约医保基金1502万元，为医保、医药、医疗“三医联动”改革途径迈开坚实的步伐。全省首开特殊用药定点零售药店平价销售先河，特殊用药价格较平台采购价下降6%，实现政府、企业、患者多方共赢。全面取消医用耗材加成，集中力量编制《黑河市公立医院服务价格目录》，填补了全市近十年没有统一医疗服务项目价格目录的空白。扎实开展药品集采，第一批25个品种集采任务超额完成，平均降幅达59%，预计每年减少药品费用560余万元。第二批32个品种集采工作完成情况位于全省第二名，平均降幅达53%，预计每年减少药品费用600余万元，降价成果明显，有效解决了药品价格虚高，百姓看病贵的问题，医保改革成果更公平、更广泛地惠及全市人民。（赵丽园）

【医保基金监管】 2020年，黑河市医疗保障局坚持把维护基金安全放在重要位置，制定基金监管联席会议制度，与卫健委、公安局等6部门统筹协调，建立联合监管机制，形成监管合力。严格落实行政执法三项制度，全面推进“双随机一公开”工作，完成全市“两库一单”录入工作，共录入执法人员92名，监管对象1571家，抽查清单16项。重新修订“两定”（医保定点医疗机构和定点药店）机构协议范本，全市签署定点零售药店协议791家、定点医疗机构702家。以零容忍的态度严厉打击各种形式欺诈骗保行为。全市检查“两定”机构836家，实现定点医药机构检查全覆盖，处理“两定”机构695家，共追回医保基金278.70万元，移交司法机关处理8人。以高度负责的态度实现医保基金保值增值，通过与全市各大银行机构谈判，将全市医保基金储蓄利率在原优惠利率的基础上上浮30% ~50%，达到央行最高浮动利率标准，医保基金年增值300余万元，通过合理调配定、活期基金储蓄金额比例，在保运转的基础上，实现效益最大化，基金年增值151万元，真正守住、用好百姓的“救命钱”。（赵丽园）

【就医即时结算】 2020年，黑河市在全省率先开通市域内直接结算，将91家定点医疗机构纳入市域内直接结算定点医疗机构范围，累计结算医疗费104.9万元。异地就医协同备案平台列为国家级试点，极大地提升患者转诊报销体验。深化“放管服”改革，将异地就医转诊转院备案权限下放至院端办理，实现异地转诊“一次备案、半年有效”。针对退休异地安置到海南的参保群众开通异地安置“海南免要件”服务。建立2750万元的异地就医市级预付金，确保异地就医清算资金及时拨付。截至12月底，全市异地就医结算21098人次，结算资金20521万元。（赵丽园）

【优化服务】 2020年，黑河市医疗保障局将门诊慢病认定权限下放至定点医疗机构，患者可随时申报，确保20个工作日内完成认定，同时，为行动不便的慢性病患者提供上门体检服务，并及时兑现待遇，确保群众应得利益不受损失。全面梳理政务服务事项清单29项，进驻行政服务大厅公共服务项目全部实现“马上办”“一次办”。坚持把新冠肺炎疫情防控作为一项最重要最紧迫的政治任务来抓。采取最彻底、最有力、最果断的措施防控疫情。联合财政部门对确诊和疑似新冠肺炎病例进行免费治疗，确保患者不因费用问题影响救治。向定点收治医院拨付结算预付金2590万元，向医疗机构预付“先诊疗、后付费”垫付金7787万元，确保收治医院不因支付政策影响救治。全市累计享受待遇54人，累计支付医保基金35.82万元。对全市862家企业实行减征职工基本医疗保险费政策，减免医保金2369万元，支持促进复工复产。拓宽医用物资购进渠道，为全市订购医用防护用品一次性医用口罩、N95口罩、护目镜等防护用品12万件。实行医保经办“不见面”“不间断”服务举措，累计为万余名群众办理医保业务。（赵丽园）

【医保扶贫】 2020年，黑河市医疗保障局推进《黑河市医疗保障扶贫三年行动实施方案（2018—2020）》，组织人员进行6次参保信息比对，确保建档立卡贫困人口应保尽保。全市建档立卡贫困人口参保率100%，资助参保金额447万元。构筑覆盖全部贫困人口的医保网络和与经济发展相适应的医保待遇体系，在全省率先废除住院救助重特大疾病病种限制，累计享受医疗保险待遇39345人次，基本医疗保险支出4177万元，大病保险支出267万元，医疗救助支出595万元。全面实行“一单制”结算模式，彻底改变以往先付费后诊疗模式，全市建档立卡贫困户无因病返贫情况发生。（赵丽园）

住房公积金管理

【概况】 2020年，黑河市住房公积金管理中心围绕“机关作风整顿优化营商环境”等重点工作，解放思想，创新服务，较好地完成各项工作任务，各项业务指标在全省保持中上游水平。新冠肺炎疫情发生后，黑河市住房公积金管理中心通过官方网站、微信公众号发布《关于做好疫情防控期间职工公积金管理服务工作的通知》《黑河市住房公积金管理中心推行业务网上办理倡议书》，针对受疫情影响的缴存单位和个人制定多项惠民政策，维护广大缴存职工健康和生命安全。开展“驰援疫情，守护黑河”网上捐款活动，全体干部职工自愿募集爱心捐款13400元捐赠至黑河市红十字会账户，为抗击疫情贡献力量。2020年12

月，市住房公积金管理中心内设8个科室，7个直属分中心：市区分中心、北安分中心、嫩江分中心、五大连池分中心、孙吴分中心、逊克分中心、五大连池风景区分中心。（王　祁　赵鑫鑫）

【归集工作】2020年，黑河市住房公积金管理中心继续加大建立住房公积金制度宣传力度，加强归集扩面和提高缴存比例工作，取得明显成效。市级及爱辉区财政拨款单位缴存比例由10%提高到12%。归集住房公积金14.62亿元，5.92万名缴存职工提取住房公积金10.31亿元。（王　祁　赵鑫鑫）

【个人住房贷款】2020年，黑河市住房公积金管理中心加强信贷工作宣传，结合本市实际，进一步优化信贷惠民政策，加大按揭贷款签约力度，对符合签约条件的开发企业，主动上门服务、预约服务，全市全年共发放住房公积金贷款2900笔8.94亿元。放开国内异地贷款，全年发放异地贷款122笔3246万元。全年回收个人住房公积金贷款5.75亿元。（王　祁　赵鑫鑫）

【资金管理】2020年，黑河市住房公积金管理中心关注国家金融政策调整变化，完善资金统筹工作，加强结余资金管理，优化存贷结构；完成全市统一核算和全市公积金资金账户的集中管理。加强对委托银行监督检查，防止违规操作；加强定期存款利率上浮管理，存款利率由基准利率上浮30%提高到50%，贷款手续费由5%降至3%，确保住房公积金保值增值和增值收益最大化。全年实现业务收入1.76亿元，同比增长10.92%；实现增值收益7730.98万元，同比增长15.12%。（王　祁　赵鑫鑫）

【信息化建设】2020年，黑河市住房公积金管理中心共备份业务数据107T，受理业务电话3100余次，网上在线解答12000余次，打印机及电脑外设维护20余次，机房网络迁移1次，新办公楼网络布线1次。受理业务需求82个。网站信息查询29183次，发布信息31条。单位版受理网上业务58633次，自助终端23次，App个人查询3173次，微信个人信息查询504019次，微信公众号发布工作信息88条，微博转发信息126条，12329热线接听9597个，为缴存职工推送各类业务短信790024条。

（王　祁　赵鑫鑫）

【政策法规宣传】2020年，黑河市住房公积金管理中心开展以“住房公积金，圆您安居梦”为主题的《住房公积金管理条例》颁布21周年系列宣传活动，现场发放宣传单200余份，对市民关心的住房公积金缴存、提取和贷款等相关业务问题，进行现场答疑，着重宣传了自由职业者和外国人办理住房公积金业务的相关政策，提高住房公积金制度的社会影响力和惠及面。5月25日，为普及住房公积金政策，主动对接、上门服务，为东方永安集团进行政策宣讲培训，为外地房地产企业了解本市住房公积金政策提供便利，打造高效率、高质量服务理念，提升服务效能。9月8日，黑河市住房公积金管理中心制作的《住房公积金之歌》在学习强国平台上进行展示，展现了住房公积金的惠民政策，彰显住房公积金人的风采。10月29日，为消防救援指战员送去住房公积金政策宣讲服务，对消防部队改制后如何缴存和使用住房公积金进行翔实、深入的宣讲服务。

（王　祁　赵鑫鑫）

民　政

【概况】2020年，黑河市民政局在市委、市政府的领导和省民政厅的指导下，贯彻落实全国、全省民政工作会议精神，践行“民政为民、民政爱民”工作理念，突出工作重点，狠抓工作落实，全市民政事业高质量发展，取得新成效。市民政局内设5个科室，所属事业单位10个：黑河市最低生活保障服务中心、黑河市救助服务站、黑河市精神病人福利院、黑河市老年福利服务中心、黑河市殡葬服务中心、黑河市社会福利院、黑河市儿童福利院、黑河市福利彩票中心、黑河市殡仪馆、黑河市南山墓园。

（陈思宁）

【社会救助】2020年，黑河市民政局指导各县（市、区）民政局建立更加完善的信息共享和核查机制，协调省核对中心和市级人社、公安、金融等部门，准确核算和掌握申请人家庭收入和财产状况，全市累计核对信息20余万条，实现“应保尽保、应退即退”。截至2020年12月，全市城乡低保对象62691人，累计发放保障金26749.9万元。城乡特困人员4575人，累计发放供养资金4518.4万元。全年新增建档立卡贫困人员中低保对象421户668人、特困供养对象24户26人，享受低保渐退政策贫困人口数2847人，累计享受低保渐退政策贫困人口数4466人。对省厅反馈的21999条疑点数据进行核查比对，清退1377人，追缴资金24.3万元，向同级纪检监察机关移交线索67条。健全主动发现机制，提高救助时效，为4141名困难群众发放临时救助金754.9万元，为困难群众发放临时价格补贴1704万元。（陈思宁）

【兜底扶贫】2020年，黑河市民政局精准落实“单人保”“大病保”和“低保渐退”救助政策，建立完善贫困预警监测机制，做到应保尽保。对全市存在致贫返贫风险人口776人全部排查，纳入兜底保障范围的低保对象551人，特困供养对象5人，临时救助62人次，纳入低收入12人，有的放矢地“兜好底”。

（陈思宁）

【养老服务】2020年，黑河市民政局推进养老设施建设，全市引资养老项目2个（北安市、五大连池市）、特困供养机构改造提升项目2个（爱辉区、北安市），全市新增养老床位798张，登记备案养老机构128家，床位12080张，其中护理型床位占30%；全市400个城乡社区能够提供居家养老服务，36个城市社区设有日间照料中心，3个街道配建有养老服务机构。全面开展养老机构等级评定工作，全市三级以上养老机构实现全覆盖，联合市市场监管、消防救援等部门持续加强养老机构综合监管，全年排查养老服务场所181个，整治无证照养老机构34家，其中，关停取缔17家，整改后合格1家，转型16家；整治安全隐患318项。抢抓机遇，推动全市健康旅居养老创新发展。成功承办省天鹅颐养经济走廊城市合作机制（黑河）云端年会暨全省养老服务发展推进电视电话会议。五大连池市承办首届中国康养城市发展高峰论坛，入选全国康养60强县。自8月恢复旅居养老服务以来，全市养老机构接待旅居老人达1.48万人次。疫情防控期间，为养老机构争取卫生防疫物资48916件（套），争取补贴和物资共计13.6万元；实施养老机构封闭管理“七条禁令”，严控人员物资进出，确保全市养老机构安全运营。（陈思宁）

【慈善事业】 2020年，黑河市民政局开展“慈善一日捐”“我们同在·共抗疫情”“慈善情暖万家”“金秋圆梦”“爱心助老”等募捐救助活动，全市共募集善款205.62万元，接收物资1783箱（折合人民币9.88万元），支出182.13万元，帮助抗疫服务人员及困难群众10万多人次，其中市本级为232名困难群众发放慈善救助金21.75万元；投入慈善资金2.8万元，为市区民办养老机构送去米、面、油296袋（桶）。通过各种慈善活动为困难群众送去温暖，缓解生活上的压力，有效促进公益和慈善事业健康发展。（陈思宁）

【孤困儿童救助】 2020年，黑河市民政局开展“福彩圆梦，情系孤儿学子”系列资助活动，全市资助孤儿学子、困境事实无人抚养儿童109名，资助资金35.2万元；开展“孤儿医疗康复明天计划”项目，为全市17名符合条件的集中供养孤儿、困境事实无人抚养儿童发放体检费1.36万元。全市共发放孤儿基本生活费332万元。（陈思宁）

【残疾人福利】 2020年，黑河市民政局按照《黑龙江省民政厅关于在脱贫攻坚中做好“福康工程”项目实施工作的通知》要求，通过开展摸排、筛查，完成19名符合要求的并且愿意接受康复辅助器具配置的残疾人上报工作。全年共为全市14966名困难残疾人发放生活补贴1322.5万元，为13373名重度残疾人发放护理补贴1587.4万元。（陈思宁）

【福彩发行】 2020年，黑河市福利彩票实现发行10788.7万元，筹集公益金3227万元，其中市本级留用公益金331.9万元。（陈思宁）

【城乡社区治理】 2020年，黑河市印发《市域社会治理现代化试点工作实施方案》，创新工作方式方法，推进“三社联动+”工作实践，举办全市业务培训会。创新社区服务能力提升试点工作，按照《黑河市社区服务能力提升试点工作方案》要求，拨付20万元专项资金，用于爱辉区长海和人保财险社区试点。全面启动村（居）换届选举工作，召开全市换届选举电视电话会议和换届选举业务培训会，印发村（居）换届选举汇编，指导各地开展换届工作。（陈思宁）

【农垦森工职能移交】 2020年，黑河市为贯彻落实省改革专班要求，先后8次召开部署协调推进会议，与农垦北大荒集团、龙江森工集团签订《行政权力职能移交框架协议》《社区属地化管理移交框架协议》，完成41项行政权力职能、9项公共服务事项、67570份婚姻档案、60个农垦森工社区、15个养老机构、17个殡葬服务机构职能的承接工作。全面完成农垦森工社区移交工作，北安市、嫩江市、五大连池市、逊克县、爱辉区完成176个农垦社区（53个居委会、123个居民点）、53个森工社区（7个居委会、46个居民点）移交工作。（陈思宁）

【殡葬改革】 2020年，黑河市民政局推广节地生态葬法，开展以“回归自然、礼赞生命”为主题集体树葬，引导和支持城乡居民自觉参与殡葬改革。清明节为市民提供“委托祭扫”和“定制祭扫”等个性化创新服务，全市代替8300位逝者家属和其他有需求的群众为安葬安放在公墓和殡仪服务机构的逝者提供墓位和骨灰格位清扫擦拭、鞠躬行礼、敬献鲜花等个性化祭扫服务，网络祭扫点击量12700次；集体公祭4次；免费提供鲜花1850支；制作宣传条幅、标语230条；宣传新闻报道（视频）18条。全年共接待群众1200余人，为346位符合条件的逝者家属审核、发放惠民殡葬补贴、节地生态安葬奖励补贴46.6万元。全年为市区204名逝者家属发放惠民殡葬补贴资金18.2万元，市区生态安葬142份，发放奖励补贴28.4万元。在市区设立殡葬服务中心便民服务处，负责办理市殡仪馆、南山墓园部分业务，方便群众办理殡葬相关业务。（陈思宁）

【流浪乞讨人员救助】 2020年，黑河市民政局落实民政部、省民政厅要求，对流浪乞讨人员和生活确有困难的求助人员实施人性化救助，全市6个救助服务站救助332人次。（陈思宁）

【婚姻登记】 2020年，全市6个婚姻登记处共办理结婚6144对、离婚4410对、补证3940个。承接全市涉外、涉港澳台居民及华侨婚姻登记权限，办理8例涉外婚姻登记（结婚7对，离婚1对）。（陈思宁）

【地名区划】 2020年，黑河市民政局扎实开展清理整治不规范地名工作，协调自然资源、住建等相关部门，开展不规范地名排查工作，共排查数据2700余条，排查出6条“大、洋、怪、重”地名。（陈思宁）

【社会组织管理】 2020年，黑河市民政局推进“不见面”审批，对市本级社会组织登记管理实行5项便民服务举措。疫情防控期间，全市共接受咨询37次，受理审批16件。引导社会组织发挥作用，开展疫情防控和脱贫攻坚工作，全市20家社会组织累计捐赠资金和物资169万元。《黑河市全面推开行业协会商会与行政机关脱钩改革工作实施方案》印发，脱钩实施方案核准率达到100%，全面完成全市68家行业协会商会脱钩工作。（陈思宁）

民族宗教

【民族经济】 2020年，黑河市贯彻实施扶持民族地区发展各项规划，全市争取少数民族发展资金7345万元，实施基础设施项目20个，产业项目25个。推动“兴边富民试点市”建设工作，结合兴边富民“十百千”示范工程，指导各地立足民族特色和长远发展，综合考虑基础设施、产业发展、民族文化、生态旅游等要素，推进“一区三乡十村”示范工程和少数民族特色村镇建设提档升级工程。爱辉区外三道沟满族村、外四道沟俄罗斯族村等被纳入全省第三届旅发大会精品旅游线路，建成“黑河市必到必游的网红打卡地”。通过少数民族发展资金“筑巢引凤”，撬动各类社会资本参与少数民族特色村镇建设，吸引黑龙江省交投集团、陕西步长药业等企业入驻民族乡村发展旅游和中草药产业。打赢脱贫攻坚战，17个省级建档立卡少数民族贫困村，1527户贫困户，全部如期摘帽脱贫。强化脱贫攻坚和民族发展资金使用管理，通过下发提醒函、召开座谈会、挂单督办、现场调研等方式，做好2012—2019年少数民族发展资金问题项目清查整改和2020年少数民族发展资金实施项目监管工作。召开全市少数民族发展资金项目档案互观互评座谈会，为各地搭建学习和交流平台，推进项目档案的规范化、系统化。采取专题讲座和实地现场观摩的方式，举办黑河市少数民族乡村致富带头人培训班，全市少数民族乡村从事种植业、养殖业合作社的60余名致富带头人参加学习。　（赵凤伟）

【民族团结】 2020年，黑河市全面开展全国民族团结进步示范市创建工作，成立由市委、市政府主要领导任组长，62个中省市直相关部门和各县（市、区）为成员单位的领导小组，抽调专人设立创建工作专班，落实创建工作经费27万元。高标准高层次召开全市动员部署大会，制订《黑河市创建全国民族团结进步示范市工作实施方案》，确定提出5个方面16项重点工作任务，对任务进行细化分解为6个方面87条具体任务，按时限要求落实到各地各部门，全力推进建设沿边民族团结进步示范廊带。坚持做好分类指导、统筹推进，先后印发《关于创建民族团结进步示范县（市、区）工作的指导意见》《关于深化民族团结进步创建“十进”活动的实施意见》等，指导各地各部门以民族团结进步创建“十进+”为载体，广泛深入开展不同领域、不同群体特点的创建工作。由市委常委、统战部部长带队，组织各县（市、区）、重点单位20人到牡丹江市学习取经。集中举办黑河市民族团结进步创建工作理论与实践培训班，聘请中央民族大学、省职业学院、牡丹江市委统战部等专家进行授课，全市各县（市、区）、中省市直各单位220人参加学习，为推进创建工作打下坚实理论和实践基础。注重宣传教育，在全社会营造良好氛围。以民族团结进步宣传月为抓手，在全市以“做石榴籽 铸中华魂”为主题，坚持以“四个围绕”为主要内容开展民族团结进步宣传月、集中宣传日等活动，组织具有民族特色文艺演出3场，制作宣传展板200余块，发放“倡议书”1.2万份，印制宣传折页、鼠标垫、小扇子、手提帆布袋等2万余份，吸引广大市民参与活动，全面掀起民族团结进步创建工作热潮。开展“浓情端午粽飘香 民族团结一家亲”“民族团结军地共建 军民融合鱼水情深”走进黑河好八连等活动。科学谋划“十四五”时期民族团结进步创建工作，纳入黑河市国民经济社会发展“十四五”整体规划中。完成推荐黑河学院、爱辉区瑷珲镇、逊克县民族小学等6家单位参加第八批全国民族团结进步示范单位评选，推荐爱辉区委统战部等10家单位、9名个人参加全省民族团结进步模范集体和模范个人评选工作。

（赵凤伟）

外三道沟满族村知青民宿　（黑河日报社 / 供图）

【民族文化】 2020年在疫情防控特殊时期，全市满族“上元节”“颁金节”、达斡尔族“库木勒节”、鄂伦春族“古伦木沓节”、俄罗斯族“巴斯克节”等少数民族传统节日活动采取不同形式如期举办。坚持深化对俄少数民族人文交流，与俄阿州国立大学连续7年举办中俄鄂伦春（鄂温克）语言竞赛，形成中俄少数民族人文交流的机制性活动。2020年采取云视频方式分逊克、黑河2个会场开展活动，中方鄂伦春族师生80余人，俄罗斯埃文基师生以及法国语言学者230余人参加，促进两国少数民族“联系不间断”“隔离不隔情”。　（赵凤伟）

【行政执法】 2020年，黑河市民族宗教事务局推行行政执法“三项制度”，健全完善执法文书，推行执法过程全记录，实现执法行为可追溯。开展“双随机、一公开”监管和国务院“互联网+监管”工作，指导各县（市、区）建立“两库一单”和抽查计划，提高依法管理民族宗教事务的能力和水平。制定《黑河市民族宗教事务局“双随机一公开”抽查工作实施细则》。认领上级和历史录入民族宗教权利事项14项，清理调整12项录入黑龙江省权责清单信息管理系统。完善《黑河市民族宗教领域突发事件应急预案》，指导各县（市、区）定期开展涉及民族领域的风险点排查，防范化解重大风险挑战。依法保障少数民族合法权益，严格执行《黑龙江省公民民族成分登记管理办法》和高考生民族成分三级审核两级公示制度，完成高考生民族成分审核121人，民族成分更改35人。按每人每年100元标准，全市发放46.22万元清真肉食补贴，使少数民族群众切实感受到党和政府的关心关爱。

（赵凤伟）

【宗教管理】 2020年，黑河市民族宗教事务局开展社会主义核心价值观进团体、进场所、进信众的“三进”活动；广泛组织开展国旗、宪法和法律法规、社会主义核心价值观、中华优秀传统文化和民族团结进步进宗教活动场所的“五进”活动；组织宗教活动场所在“七一”“十一”重大节庆日举行升国旗、学《宗教事务条例》、唱红歌等活动，全面夯实团结奋斗的共同政治思想基础；举办黑河市“基督教社会主义核心价值观讲道比赛”，在宗教界大力培育和践行社会主义核心价值观；引导宗教界开展扶贫解困对口支援民族村和宗教“慈善周”系列活动；支持宗教团体建设，落实5个市级宗教团体年度工作经费，并纳入财政预算；建立宗教团体工作人员基本生活保障机制，为无固定生活来源的市级宗教团体会长、常务会长每年发放养老和医疗补贴；强化宗教团体自身建设，指导市基督教协会完成换届工作。

（赵凤伟）

【关爱少数民族群众和宗教界群众】 2020年，黑河市民族宗教事务局全面落实省市委疫情防控工作各阶段决策部署，坚持抓重点、堵漏洞、消盲点，果断采取措施，统筹协调各方力量开展民族地区防疫科普宣传、提供物资保障，筑牢民族领域抗击疫情坚固防线。坚持上门送物资、送温暖和线上听诉求、听意见，及时把党和政府关心关怀带给少数民族群众，进一步凝聚思想共识。疫情期间密切关注少数民族流动人口情况，上下联动，安排部署做好少数民族流动人口服务管理工作。做好在疫情防控工作中各部门涉及民族宗教领域的政策解读和把关，预防和妥善处理疫情防控中出现的涉及民族宗教领域的矛盾纠纷。

（赵凤伟）

扶贫开发

【概况】 2020年，黑河市面对决战决胜脱贫攻坚的艰巨任务和新冠肺炎疫情的严峻形势，聚焦目标任务，进一步压紧压实责任，持续巩固脱贫攻坚成果，全市无一户、一人返贫、致贫。全市建档立卡户人均纯收入达到12391元，超过当年脱贫标准8366元，是2016年脱贫标准的3.9倍，历史性解决绝对贫困问题，如期完成新时代脱贫攻坚目标任务，全市脱贫攻坚取得重大胜利。黑河市扶贫开发工作办公室为市政府工作部门，承担黑河市扶贫开发领导小组日常工作，内设机构3个。

（张佳鑫）

【责任落实】 2020年，黑河市严格落实市级领导联系点制度，市委书记马里主动联系脱贫攻坚任务较重的嫩江市，多次到贫困村调研走访，解决贫困群众实际问题，以上率下带动县乡村各级书记抓扶贫。其他市级党政领导领责攻坚，下沉到包保县（市、区），一级抓一级，层层传导压力，狠抓工作落实。多次召开市委常委会、政府常务会、扶贫开发领导小组会议、脱贫攻坚调度会等各类会议，对重要时段、重点环节工作进行及时研究部署，确保了脱贫攻坚工作有力有效推进。

（张佳鑫）

【政策落实】 2020年，全市对标“两不愁三保障”核心标准，补短板、强弱项，保持现有帮扶政策总体稳定。强化住房安全，完善农村改造住房后续安全维护工作机制，累计完成1414户建档立卡贫困户和912户其他三类人住房问题整改，动态调整新增393户改造任务全部竣工。保障饮水安全，对全市建档立卡户饮水安全进行全覆盖逐户排查，实现建档立卡户饮水安全问题动态清零。加

3月7日，黑河市扶贫开发领导小组2020年第一次会议召开

（市扶贫开发工作办公室／供图）

强教育扶贫，全面落实控辍保学、“两免一补”、营养改善计划和各类学生资助政策。全市建档立卡贫困家庭义务教育阶段适龄儿童除身体原因外，无一人失学辍学。完善医疗保障，实施建档立卡贫困人口基本医疗保险、大病保险、医疗救助三重保障全覆盖。落实县域内定点医院住院“先诊疗后付费”“一站式服务”，确保患病贫困人口“有病看得上，得病看得起，大病能救治”。加强扶贫资金管理使用，建立扶贫资金拨付定期通报制，2020年全市新建扶贫项目157个，资金拨付率为97.5%。巩固脱贫成果，对全市脱贫监测户、边缘户399户766人，建立常态监测机制，加强监测预警。及时有针对性地落实健康扶贫、残疾人补贴、产业扶贫、就业扶贫、综合保障等帮扶措施，全市没有发生返贫和新致贫现象。落实各类稳就业政策补贴496万元，惠及2094户贫困户。对完全丧失劳动能力和部分丧失劳动能力且无法依靠产业就业的贫困人口，落实落细低保、特困人员救助供养、临时救助等综合性社会保障政策，做到了“应兜尽兜”“应保尽保”。（张佳鑫）

【扶贫产业复工复产】2020年，黑河市加快扶贫企业和扶贫车间复工复产，截至5月，7个扶贫龙头企业、31个扶贫车间全部开工复产。采取外部输出、就近就地转移方式，全市实现外出务工就业6275人，比2019年提高32.9个百分点。通过设置企业用工、扶贫车间等措施设置公益岗位3078个，安置贫困劳动力3550人。（张佳鑫）

【带动增收】2020年，黑河市推进扶贫产业、消费扶贫、小额信贷等增收举措，强化利益联结机制，实现贫困群众稳定增收。做强扶贫产业，建成152个村级光伏电站全部实现并网发电，并纳入国家光伏扶贫财政补贴目录，受益贫困户达到6342户，户均增收1200~2000元。全市建档立卡贫困户实现产业带动全覆盖，户均增收3800元。加快项目建设，全市2020年扶贫资金总额2.5亿元，拨付2.44亿元，拨付率为97.52%，超额完成年初拨付率92%目标任务，超过省要求资金拨付率5.52个百分点，资金支出比例位列全省第四位。对2016年以来扶贫资产建立管理台账，明确资产权属，确定资产经营方式，切实发挥带贫益贫作用。成立消费扶贫工作专班，广泛动员符合条件的市场主体申请认定扶贫产品。共认定扶贫产品29家企业61个品种，建成消费扶贫专馆8个，设立扶贫专区21个。完善贷款风险预警机制及风险应急处理预案，对已发放的扶贫小额贷款建立信贷跟踪台账，全市累计发放扶贫小额贷款4.76亿元，惠及贫困户1.27万户，做到了符合条件的贫困户应贷尽贷。（张佳鑫）

【问题整改】2020年，全市从严从实、较真碰硬推动国家考核、专项督查、媒体暗访等各渠道反馈问题整改，建立问题整改工作专班，对症下药，因症施策。针对问题类别、问题来源、问题数量，逐户逐人列出具体问题，确保整改完成一项销号一项。全市脱贫攻坚“回头看”、2019年国家以及省脱贫攻坚成效考核等发现问题全部按时逐一整改到位。（张佳鑫）

【脱贫攻坚普查】2020年，全市高质量高标准完成脱贫攻坚普查工作。在做好市县乡普查机构组建、普查人员和师资验收人员选调、完成清查摸底、普查人员业务培训等普查准备工作等基础上，顺利完成了北安市脱贫攻坚普查现场登记工作，上报率为100%，验收率为100%。（张佳鑫）

【扶贫宣传】2020年，多渠道宣传“乡村网红+政府公信力+优质农特产品”销售模式，乡村网红直播助农成功经验分别在黑龙江电视台和CCTV-13频道播出，“走向我们的小康生活”主题采访报道团拍摄的《“东北老肥”的“网红”生活》《嫩江曙光村第一书记驻村6年》等专题报道被省级媒体多方刊发。在《黑河日报》开辟《脱贫攻坚的黑河行动》《脱贫攻坚进行时》等多个专栏，“黑河宣传”“黑河封面”等新媒体充分利用微信公众号平台、微博、抖音号、今日头条号等多种形式全方位宣传脱贫攻坚做法和成效。全年在国家级媒体刊发扶贫信息70余条，在省级媒体刊发320余条，在市县两级媒体刊发1200余条。举办全市“最美脱贫攻坚奋斗者”评选活动，高标准超额完成省办“我所经历的脱贫攻坚故事”“全省脱贫攻坚优秀摄影征集”“脱贫攻坚奔小康”等文字、图片和视频征集工作，11个作品获全省2020年“脱贫攻坚奔小康”广播电视和网络视听作品征集展播活动优秀作品。举办黑河市2020年国家“扶贫日”系列活动暨市、区扶贫产品展销会，以及“镜头中黑河脱贫故事”图片展和爱心助农消费扶贫日等系列活动。通过广泛宣传，鼓舞了脱贫干部的士气，坚定了贫困群众脱贫致富的信心，全市上下形成人人关心、人人参与决战决胜脱贫攻坚的浓厚氛围。（张佳鑫）

【教育培训】2020年，黑河市采取“现场+视频”等方式，举办驻村帮扶扶贫政策培训、业务知识等各类培训班65期，培训6582人次。开展黑河市事业单位脱贫攻坚专项考核奖励，累计提拔重用扶贫干部172人。开通扶贫领域腐败和作风问题信访举报“绿色通道”，设立“党风室+12388”双举报平台，严肃查处了扶贫领域侵害群众利益的不正之风和腐败问题。（张佳鑫）

老区建设

【概况】2020年，黑河市老区建设促进工作围绕市委、市政府的中心工作，实施老区建设工作的方略。坚持求真务实，工作务见成效的思想，秉持多为老区人民办实事的理念，实实在在为老区人民办实事，让老区人民获得幸福感。黑河市老区建设促进会是党委管理的非常设机构，加强组织建设，协调各县补齐短板。逊克县老促会、孙吴县老促会、五大连池市老促会，共补齐缺额人员4人。至此，县级老促会的额员全部配齐，

【项目建设】 2020年，爱辉区出台扶持政策18条，激发县域经济发展活力。强力推动“虎跃之冬”“动工之春”“大干之夏”“成果之秋”，签约落地项目15个，到位资金17亿元，入统资金排名全市第二名，获全市招商引资奖励。组织百大项目集中开工，20个省市百大项目开复工率100%，投资完成率124%，位居全市第一名，百大项目考评全市唯一满分。投入2700万元推进工业园区基础达到省级经济开发区标准，与珠海市达成共建中医药产业园意向，产业承载力明显提升。 （孙运才）

【农业】 2020年，爱辉区抓好高质量备春耕，粮食产量达39.7万吨，实现“十三连丰”。创建3.33万公顷全国绿色食品原料大豆标准化生产基地，新建2200公顷高标准农田、总面积达到1.67万公顷。农业机械化率达到99.78%，农民合作社增至134家，家庭农场超过300家，成为现代农业规模化、机械化种植的主力军。绿色有机认证标识增至128个、面积达到8.67万公顷，化肥、农药施用量连续5年实现负增长，农产品质量安全监测合格率始终稳定在97%以上，农产品加工转化率达到60%，越来越多绿色优质农产品摆上了超市货架和百姓餐桌。如期完成年度生猪生产任务目标，获“全省畜牧服务体系先进集体”称号。连续10年开展增殖放流活动，全区渔业持续健康发展。组建全省首个网红联盟“瑷珲公社”，开创“网红经济”助推乡村振兴的新局面。 （孙运才）

【产业体系建设】 2020年，爱辉区金三角煤矿、振兴煤矿、争光岩金矿、龙源电力全产能生产，上缴税金超5500万元，约占税收收入1/3。山东力诺光伏发电项目开工，打破全省最北利用废弃矿山发展光伏产业记录。5个煤矿、3个岩金矿、1个光伏发电项目达到开工建设条件，能源矿产产业集群初步形成。与步长制药、省农投、省交投、省新产业投资集团等大企业、大集团建立合作，引入中医药特色小镇等超亿元项目10个，形成引领区域未来发展的新经济增长点。中药材种植面积增至3333.33公顷，连续两年获评全省中药材生产基地建设示范县，进入全省中药材基地建设第一梯队。年加工1000吨中药饮片、军金煤矿地上配套附属设施、艾维基生猪养殖及深加工3个项目列入百千万工程储备项目库。新增规上企业1户，认定高新技术企业3户，新建科技型企业27户。在全省率先启动农村5G基础设施建设，为旅发大会增添科技亮点。与黑河自贸片区建立合作，逐步落实联动创新区发展新机制。军粮供应站获批海关临时储存监管库资质。新引进绿源、开泰2户外贸企业，与俄方达成木材、大豆进口等合作意向企业5户，外贸进出口总额增长6%、排名全市第二名。精简审批要件50项，减少审批环节60个，工程建设项目审批时限由120余天压减到76天。346项政务服务事项实现“应进必进”，226项依申请类行政权力事项网上可办率达93.6%。创新人才引进绿色通道，打造人才聚集高地。成为全省首个加入中韩城市发展联盟成员，城市国际影响力不断提升。 （孙运才）

中国瑷珲国际汽车营地 （黑河日报社／供图）

【生态环境】 2020年，爱辉区争取县域生态环境质量考核资金5600万元。秸秆综合利用率达90.1%，实行秸秆禁烧全覆盖监管和压茬式督导，连续3年实现零点烧，获“中国天然氧吧”称号，再添国家级绿色名片。强化水质动态

西岗子镇稻田公园 （韩玉洁／摄）

监测，国控水体断面持续保持Ⅲ类以上，7个集中式生活饮用水水源地水质达标率均为100%。全面完成农用地土壤污染状况详查，提前10天打赢污染防治攻坚战“百日会战”。绿化造林666.67公顷、森林抚育15333.33公顷，植被生态质量达到近20年最优水平。小乌斯力、瑷珲等5个村被评为“国家森林乡村”，胜山保护区入选省森林康养目的地。以全市第一名成绩通过农村人居环境整治三年行动省级验收，被推荐参加全国村庄清洁行动先进县评选、全省仅3个。第五中学获评国家级节约型公共机构示范单位。（孙运才）

【民生事业】2020年，爱辉区全面兑现“十件民生实事”，民生支出26.3亿元、占一般公共预算支出90.7%。强化稳就业举措，城镇登记失业率3.36%，比省定目标低2.14个百分点。投入5500万元，实施第五小学教学楼、瑷珲研学营地等教育项目37个，中高考成绩创历年新高，高质量完成义务教育优质均衡发展第一阶段建设目标。投入6000万元，购置3.0T核磁、多普勒超声诊断仪，新建妇幼保健院和10个村级卫生所，签约挂牌5家“医共体”建设试点，医疗卫生服务水平大幅提高。推进鹿源春、福龙等5个社区提档升级，中心敬老院获评“全国敬老文明号”，是全市唯一获此称号单位。开展百企（人）帮百户“三留守”人员对接帮扶等活动，发放城乡医疗救助、医疗保险等补助5380万元。完成第七次全国人口普查。助力黑河创建全国文明城名次进档提位，社区居民入户调查满意率高达99.2%。投入2100万元，新建桥梁3座，完成安防工程4项，消除隐患里程48千米，农村公路管理养护进入省级优秀县行列。（孙运才）

北 安 市

【概况】北安市地处北纬47°35′～48°33′，东经126°16′～127°53′之间东与逊克、绥棱县相连，南以通肯河为界与海伦市相望，西与拜泉、克东县毗邻，北与五大连池市接壤。2020年，全市总面积7149平方千米，共辖5镇4乡62个行政村330个自然屯，6个街道办事处，19个社区居委会。总人口41.14万人。北安市确立了打造黑龙江省“北部区域中心城市、向北开放节点城市、黑河自贸片区协同城市、新型城镇化示范城市”的战略目标，开启“十四五”规划新征程。统筹新冠肺炎疫情防控和经济发展，推进复工复产，加快畅通经济循环。全市经济快速恢复，呈现稳中有进态势，主要经济指标好于预期。地区生产总值125.6亿元，比上年增长2.4%。其中，第一产业增加值37.7亿元，同比增长4.6%，拉动GDP增长1.5个百分点，对经济增长的贡献率为65.9%；第二产业增加值15.6亿元，同比增长0.4%，拉动增长0.1个百分点，贡献率为2.1%；第三产业增加值72.3亿元，同比增长1.5%，拉动增长0.8个百分点，贡献率为32.0%。三次产业的比重为30.0∶12.4∶57.6。（陈明颜）

【复工复产】2020年，北安市坚持“两手抓、两手硬”，建组织、定措施、落政策，畅通市场循环，稳定产业链、供应链，经济全面有序恢复。全力保障企业生产原料和防疫物资，确保象屿金谷等16家省级重点企业正常生产经营。开展“助企纾困百日攻坚”活动，出台支持企业发展政策“财十条”，筹建稳企稳岗基金3000万元，落实企业贷款及周转金7.37亿元，兑现奖励资金112万元，受益企业123家。为企业减免税费、社保费1.06亿元，发放稳岗补贴234.6万元。无偿提供早市、夜市摊床，免除费用252万元。开展“龙江购物季”系列线上线下促销活动，发放消费券450万元。（陈明颜）

【项目建设】2020年，北安市创新招商方式，落实项目26个，到位资金52.14亿元，赵光万头奶牛一体化、上海电气风电开发、上海基森仓储物流等项目签约。实施百大项目22个，完成投资21.35亿元，全面完成“四率”目标任务。春秋两季集中开工活动取得实效，九三大豆精炼油、天屿玉米浸泡水、奥天奇生物质发电等33个项目开复工，宜品乳业干混生产线等9个项目建成。新增规上企业6家、科技型企业11家，新认定国家级高新技术企业1家。全面提高经济开发区土地利用效率，盘活停产半停产企业3家，项目承载能力进一步增强，主营业务收入实现45亿元。（陈明颜）

【农业经济】2020年，北安市农业再夺丰产丰收，粮食总产量达11.3亿千克。发放各类种植业补贴及涉农贷款30.5亿元。实施水利工程10项，建成高标准农田1.10万公顷。落实国家、省市级试验示范项目31项，推广农业新技术17项868万亩次，认证绿色有机食品产地6.67

9月26日，“战疫有我·感动龙江”人物发布仪式北安分会场现场

（北安市委史志研究室／供图）

万公顷。国家级大豆良种繁育基地项目稳步推进，大豆种子产地检疫实现全覆盖。温氏家庭牧场60栋猪舍投产达效，全市年出栏生猪25万头。无公害水产养殖扩面至98%。林业总产值稳定在10亿元以上。粮食安全市长责任制考核获评黑河市年度优秀等次。（陈明颜）

【脱贫攻坚】 2020年，北安市开展脱贫攻坚“七大行动”，改造农村“四类重点对象”危房225户，拆除农村长期无人居住泥草房4571户，实施农村饮水安全巩固提升工程34处，建档立卡贫困户住房、饮水安全保障率均达100%。落靠健康、教育扶贫和兜底保障政策，强化脱贫监测户、边缘户动态管理，实现新增贫困率、返贫率“双零”目标。克服疫情影响，稳岗就业，开发公益岗位1387个；发放产业奖补资金540万元。大力开展消费扶贫，认定扶贫产品24个，销售额1000万元。投资3344万元，实施扶贫产业项目7个。建档立卡脱贫户6522户。贫困人口人均收入达到11104元，比上年增长9.8%。通过国家第三方评估考核，完成国家脱贫攻坚普查任务。（陈明颜）

【城乡建设】 2020年，北安市国土空间规划编制工作全面启动。加快城乡基础设施建设，完成铁路平改立工程14处，维修危桥21座，改造街路6条。新建绿地湿地19.4万平方米，修缮公园、广场路面7000平方米。改造老旧小区20万平方米，15个弃管小区实现封闭管理，惠及居民2273户。实施村庄清洁行动，配备专职保洁员449人，整治污染水体47处，建设室内卫生户厕500个，垃圾就地分类减量和资源回收利用实现全覆盖，44个行政村绿化覆盖率达到省级标准。通北镇供热改造工程顺利实施，通过经济发达镇行政体制改革省级验收。（陈明颜）

【生态环境】 2020年，北安市全面完成污染防治攻坚战105项任务，中央环保督察反馈问题整改任务清零。淘汰改造燃煤小锅炉和粮食烘干设备23台，更换新能源公交车15台，秸秆禁烧实现零火点。开展河湖“清四乱”行动，清理河道违建3700平方米、砂场3万立方米。乌裕尔河专项治理百日攻坚战成果作为全省经验进行交流，收回土地、水面41万平方米。完成制止耕地“非农化”行为专项治理摸底排查，核查图斑6.5万块。推进森林督查专项治理等行动，还林还草还湿5.5万平方米。治理侵蚀沟12条，农业“三减”（减化肥、化学农药、化学除草剂）分别减少2%、3%和3%。新增造林面积820公顷，连续30年未发生重特大森林火灾。（陈明颜）

北安玉米浸泡水深加工项目 （高　鑫／摄）

【营商环境优化】 2020年，北安市深化“放管服”改革，减少行政审批环节54个，社投类项目审批时限压缩至26个工作日，863项依申请类政务服务事项网上办理率达到90.3%，一体化在线政务服务平台事项入驻率达到97.8%，行政审批事项实现应进必进。成立通北镇便民服务中心，承办服务事项154个。建立红黑名单、信用修复、容缺受理、项目承诺即审批等一系列机制，开通项目审批网络通道、绿色通道。加强重点领域营商环境专项监督，有效防止行政审批违规行为。全面规范税收秩序，清缴欠税企业60户，收缴税金5941万元。北安市被确定为全省营商评价工作试点县。（陈明颜）

【民生保障】 2020年，北安市投入4.59亿元，实施惠民实事19件，老旧小区设施年久失修、历史遗留不动产证办理难

北安市乌裕尔河流域 （高　鑫／摄）

等一批热点难点问题得到较好解决。发放救灾、救助、医保等各项资金4.1亿元，筹集1936万元提高在职人员待遇。建成创新创业孵化产业园。吸纳各类人才221人，建成人才住房20套，新增就业安置4796人，城镇登记失业率控制在3.3%以内。机关事业单位社保上线工作全面完成，补缴清算职业年金5295万元。为5000余名破产企业职工集中补缴社保费3000余万元。实施中心敬老院提质工程，瑜璟养老服务中心主体完工。新建北安二中、北岗小学教学楼，改建公办幼儿园2所，高质量进行“线上教学”，中高考再创佳绩，1名学子考入北京大学。第一人民医院通过三级医院专家现场评审，全省区域医疗卫生中心创建进入考核阶段，中医院和17个中医馆投入使用。第七次全国人口普查工作有序推进。图书馆、群众艺术馆建成开放，《从延安到北安》临展入选全国“革命纪念馆高质量发展峰会”，承办中俄国际冰球友谊赛。推进国家级新时代文明实践中心试点建设，打造五级活动场所257个。（陈明颜）

【社会治理】 2020年，北安市应急管理体制不断完善，森防指挥职能完成移交，应急物资储备库和防灾减灾指挥中心启动建设。开展安全生产“五大行动”，常态化保持安全生产高压严打态势，安全生产形势总体平稳。强化食品药品监管，切实维护群众生命健康安全。完成普速铁路安全隐患综合整治阶段性任务。开展“矛盾大排查、积案大起底、领导大接访”活动，信访形势持续好转，一批积案得到有效化解。强化社会治安综合治理，扫黑除恶专项斗争、“三打两控一遏制”等专项行动卓有成效，公众安全感、满意度不断提升。（陈明颜）

嫩 江 市

【概况】 嫩江市地处黑龙江省西北部，北纬48° 42′ ~51°，东经124° 44′ ~126° 49′，北依伊勒呼里山，与黑龙江省大兴安岭地区呼玛县交界；东接小兴安岭，与黑龙江省黑河市爱辉区、孙吴县、五大连池市毗邻；西临嫩江，与内蒙古自治区呼伦贝尔市莫力达瓦达斡尔族自治旗、鄂伦春自治旗隔江相望；南连松嫩平原，与黑龙江省齐齐哈尔市辖的讷河市接壤。2020年，全市总面积15211.43平方千米，辖9镇5乡，生活着汉族、满族、回族等34个民族。年末全市总人口44.69万人，人口自然增长率为-3.87‰。嫩江市是著名的麦豆主产区，被誉为“中国大豆之乡”。嫩江市总播种面积65.85万公顷，有林地面积46万公顷，森林总蓄积2821万立方米，全市森林覆盖率为34.4%，草原综合植被盖度82.6%。水资源蕴藏总量为20.87亿立方米，其中地表水为18.25亿立方米，地下水为2.89亿立方米。动植物资源丰富。已发现矿产62种，能源矿产有煤矿，金属矿产有18种，探明储量的7种，非金属矿产有沸石、珍珠岩、大理岩、石英砂、瓷土、膨润土、石灰石等30多种。

2020年，嫩江市积极应对新冠肺炎疫情，扎实做好“六稳”工作，全面落实“六保”任务，县域经济社会发展水平依然走在了全省前列。一般公共预算收入10.1亿元，同比增长11.07%；地方税收收入4.6亿元，同比增长35.7%。全市地区生产总值240.46亿元，比上年增长4.5%。其中，第一产业增加值125.15亿元，第二产业增加值32.49亿元，第三产业增加值82.81亿元，人均地区生产总值52963元。城镇、农村常住居民人均可支配收入分别为27767元和17264元，同比增长1.4%和8.2%。（于艳华）

【农业】 2020年，嫩江市充分发挥肥沃黑土优势，绿色农业发展实现全域化、标准化，全域粮食总产实现16.27亿千克，保持稳定增长。畜牧业健康发展，生猪存栏26.11万头；奶牛存栏2.85万头；肉牛存栏5.82万头；禽存栏23.97万只；狐貉养殖2.8万只。水产养殖0.75万平方米，休闲渔业发展到38处，标准化绿色养殖水面达到333.33万平方米；水域滩涂养殖发证任务全面完成，发证面积1888万平方米。（于艳华）

【项目建设】 2020年，嫩江市以百大项目建设引领产业项目强力推进，以“粮头食尾”“农头工尾”带动加工企业快速发展，以开发区建设培育企业不断壮大，以政府扶持帮助企业渡过难关，工业发展整体呈现强劲势头。总投资59.04亿元的22个省市百大项目如期开复工，11个产业项目扎实推进，华民钢球完成土建及彩钢工程建设；分散式发电完成测风塔建设，正进行环评和地质勘测；红石砬水电站完成总工程量的80%；洁康医疗器械投产达效；多铜二期、铜山铜矿实现稳定生产。四合大豆、十六膳食品等一批农产品精深加工龙头企业进一步发展壮大，德朗福大豆加工项目投产运营，富民种业良种加工、嫩兴果蔬

改扩建后的省百大项目国道嫩双公路前进至嫩讷界段　（仲　欣／摄）

加工、辰鹰乳业扩建等项目加速推进，涉农规上企业发展到9家。经济开发区建设取得新进展，开发区管委会正式成立，投资190万元完成35千伏嫩红线改造，铁东城区供热管网成功接入，开发区承载能力稳步提升；企业产品辰鹰智恩康、北玮至护奶粉畅销全国各地，德朗福大豆意大利面远销加拿大、荷兰、斯洛伐克等国家，开发区年度实现产值4.5亿元，销售收入6.6亿元，利税4678万元。（于艳华）

【服务业】2020年，嫩江市注重发挥对县域经济发展的服务作用，现代服务业发展取得新成效，3个农业合作社被评为省级示范社，3个家庭农场被评为省级规范家庭农场。农业保险范围扩大到37.06万平方米，落实农机购置补贴1亿元。投资4亿元的粟象现代农业综合体入驻化肥、农药、种子经营商户95户，一汽4S店成功引进；投资1.35亿元的嫩江铁路北站项目全部完工并投入使用，发运货物277万吨，利税1170万元。投资1.68亿元的华康60万吨粮食物流项目完成全部建设任务。投资97.6万元的商贸城农贸市场升级改造全面完成，市场服务能力不断增强。（于艳华）

【改革创新】2020年，嫩江市扎实推进各项改革。现代农业综合配套改革、教育领域综合改革、医药卫生体制改革、文化体制改革、投资和金融体制改革稳步实施；供销合作社综合改革有序推进，组建基层社14个、村级综合服务社133个；公立医院改革持续深入，人民医院、中医医院、妇幼保健中心开通网上预约挂号平台，实现"看病不求人"；农垦改革稳步推进，行政职能全部接管，24个部门承接行政权力事项2409项。（于艳华）

【招商引资】2020年，嫩江市以"云签约"方式线上签约中广核风力发电、盈风分散式发电、庆翔生物质热电联产、顿丰纳米硅肥等项目7个；以电话、视频洽谈形式线下签约珠海汉唐实业蔬菜萃取及有机肥生产、嫩江春酒厂异地搬迁、嫩江兴誉珍珠岩加工、北京协合风力和光伏发电、北京华美源消毒剂生产、北京易良综合物流基地建设等项目13个，签约总额91.2亿元。全年共引进5000万元以上项目20个，其中，亿元以上项目13个，5亿元以上项目5个，分别完成全年目标的100%、185.7%、166.7%。利用省外资金34.45亿元，同比增长6%，完成全年目标的100.44%；直接利用外资76.1万美元，完成全年目标的126.8%。开放合作提质扩面。坚持更大范围、更宽领域、更深层次开放合作，参加第三届中国国际进口博览会、第十八届中国国际农产品交易会、第三届黑龙江省旅游产业发展大会、第八届黑龙江绿色食品产业博览会、黑龙江第十七届金秋粮食交易暨产业合作洽谈会，签约金额达6730万元；承办黑河市第三届农民丰收节，销售金额达1320万元；通过"龙江带货官""情满嫩江"直播平台助力嫩江"好货"远销国内外，销售额实现1000余万元。人才科技保障有力。实施"3137"引才工程，成功引进各类人才376人；出台"黄金双八举措"，对引进的全日制博士研究生和"双一流"院校硕士研究生分别给予30万元和20万元奖励；投资550万元实施"人才安居"计划，改建人才公寓72间2755平方米。着力提升企业科技自主创新能力，黑龙江北亿农科与华南农业大学签署大豆品种创新战略合作协议；"优质食用大豆专用品种及高效生产集成配套技术示范项目"通过中央引导地方科技发展专项审批；实施新一轮科技型企业三年行动计划，在科技部科技型中小企业评价系统成功注册6户，完成评价公示并入库5户。（于艳华）

【营商环境优化】2020年，嫩江市营商环境持续优化，新建市民中心投入使用，全市42个窗口单位1189项政务服务事项进驻，实现行政审批事项"应进必进"、企业群众办事"只进一扇门"。商事登记制度改革多证合一、证照分离全面推行，"一件事一次办""并联审批"试点推行，营业执照和食品许可办理时限分别从3个工作日、7个工作日压缩到即时受理，最快当日可发证照，证照可免费邮寄。智慧政务"十统一"全面推进，"一窗受理"改革进一步深化，政务服务事项与省一体化平台完成对接，平台事项网办率达97%、位列黑河市第一，政务标准化、智慧化建设水平有效提升。推动政务服务向基层延伸，4个乡镇成立便民服务中心，政务外网在黑河市率先实现乡镇、部门全覆盖。"清赖行动"专项整治工作成效显著，229项"清赖"台账账款全部偿还。（于艳华）

【城乡建设】2020年，嫩江市秉承建管并重，更加宜居宜业。围绕"绿金新商都，滨江风韵城"总体定位，强化顶

嫩江市以"探寻神秘古道 追忆驿站风情"为主题打造冬季冰雪风情民宿
（仲 欣/摄）

嫩江市区夜景　（嫩江市委史志研究室／供图）

层设计和总体设计，《2020—2035国土空间总体规划》编制完成。城区功能日益完善。房地产完成建设51.6万平方米；城市道路升级改造投资3688.7万元，面积4.8万平方米；老旧楼、低温楼、楼立面改造投资3843万元，面积29万平方米；热管网铺设及老旧小区热管网改造投资4288万元；投资1000万元的智慧供热试点改造项目完成外网改造，正进行入户安装；供水改造及设备采购投资4637.5万元；"四大公园"建设项目投资1200万元；投资189.2万元新建城镇公厕5个；投资138.2万元新建城市垃圾中转站2个。城市管理更加精细。以增强执法为民意识为突破口，有效破解城市管理难题，城市管理水平不断提高。清理违法店外经营860家、流动摊位450处；依法强拆违建109处1万平方米。持续巩固国家卫生县城创建成果，清理立式牌匾153块、条幅标语240个、小广告1900余处，清运垃圾5万吨。全面激活"地摊经济"，新增露天市场5处、摊位515个，吸纳就业1000余人。美丽乡村加速振兴。农村人居环境整治扎实开展，清除垃圾1.54万吨，清理柴草垛2577个、私搭乱建157处，拆除危房2770个，清理农药瓶、畜禽粪便等农业生产废弃物618吨，农村环境卫生实现"户分类、村收集、乡转运、市处理"目标；绿化村屯39个，村容村貌再上新台阶。投资2290万元的农村饮水安全巩固提升工程、投资1200万元的农村生活垃圾治理项目全部完工；投资881.9万元完成苇芦泡文化广场等2019年移民后扶项目6个，投资2548.5万元完成铁古砬特色民宿等2020年移民后扶项目13个；投资5920万元新打造塔溪沐河、前进繁荣等美丽乡村10个；投资1.08亿元的2019年高标准农田、投资8000万元的科洛河二期治理2个续建项目和投资3454万元的泥鳅河二期治理、投资325万元的三星村侵蚀沟综合治理2个新建项目全部完工；投资6310万元的2020年高标准农田项目完成90%。交通保障更加有力。投资3.3亿元的国道嫩双公路续建项目建成通车；投资2543万元的10座桥梁改建和投资2435万元的生命安全防护工程2个续建项目全部完工；投资6952万元的危桥改造工程和投资1399万元的农村公路生命安全防护工程2个新建项目有序推进，城乡交通环境进一步改善。

（于艳华）

【社会保障】 2020年，嫩江市坚持以人民为中心的发展理念，改善民生，脱贫成果巩固拓展。投入5330万元持续加大保障力度，住房、饮水、教育、医疗等领域政策落实更加彻底；投资1675万元的前进镇蛋鸡养殖、长江乡绿色大豆油加工、多宝山镇物流服务区等9个扶贫产业项目带动1231户贫困户受益，扶贫项目实现多重叠加覆盖，脱贫群众持续增收，脱贫攻坚通过全省成效考核。教育事业稳步发展。投资277万元的长福学校教师周转房续建项目投入使用；投资564万元的二中、二小、海江中学等12所学校维修改造工程，投资390万元的铁东学校、一小分校区校园硬化工程以及投资272万元的海江、双山、联兴学校取暖设施改造工程投入使用；投资800万元完成26所学校教学设备采购；投资3000万元的高级中学教学楼新建项目完成主体工程；义务教育适龄儿童少年入学率100%。医疗服务提质升级。投资1350万元的中医医院改扩建项目、投资216.8万元的148个行政村卫生室污水处理项目投入使用；投资196万元完成人民医院污水提标改造，投资732万元完成惠民、兴农2个社区卫生服务中心改建和设备购置；投资2132万元的中医医院医疗服务能力提升项目完成基础改造，正进行设备采购。基本公共卫生人均经费补助标准由69元提高到74元；免费实施白内障复明手术152例；二级以上医院全部开通老年人就医绿色通道。文广体旅协同推进。投资83万元的2个多功能运动场投入使用，投资194.7万元的3个5人制足球场建设项目基本完工；中俄羽毛球交流赛获中年组、青年组团体冠军。墨尔根古道驿站博物馆、高峰森林公园晋升为国家AAA级旅游景区；举办"畅游嫩江冰雪·体验别致冬天"冬季旅游系列活动。模拟电视信号全部更新为数字电视信号，嫩江城东转播台实现服务区域地面数字电视无线数据全覆盖。保障水平有效提高。城镇新增就业2835人，失业人员再就业1493人，城镇登记失业率3.55%；为2500名灵活就业人员发放社保补贴499万元、1267名城乡特困供养人员发放生活费697万元；救助困难群众745人次，发放临时救助金204.8万元；发放失业补助金36万元；新增城乡低保987户、1273人，发放低保金6841万元；将17种抗癌靶向用药纳入医保报销目录；将高血压、冠心病等

21种慢病和特殊用药群体纳入门诊慢性病种管理。退役士兵养老保险、医疗保险接续工作全面完成；为优抚对象发放抚恤补助金；为退役军人发放涉农贷款820万元；为优抚对象办理居民医疗保险；全省双拥模范城创建实现“六连冠”。（于艳华）

【生态环境】2020年，嫩江市始终保持加强生态文明建设的战略定力，持续打好蓝天、碧水、净土保卫战。人工造林200万平方米、森林抚育2333.33万平方米、红松果材兼用林造林333.33万平方米、林木良种育苗181.07万平方米。全力开展污染防治百日攻坚战，10蒸吨及以下燃煤锅炉全部淘汰，整顿饮食服务业油烟超标违规商家20家，秸秆露天焚烧全面禁止，大气质量总体保持优良；治理重点河道42千米、沟渠38千米，完成101条河流划界，编制门鲁河、泥鳅河、沐河等7条河流河湖岸线保护利用规划和市域农村生活污水治理专项规划；国控断面水质稳定达标；集中式饮用水水源保护区整治通过国家验收；前进镇繁荣村、长福镇爱国村、嫩江镇巨祥村污水整治试点项目和嫩江镇前、后博霍头村污水治理项目全部完成；开展土壤污染防治，强化重点企业污染物排放监管整治，实现土壤重金属和耕地土壤污染超标“零点位”；投资993.7万元的多宝山镇污水处理建设工程、投资5696万元的嫩江镇污水处理厂提标改造工程、投资4395万元的存量垃圾治理项目全部完工；实施富河村煤矿、黑宝山煤矿恢复治理，恢复植被98万平方米，生态保护全面加强，环境质量进一步提升。（于艳华）

【疫情防控】2020年，嫩江市全力阻击疫情，守护人民群众生命安全和身体健康。严格按照“外防输入、内防扩散”工作要求，压实四方责任，严守三道防线，加大救治力度，加强物资保障和核酸检测能力建设，疫情防控取得阶段性胜利。投资368万元为定点医院人民医院购置负压救护车、呼吸机等设备28台；投资1798万元的人民医院传染病区开工建设，投资2095万元的医疗设备全部到位；投资580万元新建人民医院、中医医院、九三中心医院3家PCR实验室，投资2000万元实施疾控中心实验室改造及设备、车辆购置，全市核酸检测实验室达到4家，日应急混检能力达到4万人份；坚持人物同防，强化外来人员排查和冷链物流监管，453名社区志愿者、部分退役军人，8500余名机关干部、2500余名村民无畏值守，筑起守护全市人民的铜墙铁壁。新冠肺炎确诊患者在25天内全部治愈出院；5名医护人员驰援孝感；106名医护人员不畏严冬、逆行出征，赶赴黑河市支援核酸采样。（于艳华）

【复工复产】2020年，嫩江市全力恢复生产生活秩序，坚持分类分批、错峰复工，全市19户规上企业和省百大项目5月份全部开复工。多措并举为企业纾困解难，推进稳企稳岗基金担保贷款，为184户企业贷款4.5亿元，协调银行降低贷款利率1个百分点；减免企业社会保险费5298.6万元，返还稳岗补贴329万元；设立中小企业稳企稳岗基金3000万元；为中小微企业及个体工商户减税降费3198万元、优惠折扣电费214万元；减免国有房产租金233万元；使用周转金4200万元帮助4户企业倒贷。全力保障中小学校安全复学，为城区学校加装红外线非接触式测温系统11套。打好促进消费“组合拳”，开通“情满嫩江”网络直播带货平台，参与发放政府消费券450万元，因地制宜划定13个“地摊经济”发展区域，有效激活市场消费力，全面助力经济回暖复苏。（于艳华）

五大连池市

【概况】五大连池市地处小兴安岭与松嫩平原的过渡地带，北纬48° 16′ ~49° 12′，东经127° 37′ ~125° 42′，位于黑龙江省北部、黑河市南部。2020年，五大连池市行政区划面积8745平方千米，总人口33万人，有汉族、满族、回族、蒙古族等28个民族，辖6镇4乡、1个街道办事处，93个行政村。区域内有五大连池风景名胜区、1个森工局、4个监狱（所）、8个国有农场、1个部队农场、1个融通公司。

五大连池市自然资源富集，拥有独特的农林资源、矿泉资源和旅游资源。共有耕地39.67万公顷，草原14.67万公顷，林地38.87公顷，水面1.27万公顷。是全国500个商品粮基地县之一、116个基本农田保护示范区之一、国家优质专用小麦原良种繁育基地、全国北方春大豆种子生产销售集散地和柞蚕生产基地，拥有大豆、面粉、大米、鸭蛋

嫩江市区（嫩江市委史志研究室／供图）

等地理保护标志。山口水利枢纽是国家大（Ⅱ）型水利枢纽工程，库容近10亿立方米，水面84平方千米，有冷水鱼48种，系列水产品已通过国家有机食品认证，具备养殖优质、高效鱼种的条件。五大连池天然矿泉是世界“三大冷泉”之一，有重碳酸和偏硅酸两种矿泉水，特别是偏硅酸矿泉水储量丰富，为矿泉白酒、啤酒、饮品、酱油、醋等系列产品开发提供了条件，1996年被命名为“中国矿泉水之乡”，1999年将偏硅酸矿泉水引入市区作为市民生活饮用水，五大连池成为继法国维希之后世界第二、亚洲第一个矿泉城。天然苏打水资源丰富，纯天然、品质高、分布广，具备规模开发的条件。五大连池市生态环境良好，四季气候分明，区域内的火山、湿地、矿泉、冰雪等元素构筑旅游业的独特优势。区域内有获世界地质公园、国际绿色名录、世界生物圈保护区3项世界级桂冠和20余项国家级荣誉的五大连池风景名胜区；以漂流、探险旅游闻名的大沾河国家森林公园，是我国最大的森林湿地；有被评为国家AAAA级旅游景区、国家水利风景区、国家地质公园、省级自然保护区的山口湖风景区，具有原始、生态、自然的特点。山口湖与世界地质公园、大沾河国家森林公园交相呼应，具备综合性旅游休闲产业开发的潜力。五大连池市先后被评为“中国十大休闲城市”“中国县域旅游品牌百强县”“中国最具投资潜力中小城市20强”“中国品牌旅游城市”“国家级生态示范区”“中国十佳文化旅游明星城市”“2016旅游业最美中国榜目的地城市”“一带一路国际健康旅游目的地”“2017百佳深呼吸小城”“全国健康促进示范县”“国家卫生城市”“国家全域旅游示范区”，入选“2019年中国康养产业可持续发展能力60强县”。

2020年，五大连池市地区生产总值实现108.1亿元，同比增长3.1%，其中，一二三产增加值分别实现66.2亿元、7.1亿元和34.7亿元，同比增长5.5%、0.4%和-1.4%；一般公共预算收入同比增长15.2%；固定资产投资同比降低23%；社会消费品零售总额同比降低16.8%；城镇和农村常住居民人均可支配收入分别同比增长1.1%、8.6%。（何鹏超）

朝阳乡航拍　（五大连池市融媒体中心／供图）

【项目建设】 2020年，五大连池市全年引进超5000万元项目20个，其中超亿元项目16个、超5亿元项目5个。到位资金17.43亿元，其中实际利用省外资金16.64亿元。向上争取专项资金、政府债券、抗疫特别国债24.9亿元。全市重点项目开复工28个，完成投资9.78亿元。其中，纳入黑河市级百大项目17个，含省级百大项目3个，完成投资8.31亿元。朝阳山抗联民宿项目主体工程封顶，圣丰种业大豆种子加工产业化项目完成综合楼主体工程，讷谟尔河干流治理五大连池市重点段项目进展顺利，众滨生猪屠宰项目、小边河防洪工程等19个项目投入使用。（何鹏超）

【农业农村】 2020年，五大连池市矿泉食品产业供给能力不断提高，粮食总产量达到117.63万吨。落实黑河市级科技示范点20个，绿色有机作物认证面积达到8.33万公顷。耕地保护与质量持续提升，实施补充耕地项目4个，新增高标准农田0.53万公顷，农业“三减”高标准基地达到5.07万公顷，“互联网+农业”示范基地发展到19个，黑土地保护利用试点县项目基本建成。大豆良种繁育水平持续提高，新增种子企业3家，国家大豆区域性良种繁育基地建设基本完工，举办第三届中国大豆种业高峰论坛暨大豆良种地展博览会、全国专用大豆产业联盟年会暨产销对接会、全国大豆良种增产增效计划现场观摩与座谈交流会。林产经济平稳发展，食用菌、北药等产业逐渐壮大，实现产值7.19亿元。畜牧业快速发展，生猪、大鹅等畜禽养殖规模不断扩大，实现产值14.4亿元。新型农业社会化服务能力不断提升，创建国家级合作社2家、省级合作社8家，托管土地1.05万公顷。品牌农业快速发展，绿色、有机食品和地理标志产品认证数量新增12个，新进入“极境寒养”黑河农产品区域公用品牌准用名录企业52家，矿泉香、冷矿泉暖米等特色农产品销售订单超1.5亿元。（何鹏超）

【工业】 2020年，五大连池市新增规模以上工业企业4家，规模以上工业增加值同比增长5.1%。矿泉食品加工产业不断壮大。名仁苏打水项目投产达效，北大荒矿泉水完成生产线改造并成为2020年世界品牌大会唯一指定用水，天然苏打水地理标志申报工作进入公示阶段。双鑫大豆深加工项目完成主体工程建设，火山之源大豆庄园项目完成规划选址，万物生全大豆肽浓缩饮品获首届国家退役军人创业创新大赛优胜奖。新能源产业发展步入快车道，30兆瓦生物质发电项目并网发电，龙源分散式风力发电项目完成规划选址、电网接入等前期工作。

五大连池名仁天然苏打水有限公司生产线 （林松涛／摄）

经济开发区产业集聚效应日益凸显，入驻企业11家，实现产值2.49亿元。中小企业创业园公共服务平台项目建成厂房3栋，完成污水管网铺设。 （何鹏超）

【旅游】 2020年，五大连池市逸和园旅居养老中心项目正式运营，金手杖国际康养项目一期工程征地拆迁基本完成，承办首届中国康养城市发展高峰论坛，入选“2019年中国康养产业可持续发展能力60强县”，朝阳林场获评“全国森林康养基地试点建设单位”，大沾河国家森林公园成为省级森林康养目的地。高标准完成旅发大会现场观摩项目，升级改造火山温泉水世界，东北抗联博物馆五大连池分馆正式开馆。红色旅游品牌影响力逐步扩大，注册红旅朝阳山商标，朝阳山抗联红色景区晋升国家AAA级旅游景区，朝阳乡边河村被评为国家级乡村旅游重点村，朝阳山抗联遗址群被命名为全省第七批爱国主义教育基地。 （何鹏超）

【教育卫生】 2020年，五大连池市教学环境不断改善，高级中学综合楼开工建设，实验小学附属幼儿园、青山幼儿园建设完成，龙镇学校、团结中学环形塑胶跑道投入使用。教育“四个提升工程”取得阶段性成果，高考一本、二本以上上线率同比增长17.3、25.1个百分点。医疗卫生服务水平不断提升，人民医院、中医医院加入龙江健康平台，人民医院传染病区开工建设，新建村级标准化卫生室6所，投入医疗设备购置资金3813.9万元。 （何鹏超）

五大连池市老旧小区改造工程施工现场 （林松涛／摄）

【文化体育】 2020年，五大连池市公共文化服务能力日益增强，省级公共文化服务体系示范区高水平通过终期验收，朝阳山东北抗联遗址被国家授予第二批革命文物保护利用片区，举办“尚艺连池”“赏淞乐雪”等系列活动。（何鹏超）

【城乡建设】 2020年，五大连池市城乡建设扎实推进，城市品质不断提升。新建文萃街、文河街、翰林街、学府路，升级改造道路5条，翻建人行道7859延长米，整修道路破损33处。群众居住环境明显改善，维修改造老旧小区9个，鼎盛世家一期、二期棚户区改造项目竣工入住。城市配套功能日益完善，集中供热热源可靠性提升改造及燃煤烟气余热回收利用工程投产运行，新建、改造供热管网15.7千米，城市燃气工程铺设天然气管网9.86千米，改造自来水老旧管网6千米，完成供水管网讷谟尔河段、城市雨水管网改造工程，城东易涝区排水防涝设施建设有序推进，生活垃圾填埋场渗滤液应急处理升级改造项目投入使用。 （何鹏超）

【民生事业】 2020年，五大连池市民生支出31.2亿元，占一般公共预算支出的90%。新建就业创业孵化基地2个，发放小额创业担保贷款795万元，城镇新增就业3358人，城镇登记失业率3.34%。发放特殊困难群体各类补贴6260万元、退役军人安置后未上岗期间生活费367万元。实行药品集中采购，采购金额降幅达65%，慢性病、特殊病种门诊治疗纳入医疗救助范围。

（何鹏超）

逊克县

【概况】 逊克县位于黑龙江省北部边陲，北纬47° 58′ ~49° 36′，东经127° 24′ ~129° 17′，

小兴安岭中段北麓，有135千米的边境线，与俄阿州米哈伊洛夫区隔江相望。2020年，逊克县行政区划面积17344平方千米，辖3镇6乡（2个少数民族乡）78个行政村，5个社区居民委员会。总人口9.4万人（含逊克农场），其中城镇人口4.2万人，人口自然增长率-1.83‰。全县地区生产总值39.7亿元，同比增长3.1%，公共财政预算收入增长1.5%，城镇、农村常住居民人均可支配收入分别增长0.4%和8.7%；万元地区生产总值能耗降低3.2%。受疫情影响较大的社会消费品零售总额、固定资产投资降幅持续收窄，呈现逐步回暖的态势。

（王春荣）

【农业农村】2020年，逊克县坚持质量兴农、绿色兴农，持续巩固农业绿色发展示范区创建成果，推动农业生产由增产增效向提质增效转变，成功获批省级现代农业产业园。全县农业丰产丰收，粮食总产实现56.9万吨。发挥农业科技园区示范作用，推广优良品种32个，四大粮食作物良种率达到100%。推进绿色品牌创建，推广"极境寒养""北纬49"双品牌，绿色、有机食品认证达到3万公顷，占种植面积的18.6%。培育新型农业经营主体，各类农民专业合作社发展到780家，丰禾农机合作社被农业农村部推介为第二批全国"全程机械化+综合农事"服务中心典型案例，是黑龙江省唯一入选的合作社。全面加强农业基础服务能力建设，夯实农业发展基础，完成逊河镇高标准农田建设0.76万公顷，启动松树沟乡高标准农田项目。创新农业生产融资方式，与黑河建设银行、浙江网商银行合作，发放惠农贷款8457万元；农业政策性保险参保面积11万公顷，同比增长33%。争取农机购置补贴4059万元，田间综合机械化率99.2%；规模经营土地6.13万公顷；转移农村剩余劳动力1.6万人，实现劳务收入2.52亿元。依托资源优势，推进农业多元化发展。安排畜牧养殖贷款1000万元，扶持畜牧业发展，标准化养殖场达到11个。连续两年获批省级中药材生产基地建设示范县，争取奖补资金1780万元，建成中药材加工厂、展示园4个，中药材种植面积达到3333公顷。林业、牧业、渔业产值分别实现0.98亿元、4.89亿元、0.54亿元，农林牧渔业实现齐头并进发展格局。

（王春荣）

【项目建设】2020年，逊克县把项目建设作为稳定投资、拉动经济增长的重要引擎，全年实施重点项目54个，完成投资6.4亿元；其中省、市百大项目12个，开复工率、按期投产率均为100%，投资完成率、资金到位率均达到94%。抢抓国家政策"窗口期"，争取中央和省预算内投资、抗疫特别国债、地方政府一般债券等资金2.63亿元，第一中学新校区、老旧小区供热管网改造等一批重大基础设施和民生补短板项目顺利实施。以矿产开发为主导的工业经济呈现良好发展势头，东安金矿新建尾矿库投入使用，全年实现产值9.06亿元，税金2.29亿元。翠宏山铁多金属矿股权重组达成意向协议，正在开展恢复性生产准备工作。茅宝沟钼矿年产值实现2600万元。诺宝生物质发电厂纳入规上企业，全年发电1亿千瓦时，实现产值8000万元，税金917万元。全县规模以上工业企业增加值达到8.08亿元，同比增长3.7%。面向重点地区，开展小分队招商、云招商，精准对接招商线索，建立招商小分队4支，走访企业47家，远程对接企业15家。举办上海、珠海招商引资推介会，现场签约项目3个，投资总额2.8亿元。全年引进5000万元以上项目12个，其中亿元以上项目7个，实际利用省外资金4.3亿元。

（王春荣）

【口岸】2020年，逊克县实施"口岸活县"发展战略，推动区位优势加速释放，对俄贸易实现逆势上扬。口岸码头通过省级验收，过货种类逐步增加，新增进口木材2300立方米、小麦1.28万吨；首次开通"散装粮"运输。全年进出口货物4.8万吨，同比增长27%，成为历史第二高年份；对外贸易进出口总额实现1.85亿元，同比增长2.8%。

（王春荣）

【旅游】2020年，逊克县突出生态优势，重点打造以冰雪旅游为主的四季特色旅游项目，逐步把"冷资源"转化成"热经济"，大平台雾凇等景区基础设施不断加强，举办第四届雾凇冰雪节，中央、省级新闻媒体持续报道，逊克冰雪旅游知名度全面提升。组织参加旅发大会，参展逊克玛瑙奇石、工艺品2万件。

（王春荣）

逊克县城　（于淑鸿／摄）

【电商产业】 2020年，逊克县以电商产业园为核心，加大电商示范县创建力度，获批全国电子商务进农村综合示范县，争取扶持资金1000万元。培育本土电商企业，常驻电商产业园企业10家。参加“龙江有好货”等直播带货活动11次。持续推进全民电商培养工程，累计开展网红直播、跨境电商等培训52期2950人次，全县电商从业人员达到5000余人，年销售额突破1亿元。（王春荣）

【城乡人居环境】 2020年，《逊克县国土空间总体规划（2020—2035年）》编制工作全面启动。棚户区改造累计征收房屋2626户，发放补偿金6.34亿元，新增净地13万平方米，城市空间布局进一步优化，群众幸福指数进一步提升。实施“三供两治”项目8个，基础设施项目5个；改造老旧小区4个2万平方米，直接受益群众236户。开展违章建筑拆除百日攻坚战，累计拆除违章建筑70处，解决多处历史遗留拆违难题。完成《农村生活污水治理专项规划》《县域农村生活垃圾治理和设施规划》和7个村庄规划编制工作。持续改善农村人居环境，安装栅栏3.3万延长米，修建边沟1.6万延长米，建成农村卫生厕所1606个，行政村路灯实现全覆盖；购置垃圾运输车89台、垃圾桶2.6万个。加强交通基础设施建设，升级丹阿公路逊克至逊孙界段44.3千米，改造危桥25座，新建、改扩建农村公路73.6千米。通用机场项目取得重大突破，通过选址报告评审。建成了农村集体产权交易中心，年收入10万元以上的村集体增加到63个，占行政村的81%。创建省级绿化示范村1个，打造美丽乡村示范村3个。（王春荣）

【生态环境】 2020年，逊克县持续开展生态环境保护，完成人工造林、中幼林抚育4133.33公顷。严厉打击毁林、毁草、毁湿行为，查处各类破坏生态环境案件119起，收回违法开垦、占用等林地269.8公顷。整改中央环保督察“回头看”反馈问题12个、河湖“四乱”问题47个。完成国家重点生态功能区县域生态环境质量考核工作，争取转移支付资金3184万元。库尔滨电站、乌一电站入选水利部绿色小水电示范电站。全力打好污染防治攻坚战，加大秸秆全域全时段禁烧力度，全县秸秆禁烧实现“零火点”；淘汰燃煤锅炉20台，安装油烟净化设施189台；全年空气优良率97.9%，被中国气象局公共气象服务中心授予“中国天然氧吧”称号。完成96条河流“两规两划”编制工作，核查登记取水工程694处。全面推广畜禽养殖无害化处理，粪污处理设施装备配套率100%，畜禽粪污废弃物资源化利用率85%。（王春荣）

【民生保障】 2020年，逊克县脱贫攻坚圆满收官，贫困村面貌焕然一新，贫困群众生活水平大幅提高，通过省级成效考核和数据质量评估。安排资金2322万元，实施扶贫项目32个，脱贫攻坚成果得到有效巩固。创新消费扶贫新模式，将宝山乡打造为电商扶贫示范乡，结合“线上线下”销售平台，累计销售扶贫产品300万元，探索出电商扶贫新路子。社会保障体系持续健全，各项社会保障政策全面落实，城乡低保、集中供养、分散供养标准逐步提高，发放低保、救助等保障资金2128万元。城乡居民“两病”门诊用药纳入医保报销范围，112种公立医疗机构集中采购药品价格平均降幅50%以上，百姓就医用药经济负担大幅降低。发放各类创业贷款1130万元。招录、引进各类人员370人。城镇新就业997人，城镇登记失业率3.34%。开展第七次全国人口普查工作；推进双拥工作，实现省级双拥模范县“六连冠”。（王春荣）

【社会事业】 2020年，逊克县把教育优先发展放在突出位置，加快推进教育现代化，在全市率先启动义务教育优质均衡发展县创建工作，启动中小学教师“县管校聘”制度改革。完成示范幼儿园、一中新校区三期及薄弱学校提升工程，办学条件逐步改善。全民健身中心投入使用，新建社会足球场9300平方米。针对医疗卫生、应急处置暴露出的短板问题，全面加强医疗卫生服务体系建设，完成了核酸实验室、采样室、门诊大厅建设，购置了负压救护车、CT、四维彩超等医疗设备，医疗救治能力显著提升。严格落实计划生育惠民政策；实施妇幼健康促进行动，开展妇女“两癌”筛查、新生儿疾病筛查等公共卫生服务，惠及妇女儿童4905人。爱国卫生运动成效显著，再次获“国家卫生县城”称号。（王春荣）

【营商环境优化】 2020年，逊克县大力推进“放管服”改革，持续优化营商环境，综合性实体政务服务大厅投入使用，进驻部门28个，进驻事项973项，实现应进必进。强化“互联网+政务服务”建设，完成网上政务服务中心升级改造，统一入驻全省政务服务网，网上

逊克诺宝生物质发电厂进行秸秆收集和运输（于淑鸿／摄）

逊克县全民健身中心体育馆（于淑鸿/摄）

政务中心公示事项977项，网上可办率94.6%，在全市率先完成网上可办率省定标准，实现了从“网上可办”到“网上实办”的新突破。全面完成农垦行政职能移交工作，承接农垦改革各项行政职能1916项。（王春荣）

【复工复产】2020年，逊克县坚持“平战结合”“人物同防”，慎终如始抓好常态化疫情防控的同时，统筹落实“六保”“六稳”工作举措，全力推进复工复产，全县8家规上企业和77家重点中小企业全部复工复产，427家食品生产企业和个体商户恢复营业。安排稳企稳岗基金1000万元，为企业减免税费、社保费等8260万元；免费提供早市、夜市场地，鼓励“地摊经济”，开展“龙江购物节”系列线上线下促销活动，发放消费券350万元，推动了生产生活秩序有序恢复。（王春荣）

孙吴县

【概况】孙吴县地处黑龙江省北部、小兴安岭北麓、黑河市中部，北纬48° 59′ ~49° 42′，东经126° 40′ ~128°，北邻黑河市，南接五大连池市，西连嫩江市，东与逊克县毗邻，是黑河市的重要交通枢纽。边境线长35千米，与俄阿州康斯坦丁诺夫卡区隔黑龙江相望。2020年，孙吴县总面积4318.9平方千米，辖2个镇9个乡（含1个民族乡）、94个行政村，2个国有农牧场、7个国有林场。年末全县总人口8.08万人，其中城镇人口3.24万人，人口自然增长率-1.97‰。有满族、达斡尔族、俄罗斯族、鄂伦春族等19个少数民族。全年地区生产总值实现22.33亿元，同比增长3.6%；税收收入同比增长42.9%，增速全省第一；一般公共预算收入同比增长26.3%，增速全省第五，全市第一；全社会固定资产投资同比增长18.4%，增速全市第一；粮食总产达到25万吨；规上工业增加值同比增长34%，增速位居全市前列；社会消费品零售总额保持持平；城镇和农村常住居民人均可支配收入分别同比增长6%和7%。（国春青）

【农业】2020年，孙吴县持续创建国家级绿色有机示范县，建成农产品质量安全质检站，新认证有机产品企业6家，新增有机认证面积666.67公顷；新认证经营主体31家47个品种，认定国家地理标志和绿色食品商标8个。落实耕地轮作试点工作，轮作面积达到5933.33公顷。加强与东北农业大学、省农科院等科研院所合作，培植农业科技示范户300个。落实农业“三减”示范任务3万公顷，化肥、农药和除草剂分别减少7.7%、10%和10%。加强农机作业装备，孙吴县被评为全国第五批率先基本实现主要农作物生产全程机械化示范县。推进肉牛、生猪规模化养殖场建设，畜牧业增加值增长9.3%。畜牧技术服务中心获“全省畜牧服务体系建设工作先进集体”称号。持续推进林产经济，生产食用菌菌包324万袋，种植北药1000公顷，林业增加值增长5%。创建中草药种植基地试点县，与中航科技有限公司签订中药材批发大市场建设协议。发展农产品小微加工主体，在全省首创蓝莓无土栽培技术；麻润麻编手工坊、高山无公害面粉厂等小型企业生产产品广受市场好评。（国春青）

【工业】2020年，孙吴县研究出台支持中小企业共渡难关等政策文件，完善《关

孙吴云之润大豆综合加工项目浸出车间（宫玉忠/摄）

于支持民营经济发展若干意见》。4月末，全县规模以上工业企业、限额以上商超全部复工复产，新增云之润、天之草两家规上企业，规上工业增加值从三季度开始大幅上扬；民营企业户数达到6232家，同比增长3.6%。为中小微企业发放各类稳岗补贴1090万元，对重点企业“一对一”精准服务，召开政企、银企对接会16次，帮助企业解决实际问题120余件次，6户企业入选全省第四批疫情防控重点保障企业和春耕农资类重点保障企业名单，获取扶持贷款2170万元。注重提升企业科技创新能力，新成立技术研发机构4家，组织技术成果对接活动10余次。实施科技型企业三年行动计划，培育科技型企业8家。（国春青）

【旅游贸易】 2020年，孙吴县深度开发旅游资源，胜山要塞完成无线网络覆盖和监控系统安装工程，建成特色商品展示功能区和战争主题图书馆，被确定为省级公共图书馆文旅融合示范点，胜山要塞森林公园上榜2020“中国森林体验基地”，被授予“品行中国·两级穿越”网红打卡地称号。推进331边防路“醉美景观大道”建设，重资打造哈达彦和胜利屯特色村镇。成立全县首家旅行社，在旅发大会期间，高质量完成20余个观摩团接待工作。与黑河自由贸易试验区签订合作框架协议，孙吴经济开发区纳入自贸区联动区。新引进丰泰、盛威、创立国际等外贸企业7家。拓宽线上销售渠道，组织企业参加“哈洽会数字展”“龙江之春电商购物节”等展销活动，电商销售额实现1600万元。搞活流通、促进消费，与市政府联动发放消费券240万元；鼓励地摊经济，购置便民摊车8辆。（国春青）

【项目建设】 2020年，孙吴县围绕“一主三辅”特色产业，谋划项目100项，纳入招商项目册29项。42个新建续建项目完成投资7.68亿元，其中列入省市百大项目10项，完成投资4.75亿元。大唐风电项目实现当年核准、当年开工，云之润大豆加工项目实现当年签约、当年投产。建成工业园区污水处理厂，园区入园企业达到9家。实施招商引资“一号工程”，组织招商活动25次，新签约落地项目13项，到位资金3.53亿元。全力配合202国道改造升级和331边防路项目建设，在全市率先完成北黑铁路升级改造土地征收和房屋拆迁工作。正式启动孙吴四季屯煤矿勘察项目。建设5G信号基站21处，重点领域、重点场所基本实现全覆盖。（国春青）

【特色产业】 2020年，孙吴县全力发展“一主三辅”特色产业，全县种植汉麻6400公顷，连续五年全国种植面积最大。制定支持汉麻产业发展相关政策，兑现汉麻种植专项保险保费补贴，严格管控产品质量。天之草汉麻纤维加工项目正式投产，汉麻板材综合加工项目建成并试生产，初步形成产业集群。与青冈县签订汉麻产业发展合作框架协议。在中国麻纺织行业协会第八届年会上，汉麻产业园区工作站连续当选为理事单位。壮大大果沙棘产业，完善沙棘苗木繁育、栽植、加工、科研四大基地建设，苗木繁育基地达到100公顷，生产优质扦插苗木500万株，一级苗木使用率达到95%以上。园式化和庭院栽植基地面积达到2866.67公顷。长乐山沙棘公司收购秋季鲜果500吨，实现产值2500万元。拓宽销售渠道，通过龙江直播带货和黑河极境寒养区域公共平台，推介孙吴沙棘产品，进一步提升知名度。发展食品大豆产业，创建全国绿色食品原料（大豆）标准化生产基地4万公顷，建成大豆高产攻关示范方2000公顷，带动全县种植大豆8.6万公顷。引进云之润大豆精深加工龙头企业，建成大豆综合加工项目并投产，产值实现亿元以上，大豆产业化发展初见成效。培育壮大北纬四十九科技生态农业有限公司、黑龙江（孙吴）景润生物科技股份有限公司等地方企业，拓展仓储物流业务，延伸产业链条。黑龙江（孙吴）云之润生物科技有限责任公司依托国内国际市场，进口俄罗斯大豆1000吨。稳步发展安格斯牛产业，完成第三批安格斯牛引进工作，全县安格斯牛规模化养殖场发展到23个，安格斯牛种群突破万头，其中基础母牛6500头。安格斯牛专家工作站升级为市级工作站，获得专项资金扶持。制订《孙吴县推进安格斯牛产业发展扶持意见（2020—2022）》，全面提升繁育、饲养及育肥等技术水平，基础母牛和犊牛成活率分别达到98%和95%以上。引进黑龙江沣源牧业有限公司建成2000吨糖化饲料加工项目；与黑龙江宾西牛业有限公司签订战略合作框架协议，就肉牛屠宰加工、养殖项目达成合作意向。（国春青）

孙吴县胜山要塞森林公园 （孙吴县委史志研究室／供图）

【城乡建设】 2020年，孙吴县逐步完善城市功能，制定国土空间规划，第三次全国国土调查初始成果率先通过省级审查。实施市政基础设施建设，建成南环路、红旗街部分路段硬化和排水项目；实施供热改造工程，改造供热管网21.5千米，分户改造1.8万平方米，升级换热站1座；实施供水改造工程，完成5座二次供水加压泵站改造；实施燃气入户工程，完成2千米燃气管线铺设工作；实施老旧小区改造工程，改造社企、电业和工行小区9栋楼3万平方米，棚户区改造75户6.5万平方米；实施绿化提升工程，全县新增绿地9.6万平方米，城市绿化率达到34%；在中央街、解放路、人民广场等区域打造金光大道、满天星广场等景点；建设南环路景观带。加强精细化管理，集中开展乱停乱放、私搭乱建、占道经营、"三线"治理等专项整治工作，城市管理数字化平台受理案件212件，处置率和结案率均为100%。持续改善农村环境，编制完成《孙吴县县域村镇体系规划》，科学规范村镇发展布局。开展农村"五大革命"（厕所革命、垃圾革命、能源革命、污水革命、菜园革命）和美丽乡村建设，完成农村人居环境三年整治行动。建立农村垃圾转运系统，建成垃圾分拣中心72个，均户设置分类垃圾桶，购置垃圾收集转运车辆116台。累计建成室内水冲厕所200座、室外厕所300座；为3个规模化养殖场安装无害化处理设施，畜禽粪污综合利用率达到85%以上。开工建设沿江乡哈达彦村和胜利屯村农村生活污水治理试点项目。建成10个沙棘整村推进示范村，6个蔬菜种植示范村，村屯庭院经济利用率达到98%以上。建成秸秆固化站8个，秸秆综合利用率达到85%。统筹实施巷道硬化、边沟清理、栅栏安装等工程，整体提升村容村貌。进一步提升农业基础设施水平，完成卧牛河、清溪高标准农田项目年度建设任务。实施农村公路危桥改造工程7座、安全生命防护工程9项，农村公路列养率和经常性养护率分别达到100%，农村公路养护工作实现全省优秀"八连冠"。（国春青）

12月20日，孙吴县禁毒教育基地建成并投入使用

（孙吴县委史志研究室／供图）

【生态建设】 2020年，孙吴县加快生态建设步伐，严格落实河湖长制，开展河湖"清四乱"工作，完成问题整改工作。全面开展蓝天、碧水、净土、原生态保卫活动，持续推进工业企业减排、加油站油气回收和双层罐改造、建成区燃煤小锅炉淘汰、餐饮服务业燃煤锅炉改造、油烟净化器安装、露天烧烤整治和柴油货车尾气监测工作，实施非道路移动机械登记备案，提前完成"百日攻坚战"各项任务指标。有效解决秸秆露天焚烧问题，连续三年实现"零火点"，获省政府资金奖励；城区空气优良天数比例达到96.3%，排名全省第四。改善生态环境，实施森林抚育1333.33公顷，成立"野生动物救助站"，划定5公顷小微湿地，完成15度以上坡耕地退耕还林任务6.67公顷。完成第二次全国污染源普查工作，4人被评为国家和省级先进个人。国家重点生态功能区县域生态环境质量考核位列全省前列。平度村获"省级绿化示范村"称号。（国春青）

【社会事业】 2020年，孙吴县全面启动义务教育优质均衡发展，推进高考综合改革，免除普通高中学生学杂费。开工建设第三公立幼儿园，建成民族中学法治和残疾儿童教育资源教室。按照每生每天4元标准为义务教育学生提供免费营养餐。孙吴县科技馆获批省科普教育基地和市中小学生研学实践教育基地。进一步深化医药卫生体制改革，14类46项基本公共卫生服务建档率达到90%。县级医院全部实现基本医保、大病保险和医疗救助"一站式"结算，30种大病专项救治率达到100%。县中医医院骨伤科、肾病科和康复科创建市级重点中医专科，县疾控中心获得"全省农村饮用水卫生监测十年工作成绩突出集体"称号。进一步提升公共文体服务水平，完成5个村文化广场建设，建成11人制和5人制足球场各1个。"满语说部"入选国家级非物质文化遗产项目名录。保障困难群体基本生活，发放低保金、特困金、救助金等各类补助补贴资金4700余万元。建成大学生创新创业基地，与省内7所高校签订合作协议，实习实训大学生79人次。开发公益性岗位650个，城镇新增就业899人，城镇登记失业率为3.3%。（国春青）

【民生保障】 2020年，孙吴县健全治理体系，持续开展扫黑除恶专项斗争，推进禁毒重点整治工作，完成禁毒教育基地、社戒社康服务中心、禁毒主题广场等基础设施建设，开展"两打两控""禁种铲毒"等专项行动。建立三级人民调解网络，组建调解工作室20个，西兴乡守刚调解室受司法部表彰。"七五"普法工作通过市级验收，被评为全省第一批法治政府建设示范县。开展信访矛盾减存控增专项行动，实现"零非访"等总体目标。简化不动产登记和验收备案要件，历史遗留房地产开发项目全部达到不动产首次登记条件。加强安全生产标准化建设，集中开展安全生产专项整治工作，全年未发生安全生产事故。加强应急体系建设，完成森林草原防灭火、防汛抗旱职能转

4月，孙吴县税务局开展税收政策宣传　（黑河日报社／供图）

隶，组建综合性抢险预备队，编制修订专项应急预案54个。做好防灾减灾救灾工作，连续36个防期未发生重特大森林火灾，实现11个防期零火灾。有效防御夏季强降雨天气，实现不溃堤、不垮坝、无人员伤亡目标。加强非洲猪瘟防控和动物疫病防治工作，在非洲猪瘟"对比"实验中位列全省前列；承办全市第二届动物疫病防治员职业技能竞赛，获得全市第一。加强边境管控工作，边境保持持续稳定。做好双拥工作，获全省双拥模范城"四连冠"，是全国唯一的65年无责任退兵县份。

（国春青）

【营商环境优化】 2020年，孙吴县实施政务大厅扩容改造工程，新增使用面积近2000平方米，审批事项实现"应进必进"。加快"一网通办"，全县政务服务事项网上可办率达96%。动态调整"最多跑一次"事项清单，976项事项实现"最多跑一次"，260项事项实现"一次不用跑"。压缩审批时限，工程建设项目压缩130个工作日，不动产登记事项压缩至4个工作日，企业开办时间实现1日内办结。加强项目建设服务保障，常态化开展领导干部"走流程"活动，建立首席服务员制度。（国春青）

【复工复产】 2020年，孙吴县果断应对新冠肺炎确诊病例，遏制住疫情蔓延，实现病例清零、不反弹、不扩散，做到境外疫情零输入、医护人员零感染、确诊病例零死亡。推动复工复产、复学复市，向上争取项目36项，到位资金7亿元，其中，中央预算内项目11项，一般债券项目11项，专项债券项目3项，抗疫特别国债项目11项。完成县人民医院传染病房和发热门诊改扩建，中医医院业务用房、社区卫生服务中心、孙吴镇卫生院和120急救中心等项目开工建设。高标准完成2个标准化核酸检测实验室建设。（国春青）

孙吴县城区一角　（宫玉忠／摄）

模范人物

张晓宇　1966年3月出生，中共党员，大专学历，1989年10月参加工作，现任黑河铁路（集团）有限责任公司机务段运用车间7697号机车司机长，初级技师，曾获得黑河市优秀共产党员、“黑龙江省五一劳动奖章”、黑龙江省企业安全文化建设先进个人、黑河市普通劳动者“百业状元”奖章、黑龙江省优秀共产党员、“全国五一劳动奖章”等荣誉。张晓宇在多年的乘务工作中积累了丰富的机车保养、列车操纵、行车安全等方面的经验，培养技师6人，都成了生产一线骨干。30多年如一日，带领的包车组已安全行车220余万千米，正点运送旅客货物454万万吨千米，所包的“党员先锋号”机车多次被评为公司和段先进集体。任1394号机车司机长期间，保持8个辅修期不更换润滑油的记录。累计节约煤炭800余吨，燃油1600余吨，节约机车其他材料折合人民币40余万元，共防止行车一般以上行车事故13次，防止路外交通事故上百次，防止火灾隐患24起，列车运行中处理机车故障49次，恢复旅客列车正点运行数不胜数。2020年11月，张晓宇被评为全国劳动模范。

张德秋　1975年出生，中共党员，专科学历，1996年7月参加工作，现任黑河市热电有限责任公司运行分厂党总支书记、厂长。张德秋在车间技术员、副主任、主任，生产副经理、处长、分厂厂长等岗位上，兢兢业业、任劳任怨，始终冲在急难险重第一线。刻苦钻研业务、勤于思考、善于总结、勇于突破、身先士卒、埋头苦干，为企业攻克诸多技术难关。以对党的忠诚、对事业的执着和忘我的工作状态，在平凡的岗位上做出不平凡的业绩。创造4天建成一个换热站的记录，连续8年检修质量达100%，完成技改项目38项，为企业节约工程款达1700万元，节约生产成本2000万元。独立设计、施工的无人值守换热站每年为企业减少人员支出500余万元，在全行业推广。2020年11月，张德秋被评为全国劳动模范。

李富强　1983年1月出生，中共党员，大专学历，2000年9月参加工作，现任北安市革命现代农机专业合作社理事长，革命现代农机专业合作党支部书记。曾获得黑龙江省百名农民创业之星、省劳动模范、全省农村青年创业能手、省大豆大王、省十大杰出青年创业奖等荣誉。2012年，李富强组建革命现代农机合作社，带领村民从事土地规模经营。2017年，收购北安市寒地清水米业，年可加工精制大米3万吨。2018年，投资600万元新建1座大豆加工塔。2020年，经营面积达6613公顷，固定资产总额1.3亿元，合作社社员年均收入7万元，拉动就业500余人，带动农民增收1200余万元。国家打响扶贫攻坚战后，李富强利用合作社为载体，直接拉动贫困户1247户，实现年户均增收2500元以上，助力2020年如期实现脱贫。合作社在取得良好经济效益的同时，也带来了良好的社会效益，被评为“国家级规范社”。2020年11月，李富强被评为全国劳动模范。

王跃龙　1979年3月出生，中共党员，高中学历，2010年9月参加工作，现任孙吴县哈屯现代玉米农机专业合作社理事长、党支部书记，黑河市委六届党代表和孙吴县人大十六届常委会常委。曾获黑河市劳动模范、黑河市“五四”奖章、龙江最美创业人、2017“感动龙江”年度人物提名奖、黑龙江省劳动模范、省级拔尖人才、优秀共产党员、2019年省“十大扶贫致富带头人”“水产养殖大王”“大豆种植大王”等荣誉。2012年8月，王跃龙组建哈屯现代玉米农机专业合作社，带领村民共同致富，积极联系村民入社，带领村民不断扩规模、调结构、学技术、拓市场，加快农业提质增效，先后成立犇旺肉牛养殖、哈屯天马种植、兴旺牧草种植、跃龙鱼类养殖、建设现代农机等5个专业合作社，初步形成集农产品种植、水产养殖、粮食仓储、农产品加工、产品营销多元化发展模式。王跃龙敢为人先、苦干实干，是孙吴县农民群众致富的领路人；暖心帮扶、扶贫解困，是人民群众的贴心人；锐意进取、砥砺奋进，是乡村振兴的带头人。2020年11月，王跃龙被评为全国劳动模范。（黑河市总工会）

新闻人物

尚玉山 1945年4月出生，中共党员，北安市铁南党员爱心志愿服务队队长。自1963年参加工作以来，50余年如一日坚持为群众做好事、解难事。年轻时曾奋勇拦惊马，火海救儿童，工作岗位上是苦活累活争着做、抢着干的“实干铁人”，被周围群众称为“刘英俊式”的好战士。多年坚持为群众义务理发、清除道路冰雪、维修破损道路、照顾患病老人，默默为民服务、奉献社会。曾获“黑河市首届道德模范特别奖”“感动龙江人物提名奖”“全国模范退役军人”等多项荣誉，2018年先后荣登“龙江好人榜”“中国好人榜”。作为抗日英烈“尚大嫂”的后代，坚持传播红色故事、英烈事迹，致力传承红色基因、志愿精神，以实际行动影响周边的人，带动了许多人做“群众身边的好榜样”。在他的感召下，北安市铁南党员志愿服务总队发展为7个分队、180余名队员，近年来做好事2600余件，受益群众近万人。注重家风家教，子女养成优良品质和习惯，儿孙都响应号召参军入伍，在部队中都是学雷锋模范，其家庭先后获得黑龙江省“和谐家庭”、全国“最美家庭”称号。2020年，新冠肺炎疫情发生后，已经74岁的他第一时间请缨，不顾心脏支架手术不久尚未恢复的虚弱身体，参加入户宣传、卡口值守、义务为群众购买生活用品等工作任务，捐赠1.1万元支持防控工作。在2020年9月8日全国抗击新冠肺炎疫情表彰大会上，尚玉山被授予“全国抗击新冠肺炎疫情先进个人”和“全国优秀共产党员”称号。

沈　森 女，1975年9月出生，中共党员，嫩江市联兴乡党委书记。沈森作为嫩江唯一一名女性驻村第一书记、扶贫工作队队长，连续3轮驻村，6年坚守扶贫一线，以扶贫实效赢得了群众的赞誉、组织的认可和社会的关注。累计争取项目资金2000余万元，使贫困村路、水、房、卫生室、文化广场、农业基础设施等彻底改善。狠抓党建工作，筑牢战斗堡垒。建成光伏扶贫电站、滑子蘑扶贫产业基地，带动贫困户和村民增收，贫困村脱贫出列，建档立卡贫困户全部脱贫。把群众利益放在心中最高位置，紧盯群众最迫切最需要的问题竭力帮助，先后为群众解决低保、临时救助、大病险给付、更换假肢、白内障手术、黑户等百余个难题，被群众称作“最贴心”的人，曙光村扶贫工作队连续3年被嫩江市委组织部评为优秀驻村工作队。2020年，新冠肺炎疫情发生后，沈森严抓疫情防控，为群众代购3000余元急需药品、3万余元生活物资，筑牢了保护群众健康安全的“铜墙铁壁”，全村无疑似、感染病例。主动作为，多方联络售出因疫情影响滞销的40余吨扶贫产品滑子蘑，巩固了脱贫成果，坚实了脱贫致富步伐。2018年，沈森被评为黑河市优秀驻村干部；2019年，获黑龙江省脱贫攻坚奖（贡献奖）；2020年，当选小康龙江首届年度贡献奖“最美驻村书记”、黑河市首届道德模范，2020年获黑龙江省五一劳动奖章。2020年12月6日，沈森被中央组织部、中央宣传部命名为“最美公务员”。

孙永贵 1924年出生，黑河市离休干部，2019年加入中国共产党。1945年，苏联红军出兵中国东北期间，孙永贵曾随苏军战斗部队拍摄侵华日军大营、阵地、工事和溃败日军战俘等照片，是黑河解放历史的见证人之一。孙永贵穷苦家庭出身，热爱党、崇敬毛主席，伴随着新中国的沧桑巨变，他的意志从未动摇。1958年黑河爆发特大洪水，江堤管涌，他参加抢险队带头跳进齐腰深的洪水中，用身体堵住涌洞，为保住江堤赢得了时间，受到组织表彰。在革命战争年代和和平建设时期为党和国家做了大量工作，不论是当年的战地记者、黑河永贵照相馆经理的经历，还是在之后的黑河工业局、黑河文化宫等工作岗位，时时处处爱岗敬业、默默奉献，日常生活中与邻为善、助人为乐，经常帮助生活遇到困难的群众。孙永贵生活节俭，老伴卧床4年多，舍不得雇保姆，都是亲自照顾。孙永贵非常感恩党和新中国给了他和家人幸福生活，经常对子女说，要始终坚持跟党走、倾尽所能为党和国家作贡献。2018年，看到总书记习近平写信鼓励83岁高龄的新党员牛犇发挥好党员先锋模范作用，激发孙永贵提出入党申请。2019年，孙永贵光荣地加入中国共产党，实现了多年的夙愿。时值中俄建交70周年宣传活动期间，孙永贵提供了大量的珍贵历史资料，并为宣传活动提出了很多好的建议。2020年，在抗击新冠肺炎疫情的关键时刻，孙永贵老人积极响应号召，向中国红十字总会捐献个人积蓄20万元，用实际行动践行了一名离休干部和共产党员为党分忧、为国出力的政治觉悟和家国情怀。这一善举为广大党员树立了榜样。2020年，孙永贵被评为全省抗击新冠肺炎疫情先进个人。

专　文

黑河市全面打赢脱贫攻坚工作纪实

黑河市委、市政府始终将脱贫攻坚作为重大政治任务和第一民生工程牢牢抓在手上，深入学习贯彻习近平总书记关于扶贫工作的重要论述和重要指示批示精神，坚决落实中央、省委打好打赢脱贫攻坚战决策部署，牢牢扛起统筹协调推进落实的政治责任，紧扣“两不愁、三保障”“三通三有”目标，对标“六个精准”和“五个一批”要求，挖“穷根”开“良方”，集中力量打攻坚战、歼灭战，脱贫攻坚各项政策举措落地生效。2018年，省贫困县孙吴县实现脱贫摘帽。2019年，全市131个贫困村全部脱贫出列，2.68万现行标准下农村贫困人口全部脱贫退出，历史性解决绝对贫困问题，全市脱贫攻坚取得重大进展。2020年，黑河市脱贫攻坚“回头看”、2019年国家以及省脱贫攻坚成效考核发现问题全部如期整改到位。全市贫困户人均纯收入突破12375元大关，超过当年国家贫困人口退出标准8350元，是2016年扶贫标准3.93倍，全市脱贫攻坚取得重大胜利，农民群众生产生活条件明显改善，思想观念和生活方式深刻变革，获得感、幸福感、安全感极大增强，贫困地区发展后劲和内生动力显著提升。

一、党委、政府扛起政治责任，始终高位部署全力推进脱贫攻坚

“十三五”以来，黑河市委、市政府及时跟进学习习近平总书记就打赢脱贫攻坚战召开的7次专题会议和一系列重要指示批示精神，按照省委、省政府脱贫攻坚工作部署，压实责任，尽锐出战。2016年，成立黑河市脱贫攻坚工作领导小组，市委、市政府主要领导任组长，党政主管领导任副组长，市直相关部门负责人为成员。2017年，将市农委内设机构扶贫开发办独立设置，增设领导职数，重新明确职能定位，强化统筹协调指导、扶贫开发实施等职责，专门负责精准扶贫工作的推进落实、指导协调等工作。按照“五级书记一起抓”的要求，成立市县乡村四级指挥部，形成科学统筹调度。通过市委常委会、政府常务会、市扶贫开发领导小组会、专题推进会议、现场观摩联席会议和工作例会等多种形式，形成“任务书”“路线图”“工期表”，对脱贫攻坚工作周密部署、跟踪推进，落实中央、省委脱贫攻坚决策部署。市委、市政府主要领导以上率下，以实际行动践行党政主要负责人领导责任制工作要求。市级党政领导领责攻坚，实行18名市级领导包保重点贫困村和县级领导包保乡（镇）、县直部门领导包保贫困村、贫困户的三级包保机制，各级党委、政府层层签订脱贫攻坚军令状，压实落靠县（市、区）主体、部门主帮、乡镇主责、村屯主抓责任。

二、聚焦农村基础设施建设，所有贫困村全部实现“三通三有”

“十三五”期间，全市共投资13.9亿

元进行农村公路路面升级改造、危桥改造和生命安全防护工程建设，2019年10月131个贫困村全部实现通硬化路、通客车的目标任务，基本建成“外通内联、通村畅乡、客车到村、安全便捷”的交通运输网络。市县两级电视节目加入无线数字地面电视覆盖网，全市131个贫困村广播电视达到全覆盖。投资4890万元启动电信普遍服务项目建设工作，2017年10月通过工信部、财政部最终验收，实现全市所有行政村光纤通达，农村宽带接入能力不低于20兆比特每秒（Mbps）。定点定向解决村级卫生室、文化活动场所等方面存在的问题，充实完善县级文化馆6个，县级图书馆6个，乡镇综合文化站64个，图书流动站99个，农家书屋、文化大院567个。严格落实农村贫困住院患者县域内“先诊疗、后付费”政策，全市83家“先诊疗、后付费”定点医疗机构稳步推进，“十三五”期间享受到“先诊疗、后付费”服务累计24434人。贫困地区乡镇卫生院标准化建设达标率100%，村卫生室标准化建设达标率100%，全市所有贫困村都有卫生室、有医生、有文化活动场所。

三、聚焦脱贫退出目标标准，“两不愁三保障”短板切实补齐

实现住房安全有保障。累计投入1.9亿元完成贫困人口危房改造任务，完成6870户建档立卡贫困户和912户其他三类人住房问题整改，动态调整新增393户改造任务全部竣工，让贫困户住上安全房。实现饮水安全有保障。组织实施了贫困人口农村饮水巩固提升等工程项目，全市累计争取和自筹资金2.8亿元，用于解决农村人口饮水安全问题，总受益村屯524个、受益人口32万人。2018年底，全部解决建档立卡贫困人口饮水安全问题，一大批农村饮水工程发挥了良好工程效益和社会效益，实现贫困人口饮水安全问题动态清零。实现义务教育有保障。义务教育阶段的贫困学生全部落实“两免一补”等教育扶贫政策，实施“全面改薄”、义务教育薄弱环节改善和能力提升工程，保障贫困地区农村儿童有学上、上好学。建立全学段全过程全覆盖的资助体系，全面落实控辍保学、“两免一补”、营养改善计划和各类学生资助政策。全市建档立卡贫困家庭义务教育阶段适龄儿童少年除身体原因外无一人失学辍学。实现医疗有保障。全面建成基本医疗保险、大病保险、医疗救助、商业保险“四位一体”的医疗保障体系，建档立卡贫困人口参保率100%，“先诊疗后付费”和“一站式”结算政策全面落实。全面实行贫困人口参加城乡居民基本医疗保险个人缴费财政补贴政策，对特困供养人员个人缴费给予全额补助，对其他贫困人口给予定额补助，2019—2020年累计资助49207人次、856万元，构筑了覆盖贫困人口的医保网络，“自费”看病问题得到彻底解决，贫困群众“看病贵”问题得到根本性扭转。发挥建档立卡与低保信息共享机制作用，将无劳动能力且符合条件的贫困人口全部纳入兜底保障。实现生活有保障。紧盯脱贫不稳定户、边缘易致贫户“两类人口”，对脱贫不稳定户、边缘易致贫户以及因疫情或其他原因收入骤减或支出骤增户加强监测，提前采取针对性帮扶措施，及时给予政策兜底保障，确保不发生返贫和新的贫困。“十三五”期间，9585户14747名建档立卡贫困户纳入农村低保、特困供养兜底保障范围，为12455人次农村困难群众发放临时救助资金2293.9万元。对在保建档立卡贫困户，人均收入未超过低保标准1.5倍的，给予一年的低保渐退扶持。

四、聚焦扶贫产业项目管理，促进贫困人口持续稳定增收

黑河市把抓产业作为扶贫的治本之策，以创建全域农业绿色发展示范区为载体，引导和扶持贫困村发展特色优势产业。坚持因地制宜，引导和支持贫困群众发展特色优势农业产业和光伏、旅游、电商等新产业新业态，把贫困户嵌入产业当中，增强“造血”功能和自我发展能力。重点扶持北纬49度生态农业、温氏、佳汇生猪养殖加工、兴犇安格斯肉牛联合社等农业产业化的龙头企业。到位扶贫资金8.44亿元，实施扶贫产业项目308个，建成152个村级光伏电站全部实现并网发电，全市建档立卡贫困户实现产业带动全覆盖，2019年户均增收3800元，产业项目成为贫困户脱贫增收的重要支撑。2020年，成立消费扶贫工作专班，市委、市政府分管领导分别任组长、副组长，广泛动员符合条件的市场主体申请认定扶贫产品，共认定扶贫产品29家企业61个品种。全力推进消费扶贫专柜、专馆、专区建设，对接极境寒养、小康龙江微商城及嫩江市“嫩商网”等平台，扩大扶贫产品的销售渠道，设专馆8个，设立扶贫专区21个，6家企业均入驻中国社会扶贫网。充分发挥扶贫小额信贷资金作用，全市累计发放小额贷款4.76亿元，惠及贫困户1.27万户。

五、聚焦克服疫情影响，统筹做好疫情防控期间脱贫攻坚工作

2020年，新冠肺炎疫情发生后，黑河市制发《关于新型冠状病毒疫情防控期间做好脱贫攻坚工作的通知》《关于进一步做好新冠肺炎疫情对脱贫攻坚影响分析应对工作的通知》等文件，围绕产业项目、扶贫小额信贷管理、“回头看”问题整改、脱贫人口巩固提升等重点任务统筹安排。通过外部输出、就近就地转移、公益岗位安置，持续推动贫困劳动力就业增收。全市实现外出务工就业6275人，比2019年提高了32.92个百分点。加快扶贫企业和扶贫车间复工复产，7个扶贫龙头企业、31个扶贫车间全部开工复产。通过采取设置企业用工、扶贫车间等措施设置公益岗位3078个，安置贫困劳动力3550人。落实各类稳就业政策补贴496万元，惠及2094户贫困户。对完全丧失劳动能力和部分丧失劳动能力且无法依靠产业就业帮扶的建档立卡贫困人口，落实落细低保、特困人员救助供养、临时救助、养老保险、残疾人补贴等综合性社会保障政策，将符合条件的建档立卡贫困人口全部纳入兜底保障范围，做到“应兜尽兜”“应保尽保”。

六、全面强化脱贫攻坚保障，确保坚决如期夺取全面胜利

黑河市全面建强组织，发挥带动作用。把抓党建促脱贫攻坚作为重要抓手，集中整顿软弱涣散基层党组织63个。实施37个“党支部+合作社+贫困户”的三位一体党建扶贫项目，形成了党员带贫困户“N+1”帮扶模式，创建了党支部建在产业链、党员聚在产业链、群众富在产业链的党建扶贫模式。全市爱心人士已注册37065人，需求对接成功率达到79%以上。推进“百企帮百村联万户”精准扶贫行动，全市43家民营企业参与扶贫行动，共帮扶94个村，帮扶贫困人口2771名，帮扶总金额1213万元。开展“今冬更温暖”“光彩事业”“助力乡村振兴”等系列活动，为困难群众、公益事业捐款、捐物，开展培训指导。发动全市各级团委、青年组织、爱心企业等青年群体募集助学金，累计募集助学金319.09万元，开展帮扶困难学子活动72场次，累计帮扶困难学生近3000人。注重选派队伍，提升攻坚能力。将引进优秀、紧缺人才重点向乡镇、卫生院、学校等民生领域倾斜，五年来共核准使用编制近千名。选派393名机关企事业单位干部组成131支定点驻村扶贫工作队，选派10485名帮扶干部与所有贫困户结成“一对一”“一对多”帮扶对子。五年来，全市累计开展脱贫攻坚各类培训260余场次，培训人员3万余人次。各驻村工作队、驻村扶贫干部发挥了脱贫攻坚生力军作用，获得群众普遍认可。五年来，累计提拔重用驻村干部121人，20名优秀驻村干部得到表彰。加强典型培育，发挥示范作用。挖掘选树全市脱贫攻坚典型事例，建立了全市脱贫攻坚典型库，入库各类典型400余个，精选形成《黑河市脱贫攻坚典型事迹汇编》。开展“黑河市优秀驻村干部”“黑河市最美扶贫干部”“最美脱贫攻坚奋斗者”等评选活动，选取6位脱贫攻坚鲜活典型开展“扶贫扶志”主题宣讲，以典型示范带动脱贫攻坚。13名驻村第一书记被省委组织部评选为“全省优秀驻村第一书记”，1个驻村工作队、2名个人获2019年全省脱贫攻坚奖。与北京国家科技馆成功举办两届“参观北京科技展览暨扶志扶智科技夏令营”活动，82名建档立卡贫困户家庭的孩子参加了夏令营。开通扶贫领域腐败和作风问题信访举报“绿色通道”，设立“党风室+12388”双举报平台，为群众举报设立“快车道”，开通“直通车”，为决战决胜脱贫攻坚全面建成小康社会提供坚强的纪律保障。

存在的问题及下步重点工作。存在现实问题和困难主要有两点。一是脱贫成果还需要进一步巩固。脱贫退出后部分贫困户还需要跟踪帮扶，持续用力，特别是全市因病因残致贫和65岁以上的贫困人口占比高，存在返贫和致贫的风险。二是贫困群众内生动力还需要进一步激发。有的贫困群众参与脱贫攻坚主动性不高，存在“等靠要”思想。一些贫困群众怕承担风险，不愿参与产业扶贫项目。一些贫困户依靠自身完全能够解决的生产生活问题也过度依赖乡村帮扶政策，缺乏自我发展的动力和能力。下一步，黑河市扶贫工作要深入贯彻落实习近平总书记在2020年12月3日中共中央政治局常务委员会上的重要讲话精神和中共十九届五中全会精神，坚持从超常规举措向常态帮扶转变，坚持从集中攻坚向长效机制转变，进一步夯实工作责任，保持帮扶政策总体稳定，做好防止返贫动态监测，持续发展壮大扶贫产业，做好脱贫人口稳岗就业，加强资金资产项目管理，牢牢兜住民生底线，激发贫困村干部群众的内生动力，持续巩固拓展脱贫攻坚成果。

（黑河市扶贫开发工作办公室）

黑河市全面建成小康社会工作纪实

黑河市地处黑龙江省北部，因边而建，因贸而兴。1992年，我国实施沿边开放并提出沿边开放政策，黑河市紧紧抓住千载难逢开放机遇和得天独厚地缘优势，率先在内陆2万千米边境线上对外开放。经过30年的沿边开放实践，人民生活改善、城乡面貌巨变，黑河已由昔日贫穷落后的边陲小镇发展成为全国重要的沿边开放城市。2004年，中国共产党黑河市第三次代表大会上，确定黑河与全国同步实现全面建成小康社会目标，是全市新世纪前20年的中心任务。全面建成小康社会总体上分两个阶段：第一阶段，2003年至2010年，2010年生产总值达到180.5亿元，人均生产总值达到1230美元。第二阶段，2011年至2020年，2020年生产总值达到460亿元，人均生产总值达到3060美元。2010年，黑河市生产总值实现261.4亿元，人均生产总值达到2263美元，顺利实现第一阶段目标。中共十八大以后，黑河市及时调整“十二五”规划，为实现全面建成小康社会目标奠定了坚实基础。2020年，黑河市“十三五”规划主要目标任务基本完成，全面建成小康社会目标如期实现。

一、“十二五”时期，为实现全面建成小康社会目标奠定坚实基础

“十二五”时期，市委、市政府主动把握和适应经济新常态，面对国际市场消费低迷、国内经济下行压力加大、洪涝自然灾害等不利影响，落实“五大规划”，妥善应对国际金融危机冲击，坚持生态发展，实现绿色崛起，加快建设“一都三地、四位一体”魅力黑河，全力推进“五大产业”发展，经济社会发展取得明显成效，为实现全面建成小康社会目标奠定了坚实基础。

（一）综合经济实力显著增强。2015年末，地区生产总值达到448亿元，五年年均增长10%，增速快于全省平均水平。人均地区生产总值达到26764元，与全省平均差距逐步缩小，升至第8位。公共财政收入达到28.9亿元、累计固定资产投资完成1115亿元，年均增速分别达到14%和16.5%，增幅均居全省前列。消费品零售总额达到104亿元，年均增长14%。

（二）产业发展取得新突破。农业增加值实现146.5亿元，增长7.5%，粮食产量突破95亿斤大关，实现"八连增"。规模以上工业增加值实现35亿元，年均增长10%，规上企业户数增加到91户。服务业占GDP比重达到35%左右。非公经济快速发展，占GDP比重由38.5%提高到46%，年均增长14.3%。"十二五"以来，全市共实施市级重点产业项目237项，累计完成投资420亿元，项目开复工数和完成投资规模比"十一五"末期分别增长2.2倍和1.9倍。其中，省重点项目66项，累计完成投资217亿元，连续两年获得全省产业项目推进工作一等奖。多宝山铜矿、上海电气风电设备制造、象屿金谷粮食仓储、弘昊粮食物流、北大荒矿泉水、龙源风电等119个重点产业项目建成投产。"十二五"末期，全市拥有国家、省级园区8个，市县级园区2个，总规划面积167平方千米，建成面积28平方千米，园区基础设施累计完成投资36亿元，建成区普遍达到"五通一平"。黑河农业科技园区晋升为国家级科技园区。正在积极申报国家级跨境经济合作区、跨境旅游合作区。

（三）对外开放形成新格局。对外开放不断深入，对俄合作地位得到巩固。中俄"双子城"合作示范作用凸显，并纳入国家战略规划。深化人文交流合作，成功举办六届中俄文化大集、中俄双子城展览会，共同举办庆祝世界反法西斯胜利70周年及妇女节、护士节、儿童节互访活动。开展民间交往活动32项，参加了中俄博览会、俄哈巴罗夫斯克经贸对接会等活动。受俄罗斯卢布汇率贬值和实际购买力下降等因素影响，2015年外贸进出口总额达到7.9亿美元，五年年均增长-13.5%；实际利用外资呈稳步增长趋势，累计达到8亿美元，年均增长14.8%；年接待国内外旅游者649.2万人次。

（四）民生持续改善。民生投入相当于过去十年公共财政预算收入总和，荣获"全国首批民生改善十佳典范城市"。2015年城镇和农村常住居民人均可支配收入分别达到22935元和12177元，分别增长8.7%和6.8%，农村居民收入增幅继续超过城镇居民，城乡收入差距进一步缩小。累计城镇新增就业10.09万人，城镇登记失业率控制在4%以内。社会保障体系不断完善，城乡居民养老保险参保率达到84%。基本医疗保险、工伤保险、失业保险和生育保险参保率达到90%以上。住房保障水平不断提高，全市改造棚户区4.48万户、农村泥草房5.9万户，建设廉租房8383套，圆满完成国家和省下达的任务目标。实施开发式扶贫，154个贫困村、4.9万农村人口脱贫。城乡低保标准和农村五保标准大幅提高。义务教育达标学校达到95所，九年义务教育巩固率达到99.5%，黑河市、五大连池市职教中心学校晋升为国家中等职业教育改革发展示范校。市第一人民医院晋级三级乙等综合医院，县（市）两家医院晋级二级甲等医院，城市社区卫生服务人口覆盖率达到100%。建成了78个城乡示范社区服务中心，基本满足城乡居民服务活动需求。"平安黑河""法治黑河"建设迈上新台阶，群众安全感和满意度上升。

（五）体制改革不断深化。各领域改革全面深化，农业、财税、金融、教育、卫生、行政管理等体制改革取得新突破。全面实施"两大平原"现代农业综合配套改革试验，扎实推进农村土地确权登记颁证工作，北安市国家级试点、嫩江县科洛镇省级试点进展顺利，15个乡镇启动确权登记。创新项目融资方式，在全省率先设立地级市产业引导股权投资基金。鼓励金融机构扩大信贷规模，投放企业贷款增长10%。行政审批制度改革取得突破，成立了行政审批服务中心。下放行政审批项目135项，非行政许可审批事项全面清零，建立"两项清单"制度，保留市级行政权力3420项，编制责任事项2.4万项。深化商事制度改革，全面推进落实企业"四证合一"登记制度和"一照一码"制度。

（六）城乡基础设施建设成效显著。打造城市品牌，推进"三城同创"，成功晋升"国家卫生城市""中国优秀旅游城市"，"国家园林城市"创建通过验收，"国家环保模范城"创建加快推进。黑河市、北安市、逊克县奇克镇、五大连池农场被批准为第三批全国发展改革试点城市（镇）。交通基础设施不断完善，442.8千米高速公路、506.2千米一级和二级公路、1710千米农村公路建成运营，65个乡镇全部实现畅通。开通了北京、上海、哈尔滨、漠河航线。城市基础设施建设加快，推进"三供三治"项目建设，新增日供水能力1.5万吨、污水日处理能力10.7万吨，供热普及率达到86.4%，城市污水、垃圾处理率分别达到75%和100%，改造供热老旧管网370千米。城市绿地率达到35.1%。不断提升城市防洪能力，实施黑龙江、嫩江干流堤防应急达标和城区护岸整治工程、黑龙江四岛防护工程全面启动。城镇化水平逐步提高，户籍城镇化率达到40%左右。城市历史文化内涵彰显，城市规划馆、瑷珲历史陈列馆、知青接待中心、北安枪械馆、嫩江墨尔根驿站博物馆等实现对外开放。

（七）生态环境质量明显改善。实施《大小兴安岭林区生态保护与经济转型规划》，累计造林11.67万公顷，森林覆盖率提高到47.6%，森林蓄积量达到1.26亿立方米。城乡环境综合整治成效显著，大气污染治理扎实推进。新增集中供热面积1372万平方米，单位生产总值能耗和主要污染物排放总量得到有效控制，单位GDP能耗累计下降17%，万元GDP二氧化碳排放年均降低4%，化学需氧量提前完成国家"十二五"减排任务。市区空气质量全年优良天数为346天，达标率为94.8%，位居全省前列。

二、"十三五"时期，全面建成小康社会目标如期实现

"十三五"时期，黑河市牢牢把握稳中求进工作总基调，成功战胜了极端严峻的强降雨和历史罕见的雨雪冰冻灾害，抵御了百年未遇之大疫情的严重冲击，一大批打基础、利长远的重大项目相继建成，一大批重大政策利好相继落地落实，一大批长期制约发展的重点难点问题相继取得重大突破，经济平稳健康发展的良好态势持续巩固，各项社会事业实现加快发展，"三大攻坚战"取得显著成效，群众幸福指数持续攀升，"十三五"规划主要目标任务基本完成，全面建成小康社会目标如期实现。

（一）综合经济实力不断壮大。全市主要经济指标均保持较高速度增长，2020年地区生产总值614.4亿元，年均增长6%；固定资产投资年均增长4.8%；规模以上工业增加值年均增长14.6%，增幅居全省前列；外贸进出口企稳回升，2020年总额达到50亿元；社会消费品零售总额年均增长2.9%；城镇常住居民人均可支配收入年均增长6.1%，农村常住居民人均可支配收入年均增长8.4%，高于经济增长速度；公共财政预算收入年均增长8.2%；县域经济实力显著提升，嫩江市连续两年位列全省县域经济综合指标排名首位。

（二）发展内生动力更加强劲。坚持以新发展理念引领产业转型升级，深度挖掘放大优势潜力，加速释放产业活力，打造支撑高质量发展强大引擎。现代农业发展步伐持续加快，以创建农业绿色发展示范区为载体，全力做大做强绿色农业、品牌农业、质量农业，全域粮食播种面积达182.9万公顷，粮食产量达51.75亿千克，被农业农村部确定为"全国绿色高质高效创建示范市"。工业经济质量更高，聚焦黑河特色优势资源，实施市级以上重点产业项目282个，累计完成投资339亿元，多宝山铜矿二期、翠宏山铁多金属矿、争光岩金矿、东安金矿、象屿生化玉米深加工、科迪60万吨稻谷加工等一批产业项目建成投产或具备投产条件，规上工业企业达到109户，以煤炭、有色金属开采、农副产品加工、电力生产与供应为支撑的工业体系加速形成。现代服务业迅猛发展，成功举办黑龙江省第三届旅游产业发展大会，大沾河风景区晋升为国家级风景名胜区、中俄民族风情园晋升为国家AAAA级旅游景区，累计接待国内外旅游者近4900万人次，旅游收入突破400亿元。试车经济持续升温，试车量占全国寒区试车量的80%以上，直接产生经济效益超亿元，被中国汽车工业协会正式授予全国唯一的"中国黑河汽车寒区试验基地"称号。

（三）对外开放合作硕果累累。中国（黑龙江）自由贸易试验区黑河片区启动建设，黑龙江跨境经济合作试验区黑河片区正式运营，黑河重点开发开放试验区建设实施方案报国家审核，国家级跨境电子商务综合试验区批准设立，重大战略机遇叠加交汇，拥有的开放创新权限前所未有。用足用好国内国际两个市场、两种资源，与布市携手推进跨境集群建设，中俄东线天然气管道投产通气，黑河保税物流中心（B型）正式封关运营，月星中俄跨境物流枢纽开工，中石油天然气进出口贸易公司在黑河注册成立，跨境产业链加速形成。持续深化中俄地方交流合作，举办中俄界江黑龙江国际冰球友谊赛、中俄国际青少年乒乓球赛、中俄边境城市展览会等系列活动，中俄文化大集影响力进一步扩大，政府间合作更加紧密顺畅，促进了情感交融，推动了合作共赢。

（四）发展承载能力跨越提升。寄托全市人民多年夙愿的黑龙江公路大桥具备通车条件，北黑铁路升级改造项目启动建设，中俄界江首条跨境索道开工，新（改）建公路里程793千米，嫩双公路前进至嫩讷界段改扩建交工，五大连池德都机场、嫩江墨尔根通用机场正式通航，新开辟至郑州、珠海空中航线，现代化立体交通网络体系加速形成。全面加强农田水利设施建设，岸岛防护工程全面完工，黑龙江干流治理工程加快推进，成功经受了2019年洪水的严峻考验。全面开展"蓝天、碧水、净土"三大保卫战，全面淘汰改造县级以上建成区燃煤小锅炉332台，淘汰黄标车3599辆，空气质量优良天数始终位居全省前列。11个国控考核断面水质优良比例达到考核要求，18项县级水源地问题、287个河湖"四乱"问题全部完成整治，水环境质量稳中趋好。在全省率先开展"绿色矿山"建设，关闭煤矿8处，启动12家煤炭生产企业绿化和防尘工程，列为全省试点先行先试，土壤环境质量总体稳定，生态文明底色更加亮丽。单位GDP能耗累计降低17%。

（五）城乡面貌发生深刻巨变。坚持城市与乡村同步规划、同步建设，新型城镇化、城乡融合进程不断加快。全面启动国土空间总体规划和村庄规划编制工作，科学谋划中心城区发展定位和城市风貌设计。坚持以国家AAAAA级旅游景区标准建设管理城市，投入资金近14亿元，实施城市道路、公园、地下管网、公共停车场、老旧小区、二次供水等项目建设，完成市区84个老旧小区改造任务、15614户居民直接受益；启动有史以来最大规模的棚户区改造、5775户居民直接受益。全面取消落户限制，不断加快农业转移人口市民化进程，全市户籍人口城镇化率达58.8%。聚焦农村环境突出问题，扎实推进农村"五项革命"，开展"三清理一绿化"专项行动，完成农村泥草（危）房改造1.23万户，自来水普及率78.4%，集中供水率82.5%，9个村镇被评为全国文明村镇，乡村环境明显改善。

（六）人民幸福指数持续提升。以更加自觉的历史担当，举全市之力坚决打好打赢脱贫攻坚战，省级贫困县孙吴县、全市贫困村全部退出摘帽，全市建档立卡贫困人口全部脱贫。着力稳定就业总量，改善就业结构，提升就业质量，全市累计新增城镇就业7.7万人，失业人员再就业5.23万人，就业困难人员再就业1.64万人，城镇登记失业率始终控制在3.6%以内。织密社会保障网，全市基本医疗保险参保95.7万人、基本养老保险参保61.37万人，为12万城乡低保对象累计发放救助金17.5亿元。全力办好人民满意教育，学前三年毛入园率达到86.4%，义务教育阶段适龄儿童入

学率达到100%,高中阶段毛入学率达到95.8%。加快健康黑河建设,聚焦新冠肺炎疫情暴露出的短板弱项,启动市卫生健康中心项目建设,市第一人民医院改扩建和儿科中心、五大连池人民医院康复中心综合楼投入使用,医疗卫生机构每千常住人口床位配置达到5.2张,居民人均预期寿命接近78岁。文化体育事业蓬勃发展,文化竞争力和影响力显著增强。

(七)重点领域改革成效显著。深入贯彻中央和省市委重大改革决策部署,经济和生态体制、现代农业综合配套等七个领域改革实现多点突破。市县两级党政机构改革圆满完成,事业单位机构改革稳妥有序推进,综合行政执法改革取得阶段性成果,农垦、森工社会职能移交工作基本完成。持续深化"放管服"改革,全市"网上办"事项达到90%,政务服务事项大厅进驻率达96.2%,实现集中办理"只进一扇门",营商环境持续优化。全面落实"河长制"制度体系建设,实现河湖管理从"有名"到"有实"目标。推进经济体制和供给侧结构性改革,"三去一降一补"成果得到巩固,全面落实减税降费政策,实体企业制度性交易成本、要素成本进一步降低。激发改革创新活力,优化创新举措,跨境电商"多仓联动"新模式纳入"中国改革2020年度50个典型案例"。司法机关公平公正公开性显著提高,司法效率司法权威明显提升。实施市场准入负面清单制度,大力弘扬企业家精神,营造了良好的公平竞争市场环境。

(八)社会环境更加和谐稳定。全面提升社会治理能力,在全省地级市中率先出台了《文明行为促进条例》,黑河进入精神文明依法创建阶段,连续5年被评为全省综治平安建设优秀单位,2020年被确定为全国首批市域社会治理现代化试点。推进一站式多元解决纠纷和诉讼服务体系建设,市公共法律服务中心挂牌,涉外纠纷人民调解工作室投入运行。高度重视保护劳动者合法权益,全市劳动人事争议案件结案率、劳动保障监察案件结案率均达100%。推进信访制度改革和信访智能化、信息化、法制化建设,信访工作水平明显提升。开展"平安黑河"系列创建活动,"雪亮工程"视频监控实现全覆盖。扫黑除恶专项斗争取得胜利,社会环境得到有力净化。推动军民融合发展,荣获双拥模范城"四连冠"。提升科学管边控边水平,边境秩序保持和谐稳定。

(黑河市发展和改革委员会提供资料,黑河市委史志研究室编辑)

黑河市抗击新冠肺炎疫情工作纪实

2020年,新型冠状病毒感染的肺炎(简称新冠肺炎)疫情发生以来,黑河市委市政府扛起"外防输入、内防反弹、严防扩散、守好国门"重大责任,用最短的时间、最小的代价,取得疫情防控的阶段性成果。副总理孙春兰专门作出批示,省委书记张庆伟第一时间提出"十二条"要求,国家卫生健康委疾控局工作组和省卫健委、哈医大一院及省有关专家倾力相助,全市实现无院感、无社区传播、无农村疫情、无疫情输出、无病例死亡,两次疫情速战速决。第一次疫情自2020年2月3日发生首例确诊病例,截至3月24日,实现清零。第二次疫情始于2020年12月28日,经过医疗机构"应检尽检"主动排查报告发生病例,仅用11天就控制住疫情,至2021年1月25日实现清零。

一、提高政治站位,严密防控体系,打好防控主动战

(一)创建超常规组织体系。2020年1月25日,黑河市新型冠状病毒感染的肺炎疫情防控工作领导小组成立,由市委书记、市长任组长,市委常委及市政府副市长为成员。市领导下沉到县,县领导下沉到乡镇,市、县直单位和乡镇、社区党员干部下沉到自然村屯和楼宇,层层落实防控责任。第二次疫情发生后,黑河市连夜召开会议安排部署,11名市级领导分别与国家和省工作组对接,相关部门24小时在岗在位。农垦森工系统派出班子成员进驻属地指挥部,做到统一调度、联防联控。

(二)搭建高效率指挥体系。采取指挥部模式抓疫情防控,市县两级成立指挥部,抽调各部门精干力量成立10个工作小组,指导督促各级、各相关单位开展疫情防控工作,确保上级决策部署和一线情况能够及时上传下达,各类突发问题在第一时间解决。针对黑河辖区点多、线长、面广,农垦、森工系统交错,监狱、看守所等特殊场所较多,防控压力大的实际,牢固树立全市一盘棋思想,明确地方属地责任和农垦、森工、监狱主体责任,派出2名市级领导联系农垦、森工和监狱,整合力量,联防联治。

(三)构建最严格督查体系。建立全面覆盖、协调高效的督查体系。第一次疫情期间,现场督促整改问题940余个,向各级指挥部反馈意见建议178条,均得到及时回应和有效整改。全市追责问责党员干部和公职人员313人次,通报曝光191人,累计查办涉疫违法犯罪案件402起。第二次疫情期间,对发现的255项各类问题全部列入整改台账并完成整改。

二、坚持关口前移,靶向精准发力,打好防控阵地战

(一)始终把严控输入和输出作为疫情防控最基础的工作来抓。在机场、口岸、火车站、客运站及城乡接合部、县域接合部、农垦森工接合部等要道设置检查卡点。截至2020年6月,公路卡点累计检查车辆68.7万台100.8万人,劝返外地车辆10712台21188人,机场、铁路、口岸累计检查134.1万人。第二次疫情发生之初,立即实施"四门落

锁”，严防疫情流出黑河。

（二）始终把落地排查作为疫情防控最关键的工作来抓。加大网格化管理力度，动员全市69个城市社区、23个城镇社区、566个村的城乡社区工作者、网格长、志愿者排查160万余人。开展9类有风险人员大排查，截至2020年6月，排查出有风险人员4579人，核查外地到黑河市复工复产人员轨迹信息13.4万条。

（三）始终把严防扩散反弹作为疫情防控最核心的工作来抓。依法采取最严格的防控措施，分区分级分类防控，严格管控人群聚集。落实“首诊负责制”“首报负责制”，将发烧、咳嗽等患者引导到医院就诊。养老机构、儿童福利机构、监狱、看守所等重点场所疫情防控实现零疑似、零确诊。“龙江健康码”注册率和扫码率始终位于全省前列。第一次疫情期间，机关企事业单位20400名干部下沉社区，值守小区封闭卡口1327个。第二次疫情发生后，第一时间对患者所在小区实施硬封闭，抽调8224名志愿者和机关工作人员，值守市区434个小区卡口。

（四）始终筑牢筑实隔离墙，加强冷链食品管控。第二次疫情期间，全市启用隔离场所34家，备用34家集中隔离本地人员，分批将密接者转运至五大连池市和五大连池风景区，接收安置绥化中高风险地区返回人员。严格冷链食品运输、储存、销售等环节管理，累计检查食品生产经营者3074户次，检测设施设备3616份、从业人员7969份、进口冷链食品61389份。对接省冷链信息平台，将市域国产冷链食品信息纳入系统，录入食品销售经营者163家、商品种类1396个，实现冷链食品信息化追溯、闭环管理。

（五）紧盯重点环节，抓好农村疫情防控工作。把农村疫情防控作为重中之重，强化联防联控、群防群治，实现农村疫情防控网格化、精细化、全覆盖。印发《黑河市农村新冠肺炎疫情防控工作方案》等文件，各县（市、区）按照县域统筹，划分村（屯）农村疫情防控基本单元，成立乡镇科级干部、村干部和第一书记、公安干警（治安管理人员）、卫生健康管理人员“四位一体”驻村工作组，每天确保1人24小时驻村（屯），推动防控措施落实落靠。各县（市、区）级医疗疾控机构和医疗专家组定期对基层排查工作进行巡回督查指导，确保第一时间发现疫情，第一时间应对处置。

（六）严格校园疫情管控，全力保障师生身心健康。第二次疫情期间，因黑河市第一中学发生多例确诊病例和无症状感染者，疫情发生第一时间，对中小学校、幼儿园在校师生实施全员核酸检测。对黑河市第一中学师生和家长开展4轮核酸检测，排查阳性感染者5名。组成心理危机干预救援队和心理辅导站，为隔离学生、教职员工和学生家长实施线上心理辅导。2020年12月30日黑河学院学生全员核酸检测结果为阴性后，由市疫情防控指挥部专门协调专列、客车将外地学生全部安全运离黑河。

三、筑牢口岸防线，坚决守好国门，打好防控阻击战

（一）严防境外疫情输入。制发《严防俄罗斯疫情局部爆发应急预案》《关于建立黑河口岸新冠肺炎疫情联检联控工作预案》《新冠肺炎高危入境人群流程》等具体预案和工作流程，维护口岸出入境秩序。加强黑河水运口岸限定区域内作业人员闭环管理，完善口岸管理和口岸查验、跨境运输保障等相关部门及有关企业工作流程，落实口岸查验部门和跨境运输企业相关责任。向全社会发布有奖举报公告，调动抵边居民参与边境管控积极性。

（二）加大巡逻管控力度。保持边境巡防力量，爱辉区边境防控队伍始终驻扎一线，孙吴、逊克等沿江一线严防死守。充分发挥党政军警民联防联控机制作用，构建边防部队负责边境一线、民警和护边员负责江堤沿线、乡镇村干部和民兵负责边境村屯三道防线，确保不出现盲点、漏点、断点。同时，做好在俄阿州中国公民的摸底工作，及时提供必要的防疫物资，全力实现“双稳”目标。

（三）抓好境外中国公民外事服务。在国内外媒体上发布黑河口岸关闭信息，对外发布工作提示，提醒中国公民谨慎出行。与中国驻俄罗斯大使馆和领事馆保持紧密联系，及时推送黑河市涉及境外公民回国的疫情防控相关决定以及黑河市掌握的境外中国公民情况。请俄方确定专人协助中国公民转运，提供政策咨询等帮助。组织布市中方企业家帮助做好转运工作，对不懂俄语的中国公民进行“点对点”帮助。设立境外中国公民转运专项资金，为确有实际需要的中国公民提供帮助。

（四）保持口岸物资通道畅通。疫情初期，与俄阿州布市沟通协调，确保进出口货物特别是医疗物资能够及时通关。口岸进出口医疗物资、大豆、果蔬、工程机械等货物10万吨。从俄阿州采购一次性防护口罩、专业防护服、防护眼镜等；向俄方捐赠一次性医用口罩1万个，隔离服1000套，测温枪200个，消毒液40吨。常态化疫情防控下，保障疫情防控和经济社会发展“两手抓、双胜利”。

四、开展流调溯源，降低传播风险，打好防控保卫战

（一）加强流调溯源工作。第二次疫情发生后，建立健全样本采集—实验室检测—结果报告—流行病学调查—社区排查—密接管理的闭环管理衔接机制，工作任务明确到天、到环节、到工作组，排查密接者、次密接者。

（二）提升核酸检测能力。疫情发生以来，加强核酸检测实验室建设，全市核酸检测日单检能力由疫情之初的200人份，提升至35314人份。成立核酸检测工作专班，统筹调配人员力量，于2020年12月29—31日、2021年1月7—9日，组织开展两轮市区全民核酸检测，排查出确诊病例和无症状感染者。扩大核酸检测范围，完成爱辉区所有乡镇、部分毗邻绥化等重点乡镇人员核酸检测，严防疫情传播风险。

（三）开展重点人群场所核酸检测。对黑河市区860名试车人员进行核酸和抗体检测，结果均为阴性。对确诊病例家庭及行程轨迹涉及区域场所、黑河口岸、跨境电子商务产业园、俄罗斯商品

一条街等重点场所，以及俄罗斯进口食品、商品外包装等进行采样检测，采集样本2万余份。

（四）加强重点人员排查管控。累计排查河北石家庄、绥化望奎等重点地区抵返人员，对密接者和次密接者进行集中隔离管控；核酸检测结果均为阴性。对2020年11月25日至12月28日从境外返回黑河的中国公民开展落地核查，做5轮以上核酸检测，结果均为阴性。

五、注重宣传引导，主动回应关切，打好防控宣传战

（一）强化正面引导。始终把中央和省委决策部署、市委工作安排作为宣传重中之重，第一时间播发相关响应、通告、通知等内容，在各类媒体平台相继开设“众志成城打赢疫情防控阻击战”等重点栏目，及时全面传递权威声音。把镜头聚集一线、报道关注前沿，深挖疫情防控涌现出的先进人物和先进事迹。截至2020年6月，推送重点报道67064篇（条）次，其中抖音短视频、今日头条推送14914条次、点击量6624万次。及时处置有关疫情的网络不良有害信息，发布辟谣声明5次。及时召开新闻发布，回应社会关切。线上回应网民问题86条，帮助群众解决困难51个，使群众在疫情期间的诉求和建议得到有效回应，消除了群众猜疑恐慌情绪。

（二）健全宣传机制。坚持市县乡村四级联动，统筹农垦、森工和监狱系统，构建横向到边、纵向到底的宣传工作机制。扩大覆盖面和知晓率，在充分发挥“三微一端”等新媒体平台作用基础上，广泛利用电子屏、宣传条幅、乡村大喇叭及彩铃、短信等多种形式延伸宣传触角，确保全覆盖、无死角。截至2020年6月，全市投入电子屏1734块、标语4230条、专栏图版485块、文化墙17块，出动宣传车125台。

六、坚持分级分区，精准复工复产，打好防控攻坚战

（一）健全机制、加强领导。成立市县两级企业开工复产工作组和工业运行应急保障专班，建立市县两级四个班子领导联系重点企业工作机制，联系帮扶各类重点企业184户，促进复工复产。全省应急响应降至二级、三级后，除负面清单规定暂缓开业的行业以外，其他行业全面开复工。截至2020年6月，107户规上工业中，开复工企业102户，开工率95.3%；规下工业企业开复工465户，开复工率73%；返岗职工8920人，返岗率77.9%。

（二）主动灵活、有力有序。把黑河自贸片区建设作为复工复产的重中之重，稳妥有序推进园区内企业复工复产。针对黑河市寒区试车产业季节性强的特点，向国内外汽车企业和研发机构发出邀请，尽最大努力减少疫情对试车产业的影响。成立由市政府主要负责人任总指挥的市百大项目建设指挥部，统筹协调推进辖区内省、市、县三级百大项目建设，集中力量推进项目开复工建设。

（三）暖心服务、纾难解困。采取一事一议、一企一策方式，及时协调解决企业疫情防控、资金筹措、用工用地、安全生产等实际困难。制定出台支持中小企业及个体工商户健康发展的20项惠企政策。全市减免企业社保费1.10亿元，为符合条件的10户企业办理退税717.6万元，为87户出口企业办理退税3785万元。利用省工业企业复工复产企业应急诉求平台和紧急事项热线，24小时受理工业企业诉求。

（四）统筹兼顾、恢复生产生活秩序。疫情实现清零后，及时调整市区管控措施，除列入负面清单的28个行业企业外，全部有序恢复营业。2020年，全市地区生产总值增长、规上工业增加值、一般公共预算收入、城镇和农村常住居民人均可支配收入5项指标增速均居全省首位。第二次疫情防控形势稳定后，全市统筹安排市级百大项目150个，年度投资131.7亿元，同比增长14%；上报纳入省百大项目8个，年度投资80亿元，同比增长85.3%。开展春耕物资需求调查摸底，投放春耕生产资金15.9亿元。引导农户加快销售余粮，截至2021年1月，水稻、玉米、大豆分别销售6.54万吨、128万吨、146.9万吨，分别占总产的62.6%、92.9%、58.6%。

七、坚持人民至上，坚持生命至上，打好防控歼灭战

（一）全力提高救治能力。第一次疫情发生后，确定嫩江市人民医院、五大连池第一人民医院作为确诊患者集中收治定点医院，设置发热门诊医院15家、隔离场所19个。成立由112名专家组成的医疗救治市级专家组、重症病例医疗救治专家组和医疗救治后备专家组。第二次疫情发生后，将定点医疗机构市第一人民医院连夜完成“三区两通道”改造。成立70名专家组成的救治专家组，组织200名医护人员，建立集中救治队伍。确定备用定点医院。对市第二人民医院进行改造，抽调51名专业医护人员，解决透析、心肌梗死等急重患者就医难题，保障群众基本医疗需求。

（二）全力做好确诊患者医疗救治。严格按照“集中患者、集中专家、集中资源、集中救治”原则，集中相关专家前往患者定点医院，做好医疗救治及业务指导。将定点救治医院全部接入省级远程医疗平台，实现一个专门医护团队、一组市级专家指导、省级专家全程跟踪的救治机制，提高重症患者救治成功率。注重发挥中医药在防治传染病的优势，充实中医专家力量，提升临床救治效果。第二次疫情发生后，快速会诊、一患一策、因症施治。紧急改造市级定点康复医院，设置康复房间10间、留观房间10间，康复确诊病例和解除医学观察无症状感染者均可集中康复。

（三）全力提升防院感水平。把防院感作为不可突破的底线，全力防止院感和集中隔离点交叉感染，修订完善全市感染防控方案，全面排查医院、实验室生物安全风险，升级改造发热门诊及留观区，确保达到传染病防治基本要求。开展10余轮全市医护人员线上线下培训，实施进入留观病区医务人员防护用品穿脱一对一考核，对穿脱过程中存在风险及时提供指导，确保医护人员安全。

（四）全力做好后勤保障。坚持把财力物力向一线人员倾斜、向最急需紧缺的领域倾斜，全市累计投入防控资金2.1亿元。针对群众购买口罩难问题，免

费为市民发放96万个一次性口罩。支援各兄弟地市，累计支援省、绥化市、大庆市、鸡西市2.1万套防护服。支持鼓励本地企业生产各类防护物资，北安华升医疗器械有限公司一次性医用口罩生产线于3月28日正式投产，填补了黑河市口罩生产领域的空白。做好社区工作者关心关爱，确保疫情防控一线城乡社区工作者工作补助发放到位，落实享受工伤保险相关待遇。

（五）全力做好援鄂医疗队各项保障工作。成立应对新冠肺炎疫情援鄂指挥部，保障黑河市援鄂抗疫工作有效有序进行。2020年2月12日，黑河市援助湖北应对新冠肺炎疫情医疗队20名医生、护士驰援湖北孝感。3月21日，圆满完成任务返回黑河。黑河市为驰援湖北医务人员推出开设爱心热线、组建服务队伍、办理商业保险等八件“暖心”实事。黑龙江省第三医院一名护士，因援鄂期间表现优秀，提拔为护士长。

八、坚持问题导向，狠抓整改落实，打好防控持久战

（一）严格落实“四早”措施。做到及时发现，坚持用好“防疫三宝”，做好公共场所人员排查工作。全市发热门诊认真落实“四早”要求，各医疗机构门（急）诊严格执行“一医一患一诊室”，实施“首诊医师负责制”，做到有效救治。成立由医疗卫生、公安干警、社区人员组成的流行病学调查队伍，在接到发热门诊和定点医院报告后，24小时内完成流行病学调查，做到快速处置。加强对集中隔离点管理小组管理，实行领导带班和24小时值班值守制度，做到精准管控。

（二）强化支撑保障作用。黑河市有12家医疗卫生机构能够开展核酸检测，核酸检测能力实现全市全覆盖。发挥大数据信息作用，研发“公安大数据疫情监测系统”“黑河市治安卡点综合查缉布控平台”，抽调专业力量组建疫情控制大数据落地查人研判专班，通过大数据研判和公路卡口查缉，民航、铁路乘客信息筛查等措施，精准排查有风险地区来（返）人员。

（三）突出重点环节。建立由宣传部、民政、卫健、市场监管等13个部门组成的养老机构联防联控机制，切实提升疫情防控常态化条件下机构应急处突能力。强化医疗机构管理流程，全市25家二级以上医疗机构全部实行预约挂号、预约检查、分段预约就诊；实行行政部门领导包保医院制度，医院领导包保科室制度，24家医院成立由院长担任主任委员的院感防控委员会，全市122家医院明确了院感防控工作管理部门，落实落靠了主体责任。严格执行“戴口罩+测体温+扫码”3项管控措施，通过政府购买服务，全市招募志愿者充实一线卡口防控力量，严防发生社区集聚性疫情。

（四）开展短板排查问题整改。黑河市在省大排查内容的基础上，增加2个方面内容（边境管控、口岸货运开通方面），共计12个方面63项排查内容，针对排查出的漏洞短板和问题，能够立即整改的即知即改、立行立改，需要长期整改的迅速启动整改，确保把漏洞堵住，把短板补齐。虽然黑河市疫情防控取得阶段性成果，但也暴露出一些短板和不足。如医疗救治能力严重不足、城市承载能力偏低、边境一线防控压力大、社区网格化精细化管理水平还有差距等，黑河市区没有三级甲等医院，市卫生健康中心项目2022年才能投入使用，市县两级均没有独立的传染病医院。下步工作，黑河市将进一步健全疫情应急指挥体系、提升突发疫情应对能力、强化疫情监测预警、突出抓好农村地区疫情防控、筑牢边境管控防线，夺取疫情防控和经济社会发展双胜利。

（黑河市疫情防控领导小组办公室提供资料，黑河市委史志研究室编辑）

黑河市承办第三届黑龙江省旅游产业发展大会综述

醉美黑河如诗如画，绽放时代新姿；边城福地宜居宜游，喜迎八方宾客。9月4—5日，备受瞩目的第三届黑龙江省旅游产业发展大会在黑河隆重举行，来自五湖四海的嘉宾游客同聚黑河，共襄盛举。这是黑河多彩民族文化和独特旅游资源的一次精彩亮相。这是集中展示黑河开放、包容、自信面貌的重要窗口。这是一场“高质量、有特色、有创新、有热度”的旅游盛会。开幕式上“水陆空”三栖表演燃爆现场，超过两亿网友通过网红矩阵“云直播”看旅发，观摩线路融合自然生态之美、民族文化之美和异域风情之美，各地旅游产业翘楚带来真知灼见，会议交流助推旅游产业高质量发展……两天的时间里，从开幕式暨旅游推介会到旅游项目观摩，从全省旅游产业发展推进会议到文旅、招商相关活动，黑河承办的第三届全省旅发大会让嘉宾和游客畅享全新的体验，经历了一次震撼心灵、难以忘怀的精彩之旅，取得了圆满成功。

作为黑龙江省一年一度的旅游产业发展盛会和备受社会各界关注的旅游合作交流平台，本届旅发大会由省委、省政府主办，省文化和旅游厅、黑河市委市政府承办，以“北国好风光，尽在黑龙江”为全省统一主题，以“中俄双子城北国养生地”为黑河市主题，按照省委提出的“办一届旅发大会，提升一个承办地”和“立标、打样”的要求，高起点谋划，超常规用力，快节奏推动，高质量完成，呈现了一届精致、精美、精彩的旅游盛会，让国内外更多人聚焦黑河、关注龙江，为后疫情时代全省经济高质量发展提供有力支撑。

一、打造最美城市旅游目的地

沿江公园风景带，展示具有国际特色的黑河旅游名片；黑龙江大桥公园和观光塔定位最美界江大桥旅游区，打造黑河旅游必到的网红打卡地；五大连池

火山地质博物馆用高科技手段展示五大连池火山、矿泉水形成和演化过程，被誉为“一本打开的火山教科书”；“海兰之夜”风情街，打造传统文化展示、艺术品展销和特色美食一条街；黑河小微博物馆群，增加城市文化底蕴和艺术感染力，呈现不一样的黑河；瑷珲——腾冲中国人口地理分界线主题公园，充分挖掘人口地理文化，给人留下难忘的记忆；瑷珲乡野公园外三道沟知青村、外四道沟俄罗斯风情村、新生鄂伦春族民俗旅游区，将成为祖国北疆亮丽的风景线……一大批旅游观摩项目集中亮相，充分展示了黑河全域旅游创建的新成果。黑河市把旅游发展融于城市建设全过程，建成了游客必游必到、景城一体、智慧服务、基础设施等16个项目30个子项目，让游客置身“天蓝江清、花海林田、人在画中”的全域旅游环境，真正实现通过承办一次旅发大会整体提升一座城市。

举办全省旅发大会，不但是推进旅游产业发展的一个有力举措，更重要的还是一项民心工程、民生工程。建设实施的旅游项目，都是为群众提供更好休闲娱乐空间、更高品质业余文化生活、更优美完善生活环境的项目。新建改造的广场、园林、博物馆群，实施的老旧小区改造工程、道路沥青罩面工程、绿化亮化工程，以及配套建设的重大交通基础设施项目，让城乡百姓持续受益。实施了城市“建、拆、管”和城乡环境清理整治攻坚战。2019年以来，黑河市拆除违建达到过去十年总和的3倍；改造老旧小区使市区1/6的居民受益。目前，交通路网全面升级，老旧小区焕然一新，观摩景点各具特色，旅游服务设施日渐完善，市民的精神面貌发生了很大的改观，生动诠释了办会兴城兴市、增进百姓福祉的理念，向省委、省政府，向全市人民交上了一份满意答卷。

二、以旅游为媒共谋发展共创未来

黑河旅游产业发展朝气蓬勃、势头强劲，旅游业不仅带来了天蓝地绿、山清水秀、生态宜居的绿色家园，也成为黑河市经济发展新的“增长极”。9月2日，第三届黑龙江省旅发大会黑河市云招商推介会召开，“云端”向企业家及广大网友宣传推介黑河区位与资源优势、投资环境和重点项目。通过本次推介会签约的项目共有12项，总签约额60.5亿元。现场签约6个合作项目，总签约额22.2亿元，其中包括中交一公局第五工程有限公司与黑龙江红河谷汽车测试股份有限公司签署中交红河谷黑河全季节测试基地投资合作协议；中冶交通建设集团与黑河自贸片区管委会签署交通和自贸片区基础设施建设战略合作框架协议；黑龙江省交投信息科技有限公司与黑河市试车市场领导小组办公室签署自动驾驶测试场投资合作协议；黑河农投远东国际有限公司与自贸片区管委会签署进口农产品综合加工合作协议等。来自俄罗斯萨哈（雅库特）共和国、阿穆尔州、克拉斯诺亚尔斯克、布拉戈维申斯克、喀山市、塞浦路斯共和国等地区的外方嘉宾，以及中方清华控股、辰安科技、中国中铁、中国铁建、上海实业、华为集团、北京泛华等150余家企业在网上参加云直播。黑河邀请各界朋友、各地企业，以旅游为媒，共享商机、共谋发展、共创美好未来。通过文化旅游推介会、首届中国康养城市高峰论坛、全省旅游产业发展推进会议等活动，黑河旅游的特色与优势得到进一步彰显释放；黑河的美誉度和吸引力得到进一步广泛传扬；黑河旅游产业的发展之势得到进一步迸发提升。

三、系列活动精彩纷呈为旅发增色

初秋的黑河舒展最美的容颜，以多姿多彩的系列活动欢迎珍贵的客人。本届旅发大会推出了中俄双子城国际书画展、中国·黑河国际商贸中心缤纷嘉年华、全省旅发大会文化展演等27项文旅活动，目的是打造和传播旅游影响力、壮大旅游实力。9月4—5日，在市区沿江景观带迎恩广场、母亲广场、商会广场、世纪广场和瑷珲——腾冲中国人口地理分界线主题公园，处处洋溢着盛会的喜悦，来自市区群众团体、市群众艺术馆、市人民艺术剧院的2000名表演者共同参与了第三届全省旅发大会文化展演活动。此次盛大的文化展演分为追梦新时代文艺演出、歌舞专场、民乐专场、流行音乐节4个专场，为旅发大会的召开营造浓郁的文化氛围，向四海宾朋、向世界展示黑河独特的文化特质和黑河人民昂扬向上的精神风貌。精致美食琳琅满目、俄品嗨购价格优惠、亲子潮玩乐趣无穷……8月28日至9月7日，中国·黑河国际商贸中心承办的“迎旅发·庆转型2020缤纷嘉年华”活动举行。作为第三届全省旅发大会的系列活动之一，本次嘉年华活动包括美食吃播节、俄品嗨购节、亲子潮玩节、名石展销节四项内容，为市民献上了一份集休闲、娱乐、购物于一体的多元化、多层次的豪华盛宴。为更好更全面地塑造风情黑河、康养黑河、魅力黑河的整体形象，还举办了视频彩铃大赛，共征集黑河市域内的自然风光、人文景观等方面的原创视频作品50余件，这些作品记录着黑河日新月异的变化，描绘着一江两岸亮丽的风景，展示着黑河独特的风情与魅力，宣传推介着作者眼中最美的黑河。丰富多彩的系列活动为大会增添了别样风采，使黑河文旅魅力倍增，吸引着越来越多的各方游客。

四、云端旅发让黑河走向世界

为了更好地宣传推介第三届黑龙江省旅游产业发展大会，多角度全方位地向世界展示黑河，9月3—4日，第三届黑龙江省旅游产业发展大会开启全新的“云上办会”模式，充分发挥网络及移动端的流量优势，通过“直播间直播+外景体验直播+连线互动推介”，推出旅发大会48小时全程直播活动，着力打造“高规格、精品质、大流量、强互动、重实效”的云端旅发，向世界360度展示一个全新、全景、全体验式的黑河。云端旅发，主要运用新央视网、人民网、新华网、阿穆尔信息通讯社、腾讯、新浪、网易新闻、凤凰网、国际在线、黑龙江日报、快手、抖音、一直播、极光新闻App等各级主流网媒、官方平台，自9月3日早6时开始，通过48小时不间断直播，以“网红线下体验+连线”的方式，带领观众走进黑河的16个旅游景点，深入了解黑河的旅游特色；导演组、演员和主创人员做客直播间，介绍本届旅发大会开幕式的台前幕后；带领观众观看黑河日出，体验黑龙江上捕鱼；带领观众走进早市，体验市民生活；邀请省文旅厅领导、黑河市领导、网络达人做客直播间介绍黑龙江和黑河的特色旅游，中俄特色美食。这次云端旅发还通过“慢直播+新闻”角度解读，对开幕式彩排进行探班，了解台前幕后故事，带网友提前了解旅发大会的准备情况，以及各分会场的场景布置，为观众营造48小时倒计时的紧迫感和现场亲临感。在开幕式上，增设了风景机位，观众不仅可以感受开幕式的直播盛况，还可以实时看到黑龙江大桥、国际饭店、瑷珲—腾冲中国人口地理分界线主题公园和旅发大会主会场的全景，为全世界呈现出了一幕别具一格而又匠心独具的“世界黑河”。

五、做好“后旅发大会时代”大文章

举办全省旅发大会，是黑河市旅游产业发展的新起点。开启新篇章，踏上新征程，全市通过“四融合”“四提升”，为全力做好“后旅发大会时代”这篇大文章打下坚实基础。通过景城融合，提升城市品位。新改造黑龙江大桥公园、瑷珲—腾冲中国人口地理分界线主题公园、黑龙江公园、中俄民族风情园“四园”和大黑河岛生态广场、世纪广场，打造“海兰之夜”风情街、王肃界江景观街“两个特色街区”。通过文旅融合，提升文化内涵。改造瑷珲历史陈列馆、知青博物馆、庆华军工遗址博物馆，复建马占山公馆、黑河商会等历史建筑，打造“小微博物馆群”，推出《连池恋歌》实景水秀等大型文艺演出。通过旅游康养融合，提升产业链。利用“药泉圣水”、绿色农业、天然氧吧等纯净的自然生态优势，重点建设五大连池康养小镇、五大连池温泉水世界和北安福邸高端康养服务中心，打造瑷珲乡野公园，实现旅游产业与健康养老产业的深度融合、延伸发展。通过办会创城融合，提升文明素养。出台《黑河市文明行为促进条例》，实现市民文明和城市文明同步提升。

在“后旅发大会时代”，黑河市还将不断推动旅游产品体系、旅游支撑体系、客源市场体系、旅游现代治理体系实现新提升，真正让旅游业成为建设现代化新黑河的战略性支柱产业、助推产业转型升级发展的先导产业、现代服务业的龙头产业。

（刘畅、刘增伟，《黑河日报》2020年9月10日第一版）

地方法规

黑河市文明行为促进条例

《黑河市文明行为促进条例》经黑河市第六届人民代表大会常务委员会第二十六次会议于2020年6月30日通过，黑龙江省第十三届人民代表大会常务委员会第二十次会议于2020年8月21日批准，自2020年10月1日起施行。

第一章　总　则

第一条　为了培育和践行社会主义核心价值观，引导和规范文明行为，提升公民文明素养和社会文明程度，根据有关法律、法规，结合本市实际，制定本条例。

第二条　本条例适用于本市行政区域内的文明行为促进工作。

本条例所称文明行为，是指遵守宪法和法律、法规规定，体现社会主义核心价值观，符合社会主义道德要求，维护公序良俗，弘扬时代新风尚，推动社会文明进步的行为。

第三条　文明行为促进工作应当坚持法治与德治相结合，遵循党委领导、政府实施、社会协同、公众参与的原则，实现文明建设共建、共治、共享。

第四条　市、县（市、区）精神文明建设指导委员会统筹推进本行政区域内的文明行为促进工作。

市、县（市、区）精神文明建设指导委员会办公室具体负责本行政区域内文明行为促进工作的规划、指导、协调和督促检查。

第五条　市、县（市、区）人民政府应当将文明行为促进工作纳入国民经济和社会发展规划，所需经费列入本级财政预算，推动文明行为促进工作与经济社会协调发展。

第六条　发展改革、财政、公安、城市管理、住房和城乡建设、农业农村、交通运输、自然资源、文化广电和旅游、卫生健康、生态环境、教育、体育、工信科技、民政、商务、市场监督、司法行政、消防等部门应当按照各自职责做好文明行为促进工作。

乡镇人民政府、街道办事处应当做好本辖区文明行为促进工作。

村民委员会、居民委员会应当加强文明行为的宣传、教育和引导，做好本辖区文明行为促进相关工作。

第七条　文明行为促进工作是全社会的共同责任。

国家机关、企事业单位、社会团体、其他组织和个人应当支持和积极参与文明行为促进工作。

国家工作人员、人大代表、政协委员、教育工作者、先进模范人物、社会公众人物应当在文明行为促进工作中发挥

表率作用。

第二章 规范与鼓励

第八条 公民应当热爱祖国，践行社会主义核心价值观，传承中华民族传统美德，积极参与社会公德、职业道德、家庭美德和个人品德建设，树立文明新风，弘扬社会正气。

第九条 公民应当增强国防观念，遵守相关法律、法规和外事纪律，维护边境地区的社会秩序。

公民应当弘扬拥军优属、拥政爱民的优良传统，尊重、关爱军人及其家属。

第十条 公民应当热爱家乡，知晓家乡历史地域文化，热情礼貌待客，主动介绍民情风俗，展示文明城市形象。

第十一条 公民应当尊重少数民族风俗习惯、宗教信仰，维护平等、团结、互助、和谐的社会主义民族关系。

第十二条 鼓励开展文明城市、文明村镇、文明单位、文明家庭、文明校园等群众性精神文明创建活动。

公民应当践行市民公约、村规民约、社区居民公约、行业守则、学生守则等行为规范。

第十三条 鼓励公民参加志愿服务活动。

鼓励和支持依法建立各类志愿服务组织，开展多样性志愿服务活动。

鼓励有关单位为开展志愿服务提供便利条件。

第十四条 鼓励下列文明行为：

（一）见义勇为；

（二）积极参与扶老、赈灾、济困、助残、助学、疫情防控等公益活动；

（三）关爱空巢老人、留守儿童、失独家庭、残疾人和特困家庭的未成年子女等社会群体；

（四）无偿献血，捐献造血干细胞、人体器官（组织）、遗体；

（五）为他人提供力所能及的帮助；

（六）拾金不昧。

第十五条 公民应当维护公共秩序，遵守下列文明行为规范：

（一）在公共场所着装整洁得体，不袒胸露背；

（二）言行举止文明，不喧哗，不说脏话；

（三）购买商品或者等候服务时自觉排队；

（四）乘坐电梯先下后上，上下楼梯靠右侧通行；

（五）参加集会和观看演出、赛事、展览等活动，遵守秩序，服从管理，保持现场整洁；

（六）开展露天文体娱乐活动时，合理选择场地和时间，控制噪声，不影响他人工作和生活；

（七）在经营活动中，不使用高音喇叭或者采取其他发出高噪声的方法招揽顾客；

（八）其他维护公共秩序的文明行为规范。

第十六条 公民应当维护公共卫生，遵守下列文明行为规范：

（一）爱护城市雕塑、城市小品、健身（休闲）等公共设施，保护冰雪景观，不攀爬踩踏，不污损破坏；

（二）爱护花草树木，不得在公共绿化空间踩踏草坪、攀折花木、采摘野菜和果实；

（三）不在公共区域乱搭建、乱挂晒、乱堆放、乱占挖、乱泼倒；

（四）在公共场所咳嗽、打喷嚏时要遮掩口鼻，患有流行性感冒等传染性呼吸道疾病时要佩戴口罩；

（五）不随地吐痰、便溺，不乱扔果皮、纸屑、烟蒂、口香糖、塑料袋等废弃物；

（六）餐饮经营要净化油烟、控制净化设施噪声，不影响附近居民生活；

（七）不在当地人民政府禁止的区域露天烧烤，在允许的区域进行露天烧烤的，及时清理垃圾；

（八）不在当地人民政府禁止的区域焚烧祭祀品；

（九）按照规定及时清除责任区内冰雪；

（十）其他维护公共卫生的文明行为规范。

第十七条 公民应当维护交通安全秩序，遵守下列文明行为规范：

（一）行人应当在人行道内行走，没有人行道的靠道路右侧行走，通过路口或者横过道路应当走人行横道，有交通信号指示的按照信号指示通行，不随意横穿道路、翻越交通护栏，遇车辆礼让时要迅速安全通过；

（二）乘坐公共交通工具时，遵守乘车秩序，不影响驾驶人安全驾驶，礼让老、弱、病、残、孕以及携带婴幼儿的乘客；

（三）驾驶机动车不强行变道加塞，行经人行横道时礼让行人，通过积水路段时减速慢行，按照规定使用灯光和喇叭；

（四）驾驶非机动车不逆向行驶，不抢道行驶，不超速行驶，不进入人行道行驶，行经人行横道时礼让行人；

（五）驾驶机动车、非机动车，应当让行执行紧急任务的军车、警车、消防车、救护车、工程救险车；

（六）机动车、非机动车应当按照停车标识或者在非禁停地点有序停放，不在人行道、消防通道或者其他妨碍车辆和行人通行的地点任意停放；

（七）公交车辆和出租车辆上下客应当规范有序停靠，不妨碍其他车辆通行；

（八）爱护和规范使用共享自行车，在规定区域有序停放；

（九）其他维护交通安全秩序的文明行为规范。

第十八条 公民应当维护社区文明，遵守下列文明行为规范：

（一）家庭娱乐、装修装饰、使用乐器、体育锻炼等活动，合理安排时间，控制噪声，不影响邻里生活；

（二）不占用公共绿地和楼道等公共区域堆放物品、饲养家禽家畜、种植果蔬；

（三）不在建筑物外墙、楼道、电梯等公共区域乱喷涂、乱刻画、乱张贴；

（四）不从建筑物内向外抛掷物品；

（五）不在建筑物楼道、楼梯间、安全出口等公共区域为电动车充电；

（六）其他维护社区文明的行为规范。

第十九条 公民应当文明生活，遵守下列行为规范：

（一）保护生态环境，低碳生活，绿色出行，节约水、电、油、气等资源；

（二）厉行节约，反对铺张，减少舌尖上的浪费，文明用餐，适量点餐；

（三）增强公共卫生防疫意识，使用公筷公勺，倡导分餐；

（四）减少生活垃圾和餐厨垃圾排放量，并按照规定分类投放；

（五）文明节俭办理婚丧喜庆事宜；

（六）其他文明生活的行为规范。

第二十条　公民应当维护网络安全和秩序，文明上网，不浏览、编造或者传播虚假、暴力、低俗淫秽信息以及损害他人合法权益的信息。

第二十一条　公民应当遵守旅游管理规范，尊重当地风俗习惯、文化传统和宗教信仰，维护景区景点环境，爱护文物古迹和旅游设施。

第二十二条　公民应当遵守医疗机构管理规定，文明就医，配合医护人员工作，通过合法途径解决医疗纠纷。

第二十三条　公民应当尊师重教，不在校园聚众滋事，干扰教育教学秩序。

第二十四条　公民应当文明养犬，在城市建成区饲养犬只，遵守下列行为规范：

（一）养犬实行登记制度，具体办法由市人民政府制定；

（二）携带犬只出户应当束长度不超过两米的犬链，由完全民事行为能力人牵领并主动避让他人；

（三）及时清除犬只排放的粪便；

（四）携带犬只（导盲犬除外）不得进入商场、医院（宠物医院除外）、学校、幼儿园等公共场所和其他设有禁入标识的场所，不得乘坐公共汽车、轮渡等公共交通工具，乘坐出租汽车的，应当征得驾驶人同意。

第二十五条　公民应当控制吸烟行为，不在室内公共场所、公共交通工具内和其他设有禁烟标识的场所（区域）吸烟；在非禁止吸烟场所（区域）吸烟时，合理避开他人。

第三章　实施与监督

第二十六条　市、县（市、区）精神文明建设指导委员会在开展精神文明建设先进典型评选表彰活动中，应当将文明行为表现情况作为推选条件和评选标准。

第二十七条　市、县（市、区）人民政府及其有关部门应当建立健全文明行为激励机制，对文明行为促进工作中表现突出的单位和个人给予表彰奖励，对生活有困难的文明行为先进人物给予优先帮扶。

鼓励用人单位在招录时，同等条件下优先录用、聘用道德模范、文明市民、优秀志愿者等先进人物。

第二十八条　市、县（市、区）人民政府应当制定文明行为促进工作措施，建设完善相关公共服务设施，明确部门职责分工。有关部门应当建立信息共享和执法合作机制，按照职责开展日常检查，制止、查处不文明行为。

任何单位和个人有权利对有关部门履职情况进行监督，可以向市、县（市、区）精神文明建设指导委员会办公室投诉、举报。

第二十九条　市、县（市、区）精神文明建设指导委员会办公室以及有关部门应当完善文明行为促进的相关工作制度和机制，组织开展文明实践活动，促进全社会文明行为习惯的养成。

第三十条　报纸、广播、电视、网络等公共媒体应当加强文明行为宣传和舆论监督。刊播公益广告，传播文明行为先进事迹，批评和谴责不文明行为。

公园、广场、楼体、街道等公共场所的广告设施和公共交通工具的广告介质应当按照规定刊播公益广告。

第三十一条　市、县（市、区）精神文明建设指导委员会办公室应当会同有关部门以及新闻媒体设立不文明行为曝光平台，对社会反响强烈、群众反映集中的不文明行为，对拒不执行行政处罚决定、社会影响恶劣的不文明行为，依法予以曝光。

第三十二条　有关部门可以聘请文明行为协管员、监督员，协助做好文明行为宣传教育、公共秩序维护和不文明行为制止、纠正等工作。

第三十三条　在公共场所（区域）、公共交通工具内实施不文明行为的，经营者、管理者和服务者应当劝阻、制止；不听劝阻或者制止无效的，应当及时报告有关部门。

第三十四条　任何单位和个人有权利对不文明行为进行劝阻和举报，可以采用合法方式对不文明行为进行记录，提交有关部门作为执法的参考。

有关部门应当向社会公布举报方式和途径，及时受理和查处不文明行为，并将处理结果告知举报人。对举报人的身份信息等应当予以保密。

第四章　法律责任

第三十五条　违反本条例规定有下列行为的，按照下列规定予以处罚：

（一）在当地人民政府禁止的区域焚烧祭祀品的，由城市管理部门处以一百元以上二百元以下的罚款。

（二）行人不按照交通信号灯指示通行的，由公安机关交通管理部门处以警告或者二十元的罚款。

（三）机动车占用人行道（停车泊位除外）停放的，由公安机关交通管理部门责令其立即驶离；驾驶人不在现场或者虽在现场但拒绝驶离，妨碍其他车辆、行人通行的，由公安机关交通管理部门处以一百元的罚款。

（四）在楼道等公共区域堆放物品的，由城市管理部门处以五十元以上二百元以下的罚款。

（五）在楼道等公共区域饲养家禽家畜的，由城市管理部门责令限期改正；逾期不改正的，处以每只五十元的罚款。

（六）在建筑物外墙、楼道、电梯等公共区域乱喷涂、乱刻画、乱张贴的，由城市管理部门责令清除，并处以每处二百元以上五百元以下的罚款。

（七）未办理养犬登记的，由公安机关责令限期改正；逾期未改正的，处以每只五百元的罚款。

（八）携带犬只出户未束犬链的，携带犬只进入禁入场所和公共交通工具的，由公安机关处以二百元的罚款。

（九）犬只排放粪便未及时清除的，由城市管理部门责令清除；拒不清除的，处以一百元的罚款。

（十）在禁止吸烟场所（区域）吸烟的，由卫生健康主管部门、场所（区域）的相应监督管理部门责令改正，并处以五十元的罚款；拒不改正的，处以一百元的罚款。

第三十六条　违反本条例规定的其他行为，法律、法规已有处罚规定的，从其规定。

第三十七条　违反本条例规定应当受到行政处罚的，违法行为人自愿申请参加并完成社会服务的，可以依法从轻、减轻或者不予处罚。

社会服务具体办法，由市人民政府制定。

第三十八条　对劝阻不文明行为的公民进行威胁、侮辱、殴打的，由公安机关依法处理。

第三十九条　有关部门、单位及其工作人员在文明行为促进工作中不履行职责或者有滥用职权、玩忽职守、徇私舞弊行为的，由其所在单位或者上级主管部门、监察机关责令改正，予以通报批评；情节严重的，对直接负责的主管人员和其他直接责任人依法给予处分。

第五章　附　则

第四十条　五大连池风景名胜区自然保护区文明行为促进工作遵照本条例执行。

第四十一条　本条例自2020年10月1日起施行。

《黑河市饮用水水源保护条例》经黑河市第六届人民代表大会常务委员会第二十六次会议于2020年6月30日通过，黑龙江省第十三届人民代表大会常务委员会第二十一次会议于2020年10月22日批准，自2021年1月1日起施行。

黑河市饮用水水源保护条例

第一章　总　则

第一条　为了加强饮用水水源保护，保障饮用水安全，根据《中华人民共和国水污染防治法》和有关法律、法规，结合本市实际，制定本条例。

第二条　本条例适用于本市行政区域内饮用水水源的保护及相关管理活动。

本条例所称饮用水水源，是指通过输水管网提供饮用水，且供水人口一千人以上的集中式饮用水水源，包括饮用水地表水源和饮用水地下水源。

第三条　市、县（市、区）人民政府是本行政区域内饮用水水源保护的责任主体，应当将饮用水水源保护纳入国民经济和社会发展规划、环境保护规划，加大公共财政对饮用水水源保护的投入。

第四条　市、县（市、区）生态环境主管部门对本行政区域内饮用水水源保护实施统一监督管理。

发展改革、财政、水务、公安、城市管理、住房和城乡建设、农业农村、交通运输、自然资源、林业和草原、文化广电和旅游、卫生健康、民政、应急管理等有关部门和海事管理机构，应当按照各自职责做好饮用水水源保护工作。

乡（镇）人民政府应当做好本辖区内饮用水水源保护相关工作。

村民委员会应当协助当地人民政府和有关部门做好本辖区内饮用水水源保护工作。

第五条　饮用水地表水源保护工作纳入本市各级河（湖）长管理职责。各级河（湖）长应当组织领导本行政区域内河流、湖泊、水库等饮用水地表水源的保护工作。

第六条　市、县（市、区）人民政府应当建立饮用水水源生态保护补偿机制，保护和改善水源保护区的生态环境，提高水源水体自净能力。

饮用水水源生态保护补偿具体办法，由市人民政府另行制定。

第七条　各级人民政府以及有关部门应当组织开展饮用水水源保护的宣传教育，普及饮用水水源保护的法律知识和科学知识，引导公众积极参与饮用水水源保护。

新闻媒体应当对饮用水水源保护进行公益宣传。

第八条　任何单位和个人都有保护饮用水水源环境的义务，有权利对污染和破坏饮用水水源环境的行为进行劝阻和举报。有关部门应当及时受理举报并依法处理。

第二章　饮用水水源保护

第九条　饮用水水源保护应当在水源取水口（井）周边划定一定范围的水域、陆域作为保护区，保护区分为一级保护区和二级保护区。必要时，在保护区外围划定一定的区域作为准保护区。

饮用水水源保护区管理实行责任制度，应当明确管理的责任单位和责任人。

第十条　饮用水水源保护区的划定，由市、县（市、区）人民政府提出划定方案，报省人民政府批准。跨县（市、区）饮用水水源保护区的划定，由有关县（市、区）人民政府协商提出方案，报省人民政府批准。

饮用水水源保护区的划定应当符合国家饮用水水源保护区划分技术规范。

第十一条　市、县（市、区）人民政府应当公布饮用水水源地名录，并按照要求开展水源地规范化建设，在保护区的边界设立地理界标和警示标志。一级保护区应当设置隔离防护设施，实行封闭式管理。

任何单位和个人不得涂改、损毁或者擅自移动饮用水水源保护区地理界标、警示标志和隔离防护设施。

第十二条 在饮用水水源准保护区内，禁止下列行为：

（一）新建、扩建制药、化工、造纸、农药等对水源污染严重的建设项目，或者改建增加排污量的建设项目；

（二）破坏水源涵养林、水土保持林以及与水源保护相关的植被；

（三）堆放或者储存化工原料、危险化学品、油类、放射性物质以及其他有毒有害的物品；

（四）使用高毒、高残留农药；

（五）向水体排放或者倾倒工业废渣、垃圾、农作物秸秆和其他废弃物，利用渗井、渗坑排放或者倾倒含有毒污染物的废水、含病原体的污水和其他水污染物；

（六）使用电力、炸药、毒药和其他化学物品捕捞；

（七）法律、法规禁止的其他行为。

第十三条 在饮用水水源二级保护区内，除遵守本条例第十二条的规定外，还禁止下列行为：

（一）设置排污口；（二）新建、改建、扩建排放污染物的建设项目；

（三）堆放工业废渣、垃圾、农作物秸秆和其他废弃物；

（四）建设畜禽养殖场、养殖小区；

（五）修建墓地；

（六）采石（砂）、取土等活动；

（七）丢弃或者掩埋动物尸体；

（八）使用农药，丢弃农药、农药包装物；

（九）在水体清洗车辆、农药施用器械和其他污染水源水质的物品；

（十）法律、法规禁止的其他行为。

第十四条 在饮用水水源一级保护区内，除遵守本条例第十二条、第十三条的规定外，还禁止下列行为：

（一）新建、改建、扩建与供水设施和保护水源无关的建设项目；

（二）从事网箱养殖、畜禽养殖、耕种以及旅游、游泳、垂钓、水上训练、露营、野炊、放牧等可能污染水源的行为；

（三）在水体停靠与保护水源无关的船舶；

（四）法律、法规禁止的其他行为。

第十五条 市、县（市、区）人民政府对饮用水水源准保护区内已建成的制药、化工、造纸、农药等对水源污染严重的建设项目，应当逐步将其迁出；对其他污染物排放超标的建设项目，应当限期进行技术改造，确保达标排放。

在饮用水水源二级保护区内已建成的排放污染物的建设项目、排污口，在饮用水水源一级保护区内已建成的与供水设施和保护水源无关的建设项目，由市、县（市、区）人民政府责令拆除或者关闭。

第十六条 市、县（市、区）人民政府应当在二级保护区内建设生活垃圾、生活污水收集转运设施，并对人口规模进行控制，防止污染饮用水水源。

第十七条 市、县（市、区）人民政府应当科学指导农业种植活动，推广使用有机肥料和生物农药，减少化肥和化学农药使用量；应当有计划地在一级保护区开展退耕还林、还草、还湿等生态修复活动，防止污染饮用水水源。

在准保护区内从事畜禽养殖的单位和个人，应当对畜禽养殖废弃物等进行资源化利用或者无害化处理，防止污染饮用水水源。

在二级保护区和准保护区内利用饮用水地表水源从事水产养殖业的，应当合理投饵和使用药物，防止污染饮用水水源。

第十八条 建设公路、铁路、桥梁以及地下管道（线）等项目，应当避开饮用水水源保护区；确实无法避开的，建设单位应当落实环境影响评价提出的环境风险防范要求，设置安全防护设施和事故应急防护设施，防止污染饮用水水源。

第三章 监督管理

第十九条 市、县（市、区）人民政府应当建立饮用水水源水质监测信息系统，按照国家确定的项目和频率进行监测，并定期向社会公布。

市、县（市、区）人民政府应当保障饮用水水源水质符合国家标准。

第二十条 市、县（市、区）人民政府应当建立饮用水水源保护协调联动、信息共享等机制，落实监管职责，组织有关部门开展饮用水水源保护巡查，加强水源环境综合整治，有关部门及时查处影响饮用水水源水质的违法行为。

现有的饮用水水源环境经整治后仍不符合国家有关标准或者不能保障供水安全的，应当重新选址建设，确保饮用水安全。

第二十一条 市、县（市、区）人民政府应当加强备用或者应急饮用水水源建设，保障公众饮用水应急供应。

第二十二条 市、县（市、区）人民政府应当组织编制饮用水水源突发水污染事故应急预案。

水源保护管理责任单位以及可能造成饮用水水源污染的单位，应当制定本单位的饮用水水源污染事故应急预案，报生态环境主管部门、供水主管部门备案，并定期进行演练。

有关单位发生突发性事故，造成或者可能造成饮用水水源污染的，应当立即采取措施消除污染，并报告当地县级以上人民政府。有关人民政府应当立即启动应急预案，采取紧急措施，保障公众饮水安全，并向社会公布信息。

第四章 法律责任

第二十三条 违反本条例规定，涂改、损毁或者擅自移动地理界标、警示标志和隔离防护设施的，由生态环境主管部门责令停止违法行为，限期恢复原状；逾期未恢复原状的，处以二千元以上一万元以下的罚款。

第二十四条 违反本条例规定有下列行为的，按照下列规定予以处罚：

（一）使用高毒、高残留农药的，由农业农村主管部门责令改正，使用者为单位的，处以五万元以上十万元以下的罚款，使用者为个人的，处以一千元以上一万元以下的罚款。

（二）使用电力、炸药、毒药或者其他化学物品捕捞的，由农业农村主管部门没收渔获物和违法所得，处以一千元以上五万元以下的罚款；情节严重的，没收渔具，吊销捕捞许可证；情节特别严重的，可以没收渔船。

（三）丢弃或者掩埋动物尸体的，由农业农村主管部门责令无害化处理，所需处理费用由违法行为人承担，可以处以一千元以上三千元以下的罚款。

（四）在水体清洗车辆和其他物品污染水源水质的，由生态环境主管部门责令停止违法行为，采取补救措施，对单位处以二千元以上一万元以下的罚款，对个人处以二百元以上五百元以下的罚款。

（五）在水体停靠与保护水源无关船舶的，由交通运输主管部门或者海事管理机构责令驶离；拒不驶离的，处以二千元以上一万元以下的罚款。

第二十五条　违反本条例规定的其他行为，法律、法规已有处罚规定的，从其规定。

第二十六条　有关部门、单位及其工作人员在饮用水水源保护工作中不履行职责或者有其他滥用职权、玩忽职守、徇私舞弊行为的，由其所在单位或者上级主管部门、监察机关责令改正，予以通报批评；情节严重的，对直接负责的主管人员和其他直接责任人依法给予处分。

第五章　附　则

第二十七条　五大连池风景名胜区自然保护区饮用水水源保护遵照本条例执行。

第二十八条　供水人口不足一千人的分散式饮用水水源，由县（市、区）人民政府划定适当的保护区域，参照本条例饮用水水源一级保护区的规定进行管理。

第二十九条　本条例自2021年1月1日起施行。

先进集体和先进个人

黑龙江省抗击新冠肺炎疫情先进集体和先进个人

一、先进集体

北安市卫生健康局

北安市公安局

嫩江市公安局

嫩江市人民医院感染科

五大连池市青山街道办事处

五大连池市第一人民医院

孙吴县人民医院

逊克县公安局巡特警大队

黑河市第二人民医院

五大连池风景名胜区自然保护区卫生和计划生育局

黑河市疾病预防控制中心

黑河市公安局

黑河市市场监督管理局

黑河市城市管理综合执法局

黑河市人民政府口岸办公室

二、先进个人

杨宝东　黑龙江省农垦北安管理局北安中心医院呼吸内科主任

礼希斌　北安市第一人民医院副院长

王冰冰　北安市庆华社区卫生服务中心副主任

薛海峰　北安市通北镇党委书记

孙国峰　北安市委办公室综合政研组负责人

李　晴　嫩江市人民医院感染科主任

林秀俊　嫩江市中医院护士长

肖成军　九三管理局中心医院医生

高柏辉　嫩江市市场监督管理局党委书记、局长

朱景新　嫩江市疾病预防控制中心主任

关庆山　五大连池市第一人民医院副院长

刘立军　五大连池市第一人民医院感染科主任

樊志鹏　五大连池市第一人民医院感染科医生

孙国龙　五大连池市公安党工委委员、副局长、党组成员

马　闯　五大连池市住房和城乡建设局人秘股文秘

张晓丽　五大连池市民政局社会救助和养老服务与慈善事业促进股股长。

李静瑜　孙吴县人民医院副院长

葛祖光　孙吴县城区街道社区卫生服务中心主任

鲍玉峰　中共孙吴县委政法委员会副书记

杜　霞　逊克县人民医院传染科主任

张克华　黑龙江省逊克县公安局副局长

王玉华　逊克县奇克金融社区党支部书记、居委会主任

叶倩云　黑河市第二人民医院急诊科护士

王宏兴　黑河市第二人民医院副院长

纪伟琴　西兴街人保财险社区党委书记、主任

宋方霞　五大连池风景区自然保护区人民医院护士长

李　波　五大连池风景名胜区自然保护区林业局副局长兼森林消防大队大队长

王志坚　黑河市公安交通警察支队秩序大队副大队长

孙永贵　黑河市工人文化宫离休干部

勾玉洁　黑河市疾病预防控制中心主任、党支部书记

苏　静　黑河市卫生健康委员会疾病控制与职业健康食品安全科科长（一级主任科员）

马喜龙　黑河市人民政府办公室二级调研员

吴天才　黑河市退役军人事务局副局长

叶　明　黑河市公安局治安支队副支队长

许宁池　黑河日报社要闻部主任

张玉珍　黑河市第一人民医院重症医学科护士长

孟月敏　黑河市兴安社区卫生服务中心主任

冯雪冰　黑河市中医医院外科护士长

陈秀娟　黑河市第一人民医院感染科主任

黑龙江省双拥模范城（县）、双拥模范单位和个人

一、全省双拥模范城（县）

黑河市，嫩江市、逊克县、孙吴县

二、全省爱国拥军模范单位

黑河市委宣传部

黑河市财政局

黑河市教育局

黑河铁路（集团）有限公司

黑河市逊克县委宣传部

三、全省拥政爱民模范单位

黑龙江省出入境边防检查总站黑河出入境边防检查站

四、全省爱国拥军模范个人

张建国　黑河市爱辉区委书记

王媛媛　黑河市退役军人事务局拥军优抚科副科长

刘莉莎　黑河市共青团嫩江市委员会组织宣传部部长

李　彤　黑河市孙吴县退役军人服务中心科员

五、全省拥政爱民模范个人

王家峰　黑河军分区政治工作处主任

段洋洋　武警黑龙江省总队黑河支队机动中队政治指导员

黑河市承办第三届黑龙江省旅游产业发展大会先进集体和先进个人

一、先进集体

突出贡献集体（25个）

黑河市承办第三届黑龙江省旅发大会领导小组办公室、中共黑河市委宣传部、中共黑河市委办公室、黑河市政府办公室、黑河市文化广电和旅游局、黑河市城管执法局、爱辉区委区政府、五大连池市委市政府、五大连池风景区管委会、中国（黑龙江）自由贸易试验区黑河片区管委会、黑河广播电视台、黑河学院、黑河市公安局、黑河市公安交警支队、黑河市交通运输局、黑河市国有投资控股集团有限公司、黑河市跨境交通基础设施保障中心、黑河海事局、黑河市机关事业单位保障服务中心、黑河市总工会、黑河市市场监督管理局、黑河市住房和城乡建设局、黑龙江省交投峰悦投资有限公司、中铁建大桥工程局集团第一工程有限公司、黑龙江大桥工程管理有限公司。

先进集体（45个）

中共黑河市直属机关工作委员会、中共黑河市委政研室、中共黑河市委党校、共青团黑河市委员会、黑河市发改委、黑河市财政局、黑河市政府外事办、黑河市政府口岸办、黑河市经济合作促进局、黑河市自然资源局、黑河市林草局、黑河市生态环境局、黑河市卫生健康委、黑河市气象局、黑河市水务局、黑河市商务局、黑河市教育局、黑河市民政局、黑河日报社、黑河市档案馆、黑河市应急管理局、黑河市工业信息科技局、北安市委市政府、嫩江市委市政府、逊克县委县政府、孙吴县委县政府、黑河市瑷珲历史陈列馆、黑河市文联、黑河市疾病预防控制中心、黑河市消防救援支队、国网黑河供电公司、中国联合网络通信有限公司黑河市分公司、中国铁塔股份有限公司黑河市分公司、中国移动通信集团黑龙江有限公司黑河分公司、中国电信股份有限公司黑河分公司、黑河机场分公司、黑河铁路集团公司、黑河港务局有限公司、黑河航道事务中心、中国农业银行股份有限公司黑河分行、黑河农村商业银行股份有限公司、中国人民财产保险黑河市分公司、龙江银行股份有限公司黑河分行、黑河全域绿色农业发展有限公司、黑河邮政集团公司。

二、先进个人

突出贡献个人（按姓氏笔画为序）

于　泳　王玉涛　王海东　刘　洋
孙桂云　李继海　杨占宏　易　渤
罗　飞　单　兵　孟凡晶　徐晓军
曹明龙　董国立　蔡　伟　潘丽波

先进个人标兵（按姓氏笔画为序）

于立丽　于慧莲　马丹丹　王升荟
王　伟　王江红　王建武　王殿东
叶林生　付咏彭　冯术学　吕　焦
朱月山　刘文华　刘廷刚　刘忠国
刘　城　刘剑飞　刘艳霞　刘颂今
许争威　许绍辉　苏宏理　李少杰
李秀娟　李　鹏　杨春华　邸建军
宋万才　张伟杰　张　杰　张宝军
张　雪　张　敏　陈会学　陈丽华
周　强　房红岩　孟秀云　孟晓丹
赵　明　姜红雨　洪在雄　高兴凯
高春秋　戚　锋　崔　凯　鲁　铭

谢　婷

先进个人（200人，按姓氏笔画为序）

于子谦　于　龙　于　瑶　于德海
万广军　马明辉　马爱辉　马景峰
王一涵　王大龙　王　子　王天军
王艺龙　王文杰　王玉龙　王世平
王世敏　王　臣　王金和　王诚浩
王春雷　王洪东　王　勇　王　峰
王铁良　王铁柱　王　健　王海燕
王清梅　王　维　王　琳　王　超
王　博　王　媛　王　鹏　牛明光
尹元辉　邓守权　邓　峰　甘秋敏
石天宇　龙伟亮　东明利　卢广珍
叶宏岩　申　杨　申　珅　田　径
田桂珍　付英鉴　丛日兴　冯永生
冯军刚　冯海平　冯黎明　兰　天
边浩东　吕　晶　吕　游　朱万然
乔　梁　仲崇楠　刘凤芝　刘文天
刘文珍　刘玉梅　刘　冬　刘光霞
刘丽萍　刘　钊　刘　欣　刘金生
刘　波　刘恩铨　刘　彬　刘婉婧
刘湘冀　刘瀚文　刘馨泽　闫晓伟
关　宇　孙冬寒　孙立军　孙庆文
孙宗兴　孙振凯　孙　健　孙景峰
孙德泉　阴　波　牟利明　牟秋豫
芦德祥　苏衍和　苏　辉　李天柠
李长新　李玉冬　李立岩　李兆良
李江玉　李芳韵　李丽梅　李秀纯
李茂铎　李英涵　李春迪　李洪海
李洋洋　李勇飞　李晓丰　李晓峰
李晓梅　李　琳　李　韬　李　蕙
李德仁　杨艳春　杨　超　肖　尧
吴　丹　吴宇红　吴志涛　吴林生
吴勇杰　吴梦冰　吴　琼　邱海龙
何士东　何　宇　何忠庆　邹立新
邹　阳　汪　洋　宋冠男　初　丹
张大庆　张卫成　张天冲　张云清
张　伟　张伟男　张　波　张　艳
张海燕　张继东　张　嵩　张　鹏
陈　林　陈洪亮　邵　宏　英宝利
尚宝莹　罗建国　和　明　季永涛
金　鹏　周乃涛　周丽君　庞玉龙
孟兆纲　赵山山　赵　越　相　娜
战予诚　侯庆伟　姜晓峰　姚　军
姚　阳　姚忠磊　顾浩钰　徐洪波
徐　萌　徐铭阳　徐雅斌　徐　震
徐　影　栾德军　郭英龙　郭　琪
郭　雷　唐永竹　唐　杰　姬　威
黄晓红　黄晓明　黄　涛　黄　燕
梅红伟　崔京京　葛辉莹　董　晶
蒋汉儒　蒋富强　韩易晓　廖志刚
滕文强　颜　冰　薛宝君　魏　强

三、先进团队

优秀讲解员团队
优秀政务导游团队
优秀志愿者团队
优秀礼仪团队
优秀文艺表演团队

组织机构及负责人名录

中国共产党黑河市委员会

书　记　秦恩亭（至1月）
　　　　马　里（1月任）
副书记　马　里（至1月）
　　　　李世峰（1月任）
　　　　孙恒义（至1月）
　　　　丛　丽（4月任，至12月）
常　委　王淑滨
　　　　王兴柱（6月任）
　　　　孙　飚（至4月）
　　　　姜　杨（至10月）
　　　　白景新
　　　　张崇义（至11月）
　　　　蒋和庆
　　　　狄　恒
　　　　丁兆禄（9月任）
　　　　庞晓东（挂职至4月）
秘书长　张崇义（至11月）
副秘书长　于　泳
　　　　姜晓峰（12月任）
　　　　吴全刚（12月任）

市委办公室

主　任　姚　宇（至12月）
　　　　姜晓峰（12月任）
副主任　陈志新（至12月）
　　　　许绍辉
　　　　刘　军
　　　　张明永
市委深改办副主任　王元武（至12月）
　　　　李　军（12月任）
市委政研室副主任　杨立仁

市委组织部

部　长　姜　杨（至10月）
常务副部长　马　杰（至1月）
　　　　魏学敏（12月任）
副部长　张东君（8月任）
　　　　邸建军（至12月）
　　　　郑海波
　　　　李振生
　　　　李国君（兼）
　　　　郭华东（兼）
部务委员　张淑清

市委宣传部

部　长　狄　恒
常务副部长　赵　明（至12月）
　　　　郭建华（12月任）
副部长　丛煜峰
　　　　蔡　伟（至12月）
　　　　孙雪梅（兼）
　　　　潘丽波（12月兼任）
　　　　刘艳霞（至10月）
　　　　许争威
部务委员　王秀玲（10月任）

市委统战部

部　长　王淑滨
常务副部长　张秀杰
副部长　梁　涛（兼）
　　　　杜长兴（8月任）
　　　　顾宏斌
市民族宗教事务局局长　杜长兴

市民族宗教事务局副局长
臧　丽（至10月）
周玉江
刘文富

市委政法委员会
书　记　丁兆禄（10月任）
副书记　曲　民（兼至8月）
孙晓军（兼）
邓福才（兼）
朱卫国（8月兼任）
常务副书记　才德举（至12月）
赵　明（12月任）
副书记、综治办主任　周英侠
副书记　吴全刚（至12月）
侯　德（10月任）
李　辉（12月任）

市委网络安全和信息化办公室
主　任　孙雪梅（至10月）
刘艳霞（10月任）
副主任　张广军（兼）
王　亮

市委机构编制委员会办公室
主　任　石静岩
副主任　张代芸（至10月）
马　帅
王鹏健（10月任）

市直属机关工作委员会
书　记　张崇义（至11月）
常务副书记　张进来（至12月）
赵丽华（12月任）
副书记　王宇春
赵建兵
工会主席　闫　华

市信访局
局　长　黄玉琢（至12月）
吴全刚（12月任）
副局长　宋庆武（至10月）
于清海（12月任）
郝　欣（至12月）
信访督查专员　于清海（至12月）
王连霞

市委保密和机要局
局　长　宋建涛
副局长　孙　岩
纪学勇

市委党校
校　长　孙恒义（至1月）
丛　丽（5月任，至12月）
第一副校长　姜　杨（至10月）
常务副校长　张志国（至12月）
李百青（12月任）
副校长　于学军
白　瑛
张卫华
戴文阁
董　超
行政学院副院长　安士婧（至11月）
副处级组织员　孙冬莉
教育长　邸欣然（12月任）

黑河日报社
社　长　朱昊民（至10月）
孙雪梅（10月任）
总　编　詹大伟
副社长　李长军
副总编　吕　晶
邢　爽
副社长　张立波
宋冠男

市档案馆（市委史志研究室）
馆长（主任）　田桂珍
副馆长（副主任）　雷振生（至10月）
卜凡意
张小春
吴梦冰（12月任）

市机关事业单位保障服务中心
主　任　单　兵
副主任　冯黎明
栾德军

黑河市人民代表大会常务委员会

主　任　蔺　波（至11月）
主任人选　张崇义（11月任）
副主任　王长玉
屈树广
张兆华
杜久武
马　杰（1月任）
秘书长人选　代树奇（12月任）
副秘书长　侯　明　姚　宇

预算工作委员会
主任委员　栾晓波
农林委员会
主任委员　关学军
社会建设委员会
主任委员　刘真杰
教科文卫民侨外事委员会
主任委员人选　罗　飞（12月任）
财政经济委员会
主任委员　杨占华
副主任委员　周平新
人事选举办公室
主　任　李　波
城乡建设环境保护委员会
主任委员　盛树忠
监察和司法委员会
主任委员　曹正良
副主任委员　刘艳湘
市人大法制委员会
主任委员　马春梅
法制工作委员会
主　任　马春梅（法制委主任兼）
副主任　关兆凯
办公室
主　任　刘光霞
副主任　刘晓辉
信访办主任　李嵩飚

黑河市人民政府

市　长　马　里（至1月）
李世峰（1月任）
副市长　孙　飚（至4月）
庞晓东（挂职至4月）
王兴柱（8月任）
陈晓杰
丁兆禄（至10月）
彭海涛
邓福才
张瑾忠

张建国（12月任）
秘书长　徐晓军
副秘书长　陈柏安（至10月）
李泽国
李士舟
邸建军（12月任）

黑河市人民政府办公室
主　任　邸建军（12月任）
副主任　王升荟（至12月）
王　臣（至12月）
李春勇
李　蕙
孙宗兴（12月任）

市发展和改革委员会
主　任　于德福
副主任　李洪海
左建军
刘　辉
吴景林
杨　喆（8月任）

市教育局
党工委书记　局长　刘　铭（至12月）
庞国柱（12月任）
党组副书记　杨　光
党工委副书记　王　媛
副局长　孙希广（至10月）
孙正君
王凤敏
刘保国（至12月）
周芝敏（10月任）
市政府督学　张　保

市工业信息局
局　长　刁卫东
副局长　张　革（至10月）
杨　杰

市科学技术局
局　长　张战勇（12月任）
副局长　顾岩海
叶宏岩

市公安局
党委书记　局长　督察长
邓福才（市政府副市长兼）
党委副书记　杨　光（至12月）
副局长　王立岩
邱晓林
刘春利
姜伟斌
政治部主任　张旭宇
党委委员　郭长江（特警支队支队长）

市民政局
局　长　刘　洁
副局长　初中华
马树森
郭卫滨

市司法局
局　长　戴春雷
政治处主任　焦丽军
副局长　凌名峰（至12月）
杨光辉
张宝林
耿文华
程秀波

市财政局
局　长　鲁　铭
副局长　吴景辉
赵秋伟
林玉芝
曹　波

市人力资源和社会保障局
局　长　李国君
党组副书记　王宝华
副局长　郝桂梅
吴　丹
付晓钟（至12月）
闫仁超（12月任）

市自然资源局
局　长　杨景峰
副局长　刘明玉（至10月）
王建辉（至9月）
李方辉
亓东升
梁秀萍
梅红伟（12月任）

市生态环境局
局　长　袁　强（12月任）
副局长　王德武
王高峰
辛力学
何存健（10月任）

市住房和城乡建设局
局　长　杨志兴（10月任）
副局长　赵千里
阮剑桥（至10月）
王佳红
杜孟军
市人民防空办公室主任
李春海（10月任）
市人民防空办公室副主任　逯首维

市交通运输局
局　长　王殿东（至12月）
石耀辉（12月任）
副局长　刘廷刚
张有朋（至10月）
张　伟（兼）
白建辉
王　林

市水务局
局　长　郝忠安（至8月）
杨占宏（12月任）
副局长　朱万清（至10月）
安　潜
冯术学（至10月）
曹修玉
工会主任　王志梅
总工程师　孙英文

市农业农村局
局　长　李维波（至10月）
丁国学（10月任）
副局长　姜秀德（至8月）
车永强（至10月）
任立华（至12月）
齐国艳
孙玉国（至12月）
林清河　苏　辉（12月任）
市农业机械化总站站长　刘　堃
市畜牧水产服务中心主任

田有奎（至12月）
孙玉国（12月任）

市商务局
局 长 玄兆力（至10月）
张海鹏（12月任）
副局长 沈秋辉（至10月）
李彤光（至10月）
倪 娜 （至8月）
高振林
李 军
王秀波

市文化广电和旅游局
局 长 蔡 伟（至8月）
潘立波（12月任）
副局长 叶林生（至10月）
张 敏
冯 宇
张宝军
李秀娟

市卫生健康委员会
主 任 程知元
副主任 孟秀云
詹宇伟（至10月）
柳 云（至10月）
韩 旭（12月任）

市退役军人事务局
局 长 刘 录（至10月）
刘鹤杰（10月任）
副局长 吴天才
申 克

市应急管理局（市地震局）
局 长 侯 德（至10月）
刘 录（10月任）
副局长 张 杰（至10月）
李新安
姚 军
史景军
徐铭峰（12月任）

市审计局
局 长 倪雪松（至9月）
尹树新（9月任）

副局长 仲建彬（至10月）
刘伟宏（至10月）
胡铁军
朱国民

市政府外事办公室
主 任 杨 杰（12月任）
副主任 陈向阳（至10月）
杨世恒
刘 群
耿晓军

市市场监督管理局
局 长 李继海（至12月）
黄玉琢（12月任）
副局长 张玉环（至8月）
王丽芳（至10月）
王玉龙（至10月）
代 红
陈 哲
赵 阳（10月任）
食药总监 于立新

市经济合作促进局
局 长 姜晓峰（至12月）
副局长 王 健（至12月）
邹文海（至12月）

市体育局
局 长 付振南
副局长 王 威（至10月）
陶富强
吴善吉（10月任）

市统计局
局 长 张战勇（至12月）
副局长 臧 锋
韩雪峰（至12月）
孙 荣（12月任）
赵玉莲（12月任）

市医疗保障局
局 长 李朝辉
副局长 肖玉柱（至10月）
刘静梅
闫海霞

市营商环境建设监督局（市政务服务局）
局 长 刘鹤杰（至10月）
南 极（10月任）
副局长 张连生
马长全
赵成坤

市林业和草原局
局 长 向 进
副局长 高裕民（至9月）
卢锦华（至10月）
汪金良
荆培强
刘 涤（10月任）
中俄园区主任 徐福成

市扶贫开发工作办公室
主 任 张大力
副主任 苑克锋
姜作辉

市城市管理综合执法局
局 长 刘 洋（至10月）
吴立臣（10月任）
副局长 李 伟（至12月）
刘忠国
吴立臣（至12月）
刘剑飞
孟 亮（10月任）

市粮食局
局 长 秦晓健
副局长 孙振海（至10月）
张文军
白宝忠
车福海（10月任）

市口岸办
口岸工委书记 口岸办主任 张 静
口岸工委副书记 杜海滨
口岸办副主任 梁永生
张大庆

市政府驻北京联络中心
主 任 田福军
副主任 王 迪

市政府驻哈尔滨联络中心
主　任　杨　杰（至12月）
副主任　关　鑫

市大数据中心
主　任　余克北（12月任）
副主任　张贵福（8月任）
　　　　孙冬寒（12月任）
　　　　王立东（12月任）

市跨境交通基础设施保障中心
主　任　杨占宏（至12月）
副主任　刘颂今
　　　　刘雪梅
　　　　张　伟（12月任）

市供销合作社联合社
主　任　李百青（至12月）
　　　　任立华（12月任）
副主任　雷　艳（至8月）
　　　　仇　野（至10月）
　　　　姚　军（10月任）
监事会主任　丁　霞

市住房公积金管理中心
主　任　郭建华（至12月）
副主任　孙连鹏
　　　　黄长河
　　　　李东志（12月任）

黑河广播电视台
台　长　总编辑　潘丽波（至12月）
副台长　于清江
　　　　耿　彤
　　　　吴林生
副总编　吴伟东
工会主席　任子辉

市地震台网中心
主　任　张宝红
副主任　林存东
　　　　朱伟平

市仲裁服务中心
主　任　王成武（8月任）
副主任　丛立新
　　　　吴海峰

市机关事业单位保障服务中心
主　任　单　兵
副主任　冯黎明
　　　　栾德军

大沾河区域生态资源保护发展中心
主　任　孟凡晶（至10月）
　　　　陈立军（12月任）
副主任　李金录
　　　　朱蕴超（12月任）

黑河铁路（集团）有限责任公司
党委书记　徐永新（12月任）
总经理　邵玉首（1月任）

黑河热电厂
党委书记　厂长　李成斋

中国人民政治协商会议黑河市委员会

主　席　陈洪生
党组副书记　王淑滨（6月任）
副主席　赵殿举
　　　　姚　龙
　　　　曹文兴（至1月）
　　　　白树生
　　　　马　丹（1月任）
　　　　朱智勇（1月任）
秘书长　曲明龙
副秘书长　张忠岐（至12月）
　　　　　张兆伟
　　　　　曹　阳（12月任）
　　　　　梁　涛（12月兼任）

办公室
主　任　曹　阳（至12月）
副主任　卢广珍
　　　　邹　宏
综合调研室
主　任
提案文化文史和学习委员会
主　任　赵　宇
副主任　刘晶晶
　　　　于　凤（至8月）
经济委员会
主　任　郑义俭
副主任　程　强
社会法制委员会
主　任　郑友庆
副主任　施超美（至8月）
　　　　李艳梅（11月任）
科教卫体委员会
主　任　朱昊民（10月任）
民族宗教外事委员会
主　任　袁亚东
农业农村委员会
主　任　李维波（10月任）

中共黑河市纪律检查委员会
黑河市监察委员会

纪委书记　蒋和庆
纪委常务副书记　李少杰
纪委副书记　尹树新（至9月）
纪委常委　王俊龙（至10月）
　　　　　王凤华
　　　　　米英波
　　　　　郝秋生（12月任）
监委主任　蒋和庆
监委副主任　李少杰
监委副主任　尹树新（至10月）
监委委员　王俊龙（至10月）
　　　　　王凤华（12月任）
　　　　　米英波（12月任）
　　　　　郝秋生

办公室
主　任　姜　铭
组织部
部　长　曹永辉
宣传部
部　长　徐景魁
政策法规研究室
主　任　叶　涛（至9月）
信访室
主　任　何　敏
纪检监察干部监督室
主　任　朱景波
党风政风监督室
主　任　韩　刚（9月任）
案件审理室
主　任　宁　辉
案件监督管理室
主　任　邹鲁燕（12月任）

信息技术保障室
主　任　杨世林（12月任）
第一监督检查室
主　任　蒋宏伟（9月任）
第二监督检查室
主　任　王庆宇
第三审查调查室
主　任　毕国辉
第四审查调查室
主　任　张　强
第五审查调查室
主　任　王雪松
第六审查调查室
主　任　蒋宏伟（至9月）
第七审查调查室
主　任　郝秋生（至12月）
第八审查调查室
主　任
机关党委
副书记　杜　河

市纪委监委派驻纪检监察组

第一派驻纪检监察组
组　长　韩光学
副组长　赵宏旭
第二派驻纪检监察组
组　长　祝仰钊
副组长　周琳娜（至8月）
第三派驻纪检监察组
组　长　魏艳华
副组长　刘文华
第四派驻纪检监察组
组　长　杨　平
副组长　卞　红
第五派驻纪检监察组
组　长　陈永明（至10月）
副组长　郭　伟（4月任）
第六派驻纪检监察组
组　长　王　锐（至10月）
第七派驻纪检监察组
组　长　张　伟（至6月）
第八派驻纪检监察组
组　长　韩　萍（至9月）
第九派驻纪检监察组
组　长　姜　丽（至10月）
　　　　王长征（12月任）
第十派驻纪检监察组
组　长　孙秋莉（至9月）
第十一派驻纪检监察组
组　长　刘　刚
第十二派驻纪检监察组
组　长　孙志东
第十三派驻纪检监察组
组　长　王海京
第十四派驻纪检监察组
组　长　徐　峰
第十五派驻纪检监察组
组　长　訾　强（至10月）
第十六派驻纪检监察组
组　长　孔　强
第十七派驻纪检监察组
组　长　胡　颖
第十八派驻纪检监察组
组　长　徐桂艳
第十九派驻纪检监察组
组　长　王政海（至11月）
　　　　叶　涛（9月任）
第二十派驻纪检监察组
组　长　崔云久
第二十一派驻纪检监察组
组　长
第二十二派驻纪检监察组
组　长　王春荣
副组长　李江宏　闫永恒

市委巡察工作办公室

主　任　李　军
副主任　岳超华（至10月）
　　　　蒋　东
　　　　宫殿民
　　　　李智慧（10月任）

市委巡察组

第一巡察组
组　长　孙世英
副组长　刘玉林
副处级巡察专员　洪　霞
第二巡察组
组　长　吕晓峰（至12月）
　　　　韩　梦（12月任）
副处级巡察专员　唐文波
第三巡察组
组　长　李沛勋（至9月）
　　　　王俊龙（10月任）
副组长　唐志学
副处级巡察专员　吴　军
市委巡察组组长　祖国杰

民主党派

中国民主同盟黑河市委员会

主　委　陈晓杰
副主委　李迎春

中国民主建国会黑河市委员会

主　委　晋文颖

中国民主促进会黑河市委员会

主　委　赵殿举
副主委　李　颖（至11月）

九三学社黑河市委员会

主　委　曹文兴
副主委　井　然

群众团体

市总工会

主　　席　王长玉（市人大常委会副主任兼）
常务副主席　孙桂云
副主席　颜　冰

共青团黑河市委员会

书　记　张　雪
副书记　孙建龙（至8月）
　　　　孙　健
　　　　毛　慧（10月任）
　　　　潘玉锦（10月任）

市妇女联合会

主　席　卢伟荣
副主席　于天舒（至10月）
　　　　刘　洪　秦　英

市科学技术协会

主　席　贺玉斌
副主席　赵海英
　　　　胡建芳

黑河市归国华侨联会
主　席　许基一
副主席　程宏伟
　　　　马　宁（12月任）

市工商业联合会
党组书记　梁　涛
主　席　朱智勇（至12月）
　　　　李　强（12月提名）
副主席　张　杰
　　　　尹克利
　　　　刘文珍
秘书长　关　丽

市文学艺术界联合会
主　席　王居卿
副主席　李　颖（11月任）

市社会科学界联合会
主　席　吴玉燕（至12月）
　　　　王升荟（12月任）
副主席　张玉龙（至10月）

市残疾人联合会
理事长　何云江
副理事长　岳月美
　　　　　刘亚华

中国国际贸易促进委员会黑河市委员会
会　长　张俊鹏
副会长　孙广洲
　　　　孙洪亮（12月任）

市新闻工作者协会
主　席　焦秋明（至12月）
　　　　陈志新（12月任）
副主席　张德存
　　　　张立群

市委讲师团
团　长　孔　丹
副团长　孟令冰
　　　　张庆梅

黑河市红十字会
专职副会长　黄福生

检法机关

市人民检察院
检察长　孙晓军
党组副书记　副检察长
　　　　李铁军（至12月）
副检察长　徐世伟（至12月）
　　　　　谷继军
　　　　　魏庆林
政治部主任　潘　娟
党组成员　郭凤奎（爱辉区人民检察院检察长）
　　　　　凌壮志

市中级人民法院
院　长　曲　民（至10月）
　　　　朱卫国（10月任）
党组副书记　副院长　王忠东
副院长　刘锡英（至12月）
　　　　陈文华（至12月）
　　　　付　艳
政治部主任　王忠东（兼）
执行局局长　王清海
党组成员　季洪翔（爱辉区法院院长）

中省直单位

国家税务总局黑河市税务局
党委书记　局　长　郭玉玖
副局长　庄　谦
　　　　王　辉（至9月）
　　　　宁云祥
　　　　徐志海（至9月）
　　　　曲宝志
　　　　王春辉
纪检组组长　郝　政
总经济师　王长军（至9月）
总会计师　王春杰

黑河海关
关　长　石金峰（至12月）
缉私分局局长　曾宪才
派驻纪检组组长　柴文儒
副关长　苑立彬
　　　　张玉环
　　　　韩建国
　　　　张明鑫（4月任）
缉私分局政委　纪新华
缉私分局副局长　刘新权（5月任）

黑河出入境边防检查站
党委书记　站长　董立波
党委副书记　政治委员　丁彦维
党委委员　副站长　李海军
　　　　　　　　　王　磊
政治处主任　石岩峰
后勤处处长　熊文龙

黑河海事局
局　长　曲维洋
政　委　隋国利（至3月）
副局长　李晓峰
　　　　李建国
　　　　葛　莹

国家统计局黑河调查队
队　长　张禹宏
副队长　李　爽
　　　　姜智鹏
纪检组长　宋峻菠

黑河市气象局
局　长　张喜广
副局长　纪庆路
　　　　邱海龙
纪检组长　任桂林

黑龙江省农业科学院黑河分院
党委书记　院长　张立军
副院长　郭儒东
　　　　鹿文成
　　　　李宝华

黑河边境管理支队
支队长　李　聃
政治委员　张仲凯

黑河市森林消防支队
支队长　肖　峰
政治委员　孙敬峰
副支队长　张　昊
　　　　　李文学
政治部主任　邵留芳
保障部副部长　刘龙彪

黑河市消防救援支队

支队长　徐明军
政治委员　毕永军（至4月）
　　　　　王锡清（4月任）
副支队长　田　军
　　　　　刘宪成
　　　　　赵小亮
　　　　　桑旭东（4月任）
政治部主任　曲焕猛

国网黑河供电公司

总经理党委副书记　王相君（至8月）
　　　　　　　　　付艳良（8月任）
党委书记副总经理　高自伟
副总经理党委委员　孙立志
　　　　　　　　　郑　毅
　　　　　　　　　张海明
　　　　　　　　　郑中南（至8月）
　　　　　　　　　金　涛（8月任）
纪委书记工会主席党委委员　王德江
总经理助理　韩劲松
副总经济师　杨　军
　　　　　　马　峰（12月任）
副总工程师　周　强

无线电

处　长　冉　姝（至3月）
副处长　孟照东（12月任）

邮政管理局

局　长　张　伟
副局长　吕　冰

黑河港务局有限公司

党委书记　黄凤泉
董事长　总经理　宋永明
副总经理　邹立新
　　　　　王　威
　　　　　张　凯

烟草专卖

局　长（经理）　李芳远
副局长（副经理）　刘天生　孙凌玲
纪检组长　李　颖

石油销售

经　理　王国生（至12月）
　　　　王富成（12月任）
党委书记　丁胜强（至8月）
　　　　　王富成（8月任）
副经理　洪松涛
　　　　潘　勇

联通黑河市分公司

总经理　李　斌
副总经理　王乃臣
　　　　　纪学英
　　　　　陈志刚（驻黑河纪检组组长）
　　　　　王　伟

移动黑河分公司

总经理　周立然
副总经理　白世成（至11月）
　　　　　张力哲
　　　　　张喜波（至12月）
　　　　　高子健（12月任）
　　　　　周永和（12月任）

电信黑河分公司

总经理　霍　彬
副总经理　张茂亭
　　　　　温俊丰
总经理助理　王　飞

邮政黑河市分公司

总经理　刘剑波
副总经理　施洪仁（纪委书记）
　　　　　张　驰
　　　　　关春艳（工会主席）

铁塔黑河市分公司

总经理　曲志彬
副总经理　李　亮
　　　　　刘跃久

金融机构

中国人民银行黑河市中心支行

行　长　李贵斌
副行长　闫晓春
　　　　陶正宇
纪委书记　王　剑
工会主任　刘　君

中国银行保险监督管理委员会黑河监管分局

局　长　胡文慧
副局长　裴学印
　　　　杨伟峰
　　　　赵美英
纪委书记　夏俊根

中国工商银行股份有限公司黑河分行

行　长　詹　嵩
副行长　王　岩
　　　　吕纯刚
　　　　陈晓红
纪委书记　刘海东

中国建设银行股份有限公司黑河分行

行　长　刘世强
驻行纪检组组长　王宝存
副行长　王劲松
　　　　王可敬
　　　　庄敦学
合规官　李金忠

中国农业银行股份有限公司黑河分行

行　长　祁景隆
副行长　王　革
　　　　张庆丰
　　　　郝　颖
纪委书记　陈　源（1月任）

中国农业发展银行黑河市分行

行　长　阚燚炜
副行长　隋庆才
　　　　顾　欣
　　　　董　成

中国银行股份有限公司黑河分行

行　长　亓立民
副行长　高　海
　　　　刁庆武
　　　　滕永强
纪委书记　张立涛

交通银行股份有限公司黑河支行

行　长　苗洪林
副行长　吴树发
　　　　路　达

黑河农村商业银行股份有限公司

董事长　朱金库
行　长　姜立忠
监事长　翟云平
副行长　徐家辉
　　　　安永江
　　　　杨　崴

中国邮政储蓄银行黑河市分行

行　长　孙　强
副行长　王晓东
　　　　贾建国
　　　　邱国峰
　　　　武　钢

龙江银行股份有限公司黑河分行

行　长　梁起斌
副行长　付建东
行长助理　潘　生
　　　　　刘洪斌

中国人寿保险股份有限公司黑河分公司

总经理　段千挥
副总经理　耿　辉
　　　　　侯春雨
　　　　　于　淼

中国人民财产保险股份有限公司黑河市分公司

总经理
副总经理　凌明臣
　　　　　田雨适
　　　　　王　凯
总经理助理　王富源

县（市、区）

中共北安市委

书　记　冯　云
副书记　李　华
　　　　李兆臣（至12月）
常　委　马秀慧（至12月）
　　　　杨海涛
　　　　李俊忠
　　　　刘凤芝
　　　　庞海涛
　　　　邢　岩
　　　　王　兵
　　　　高　飞
　　　　霍立东（12月任）

北安市人大常委会

主　任　孙金梅
副主任　王雪峰
　　　　宁文忠
　　　　崔宗利
　　　　王春清

北安市人民政府

市　长　李　华
副市长　李俊忠
　　　　晋文颖（挂职）
　　　　杨　芳
　　　　王兴东
　　　　孙金伟
　　　　郭有志
　　　　冯德海（9月任）

政协北安市委员会

主　席　代　鸣（至12月）
　　　　李兆臣（12月任）
副主席　孟庆宇
　　　　李庆华
　　　　孙旭峰

中共嫩江市委

书　记　杨剑波（至11月）
　　　　刘　铭（11月任）
副书记　徐　峪
　　　　丁国学（至10月）
　　　　崔　凯（10月任）
常　委　李东海
　　　　刘振秀（至12月）
　　　　徐亦剑（12月任）
　　　　罗永生（至12月）
　　　　宋万才（12月任）
　　　　王立君（至12月）
　　　　杜香山
　　　　张　文
　　　　贾维军
　　　　孙文斌（12月任）

嫩江市人大常委会

主　任　张明华（至12月）
副主任　孙立华
　　　　邢存进
　　　　申加英
　　　　孙永春

嫩江市人民政府

市　长　徐　峪
副市长　刘振秀（至12月）
　　　　李　强（至12月）
　　　　徐亦剑
　　　　高传东
　　　　杜丽君
　　　　王成武（挂职，至8月）
　　　　王　建（12月任）
　　　　孙建龙（9月任）

政协嫩江市委员会

主　席　刘剑利（至12月）
副主席　邱　军
　　　　德　鹏
　　　　马　会

中共五大连池市委

书　记　王玉涛
副书记　马　勇
　　　　南　极（至10月）
　　　　宫　凯（12月任）
　　　　刘森群（挂职，至12月）
常　委　胡洪涛
　　　　张琳丽
　　　　张松春（至7月）
　　　　吴晓光（至12月）
　　　　王立君
　　　　刘任龙
　　　　许洪彬
　　　　白淑艳
　　　　张官军

五大连池市人大常委会

主　任　刘孜涛（至12月）
副主任　史立新（至12月）
　　　　李凤生
　　　　李明岩
　　　　徐业飞

五大连池市人民政府

市　长　马　勇
副市长　宫　凯（至12月）

王立君（12月任）
张怀义
郭永利
崔　凯（至10月）
王余强
王洪江

政协五大连池市委员会

主　席　黄云岭
副主席　郎建勋
　　　　王　非
　　　　王　宁

中共逊克县委

书　记　邹成宽
副书记　袁　强（至12月）
　　　　马秀慧（12月任）
　　　　杨志兴（至10月）
　　　　王元武（12月任）
常　委　蔡运良（至10月）
　　　　王晓华
　　　　周万发
　　　　李　英
　　　　张世海
　　　　徐延民
　　　　依培庆
　　　　经　韬（至8月）
　　　　徐峻峰
　　　　宋秋田（10月任）

逊克县人大常委会

主　任　段迎春
副主任　莫雅茹
　　　　刘金山（12月止）
　　　　宋振中
　　　　李秀义

逊克县人民政府

县　长　袁　强（至12月）
　　　　马秀慧（12月任）
副县长　蔡运良（至10月）
　　　　宋秋田
　　　　经　韬（至8月）
　　　　赵桂芝
　　　　张铁刚
　　　　朱玉辉
　　　　王自东
　　　　张继东（12月任）

政协逊克县委员会

主　席　祁丙连
副主席　郭　宏（至11月）
　　　　张　宏

中共孙吴县委

书　记　代树奇（至12月）
　　　　李继海（12月任）
副书记　徐　钢
　　　　张　明（至6月）
　　　　杨子亮（8月任）
　　　　王洪庆（至8月）
常　委　郝春雷（8月任）
　　　　董士龙（至7月）
　　　　刘印平
　　　　严默非
　　　　赵　楠
　　　　郁帮华
　　　　王经纬
　　　　张铁萍（10月任）

孙吴县人大常委会

主　任　刘伟平
副主任　宋汉东
　　　　吕兆华
　　　　付文国
　　　　王清林

孙吴县人民政府

县　长　徐　钢
副县长　杨子亮（至8月）
　　　　郝春雷（8月任）
　　　　徐永新（至8月）
　　　　唐瑞丰
　　　　郭春玲（至12月）
　　　　邹文海（12月任副县长人选）

政协孙吴县委员会

主　席　郭　文
副主席　李艳梅
　　　　孟　尧
　　　　孙太祥

中共黑河市爱辉区委

书　记　张建国（至11月）
　　　　周　强（12月任）
副书记　周　强（至12月）
　　　　霍德才（至12月）
　　　　刘森群（12月任）
常　委　杜　鑫
　　　　容玉奇
　　　　徐雅斌
　　　　赵丽华（至12月）
　　　　赵青海
　　　　郝春雷（至9月）
　　　　刘　城
　　　　左长征
　　　　王　凯（10月任）

黑河市爱辉区人大常委会

主　任　马福森
副主任　张忠平
　　　　姜慧春
　　　　李茂铎
　　　　周景双

黑河市爱辉区人民政府

区　长　周　强（至12月）
代区长　霍德才（12月任）
副区长　徐雅斌
　　　　郝春雷（至9月）
　　　　徐子河
　　　　孟宪辉
　　　　何　妍
　　　　郭　雷
　　　　吕继宏

政协黑河市爱辉区委员会

主　席　赵　伟
副主席　刘海波
　　　　姚　军
　　　　王志强

市政府派出机构

五大连池风景名胜区自然保护区管理委员会

党委书记　主任　侯　明（至10月）
　　　　　　　　刘　洋（10月任）
党委副书记　孟凡晶（10月任）
副主任　冯术学（10月任）
　　　　卢绪光（至10月）
　　　　牛明光
　　　　高　峰（至10月）

李　波（11月任）
组织部部长　刘长彦
纪检书记　郭进军
宣传部长　宋万才（至12月）
朱月山（12月任）

中国（黑龙江）自由贸易试验区黑河片区管理委员会

党工委书记　主　任　孙　飚（至4月）
王兴柱（6月任）
党工委副书记　常务副主任　王海东
党工委副书记　纪工委书记　秦　英
副主任　万　伟（挂职，6月任）
孙庆海
黄　燕

黑河边境经济合作区管理委员会（挂牌）

党委书记　主任　王海东
副主任　孙庆海

驻黑河高校

黑河学院

党委书记　王　刚（正厅级）
校　长　贯昌福（正厅级，至9月）
杨敬民（正厅级，9月任）
党委副书记　张焕强（副厅级）
副校长　车永宏（副厅级）
许海深（副厅级）
丛喜权（副厅级）
纪委书记　省监委驻黑河学院监察专员
董贵杰（副厅级）
总会计师兼审计处处长
宁艳杰（正处级）
宣传统战部部长　王书武（正处级）
组织部部长　安全义（正处级）

黑河技师学院

党委书记　隋　冰
党委副书记　院长　杨剑波
党委副书记　纪委书记　于兴梅
副院长　王　超
刘东戈
党政办主任　教务部部长　赵宪利

农　垦

黑龙江北大荒农垦集团总公司北安分公司（管理局）

党委书记　柳　毅
党委副书记总经理　唐　浩
党委副书记　工会主席　寇晓明
副总经理　张晓军（至12月）
寇晓明（至9月）
王宏忠
姜耀辉
纪委书记　王凤龙（7月任）
工会主席组织部部长　张雅梅（至8月）
人民武装部部长　汪海江

黑龙江北大荒农垦集团总公司九三分公司（管理局）

党委书记　陈玉林
党委副书记　总经理　张宏雷
党委副书记　工会主席　耿　昧
副总经理　范学斌
李国军
刘忠德
纪委书记　刘龙聚
武装部政委　马景春

统计资料与数字

黑河市第七次全国人口普查主要数据公报

根据《中华人民共和国统计法》《全国人口普查条例》规定和《国务院关于开展第七次全国人口普查的通知》（国发〔2019〕24号）要求，黑河市按照国务院第七次人口普查办公室统一部署和要求组织开展了第七次全国人口普查，一年多以来，在市委、市政府领导下，各县（市、区）、各部门密切配合，全市6000名普查人员共同努力，广大普查对象积极参与，黑河市经受住新冠疫情防控考验，全面完成普查准备、普查现场登记和普查主要数据的汇总评估质量验收等任务，取得重大成果和显著成效。根据国家统计局第七次全国人口普查数据反馈结果，现将2020年11月1日零时全市常住人口（下同）的基本情况公布如下：

一、人口总量

全市人口为1286401人，其中：

黑河市第七次全国人口普查统计表

表33　　单位：人

地　区	人口数
黑河市	1286401
爱辉区	223832
逊克县	82134
孙吴县	73387
北安市	308237
五大连池市（含风景区）	243283
嫩江市	355528

全市人口与2010年第六次全国人口普查的1673899相比，减少387498人，下降23.15%，年平均增长率为-2.60%。

二、户别人口

全市共有家庭户559143户，集体户17768户；家庭户人口1215364人，集体户人口71037人。平均每个家庭户的人口2.17人，比2010年第六次全国人口普查减少0.42人。

三、性别构成

全市人口中，男性645376人，占50.17%；女性641025人，占49.83%。性别比（以女性为100，男性对女性的比例）由2010年第六次全国人口普查的102.64降为100.68。

四、年龄构成

全市人口中，0~14岁的人口133236人，占10.36%；15~59岁的人口856543人，占66.58%；其中65岁及以上的人口201070人，占15.63%。同2010年第六次全国人口普查相比，0~14岁人口的比重下降2.55个百分点，15~59岁人口的比重下降7.48个百分点，65岁及以上人口的比重上升7.40个百分点。

五、各种受教育程度人口

全市人口中，具有大学（指大专及以上）程度的人口166109人；具有高中（含中专）程度的人口208899人；具有初中程度的人口565037人；具有小学程度的人口275441人（以上各种受教育程度的人包括各类学校的毕业生、肄业生和在校生）。

同2010年第六次全国人口普查相比，每10万人中具有大学程度的由6821人上升至12913人；具有高中程度的由14739人上升至16239人；具有初中程度的由44793人下降至43924人；具有小学程度的由25667人下降至21412人。

全市人口中，文盲人口（指15岁及15岁以上不识字的人）24526人，同2010年第六次全国人口普查相比，文盲人口减少25206人，文盲率由2.97%下降至1.91%，下降1.06个百分点。

与2010年第六次全国人口普查相比，全市人口中，15岁及以上人口的平均受教育年限由9.04年上升至9.78年。

六、城乡人口

全市人口中，居住在城镇的人口838921人，占65.21%；居住在乡村的人口447480人，占34.79%。同2010年第六次全国人口普查相比，城镇人口减少41145人，乡村人口减少346353人，城镇人口比重上升12.63个百分点。

[1]全市人口是指全市6个县（市、区）（五大连池市包括风景区）的人口数据不包括居住在市内的现役军人、港澳台居民和外籍人员。[2]第六次全国人口普查机器汇总数据。[3]家庭户是指以家庭成员关系为主、居住一处共同生活的人组成的户。[4]0~15岁人口145914人，16~59岁人口843865人。[5]文盲率是指全市15岁及以上不识字人口所占比重。[6]平均受教育年限是将各种受教育程度折算成受教育年限计算平均数得出的，具体的折算标准是：小学=6年，初中=9年，高中=12年，大专及以上=16年。

黑河市百大项目建设工作综述

2020年，黑河市贯彻落实省政府“抓项目、抓投资、抓招商”工作要求，把经济发展的着力点放在项目建设和扩大投资上，抢抓“三区一市”、承办第三届全省旅发大会等多重机遇叠加的发展黄金期，抓紧抓实项目储备、招商引进、落地建设，把项目建设作为落实“六保”任务的关键之举，制订《2020年全市百大项目推进工作方案》，成立全市百大项目建设指挥部，对145个省市百大项目全部实行市领导包保、1+1双牵头责任制、专班推进和驻场服务员制度。针对黑河市有效施工期短、今春回暖快的特点，铆定“开春即开工”关键节点，5月6日黑河主会场和各县（市、区）分会场同步举办全市开春即开工项目建设集中启动仪式，当天集中开工的省市百大项目达到92个，带动46个县级重点项目同步开工，开春即开工取得成效。

黑河市全年共安排145个市百大项目（其中纳入省百大项目50个），年度计划投资115亿元，比上年增长17%，其中黑河市牵头推进的省百大项目22个，年度投资43.1亿元，比上年增长139%，实现省市百大项目数量和年度投资的双提升。145个市百大项目涵盖产业培育、基础设施、社会民生等重点领域，对经济社会发展的支撑作用进一步增强。聚焦产业增动能，重点推进以“极境寒养”为品牌的黑河绿色有机农产品加工，以多铜二期、东安金矿扩能为代表的矿产开发，以新丝路跨境木材、月星跨境物流枢纽区为龙头的进出口加工服务，以黑河寒区试车产业园、乡野公园二期为牵动的旅游康养试车等特色产业。聚焦基建强基础、民生补短板，重点推进北黑铁路升级改造、五汤公路沾河至大平台等交通项目；山口水库供水工程、高标准农田等农田水利项目；城区老旧小区改造、餐厨垃圾处理等市政公共服务项目；黑河学院体育馆、嫩江市中医医院改扩建等民生项目。

年末，全市145个百大项目全部开复工，开复工率100%，完成投资113.3亿元、比上年增长22.4%，22个省百大项目投资完成率122%，67个项目建成投产或具备投产条件。中俄东线天然气管道及黑河支线工程正式实现通气；黑龙江大桥公园及观光塔、大黑河岛岛头生态广场、中国瑷珲国际汽车营地、瑷珲—腾冲中国人口地理分界线主题公园、城市道路改造、二次供水改造提升等项目建成投入使用；黑龙江大桥口岸联检设施项目主体工程完工，城区老旧小区改造项目完成总工程量的90%，北安山口水库供水工程年底实现供水，中俄跨境索道项目开工建设，黑河智慧城市建设取得阶段性成果。

2020年黑河市牵头推进省百大项目进展情况表

表34

单位：万元

序号	项目名称	主要建设内容	2020年开工时间	总投资	2020年计划投资	2020年完成投资
合计22个（已开复工22个）				1987246	431022	545061
1	北黑铁路（龙镇—黑河）升级改造工程	按照时速160千米电气化国家Ⅰ级标准改造。线路长度为203.78千米，其中，新建152.30千米，利用既有51.48千米	9月21日	896000	150000	216500
2	黑河—布拉戈维申斯克黑龙江（阿穆尔河）大桥口岸联检设施项目	总占地面积26.39万平方米，总建筑面积4.35万平方米，主要包括出入境旅检楼、出境货检楼、入境货检楼及场区附属配套设施	3月16日	29700	11700	9060
3	黑河市金龙港建设发展有限责任公司黑河—布拉戈维申斯克索道中方建设项目	总占地面积19.5万平方米，联检大厅建筑面积2.2万平方米；索道站房建筑面积5000平方米	4月20日	33300	15000	5000
4	黑河市热电厂环保节能技改项目	10台现有锅炉环保节能改造	4月2日	25600	14735	14000
5	黑河学院综合体育馆游泳馆及附属设施项目	新建综合体育馆、游泳馆1.7万平方米，同步建设排水、采暖与通风和消防、硬化及绿化等配套工程	4月28日	19041	9630	10100
6	中俄跨境林业加工项目	建设厂区15万平方米，安装30套加工生产线，年加工木材100万立方米，年制造拼板及家具配件50万立方米，刨花板30万立方米	4月1日	52000	10000	10000
7	黑河—布拉戈维申斯克中俄跨境综合物流枢纽区（中方）项目	一期用地面积72.4公顷，主要进行物流仓储及配套服务设施建设	3月10日	215000	20000	15000
8	黑龙江大桥桥头区起步区基础设施项目	4条市政道路7066米、给水管道12790米、雨水管道8392米、污水管道12042米、雨污水提升泵站各1座、植草绿化面积90852平方米、种植植物11669株	4月15日	40511	4500	30500
9	北安市山口水库供水工程	在山口水库库区内新建取水泵站，经泵站加压后管道输水至北安市净水厂	3月19日	36150	12850	12850
10	北安市第一人民医院扩建项目	总建筑面积35020平方米，建设门诊住院综合楼、地下停车场等，购置直线加速器、血管造影机、CT等设备150台（套）	3月20日	29030	14400	19000
11	北安市大豆精炼油加工项目	总用地面积16000平方米，新建建筑面积约900平方米的生产车间；新建2000吨大豆原料仓储库；新建7200平方米大豆期货交割库	5月6日	12000	5000	6500
12	黑河市多宝山铜矿扩建工程	新增日处理矿石能力4.5万吨，总规模达到日处理矿石7万吨，年产铜金属量8万吨	1月1日	272200	30000	50513
13	黑河市铜山矿业铜山矿采矿工程项目	日开采矿石1万吨，年采矿规模300万吨，铜金属量1.5万吨，建设铜山矿露采工程、铜山矿井下开拓工程	1月2日	94800	30000	43800
14	五大连池市空港科技创业园项目：中小企业创业园公共服务平台建设项目	新建总建筑面积2.5万平方米，其中创业园综合服务楼一栋4943平方米，新建标准化厂房两栋2万平方米及相关配套工程	5月6日	6200	4950	5000
	五大连池市空港科技创业园项目：德都机场完善功能项目	航站楼二层装修改建，新建特种车库1200平方米、功能用房1400平方米，站坪改建1000平方米，加设廊桥2部，购置特种车辆	3月4日	6024	5024	5988

续表34

<table>
<tr><th>序号</th><th colspan="2">项目名称</th><th>主要建设内容</th><th>2020年开工时间</th><th>总投资</th><th>2020年计划投资</th><th>2020年完成投资</th></tr>
<tr><td>15</td><td colspan="2">五大连池龙源分散式风力发电项目</td><td>安装1台2兆瓦、2台2.5兆瓦风电机组，装机容量7兆瓦</td><td>6月30日</td><td>9136</td><td>9136</td><td>4500</td></tr>
<tr><td>16</td><td colspan="2">五大连池市朝阳山东北抗联精神教育基地一期工程建设项目</td><td>总建筑面积1.6万平方米，五大连池市朝阳山抗联民宿、朝阳山东北抗联精神干部教育学院、东北抗联纪念馆展陈及附属设施</td><td>4月9日</td><td>12912</td><td>6497</td><td>6050</td></tr>
<tr><td>17</td><td colspan="2">逊克县东安金矿扩建项目</td><td>新建1250吨/日碎磨生产线、精炼车间等，矿石处理量由450吨/日提高到1250吨/日</td><td>3月13日</td><td>13100</td><td>13100</td><td>11790</td></tr>
<tr><td>18</td><td colspan="2">年产5万立方米汉麻纤维板材综合加工项目</td><td>种植汉麻2000公顷，年加工杆芯粉4万吨，生产优质板材5万立方米，建设板材、综合仓库和动力车间等生产及辅助设施，购置生产设备110台（套）</td><td>4月22日</td><td>20000</td><td>10000</td><td>10000</td></tr>
<tr><td>19</td><td colspan="2">爱辉区峰悦瑷珲国际汽车营地项目</td><td>占地面积15公顷，建设休闲旅游、接待服务等旅游设施，配套建设道路、给排水、供电、供暖等基础设施</td><td>3月5日</td><td>17500</td><td>11500</td><td>12410</td></tr>
<tr><td>20</td><td colspan="2">爱辉区瑷珲乡野公园项目二期</td><td>建设特色景观、彩色农业、特色民宿、游江码头等，年接待游客20万人次</td><td>3月23日</td><td>40000</td><td>12000</td><td>12080</td></tr>
<tr><td rowspan="4">21</td><td rowspan="4">黑河爱辉区绿色食品及中药饮片加工项目</td><td>年加工1000吨中药饮片建设项目</td><td>建设质检楼、饮片车间、GPS仓库及配套附属工程。年加工中药饮片1000吨</td><td>3月30日</td><td>10382</td><td>2500</td><td>2500</td></tr>
<tr><td>亮亮米业绿色食品加工项目</td><td>建设俄罗斯蜂蜜分包、杂粮炒制加工、小品油加工厂4000平方米，购置相关设备设施</td><td>3月17日</td><td>5300</td><td>4800</td><td>5300</td></tr>
<tr><td>日辉草莓种苗繁育基地项目</td><td>建设草莓种苗繁育车间及实验检测等配套用房2000平方米，购置相关设备设施</td><td>3月21日</td><td>5160</td><td>4700</td><td>5160</td></tr>
<tr><td>中草药、山野菜及大豆深加工项目</td><td>年加工俄罗斯中草药、山野菜1000吨，年加工大豆2万吨</td><td>5月23日</td><td>15000</td><td>4000</td><td>7960</td></tr>
<tr><td>22</td><td colspan="2">五大连池风景区万吉嘉吉冰泉啤酒一期项目</td><td>建设啤酒技术的研发推广与休闲观光服务设施、啤酒生产线、矿泉水生产线及辅助设施，年产啤酒50万千升（一期20万千升）</td><td>5月6日</td><td>71200</td><td>15000</td><td>13500</td></tr>
</table>

文字索引

说　　明

1. 本索引采用主题分析法编制，按标引词首字汉语拼音字母顺序排列，首字音序相同，按第二字字序排列，依此类推。同音字按内容出现先后排列。

2. 特载、大事记、附录未编索引。

3. 分目、条目标题用小五号黑体字标示。

4. 标引词后的数字表示内容所在页码，数字后的英文字母a、b、c分别表示左、中、右三栏。

A

爱国卫生　241b
爱国卫生运动　241b
爱辉区　255a
瑷珲历史陈列馆　224a
安全播出与转播　222b
安全发展　113c
安全风险管理　171b
安全管理　171a
安全监管　117b
安全生产　151c　169c　197a
安全生产与监管　119b
案件办理　110b
案件管理　105c
案件执行工作　106c

B

百日攻坚行动　101a
办案、整改、治理贯通融合　72b
办案质效提升　72a
帮扶帮建　115c
保教质量　199c
保险赔付　185b
保险业　185a
北安市　257a
北安象屿金谷生化科技有限公司　149c
北黑铁路升级改造工程　170b
备春耕科技服务　206c
边防检查　104b
边境管理　99c　103a
边境管理与出国审批　62c
编印《决策参考》　228a
便民服务　157a
殡葬改革　250b
冰雪旅游资源　234c
冰雪体育　244a

冰雪体育之冬系列活动 244b
博物馆建设 222c

C

财政 127b
财政经济委员会 56c
财政收入 127b
参加全国体育产业培训 245c
参加首届黑龙江冰雪非遗节活动 216a
参政议政 74c 76b 77c 79a
残疾人扶贫行动 92b
残疾人福利 250a
残疾人康复训练与服务 92c
残疾人文体活动 93c
残疾人信访维权 93b
残疾学生特殊教育 93a
产品营销 144b
产品质量安全监管 134c
产学研合作 207a
产业经营 222c
产业体系建设 256a
产业项目 191a
常规调查 132c
畅通信访渠道 46a
成品油销售 196b
城管执法 156b
城市供热 157a
城市供水 157b
城市环境质量 161a
城市建设 153c
城市建设规划 153a
城市路网建设 154a
城乡建设 258a 260c 264c 268c
城乡建设环境保护委员会 57b
城乡人居环境 266a
城乡社区治理 250b
城镇劳动者职业技能提升培训 87b
惩治犯罪 98c
惩治腐败 72a
出入境管理 99c
窗口服务 190a
创新对俄合作模式 63a
创新环境建设 206b
创新主体培育 206a
慈善事业 250a
从严治警 104c
从优待警 101c
促进消费活动 190b
村镇建设 154c

D

“打伞破网”成果巩固拓展 71c
大豆交易中心建设 194c
大豆育种研究 138c
大气污染防治 162a
大沾河区域生态资源保护 164c
代表工作 56b
代表委员联络 106b
带动增收 253a
待遇政策保障 247c
党的建设 32a
党管武装 112c
党内法规工作 36c
党史编研 49c
党史教育基地评选 50a
党史宣教 49b
党史业务指导 49c
党史专项引导资金项目 49c
党外知识分子工作 42a
党校教育 47c
档案安全管理 51a
档案工作 37a
档案接收征集 50c
档案史志 49b
档案数字化 50c
地方志鉴（名志）编纂 50a
地理环境 26a
“砥砺四力看发展”主题宣传活动 221b
地名区划 250c
地情资料编撰 228a
地下管线改造 154b
地震监测 207b
地震监测台网优化 207c
地震突发事件 208a
地质地貌 26a
第七次人口普查工作 131a
第三次全国国土调查工作 127a
第三代残疾人证换发 93c
第三届黑龙江省旅游产业发展大会 231a
典当行业整改 179b
电化教育 38c
电力工业 151b
电商产业 266a
电网建设 151c
电网结构 151b
调查评估和统计 121a
调查研究 39a 254c
调研分析 132a
调研视察 68a
调整优化机构编制资源配置 47a
动物疫病防控 140b
动物疫病业务培训 141a
兜底扶贫 249c
督查督办 35a
督察检查 120a
队伍正规化建设 100c
对俄合作 189a
对俄交流 204a
对俄交流合作 207a
对俄科技合作 207c
对俄联络 190b
对口合作 192c
对外开放 32b

F

发展改革 172c
发展和改革 125a
法律维权服务 91a
法院 106c

法制委员会 57c
法治化营商环境建设 107a
法治化营商环境建设 96c
法治建设 127a
法治宣传 195a
法治政府建设 96a
反恐维稳 99a
返校复学 198c
防灭火工作 121c
防灾减灾救灾 119a
房产经纪机构市场监管 159a
房地产市场 158c
“放管服”改革 64a 117a
非法卫星地面接收设施整治 220a
非公企业党建 91a
扶贫产业复工复产 253a
扶贫开发 252b
扶贫宣传 253b
扶助残疾人就业 92c
服务保障 112a
服务非公经济发展 42b
服务管理 172a
服务黑河自贸片区发展 181c
服务会员企业 90c
服务跨境通道建设 188b
服务全市大型活动 63b
服务全市中心工作 51b
服务业 260a
服务职工活动 80a
服务自贸片区建设 107b
福彩发行 250b
妇联组织建设 86a
妇幼健康服务 241c
妇幼老龄事业 241c
复工复产 257b 262b 267a 270c

G

改革创新 197a 260a
干部队伍管理 107c
干部监督 37c
干部教育 37c
干部培训 47c
干部信息工作 38c
港务 172b
高标准农田建设 162b
高等教育 203a
高中教育多样化发展 202b
个人住房贷款 249a
跟踪审计 130c
耕地后备资源开发 126c 162b
工程建设 141c
工程质量安全监管 155b
工会社会组织工作 82a
工矿商贸安全监管 120b
工业 145a 263c 267c
工业生产 147b
工业信息化 148c
公安 98b
公安工作 98b
公共场所督导检查 241a
公共法律服务 108b
公共法律服务体系建设 109b
公共机构节能工作 61c
公共投资审计 130b
公共文化 212a
公路 167a
公平竞争及反垄断审查 135b
公文处理 61a
公文会务 36c
公务员队伍建设 38b
公益诉讼 105b
公用事业 156c
公众号建设 73b
公租房保障 159c
供销合作 195b
共青团黑河市委员会 82a
孤困儿童救助 250a
关爱少数民族群众和宗教界群众 252a
管理机制体制创新 190c
光彩事业 91b
广播电视 221c
广告监管 135b
归集工作 249a
规范办学 199b
规范性文件备案审查 95c
规范性文件管理 163c
规范执法管理 163c
规模以上工业企业运行 147c
规模以上工业主要产品产量 147b
国安边防工作 37a
国道丹阿公路黑河至卧牛湖段改扩建项目 168c
国防动员 112a
国际友城交流合作 62c
国家方志馆知青分馆建设 50b
国省道改扩建项目 169a
国有企业资产负债损益审计 130b
国资国企改革 128c
果蔬供应 196a

H

行风建设 240c
行业管理 147c
海兰之夜风情街 235b
海事 173a
海外统战工作 43a
寒区试车产业 150c
寒区试车服务保障 150c
寒区试车经济 150b
航空护林 122b
“好记者讲好故事”活动 221b
合作交流 110c
合作交往 66a
河湖长制 142a
黑河边境管理支队 102a
黑河博物馆 224c
黑河出入境边防检查站 104a
黑河档案方志馆项目建设 51a
黑河公路口岸工程项目建设 186a
黑河海关 187b
黑河寒区试车高新技术产业园项目建设

151a
黑河航空护林站　122c
黑河军分区　111a
黑河旅俄华侨纪念馆建设　90a
黑河农村商业银行股份有限公司　184a
黑河市残疾人联合会　92a
黑河市第一中学俄语生培养　202b
黑河市妇女联合会　84a
黑河市工商业联合会　90a
黑河市归国华侨联合会　88c
黑河市红十字会　94a
黑河市科学技术协会　86b
黑河市旅游服务中心　236a
黑河市欧林煤矿有限公司　149a
黑河市区物业　160a
黑河市热电有限责任公司　150a
黑河市宋集屯煤矿有限责任公司　149a
黑河市围棋网络争霸赛　245b
黑河市卫生健康中心项目建设　238b
黑河市委常委会议军会议　111a
《黑河市文明行为促进条例》施行　95a
黑河市文学艺术界联合会　91b
黑河市象棋网络争霸赛　245b
黑河市小微博物馆群　225a
《黑河市饮用水水源保护条例》审议通过　95b
黑河市职工乒乓球赛　245b
黑河市总工会　80a
《黑河学刊》期刊　228c
黑河银泰矿业开发有限责任公司　149b
黑河知青博物馆　224b
黑河中俄国际农产品贸易城建设　195c
黑龙江北大荒农垦集团总公司北安分公司（管理局）　143b
黑龙江北大荒农垦集团总公司九三分公司（管理局）　144c
黑龙江大桥公园项目　168b
黑龙江多宝山铜业股份有限公司　149b
黑龙江公路大桥开通服务保障　167a
黑龙江省景润生物科技有限责任公司　149c
黑土地保护　162b
红十字宣传活动　94c
红十字应急救护培训基地建设　94c
宏观经济管理　126a
宏观经济运行　125a
后勤保障　103c
“互联网+种植业”高标准示范基地建设　137a
互联网仲裁　110c
互市贸易　189a
户政管理　99c
护航民营企业　106a
环保督察反馈问题整改　164a
环境卫生　156a
环境污染防治　162a
会议承办　61b
会议和专项督查督办　36b
婚姻登记　250c
火灾防控　123c
货币政策　180c
货检口岸应急演练　187a
货物运输经营　172b

J

机构编制　46a
机构改革后续工作　46a
机构改革推进　161c
机关党建　43c
机关群团建设　44c
机关事务保障服务　61b
机关作风建设　44c
基本气候　208b
基层建设　112a　113c
基层健身设施建设　243c
基层社建设　195c
基层医疗卫生　238c
基层整合审批服务执法力量改革工作　46b
基层组织和党员队伍建设　38a
基层组织建设　44a
基础建设　104c
基础设施建设　92a　146a　172a　191c　222b
基础业务　103b
疾病预防控制　239b
疾控服务水平提升　239b
疾控监测　239b
计划生育服务管理　239a
计量管理　134b
纪检监察体制改革　70c
纪律教育　73c
技术创新和绿色发展　155b
加强对“一把手”监督　71b
家畜繁育　140b
价格监管　135a
价格权数测算　132b
坚持“严”的主基调不动摇　72a
监测预报　207b
监察和司法委员会　56c
监督工作　56a
监督管理　128a
监督检查　71a
监督检查　163a
监督能力提升　71b
监管工作创新　187c
监管工作强化　188b
监管能力提升　174a
监狱所联防联控　110a
检察　105a
检验检测　135a
建置沿革　28a
建筑安装工程投资　155a
建筑市场秩序整顿　155b
建筑业　155a
健康黑河建设　241b
健全工作机制　45c
交流合作　199a
交通安全　167c
交通管理　99b　167b
交通形象提升　168a
交通银行股份有限公司黑河支行　184a
交通运输规划制订　166a

交通综述 166a
教科文卫民侨外事委员会 57b
教师队伍建设 48c 198a
教学研究 203b
教育教学改革 202a
教育培训 118c 253c
教育卫生 264b
教育整顿 102a
接待工作 61b
节能降耗 148c
结对帮扶活动 199c
巾帼创业 85a
巾帼关爱 85a
巾帼家风 85c
巾帼维权 85b
巾帼宣传 85c
金融法治 182a
金融服务 128b 181b
金融服务民生 180a
金融服务重点项目 180a
金融监管 179b
金融稳定 180c
金融助力复工复产 180a
经济发达镇行政管理体制改革工作 46b
经济发展 32a
经济合作 191c
经济建设 30a
经济社会发展 30a
经济委员会 69c
经济责任审计 130b
经营管理 152a 172a
精准招商 191c
警示教育活动 72b
竞技体育 244a
九三学社黑河市委员会 78b
就业创业 246a
就业创业工作 65a
就业指导 204c
就医即时结算 248b
举办大型展览活动 51a
决策督查 36a
军粮供应体系改革 195a

K

开发区改革创新 192b
抗疫国际合作 63b
科技成果转化 206c
科技创新 146a
科技创新 206a
科技服务 206c
科技工作者建言献策 88b
科技合作共建 139c
科技交流与合作 207a
科技特派员专项行动 206c
科技园区建设 205b
科教卫体人口资源环境委员会 68c
科普场馆及科普基地建设 86c
科普活动 87a
科普宣传 87c 208a
科研工作 48a 203c
课程改革 200a
课题调研 43b
课题研究 226a
控辍保学 200a
控告申诉 105c
口岸 186a
口岸 265c
口岸闭环管控机制 187a
口岸联防联控管理 186c
口岸旅检通道运行 186b
口岸营商环境优化 186b
跨黑龙江索道项目 168c
跨境电商综合试验区建设 189b
跨境贸易营商环境优化 188a
“快递出海”工程 176a
快递从业人员职业技能培训 175a
快递业 174c
快递业务 175a
矿产资源 29b
矿产资源开发 126c
矿泉特色产业 237b
矿泉资源 29c

L

烂尾楼治理 153c
劳动关系 247b
劳动力调查陪访 132b
老干部工作 39a
老旧小区改造 158a
老龄健康服务 241c
老区红旗村建设 254b
老区建设 253c
老区项目建设 254b
理论武装 39b
历史沿革 28a
立法工作 56a
立法前期调研论证 95b
廉政文化 73a
粮食安全考核 194c
粮食购销 194b
粮食加工 194b
粮食库存清查 194c
粮食流通 194b
粮油市场监测 194c
粮油应急保障 195a
“两新”党建工作 44b
林草产业 138b
林业 145b
林业和草原 137c
林业科技 138b
领导班子和干部队伍建设 37b
领导干部和公务员科学素质教育培训 87c
流浪乞讨人员救助 250c
龙江银行股份有限公司黑河分行 184c
旅俄华侨纪念馆 224c
旅发大会安保 101b
旅发大会筹备 255b
旅发大会服务 62a
旅发大会运输保障 166c

旅游　146a　264a　265c
旅游开发建设　234c
旅游康养产业　237a
旅游贸易　268a
旅游市场监管　133c
旅游市场整治　231b
旅游资源　29c
旅游资源　234a
绿色矿山建设　127a
落实市委重大决策部署　53a

M

矛盾风险排查　45c
锚定主业　172c
贸易促进　193a
煤矿安全监管　121a
煤炭工业　149a
灭火救援　123b

N

民航　170c
民生保障　127c　258c　266b　269c
民生档案服务　50c
民生改善　32c
民生审计　130c
民生事业　237c　257a　264c
民事检察　105a
民政　249b
民主党派工作　41c
民主监督　75a　76c　78a　79b
民族　28c
民族工作　42c
民族经济　251a
民族团结　251b
民族文化　251c
民族宗教　251a
民族宗教外事委员会　69a
纳税服务　129b
嫩江航空护林站　122c
嫩江盛烨热电有限责任公司　150b
嫩江市　259a
农产品供给　136b
农产品加工　136c
农产品流通　196a
农村公路运输服务网络建设　169b
农村人居环境整治　154c
农村生活垃圾治理　155a
农村饮水安全　142a
农村住房改造　154c
农副食品加工业　149c
农机社会化服务体系　142c
农机新技术推广　143a
农机装备　143a
农机作业　143a
农垦改革　143c　146b
农垦森工职能移交　250b
农林委员会　57a
农业　256a　259c　267c
农业和服务业标准化管理　134b
农业和农村委员会　69b
农业机械化　142c
农业经济　257c
农业科学研究　138c
农业农村　263b　265a
农业农村改革　136a
农业生态建设　136c
农业种植　144a
农作物遥感和实割实测调查　132b

P

培训宣传　130a
品牌建设　146b
品种资源研究　139c
“平安黑河”建设　97c
普法宣传工作　135c
普惠性学前教育资源　199c
普通高中教育　202a

Q

“七五”普法　108c
气候　26c
气象　208a
气象服务　209c
气象观测质量管理体系建设　206a
企业服务　194a
企业管理　144a　146c　197c
企业科协工作　88a
企业文化　197b
签约项目服务保障　64b
侨法宣传　89c
侨史研究　89b
侨务工作　43a
侵害群众利益问题整治　71c
青春助力黑河全面振兴　82b
青少年科学普及工作　202a
青少年科学素质提升　87a
青少年理想信念教育　82b
青少年志愿活动　83a
“清赖行动”专项整治　64c
“全国科技工作者日”主题活动　88b
全国双拥模范城创建　114b
全国助残日宣传活动　93b
全面深化改革　126a
全面依法治市　96a
全民健身活动　242a
全民抗疫居家健身辅导　243c
全省侨联系统基层工作黑河现场交流会　89a
群众体育　242a
群众文化活动　212a
群众文化培训　212b

R

热力生产和供应业　150a
人才队伍建设　38a
人才公寓建设　159c

人才培养　244a
人大立法　95a
人道救助　94b
人防　117a
人防结建管理　117b
人防宣传　117c
人口　28c
人口　民族　28c
人力资源和社会保障　246a
人民调解　108b
人民生活　31b
人事人才　247a
认证认可监管　134b
融资服务　148b

S

三大攻坚战　33a
扫黑除恶专项斗争　97b　101c　106a　107b　109c
森防队伍建设　122a
森林草原防火　137c
森林消防　121b
商贸物流　191b
商品住房市场调控　159a
商品住房展销会　159b
商事法律　193c
商事制度改革　133b
商务　188c
商务执法　190a
设备设施运用状态　170a
社会保险　246b
社会保障　261b
社会发展　31a
社会法制委员会　69c
社会服务　75b　76c　78a　79c
社会建设委员会　57c
社会救助　249c
社会事业　266c　269b
社会稳定　144b
社会宣传　40c
社会治理　259a
社会组织管理　250c
社科联活动　226a
社科评奖　226b
社区大学　202c
社区矫正　108c
涉法涉诉信访工作　98a
涉港澳台事务　42c
涉外法律服务　109a
涉外警务　101b
深化改革工作　43b
审计　130a
生产服务　195c
生态保护　236c
生态保护培训　164b
生态保护宣传　164a
生态环境　146a　256c　258a　262a　266a
生态环境管理　163b
生态环境损害赔偿制度改革　164a
生态建设　269a
生猪产能　140b
省级双拥模范城（县）考评工作　114b
省双拥办调研检查创建考评工作　114c
师资队伍　204a
实战练兵　104b
食品安全监管　134c
食用菌种植　137b
市本级住房租赁补贴　159c
市场监督管理　133a
市场体系建设　189c
市纪委六届五次全会　70b
市六届人大五次会议　53c
市侨联四届五次全委（扩大）会议　88c
市人大常委会会议　54c
市容管理　155c
市容市政管理　155c
市委常委会会议　33c
市委六届八次全会　33a
市委六届九次全会　33b
市委重要会议　33a
市域社会治理　96b
市域社会治理现代化试点　97b
市政府常务会议　58b
市政协常委会会议　67c
事业单位法人登记管理　47b
事业单位改革　46c
首届寒区试车节　151a
“双随机、一公开”监管　133c
双拥工作　114a
双拥工作会议　114c
双拥活动　114c
双拥宣传　117a
水产技术推广　140c
水稻育种研究　139a
水利　141b
水利工程建设监管　142a
水上安全监管　173b
水土保持　142b
水污染防治　162a
水系　27b
水资源　29a
水资源管理　142b
税收执法　129c
税务　129a
税务稽查　129c
税种管理　129b
司法能力提升　108a
司法体制改革　110a
司法为民　107a
司法行政　108a
思想建设　74a　76a　77b　78c　111b　113a
思想政治建设　44a　123a
思想政治引领　41c
四大粮食作物种植　137a
“四种形态”运用　71b
素质教育　200a
孙吴县　267a

T

台站基础设施建设　205c
特色产业　268b
特种设备安全监管　134c
提案工作　68a
提案文化文史和学习委员会　69a
体育彩票销售　245c
体育产业　245c
体育旅游精品项目　245c
体育赛事　244a
体育文化交流　245a
体育宣传　243b
铁路　169b
铁路运输疫情防控　170c
通信　176a
通信指挥　117c
统计　130c
统计调查　132a
统计法宣传　132c
统计服务　131b
统计监测预测　131a
统一战线　41a
统战工作制度化规范化建设　43a
土地收储　127a
土地资源　29a
土壤　27b
土壤肥料与耕作栽培研究　139b
土壤污染防治　162b
推动行业扩容转型　175b
推进从严治团　83a
退役军人事务　64c
退役士兵养老保险缴费工作　65c
脱贫攻坚　146b　258a
脱贫攻坚普查　132b　253b

W

外国领馆团组接待　63a
外事　62b
外资项目　192a
网络安全防护　52b
网络安全和信息化　51b
网络安全和信息化工作统筹　51c
网络安全教育　52c
网络管理　52a
网络基础建设　174b
网络商品交易监管　135c
网络宣传　51c
网上政务服务　64b
危化品安全监管　120a
为侨服务　89c
为青少年成长保驾护航　82c
维护社会稳定　97a
维修改造项目建设　174c
卫生管理　240b
卫生监督执法　241a
卫生健康信息化建设　240c
未成年人检察　105c
位置与面积　26a
文博宣传　219a
文化建设　40a
文化交流　89b
文化市场　219b
文化体育　264c
文化遗产保护　213b
文旅市场检查　220a
文明创建　41a
文物保护　213c
文物保护单位巡查　219b
文学创作　91b
文艺　212c
文艺创作　213a
文艺活动　91c
文艺演出　213a
文艺助力旅发大会　91c
文艺助力疫情防控　91c
问题整改　163a　253b
无线电干扰查处　178c
无线电管理　178b
无线电台（站）监管　178b
无线电专项整治　178c
五大连池风景名胜区自然保护区管理委员会　236a
五大连池市　262c
五汤公路沾河至大平台段改扩建工程项目　169a
武警黑河支队　113a
物业管理　160a
物业行业管理服务　160c

X

先进科技工作者评选和典型事迹宣传　88b
线上会谈　193c
线上教学　204c
线上开课　198c
乡村振兴　32c
项目建设　236b　256a　257c　259c　263b　265b　268b
消防安全宣传　124b
消防服务营商环境建设　124b
消防管理　123b
消防救援　123a
消费维权　135c
小店经济推进　189c
小额贷款行业　179a
校园安全管理　199b
校园设施建设　204b
协商议政　67a
新的社会阶层人士工作　42b
新媒体建设　221a
新闻出版　220a
新闻宣传　220b
新闻专栏　220c
信贷政策　181a
信访案件化解　45a
信访工作　45a
信息工作　132c
信息化工作　100a
信息化建设　52c　71a　249a

信用信息共享平台建设 64c
刑事检察 105a
刑事审判 106c
行政复议与应诉 97a
行政检察 105b
行政立法 96b
行政区划 28b
行政审判 107a 119b
行政执法 251c
行政执法检查 209c
休闲空间拓展 154b
畜牧水产 140a
畜牧业 145c
畜牧业调查 132c
宣传报道 221c
宣传工作 146c
宣传工作 39a
宣传教育活动 73a
宣传培训 254a
宣传人才队伍建设 41a
宣传推介 40b
学会学术工作 88a
学历教育 48b
学前教育 199b
学术活动 228b
学团工作 204a
学校建设 49a
学院发展规划 203a
巡察成果运用 73a
巡察格局优化 72c
巡察工作 72c
逊克县 264c

Y

亚行贷款项目 168c
烟草专卖 197c
严防“四风”反弹回潮 71c
研学实践教育基地（营地） 201b
养老服务 249c
药物政策 240c
药械安全监管 134c
野生动物资源 29b
野生植物资源 29b
业务培训 209b
一站式诉讼服务体系建设 107a
医保扶贫 248c
医保基金监管 248a
医疗保障 247c
医疗卫生服务 240b
医药价格改革 248a
医药卫生体制改革 240b
依法履职 241b
依法统计 131c
依法行使决定权任免权 56b
依法治水 142b
移交安置工作 65c
义务教育 200a
义务教育优质均衡发展 200c
疫病监测采样 140c
疫情防控 102b 262b
疫情防控宣传 220c
疫情防控与救治 239c
疫情防控资金保障 128a
疫情募捐 94a
疫情期间交通管控与运输保障 166c
意识形态工作 39c
银行业 182a
应急保障 119a
应急处置能力提升 239c
应急管理 209b
应急管理机构改革 118b
应急救护培训 94b
应急值守 61c
应急指挥 119a
应急指挥中心项目建设 119b
英烈褒扬工作 65b
营商环境建设监督 63c
营商环境优化 98a 133b 148a 153b 161b 193a 258b 260c 266c 270b
营商环境制度建设 63c
优抚工作 65a
优化服务 247b 248b
优化专业布局 202b
优秀新闻作品评选活动 221b
优质服务 152b
邮政 174a
邮政安全管理 174c
油站建设 196c
有色金属工业 149b
幼儿园办园行为 199c
舆论引导 39b
玉米育种研究 139a
预算执行审计 130a
园林绿化 156b
运输服务保障 166b
运输生产 170a
运行保障 171c

Z

造林绿化和森林抚育 137c
责任落实 252c
展会工作 193b
战备训练 111c
招商工作 193c
招商引资 260a
征收管理 129b
征收回迁 159b
征询社会意见建议 95c
“证照分离”改革试点 133b
政策法规宣传 249b
政策落实 252c
政策研究 43b
政策资金扶持 148b
政策资金争取 125b
政法队伍建设 98b
政法委及综治 97a
政府法治监督 96a
政府网站监督管理 61c
政务大厅标准化建设 64b
政务调研 61a

政务服务　60a
政务服务创新合作项目建设　174b
政务公开　61c
政务监督　60c
政务信息　61a
政协黑河市六届四次会议　66c
政协委员队伍建设　66b
政治工作　102c
政治监督　71a
政治生态建设　70c
政治引领　90b　104a
支持经济发展　127c
知识产权保护　134a
执法规范化建设　100b
执法监察　127a
执法监督工作　97c
执法检查　119c
职工帮扶工作　81a
职工技能提升　80c
职业健康监管　241a
职业教育　202b
植物保护与杂粮研究　139c
志鉴服务　50b
志愿助残送温暖活动　93c
质量提升行动　133c
治安防控　99a
治安管控　103b
治安管理　99b
智慧城市项目建设　62a
智慧法院建设　107c
智慧市场监管　133c
智力引进　205b
中俄冬泳文化节　245a
中俄国际青少年羽毛球邀请赛　245a
中俄国际象棋网络友谊赛　245b
中俄合作交流　140a
中俄界江黑龙江国际冰球友谊赛　245a
中俄民族风情园　235a
中俄巡航合作与信息交流活动　173c
中高职贯通培养工作　202c
《中共黑河市委关于加强新时代人大工作的意见》出台　53b
中国瑷珲国际汽车营地　235a
中国电信黑河分公司　177c
中国工商银行股份有限公司黑河分行　182b
中国建设银行股份有限公司黑河分行　183a
中国联通黑河分公司　176b
中国民主促进会黑河市委员会　77a
中国民主建国会黑河市委员会　75c
中国民主同盟黑河市委员会　74a
中国农业发展银行黑河市分行　183b
中国农业银行股份有限公司黑河分行　183a
中国人民财产保险股份有限公司黑河市分公司　185c
中国人民银行黑河市中心支行　180b
中国人寿保险股份有限公司黑河分公司　185b
中国铁塔黑河市分公司　178a
中国移动黑河分公司　176c
中国银行股份有限公司黑河分行　183c
中国邮政储蓄银行黑河市分行　184b
中蒙俄经济走廊建设　126b
中小微企业扶持　148a
中心任务　113a
中药材种植　137b
中医药产业　238c
种植业　145a
种植业　137a
仲裁　110b
仲裁宣传　110c
重大动物疫情应急储备库建设　141a
重大活动　44c
重大活动无线电安全保障　178c
重点工程项目　153c
重点企业培育　148b
重点市场监管　135a
重点项目用地保障　126c
重要会议　53c　66c
主要工作　56a　67a
主要气候事件　210a
主营销售　196b
助力5G建设　178b
助力复工复产　133c
助力企业复产复工　82a
住房保障　159b
住房公积金管理　248c
住户调查样本轮换工作　132a
专卖管理　197c
专门委员会　56c
专门委员会　68c
专项活动　171b
专项领域改革　46c
转方式调结构　125c
转型强能　122a
资金管理　249a
资源　29a
资源保护　138a
资源管护　165b
资源优化整合　165a
自贸片区法律服务　109a
自贸区黑河片区　190c
自然保护地整合优化　138a
自然景观　234a
自然生态保护　162c
自然资源管理　126b
宗教工作　42c
宗教管理　252a
综合保障　114a　124c
综合改革　196a
综合管理　165a
综合监督　241a
综合文稿起草　43b
综合信息　36b
组织工作　37b
组织建设　74b　76b　77c　78c
组织收入　129a
作风建设　112b
作风建设　71c

图表索引

图1　2016—2020年黑河市快递业务发展情况示意图　175
图2　2020年全市各月平均降水量距平百分率统计图　208
图3　2020年各地降水量实况示意图　208
图4　2020年各地降水距平百分率示意图　208
图5　2020年全市各月平均气温距平统计图　208
图6　2020年黑河市各县（市、区）年平均气温距平示意图　209
图7　2020年全市作物生长季（5—9月）日照时数距平示意图　209
图8　2020年各月全市平均日照时数距平统计图　209
表1　2020年黑河市各县（市、区）区划一览表　28
表2　2020年黑河市规模以上工业主要产品产量一览表　30
表3　2020年中共黑河市委常委会会议一览表　33
表4　2020年黑河市获全国文明村镇、文明单位、文明家庭、文明校园称号的先进单位和个人一览表　41
表5　2020年黑河市委党校主体班一览表　48
表6　2020年黑河市六届人大常委会会议一览表　54
表7　2020年黑河市政府常务会议一览表　58
表8　2020年黑河市政协常委会会议一览表　67
表9　2020年黑河市获中华全国总工会和黑龙江省总工会表彰的先进个人一览表　81
表10　2020年黑河市获黑龙江省总工会表彰的先进集体一览表　81
表11　2020年黑河市获共青团中央、团省委表彰先优集体和个人一览表　84
表12　2020年黑河市获全国和黑龙江省最美家庭一览表　85
表13　2020年黑河市省级科普教育基地一览表　86
表14　黑河市首届“最美拥军人物”获奖人员一览表　115
表15　黑河市首届“最美拥军人物”提名奖人员一览表　115
表16　黑河市第二届“最美军嫂”获奖人员一览表　116
表17　黑河市第二届“最美军嫂”提名奖人员一览表　116
表18　2020年黑河市国家级自然保护地一览表　163
表19　黑河市首批中小学生研学实践教育基地一览表　201
表20　2020年黑河市全国重点文物保护单位名录　213
表21　2020年黑河市省级文物保护单位名录　213
表22　2020年黑河市市级文物保护单位名录　214
表23　2020年黑河市国家级非物质文化遗产名录　216
表24　2020年黑河市省级非物质文化遗产名录　217
表25　2020年黑河市市级非物质文化遗产名录　218
表26　2020年黑河市国有博物馆名录　223
表27　2020年黑河市民营博物馆名录　223
表28　2020年黑河市小微博物馆群名录　225
表29　黑河市第十三届社会科学优秀成果奖一览表　226
表30　2020年黑河市旅游景区一览表　229
表31　2020年黑河市星级酒店一览表　230
表32　2020年黑河市星级旅行社一览表　231
表33　黑河市第七次全国人口普查统计表　301
表34　2020年黑河市牵头推进省百大项目进展情况表　303